도교철학역해 시리즈

천선정리직론

天仙正理
②

도교철학역해 시리즈

천선정리직론

오수양 저 · **이봉호** 역해

KSI 한국학술정보㈜

　옮긴이는 도교 수련을 하고 있는 사람은 아니다. 특별히 도교 수
련에 관심을 두고 있지도 않다. 다만 도교에 대한 학문적 연구를 하
고자 하는 사람이다. 그래서 도교사를 시대별로 구분하고, 주요한
경전들을 강독하면서 그 결과물들을 논문과 책으로 내고 있다. 이
책은 도교에 관한 두 번째 번역서이다.

　도교는 동아시아의 사상과 문화의 중요한 한 축이자, 중국이라는
나라의 정체성으로 규정되기도 한다. "중국의 뿌리는 전적으로 도교
에 있다. 도교의 관점에서 중국 역사를 읽어 내면 여러 문제가 자연
스럽게 이해된다(『魯迅書信集』)"라는 루쉰의 말처럼 중국인 스스로
가 자신의 정체성을 도교로 삼는 경우가 있는가 하면, 제국주의 시
대 말기에 서양과 일본이 중국의 정체성을 도교로 보고 그에 대한
연구에 열을 올린 것으로 보아도, 도교의 중요성을 알 수 있다.

　도교는 종교로서도 중국인들의 현재적 삶의 기반을 이루고 있다.
중국의 대표적인 도관과 도교인물들의 유적지를 탐방하기 위한 두세
번의 중국 여행에서 옮긴이는 중국인들의 심성에 도교는 종교로서

여전히 중요한 역할을 하고 있음을 확인하였다. 북경의 백운관에서는 일반 대중을 위한 도교 강좌가 개설되고 있는가 하면, 성도의 청양궁에서는 신도들이 일상에서 일어나는 여러 가지 일에 대해 도사들로부터 조언을 구하는 경우를 보았고, 청성산(青城山)의 상청궁 등 도관들에서는 수많은 신도들의 기도와 예배를 보았다. 도교는 역사적 유물이 아니라 살아 있는 종교로서 기능하고 있다.

도교는 학문적으로도 의미가 있다. 도교에는 종교학적이고 철학적인 내용뿐만 아니라, 역학과 천문학, 화학과 인체관, 의학과 약물 등 다양한 분야의 동양 사상이 집적되어 있다. 그래서 동양 과학에 대한 저명한 학자인 조셉 니담(Joseph Needam)이 "동아시아의 화학, 광물학, 식물학, 동물학, 의학, 약학 등은 모두 도교에서 기원하였다. …도교는 변화(變化)와 전이(轉移)의 보편성을 심각하게 인식하고 있었는데, 이것은 그들의 과학에 대한 가장 깊은 통찰 중 하나이다(『중국의 과학과 문명』제2권)"라고 한다. 도교는 장생불사(長生不死)를 추구하면서 신선이 되고자 하는 종교이다. 이 종교적 목적을 이루기 위해 행한 다양한 시도들이 동양 과학의 기원이 된다는 의미이다.

도교의 중요성을 간파한 서구와 일본은 19세기 말부터 도교 연구에 열을 올리며, 수차례의 국제 학술대회를 개최하고 그 결과물로 수많은 연구물들을 쏟아 내고 있다. 최근에는 도교의 공구서들을 여러 종 출간하고 있는 상황이다. 중국의 경우는 문화대혁명 기간에 도교 연구가 중단되었다가, 1978년부터 '중국사회과학원 세계종교

연구소'를 중심으로 본격적인 도교 연구를 진행하면서 그 결과물들을 가히 폭발적으로 쏟아 내고 있는 현실이다.

반면 한국의 학계 현실은 도교에 대한 학문적 연구와 관심이 매우 부족한 실정이다. 도교연구자의 숫자도 매우 적을 뿐만 아니라 제대로 된 연구기관조차 전무한 상황이다. 고구려 벽화에 연단술의 그림과 통일신라시대의 장군총 등과 같은 적석목곽묘에서 발굴된 연단의 흔적과 不死의 열망, 발해인 이광현의 연단이론에 관한 저술, 조선시대 여러 학자들의 도교에 관한 저술, 구한말에 국역된 수십 종의 도교 권선서와 도교적 성향의 민간신앙과 세시풍속 등에서 보듯이, 한국의 전통 사상에서도 도교는 중요한 문화적 흐름을 유지하고 있다. 이러한 한국의 문화와 사상을 도교라고 부르든 선도(仙道)라고 부르든 이에 대한 체계적인 연구가 시급한 상황이다.

이 책은 『고본오류선종전집(古本伍柳仙宗全集)』(상해고적출판사, 1990년간) 중에서 『천선정리직론증주(天仙正理直論增註)』 부분을 완역한 것이다. 『고본오류선종전집』은 명대 도사인 전진교 용문파 8대 제자 오수양(伍守陽, 1552~1640)의 『천선정리직론증주』와 『선불합종(仙佛合宗)』, 청대 도사인 전진교 용문파 9대 제자 유화양(柳華陽, 1736~?)의 『금선증론(金仙證論)』과 『혜명경(慧命經)』을 묶어서 등휘적(鄧徽績)이 간행한 책이다.

이 책들이 묶여서 출간된 경위는 각종의 서문들을 통해 이유를 알 수 있다. 오수양의 저술과 유화양의 저술들을 함께 묶어 출간하게 된 대표적인 이유는 전진교 용문파의 도맥 전수가 오수양에서 유화양으로 이어지기 때문이기도 하고, 오수양이 『천선정리직론증주』를 저술하여 선종(仙宗)의 핵심을 열었고, 유화양이 『금선증론』을 통해 오수양의 학설을 풀어냈다는 후세의 평가 때문이다.

　『천선정리직론증주』는 『도원천설편(道源淺說篇)』과 『천선정리직론편(天仙正理直論篇)』으로 구성되어 있다. 『도원천설편』은 오수양이 그의 스승인 조환양(曹還陽)이 평상시 수련에 대해 말한 내용을 몇 가지 조목으로 나누어 기록하고, 집안사람이자 같은 스승의 제자인 오수허(伍守虛)와 함께 그 뜻을 풀어서 저술한 책이다. 『도원천설편』은 '음양성명의 설', '수행과 관련된 일', '성명의 도와 수련의 공부', '동남(童男)의 수련법', '참된 스승을 만나는 법' 등으로 조목을 나누고 그에 대한 설명을 하고 있다.

　『천선정리직론편』은 내단수련에서 핵심이 되는 이론과 수련법을 9개의 논(論)으로 구분하여 오수양 스스로 저술한 책으로, 역시 오수양과 오수허가 주석을 한 책이다. 9개의 논은 '선후천이기직론', '약물직론', '정기직론', '화후경', '연기직론', '축기직론', '연약직론', '복기직론', '태식직론'이다. 이 중에서 '화후경'은 '논'이 아니라 '경(經)'으로 이름 붙었는데 그 이유는, 수련가들이 화후에 대해 이해하지 못하거나, 심하게 오해했기 때문이다. 그래서 여러 성인들이 화후에 언급한 내용들을 모으고 그것에 대한 상세한 설명을 붙여 '경'으로 만든 것이다. 그 내용으로는 '약물의 발생과 화후의 발생', '소주천 화후와 팽련', '소주천의 시기와 그침', '연기과정의 화후', '화후의 비기', '연정과정의 화후', '대주천의 화후', '대주천의 뜻', '연신 이후의 단계' 등으로 구분하여 서술하고 있으며, '전도', '목욕' 등의 구체적이고 세세한 개념들과 단계들에 대한 내용도 밝히고 있다.

이 책에 대한 평가는 모산파 22대 제자 무정전(武定全)의 "하학 처로부터 깨달음에 이르기까지 직설하고 상세하게 말하여 천기(天機)를 모두 누설하였다"라고 한 말처럼, 내단이론을 체계적으로 설명하고 수련이론에서도 보편성을 갖추고 있어서 단경 중에 최고의 경전으로 평가된다.

지인으로부터 도교 수련서로서 가장 대중적이며 분명한 체계를 가진 책으로 소개받아 읽기 시작한 것이 이 책과의 인연이다. 이 책의 번역이 마무리될 즈음에 이 책의 번역서가 존재한다는 사실을 알았다. 기존의 번역서를 살펴보니 미비한 점이 적지 않았다. 기존의 번역서는 이 책에 대한 완전한 번역이라고 할 수 없다. 내용을 줄여서 번역하기도 하고, 자신의 수련 경험에 따라 내용을 곡해하고 있는 부분도 많았다. 게다가 서문과 발문에 대한 번역과 주석도 없었다.

반면 옮긴이는 한 글자도 빠뜨리지 않고 충실하게 번역하였고, 각종 서문과 발문들에 대한 번역과 주석작업을 병행하였다는 생각에 용기를 내어 번역 작업을 마무리 지었다.

이 책의 출간을 앞두고 걱정이 많다. 이 책이 내단 수련서이기 때문이기도 하고, 수련의 경험이 전무한 옮긴이의 이해 수준 때문이기도 하다. 혹여 옮긴이의 잘못된 이해에 기초한 번역 내용을 기준으로 수련을 하는 사람이 있을 경우, 만에 하나라도 주화입마(走火入魔)의 피해가 있을 수 있기 때문이다. 조선시대 보만재 서명응 선생이 "잘못된 내용이 수련공부에 잘못 시행되면 그 재앙이 바로 미치게 된다"라고 『참동고』에서 경고하고 있듯이 두려움을 금할 수 없다. 하지만 옮긴이의 둘레에는 오랫동안 도교 수련을 해 온 지인들이 있어, 그들에게 번역물을 읽혀 수련과 관련하여 번역의 문제가 있는지를 확인하였다. 그들에게서 문제가 없음을 확인받아 출간을 결심하였다.

이 책을 번역하는 과정에 여러 사람의 도움을 받았다. 김윤경 박사와 조영숙 선생님, 조한석 박사께 고마움을 전한다. 이분들은 끝까지 번역 작업에 참여하지는 않았지만, 그들의 번역이 일부 포함되어 있다. 특히 이우형 선생님께 고마움을 전한다. 이우형 선생의 윤독과 조언이 없었다면 번역 작업이 끝을 보지 못했을 것이다.

이 책에 대한 해제는 작성하지 않는다. 그 이유는 수련을 해 본 적이 없으므로 해제를 달 능력이 되지 않기 때문이고, 오수양의 연단이론에 대한 이해도 부족하기 때문이다. 그런데도 해제를 단다면, 이는 "'손가락을 넣어 바닷물을 맛보았다'라고 하지 않고, '바닷물을 다 삼켰다'고 하는 꼴일 것이며, 겨자 껍질로 바닷물을 헤아리면서 '바닷물을 다 헤아렸다'고 하는 꼴"(「後發」)이 될 것이다. 또한 "이 책의 내용을 훔쳐 말하면서 삿된 행동을 하여 세상을 속이는 자"

(「直論起由」)가 될 것이기 때문이다. 이 책에서는 이를 거듭거듭 경고하고 있다. 이 책에서 적시하고 있는 가장 강력한 경고를 적어 본다.

"게다가 이 책의 내용을 훔쳐서 말하지 말라. 이 책의 내용을 훔친 사람은 말로는 세상을 웅대하고 이치로는 사람을 놀라게 하며, 나보다도 더 스승임을 자임하고도 남을 사람이니, 이는 이 책을 지은 사람을 도외시하는 것이다. 이처럼 사람을 미치게 하는 마음은 장애가 되고, 처음에서 끝까지 참된 학문에 부끄러운 자로, 끝내 스스로 깨치거나 스스로 수행하거나 스스로 증득하지 못해 또한 성명을 잃는 것을 면하지 못한다."(「後發」)

다만 옮긴이는 이 책에서 최대한의 노력을 기울여 주석을 달려고 하였다. 도교에 대한 지식이 일천한 옮긴이에겐 지난한 일이지만, 옮긴이가 할 수 있는 유일한 일이기에 기존에 나와 있는 도교 관련 공구서들을 참고하고, 중국의 인터넷을 뒤지면서 관련 자료를 수집하였다.

하지만 이 책에 나와 있는 청대의 인물들에 대한 주석은 미비한 점이 많다. 그 이유는 서문과 발문 등에 보이는 인물들은 대부분 청대 말기의 인물로 『중화도교대사전』을 비롯한 사전류에 수록되어 있지 않기 때문이다.

오수양과 유화양에 대한 소개와 책들에 관한 설명을 따로 하지 않는다. 주석을 통해 관련된 내용을 밝혀 놓았다. 책의 분량상 『도원천설』과 『천선정리직론』으로 나누어 출간한다. 덧붙여 이 책의 상세한 주석본이라고 할 수 있는 『선불합종어록』은 이후 번역물을 내어 놓겠다는 다짐을 이곳에 적어 옮긴이 스스로를 강제하고자 한다.

이 책의 번역은 SK Telecom사와 손길승 명예회장님의 지원으로 이루어졌다. 도교 연구가 척박한 한국의 현실에서 보면, SK Telecom사와 손길승 명예회장님의 지원은 더없이 귀중한 보살핌이자 은혜이다. 다시 한 번 머리 숙여 감사드린다. 아울러 여러 가지 일로 옮긴이에게 늘 괴롭힘을 당하는 이우형 선생님께도 감사드린다.

2010년 10월 쌍문동 연구실에서 이봉호 씀

| 차 례

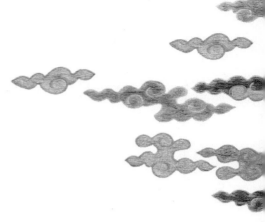

天仙正理直論增註

大明萬曆中, 睿帝閣下, 吉王國師, 維摩大夫季子, 三敎逸民, 南昌縣辟邪裏人, 沖虛子伍守陽讚(幷註). 同祖堂弟, 同師弟, 眞陽子 伍守虛同註.

명나라 만력 중에, 예제각하 길왕국사 유마대부 막내아들, 삼교에 통달한 사람, 남창현 벽사리 사람인, 충허자 오수양이 찬하다(아울러 주석하다). 같은 연원의 제자, 같은 스승의 제자 진양자 오수허가 같이 주석하다.

第一. 先天後天二炁直論

제1론 선천후천 2기 직론

冲虛子曰: 昔讀『玉皇心印經』云: "上藥三品, 神與炁 精", 固然矣.
충허자가 말하였다. "옛날에 읽은 『옥황심인경』1)에서 '상품의 약은 세 가지인데, 신과 기, 정이다'라고 하였는데, 정말로 그러하다"

本註2)云: 人以精·炁·神三者以生此身, 亦以精·炁·神而養此 身於世間, 凡從人胎生者, 皆如此. 仙與佛同是人胎中, 有此身心而 來者, 故亦同修此三者而成果. 學仙佛者當知.
본주에서 말하였다: 사람은 정·기·신 세 가지로써 이 몸을 낳고, 또한 정·기·신으로써 세상에서 이 몸을 기르는 것이다. 대체로 사람은 태로부터 생겨나는 것은 모두 이와 같으니, 신선과 부처도 동일하게 사람의 태 가운데에서 이 몸과 마음을 가지고 태어난 분이기 때문에 또한 동일하게 이 정·기·신을 닦아서 증과를 이룬 분이다. 신선과 부처를 배우는 자들은 마땅히 이것을 알아야 한다.

---

1) 『옥황심인경』: 『고상옥황심인묘경(高上玉皇心印妙經)』이다. 간략하게는 『심인경(心 印經)』이라고도 한다. 이 책은 4言 절구로 2백자에 불과하지만, 내단 수련의 핵심인 정기신의 수련비결을 논하고 있다. 『도장』 제24책에 수록되어 있다.
2) 본주: 본주는 충허자 오수양의 주석을 말한다. 진양자 오수허의 주석에는 '眞陽曰' 이라고 표시하여 구분하고 있다. 주석에서 '眞陽曰'이 없이 진행되는 내용은 충허자 오수양의 주석이다.

然其間有秘密, 而當直論者, 正有說焉.

그러나 그 사이에 비밀스러워서 마땅히 직론할 것이 있으니, 바로 여기에서 말할 내용이 있다.

秘密者, 先天·後天之說也. 上古未說之秘, 中古聖眞亦說之, 特未詳, 故後世人有遇傳者, 有不遇傳者, 有知者少, 不知者甚多.

'비밀스러운 것(秘密)'은 선천과 후천에 관한 설명이다. 상고시대에 말하지 않은 비밀에 대해, 중고시대의 성인과 진인도 말은 하였지만 상세하지 않았기 때문에, 후세의 사람들이 전해 들은 자도 있고 전해 듣지 못한 자도 있지만, 그것을 아는 자는 적고 모르는 자들이 대부분이다.

唯是神與精也, 祗用先天, 忌至後天.

그 내용은 오직 신과 정으로, 오직 선천만을 사용해야지 후천에 이르기를 꺼린다.

先天, 是元神·元精, 是有變化·有神通之物也. 後天者, 思慮之神·交感之精, 无神通變化之物也.

선천은 원신과 원정인데, 이것들은 변화력도 있고 신통력도 있는 것이다. 후천은 사려의 신과 교감의 정인데, 신통력과 변화력이 없는 것이다.

而炁則不能无先·後天之二用, 以爲長生超劫運之本者.

그렇지만 기는 선천과 후천의 두 용이 없을 수 없어서 장생하여 겁운을 뛰어넘는 근본으로 삼는 것이다.

眞陽曰: 二炁者, 先天是元炁, 後天是呼吸之氣, 亦謂之母炁與子氣也. 超劫之本乃元炁, 不自能超, 必用呼吸以成其能. 故曰, 有元炁, 不得呼吸, 无以採取·烹煉而爲本. 有呼吸, 不得元炁, 无以成實地長生轉神入定之功, 必兼二炁, 方長生超劫運之本也.

진양[3]이 말하였다: 두 기란 선천과 후천인데, 선천기는 원기이고, 후천기는 호흡의 기이다. 이를 또한 모기(母炁)와 자기(子氣)라고도 한다. 겁운을 뛰어넘는 근본이 된다는 것은 원기가 스스로 겁운을 뛰어넘을 수 없기 때문에 반드시 호흡을 사용하여 그 능함(能)을 이룬다는 것이다. 그러기 때문에 원기만 있고 호흡을 하지 못하면 채취하여 삶고 재련하여 근본을 삼을 수 없고, 호흡만 있고 원기가 없으면 현실에서 장생하고 신으로 전환하여 입정(入定)하는 공을 이룰 수 없으므로 반드시 이 두 기가 병행되어야 바야흐로 장생하여 겁운을 뛰어넘는 근본이 된다.

所以呂祖得先天炁·後天氣之旨, 而成天仙也.

그래서 여조선사[4]가 선천기와 후천기에 대한 뜻을 터득한 이후에 천선[5]이 된 것이다.

純陽眞人初聞道, 而未甚精明, 及見『入藥鏡』云, "先天炁, 後天氣,

---

3) 진양: 오충허의 제자 오수허(伍守虛)를 말한다.
4) 여조사: 여동빈(呂洞賓)이다. 여동빈은 당말 오대의 도사이다. 경조 사람으로 이름은 암(巖), 호는 순양자(純陽子), 회도인(回道人)이며, 동빈은 그의 자이다. 진사 시험에 낙방한 후 강호를 유랑하다가 종리권을 만나 도를 전수받았다. 처음에는 종남산에서 수련하다가 종리권을 따라 학령(鶴嶺)으로 가서 상진비결(上眞秘訣)을 전수받았다. 그는 천둔검법(天遁劍法)을 깊이 체득하였으며, 도를 얻고 선화하여 8선의 하나가 되었다. 전진교에서는 그를 종조로 받들고 있다.
5) 천선: 신선을 구분하는 등급 중에서 최고의 신선 등급을 말한다.

得之者, 常似醉"之說而後深悟成道, 故眞人自詩云: "因看崔公入
藥鏡, 令人心地轉分明"是也.

순양진인6)이 처음 도를 들을 때는 아직 명확하게 이해하지 못하다
가, 『입약경』7)에서 '선천기와 후천기를 얻으면 항상 술에 취한 듯하
다'라는 말을 보고 나서 깊이 깨달아 도를 이루었다. 그러므로 진인
이 스스로 시를 지어 말하기를, '최공의 『입약경』을 본 뒤로 사람의
마음이 갈수록 분명해졌다네'라고 하였는데, 이를 두고 한 말이다.

然所謂先天炁者, 謂先於天而有, 無形之炁, 能生有形之天, 是天
地之先天也. 卽是能生有形之我者, 生我之先天也.

그러나 이른바 선천기라는 것은 천(天)에 앞서 있는 것으로 무형의
기가 유형의 천을 생성한 것이다. 이것은 천지를 생성한 선천이다. 이
는 곧 유형의 나를 생성한 것이기도 하므로, 나를 생성한 선천이다.

天從元炁所生, 我亦從元炁所生.

천은 원기로부터 생성되는 것이고, 나 역시 원기로부터 생겨난 것이다.

故亦曰先天. 修士用此先天始炁, 以爲金丹之祖, 未漏者, 卽採之
以安神入定.

그러므로 또한 선천이라고 한다. 수련을 하는 선비는 이 선천의 원
기[始氣]를 금단의 시조로 삼아야 한다. 아직 선천기를 누설하지 않
은 자는 그것을 채취하여 신을 안정시키고 정에 들어갈 수 있다.

---

6) 순양진인: 여동빈의 호가 순양자이기 때문에 여동빈을 순양진인이라고 부른다.
7) 『입약경』: 최희범의 저술로, 정기신을 약물로 삼아 내단 수련을 서술한 책이다.

未漏童眞之體, 卽用童眞修法.

누설하지 않은 동진(童眞)의 몸은 동진의 수련법을 사용해야 한다.

已漏者, 探之以補足, 如有生之初, 完此先天者也.

이미 누설된 자는 그것을 채취하여 보충하고 충족하되 처음 태어날 때처럼 이 선천을 완전하게 해야 한다.

凡在欲界, 精已漏者, 遇此先天炁將動而欲趨欲界, 則採取烹煉, 還補爲離坎之炁, 而先天依舊完足, 卽是金丹, 服此金丹, 則超出欲界之上, 而成神仙 · 天仙矣.

욕계에 있으면서 정이 이미 누설된 자가 이 선천기가 움직여 욕계로 달려가려 할 때를 만나면, 그것을 채취하고 삶고 쪄서 되돌려 보완하여 리감(離坎)의 기[8]가 되게 하면 선천이 옛날처럼 완전히 충족되니, 이것이 금단(金丹)이다. 이 금단을 사용[服]하면 욕계를 벗어나 신선과 천선을 이루게 된다.

夫用此炁者, 由何以知先天之眞也? 當靜虛至極時.

이 선천기를 사용하는 자는 무엇을 통하여 선천의 참됨을 아는가? 고요하고 텅 빔이 지극해진 때에.

卽致虛極, 守靜篤之說.

바로 '텅 빔을 지극하게 이루고 고요함을 독실하게 지킨다'는 노자

---

8) 리감(離坎)의 기: 리괘(☲)는 중효가 순음이고, 감괘(☵)는 중효가 순양임으로 음양과 수화를 대표하는 상징이다. 감괘는 日을, 리괘는 月을 상징하기도 하고, 감괘는 신장과 리괘는 신장을 상징하기도 한다. 여기서는 신장 속에 있는 기, 즉 선천의 기를 의미한다.

의 설이다.

無一毫念慮
한 올의 생각도 없고

念慮原是妄想心.
생각이란 원래 망상심에서 기인한 것이다.

亦未涉一念覺知
또한 한 생각도 지각에 관여되지 않은 상태가

此在不判不動之時, 尙在將判之先者.
이것은 판단과 반응이 일어나지 않은 때로 오히려 판단하기 이전의
상태이다.

此正眞先天之眞境界也.
이것이 바로 선천의 참된 경지이다.

佛宗所謂 "不思善, 不思惡, 正恁麼時"與此同.
불교에서 "선을 생각하지도 악을 생각하지도 않은 바로 그런 때"라
고 한 그때가 이와 같다.

如遇混沌初分
혼돈상태가 처음 나뉘는 때를 만날 경우에는

卽鴻蒙一判.

혼돈이 최초로 한 번 나뉘는 것이다.

即有眞性始覺, 眞炁始呈, 是謂眞先天之炁也.

참된 본성이 비로소 깨닫고 참된 기가 비로소 나타나니 이를 참된 선천의 기라고 한다.

眞陽曰: 先天之炁藏氣穴, 雖有動時, 猶是無形依附有形, 而爲用者. 始呈而卽始覺, 尚未墮於形體之用, 故曰炁之眞. 若依形體而用, 則旁門邪說之所謂氣者.

진양이 말하였다: 선천의 기는 기혈의 속에 감추어져 있어서 동할 때라도 여전히 형체가 없는 것으로 형체가 있는 것에 의지하여 따르는 것으로 작용을 삼는다. 그러므로 비로소 드러나서 처음 깨닫게 되더라도 아직은 형체의 쓰임에 떨어지지 않았기 때문에 기의 참됨이라고 한다. 만약 형체에 의지해서 작용한다면 방문사설에서 말하는 기이다.

修士於此下手, 須要知採取眞時

수련하는 사람이 여기에서 착수하여 채취할 참된 때를 알고

眞陽曰: 眞時者, 藥生之時易知, 而辨所以可用不可用之眞時, 則難知, 非由眞仙眞傳者, 不可得此, 非邪說之所謂時者.

진양이 말하였다: 참된 때란 약이 생길 때는 쉽게 알 수 있지만, 그것을 사용할 수 있는지 없는지를 구별할 수 있는 참된 때는 알기 어렵고, 참된 선도의 진전을 통하지 않으면 이를 알 수 없으니, 방문사설에서 말하는 때가 아니다.

知配合眞法

참된 법을 배합할 줄 알며

即以神馭氣之說.

신으로 기를 부린다는 말이다.

知修煉眞機, 而後可稱眞仙道.

참된 기틀을 수련할 줄 안 이후에야 참된 선도를 수행한다고 할 수 있다.

眞機者, 總上二者皆是. 鼎器要眞, 不眞則眞炁墮於空亡. 火候要眞, 不眞則明明進退之陽火, 而不陽火, 暗合進退之陰符, 而不陰符者, 不可. 故修煉之機, 要知之眞, 而後可行可成. 知不眞, 則不可行不可成.

참된 기틀(眞機)이란 앞의 두 가지가 모두가 그것이다. 정기(鼎器)도 참되게 알아야 하는데, 참되게 알지 못하면 진기가 공허하고 허망한 데 빠진다. 화후도 참되게 알아야 하는데, 참되게 알지 못하면 겉으로는 양화9)의 운행을 밝게 아는 것 같지만 그것은 양화가 아니고, 속으로는 음부10)의 운행에 합치하는 것 같지만 그것은 음부가 아니니 옳지 않다. 그러므로 수련의 핵심은 참되게 알아야만 행할 수도 이룰 수도 있다. 참되게 알지 못하면 행할 수도 이룰 수도 없다.

---

9) 양화: 주천 화후를 진행할 때, 화후도(火候圖)의 왼쪽에 있는 자(子)로부터 사(巳)에 이르기까지 여섯 시진은 양으로 봄과 여름에 만물을 발생시키는 덕에 해당하고, 이를 문화(文火)라고 하기도 하고 양화라고 하기도 한다.

10) 음부: 주천 화후를 진행할 때, 화후도(火候圖)의 오른쪽에 있는 오(午)로부터 해(亥)에 이르기까지 여섯 시진은 음으로 가을과 겨울에 만물을 숙살하는 형벌에 해당하고, 이를 무화(武火)라고 하기도 하고 음부라고 하기도 한다.

所謂後天氣者, 後於天而有, 言有天形以後之物

이른바 후천기란 하늘이 생긴 뒤에 있는 것으로, 천연적인 형체가 있은 이후의 사물임을 말한 것이니

若風氣之類, 曰巽風者.

바람 기운과 같은 것을 손풍(바람을 상징하는 손괘)이라고 말하는 것과 같다.

即同我有身以後, 有形者也.

곧 나에게 몸이 있은 이후에 형체가 있는 것과 같은 것이다.

若呼吸氣之類, 亦喩巽風者.

호흡의 기와 같은 것을 또한 손풍이라고 비유하는 것과 같다.

當陰陽分, 而動靜相乘之時

음양이 나뉘어 동정이 상호 작용할 때에,

此言陰陽, 是言太極一中分陰陽爲二, 神·炁是也. 陰陽俱有動靜, 故相乘, 如二分四之說. 今人若不信陰陽同有動靜者. 如睡濃時, 炁固靜, 神亦靜;睡醒時, 炁亦屬動, 神亦屬動. 即如世法俗語, 便見道理, 自然循環, 是如此者.

이것은 음양을 말한 것으로, 하나의 태극 속에서 음양이 나뉘어 둘이 되는 것을 말하니, 신과 기이다. 음과 양은 모두 동과 정을 갖추고 있기 때문에 서로 작용하게 되니, 둘이 넷으로 나뉜다는 설과 같은 것이다. 그런데 지금 사람들은 음에도 동정이 있고 양에도 동정

이 있는 것을 믿지 않는 것 같다. 가령 잠에 깊이 취했을 때, 기는 물론 고요하지만 신도 또한 고요하며, 잠에서 깨었을 때, 기 역시 동에 속하고 신 역시 동에 속하는 것과 같은 것이다. 세상에서 흔히 하는 말로, '도리를 알면 저절로 순환한다'고 하는 것이 이것과 같은 것이다.

有往來不窮者, 爲呼吸之氣
오고 감이 끊임이 없는 것은 호흡의 기가 되고

何故說往來不窮? 以呼吸在睡時也有, 在夢時也有, 在覺時也有, 在飮食時 · 未飮食時皆有. 故曰, 不窮. 若神炁歸於元位, 似不見有, 則曰: 元神 · 元炁. 不與睡中呼吸顯然同相. 及其神炁同動 · 判然靈覺, 有照有應, 顯然不無. 唯聖眞有修者, 而後有證. 以凡夫之呼吸者, 運至眞人呼吸處. 以凡夫之呼吸窮而死者, 修成眞人之呼吸窮, 而長生不死, 以超劫也.

무슨 까닭으로 끊임없이 오고 간다고 하는가? 호흡은 잠잘 때에도 있고, 꿈꿀 때에도 있으며, 깨어날 때에도 있고, 음식을 먹을 때에도 음식을 먹지 않을 때에도 모두 있다. 그러므로 '끊임이 없다'고 한 것이다. 만약 신과 기가 원래의 자리에 돌아가면 그 존재가 보이지 않는 것과 같기 때문에 원신 · 원기라고 한 것이다. 그러므로 잠자는 중에 하는 호흡과는 전혀 같지 않다가 그 신과 기가 함께 움직이는 데 이르면, 분명히 정신이 깨달아 비추임과 응함이 있게 되니 환연히 무가 아니게 된다. 오직 성인과 진인이 행하는 수련이 있어야만 증험이 있게 된다. 일반 사람이 호흡하는 것을 진인이 호흡하는 경지로 전환하여야 한다. 왜냐하면 일반 사람의 호흡은 다하면 죽지만, 진인은 호흡을 닦아서 다하게 되면 장생하여 죽지 않고 겁운을 초월하게 되기 때문이다.

有生生不已者, 爲交感之精, 故曰後天. 自呼吸之息 而論
낳고 낳아 끊임이 없는 것이 교감의 정이 되기 때문에 후천이라고 한다. 들고 나는 숨으로 논하면

此言凡夫呼吸自然之理.
이것은 일반 사람이 호흡하는 자연스러운 이치를 말한 것이다.

人之呼出, 則氣樞外轉而闢, 吸入, 則氣樞內轉而闔, 是氣之常度也. 自交感之精而論, 由先天之炁動, 而爲先天無形之精.
사람이 숨을 내쉬면 기의 축이 밖으로 옮겨 열리고, 숨을 들이쉬면 기의 축이 안으로 옮겨 닫히는데, 이것은 기의 항상 된 법칙이다. 교감의 정으로 논하면 선천의 기가 동해서 후천 무형의 정이 된다.

眞陽曰: 先天炁精, 俱是無形之稱. 在虛極靜篤時, 則曰先天元炁, 及鴻蒙將判而已有判機, 即名先天元精, 其實本一也.
진양이 말하였다: 선천의 기와 정을 모두 다 무형으로 칭한 것이다. 극도로 텅 비고 매우 고요할 때에는 선천원기라고 하고, 혼돈의 상태가 막 나뉘려 할 때에 이미 나뉘려는 기틀이 있으므로 이를 선천원정이라고 하는데, 실지로는 본래 하나이다.

觸色流形, 變而爲後天有形之精

색욕을 느끼어 형체로 흘러가면 변화하여 후천의 유형한 정이 되니

若人不遇色欲邪婬, 必不成後天有形之精. 此乃人生日用而不知者.

사람이 색욕과 음사를 만나지 않으면 반드시 후천의 유형한 정이 이루어지지 않는데, 이것이 사람들이 일상생활에서 알지 못하는 것이다.

是精之常理也. 皆人道, 若此而已.

이것이 정의 항상 된 이치이다. 대체로 인도라는 것이 모두 이와 같을 따름이니

人道者, 言順則爲人時之道也. 此書篇篇皆先言順, 而後言逆修. 見其即自家所有, 以修自家, 如釋伽所謂衆生即佛之意.

인도란 순행하여 인간이 될 때의 도라는 말이다. 이 책의 편편마다 모두 먼저 순행을 말한 이후에 역행수련을 말하였다. 자신이 소유한 것에 나아가 자신을 수련하는 것을 볼 수 있으니, 석가가 이른바 중생이 바로 부처라는 뜻과 같다.

後天而奉天者也. 修士於此, 須不令先天元精變爲後天, 又必令先天之精, 仍返還爲始炁.

후천에서 천을 받든다는 것이다. 수련하는 사람은 여기에서 모름지기 선천의 원정을 후천으로 바꾸지 말아야 하고, 또 선천의 정으로 하여금 기필코 되돌려 환원하여 처음의 선천기가 되게 해야 한다.

即是歸於原根, 復還命蒂之所. 始炁者, 即虛之極, 静之篤也.

바로 근본 뿌리에 되돌리며, 명줄이 있는 곳으로 되돌리는 것이다.
처음의 선천기란 매우 텅 비고, 고요함이 돈독한 것이다.

是以後天氣之呼吸, 得眞機而致者. 故於動静先後之際

이런 까닭에 후천기의 호흡은 참된 기틀[眞機]을 얻어야 이루어지므
로 동정과 선후 즈음에

即所謂如亥時之末 · 如子時之初, 便是.

바로 이른바 해시의 끝, 자시의 처음이 바로 이것이다.

用後天之眞呼吸, 尋眞人呼吸處

후천의 참호흡을 사용하여 진인의 호흡처를 찾고

**李云, "只就眞人呼吸處, 故教姹女往來飛" 又即張紫陽眞人所謂
"一孔玄關竅, 乾坤共合成" 又云, "橐天籥地徐停息"者, 皆是.**

이씨[11]가 말하기를, "진인의 호흡처에 나아가기만 하면 결과적으로
차녀[12]가 왕래하여 날 수 있게 한다"고 하고, 또 장자양진인[13]이 이
른바 "한 구멍의 현관규[14]를 건곤이 함께 이룬다"고 하였고, 또 "천

---

11) 이씨: 미상이다.
12) 차녀: 내단 수련시 리(離) 중에서 심액(心液)이 운행하는 것을 비유적으로 표현한
    말이다. 『수진태극혼원지현도(修眞太極混元指玄圖)』에서는 심액을 차녀라고 규정
    하고 있다.
13) 장자양: 장백단(張伯端, 984~1082)을 말한다. 북송시대의 도사로, 도교 내단파 남
    종의 개산조사이다. 자는 평숙(平叔)인데, 나중에 용성(用成)으로 이름을 바꾸었다.
    호는 자양진인(紫陽眞人)이다. 후대 사람들이 장자양(張紫陽)이라고 불렀다. 저서
    로는 『오진편(悟眞篇)』이 있다.
14) 현관규: 현관일규, 허무굴(虛無窟)이라고도 부른다. "현관을 인식하면 신선이다"라
    는 옛말이 있듯이, 현관규를 인식하는 것은 후천공부가 선천공부에 도달하였음을

지를 풀무로 삼아 서서히 호흡을 그치게 한다"고 했는데, 모두 이
뜻이다.

一意歸中
한뜻으로 중에 되돌아가며

即以神馭炁, 凝神入氣穴之理.
신으로 기를 부리고 신을 응결하여 기혈에 들어가는 이치이다.

隨後天氣軸, 而逆轉闔闢.
후천기의 축을 따라 거꾸로 되돌려 열리고 닫히게 한다.

元炁固要逆修, 而呼吸之氣, 亦要逆轉. 不逆轉, 則與凡夫口鼻咽喉
浩浩者何異? 所以言眞呼吸者, 以此.
원기는 본래 역행으로 수련해야 한다. 호흡의 기도 거꾸로 되돌려야
한다. 거꾸로 되돌리지 않으면 일반 사람들이 입과 코, 목구멍으로 숨
쉬는 것과 무엇이 다르겠는가? 참된 호흡을 말한 것은 이 때문이다.

當吸機之闔, 我則轉而至乾, 以升爲進也. 當呼機之闢, 我則轉而
至坤, 以降爲退也.
들이마시는 기틀이 닫히면 진아는 옮겨져 건에 이르는데, 이것은 올
라가는 것을 나아가는 것으로 삼고, 내쉬는 기틀이 열리면 진아는 옮

의미한다. 현관규에 대한 명확한 규정은 종파마다 다르다. 청대 황원길에 의하면,
볼 수 있는 형상이 없다고 하면서, 심신의 기가 서로 교회할 때, 비로소 그 조짐이
드러난다고 한다.

져져 곤에 이르는데, 이것은 내려가는 것을 물러남으로 삼는 것이다.

乾天在上, 自下而上, 機似於吸入, 故曰闔‧曰升, 亦似古之言進升
於乾, 本爲採取之旨. 坤地在下, 自上而下, 機似於呼出, 故曰闢‧
曰降, 亦似古之言退降於坤. 本爲烹煉之旨, 然現在之烹煉, 又爲未
來採取之先機. 此道隱齋特言之密旨也.

하늘이 위에 있으니 아래로부터 위로 가는 것은 기틀이 마치 들이마
시는 것과 같으므로 ‘합(闔)’이라고 하고 ‘오르다(升)’라고 하는데,
이것은 또 옛말에 날아 올라가 하늘에 이른다는 것과 같은 것으로
본래 ‘채취’라는 뜻으로 말한 것이다. 곤은 아래에 있어서 위로부터
아래로 내려오는 그 기틀이 내쉬는 것과 같기 때문에 ‘벽(闢)’이라
고 하고 ‘내려가다(降)’라고 하는데, 이 역시 옛말에 물러나 땅에 이
른다는 것과 같은 것으로 본래 ‘팽련’의 뜻으로 말한 것이다. 그러나
지금의 팽련은 또 미래 채취의 앞선 기틀이 된다. 이것이 도은재[15]
(오수양)가 특별히 말한 비밀스러운 뜻이다.

○周南餘庠友, 初至道隱齋問曰: “何爲進退?” 冲虛子言: 進退者,
亦虛喩耳, 其實不見有似進退, 何也? 古云: 子巳六陽時, 進陽火,
三十六. 午亥六陰時, 退陰符, 二十四. 此言陽時所行則曰陽火, 陰
時所行則曰陰符, 皆言火也. 以九陽六陰多少之數言進退, 亦一定
之數也. 故不似進退, 非漸加漸減之爲進退, 而亦非外進內多退少
爲進退. 我故曰, 不似進退, 而虛喩進退也. 又按古云, 陰符者, 暗
合也. 其周天中暗合者, 亦有只曰沐浴之不行火候. 而暗合於有火候

---

15) 도은재: 충허자가 머물며 수련하던 곳이다. 여기에서는 충허자 오수양을 지칭한다.

者, 但不在六陰時, 而俱可言暗合. 後世人執進退二字, 要說進, 妄
以自外而進於內, 自少而進於多, 又要退, 妄以有而退於無, 如王道
所謂戌滅亥休之說, 吾故曰, 皆說得不似. 此說只以升爲進·降爲
退, 謂候中只有升降, 必要似子進陽火, 午退陰符, 從此喩說而已.

주남 여상우16)가 처음 도은재에 이르러 물었다. "무엇이 진퇴인가?"
충허자가 말하였다. 진퇴란 단지 헛된 비유일 뿐이니, 실지로는 진
퇴가 있는 것처럼 보이지 않는다. 왜 그런가? 옛말에, '자에서 사까
지 여섯 양의 때에는 양화를 진행하니 36이고, 오에서 해까지 여섯
음의 때에는 음부를 물리니 24이다'라고 하였다. 이 말은 양의 때에
행한 것을 '양화'라고 하고 음의 때에 행한 것을 '음부'라고 한 것이
니, 모두 화후를 말한 것이다. 구양과 육음의 많고 적은 수로 진퇴를
말한 것도 정해진 수이다. 그러므로 진퇴와 비슷하지 않으니, 점차
로 불을 가하거나 물리는 것이 진퇴가 되지 않으며, 또 밖에서 안으
로 나아가거나 많은 것에서 적은 것으로 가는 것이 진퇴가 되지 않
는다. 나는 그래서 진퇴가 있는 것처럼 보이지 않으므로 헛된 비유
라고 한 것이다.

또 살펴보니, '옛말에 음부라는 것은 속으로 합하는 것이다'라고 하
였는데, 그 주천의 과정에서 속으로 합하는 것도 단지 '목욕할 때에
화후를 행하지 않는다'는 말이다. 속으로 화후에 합하는 것은 여섯
음의 때에만 한정되지 않고 모두 속으로 합함이 있다고 할 수 있다.
후세의 사람이 '진퇴' 두 글자에 집착하여, '진'을 말하려고 하면 망령
되이 밖에서 안으로 나아가고 적은 것에서 많은 것으로 나간다고 하

---

16) 여상우: 미상이다.

며, 또 '퇴'를 말하려고 하면 망령되이 유에서 무로 물러간다고 하는데, 이는 왕도17)의 '술시에 멸하고 해시에는 쉰다'는 말과 같다. 그러므로 내가 모두 실제로 진퇴가 있는 것 같지 않다고 말한 것이다. 이설은 단지 오르는 것을 진으로 내리는 것을 퇴로 삼은 것이다. 화후중에 오르고 내리는 것이 있으니, 자시에 양화를 나아가게 하고 오시에 음부를 물리쳐야만 한다. 이것은 비유하여 말한 것일 뿐이다.

修煉先天之精, 合爲一炁, 以復先天者也.
선천의 정을 수련하여 합하여 일기가 되면 선천을 회복하는 것이다.

眞陽曰: 此一段, 卽言小周天所當用之機, 火候所不傳之秘在是. 修煉金丹之士, 只要闔闢明得透徹, 則金液可還而爲丹, 若闔闢不明, 則藥不能生, 而亦不能採取 · 烹煉, 大藥無成, 枉費言修.
진양이 말하였다: 이 한 단락은 소주천에서 마땅히 사용할 기틀을 말한 것이니, 화후에서 전하지 않은 비밀이 여기에 있다. 금단을 수련하는 선비는 합벽에 대해 명확하게 알아야만 금액이 되돌아가 단이 될 수 있다. 만약 합벽에 밝지 못하면 약을 생성할 수 없으며 또 채취할 수도, 팽련할 수도 없어서 대약을 이룰 수 없다. 쓸데없이 수련한다고 말만 허비할 뿐이다.

世人乃不知先天爲至淸至靜之稱, 所以變而爲後天有形之呼吸者, 此先天也. 動而爲先天無形之精者, 亦此先天也. 化而爲後天有形之精者, 亦此先天也. 此順行之理也.

---

17) 왕도: 왕도에 관해서는 미상이다. 하지만 『고문용호상경』 서문을 작성한 이로 왕도가 등장한다.

세상 사람들은 지극히 맑고 지극히 고요한 것의 호칭인 선천이, 바꾸어 후천의 유형의 호흡이 되는지를 모르는데, 이것이 선천이다. 이것이 움직여 선천의 무형한 정이 되는 것도 모르는데, 또한 이것도 선천이다. 이것이 변화하여 후천의 유형한 정이 되는 것도 모르는데, 또한 이것도 선천이다. 이것이 순행의 이치이다.

元炁爲生身之本. 凡一身之所有者, 皆由元炁所生化.

원기는 몸을 낳는 근본이다. 한 몸이 있게 된 것은 모두 원기로 말미암아 생겨난 것이다.

至於逆修, 不使化而爲後天有形之精者, 固此先天也. 不使動爲先天無形之精者, 定此先天也, 不使判爲後天有形之呼吸者, 伏此先天也. 證到先天, 始名一炁, 是一而爲三, 三而復一. 有數種之名.

거꾸로 수련하는 데 이르면, 변화하여 후천의 유형의 정이 되지 않게 하는 것은 이 선천을 굳세게 하는 것이고, 움직여 선천의 무형한 정이 되지 않게 하는 것은 이 선천을 안정되게 하는 것이며, 나뉘어 후천의 유형한 호흡이 되지 않게 하는 것은 이 선천을 품게 하는 것이다. 선천을 증험하는 데 이르면 비로소 일기라고 하는데, 이는 하나이면서 셋이 되고 셋이면서 하나로 복귀하는 것이다. 이는 여러 이름이 있어서

即一生二, 二生三, 三生萬物之說.

바로 노자의 '일이 이를 생성하고 이가 삼을 생성하며 삼이 만물을 생성한다'는 설이다.

即有數種之用. 故不知先後淸濁之辨, 不可以採取眞氣

여러 쓰임이 있게 된다. 그러므로 선천과 후천의 맑고 탁함을 구별
할 줄 모르고는 진기를 채취할 수 없으며

眞氣者, 卽先天元精, 淸者也. 後天交感之精, 濁者也, 則不眞.

진기란 선천의 원정이고 맑은 것이다. 후천의 교감하는 정은 탁한
것이니 참되지 않다.

不知眞動 · 眞靜之機, 亦不可以得眞炁.

참된 움직임과 고요함의 때[機]를 알지 못하면 진기를 얻을 수 없다.

**虛之極 · 靜之篤, 則曰眞靜. 未到極篤 · 无知覺時, 不爲眞靜, 從无
知覺時, 而恍惚有妙覺, 是爲眞動. 未到无知覺時, 而於妄想中強生
妄覺, 則非眞動, 動旣不眞, 則无眞炁者.**

매우 텅 비고 참으로 고요한 것을 참된 고요함이라고 한다. 매우 텅
비고 참으로 고요하여 지각이 없는 때에 이르지 않으면 참된 고요함
이 아니다. 감각기관이 멈추고 지각이 없어지고 이어서 황홀하고 오
묘한 깨달음이 있게 되니, 이것이 참된 움직임이다. 지각이 없는 때
에 이르지 않으면 망상 가운데 망각(妄覺)이 강하게 생겨나니, 참된
움직임이 아니다. 움직임이 이미 참되지 않으면 참된 기가 없게 되
는 것이다.

不知次第之用

쓰임의 순서와

次第者, 次藥生之眞時, 採藥·歸鼎, 封固, 進陽火, 退陰符·周天畢, 有分餘象閏等用.

쓰임의 순서란 약이 생겨나는 참된 때에 약을 채취하고 솥으로 되돌리고 막아 단단히 하고 양화를 때고, 음부를 물리치고 주천이 끝나는 등 나누고 배치하는 등의 쓰임을 차례 짓는 것이다.

採取之工
채취하는 일을 알지 못하면

由升降之機得理, 則能採取眞炁. 不然不得眞炁, 縱用火符, 亦似水火煮空鐺而已.

오르고 내리는 기틀의 이치를 얻어야만 진기를 채취할 수 있다. 그렇지 않으면 진기를 얻을 수 없고, 단지 화부만 사용하게 되니, 마치 수와 화로 빈 솥을 끓이는 꼴일 뿐이다.

又何以言伏炁也哉? 古人有言藥物者, 單以先天炁而 言者也. 有言爲火候者, 單以後天氣而言者也, 不全 露之意也. 有言藥即是火, 火即是藥. 雖兼先後二炁 而言, 蓋言其有同用之機. 藥生則火亦生, 用藥則亦 用火. 故曰即是, 亦不顯露之意也. 後來者何由得以 明悟耶? 修天仙者, 不可以不明二炁之眞.

또 무엇 때문에 기를 품는다고 말하는 것인가. 옛사람들이 말한 약물은 단지 선천기로서 말한 것이고, 화후는 단지 후천기로서 말한 것이니, 온전히 드러내지 않으려는 뜻이다. 약을 말하게 되면 화후를 말하게 되고 화후를 말하면 약을 말하게 되니, 비록 선천과 후천 두 기를 아울러 말해도 대체로 동일한 쓰임의 기틀이 있게 되어 약이 생겨나면 화후도 생기고, 약을 쓰면 화후도 쓰게 되기 때문에 '바로 같다(即是)'라고 하였는데, 또한 분명히 드러내지 않으려는 뜻이다. 후대의 수련자가 무엇으로 분명하게 깨달을 수 있겠는가? 천선을 수련하는 자는 선·후천 두 기의 참됨을 분명히 알지 않으면 안 된다.

第二. 藥物直論

제2론 약물직론

前先天・後天已兼火藥論矣, 此則單論藥之先天.

앞에서는 선천・후천에다가 이미 화후와 약물을 겸하여 논하였고 여기에서는 선천의 약물에 대하여만 논한다.

冲虛子曰: 天仙大道喩金丹, 金丹根本喩藥物, 果以何物喩藥也?

충허자는 다음과 같이 말하였다: 천선대도는 금단에 비유하고 금단의 근본은 약물에 비유하였는데 과연 어떤 것을 약에 비유한 것인가?

煉外丹者, 以黑鉛中所取眞鉛白金, 煉成金丹, 故內以腎水中所取眞炁, 同於金, 煉成內丹, 亦名曰金丹. 外以白金爲藥, 以丹砂爲主; 內以眞炁同於金者爲藥, 以元神本性爲主. 故同名金丹. 同喩藥物.

외단을 제련한다는 것은 흑연 가운데서 취한 진연과 백금을 제련하여 금단을 만든 것이다. 그러므로 내단에서는 신수 가운데서 취한 진기를 금과 같이 여겨 이것을 단련하여 내단을 이루기 때문에 이것을 또한 금단이라고 부르는 것이다. 외단에서는 백금으로 약을 삼고 단사를 주재료로 삼으며, 내단에서는 금과 같은 진기를 약으로 삼고 원신본성으로 주재료로 삼기 때문에 똑같이 금단이라고 부르고 이를 똑같이 약물에 비유한 것이다.

太上云, "恍恍惚惚, 其中有物"
태상이 말하길, "황홀하고 황홀한 가운데 어떤 것이 있다"[18]라고 하니

恍惚者, 是本性元神, 不着於知覺思慮, 似知覺之妙處, 其中便有物.
황홀이라는 것은 본성원신이 지각사려에 저촉되지 않았지만, 지각의 오묘한 곳, 그 가운데 바로 어떤 것이 있는 것과 비슷하다.

即吾身中一點眞陽之精炁, 號曰先天祖炁者是也. 夫旣名曰祖炁, 則必在內爲生氣之根者. 而又曰外藥者, 何也? 盖古云: '金丹內藥自外來', 以祖炁從生身時, 雖 隱藏於丹田, 卻有向外發生之時.
바로 내 몸 가운데 한 점 진양의 정기를 선천조기라고 부르는데, 이 것이 바로 그것이다. 이미 조기라고 이름을 붙였으면 바로 몸 안에 서 생기(生氣)의 근본이 되는 것인데 또 외약이라고 하는 것은 무엇 때문인가. 대개 옛날사람이 말하기를, '금단내약은 밖으로부터 오는 것'이라고 하였다. 그 이유는 조기는 태어날 때부터 비록 단전에 감 추어져 있지만 밖으로 발산할 때가 있는데

如生視·生聽·生言·生動·生婬慾, 皆此一炁化生. 如思外之色·聲·香·味·觸·法皆由炁載思以致之.
보고, 듣고, 말하고, 움직이고, 음욕이 생기는 것들은 모두 다 일기가 화생한 것이다. 예를 들면 의식의 대상인 색, 성, 향, 미, 촉, 법은 모

---

18) 『노자』 21장에 나오는 말이다.

두 기로 말미암아 그러한 생각이 싹터서 이루어진 것이다.

即取此發生於外者, 復返還於內, 是以雖從內生, 卻從外來, 故謂之外藥. 煉成還丹, 斯謂之內藥, 又謂大藥

밖으로 발산한 것을 취하여 다시 돌이켜 안으로 환원하기 때문이다. 그러므로 비록 조기가 안에서 생겨났지만 밖으로 발산한 것을 다시 수습하여 환원하기 때문에 외약이라고 한다. 제련하여 환단을 이루면 이것을 내약이라고 하고 또 대약이라고도 하는데

古云: 鉛汞相交而産黃芽, 即此大藥, 便是黃芽.

옛날에 말하기를, '연홍이 서로 교구하여 황아가 생긴다'라고 하니, 바로 이 대약이 곧 황아이다.

實止此二炁而已. 今且詳言外藥內藥之理, 而所以名外藥內藥之由.

실은 이 두 가지 기를 벗어나지 않는다. 그런데 지금 내약·외약의 이치를 자세히 말한 것은 내약·외약을 명명하기 위한 것이다.

聖眞學者, 究此一段, 則邪說婬風, 一筆掃盡矣.

성진을 배우는 사람이 이러한 단계를 궁구한다면 삿된 이론이나 음란한 풍조를 한꺼번에 쓸어버릴 수 있을 것이다.

旣曰, 藥本一炁也, 非有外內之異, 而何有外內之名者? 以初之發生, 總出於身外, 而遂曰外藥. 若不曰外, 則人不知採之於外, 而還於內, 將何以還丹? 及精補精全, 炁補炁足, 神炁俱得定機.

이미 말했듯이 약은 본래 일기이지 내외의 다름이 있지 않은데 어찌

하여 내약과 외약이라는 이름이 있는 것인가? 그 이유는 조기가 처음 발산할 때 모두 몸 바깥쪽으로 나오기 때문에 외약이라고 말한 것이다. 만약 외약이라고 말하지 않으면 사람들이 밖에서 채취하여 안으로 환원할 줄 모를 것이니 장차 어떻게 환단할 수 있겠는가? 환단한 후에 정을 보충하여 정이 완전해지고 기를 보충하여 기가 충족되면, 신과 기가 더불어 얽을 때가 정해진다.

眞陽曰: 定機者, 將用大周天之先機也. 若小周天, 則不定之候, 故小周天有止火之候者, 以其不定能傷將定之藥. 張眞人所言 "若持盈未已, 不免遭危殆"之說便是.

진양이 말하였다: 기틀이 안정된다는 것은 장차 대주천의 앞선 때를 쓰게 된다는 것이다. 소주천의 경우에는 안정되지 않은 때이다. 그러므로 소주천은 화후를 멈추는 때가 있는데, 기틀이 안정되지 않아 장차 안정되려는 약을 상하게 할 수 있기 때문이다. 장진인이 말한 "끊임없이 가득히 유지하면 결국 위태로운 것을 만나고 만다"라고 하는 말이 바로 이를 두고 한 말이다.

於此時發生大藥者

이때에 대약을 발생시키는 것은

眞陽曰: 大藥不自發生, 必採之而後發生. 不似微陽初動, 爲自發生也. 然必求何以知採大藥之時? 知前止火之候, 則知即採此大藥之時.

진양이 말하였다: 대약은 저절로 발생하는 것이 아니고 반드시 채취해야만 발생하니 미미한 양이 처음 움직일 때 저절로 발생하는 것과는 같지 않다. 그러나 반드시 어떻게 해야 대약을 채취하는 때를 알

수 있는가를 연구하여, 화후가 그치기 이전의 때를 안다면 바로 이 것이 대약을 채취하는 때임을 아는 것이다.

全不着於外, 祗動於發生之地, 因其不離於內, 故曰內藥.
완전히 밖에 드러나지 않고 다만 발생한 곳에서만 움직여 안에서 벗 어나지 않기 때문에 내약이라고 한 것이다.

昔人每註, 只說炁是外藥, 神是內藥者, 不是.
옛날 사람들은 매양 주석할 때마다 단지 기는 외약이고 신은 내약이 라고만 말하는데 이는 옳지 않다.

若不曰內, 則人一槩混求於外, 則外無藥, 無所得, 而阻於小果空亡
만약 내약이라고 말하지 않는다면 사람들이 모두 밖에서 구하려 할 것이다. 그렇다면 밖에는 약이 없어서 얻을 것이 없으므로 작은 결 과에 빠져서 헤어나지 못해 궁극적인 소망이 헛된 일이 될 것이니

此言只可長壽, 而非不死, 可超劫運者.
이것은 단지 장수만 할 뿐이지 영원히 죽지 않아 겁운을 초월할 수 없음을 말한 것이다.

將何以化神? 所以先聖不得已而詳言外內也.
장차 어떻게 신으로 변화할 수 있겠는가? 그래서 옛날의 성인들이 부득이하게 내약과 외약에 대해 상세하게 말할 수밖에 없었다.

張眞人云: "內藥須同外藥", 俱與此同.

장진인이 말하길, "내약은 외약과 같다"라고 하였는데 옛사람들이 말한 것이 모두 이와 같은 내용이다.

旣有內外之生, 所以探之者亦異. 盖外藥生而後探者也

이미 내약과 외약이 생성되어 있으니 채취하는 방법도 또한 다르다. 대개 외약은 생긴 뒤에 채취하는 것이고

純陽眞人云: "一陽初動, 中宵漏永" 紫陽眞人云: "牽將白虎歸家養"者是也.

순양진인이 말하길, "일양이 처음 움직이면 한밤중의 자시이다"라고 하였고, 자양진인이 말하길, "백호를 끌어와 집으로 돌아가 기른다"라고 하였는데, 바로 이를 두고 한 말이다.

內藥則探而後生者也.

내약은 채취한 후에 생기는 것이다.

自丘眞人傳於張·李·曹三眞人, 以及伍冲虛子. 所謂七日口授天機, 以探大藥者是也. 張紫陽亦謂: "不定而陽不生"

구진인으로부터 장진인·이진인·조진인 세 사람에게 전수되었고, 그 뒤 오충허자에게로 전수되었다.[19] 이른바 7일간 구두로 천기를 가르쳐 주어 대약을 채취하였다고 하였는데 바로 이를 두고 한 말이다. 장자양이 또 말하길, "안정되지 않으면 양이 생겨나지 않는다"라고 하였다.

---

19) 구진인으로부터 장진인…… 전수되었다: 이들 전진교 용문파의 전수에 관해서는 이 책의 말미에 있는 「伍眞人事實及授受源流略」을 보라.

此亦往聖之不輕言直論者, 我今再詳言之, 以繼世尊所爲. 重宣偈者云: "此炁在人, 未有此身, 即此炁以生其身"

이 역시 과거의 성인들이 가볍게 말하거나 직설적으로 말하지도 않았다. 그런데 내가 지금 재차 상세히 말하여 세존이 거듭 게송을 읊어서 제자에게 말했던 것처럼 나도 게송으로 말하겠다. "이 내약이 되는 선천기는 사람에게 있는데 이 몸이 생기지 않았을 때에는 이 기가 그 몸을 생겨나게 하고"

此炁不足者, 則不能生子之身, 少者·老者皆具此形. 少者炁足, 能生子; 老者炁不足, 故不生子. 觀此, 明知形不能變化生生, 而炁能生.
이 선천기가 부족한 사람은 자식을 낳을 수 없다. 젊은이나 늙은이나 모두 이 육신을 가지고 있다. 그런데 젊은이는 선천기가 충분하므로 자식을 낳을 수 있고 늙은이는 선천기가 부족하므로 자식을 낳을 수 없다. 이것으로 본다면 형체는 변화하여 계속 생생할 수 없지만 선천기는 계속 생길 수 있다.

旣有此身, 則乘此炁運行以自生. 故曰 "修士亦惟聚煉此炁而求長生也"

이미 몸이 생기면 이 선천기를 타고 운행하여 대약이 저절로 생한다. 그러기 때문에 "수련하는 선비는 또한 이 기를 모으고 단련하여 장생을 구한다"라고 말한 것이다.

惟能煉, 則能聚. 煉聚久之, 而大藥生, 爲能起死回生之眞仙藥也.
단련하면 모을 수 있고 선천기를 오랫동안 단련하여 모으면 대약이 생겨나는데 이것이 기사회생의 진짜 선약이 된다.

但其變化, 雖在逆轉一炁, 而其爲逆轉主宰, 則在神.

다만 그 변화는 비록 선천일기로 거슬러 올라가 되돌아가는 데 있지만, 거슬러 되돌리는 주재는 신에 있다.

即"神返身中, 炁自回"之說.

이것이 바로 '신이 몸속으로 되돌아오면 선천기는 저절로 회복된다'는 설과 같은 것이다.

若念動神馳, 引此炁馳於欲界, 則元神散, 元炁耗, 變爲後天有形之精, 此精必傾

만약 생각이 움직이고 신이 치달려서 이 선천기를 끌어다가 욕계로 내달리면, 원신이 분산되고 원기가 소모되어 후천 유형의 정으로 변하게 되니 이 정이 반드시 기울어져서

有形者, 終有壞也.

형체가 있는 것은 결국 무너진다.

不可復留, 亦不可復返, 終於世道中之物而已, 乃無益於丹道之物也. 若人認此交姤之精爲藥, 即爲邪見.

다시 간직해 둘 수 없고 또 되돌릴 수 없으므로 속세의 물건으로 끝나고 말 것이니 단을 수련하는 도에는 무익한 물건이다. 만약에 사람들이 이 교구의 정을 약이라고 인식한다면 잘못된 견해이다.

丹道以無形元炁爲藥, 旣已有形, 則不能復爲無形之藥. 旣已婬媾, 則炁已耗盡. 且千人千敗, 萬人萬敗, 何曾見有一人不敗婬精, 而能

採來補精, 得長生不死者乎. 是以修金丹者, 不用婬垢之精者, 以其
炁不足, 不能長生故也.

단을 수련하는 도는 형체가 없는 원기로써 약을 삼는다. 즉, 이미 형
체가 생겼다면 다시 무형의 약이 될 수 없다. 성교를 한 뒤에는 선천
기가 이미 다 소모되어, 천 사람이면 천 사람 만 사람이면 만 사람
모두 실패하였다. 어찌 한 사람인들 성교를 하면서도 정을 망가뜨리
지 않고 채취하고 정을 보충하여 장생불사한 자를 볼 수 있겠는가?
그러므로 금단을 수련하는 사람이 정을 소모할 수밖에 없는 성교를
하지 않는 것은 선천기가 부족하면 장생할 수 없기 때문이다.

如遇至靜至虛, 不屬思索, 不屬見聞覺知

만약에 사색의 영역과 견문각지의 영역에 속하지 않은 지극히 고요
하고 텅 비어 있는 상태를 만나서

總是虛之極, 靜之篤者.

이러한 상태는 모두 지극히 텅 비고 매우 고요한 것이다.

而眞陽之炁自動

진양의 기가 저절로 움직이는 경우에는

虛靜之極自動, 方是循環自然妙處.

텅 비어 고요함이 극도에 다다르면 저절로 움직이는데, 이것이 바로
자연히 순환하는 묘처이다.

非覺而動, 實動而覺, 覺而不覺, 復覺眞玄

깨달아서 움직이는 것이 아니라 실로 움직인 뒤에 깨닫는 것이고, 깨달아도 깨달은 것이 아니라 다시 진현(眞玄)을 깨달은 것으로서

覺而動者, 先覺後動也, 動而覺者, 先動後覺也.

깨달아 움직인다는 것은 먼저 깨달은 후에 움직인다는 것이고, 움직이고 깨닫는다는 것은 먼저 움직인 후에 깨닫는다는 것이다.

即是先天宜用之藥物. 此時即有生化之機

이것이 바로 마땅히 사용해야 할 선천의 약물이다. 이때에 바로 탄생하고 변화하는 기틀이 있어서

可以凡, 可以聖.

범인이 될 수도 있고 성인이 될 수도 있다.

而將發生於外者在, 如天地之炁, 過冬至而陽動, 必及春而生物者然也.

장차 외부로 발생될 것이 잠재해 있으니 천지의 기는 동지를 지나 양이 동하지만, 반드시 봄이 되어야 만물을 탄생시키는 것과 같은 것이다.

冬至, 陽初動, 謂之微陽. 孔子於復卦之大象云, 至日閉關安靜, 以養微陽. 陽微故不能生物, 亦不能爲藥.

동지에 양이 처음 동할 때를 미미한 양이라고 한다. 공자가 복괘의 대상에서 말하길, '동지에는 관문을 닫고 편안히 쉬어 양을 기른다'

라고 하였는데 양이 미미하기 때문에 만물을 탄생시킬 수 없고 약도
될 수 없다.

**故順而去之, 即能生人; 逆而返之, 則能生仙生佛. 修士最宜辨此
一着. 以先天無念元神爲主, 返照內觀, 凝神入於氣穴, 則先天眞
藥, 亦自虛無中, 而返歸於鼎內之炁根**

그러므로 순리대로 따라가면 사람이 탄생되고 거슬러 돌이키면 신
선이 되고 부처가 될 수 있다. 수련하는 사람은 이 점을 잘 알아서
선천과 무념 원신을 주로 삼아 돌이켜 비추어 내관(內觀)하고 신을
모아 기혈에 들어가게 하면, 선천의 진약도 텅 비어 아무것도 없는
곳으로부터 솥 안의 기의 뿌리로 돌이켜 되돌아가니,

即炁之穴也.

이것은 바로 기의 혈이다.

**爲煉丹之本. 古云自外來者如此, 此外藥之論也. 將此藥之在鼎
者, 以行小周天之火, 而烹煉之**

연단의 근본이 된다. 옛날에 밖으로부터 온다고 말한 것이 이와 같
은 것이니, 이것이 외약의 논리이다. 솥에 있는 이 약을 가지고 소주
천의 화후를 행하여 끓이고 단련하는 것을

**俞玉吾云, 若知有藥, 而不得火候之秘以煉之, 唯能暖其下元, 非還
丹也.**

유옥오[20]가 말하였다: "만약에 약이 생긴 것을 알았더라도 화후의
비결을 얻어서 단련하지 못하고 오직 하원[21]만 따뜻하게 한다면 이

것은 환단의 법이 아니다."

謂之煉外丹.

외단을 단련한다고 이른다.

此正三家相見之謂, 亦迴風混合, 百日功靈之說.

이것이 바로 삼가가 서로 만나본다는 것을 말한 것이고, 또 바람을
되돌려 혼합시키는 백일공부의 영험함을 말하는 것이다.

外丹火足藥成, 方是至足純陽之炁

외단의 화후로 약을 만들 수 있으면 비로소 순양의 기에 이를 수 있
으니

炁不化陰精, 便是純陽之眞炁也.

선천기가 음정으로 변하지 않는 것은 바로 순양의 진기이기 때문이다.

方可謂之坎中滿者. 曹還陽眞人口授以採大藥之景, 及採大藥之法者, 正爲此用也.

감괘 가운데의 양 효라고 이를 만하다. 조진인이 양진인에게 돌아와
말로 전하여 준 대약을 채취할 빛과 대약을 채취하는 법은 바로 이
것을 사용하게 된다.

---

20) 유옥오: 유옥오(1258~1314)는 유염(兪琰)이다. 자는 옥오(玉吾)이고 호는 전양자
(全陽子), 임옥산인(林屋山人), 석간도인(石澗道人)이다. 주역과 내단에 정통하였
다. 그는 음양쌍수파를 반대하고 청수를 주장하였다. 저서로는 『주역집설(周易集
說)』, 『주역찬요(周易纂要)』, 『주역참동계발휘(周易參同契發揮)』, 『역외별전(易外
別傳)』, 『음부경주(陰符經注)』 등이 있다.
21) 하원: 배꼽 아래 부분을 말한다.

還陽眞人云, "有可採大藥之景到, 便知藥成, 而有大藥可採" 景不先到, 藥未成也.

환양진인22)이, "대약을 채취할 수 있는 빛이 이르면 바로 약이 생긴 것을 알아 대약을 채취할 수 있다"고 하였는데, 빛이 먼저 도달하지 않으면 약은 생기지 않는다.

夫採之而大藥生而來, 斯固謂之得內藥矣. 或有採之而大藥不生者, 有三故焉. 一者, 或外丹已成

대개 약을 채취하고 나면 대약이 생겨 나오게 되니 이것을 진실로 내약을 얻은 것이라고 이른다. 혹 채취하고도 대약이 생기지 않는 것은 세 가지 이유가 있다. 그 첫째는 혹 외단이 이미 완성되었는데도

從初陽之微, 而修補至於眞炁純陽, 謂之外丹成.

미미한 양이 처음 생길 때로부터 수련하고 보충하여 진기 순양에 이르기까지를 일러 외단이 이루어졌다고 한다.

而採此藥之眞工不明, 而不知所以採之, 故不得.

이 약을 채취하는 진정한 공부에 밝지 못하여 채취할 줄 모르기 때문에 얻을 수 없는 경우이다.

此由學者志不大, 心不堅, 前修功行少, 今修福力薄. 仙師只傳以補精築基之功, 特小成其長生之果者.

---

22) 환양진인: 조환양(曹還陽)을 말한다. 생몰은 미상이다. 조환양의 이름은 상화(常化) 이고 호는 환양이다. 용문파 7대 조사로 오수양에게 도를 전수한 인물이다. 기타 상세한 내용은 미상이다.

이것은 배우는 사람이, 뜻이 크지 못하고 마음이 굳건하지 못해 앞에 닦아 놓은 공행이 적기 때문에 지금 닦을 복력이 박하다는 것이다. 선사들은 다만 정을 보충하는 것(補精)과 축기의 공부만을 전하기 때문에 장생의 과업을 이루는 사람이 특히 적은 것이다.

二者, 或小周天之火傳之眞, 而行之不眞, 而外丹不成. 雖知探之, 而無藥可探, 故不得.

그 둘째는 혹 소주천의 화후를 전하는 것은 참되나 운행하는 것은 참되지 않아 외단이 만들어지지 않는 것이니 비록 채취하는 것은 알더라도 채취할 약이 없어 얻을 수 없는 경우이다.

此即馬眞人門下弟子問: "我行道三年, 尚道眼不明, 是何故" 眞人曰: "行之不精"

이것은 바로 마진인[23] 문하의 제자가 묻기를 "나는 3년 동안 도를 행하였는데도 여전히 도의 눈이 밝지 못하니 이것은 무엇 때문입니까" 하고 물으니, 마진인이 대답하기를 "행하는 것이 정밀하지 못하기 때문이다"라고 한 것이다.

三者, 火傳之眞, 行之眞, 而候不足

그 셋째는 화를 전하는 것도 참되고 운행하는 것도 참되나 후가 부족하여

老師昔云, 火有止候到, 方是火足藥成. 候不足, 止景不到, 必不可

---

23) 마진인: 미상이다.

止火.

옛날에 선생이 이르길 '화를 멈추는 데가 있어야 비로소 약을 만들 수 있다. 후가 부족하면 빛에 도달할 수 없으니 반드시 화를 그칠 수 없다'라고 한 것이다.

而藥炁不至於純陽, 雖知採之, 而藥不爲之採, 故亦不得. 藥之不可得, 則不得曰內藥也.

약의 선천기가 순양에 도달하지 못하게 되니 비록 채취하는 것을 알더라도 약이 채취되지 않기 때문에 또한 얻을 수 없는 경우이다. 약을 얻을 수 없다면, 내약이라고 할 수 없다.

此三者, 總言採藥之不得, 即是道之不成. 示此以爲學者自勉, 可不知所懼哉.

이 세 가지는 모두 약을 채취할 수 없으면 바로 도를 이룰 수 없다는 것을 말한다. 이것을 보면 배우는 자가 스스로 힘을 쓴다고 여기더라도 알지 못하는 것은 두려운 것이라고 할 수 있다.

採得此藥以服食, 而點化元神. 張紫陽謂之取坎塡離, 正陽眞人謂之抽鉛添汞, 祗皆言得此內藥也. 欲將此炁, 煉而化神, 必將此炁合神爲煉

이 약을 채취하여 복식하고 원신을 접화하는 것을 장자양은 '취감전리'24)라고 하였고, 정양진인은 '추연첨홍'25)이라고 하였으니 모든

---

24) 취감전리: 이는 도교 수련의 감리교구를 의미한다. 도교의 수련에서는 감괘의 중효를 진양, 리괘의 중효를 진음으로 인식하여, 감괘와 리괘의 중효가 자리를 바꾸어 진양인 건괘를 이루는 것을 감리교구라고 부른다. 이를 몸의 정과 기로 설명할 때

것은 단지 이 약을 얻는 것을 말한다. 장차 이 기를 단련하여 신으로 화하고자 한다면 반드시 이 기와 신이 합하는 것을 가지고 단련하고

古云, 煉炁化神, 後人不知如何言化. 神炁人所自有者, 炁因婬姤而消耗, 神因婬欲而迷亂, 故皆不足, 而漸趨於死. 眞人修煉, 先以神助炁, 煉得炁純陽而可定, 後以可定之炁而助神. 神炁俱定, 炁至無而神至純陽. 獨定獨覺, 卽謂炁之化神也, 可.

옛날에 연기화신이라고 말하였는데, 후인들은 어떻게 해서 화(化)라고 말하게 되었는지 모른다. 신과 기는 사람이 자체로 가지고 있는 것인데, 기는 성교로 인하여 소모되고 신은 음욕으로 인하여 미혹되고 어지러워지기 때문에 모두 부족해져 점차로 죽음에 이른다. 진인이 수련할 때에 먼저 신으로써 기를 돕고 기를 단련하여 순양이 된 후에 안정될 수 있으며 기가 안정된 후에 신을 도울 수 있다. 신과 기가 모두 안정된 후에 기는 없는 상태에 이르고 신은 순양에 이르니 홀로 안정되고 홀로 깨달아 바로 기가 신으로 화했다고 한다.

煉作純陽之神, 則有大周天之火候在焉.

순양의 신으로 단련한다면 대주천의 화후가 있게 될 것이다.

仙家稱爲懷胎 · 爲胎息, 言如在胎時, 自有息而至無息, 佛謂之四禪定. 華嚴經云, 初禪念住, 二禪息住, 三禪脈住, 四禪滅盡定 是也.

선가에서 회태라고 하고 태식이라고 칭하는 것은 태 속에 있을 때와

는, 신장 속의 진음과 심장 속의 진기가 서로 자리를 바꾸어 진양인 건체를 회복하는 것이 된다.

25) 추연첨홍: 일반적으로 약물을 연홍이라고 하고 이를 괘상으로는 감리, 음양으로는 용호로 부른다. 약물을 단련하여 이루는 것을 의미한다.

같다는 말이다. 호흡을 하고 있는 것에서부터 호흡을 하지 않는데 이르기까지를 불가에서는 네 가지 선정이라고 이른다. 『화엄경』[26]에 이르기를, 첫째 선은 염주(안정된 마음의 관상)이고, 둘째 선은 식주(안정된 호흡의 관상)이고, 셋째 선은 맥주(안정된 맥의 관상)이며, 넷째 선은 멸진정(마음의 작용이 다해버린 삼매)이라고 한 것이 바로 이것이다.

當是時也, 火自有火而至於無火, 藥自有藥而至於無藥, 自純陽炁之無漏, 以成純陽神之無漏. 而一神寂照, 則仙道從此實得矣. 皆藥之二生之眞, 兩採之眞, 兩煉之眞 以所證者. 辨藥者, 爲仙家之至要秘密天機, 學者可不知辨哉. 然古人但言藥物, 而不言辨法, 不言用法, 又不言採時採法, 一藥之虛名, 在於耳目之外, 故後人無以認眞. 我且喻言之, 如一草一木之爲藥.

이때가 되면, 화후는 유화(有火)로부터 무화(無火)에 이르고 약은 유약(有藥)으로부터 무약(無藥)에 이르며, 순양의 기가 새지 않는 것으로부터 순양의 신이 새지 않는 것을 이루게 된다. 그래서 일신이 적조하다면 선도는 여기에서부터 실제로 얻은 것이다. 이것은 모두 두 가지 약이 생겨나는 참됨과 두 가지를 채취하는 참됨과 두 가지를 단련하는 참됨으로써 증험할 수 있는 것이다. 약을 구별하는 것은 선가의 지극히 비밀스러운 천기에 속하는데 배우는 자가 약을 구별하는 것을 몰라서야 되겠는가! 그러나 옛날 사람들은 약물만 말하고 구별하는 방법을 말하지 않고 쓰는 방법을 말하지 않으며 또

---

26) 『화엄경』: 『대방광불화엄경』을 말한다.

채취하는 시기와 채취하는 법을 말하지 않으니 일약(一藥)의 헛된
이름이 이목 밖에 존재하게 되기 때문에 후세의 사람들이 진실을 알
수 없다. 내가 또 비유하여 말한다. '풀 한 포기 나무 한 그루도 약
이 되는 것과 같다'.

佛有藥草之喩者.
불가에는 약초에 비유한 것이 있다.[27]

**有生苗之時, 有華實之時, 自一根而漸至成用者如此. 眞陽之藥,
自微至著, 採而用爲修煉者, 亦如此.**
싹이 트일 때나 꽃이 피고 열매를 맺을 때나 하나의 뿌리로부터 점
차로 이르러 쓰이게 되는 것이 이와 같다. 진양의 약이 아주 작은 것
으로부터 드러나게 되고 채취하여 수련에 쓰이게 된다는 것이 또한
이와 같다.

即初九潛龍勿用, 及九二見龍利用之說.
바로 초구는 잠용이니 쓰지 않고 구이는 현룡이니 이롭게 쓰인다는
말이다.

**我所以直言此論者, 正以申明古人所謂藥生有時, 令人人知辨而
知用也. 世人見此論而信不及者, 則將何處得眞陽, 將指何者爲眞
藥物哉. 吾願直與同志者共究之, 愼毋信邪說婬精不眞之藥物, 爲
誤也.**

---

27) 불가에는 약초에 비유한 것이 있다: 『법화경(法華經)』 약초유품(藥草喩品)을 말한다.

내가 이런 이론을 직언하는 까닭은 바로 옛사람들이 말한 약물이 생기는 시기를 거듭 밝힘으로써 사람들로 하여금 약물을 구별할 줄 알고 사용할 줄 알게 하려는 것이다. 세상 사람들이 이 이론을 보고서도 이런 경지에 미치지 못할 것이라고 믿게 된다면 장차 어디에서 진양을 얻을 것이며 무엇을 가리켜 진약이라고 하겠는가! 내가 원하는 것은 바로 뜻을 같이하는 자들이 함께 연구하여 삼가 삿된 것과 음정을 믿지 말아야 약물의 진실이 그릇되지 않는다는 것이다.

第三. 鼎器直論

제3론 정기직론

冲虛子曰: 修仙與煉金丹之理同, 聖聖眞眞, 無不借金丹以喩明夫仙道. 仙道以神炁二者, 而歸復於丹田之中, 以成眞金丹, 以鉛汞二者, 而烹煉於爐鼎之內以成寶. 故神炁有鉛汞之喩, 而丹田有鼎器之喩也. 是鼎器也, 古聖眞本爲煉精·煉炁·煉神, 所歸依本根之地而言也. 世之愚人, 遂專於煉鉛·煉汞, 而墮壞其萬劫不可得之人身.

충허자가 말하였다: 선도를 닦는 이치는 금단을 단련하는 이치와 동일하여, 성인이나 진인이나 금단을 비유해서 선도를 밝히지 않음이 없었다. 선도는 신과 기 두 가지를 단전 속으로 되돌려서 참됨을 이루는 것이고, 금단의 도는 연과 홍 두 가지를 화로와 솥의 안에서 제련하여서 보물을 이루는 것이다. 그러므로 신과 기는 연홍으로 비유하고, 단전은 정기로 비유하였다. 그 정기는 옛날의 성인과 진인들이 원래 연정·연기·연신을 하기 위한 귀의처이자 근본처를 말한 것이다. 그런데 세상의 어리석은 사람들이 마침내 연과 홍을 단련하는 데만 매달려서 만겁에도 얻을 수 없는 귀한 몸을 망쳐 왔다.

愚人不知身中先煉者, 爲外丹服食, 執鼎器之說, 只信煉鉛汞·金石

外藥, 爲服食不死, 至失人身而不能救. 此鼎器之說, 誤人亦甚矣.

어리석은 사람은 몸속에서 먼저 단련하는 것이 외단 복식이라는 것을 모르고 정기의 설에 집착하여, 다만 연홍과 금석의 외약들을 제련하여 복식하면 죽지 않는다고 믿어서 몸을 망가뜨려 구제할 수 없는 지경에 이르렀다. 이 정기의 설이 사람을 매우 잘못되게 함이 또한 심한 것이다.

妖人婬賊, 遂妄指女人爲鼎, 指婬姤爲煉藥, 取男婬精 · 女婬水敗血爲服食, 誑人自誑, 補身接命

요사스럽고 음란한 무리들이 마침내 망령되게 여인을 정기로 삼고 성교를 연약(煉藥)으로 여긴 나머지 남자의 정액과 여자의 음수(陰水) 및 패혈을 복식하였다. 이것은 남도 속이고 자신도 속은 것으로서 몸을 보충해 주고 명을 늘린다고 여김으로써

遊方之士, 及一切居家愚人, 以女人爲鼎器, 以婬姤爲煉接命之藥. 取男洩之婬精 · 陰戶出之婬水 · 經後之敗血, 從廣胎息書之說, 皆服食之, 爲接命不死. 夫世法中, 猶愼於婬姤. 婬姤傷多者, 有房勞之病, 而死隨之矣. 正損身喪命之事, 反誣曰補身接命. 且食有形之物, 同飮食入脾肚 · 出二便. 即令婬精 · 婬水食之, 亦入脾肚 · 出二便. 飮食不能无死;精與水亦不能无死. 假使食精與水, 可无死, 食尿屎爲自己所出者, 亦可无死乎? 故鐘離云: "若敎異物堪輕擧, 細酒羊羔亦上升"是也. 此皆由鼎器之說不悟者.

떠돌이 방술사와 집에 있는 어리석은 사람들이 여인을 정기로 여기고, 성교를 명을 늘리는 약을 단련하는 것으로 여긴 나머지 남자의

누설된 정액과 여자의 몸에서 나오는 음수 및 월경 후의 패혈에서부터 넓게는 『태식서』28)의 설에서 말하는 것까지를 취하여 모두 복식하면서 명을 늘려 죽지 않는 것으로 여겼다. 세상 사람들이 수련하는 법 가운데에도 성교를 삼가는 바가 있는데 성교로 인해 손상됨이 많은 자는 방로29)의 병이 있어서 죽음이 뒤따른다. 이는 바로 몸을 축나게 하고 생명을 상하게 하는 일인데 도리어 '몸을 보하고 명을 늘리는 일'이라고 왜곡해서 말한 것이다. 또한 유형의 물질을 먹더라도 음식과 같이 배로 들어가서 대소변으로 나오니 곧 남자의 정액과 여자의 음수를 먹더라도 이와 마찬가지로 배로 들어가 대소변으로 나온다. 그러므로 음식을 먹더라도 죽지 않을 수 없고, 음정과 음수를 먹더라도 죽지 않을 수 없다. 설령 남자의 정액과 여자의 음수를 복식해서 죽지 않을 수 있다면 자기에게서 나온 소변과 대변을 먹어도 죽지 않을 수 있단 말인가? 그러므로 종리권이 말하기를 "만약 이물질을 먹고도 승천할 수 있다면 술과 양고기를 먹고도 승천할 것이라네"라고 하였는데 바로 이것을 두고 한 말이다. 이것이 모두 정기(鼎器)의 설을 깨닫지 못함이다.

而誤棄其性命本自有之眞宗

성명에 본래부터 있는 진종을 잘못하여 버렸으니

性卽元神, 命卽元炁, 是我生身本來之所自有者. 神外馳爲婬想, 炁外馳行婬事, 皆所以速死者. 眞人以神馭炁, 同歸於炁穴根本處, 禁

---

28) 『태식서』: 미상이다.

29) 방로: 중국의학의 용어이다. 성교를 지나치게 많이 하여 신장의 정이 줄어들어 생기는 병으로, 차가움을 느끼게 되면 성내는 기운이 조절되지 않는 병이다.

止令久住於中, 而不可出. 以此禁固之義, 亦曰鼎器.

성은 원신이고 명은 원기이니 내가 태어나면서부터 몸에 본래 저절로 가지고 있던 것이다. 신은 밖으로 내달려서 음탕한 생각이 되고 기도 밖으로 내달려 음탕한 일을 행하니, 모두 죽음을 재촉하는 것이다. 진인은 신으로서 기를 어거하여 함께 기혈의 근본처로 되돌린 다음에 성교를 금지하여 정액이 오랫동안 체내에 머물러 나오지 않게 한다. 이렇게 '성교를 금지하고 정액을 굳건히 지킨다(禁固)'는 뜻으로 인해 '정기'라고도 한다.

盡由鼎器之說誤之也. 一鼎器之名, 而迷者與悟判塗. 敢不明辨而救之哉? 夫是鼎器也, 爲仙機首尾, 歸復變化之至要者也.

이것은 모두 정기의 설로 말미암아 잘못된 것이다. 정기의 이름은 하나인데 미혹된 자와 깨달은 자가 가는 길이 판이하게 다르니, 감히 분명하게 분별하여서 구제하지 않을 수 있겠는가? 대체로 정기는 신선이 되는 과정의 처음과 끝(首尾)이며, 원래대로 되돌아가기 위한 변화의 지극한 요체가 된다.

首尾者, 煉精化炁, 煉炁化神也. 旣用火候爲烹煉, 必有鼎器爲封固. 旣以神炁歸於丹田之根, 則丹田便是鼎器, 方有妙用.

'수미'라는 것은 연정화기와 연기화신이다.30) 이미 화후를 써서 팽련할 경우에는 반드시 정기에 담아 단단히 봉해야(封固) 한다. 이미 신기를 단전의 뿌리로 되돌아가게 하였으면 단전이 바로 정기가 되

---

30) '수미'라는 것은 연정화기와 연기화신이다: 연신환허는 육체를 떠난 이후의 변화과정이기 때문에 포함시키지 않은 것으로 보인다.

므로 비로소 묘용이 있게 된다.

若無此爲歸復之所, 而持疑無定向, 則神何以凝精炁歸穴耶? 然鼎器猶是古來一名目也.

만약 원래대로 되돌아가는 곳이 없이 의심을 품고 정해진 방향이 없다면 신이 어떻게 정기를 응결시켜 혈로 되돌아갈 수 있겠는가? 그러나 정기는 고래부터 하나의 명목인데

凡有一虛名者, 必有一實義. 故世尊所說, 欲明佛法, 每借權顯實. 仙家每有言, 皆欲顯實. 故眞仙眞喩者固多, 而邪說混入邪喩者, 更甚.

대체로 하나의 허명이 있는 것에는 반드시 하나의 실의가 있다. 그러므로 부처가 말씀한 것은 불법을 밝히려 한 것으로 매번 허명을 빌려 실의를 드러내었다. 선가도 매번 말하는 것도 모두 실의를 드러내려는 것이므로 참된 신선에 대한 참된 비유가 진실로 많기는 하지만, 잘못된 학설이 잘못된 비유로 섞여 들어가는 일이 더 심하다.

不知身中所本有者, 有乾坤・爐鼎之喩

몸 가운데 본래 있는 것에 대해 건곤・노정으로 비유하거나

乾爲上田, 亦天在上; 坤爲下田, 亦地在下. 故『中和集』所說, 亦有天地爲爐鼎者曰鼎, 鼎原無鼎者.

건은 상단전이 되는데 하늘이며 위에 있고, 곤은 하단전이 되는데 땅이며 아래에 있다. 그러므로 『중화집』[31]에서 말한 것에도 "또 천

---

31) 『중화집』: 원대 초기 이도순의 저작이다. 총 6권으로 논설과 어록 및 시문 등으로 구성되어 있다. 유불도 삼교합일의 사상을 기초로, 유교의 태극(太極)・도교의 금

지를 화로와 솥으로 삼고서 이를 정(鼎)이라고 하는 자도 있는데, 정에는 원래 정이 없다"라고 하였다.

亦有內鼎·外鼎之稱者.

또 내정·외정으로 칭한 것이 있는 줄을 알지 못한다.

有稱金鼎·銀鼎者, 鉛鼎·汞鼎者·水火鼎·硃砂鼎者.

금정이니 은정이니 하기도 하고, 연정이니 홍정이니 하기도 하며, 수화정이니 주사정이라고 하기도 한다.

言外鼎者, 指丹田之形言也

외정이라고 말한 것은 단전의 형체를 가리켜서 한 말이고

佛喩曰法界, 修行佛法之界也.

불경에서는 '법계'라고 비유해 말하는데 불법을 수행하는 영역이다.

言內鼎者, 指丹田中之炁言也.

내정이라고 말한 것은 단전 가운데의 기를 가리켜서 말한 것이다.

佛喩曰華藏, 曰寂光國土.

불경에서는 '화장세계'32)라고 말하기도 하고 '적광국토'33)라고 말하

단(金丹)·불교의 원각(圓覺)이 동일한 경지라고 논설하면서, 성명쌍수의 논리를 편다. 『도장』 118, 119책에 수록되어 있다.
32) 화장세계: 연화장세계, '연화장장엄세계해'의 준말이다. 석가모니불의 진신인 비로자나불의 정토를 말한다.
33) 적광국토: 상적광토의 준말로 진리와 지혜가 일치된 깨달은 자가 거주하는 세계를 말한다.

기도 한다.

以形言者, 言煉形爲煉精化炁之用. 故古云: "前對臍輪後對腎, 中間有箇眞金鼎"者是也.

단전의 형체로 말한 것은 형을 단련하는 것이 연정화기의 쓰임이 됨을 말한 것이다. 옛말에 "앞으로는 배꼽과 마주하고 뒤로는 신장을 마주하니 그 중간에 진짜의 금정이 있다" 하였는데, 바로 이를 두고 한 말이다.

仙道神馭炁之必歸於此, 安止於此, 禁之不令外動, 故鼎器關煉鉛汞者似之.

선도에서는 신이 기를 어거하여 반드시 이곳으로 돌아가 이곳에서 편안하게 안정되게 하여 밖으로 움직이지 않도록 금지해야 한다. 그러므로 정기 속에서 연홍을 단련할 때 밀봉하는 것과 같다.

以炁言者, 言煉炁爲煉炁化神之用. 故古云: "先取白金爲鼎器"

단전을 기의 측면에서 말한 것은 기를 단련하는 것이 연기화신의 쓰임이 됨을 말한 것이다. 그러므로 고인이 말하기를 "먼저 백금을 취해서 정기를 만든다"라고 하였다.

此旌陽眞君之說也. 古以黑鉛喩腎, 腎中發生眞炁, 取之而喩曰取白金. 有此百金之元炁, 是得長生超劫運之本, 方安得元神住, 亦以長生超劫運, 故曰先取爲鼎器以還神也.

이것은 정양진군[34]의 말이다. 옛날에 흑연을 신장으로 비유하고 신장 가운데서 발생되는 진기를 채취하는 것을 비유하여 '백금을 채취한다'라고 하였다. 이 백금의 원기가 있으면, 장생하여 겁운을 초월하는 근본이 얻어진 것이므로, 원신이 안정되어 머물 수 있고 또 장생해서 겁운을 초월할 수 있다. 그러므로 "먼저 백금의 원기를 취해서 정기로 삼아 환신한다"라고 한 것이다.

又曰: "分明內鼎是黃金"
고인이 또 말하기를 "내정이 황금임이 분명하다"라고 하였는데

白金內有戊土之黃色, 故亦稱曰黃金. 以上喩同.
백금의 안에는 무토(戊土)의 황색이 있기 때문에 또한 황금이라고 칭하는데, 이상의 비유는 모두 동일하다.

言白·言黃, 皆言所還之炁是也. 玆再擴而論之, 無不可喩鼎器者. 當其始也
백금이니 황금이니 말하는 것은 모두 환원되는 선천기를 말한 것이니, 바로 이를 두고 한 말이다. 이에 재차 확대해서 논한다면 어느 것이나 정기로 비유할 수 없는 것이 없다. 그 처음의 시기에

卽初關煉精化炁時.
바로 초관인 연정화기의 시기이다.

欲還先天眞炁, 唯神可得. 則以元神領炁, 並歸向於下丹田, 而後

---

34) 정양진군: 동진시기 도사 허손(許遜, ?~374)을 말한다. 허손이 일찍이 정양현령을 지내 사람들이 허정양이라고 불렀다. 『영검자(靈劍子)』, 『석함기(石函記)』 등의 저술이 있다.

天呼吸, 皆隨神以復眞炁, 即借言神名內鼎者也可. 若無是神, 則不能攝是炁. 而所止之下田, 爲外鼎者, 又炁所藏之本位, 即所謂有箇眞金鼎之處.

선천진기로 되돌리려고 하면 오직 신(神)으로서 할 수 있다. 그렇다면 원신으로 기를 거느려 모두 하단전으로 향하게 하고 나면 후천의 호흡이 함께 신을 따라 진기로 환원된다. 그렇다면 신을 내정이라는 이름으로 빌려서 말해도 된다. 만약 신이 없을 경우에는 기를 통섭할 수 없으므로 기가 머무는 하단전이 외정이 되는데 그곳은 기가 간직된 본래의 자리이므로 진짜의 금정이 있는 곳이다.

此言丹田旣爲外鼎, 則神亦可爲內鼎也.

이것은 단전이 이미 외정이 되었으면 신도 또한 내정이 될 수 있음을 말한 것이다.

必凝神入此炁穴, 而神返身中炁自回

그러므로 반드시 신을 집중시켜 이 기의 혈로 들어가야만이 신이 몸 가운데로 되돌아와 기가 저절로 회복되는데

眞炁陽精發生時, 必馳於外者, 故欲其返回. 神知炁之在外, 則神亦馳在外, 亦欲返回者. 當其炁之在外, 則神亦隨之在外, 及神返身中, 炁亦隨之返於身中. 故曰: 神返身中炁自回也.

진기와 양정이 발생하는 때에는 반드시 밖으로 내달리기 때문에 그것을 되돌리려고 한 것이다. 신이 기가 밖에 있다는 것을 알면 신이 내달아 밖에 있으므로 또한 되돌리려고 한 것이다. 그 기가 밖에 있을 때에는 신도 또한 밖에 있다가 신이 몸속으로 되돌아오면 기 역

시 뒤따라 몸 가운데로 돌아온다. 그러므로 말하기를 신이 몸 가운데로 돌아오면 기는 저절로 돌아온다고 한 것이다.

炁所以歸根者, 由此也. 及其旣也, 欲養胎而伏至靈元神
선천기가 근본으로 돌아가는 것은 이상의 과정으로 말미암은 것이다. 이 과정이 끝날 때에 이르러서 태를 길러 지극히 신령스러운 원신을 제어하려 한다면

卽中關煉炁化神時.
바로 중관인 연기화신의 시기이다.

惟炁斯可.
오직 이 기만이 그렇게 할 수 있다.

人生在世間, 唯是炁載神. 修仙出世間, 亦用炁載神.
사람이 태어나 세상에 살 때에는 이 기가 신을 싣고 있고, 선을 닦아 세상을 벗어나는 것도 또한 이 기를 사용하여 신을 싣는다.

則以先天元炁相定於中田
그렇다면 선천원기로 중단전에 안정시키기를

『參同契』云: "太陽流珠, 常欲去人. 忽得金華, 轉而相因" 又, 佛家六祖慧能云: "心是地, 性是王. 王居心地上" "性在王在; 性去, 王無"之說皆是.
『참동계』에서 말하기를 "태양유주는35) 항상 사람을 떠나려 하지만

홀연히 금화를 얻으면 전화되어 서로 의지한다"라고 하였다. 또 불가의 6조 혜능36)은 "심은 땅이고 성은 왕이다. 왕은 심지 위에 있다"라고 하고, "성이 있으면 왕도 있고 성이 떠나면 왕도 없다"37)라고 하였는데, 모두 이 뜻이다.

似爲關鎖, 而神即能久伏久定於中.

흡사 문을 걸어 잠그듯이 하여야만이 신이, 즉 오래도록 중단전에 가만히 안정되어 있을 수 있다.

太上云: "轉神入定"

태상은 말하기를 "신이 입정한 것으로 전환시키는 것이다"라고 하였다.

即如前言, 炁名內鼎者也可. 若無是炁

그러므로 앞에 말한 바와 같이 기를 내정으로 명명해도 괜찮다. 만약 이 기가 없다면

即墮孤陰之說.

즉 음만 있는 상태로 떨어졌다는 설이다.

則不能留是神.

신을 머물게 할 수 없고

---

35) 태양유주(太陽流珠): 순양의 정기, 명보(命寶), 수은 등의 의미를 담고 있다.
36) 혜능: 혜능(638~713)은 선종의 제6대 조사로, 정혜불이(定慧不二)를 설하고, 좌선보다 견성을 중시하였다.
37) 성이 있으면 ……없다: 혜능의 『단경(壇經)』에 나온다.

神無所依着, 則出入無時, 馳爲視聽言動之妄. 若依炁爲念, 則無向外妄念矣.

신이 의지할 곳이 없으면 출입이 일정한 때가 없어서 망령스럽게 보고 듣고 말하고 행동하게 된다. 만약 신이 기에 의지하여 의념이 되면 밖으로 향하는 망령된 생각이 없을 것이다.

而所守之中田, 爲外鼎者, 又神所居之本位. 故神卽靜定而寂照者, 如此也.

지키고 있는 중단전이 외정이 되는데 그곳은 또 신이 거하는 본래 위치이다. 그러므로 신이 고요히 안정되어서 적연히 비추는 것이 이와 같다.

初煉精化炁, 固以神爲炁之歸依, 及煉炁化神, 又以炁爲神之歸依. 神炁互相依而相守, 緊緊不得相離, 眞可喩鼎器之嚴密一般.

처음에 연정화기의 단계에서는 당연히 신을 기의 귀의처로 삼지만, 연기화신의 단계에 이르면 또 기를 신의 귀의처로 삼게 된다. 신과 기는 서로가 의지하고 서로가 지켜주어 밀착되어 서로 분리되지 않으니 진실로 정기의 밀봉된 상태로 비유하는 것과 같다.

盡皆顚倒立名, 以闡明此道耳, 故呂仙翁又曰: "眞爐鼎·眞彙籥, 知之眞者, 而後用之眞, 用之眞者, 而後證果得其眞" 豈有還丹鼎器之所當明者, 而可不實究之耶?

이것들은 모두 다 뒤바꿔 이름을 만들어서 이 도를 천명한 것이다. 그러므로 여 선옹38)은 또 말하기를 "참된 노정과 탁약은 그것이 참임을 안 다음에 진정으로 사용할 수 있고, 진정으로 사용해야만 진정으로 체득할 수 있다"라고 하였으니, 어찌 환단정기에 대해 마땅히 밝혀야 될 것을 실제로 궁구하지 않을 수 있겠는가?

此又結言自身有還丹鼎器之當究.

이것은 또한 자신에게 마땅히 궁구해야 할 환단정기가 있다는 점을 결론지어 말한 것이다.

又豈有取諸身外, 而可別求爲鼎器者耶?

또 어찌 자신의 몸 밖에서 별도로 구해서 정기로 삼을 것이 있겠는가?

此又結言泥土 · 金鐵 · 鼎器, 及女人假稱爲鼎器者, 俱不可信, 信之則必誤喪性命.

이 또한 니토,39) 금철,40) 정기 및 여인 등을 빌려서 정기라고 일컫는 것은 모두 믿을 수 없고, 만약 믿는다면 반드시 성과 명을 그릇되게 손상시킨다는 것을 결론지어 말한 것이다.

昔有言, 總在炁聖性靈而得者, 斯言亦得之矣.

옛말에 "모든 것이 다 성스럽고 신령스러운 기와 성 가운데서 얻는다"라고 하였는데, 이 말 또한 종지를 얻은 것이다.

白玉蟾云: "祇將戊己作丹爐, 煉得紅丸作玉酥" 蓋戊爲腎中炁, 名白金者曰戊, 己卽心中之本性曰己. 戊己原屬土, 故曰土釜, 卽鼎器

---

38) 여 선옹: 여동빈을 말한다.
39) 니토: 진흙이다.
40) 금철: 외단에서 사용하는 광물질을 말한다.

之別喩也. 張紫陽曰"送歸土釜牢封固"是也.

백옥섬[41]이 말하기를 "다만 무기로 단의 화로를 만든 다음에, 홍환을 제련하여 옥소를 만든다"라고 하였다. 대체로 '무'는 신장 가운데의 '기'가 되니 백금을 이름하여 '무'라고 한다. 기는 심장 가운데의 본성을 '기'라고 하고 무기는 원래 토에 속하기 때문에 토부라고 하니, 바로 정기를 별도로 비유한 것이다. 장자양이 말하기를 "토부 속으로 돌려보내서 단단히 밀봉한다"라고 하였는데 바로 이것을 두고 한 말이다.

夫還神攝炁, 妙在虛無

신을 되돌려 기를 통섭하는 묘리는 허무에 있으니

虛無者, 乃眞先天神炁之相也. 神无思慮, 炁无婬妬.

허무라는 것은 바로 순수한 선천신기의 상태이다. 이 상태에서 신은 사려가 없고 기는 음란 욕정이 없다.

必先有歸依

반드시 먼저 귀의할 정기가 있어야만이

神依炁, 炁依神, 神炁相依, 而又依中下之外鼎.

---

41) 백옥섬: 백옥섬(1194~1229)은 남송시대의 도사이다. 도교 내단파 남종의 오대 조사이다. 원래 성은 갈씨이고 이름은 장경이며, 자는 여회 또는 백수이며, 호는 해경자이다. 12세에 동자과에 합격하였고 9경을 암송하며 시문에 능하였으며 서화에도 뛰어났다. 1212년에 진남을 사사하여 금단비결을 전수받았다. 세상 사람들이 그를 자청선생이라고 부른다. 그의 내단이론은 남종의 전통을 잇고 있다. 독신 청수를 주장하고 연정·연기·연신을 수련의 핵심으로 삼았다. 저서로는 『해경백진인어록』, 『해경문도집』, 『해경옥섬선생문집』이 있다.

신은 기에 의지하고 기는 신에 의지한다. 신과 기가 서로 의지할 때 중단전과 하단전의 외정에서 의지한다.

方成勝定.

비로소 승정을 이루게 된다.

勝定者, 最上乘至虛至無之大定也. 古云: "心息相依, 久成勝定"

승정이라는 것은 더없이 지극한 허의 대정이다. 옛사람이 말하기를 "마음과 호흡이 서로 의지하여 오래되면 승정을 이룬다"라고 하였다.

此鼎器之辨, 不可忽也.

이것이 정기에 대한 분변이니 소홀히 해서는 안 된다.

第四. 火候經
제4론 화후경

冲虛子集說火候經曰

충허자가 화후에 대한 여러 설을 모아 '경'을 만들면서 다음과 같이 말하였다.

諸篇皆論, 此獨名曰經者, 皆古高眞上聖, 傳於永劫眞常不易之經 語也.

모든 편은 '논'이라고 했는데 유독 이 편만 '경'이라고 이름 붙인 것은, 모든 내용이 오래전의 고상하고 진실한 상등의 성인들이 영원토록 바뀌지 않는 진실하고 항상적인 수련의 법에 대한 말씀을 전했기 때문이다.

天仙是本性元神

천선은 바로 본성의 원신이므로

仙由修命而證性, 故初關是修命, 中關是證性.

신선은 명을 수련하는 과정을 거쳐서 성을 증득하기 때문에, 초관에는 명을 닦고 중관에는 성을 증득한다.

不得金丹, 不能復至性地而爲證, 金丹是眞陽元炁, 不得火候, 不
能採取烹煉而爲丹. 故曰全憑火候成功.

금단을 얻지 못하면 다시 본성의 자리에 이르러 증득할 수 없고, 금
단은 바로 진양의 원기(元炁)이므로 화후를 얻지 못하면 채취하고
단련하여 단을 만들 수 없다. 그러므로 단을 만드는 일은 '전적으로
화후의 성공에 달려 있다'라고 말한 것이다.

吉王太和重問火候, 冲虛子集聖眞諸言, 而爲此經. 意曰, 古先聖
眞, 皆不傳火. 雖有火記六百篇, 篇篇相似採眞鉛. 玉皇心印經曰,
三品一理, 妙不可聽. 觀此言, 雖曰不傳, 似亦傳之矣; 雖曰傳之,
又似不傳矣, 我每亦遵之, 不敢傳火. 及見現在世, 人人惑於妖妄邪
婬, 箇箇不知仙道正門, 乃懼未來聖眞無所趨向, 故又不敢不言.

길왕 태화[42]가 화후에 대해 거듭 물어보자 충허자가 성인과 진인의
여러 말씀들을 모아서 이 '경'을 지었는데, 그 대체적인 뜻은 다음과
같다. 과거 성인과 진인은 모두 화후에 대한 설을 전하지 않았다. 비
록 『화기』 600편[43]이 있지만, 편마다 화후에 대한 내용은 없고 진
연 채취에 대해서만 말한 것 같았다. 그리고 『옥황심인경』에서는
'삼품[44]이 한 이치인데 그 묘리를 들어 볼 수 없었다'라고 했다. 이
러한 말들을 보건대, 비록 '화후에 대해서 전하지 않았다'라고 말했
지만 전한 것 같기도 하고, '화후에 대해 전했다'라고 말했지만 전하

---

42) 길왕태화: 길왕이 누구인지에 대한 학설은 분분하다. 다만 『선불합종어록』의 문답
편에 나오는 길왕 전하 태화는 법명은 태화이고, 호는 수운이며, 순예(淳睿) 황제의
증손으로 기록되어 있다.
43) 화기 600편: 연단에 관한 기록들을 화기라고 하는데, '화기600편'이라는 기록은 『
주역참동계』에 보인다.
44) 삼품: 삼품은 정(精)·기(氣)·신(神)을 가리킨다.

지 않은 것 같기도 하다. 나 역시 늘 그분들의 뜻에 따라 감히 화후에 대한 말을 전하지 않았다. 그런데 지금 보아 하니, 사람들이 요망하고 사악하고 음란함에 미혹되어 모두 선도로 들어가는 바른 문을 알지 못하므로 후세 성인과 진인이 수련해 갈 방향이 없을까 걱정되기 때문에 말하지 않을 수 없었다.

言之簡, 而人亦不徹悟, 猶之夫舊事也. 言之詳, 又嫌於違天誡. 因世人於古云. 火有候, 有作爲. 此言若先入心, 便責彼言無候無作爲者爲非. 於古云 火無候, 無作爲. 此言若先入心. 便責言有候有爲者爲非.

간단하게 말할 경우에는 사람들이 확실히 깨닫지 못할 것이니 그렇게 되면 옛날과 마찬가지일 것이고, 자세히 말할 경우에는 '하늘의 계율'에 위배될까 염려된다. 그런데 옛말에 '불 때는 일에는 과정도 있고 방법도 있다'라고 했는데, 세상 사람들이 이 말에 대해 선입관을 가지게 될 경우에는 '불 때는 일에는 과정도 방법도 없다'라고 주장하는 사람들을 그르다고 책망할 것이다. 그리고 또 옛말에 '불 때는 일에는 과정도 없고 방법도 없다'라고 했는데, 세상 사람들이 이 말에 대해 선입관을 가지게 될 경우에는 '불 때는 일에는 과정과 방법이 있다'라고 주장하는 사람을 그르다고 책망할 것이다.

竟不知當有候有爲, 我亦當有. 當無候無爲, 我亦當無. 所以紫陽眞人嘆云, 始於有作無人見, 及至無爲衆始知. 但信無爲爲要妙, 孰知有作是根基. 昔禪宗人亦云 你有一箇挂杖子, 我與你一箇挂杖子, 你無一箇挂杖子, 我奪卻你一箇挂杖子. 即此說也. 我故全集衆仙眞秘訣, 而次第之, 說破逐節當有當無, 直指世之愚迷, 遇師時 當以此爲參究.

그러므로 불 때는 일에는 과정과 방법이 있다고 한다면 나 역시 그렇게 여겨야 할 것인지, 아니면 불 때는 일에는 과정과 방법이란 없다고 한다면 나 역시 그렇게 여겨야 할 것인지 끝내 알 수 없다. 그래서 자양 진인이 탄식해 말하기를 "처음에 인위적 노력을 할 때는 사람들이 눈여겨보지 않다가 무위할 때에 이르러서 사람들이 비로소 안다네. 다만 무위가 요체라고만 믿으니, 인위적 방법이 기본 바탕인 것을 그 누가 알겠는가?"라고 말한 것이다. 과거 선사들도 말하기를 "너에게 주장자가 한 개라도 있으면 내가 너에게 주장자 한 개를 더 주겠지만, 너에게 주장자 한 개도 없다면 내가 네게서 주장자 한 개를 빼앗아 버릴 것이다"라고 했는데, 바로 이를 두고 한 말이다. 그래서 내가 여러 선인들의 참된 비결을 모두 모아 순서대로 편찬하여 '불 때는 일에 과정과 방법이 있어야 한다느니 없어야 한다느니' 하는 견해들에 대해 낱낱이 설파하여 미혹한 세상 사람들을 바로 가르쳐 주었으니, 수련할 때 지도 스승을 만나거든 반드시 이 책을 가지고 참고하여 연구해 보아야 할 것이다.

昔我李祖虛庵眞人云, 饒得眞陽決志行, "若無眞火道 難成. 周天 煉法須仙授, 世人說者有誰眞?"

예전에 우리 이허암 진인이 말하기를 "설령 진양을 얻어 힘써 실행했을지라도 참된 화후(眞火)를 얻지 못하면 선도를 성취하기 어렵다네. 주천의 단련법은 반드시 선인의 전수가 있어야 하니 세상에 사람 중에 그 누가 제대로 말한 적이 있었던가?"라고 하고

此言仙道必要仙傳, 而後可修成仙. 俗諺云, 要知山下路, 須問去來
人. 若世人所傳者, 只是世法, 甚非仙道. 古仙云, 若敎愚輩皆知道,
天下神仙似水流. 彼自己尙無學處, 將何以敎人. 前七句是必用眞
火候之斷, 此四句是必用眞火候引證之案, 以斷案破其題.

이 말은, 선도는 반드시 선인의 가르침이 있어야만 닦아서 신선이
될 수 있다는 것이니, 속담에도 '산속 길을 알려면 반드시 늘 오가는
사람에게 물어보아야 한다'라고 하였다. 세상 사람들이 전하는 것은
다만 세속의 법일 뿐 선도와는 거리가 멀다. 과거 선인이 말하기를
"어리석은 무리들로 하여금 신선의 도를 모두 알게 할 수 있다면,
천하의 신선이 흐르는 물처럼 배출되리라"라고 하였는데, 저들은 저
자신도 배운 바가 없으면서 어떻게 남을 가르칠 수 있겠는가. 앞의
본문 7구절은 반드시 참된 화후를 사용한다는 주장(斷)이며, 여기
본문 4구절은 반드시 참된 화후를 써야 한다는 것에 대한 전거 제시
(案)이니, 이상 '단'과 '안'으로 화후경의 제목을 설파하였다.

且謂上古聖眞, 不立文字, 恐人徒見而信受不及

또 말하기를 "상고시대의 성인과 진인이 화후에 대해 글로 저술하지
않은 것은 사람들이 보기만 하고 믿지 않을까 염려했기 때문이다."

**今世人亦不信書, 以書正不作巧言. 故不足取信於人, 唯邪人能造
巧言, 故能取信於人.**

지금 세상 사람들이 또한 화후에 관한 글을 믿지 않는데, 그 이유는
그 글들이 교묘하게 말을 꾸미지 않은 바른 글이기 때문이다. 그래
서 화후에 관한 글들이 사람들에게 신뢰받지 못하지만, 오직 간사한

사람들은 교묘한 말을 잘 지어내기 때문에 사람들로부터 신뢰받는 것이다.

中古聖人, 借名火候, 而略言之, 而世又不解知. 及見薛道光言, 聖人不傳火. 遂委於不參究. 雖有略言者, 亦不用, 競取信於妖人 之口而已. 我故曰 "火候誰云不可傳.

중고시대의 성인들은 화후라는 이름을 빌려 대략 말했지만 세상 사람들은 이해하지 못하였다. 그러다가 설도광45)의 '성인은 화후를 전하지 않았다'라는 말을 보고는 마침내 참구하지 않게 되었다. 그래서 비록 화후에 대해 대략 말한 사람이 있어도 이를 활용하지 않고 요망한 사람의 말을 서로 앞다투어 취하기만 하였다. 그러므로 나는 말하기를 "그 누가 화후를 전할 수 없다고 했는가.

旣不可傳, 何故有火記六百篇.

이미 전할 수 없다고 한다면 무엇 때문에 「화기」 육백 편이 있었겠는가?

隨機默運入玄玄. 達觀往昔千千聖, 呼吸分明了卻仙.

때의 기틀에 따라 묵묵히 화후를 운행하면 오묘한 경지로 들어간다네. 기존의 수련에 통달한 수많은 성인들은 호흡을 분명히 깨달아 신선이 되었다네.

---

45) 설도광: 설도광(薛道光, 1078~1191)은 송대 도사로, 이름은 식(式) 호는 도원(道源), 자는 태원(太源)이다. 원래는 중이었다. 법명은 자현(紫賢)이고, 사람들은 그를 비릉선사(毗陵禪師)라고 불렀다. 후에 석태(石泰)를 만나 장백단의 금단비결을 전수받고 도교로 전향하여 도사가 되었다. 도교 내단파 남종의 3대 조사이다. 저서로는 『단수가(丹髓歌)』, 『환단복명편(還丹復命篇)』, 『오진편주(悟眞篇註)』가 있다.

此直言說出, 火候只是呼吸二字.

여기서 화후는 바로 호흡 두 글자에 불과함을 말한 것이다.

豈不見陳虛白曰, 火候口訣之要, 當於眞息中求之. 靈源大道歌
云, 千經萬論講玄微, 命蔕由來在眞息"

진허백[46]이 '화후 구결의 요지는 참된 호흡 속에서 구해야 한다'라
고 한 것을 보지 못하였고, 「영원대도가」[47]에서는 '수많은 경과론에
서 오묘한 이치를 강론하였는데 명(命)의 유래는 참된 호흡에 있다'
라고 한 것을 보지 못하였는가?"라고 하였다.

此又直說出火候只是眞息. 眞息者, 乃眞人之呼吸, 而非口鼻之呼吸.

여기서는 화후는 '참된 호흡'에 불과함을 말한 것이다. '참된 호흡'
이란 것은 진인의 호흡이지 코와 입으로 하는 호흡이 아니다.

陳致虛曰, 火候最秘, 其妙非可一槩而論, 中有逐節事條

진치허[48]는 말하기를 '화후는 가장 비밀스럽기 때문에 그 묘리는 개
괄적으로 논할 수 있는 것이 아니라 그 가운데 단계에 따른 수련의
조목이 있으니

即我張李曹三眞人相傳以來所云, 採藥之候, 封固之候, 起小周天

---

46) 진허백: 진충소(陳沖素)이다. 원대 사람으로 호는 허백자이고, 다른 호로는 진방도
　　인(眞放道人)이다. 무이산 도사로, 『규중지남(規中指南)』이라는 저술이 있다.

47) 『영원대도가』: 미상이다.

48) 진치허: 진치허(1298~?)는 원대의 도사이다. 자는 관오(觀吾) 호는 상양자(上陽子)
　　이다. 40세에 처음 조우흠(趙友欽)으로부터 도를 배웠다. 북종의 내단술을 배웠다.
　　이후에 청성산에 은거한 도사로부터 남종의 음양쌍수법을 배워, 남북 두 종파의 단
　　법을 융합하였다. 저서로는 『금단대요(金丹大要)』16권과 『주역참동계분장주(周易
　　參同契分章注)』가 있다.

之候, 進退顚倒之候, 沐浴之候, 火足止火之候, 採大藥之候, 得大
藥服食之候, 大周天之候, 神全之候, 出神之候等 皆是.

우리 장진인과 이진인·조진인이 서로 전수할 때 이른바 '약을 채취
할 단계'·'밀봉할 단계'·'소주천을 시작할 단계'·'문화와 무화를
번갈아 사용할 단계'·'목욕할 단계'·'화후가 충분해서 화후를 그
만두어야 할 단계'·'대약을 채취할 단계'·'대약을 완성하여 복용
할 단계'·'대주천을 시작할 단계'·'신이 온전해지는 단계'·'출신
의 단계' 등등이 모두 여기에 해당한다.

**可不明辨之乎. 張紫陽曰, 始於有作無人見, 及至無爲衆始知. 但
信無爲爲要妙, 孰知有作是根基.**

이에 대해 '분명하게 밝히지 않을 수 있겠는가'라고 하였으며, 장자
양은 말하기를 "처음에 인위적 노력을 할 때는 남모르게 수행하지
만, 무위할 때에 이르러서 사람들이 비로소 안다네. 다만 무위가 요
체라고만 믿으니 인위적 방법이 기본 바탕이 되는지 그 누가 알겠는
가?"라고 하였다.

有作者, 小周天也. 無爲者, 大周天也. 盖火候行於眞人呼吸處, 此
處本無呼吸, 自無呼吸而權用爲有呼吸, 以交合神炁, 久煉而成大
藥者, 必用有爲也. 不如是, 則道不眞. 無人見者, 秘傳之天機, 而
密行之. 古先聖眞誠人曰 知之不用向人誇 是也.

'인위적 노력'(有作)이란 소주천이고 '무위(無爲)'는 대주천이다. 대
체로 진인이 호흡할 때에 화후가 운행되는데 이때에는 본래 호흡은
없고 호흡 없음에서 비롯하여 임시로 호흡하여 신과 기를 서로 합치

시킨 다음, 오래도록 수련하여 대약을 이루려면 반드시 인위적 노력을 해야 한다. 이와 같이 수련하지 않는다면 그 방도는 잘못된 것이다. '남모르게 수행한다'(無人見)는 것은 비전의 천기를 남모르게 수행한다는 말이다. 과거의 진인과 성인은 사람들을 경계하여 '설령 알지라도 남에게 자랑하지 마라'라고 하였는데 바로 이를 두고 한 말이다.

所謂聖人不傳火者, 不輕傳此也. 世人邪法, 皆用有爲, 仙家之有爲, 則不同. 邪說之有爲, 皆着相; 仙家之有爲, 不着相. 此尤爲無人見者. 此以前皆從無入有也, 以後皆從有入無也. 然呼吸本一身之所有也, 先自外而歸於內, 則內爲有, 故大周天必欲至於無.

설도광의 "성인은 화후를 전하지 않는다"라는 말은 이것을 경솔하게 전하지 않는다는 의미이다. 세상의 사악한 법은 모두 유위를 사용하지만 선가의 유위는 이와 다르다. 사악한 학설의 유위는 모두 겉모습에 집착하지만 선가의 유위는 겉모습에 집착하지 않으니 이것이야말로 '남모르게 수행한다'는 것이다. 이 이전에는 모두 무에서 유로 들어가고 이 이후에는 유에서 무로 들어간다. 그러나 호흡은 본래 몸 안에서 일어나는 일로 우선 몸 밖에서부터 몸 안으로 받아들이는 것이니 몸 안에서 유가 된다. 그래서 대주천은 반드시 무에까지 이르려고 하는 것이다.

然無者, 非不用火而言無, 乃是火候行之妙於無者. 此火危險甚大, 因有爲之火易行, 無爲之火難行也, 不能無之. 是危險 能無之而或少有一毫雜於有, 亦是危險; 無之而或間斷不行, 亦是危險. 故紫陽亦囑之, 世之愚人俗子, 但見無爲, 便猜爲不用火, 遂其所好, 安心放曠者有之;或猜爲始終只用一無爲而已, 不求所以當有爲於始者有之. 故曰, 但信無爲, 孰知有作. 此紫陽甚言當有無雙用之旨也.

그러나 이 무라는 것은 화후를 사용하지 않는 무를 말한 것이 아니고 바로 화후가 무에서 신묘하게 운행되는 것이다. 이 화후는 위험하기 짝이 없는데 유위의 화후는 쉽게 운행되지만 무위의 화후는 운행하기 어렵기 때문이다. 화후를 무위로 운행할 수 없다면 이것은 위험한 것이고 화후를 무위로 운행하더라도 조금이라도 유위적인 것이 남아 있으면 위험하며, 화후를 무위로 운행하더라도 중간에 운행이 중단되면 이 또한 위험하다. 그래서 자양 진인도 이에 대하여 누누이 당부하였다. 세속의 어리석은 사람 중에는 다만 무위만 보고서 곧바로 화후를 사용하지 않는 것인가 의심한 나머지 자기가 좋아하는 대로 안심하고 제멋대로 하는 사람이 있기도 하고, 시종 무위만 사용하는가 의심한 나머지 처음에는 마땅히 인위적 노력을 해야 한다는 것을 찾아보지 않는 사람도 있다. 그래서 '다만 무위만 믿으니 누가 인위적 노력을 알겠는가'라고 말한 것이다. 이 말은 자양 진인이 '마땅히 유와 무를 균형 있게 사용해야 한다'는 취지를 강조한 말이다.

純陽眞人曰: "一陽初動, 中宵漏永"
순양진인이 말하기를 "일양이 처음 움직일 때는 한밤중의 자시이다"라고 했고

此下一段, 皆言活子時之火候.
이 아래 한 단락은 모두 활자시의 화후에 대해 말한 것이다.

魏伯陽眞人曰: "晦至朔旦, 震來受符"

위백양 진인은 '그믐에서 초하루 아침에 이르기까지 진(☳)이 와서 부명을 받는다'라고 했으며,

此以一月爲喩也. 晦者, 月終之夜無光, 喩身中陰靜之時. 晦而至於 次月朔旦者, 初一也. 震來者, 震一陽動於下爻, 以喩身中眞陽精炁 之生. 盖藥生卽火當生, 震陽旣動而來, 則當受火符, 以採取烹煉之 也. 上節純陽之說, 以一日爲喩者, 中宵爲夜之半, 卽子時之義. 漏 永者, 火符之刻漏籌數也. 古人或以日喩, 或以月喩, 或以一年喩, 無所不喩, 不過借易見者, 以發明火之不可言者, 學者皆不可以喩 認眞, 但恍忽喩似身中之理, 而猶非實似也.

이는 한 달로 비유한 것이다. 그믐이란 것은 그 달이 마지막 밤에 달 빛이 없을 때인데 이것은 몸 가운데 음이 고요할 때를 비유한 것이 다. 그믐에서 다음 달 초하루 아침에 이르면 초하루가 된다. '진이 온다'는 것은 진괘의 일양이 초효에서 움직인다는 것인데 이는 몸 가운데 진양의 정기가 생겨난 것을 비유한 것이다. 대개 약물이 생 기면 화후가 반드시 생기기 마련이니, 진양의 일양이 이미 움직여 오면 마땅히 화부를 받아서 약물을 채취하여 제련해야 하다. 위 구 절 순양진인의 말은 하루를 가지고 비유한 것인데, '중소(中宵)'는 한밤중으로 자시의 의미이다. '누영(漏永)'이란 것은 화부의 시간을 계산한 것이다. 고인은 하루로 비유하기도 하고 혹은 한 달로 비유 하기도 하고 혹은 일 년을 가지고 비유하기도 하는 등 비유하지 않 은 바가 없지만, 이것은 쉽게 볼 수 있는 것들을 빌려서 말로 표현할 수 없는 화후에 대해 드러내 밝힌 것에 불과하다. 그러므로 학자는

이런 비유들을 참말로 받아들여서는 안 될 것이다. 이 비유들은 다만 어렴풋이 몸 가운데 이치를 비유하였지만 여전히 실제와는 같지 않다.

陳朝元曰:
진조원[49]이 말하기를

即『玉芝書』.
이는 『옥지서』[50]에 나오는 말이다.

"凡煉丹, 隨子時陽氣生而起火, 則火力方全. 餘時起火不得, 無藥故也"
"대체로 단을 단련할 때에는 자시에 양기가 생겨나는 것을 따라 화후를 일으키면 화후의 힘이 비로소 온전해진다. 그러나 그 나머지 시간은 화후를 일으킬 것이 없으니 약물이 없기 때문이다"라고 했고

有藥方能造化生, 故起火煉藥. 無藥時不必用火, 故起火不得. 若强用火, 便是水火煮空鐺. 鐺是炊飯器.
약물이 있어야 조화가 생기기 때문에 (이때에) 화후를 일으켜 약물을 단련한다. 그러나 약물이 없을 때에는 화후를 사용할 필요가 없기 때문에 불을 일으키지 않는다. 만약 억지로 화후를 사용할 경우에는 수와 화를 그냥 빈 밥솥(鐺)에 삶는 격이다. 당(鐺)은 밥 짓는 기구이다.

---

49) 진조원: 미상이다.
50) 『옥지서』: 미상이다.

陳泥丸曰: "十二時辰須認子"

진니환은 말하기를 "12시진 가운데 반드시 자시에 대해 알아야 한다"라고 했으며

丹道一周天之用, 須用眞活子時而起火. 天道一日十二時, 本有子, 夜半之時也. 丹道雖喩子, 而非可執. 按其子者, 於此十二時中, 皆可有陽生火生之子, 故稱曰眞活子時. 爲其不拘夜半之死子也. 修丹者, 當於天時中認取丹道當生火之活子時, 若不知活, 則謂之當面錯過.

단도에서 일주천을 운용할 때 반드시 진짜 활자시(活子時)에 화후를 일으켜야 한다. 천도는 하루에 12시진을 운행하고 그 가운데 자시가 있는데 이는 한밤중이다. 단도에서 비록 자시로 비유했지만 여기에 집착해서는 안 된다. 이 子시를 살펴보건대, 여기 12시진 가운데 모두 양이 생기고 화가 생기는 자시가 있기 때문에 진짜 활자시라고 말한 것이다. 그것은 한밤중의 사자시(死子時)에 얽매이지 않게 하기 위함이다. 단을 수련하는 자는 마땅히 단도에서 말하는 화후를 일으키는 활자시를 천시 가운데에서 알아서 취해야 한다. 만약 '活子時'의 '活' 자의 의미를 알지 못하면 이를 두고 '눈앞에 두고도 알아보지 못한다'라고 하는 것이다.

白玉蟾曰: "月圓口訣明明語, 時子心傳果不訛"

백옥섬은 말하기를 "월원(月圓)에 대한 구결은 명명백백하게 설명되어 있지만, 시자(時子)에 대해서는 마음으로 전해야만 어긋나지 않는다네"라고 하였고

月圓則陽光盛滿, 喩陽炁發生之盛, 可採取煉之, 而可成金丹, 仙機採有時者即此. 若不及圓, 則陽不旺, 採之亦不成丹, 亦不能長生不死, 故千叮萬囑要知時. 時子者, 身中陽生之子時, 必得仙師心傳口授, 而後得其時之眞.

'달이 가득찼다'는 '월원'은 양광이 충만한 것이다. 이는 양기가 성대하게 발생한 것을 비유한 것으로서 이때에 양기를 채취하여 단련하면 금단을 이룰 수 있다는 것이다. '선기(仙機)에 채취할 시기가 있다'고 한 것은 바로 이를 두고 한 말이다. 만약 가득 차지 않았을 경우에는 양이 왕성하지 못하므로 채취하더라도 금단을 이룰 수 없고 장생불사도 할 수 없다. 그래서 반드시 적당한 때를 알아야 한다고 천 번 만 번 강조한 것이다. '시자(時子)'라는 것은 몸속에서 양기가 발생하는 자시(子時)로서 이는 반드시 선사가 마음으로 전해 주고 직접 알려 주어야만 참된 때를 알 수 있다는 것이다.

彭鶴林曰: "火藥元來一處居, 看時似有覓時無"

팽학림51)은 말하기를 "화후와 약물은 한곳에 있기 때문에 볼 때는 있는 듯하지만 찾아보면 없다네"라고 했으며

藥是先天元炁, 本無形. 若以無形而致疑曰: 不知有所得·無所得, 是終於不得成. 我則信其無之至眞, 亦以無之妙用而採取烹煉, 便

---

51) 팽학림: 팽거(彭耜)를 말한다. 남송시대의 인물로, 자는 계익(季益)이다. 대대로 이름난 관리의 집안에서 나, 어려서부터 글로 이름을 날렸다. 백옥섬을 스승으로 모시고 태을도교화부(太乙道敎火符)와 구정금연사홍단서(九鼎金鉛砂汞丹書) 등을 얻었다. 학림산에 은거하였고 자호를 학림산인으로 하였다. 날로 노장의 글로써 즐기고 부도(符圖)로 백성의 병을 다스리고, 세상과의 교유를 끊었다. 저서로는 『금화충벽단경(金華冲碧丹經)』이 있고, 그의 내단법은 남종의 수련법이 되었다. 송대의 여러 학자들의 노자 주석을 모아 『도덕진경집주』 18권을 편찬하기도 하였다.

是眞虛無之仙道也. 火本呼吸之有形, 若即以有形用之, 則長邪火, 以有而用之似無. 火藥一處居, 俱於無中得有之妙, 所以謂之似有似無.

약물은 선천원기로서 본래 형체가 없다. 만약 '무형'이라는 말을 가지고 '소득이 있는지 없는지 알 수 없는 것이 아니냐'고 의심한다면, 이런 사람은 끝내 이룰 수 없다. 나 같은 경우에는 지극히 참된 무를 믿기 때문에 무의 묘용으로써 채취하여 팽련하는데, 이것이 바로 진정한 허무의 선도이다. 화후가 유형의 호흡에 근본한다고 해서 유형으로 사용할 경우에는 사특한 화후를 키우므로 유형의 호흡이지만 사용할 때는 무(無)인 것처럼 한다. 화후와 약물이 한곳에 있어서 모두 무(無) 가운데서 유(有)의 신묘함을 얻을 수 있으므로, '있는 듯하기도 하고 없는 듯하기도 하다'고 말한 것이다.

予老祖師李虛庵眞人曰: "一陽動處初行火, 卯酉封爐一样温"
나의 스승 이허암 진인은 말하기를 "일양이 움직이는 곳에서 처음으로 화후를 운행하고 묘시와 유시에 화로를 밀봉하여 줄곧 따뜻하게 한다"라고 했는데

一陽動, 同純陽之說, 但曰採取封固, 曰沐浴温養, 總要無有雙忘, 同於太虛.

'일양이 움직인다'는 말은 여순양의 설과 같다. 단지 '채취하여 밀봉해야 한다[封爐]'라고 하고 '목욕하고 따뜻하게 배양해야 한다[卯酉]'라고 말하였는데, 이는 모두 무와 유를 잊어서 태허와 같게 하려는 것이다.

此皆言藥生即是火生, 以明採藥起火之候也.

이상 여러 조사들의 말들은 모두 약물이 발생할 때가 바로 화후가 생긴다는 것을 말하여 약물을 채취하고 화후를 일으키는 시기를 밝힌 것이다.

此是冲虛子總結上一大段之說者. 採藥者, 子時火之前也. 起火者, 子時火之事也. 二者必要分明. 所以達摩云: "二候採牟尼, 四候別神功"是也.

이는 충허자가 이상의 학설을 통틀어 결론지은 것이다. '약물을 채취한다'는 것은 자시에 화후를 운용하기 직전이고 '화후를 일으킨다'는 것은 자시에 화후를 운용하는 것이니, 이 두 가지를 분명하게 알아야 한다. 그래서 달마는 '이후에 모니를 채취하고 사후에 따로 신령스러운 수행을 한다'52)고 했는데 바로 이를 의미한다.

正陽眞人曰: "結丹火候有時刻"

정양진인은 "금단이 결성되는 적절한 화후의 시기가 있다"라고 말하였고,

此下皆言從起火於子, 行十二時小周天火候, 正烹煉金丹之候, 故曰結丹有時刻.

---

52) 이후에 모니를 채취하고 ……신령스러운 수행을 한다(二候採牟尼法): 수련의 방법이다. 모니(牟尼)는 금단(金丹) 혹은 내단(內丹)이다. 『도덕경정의(道德經精義)』에 따르면, 수행할 때 리광(離光)이 처음 감궁(坎宮)에서 사귈 때, 기의 기틀이 미약하여 채취할 수 없으므로, 이후채모니법으로, 음교지기(陰蹻之氣)를 조화롭게 헤아려 기혈의 가운데에서 만나게 하고, 화로에 귀착시켜 따뜻하게 기른다고 하였는데, 여기서 음교지기를 기혈의 가운데에서 만나게 하는 것이 일후이고, 화로에 귀착시켜 따뜻하게 기르는 것이 일후이다.

이 아래는 모두 자시부터 화후를 일으켜서 12시진 동안 소주천화후를 운행하는데 이때가 바로 금단을 팽련할 시기임을 말한 것이다. 그래서 여기에서 "금단이 結成되는 적절한 화후의 시기가 있다"라고 먼저 말하였다.

蕭紫虛曰: "乾坤橐籥鼓有數,

소자허는 "건곤의 이치를 적용하여 풀무질할 때 합당한 수에 따르고,

橐籥者, 鼓風吹火之具, 喩往來呼吸之息, 即乾呼而坤, 坤吸而乾之義, 有數者, 即乾用九·坤用六之數也.

풀무는 바람을 불어 불을 일으키는 도구로서 들숨과 날숨을 비유한 것인데, 이는 바로 건이 내쉬면 곤의 상태가 되고 곤에서 들이쉬면 건의 상태가 되는 뜻이다. '적당한 횟수가 있다'는 것은 바로 건은 九數를 사용하고 곤은 六數를 사용한다는 의미이다.

離坎刀圭採有時."

리괘의 기토와 감괘의 무토가 하나의 도규로 이루어지려면 적당한 시기에 채취해야 한다"라고 하였다.

離, 心中之神, 曰己土. 坎, 腎中之炁, 曰戊土. 上下二土成圭字, 戊己合一者, 稱刀圭, 以喩神炁合一者 亦稱刀圭, 然刀圭由得二土合煉而成. 又必先知採取二土之時, 方能成二土之圭. 不知採時, 必不成二土之圭也.

'리'는 심장 가운데의 '신'으로서 '기토'라 하고 '감'은 신장 가운데의 '기'로서 '무토'라고 하는데, 이 위아래의 2개의 '토(土)'가 합해

져서 '규(圭)' 자가 된다. '무'와 '기'가 합쳐서 '하나'가 된 것을 '도규'라고 하고 '신'과 '기'가 합쳐서 '하나'가 된 것을 비유할 때도 '도규'라고 한다. 그러나 '도규'는 '무토'와 '기토'가 하나로 합쳐진 다음에 단련되어 이루어진 것이므로, 반드시 먼저 이 '무토'와 '기토'를 채취할 시기를 알아야만 바야흐로 '무토'와 '기토'가 '규'로 이루어질 수 있지 채취할 시기를 알지 못하면 '무토'와 '기토'는 결코 '규'가 되지 않는다.

玉鼎眞人曰: "入鼎若無刻漏, 靈芽不生. 時候不正, 有何定其斤兩升降哉?"
옥정진인53)은 말하기를 "솥에 약물을 넣을 때 만약 정해진 시간에 따르지 않는다면 신령스러운 금단의 싹이 생겨나지 않고 화후의 운용이 바르게 되지 않을 것이니 어떻게 약물의 근량과 화후의 승강을 정할 수 있겠는가?"라고 하였고

眞陽曰: 入鼎者, 眞陽之精炁, 旣還於炁穴, 必要刻漏之火候煉之, 則黃芽大藥方生. 有刻漏, 則知一時已完, 當用二時, 六陽用進·六陰用退, 方合正理. 又能令神炁二者, 皆半斤八兩. 又如用一時之刻漏, 當升當降者, 不當升降者, 方有定理.
진양은 다음과 같이 말하였다. '솥에 넣는다'라는 것은 진양의 정기가 이미 기혈로 돌아온 뒤에는 반드시 시간에 따라 화후로 그것을 단련해야 한다. 그러면 황아대약이 바야흐로 생겨나게 된다. 시간을 재는 시계가 있으면 한 시진이 끝난 뒤에는 마땅히 두 시진을 사용

---

53) 옥정진인: 미상이다.

해야 하는 것과 6양이 들어오면 6음이 물러나는 것을 알게 되므로 바른 이치와 합치된다. 또 신과 기 두 가지를 합치려면 모두 반근 8 냥이 있어야 하고 또 예를 들어 한 시진의 시간을 사용한 경우에는 마땅히 올려야 할 것과 내려야 할 것·올리지 말아야 할 것과 내리지 말아야 할 것에 대해서 비로소 정해진 이치를 따르게 된다.

玄學正宗曰: "刻漏者, 出入息也"

현학정종[54])에 말하기를 "각루라는 것은 들숨과 날숨이다"라고 하였으며

此直言刻漏是出入息之別號. 刻漏者, 是晝夜十二時 各有刻數, 每有幾點漏滴之聲 以應一刻, 再至多漏, 以應一時, 今言此以喩呼吸之息也. 以漏數定刻數, 即如丹道中以眞息數定時數也.

여기에서는 '각루'가 바로 들숨과 날숨의 별칭임을 직설적으로 말하였다. '각루'라는 것은 주야 12시진마다 각각 '각'의 수(현재의 15분)가 있는데 몇 방울의 물 떨어지는 소리로 일각(一刻)을 알려 주고 재차 물방울 소리가 여러 번 쌓이면 한 시진을 알려 준다. 그런데 지금 이것을 말하여 들숨과 날숨을 비유하였다. 떨어지는 물방울 숫자로 각의 숫자를 정한 것은 바로 단을 수련하는 도에서 진식의 숫자로 시진의 숫자를 정한 것과 같다.

廣成子曰: "人之反覆呼吸徵於蒂, 一吸則天氣下降, 一呼則地氣上升, 我之眞炁相接也"

---

54) 현학정종: 미상이다.

광성자55)가 말하기를 "사람이 반복해서 호흡하여 배꼽에 이르게 하는 이유는, 숨을 한 번 들이쉬면 천기가 하강하고 숨을 한 번 내쉬면 지기가 상승하는데 그때에 나의 진기와 서로 교감하기 때문이다"라고 하였고

黃帝於崆峒山石中, 得陰符經, 請問文義於天眞皇人及廣成子, 記其言曰, 三皇玉訣云, 反覆者, 上中下三田旋轉之義, 呼吸者, 眞人之呼吸, 非凡夫之呼吸. 徹於蔕者, 通於炁穴之處. 吸降呼升者, 似於反說. 大抵丹書, 反說者甚多, 我以理及事詳究之, 皆吸升呼降, 合於自然, 方得可有可無之妙.

황제56)가 공동산의 석굴에서 『음부경』57)을 얻어서 천진황인58)과

---

55) 광성자: 고대 전설상의 선인으로 도교에서 받드는 인물이다. 『장자』에서는 공동산 석혈 속에 은거하였는데, 황제가 친히 와서 장생의 법을 물었다고 한다. 『신선전』, 『헌원본기』 등에 보인다.

56) 황제: 원래는 역사상 전설적인 인물이지만, 방사와 도교도들이 신으로 받들었다. 전설상으로는 성은 공손(公孫)이고, 이름은 헌원이며, 유웅국(有熊國) 임금 소전(少典)의 아들이라고 한다. 『역세진선체도통감』에서는 그 어머니가 꿈에 불빛이 북두칠성의 추성을 싸고도는 것을 꾸고는 임신한 지 24개월 만에 황제를 낳았다고 한다. 15세에 왕위를 계승하고 팔괘, 율력, 관면, 궁실 등을 만들었다고 한다. 염제를 이러 천하를 통일하였다고 한다. 치우가 배반을 하여 탁록에서 전쟁을 벌였는데, 서왕모파 구천현녀가 황제에게 영부와 도법, 『음부경』을 전수해 주어 끝내 치우를 잡아 죽일 수 있었다고 한다. 이후에 무광사, 용성공, 광성자 등의 선인을 방문하여 신선의 도를 물었다고 한다. 왕옥산에서 구정금단을 단련하여 이루고, 왕위를 버리고 청구산에 들어가 자부선생을 배알하고 삼황내문을 받고 청성산에서는 중황장인의 비전법을 받는 등 다양한 비전을 전수받고는, 마지막에는 채수산의 동으로 형산에서 옥정을 만드는데, 옥정이 만들어진 날 하늘에서 용이 하강하고, 황제는 용을 타고 하늘로 올라가 신선이 되었다고 한다. 도교에서는 『황제음부경』처럼 황제를 내세워 책의 제목으로 삼을 경우가 많다.

57) 음부경: 『황제음부경(皇帝陰符經)』을 말한다. 작자와 성서 연대에 대한 학설이 분분하다. 그렇지만 대체로 당 이전의 도가 책으로 보는 경향이 강하다.

58) 천진황인: 『역세진선체도통감(歷世眞仙體道通鑒)』에서 업겁 이전의 전생에서 진을 닦아 지극한 도를 얻은 상고시대의 선인으로 묘사하고 있다. 헌원황제시대에 아미산에 들어가 종적을 감추었다고 한다. 절벽의 아래에 푸른 옥으로 집을 짓고 살았는데, 황금으로 방 안을 꾸미고, 선동(仙童)과 옥녀(玉女)가 시중을 들었다고 한다.

광성자에게 그 뜻을 묻고 그 말을 다음과 같이 기록하였다. "『삼황옥결』[59]에 이르기를 '반복하다'는 것은 상중하 3단전에 순환한다는 의미이고, '호흡'이란 진인처럼 호흡하는 것이지 범부와 같이 호흡하는 것은 아니다. '배꼽에 이르게 한다'는 것은 기혈까지 통하게 하기 위한 것이다. '숨을 들이쉬면 천기가 하강하고 숨을 내쉬면 지기가 상승하다'는 것은 마치 반대로 말한 것 같다. 그러나 대체로 단서에는 '반대로 말한 것이 매우 많다'라고 하였다. 그런데 내가 이치와 사례로 이런 것들에 대해 자세히 궁구해 보니, 숨을 들이쉬면 상승하고 숨을 내쉬면 하강하여 자연과 합치되어야만 비로소 있는 듯 없는 듯한 오묘함을 얻게 된다."

予師曹還陽眞人曰: "子卯午酉定眞機, 顚倒陰陽三百息"
우리 스승 조환양 진인이 말하기를 "자·오·묘·유의 시진에 진기를 고정시키는데, 이때에 음양의 작용을 뒤바꾸어 300번 호흡을 한다"라고 하였으며

子卯午酉者, 入藥鏡所謂看四正者, 卽此四時也. 入藥鏡所言在脫胎, 大周天之後也, 此言乃小周天也. 小大事不同, 而用同, 何也. 心印經云, 三品一理, 是也. 我北眞 孫不二所言, 無內藏眞有, 有裏卻如無, 卽此眞機也. 顚倒陰陽者, 六陽時, 用乾之用而進, 至六陰時, 則用坤之用, 顚倒之而退. 陽時乾策二百一十六, 除卯陽沐浴不

황제가 와서 절하면서 도를 묻자, "오아삼일(五牙三一)"의 글을 주었다고 하고, 후에 다시 황제를 만나 『태상영보도인경(太上靈寶度人經)』을 전해 주었다고 한다.
59) 『삼황옥결』: 『음부경삼황옥결』이다. 원래의 제목은 "헌원황제제(軒轅皇帝制)"이다. 『도장』 통진부 옥결류에 수록되어 있다.

用, 乾用實一百八十也. 陰時坤策一百四十四, 除酉陰沐浴不用, 坤用實一百二十也. 合之得三百息, 周天之數也. 閏余之數在外.

'자묘오유'라는 것은 『입약경』에서 말한 '4정방을 바라본다'라는 것으로서 바로 이 '자오묘유'의 네 가지 시진이다. 『입약경』에서 말한 '탈태에 있다'라는 것은 대주천 이후의 일이고 여기서 말한 것은 소주천의 일이다. 소주천과 대주천의 일이 같지 않은데 그 작용이 같은 것은 무엇 때문인가? 『옥황심인경』에서 말하기를 '삼품이 한 가지 이치이다'라고 했는데 바로 이를 두고 한 말이다. 우리 북칠진인인 손불이[60]가 '무 안에 진유가 간직되어 있고 유 안에는 도리어 아무것도 없는 것 같다'라고 말했는데, 바로 여기의 '진기(眞機)'를 두고 한 말이다. '음양의 작용을 뒤바꾼다'라는 것은 6양의 시진에는 건의 작용을 사용하여 나아가다가 6음의 시진에 이르러서는 곤의 작용을 사용하여 (6양의 작용을) 뒤바꾸어 후퇴하는 것이다. 6양의 시진에는 건의 산대 216개 중에서 묘양에서 목욕할 때의 36은 제외하고 사용하지 않으니 건의 산대를 사용하는 것은 실제로 180개가 된다. 음의 시진에 곤의 산대는 144개인데 육음의 때에 목욕하는 것은 제외하고 사용하지 않으니 곤의 산대를 사용하는 것은 실제로는 120개가 된다. 이를 합하면 300호흡이 되는데 이것이 주천의 숫자이고 그 나머지 60수는 사용하지 않고 그대로 둔다.

---

60) 손불이: 손불이(1119~1182)는 금나라 때의 인물로, 이름은 부춘(富春)이고, 법명은 불이(不二)이며, 호는 청정산인(淸淨散人)이다. 세상 사람들은 그를 손선고(孫仙姑)라고 불렀다. 마단양(馬丹陽)의 처이다. 마단양과 함께 왕중양을 스승으로 섬겼다. 전진교 청수파의 창립자이다. 북칠진(北七眞) 중의 한 사람이다. 『손불이원군법어(孫不二元君法語)』라는 저서가 있다.

張紫陽曰: "刻刻調和, 眞炁凝結"

장자양[61]은 말하기를 "시시각각 조화를 이루면 진기가 응결된다"라
고 하였고

刻刻, 言三百六十息, 皆要調和, 合自然, 一刻不調, 則不能入定凝
炁而成胎基.

'시시각각'은 360회의 호흡을 말하는데 이 호흡들이 모두 조화를 이
루어 자연에 합치되어야 한다. 만약 한순간이라도 조화롭지 못하면
선정에 들어가 기를 응결시켜 성태(聖胎)의 기초를 이룰 수 없다.

薛道光曰: "火候抽添思絶塵, 一爻看過一爻生"

설도광은 말하기를 "화후의 강약을 조절할 때 생각에 잡념을 끊어
버리고 한 효의 과정을 마치고 나면 다시 한 효가 생겨난다"라고 하
였으며

抽添, 即進退. 絶塵者, 念不着於塵妄幻魔. 爻過爻生者, 即綿綿無
間也.

'추첨'이란 바로 '진퇴'를 말한 것이다. '생각에 잡념을 끊어버린다'
라는 것은 '세속의 망령된 생각과 환상의 마귀를 마음속에서 끊어버
린다'라는 의미이다. '한 효의 과정을 마치고 나면 다시 한 효가 생겨
난다'는 것은 바로 '면면히 이어져 끊어지지 않는다'라는 의미이다.

---

61) 장자양: 장백단을 가리킨다.

陳泥丸曰: "天上分明十二辰, 人間分作煉丹程. 若言刻漏無憑信, 不会玄機藥不成"

진니환62)은 말하기를 "천상에 12시진이 분명하니 사람이 이에 따라 나누어 연단의 과정을 삼았다. 만약 '각루를 믿을 수 없다'라고 말한다면, 그는 현기를 이해하지 못하므로 단약을 이룰 수 없다"라고 하였고

天上明明有十二支之辰位, 眞人效此, 爲十二時之火候. 程者, 一周 天節制之限數也. 若愚人不知, 如用有作, 言刻漏不必用, 便是不会 悟玄妙天機之人. 旣不用火煉藥, 則藥不成, 無以證道升仙也.

천상에는 12시진의 위치가 분명하게 있기 때문에 진인은 이를 본받아 12시의 화후를 만든 것이다. '연단의 과정'이란 '일주천 동안 수행할 때에 절제해야 할 한정된 수'를 의미한다. 만약 어리석은 이가 이를 알지 못해서 임의로 하면서 '구태여 정해진 시간을 사용하지 않아도 된다'라고 말한다면, 이는 바로 현묘한 천기를 이해하지 못한 사람이다. 화후를 사용하며 약을 제련하지 않으면 단약이 이루어지지 않으므로 도를 증득하여 선경에 올라갈 수 없을 것이다.

又曰: "百刻之中, 切忌昏迷"

또 말하기를 "하루 백각 동안에 절대로 혼미해서는 안 된다"라고 하였다.

---

62) 진니환: 陳楠(?~1213)이다. 진남은 송대 도사로, 도교 내단파 남종 4대조사로, 자는 南木 호는 翠虛이다. 전해 오기를 여로산에서 신인을 만나 『경소대뢰랑서』를 얻었다고 한다. 남종에서 그로 인해 뢰법이 전수되었다고 한다. 이후에 설도광으로부터 태을금단결을 얻어, 捻土로 병을 치료했기 때문에 진니환이라고 사람들이 불렀다. 단법을 백옥섬에서 전수했다. 저서로는 『취허편』이 있다.

一日十二時中, 有百刻, 以足周天者. 昏迷者, 或昏睡, 或散亂, 皆
錯失眞候, 故曰切忌.

하루 12시진을 백각으로 나누어 주천에 맞춘다는 것이다. '혼미'라
는 것은 정신이 혼란하여 조는 것이나 산만한 것을 말하는데, 이는
모두 화후의 과정을 놓쳐 버리기 때문에 '절대로 해서는 안 된다'라
고 말하였다.

陳希夷曰: "子午工, 是火候, 兩時活取無昏晝.

그리고 진희이는 말하기를 "자시와 오시는 바로 화후의 중요한 과정
이니 자시와 오시를 융통성 있게 활용하여 주야에 구애되지 않도록
해야 한다.

子午皆活用, 比喩的, 非若天時之晝午夜子.

'자시와 오시를 모두 활용해야 한다'라는 것은 비유한 말이지 꼭 천
시의 정오·자정을 가리키는 것은 아니다.

一陽復卦子時生, 午後一陰生於姤, 三十六

복괘의 일양은 자시에 생겨나고 정오가 지나면 일음이 구괘에서 생
겨난다. 36수가 있고

乾用九, 故四九三十六也.

건괘는 9수를 사용하기 때문에 4×9는 36이 된다.

又二十四

또 24수가 있으니

坤用六, 故四六二十四也.

곤괘는 6수를 사용하기 때문에 4×6은 24가 된다.

周天度數同相似.

일주천의 도수와 서로 비슷하다.

天上度數之周天, 與煉丹火候之周天, 皆相似, 同此九六之數.

하늘이 한 바퀴 도는 도수는 단을 단련하는 화후의 주천과 서로 비슷한데 이는 모두 9수와 6수를 사용하기 때문이다.

卯時沐浴酉時同

유시에도 묘시와 같이 목욕을 하는데

二時同用沐浴.

유시와 묘시에 똑같이 목욕을 한다는 것이다.

火候足時休恣意"

화후가 충족되었을 때에 마음대로 해서는 안 된다"라고 하였고

崔公云: "火候足, 莫傷丹" 言不宜恣意行火, 而不知止也.

최공63)이 말하기를 "화후가 충분히 되었을 때 단약을 손상시켜서는 안 된다"라고 했는데, 이는 그칠 줄 모르고 마음대로 화후를 운행해서는 안 된다는 것을 말한다.

---

63) 최공: 최희범을 말한다.

許旌陽曰: "二百一十六

허정양이 말하기를 "216수의

即乾用九之積數.

이것(216수)은 바로 건괘에서 9수를 사용하여 쌓인 숫자이다.

用在陽時,

사용은 양의 때에 있고,

從子至巳, 六陽之時也. 六陽時, 虛擬之日二百一十六, 此大約言者, 有卯沐浴無數之候在中. 本無此數.

'자'에서부터 '사'에 이르기까지는 육양(六陽)의 때이다. '육양의 때' 는 가상으로 설정한 날로서 216일인데 이는 대략적으로 말한 것이다. 그 가운데는 묘시의 목욕은 숫자가 들어 있지 않으므로 본래 이 숫자는 없는 것이다.

一百四十四行於陰候"

144의 수는 음후에서 운행된다"고 하였다.

即坤用六之積數. 用於陰者, 從午至亥六陰之時也, 每四六計之, 總六陰而虛擬一百四十四也, 非眞實用此數, 但言有如此之理. 學者當因此粗迹, 而求悟精義之妙.

이것(144의 수)은 바로 곤괘에서 6을 사용하여 쌓인 숫자이다. 음에 서 사용된 것은 '오'에서 '해'에 이르기까지 6음의 때를 말한 것이다. 매 괘마다 4와 6으로 계산하면 통틀어 6음이 되는데 이를 가상적으로 144수로 설정한 것이다. 이것은 실지로 이 수를 사용하는 것이 아니고 단지 이와 같은 이치가 있음을 말한 것이다. 그러므로 학자는 마땅히 이 대략적인 과정을 통해서 정밀한 이치의 오묘함을 헤아려 보아야 할 것이다.

金谷野人曰: "周天息數微微數, 玉漏寒聲滴滴符"
금곡야인64)이 말하기를 "주천의 호흡수를 가만히 세어보면 뚝뚝 떨어지는 옥루의 소리와 들어맞는다네"라고 하였으며

微微數者, 精妙不着於相, 非强制也. 滴滴符者, 周天之數無差.
'가만히 세어본다'라는 것은 정묘함을 현상에 집착하지 않고 억지로 제어하는 것이 아니라는 의미이다. '옥루의 소리와 들어맞는다'는 것은 주천의 숫자와 차이가 없다는 의미이다.

眞詮曰: "火候本只寓一氣進退之節, 非有他也. 眞火之妙在人, 若用意緊則火燥, 用意緩則火寒, 勿忘勿助, 非有定則, 尤最怕意散. 不升不降, 不結大丹"
『진전』65)에는 말하기를 "화후는 본래 일기(一氣)가 진퇴하는 단계에 달려 있지 다른 것은 없다. 진화의 묘리는 사람에게 달려 있는데 만약 사람이 마음을 너무 긴장하면 화후가 과열되고 마음이 너무 느슨하면 화후가 식어 버린다. 그러므로 잊지도 말고 조장도 하지 말아야 하는데 여기에는 특별히 정해진 법칙이 없다. 특히 뜻이 흩어

---

64) 금곡야인: 미상이다.
65) 『진전』: 미상이다.

지는 것을 가장 경계해야 하는데 화후가 올라가지도 않고 내려가지
도 않을 경우에는 대단이 응결되지 않는다"라고 하였고

此是明時初學者之說, 雖未明大道之人, 其言亦可示學者爲敎誡者.
이것은 명나라 때 초학자의 말로서 비록 대도에는 밝지 않지만 그
말이 또한 학자에게 보여 가르침과 경계로 삼을 만하다.

王果齋曰: "口不呼, 鼻不吸, 橐天籥地徐停息. 巽風離火鼎中烹, 直使身安命方立"

왕과재66)는 말하기를 "입으로 숨을 내쉬거나 코로 들이쉬지도 않고
천지의 기운이 마치 풀무가 왕래하듯이 천천히 숨을 멈춘다. 손괘의
바람과 리괘의 불67)을 가지고 솥 안의 것을 삶으면 곧바로 우리 몸
이 평안하게 되어 명이 안정된다"라고 했으며

口鼻不呼吸, 則循眞人呼吸之法而呼吸之. 橐籥者, 即往來呼吸之
義. 橐天籥地, 即廣成子"呼地升, 吸天降"之說. 停息者, 不呼吸之
義也. 邪正皆言停息. 採戰者曰: 切須先學停其息. 胎息廣義妖書亦
論停息, 實無所用處, 特借此以擒挐愚人, 令尊己歸依己耳. 況停又
爲强閉强忍之邪法, 實非停也. 仙家之停息, 乃自然靜定而寂滅也,
唯仙佛同. 鼎中烹, 呼吸在眞金鼎之處, 不出入於口鼻, 則內有眞
實, 丹成於此, 本性元神安立於此, 謂之築基成者.
'입과 코로 호흡하지 않는다'는 것은 바로 '진인이 호흡하는 방법을

---

66) 왕과재: 미상이다.
67) 손괘의 바람과 리괘의 불:『주역』에서 괘상을 형상화할 때, 손괘는 바람으로, 리괘
   는 불로 형상화한다.

따라서 호흡한다'는 말이다. '풀무질한다'는 것은 지속적으로 호흡한다는 의미로 사용한 것이다. '천지의 기운이 마치 풀무가 왕래하듯이 한다'는 것은 곧 위에서 광성자가 말한 '숨을 한 번 내쉬면 지기가 상승하고 숨을 한 번 들이쉬면 천기가 하강한다'는 것이다. '숨을 멈춘다'는 것은 코와 입으로 호흡하지 않는다는 의미이다. 사된 학파든 바른 학파든 모두 '숨을 멈춘다'라고 말한다. 채전(採戰)을 하는 자들은 이에 대하여 '반드시 먼저 숨을 멈추는 것을 배워야 한다'라고 말한다. 『태식광의』[68] 같은 요망스러운 책에서도 '숨을 멈추는 것'에 대해서 논하기는 했지만 실은 아무런 소용도 없고 다만 이를 차용하여 어리석은 사람을 옭아매어 자신을 높이게 하고 자신에게 복종하도록 한 것에 불과하다. 더구나 '숨을 멈춘다'는 것은 억지로 숨을 참는 잘못된 방법이지 실은 진짜로 숨을 멈추는 것이 아니다. 선가에서 '숨을 멈춘다'는 것은 바로 '자연스럽게 안정되어 숨결이 고요해지는 것'을 말한다. 오직 이것만은 선가와 불가가 동일하다. '솥에 넣고 삶는다'는 것은, 호흡을 진짜 금정에서 하고 입과 코로 호흡하지 않으면 안에 참된 보배가 생겨나서 그곳에서 단이 완성되고 본성원신이 그곳에 안정된다는 것이다. 이것을 '축기(築基)가 완성되었다'라고 말한다.

陳泥丸曰: "行坐寢食總如如, 唯恐火冷丹力遲"
진니환은 말하기를 "앉아서 행공하고 잠자고 먹는 동안 항상 여여하여 오로지 화후가 식어서 단의 힘이 더뎌질까 염려해야 한다"라고

---

68) 『태식광의』: 미상이다.

했으며

行坐者, 坐而行工也, 非行路. 有寢有食, 尙未脫凡夫, 只是百日內
事. 若十月胎神之功, 則不寢不食矣. 如如者, 入定之妙. 似有而不
着相, 不空而空; 似無而不著空, 空而不空, 謂之眞如. 眞如如則火
合玄妙, 火不冷, 丹力不遲矣.

'행좌(行坐)'라는 것은 '앉아서 수련한다'는 의미이지, '길을 다닌다'
는 것이 아니다. 잠을 자거나 밥을 먹으면 여전히 범부를 벗어나지
못하는데 이것은 다만 백 일 이내의 일이고, 열 달 동안 신단을 잉태
하는 과정에 이르면 잠도 자지 않고 밥도 먹지 않는다. '여여하다(如
如)'라는 것은 입정의 오묘한 상태로서, 있는 것 같으면서도 형상에
집착하지 않으니 이는 공하지 않으면서 공한 것이고, 없는 것 같으
면서도 공에 집착하지 않으니 이는 공하면서도 공하지 않은 것이다.
이를 진여(眞如)라고 한다. 진실로 여여하게 되면 화후가 현묘함에
합치되어 식지 않기 때문에 단력(丹力)의 형성이 더뎌지지 않는다.

純陽老祖曰: "安排鼎灶煉玄根, 進退須明卯酉門"
순양 노조(여동빈)는 말하기를 "부엌에 솥을 걸어두고 현근을 단련
하되 화후의 진퇴를 조절할 때 반드시 묘유의 관문을 밝혀야 한다"
라고 했고

鼎灶者, 卽炁穴. 玄根者, 卽元陽. 精炁歸於根而煉之. 鼎灶玄根,
皆言用火候之處. 須明者, 叮嚀之意, 言人不可只用陽進火陰退符,
而不用卯酉之沐浴, 則亦墮空亡, 而不得藥, 不能成藥. 盖沐浴是成
仙成佛最緊要最玄妙之功, 故世尊有入池沐浴之喩. 沐浴乃是煉丹

之正工, 而進火退符不過只是調和, 助沐浴之工而已. 調和進退而
不沐浴, 則進退成虛幻. 沐浴而不進退, 則沐浴不得冲和. 故曰: "須
明" 禪家馬祖曰: "未有常行而不住, 未有常住而不行", 亦喩此也.
'정조(鼎灶)'는 바로 '혈기(炁穴)'이고 '현근'이란 것은 바로 '원양
(元陽)'이다. 이는 정기를 근본으로 되돌려 단련하는 것인데, '정조'
와 '현근'은 모두 화후를 운용하는 곳을 말한다. '반드시 밝혀야 한
다'라는 것은 강조의 의미로서 이는 수행자가 단지 양만 사용하여
불을 때고 음만 사용하여 불을 물리기만 한 채, 묘유의 목욕을 사용
하지 않으면 안 된다는 것을 말한 것이다. 만약 그렇다면 공망(空亡)
에 떨어져 단약을 얻지 못하여 단약을 이룰 수도 없게 된다. 대개
'목욕'이란 것은 '성선'과 '성불' 과정에서 가장 긴요하고 가장 현묘
한 과정이기 때문에 세존께서 (성도 후에) 연못에 들어가 목욕한 비
유(卯酉門)를 사용한 것이다. '목욕'이란 것은 연단의 올바른 과정
인데 불을 때고 불을 물리는 것은 단지 조화를 이루어 목욕을 돕는
과정에 불과하다. 화후를 조화롭게 진퇴하면서도 목욕을 하지 않으
면 그 진퇴가 허망한 것이 되고, 목욕만 하고 진퇴를 조화롭게 하지
않으면 목욕이 중화를 얻지 못하기 때문에 '반드시 밝혀야 한다'라
고 말한 것이다. 선가의 마조[69]는 말하기를 '항상 다니면서도 머무
르지 않은 적이 없었고 항상 머무르면서도 다니지 않는 적이 없었
다'라고 했는데 또한 이를 비유한 것이다.

---

69) 마조: 미상이다.

正陽老祖師曰: "旦暮寅申知火候"

정양 노조사70)는 말하기를 "아침 인시와 저녁 신시에 화후를 알아야 한다"라고 했으며

本卯酉二時以行沐浴, 純陽翁已直言之矣. 其師正陽翁曰寅申者, 寅之下即卯, 申之下即酉, 戒修士至寅申之候, 不可忘失卯酉之沐浴也.

본래 묘시와 유시에 목욕하는 것에 대해 순양 옹이 이미 직설적으로 말하였다. 그의 스승 정양 옹은 말하기를 '인시와 신시라는 것은 인시 다음에 묘시이고 신시 다음에 유시이다'라고 하였는데 이 말은 수행자는 인시와 신시가 되면 묘시와 유시의 목욕을 잊어서는 안 됨을 경계한 것이다.

又曰: "沐浴脫胎分卯酉"

또 말하기를 "목욕과 탈태할 때 묘시와 유시로 나누어야 한다"라고 했고

沐浴之工, 固行於卯酉之候, 及脫胎亦同於卯酉. 『入藥鏡』謂"終脫胎, 看四正", 即此語. 脫胎之沐浴曰分者, 前似有, 而後似無也. 人人不洩煉炁化神之工, 唯正陽翁於此洩萬古之秘.

목욕의 공부는 물론 묘시와 유시에 실행하지만 탈태에서도 이와 마찬가지로 묘시와 유시에 실행한다. 『입약경』에서는 '탈태를 마칠 때 4정방을 바라보아야 한다'라고 말했는데, 바로 이를 두고 한 말이다.

---

70) 정양노조사: 종리권 진인을 말한다.

탈태와 목욕에 대해 '나누어야 한다'라고 말한 이유는 앞에는 있는 것 같다가 뒤에는 없는 것 같기 때문이다. 여러 수행자들이 연기화신의 공부에 대해 누설하지 않았으나 오직 정양 옹만이 여기에서 만고의 비밀을 누설하였다.

又曰: "沐浴潛藏總是空"
또 말하기를 "목욕하고 마음을 차분히 가라앉히면 이것이 모두 공이다"라고 했다.

沐浴而成空, 名曰仙機. 不能眞空, 則墮旁門强制外道, 而亦成大病.
목욕하여 공의 상태가 이루어지면 이것을 '선기'라고 하고, 만약 진공을 이루지 못하면 억지로 하는 방문외도에 떨어서 큰 병을 이루게 된다.

『悟眞篇』註疏曰: "子進陽火, 息火謂之沐浴;午退陰符, 停符亦謂之沐浴"
그리고 『오진편주소』71)에서는 말하기를 "자시부터 양화72)를 진행하다가 화후를 끈 상태를 목욕이라 하고, 오시부터 음부73)로 바꾸었다가 음부를 끄는 것도 목욕이라고 한다"라고 말했고

---

71) 『오진편주소』: 『자양진인오진편주소』를 말한다. 송나라 옹보광(翁保光)이 주석하고, 진달영(陳達靈)이 전을 내고 원나라 대기종(戴起宗)이 소를 낸 것이다. 옹보광은 장백단의 재전 제자로 『오진편』의 판본에 오류가 많고 옛날 주석들이 원의를 어긴 것이 많아 『오진편』 진본에 근거하여 주석을 낸 것이다. 옹보광의 주석은 남송의 쌍수파단법으로 전수되어 후대에 많은 영향을 미쳤다. 『도장』 61~62책에 실려 있다.
72) 양화: 무화(武火)를 가리킨다.
73) 음부: 문화(文火)를 가리킨다.

停符二字, 亦可發明.

이를 통해서 '정부(停符)' 두 글자의 뜻이 또한 드러났다.

正陽老祖曰: "果然百日防危險"

정양노조는 말하기를 "진실로 100일이 지나면 위험을 방지해야 한다"라고 했으며

小周天有進退之火, 有不進不退之火. 若進退不合進退之數, 不合進退之機, 不由進退所當行之道, 不合進退之所當起止, 已合已, 由不知火足之當止, 皆危險所當防者.

소주천에는 진퇴의 화후도 있고 진퇴하지 않는 화후도 있다. 만약 진퇴할 때에 진퇴의 수나 진퇴의 시기에 부합하지 않거나 진퇴할 때에 마땅히 실행해야 할 방법이나 마땅히 시작하고 그쳐야 할 때와 맞지 않으면 모두 위험하다. 그리고 이미 화후의 운행에 합치되었더라도 화후가 충분해졌을 때 마땅히 중지해야 할 줄 모르면 모두 위험하므로 반드시 방비해야 할 것이다.

蕭紫虛曰: "防火候之差失, 忌夢寐之昏迷"

소자허[74]는 말하기를 "화후의 어긋남과 잃음을 방비하고 꿈속이라도 혼미해서는 안 된다"라고 했고

火候差失, 則眞炁不能補足, 而大藥不能成. 夢寐昏迷者, 或睡中迷於夢, 則塵妄心生, 而不能生正覺; 或行火迷於昏睡, 無周天之候,

---

74) 소자허: 미상이다.

皆所當防當忌者.

화후가 잘 못되면 진기를 충분히 보충하지 못해서 대약을 이룰 수 없게 된다. '꿈속에서 혼미한다'라는 것은 혹시라도 잠잘 때 꿈속에서 혼미하면 망령된 마음이 생겨나서 정각을 일으키지 못할 수도 있고 혹시라도 화후를 운행하는 중간에 깊은 잠에 빠지게 되면 주천의 화후가 없어지게 되기 때문에 이것들을 모두 마땅히 방비하고 피해야 한다.

『天尊得道了身經』曰: "調息綿綿, 似有如無, 莫敎間斷"

『天尊得道了身經』[75]에는 말하기를 "숨을 쉬는 듯 마는 듯 조절하여 고요하게 이어가 끊어짐이 없게 해야 한다"라고 했다.

息不綿綿, 則不謂之調, 無不似有, 有不如無, 則亦不謂之調, 有間斷, 則亦不謂之調.

숨결이 고요하게 이어지지 않으면 '조식'이라고 말할 수 없다. 숨을 쉬지 않는 듯하면서도 숨을 쉬는 듯하지 못하거나 숨을 쉬면서도 숨을 쉬지 않는 듯하지 못하는 경우도 '조식'이라고 할 수 없으며, 숨이 끊어짐이 있는 경우에도 '조식'이라고 말할 수 없다.

張紫陽曰: "謾守藥爐看火候, 但安神息任天然"

그리고 장자양은 말하기를 "천천히 약물과 화로를 지키고 화후를 살피면서 다만 신식(神息)을 편안하게 하여 천연에 맡겨둔다"라고 하였고

---

75) 『천존득도료신경』: 『원시천존설득도료신경(元始天尊說得道了身經)』을 말한다. 『도장』 통진부에 수록되어 있다.

神息任天然, 似大周天之火, 其實上句藥爐, 則是言小周天矣. 但煉藥爐中之火. 雖屬有爲, 畢竟要合天然自在爲妙, 不如是則非仙家眞火眞候, 乃外道邪說之火矣.

'신식을 천연에 맡겨둔다'라는 말은 마치 대추천의 화후를 말한 것 같지만 실제로 위 구절의 약물과 화로는 소주천을 말한다. 그러나 다만 약을 단련하는 일과 화로 속의 화후는 비록 인위적인 일에 속하기는 하지만 결국은 천연자재함에 합치되어야만 좋다. 만약 이와 같지 않다면 이는 선가의 참된 화후가 아니고 외도 사설의 화후이다.

石杏林曰: "定裏見丹成"

석행림[76]은 말하기를 "선정 속에서 단이 이루어짐을 본다"라고 하였으며

石之師紫陽云: "惟定可以煉丹, 不定而丹不結" 此甚要之語, 因是總言, 故不入此正文大字.

석행림의 스승 장자양은 말하기를 "오직 선정 속에서만 단을 단련할 수 있고 선정에 들어가지 못하면 단이 응결되지 않는다"라고 하였는데, 이는 매우 긴요한 말이다. 석행림이 이 말을 가지고 연단에 대하여 통틀어 말했기 때문에 장자양의 말은 본문에 삽입하지 않았다.

---

76) 석행림: 석태(石泰, 1022~1158)를 말한다. 북송말기 남송 초기의 인물로, 자는 득지(得之), 호는 행림(杏林) 혹은 취현자(翠玄子)라고 하였다. 장백단에게 금단대도를 전수받았고, 설도광에게 전수하였다. 전진교에서는 그를 남오조 중에 하나로 높인다. 『환원편(還元篇)』의 저술이 있다.

紫陽曰: "火候不用時, 冬至不在子. 及其沐浴時, 卯酉時虛比"

장자양이 말하기를 "화후를 할 때에 천시를 사용하지 않으므로 사실은 동지의 자시에 화후를 일으키지 않는다. 그리고 목욕할 때에 묘시와 유시를 사용하는 것도 가상적으로 비유한 것이다"라고 하였고

虛比二字, 總貫串四句, 不用時者, 不用歷書一日十二之時, 而用心中默運十二時, 而虛比也. 冬至者, 是人自身中陽生時候, 虛比曰冬至. 故身中陽生時, 必要起子時之火, 卽稱生之時爲子, 不在天時仲冬子月之子也. 於一日十二時中, 遇陽生皆可言子. 在沐浴當行之時, 虛比於卯酉. 卯在六陽時之中, 酉在六陰時之中. 調息每至於六時之中, 可以沐浴矣, 故古聖遂稱之曰卯酉, 豈可誤執天時之卯酉哉.

'가상적으로 비유한다'는 '허비(虛比)' 두 글자는 이상 4구절의 의미를 총괄하였다. '천시를 사용하지 않는다'라는 것은 역서(曆書)에서 말하는 1일 12시진을 사용하지 않고 마음속으로 묵묵히 12시진을 운용하는 것을 가상적으로 비유한 것이다. '동지'는 사람의 몸속에서 양이 발생하는 시기를 상징한다. 이것을 가상적으로 '동지'에 비유하여 말하였기 때문에 '몸속에서 양이 발생할 때 반드시 자시의 화를 일으켜야 한다'는 것이다. 이는 바로 양이 발생할 때를 '자(子)'라고 말하는 것이지 하늘의 계절인 중동 자월(11월)의 '子'를 말한 것이 아니다. 하루 12시진 가운데 양이 발생할 때를 만나면 모두 다 '子'라고 말할 수 있다. '목욕을 해야 할 때'를 가상적으로 '묘유(卯酉)'에 비유하였는데 묘(卯)는 6양의 시진 가운데 있고, 유(酉)는 6음의 시진 가운데 있다. 조식(調息)할 때 항상 6음과 6양 시진의 가운데에 이를 때마다 목욕해야 하기 때문에 옛 성인이 '묘유'라고 일

컬은 것이지 어찌 천시의 '묘유'를 잘못 짚어서 '묘유'라고 했을 리가 있겠는가.

又曰: "不刻時中分子午, 無爻卦內定乾坤"

또 말하기를 "시계의 시간을 사용하지 않고 마음속으로 자오(子午)를 나누어서 화후를 운용하고, 주역의 괘효에 얽매이지 말고 마음속에서 건곤을 정한다"라고 하였는데

一日每時有八刻, 不刻之時, 是心中默運火符之時. 虛分子午, 不用有刻之時也. 每卦有六爻, 易也, 身中借乾坤虛比鼎爐, 故言無爻.

하루 매 시진마다 8각이 있는데 '시계의 시간을 사용하지 않는다'는 것은 마음속으로 화후의 시기를 묵묵히 운용할 때에 가상적으로 자오를 나누어서 운용하고 시계의 시각을 사용하지 않는다는 것이다. 역의 괘는 6효가 있다. 그렇지만 몸은 건곤을 빌려서 가상적으로 '솥'과 '화로'에 비유하였기 때문에 '효가 없다(無爻)'라고 말한 것이다.

此皆言煉藥行火小周天之候也.

이상은 모두 단약을 제련하고 화후를 운행하는 소주천의 시기에 대하여 말한 것이다.

此一句是沖虛子之言, 總結上文衆聖眞所言百日所用之火也. 吉王太和問曰: "古來言火候者多, 何以分別此名小周天, 爲百日煉精化炁之用?" 伍子答曰: "小周天者, 有進退 · 有沐浴 · 有顚倒, 有周天度數. 凡言煉藥 · 煉丹 · 守爐 · 看鼎 · 藥熟 · 丹成, 皆百日小周天

之事. 我據此法而分別言小. 後之聖真善學者, 凡見大藏中所未見
者, 皆當以此法分辨. 要知前聖必不以無用之言, 而徒言之"

이 한 구절은 충허자의 말로서 윗글에서 여러 진인들이 말한 백 일
동안 운용해야 하는 화후에 대하여 총괄적으로 매듭지은 것이다. 길
왕 주태화[77]가 묻기를 "예전부터 화후에 대해 말한 사람이 많았는
데, 무엇 때문에 이것을 별도로 소주천이라는 이름을 붙여 백일 연
정화기의 운용으로 삼았는가"라고 하니, 오자(오충허)가 다음과 같
이 대답하였다. "소주천 과정에는 진퇴·목욕·전도·주천 도수가
있다. 약을 제련한다(煉藥)·단을 제련한다(煉丹)·화로를 지킨다
(守爐)·솥을 살핀다(看鼎)·약을 숙성시킨다(藥熟)·단을 완성한
다(丹成)고 말한 것은 모두 백 일 동안 진행해야 할 소주천의 일이
다. 나는 이 법에 의거하여 소주천이라고 분별하여 말하였다. 후세
에 진인의 가르침에 대하여 제대로 배우려는 사람들은『도장』가운
데에서 일찍이 보지 못하던 것을 보게 되면 모두 이 법을 기준으로
삼아 분별해야 하니, 앞선 성인들은 결코 괜히 불필요한 말을 하지
않았음을 알아야 한다."

『心印經』曰: "迴風混合, 百日工靈"
『심인경』[78]에서 말하기를 "바람을 순환시켜 원신과 원기를 혼합하
면 백 일 후에 그 공부가 영험하게 된다"라고 하였고

---

77) 길왕 주태화:『선불합종어록』「길왕주태화십구문(吉王朱太和十九問)」에 "법명은
   태화이고, 호는 수운이다. 순예 황제의 증손"으로 소개하고 있다.
78) 『심인경』:『고상옥황심인묘경(高上玉皇心印妙經)』이다. 간략하게는『심인경』이라
   고도 한다. 이 책은 4언절구로 2백자에 불과하지만, 내단 수련의 핵심인 정기신의
   수련비결을 논하고 있다.『도장』제24책에 수록되어 있다.

迴風者, 迴旋其呼吸氣之喻也. 混合者, 因元神在心, 元炁在腎, 本相隔遠. 及炁生而馳外, 神雖有知, 而不能用者, 無混合之法也. 故此經示人用呼吸之氣, 而迴旋之, 方得神炁歸根復命, 而混合之 方, 得神宰於炁而合一, 倘無迴風之妙用, 則神雖在宰炁, 亦未知炁曾受宰否. 此爲煉金丹至秘之至要者, 若用至於百日之工, 則靈驗已顯. 炁已足, 而可定, 神已習定久, 而可定. 故小周天火迴風法之所當止也. 自此以下, 皆言小周天火足當止.

'바람을 순환시킨다[迴風]'라는 말은 호흡하는 기를 순환시키는 것을 비유한 것이다. '혼합한다[混合]'는 말의 의미는 아래와 같다. 원신은 심장에 있고 원기는 신장에 있어서 본래 서로 멀리 떨어져 있는데다가 기가 발생하여 밖으로 치달리게 되면 신이 그것을 알아도 사용하지 못하는데 이것은 혼합하는 방법이 없기 때문이다. 그러므로 이 경에서는 수행자들에게 호흡의 기를 사용하여 이를 순환시켜야만 비로소 신기가 근원으로 돌아가고 명을 회복하게 되고, 호흡의 기를 사용하여 혼합시켜야만 바야흐로 신이 기를 주재하여 하나로 합쳐진다는 것을 보여 주었다. 만약 '바람을 순화시키는 묘용'이 없으면 신이 비록 기를 주재하고 있더라도 기가 이미 신의 주재를 받고 있는지 여부를 알지 못할 것이니, 이것이 금단을 단련하는 가장 중요한 비결이다. 만약 백 일 동안 공부가 지속되면 영험함이 드러나고 기가 충족되어 안정될 수 있으며 신도 이미 선정을 오래도록 익히다 보면 확고하게 안정될 수 있기 때문에 소주천의 화후가 충족되면 바람을 순환시키는 방법을 중지시켜야 한다. 이 이하는 모두 소주천의 화후가 충족되면 마땅히 그쳐야 한다는 것에 대해 말할 것이다.

正陽老祖曰: "丹熟不須行火候, 更行火候必傷丹"

정양노조는 말하기를 "단이 완성되면 더 이상 화후를 운행할 필요가 없으니 다시 화후를 운행하면 반드시 단에 손상을 주게 된다"라고 하였으며

火足而丹熟, 不用火矣. 故有止火之候, 遇止火之候一到, 即不須行火矣. 若再行火, 亦無益. 傷丹者, 丹熟則必可出鼎, 而換入別鼎, 若不取入別鼎, 則出無所歸, 不傷丹乎. 精化炁於炁穴, 炁化神於神室, 故曰別鼎.

화후가 충족되어 단이 완성되면 더 이상 화후를 운용하지 않아도 되기 때문에 화후를 멈추어야 할 시기가 있는 법이다. 화후를 멈추어야 할 시기에 이르면 더 이상 화후를 운행해서는 안 되니, 만약 이 시기에 다시 화후를 운행한다면 아무런 이익도 없을 것이다. '단에 손상을 주게 된다'라는 말은 단이 완성되면 반드시 솥에서 끄집어내어 다른 솥으로 바꾸어 넣어야 되는데 만약 이때에 이것을 끄집어내어 다른 솥에 집어넣지 않을 경우에는 끄집어내 놓은 것을 둘 곳이 없으니 어찌 단에 손상을 주지 않겠는가! 정은 기혈에서 기로 변하고 기는 신실에서 신으로 변하기 때문에 '다른 솥[別鼎]'이라고 말한 것이다.

崔公曰: "受炁足, 防危凶; 火候足, 莫傷丹"

최공은 말하기는 "기를 보충하는 법에 따라 기가 충분해졌더라도 위험을 방지해야 하고 화후가 충족되면 단에 손상을 주지 말아야 한다"라고 했고

炁足, 受補法而炁足, 亦宜防滿而溢之危險. 防者, 見止火之候而即止之, 則不傷丹, 而得防之功. 何爲滿而溢? 我亦不至有此, 老師曾囑曰: 當不用火必勿用. 你若用火不已, 丹之成者, 更無所加, 疑而怠慢, 但已滿之元精, 防其易溢, 而非眞有溢也. 以其尚未超脫, 離此可溢之界耳. 此正可凡可聖之分路頭也.

'기가 충분해진다[炁足]'는 것은 보충하는 법을 전수받아 기가 충족된 것이지만 그래도 마땅히 가득 차 넘치는 위험을 막아야 한다. '방지한다[防]'는 것은 화후를 그쳐야 할 때 바로 그치면 단에 손상을 주지 않고 예방 효과를 얻을 수 있으니 어찌 가득차서 넘칠 리가 있겠는가! 나 또한 아직 이런 단계에는 이르지 않았을 적에 스승께서 일찍이 당부하기를 "화후가 필요하지 않을 때는 절대로 화후를 운용하지 말아야 한다. 그런데 네가 만약 계속해서 화후를 운용하면 이미 이루어진 단에서 더 이상 진전하지 못하게 되어 의심하고 게을러지게 될 것이다. 그러나 다만 이미 원정이 가득차면 쉽게 넘치는 것을 예방해야 하는데 그것은 진짜로 넘치는 것이 아니고 수련의 경지가 아직 초탈하지 못하여 넘칠 수 있는 영역에 머물러 있기 때문이다. 이것이 바로 범인과 성인으로 나뉘는 분기점이다"라고 하셨다.

紫陽曰: "未煉還丹須速煉, 煉了還須知止足. 若也持盈未已心, 不免一朝遭殆辱"

자양진인은 말하기를 "단련했지만 아직 환단하지 못했을 때에는 신속히 단련해야 하고 단련을 마치고 환단한 다음에는 충족된 시기에 그칠 줄 알아야 한다. 만약 가득 채우려는 마음을 그만두지 않으면 일순간 위태로운 일을 당하게 될 것이다"라고 하였으며

未煉還丹之時, 一遇丹藥, 即當速煉. 用一周天之火, 藥生即採煉, 勿虛負藥生, 曰速煉. 採得藥歸而煉, 火候明白不差, 誠心勇心行之, 亦曰速煉. 如此藥也眞火也眞, 速煉必速成. 丹成火足, 必要知止而止. 若任丹成至足之炁, 持此盈滿, 未知止火而止, 終限於小成, 尚未脫生死輪回之欲界. 知止火, 採得大藥金丹, 而超脫之, 則行向上轉神入定, 斯免生死之殆.

단련했지만 아직 환단하지 못했을 때에 단약이 생성되기 시작하면 바로 신속하게 단련해야 한다. 1주천의 화후를 사용하여 단약이 생성되면 곧바로 채취하여 재련함으로써 생성된 단약을 헛되이 버리지 말아야 하니 이것을 '신속히 단련한다'라고 하는 것이다. 그리고 단약을 채취하여 '다른 솥'[別鼎]에 넣고 단련하되 화후를 잘 알아 조절에 오차가 없이 진실하고 굳센 마음으로 운행해야 하는데 이것도 '신속히 단련한다'라고 말한다. 이 과정에서 약도 제대로 발생하고 화후도 제대로 운용되었을 때에 신속하게 단련하면 반드시 속히 이루어진다. 단약이 이루어지고 화후가 충족되면 반드시 그칠 곳을 알아 그쳐야 한다. 그런데 만약 단이 이루어져 기가 완전히 충족되었을 때에 그 가득 찬 상태를 유지하기 위해 화후를 그쳐야 할 때에 그치지 못하면 결국 작은 성취에 국한되어 여전히 생사 윤회하는 욕계의 경지를 벗어나지 못할 것이다. 화후를 그칠 줄 알아 대약 금단을 채취하여 생사 윤회하는 욕계를 초탈하였을 경우에는 다시 이보다 위 단계인 '전신입정(轉神入定)'을 해야만 위태로운 생사윤회를 면하게 된다.

蕭了眞曰: "切忌不須行火候, 不知止足必傾危"

소료진79)이 말하기를 "불필요한 화후의 운행을 매우 꺼리니 충족되었을 때에 그칠 줄 모르면 반드시 위태롭게 된다"라고 하였다.

眞陽曰: 老師曹還陽眞人自云, 曾親見此事來, 故深爲我弟兄二人詳囑之. 同問師前煉丹時, 也知止火, 採得大藥衝關, 特未過耳, 今復爲之. 熟路舊事不異, 何得有此傾危? 老師曰: "當初李眞人傳我時, 言藥火最秘最要者, 盡與你明之矣. 即可修而成矣. 但關之前, 有五龍捧聖之法, 是至秘天機, 非天仙不能傳, 非天仙不得知, 非天下之可有, 非凡夫之敢聞. 待你百日工成, 止火採大藥時, 方與你言之"

진양이 말하기를 "나의 스승 조환양 진인이 스스로 말하기를 '내가 일찍이 직접 이런 일을 보았기 때문에 나의 사제와 사형을 위하여 자세히 당부하였다. 그들과 함께 스승에게 물었다. 단을 단련할 때에 화후의 운행을 그칠 줄은 알았지만 다만 대약을 채취하는 긴요한 관문만은 넘어서지 못했기에 지금 다시 실행하게 되었습니다. 이는 마치 익숙한 길이나 예전에 겪었던 일과 다름이 없는데 어째서 이런 위험이 생긴단 말입니까?' 스승께서 대답하였다. '애당초 이진인이 나에게 전수할 때에 말하기를 채약과 화후의 과정에서 가장 비밀스럽고 중요한 것을 모두 너에게 알려 줄 것이니 그대로 수련하면 될 것이다. 그러나 다만 관문 앞에 오룡이 성인을 떠받드는 법이 있으니 이는 가장 비밀스러운 천기로서 천선이 아니면 전수할 수 없고 천선이 아니면 알 수도 없으며, 천하 사람과 공유할 수 있는 것도 아니며 범부가 감히 들을 수도 없는 것이다. 네가 백 일 동안의 수련공

---

79) 소료진: 미상이다.

부가 완성되어 화후를 그치고 대약을 채취할 때가 되면 너에게 알려
주겠다'라고 하셨다."

及師回師家, 我居我室, 相去日遠, 我猛心奮勇決烈爲之, 哪怕仙不
能成, 天不能上? 行之五十日而丹成, 止火採大藥而得藥, 自知轉上
衝關而不透, 乃思採戰房術. 我所知甚多, 皆言過關, 若得一法, 試
而透過, 也省得待師來. 遂將前邪門旁法所聞, 一一試用, 絶無可
透, 始知邪門之法, 盡是欺人妄語, 而無實用者.

스승께서는 자기 집으로 돌아가시고 나는 내 집으로 돌아와 지낸 지
오래되었다. 내가 생각하기에 '마음을 모질게 먹고 용기를 내어 맹
렬히 수행하면 신선이 되어 하늘로 올라가기에는 문제될 것이 없다'
라고 여겼다. 이에 50일 동안 수행한 끝에 단약이 이루어져서 화후
를 그치고 대약을 채취하여 얻었다. 그런데 충관(衝關)[80]에 도달하
여 뚫고 나아갈 수 없음을 자각하고 채전방술(採戰房術)에 대해 생
각하게 되었다. 나는 이 방면에 종사하는 수행자들을 많이 알고 있
는데 그들이 말하기를 "그대는 이미 중요한 관문을 통과하였다. 그
러므로 한 가지 법만 가지고도 수련하면 통과될 수 있으니 더 이상
스승이 오기를 기다리지 않아도 된다"라고 하였다. 그래서 마침내
전에 들었던 방문좌도(房門左道)를 가지고 일일이 시험해 보았으나
전혀 통과되지 않았다. 그때 비로소 방문좌도의 법이 모두 사람을
속이는 허튼소리로서 아무런 쓸모가 없다는 것을 알게 되었다.

及年終師來, 我詳細訴於師. 師曰: 眞好決烈仙佛種子, 眞到此地,

---

80) 충관: 백회에서 니환에 이르기까지 우리 몸속을 관통하는 텅 빈 관을 말한다.

你今所說見的, 內有此一景, 我未曾與你說得, 同於李老師所言, 你今眞到, 即能言也, 可近來聽受捧聖之法. 我聞已, 亦即行之. 行不數日, 止火景到, 恨不即得之爲快, 即採之, 大藥不來, 火尚未甚足也. 如丘眞人所謂金精不飛者是也. 再採再煉, 而止火之景又到, 疑之曰: 初得景到而止火採之, 而不得大藥, 且待其景到之多而止, 大藥必得矣. 至四而遇傾危之患, 我想尹清和眞人云, 老師丘眞人當止火時, 而長安都統設齋. 受食已, 而未及止火, 至晚走失三番, 謂之走丹, 前工廢矣, 須從新再煉.

그해 세모에 스승이 찾아오셨기에 내가 자세히 이전의 상황에 대해 말씀드렸더니, 스승이 말하기를 "참으로 훌륭하다. 맹렬히 노력하는 선불의 후계자가 정말로 이런 경지에 도달하였구나. 네가 방금 말한 견해 속에 이러한 하나의 광경이 있었다. 내가 일찍이 너에게 말해 주지 않았는데, 그 말은 이 노사가 말한 바와 같다. 네가 지금 진정으로 이런 경지에 도달했기 때문에 그렇게 말할 수 있었던 것이다. 그러니 이제는 가까이 와서 내가 말하는 오룡봉성(五龍捧聖)의 법을 들어도 되겠다." 이에 내가 그 말씀을 다 듣고 나서 곧바로 수련을 하였는데 며칠이 채 안 되어서 화후를 그칠 단계에 이르렀다. 그런데 이전에 곧바로 채취하지 못한 것을 후회한 나머지, 서둘러 채취하였으나 대약이 생성되지 않았다. 이는 화후가 아직도 충분하지 못해서 그런 것으로 구진인이 말한 '금정(金精)이 아직 날지 않았다'라는 말은 바로 이를 두고 한 말이다.

그래서 다시 채취하고 다시 제련하여 화후를 그쳐야 할 단계에 다시 도달하자 다음과 같은 의심이 들었다. 그것은 처음에 그러한 단계에 이르러서 화후를 중지하고 채취하려다가 대약을 얻지 못하였으니 그러한 경지에 충분히 도달한 다음에 화후를 중지하면 반드시 대약을 얻을 수 있다고 생각하게 되었던 것이었다. 그래서 네 번이나 시도를 했지만 번번이 위험스러운 지경에 봉착하고 말았다. 그때 내게 윤청화 진인[81]이 '나의 스승 구진인이 화후를 중지해야 할 무렵에 장안 도통이 개최한 초재에서 공양을 받아먹느라 미처 화후를 중지하지 못하고 오후 늦게 이르러 3번이나 시도했지만 모두 실패하고 나서, 이제 단약(丹藥)이 달아나서 이전에 수련한 것이 모두 수포로 돌아갔으므로 새롭게 다시 수련해야 한다'라고 한 말이 생각났다.

乃泣曰: 我自福小, 敢不勉哉? 奮勇爲之, 後卽成天仙. 今我卽在其轍, 敢不繼芳踪手? 亦奮勇爲之. 又思我初煉精時, 得景而不知, 猛吃一驚而已. 及再靜而景再至, 猛醒曰, 師言當止火也, 可惜當面錯過. 又靜又至, 則知止火, 用採而卽得矣, 是採在於三至也, 今而後當如之. 及後再煉不誤景, 初而止, 失之速; 不待景, 至四而止, 失之遲. 不速不遲之中而止火, 得藥衝關而點化陽神. 凡眞修聖眞, 千辛萬苦, 萬萬般可憐, 煉成金丹, 豈可輕忽令致傾危哉? 凡聖關頭, 第一大事, 吾弟兄垂淚而詳述丘曹二眞人之案. 爲七眞派下後來聖眞勸誡, 卽此便是止火之候, 大有危險之所當知者. 學者不可以爲間言而忽之, 是你自己福力.

이에 눈물 흘리며 "내 자신이 복이 적어서 그런 것인데 감히 힘쓰지 않을 수 있겠는가"라고 하고서는 용기를 내어 수행하면 나중에 천선

---

81) 윤청화 진인: 윤지평(윤지평, 1169~1251)을 말한다. 금원시기 래주(萊州)사람으로 자는 대화, 호는 청화이다. 어려서 마단양을 스승으로 모시고 도교 공부를 하였다. 후에는 구처기를 스승으로 모시고 공부하였다. 구처기를 따라서 서역을 여행하고 돌아왔다. 저서로는 『보광집(葆光集)』 3권이 있다.

이 될 수 있을 것이다. 지금 내가 그 과정에 들어섰으니 감히 조사(祖師)의 발자취를 계승하지 않을 수 있겠는가 하고, 다시 용기 내어 수련하였다. 그러다가 또 생각해 보니 내가 처음에 정(精)을 단련할 때 연정이 완성됐지만 이를 깨닫지 못하여 한 번 깜짝 놀라고만 말았다. 그래서 다시 수련하여 그와 같은 경지에 도달하였을 때 갑자기 스승의 말씀이 생각났다. 스승이 일찍이 말하기를 "화후를 중지해야 할 때에 애석하게도 놓쳐 버리고 또 수련하여 다시 그 경지에 이르자 화후를 중지해야 할 때를 알아서 채취함으로써 곧바로 얻을 수 있었다"라고 하였다.

윤청화 진인이 한 이 말을 통해서 본다면 그 경지를 세 번 경험해야 채취할 수 있는 것이므로 나도 마땅히 앞으로는 그와 같이 해야겠다고 마음먹었다. 그 뒤에 재차 수련하여 그 경지를 놓치지 않고 초기에 화후를 중지하였다가 너무 빨라서 실패하고 그 경지를 기다리지 않고 네 번째에 이르러서 화후를 중지하였다가 너무 더뎌서 실패하고 말았다. 이에 빠르지도 않고 더디지도 않는 중간 지점을 택하여 화후를 중지함으로써 약을 얻어 관문을 통과해서 양신으로 변화시켰다. 진정한 수련을 통해 진인이 된 분들은 천신만고를 다 겪었으니 너무나도 안쓰럽다. 그러니 수련하여 금단을 이룰 때에 어찌 소홀히 하여 위험을 초래해서야 되겠는가? 범인과 성인의 갈림길이 가장 큰일이므로 우리 사형과 사제들이 눈물을 흘리며 구진인과 조인인 두 분들이 제시한 사안을 자세히 기술하여 북칠진파 중에 진인이 되기 위해 수련하는 자들의 경계로 삼았다. 이상의 것들이 바로 화후를 중지해야 할 시점에 매우 큰 위험이 있다는 것을 알아야 할 점이니 학자들은 이 말을 한담설화(閑談屑話)로 여겨 소홀히 해서는 안 될 것이다. 그래야만 이것이 바로 그대들 자신의 복이 될 것이다.

此皆言丹成止火之候也.

이상은 모두 단이 이루어질 때 화후를 중지해야 할 시점에 대해 말한 것이다.

此一句是冲虛子之言, 總結上文此一段止火之說也. 從來世人學道者, 並不知有止火之候, 雖有前聖多言, 皆忽之而不究, 故今特列類而詳言之.

이 한 구절은 충허자의 말로서 위 글에 나온 '화후를 중지해야 한다'라는 말에 대하여 통틀어 결론지은 것이다. 종래에 도를 배우는 세상 사람들이 모두 화후를 중지해야 할 때를 알지 못하였는데, 이것은 비록 과거의 조사들이 이에 대해 말한 것이 많았으나 모두 소홀히 하고 연구하지 않았기 때문이다. 그래서 지금 특별히 사례별로 열거하여 자세히 말한 것이다.

故陳致虛亦有云: "火候者, 候其時之來, 候其火之至, 看其火之可發, 此火候也; 愼其火之時到, 此火候也; 察其火之無過不及, 此火候也; 明其火之老嫩温微, 此火候也; 若丹已成, 急去其火, 此亦候也"

그래서 진치허[82]도 말하기를 "적당한 때가 왔는지 살피고 불을 때

---

82) 진치허: 진치허(1298～?)는 원대의 도사이다. 자는 관오(觀吾) 호는 상양자(上陽子)이다. 40세에 처음 조우흠(趙友欽)으로부터 도를 배웠다. 북종의 내단술을 배웠다. 이후에 청성산에 은거한 도사로부터 남종의 음양쌍수법을 배워, 남북 두 종파의 단법을 융합하였다. 저서로는 『금단대요(金丹大要)』 16권과 『주역참동계분장주(周易參同契分章注)』가 있다.

야 할 시점에 이르렀는지 살펴보고 불을 지펴도 되는지 살펴보는 것이 화후이다. 불을 붙여야 할 시기가 도달했을 때 신중을 기하여 불을 붙이는 것이 화후이고, 불길이 지나침과 모자람이 없는지 살펴보는 것도 화후이며 그 불씨가 죽었는지 살았는지 잘 살펴보는 것도 화후이고 단이 이미 완성되었을 경우에 서둘러 불을 끄는 것도 화후이다"라고 하였으니

陳致虛前已言其妙, 非可一槩而論, 中有逐節事條, 可不明辨之乎?
此又詳列其條, 以明申前旨, 學者最當參究.

진치허가 이미 앞에서 화후를 시작하고 그쳐야 할 절묘한 시기에 대해 말했는데 이를 일괄적으로 논할 수 없다. 하지만 그 가운데에 단계마다 해야 할 일이 있으니 분명하게 살피지 않을 수 있겠는가? 그래서 여기에서 또다시 해야 할 일들을 상세하게 열거하여 앞에서 말한 화후의 이치에 대해 거듭 밝혀 놓았으니 수행자들은 무엇보다 이것을 참고하여 연구해야 할 것이다.

天仙九還丹火之秘候宜此, 若此數者, 煉精化炁之候備矣.

천선 '구전환단'의 화후는 마땅히 이상과 같이 해야 한다. 이상의 몇 가지 사례 속에 연정화기 과정의 화후에 대하여 자세히 제시되어 있다.

此又是冲虛子總結前採取烹煉止火等旨. 百日關內事止此, 令學者知參究前聖之說. 此以下"予故曰"起, "之舍也"句止, 又冲虛子自言百日關內之火候等秘機, 而總言之者.

이 또한 충허자가 앞에서 말한 '채취·팽련·지화' 등의 이치에 대해 총괄적으로 결론지은 것으로서 백 일 동안의 수련이 여기에서 끝

나는데, 이는 수행자로 하여금 과거 조사들의 말씀을 참고하여 연구하도록 한 것이다. 이 다음 본문의 '여고왈(予故曰)'부터 '지사야(之舍也)'까지는 또 충허자가 백 일 수련 과정의 화후 '비기(秘機)'에 대하여 스스로 말하면서 통틀어 결론지은 것이다.

予故曰: 自知藥生而採取封固, 運火周天, 其中進退·顚倒·沐浴·呼噓·行住·起止, 工法雖殊

그래서 나는 다음과 같이 말하였다. 약이 생긴 것을 스스로 알아서 이를 채취하여 단단히 밀봉한 다음 주천의 도수에 따라 화후를 운행한다. 그 사이에 '진퇴'·'전도'·'목욕'·'호허'·'행주'·'기지'하는 등의 수련 방법이 비록 다르기는 하지만

此節同致虛逐節事件之說.

이 단락은 앞에서 진치허가 일의 조목에 따라 설명한 말과 같다.

眞機至妙, 在乎一氣貫眞炁而不失於二緖; 一神馭二炁, 而不少離於他見. 三百周天數, 猶有分餘象閏數, 一 候玄妙機, 同於三百候, 方得炁歸一炁, 神定一神, 精住炁凝, 候足火止, 以爲入藥之基, 存神之舍也.

매우 신묘한 진기는 일기가 진기에 관통하여 다른 것에 의해 흔들리지 않고 일신이 두 기를 제어하여 다른 견해에 조금이라도 걸려들지 않는 데에 있다. 주천 도수의 300수는 여전히 남는 수가 있어서 윤달 두는 것처럼 처리하여 일후의 현묘한 기틀을 300후와 같게 해야만 비로소 기가 하나로 돌아가고 신이 하나로 고정된다. 그 이후에

정이 모아지고 기가 응결되어 화후가 충분해지면 불을 끄는데 여기서 약을 채취하는 기반과 신을 간직하는 집이 이루어진다.

此一段又冲虛子列言百日煉精用火細微條目,　而精言實悟之旨也. 蓋小周天是煉精時火候之一總名也. 其中事理固多, 前聖固各有言, 其採藥是一候而封固又一候. 達摩亦只言二候採藥者, 並採封二者而混言也.

이 단락도 충허자가 백 일 동안 정을 단련하고 화후를 운용하는 세세한 조목에 대하여 말한 것으로서, 이것은 실지 경험을 통해 터득한 것을 정밀하게 말한 것이다. 대체로 소주천이란 정을 단련할 때에 화후를 운용하는 것에 대한 총괄적 명칭으로서, 그 가운데에 여러 가지 사례가 많기 때문에 과거의 조사들도 각자 주장이 달랐다. '약을 채취하는 것'도 '일후(一候)'이고 '단단히 밀봉하는 것'도 '일후'이다. 이에 대해 달마는 단지 '이후에 약을 채취한다'라고 말하였는데 이는 '약을 채취하는 것'과 '단단히 밀봉하는 것'을 구분하지 않고 말한 것이다.

又言四候別有妙用者, 乃小周天三百六十內之候也, 我今遵仙翁而二言之. 及周天時言進退候者, 若不似進退, 而亦虛擬之爲進退. 鉛汞丹法, 言進退者, 進則用火入爐, 退則不用火而離爐, 此實可據而易言. 或以加多爲進, 減少爲退, 亦可據而易言. 煉精者, 則不似此說, 我今亦只勉強而虛比, 不似以爲似. 意謂六陽時以乾用九, 數之多爲進; 六陰時以坤用六, 數減少爲退. 旣在周天之內, 進陽火退陰符, 非多少爲言則不可. 若以用不用爲言, 則遠甚矣.

그리고 달마가 또 말하기를 "사후(四候)에 별도로 묘용이 있다"라고 하였는데, 이것은 바로 소주천 360수 안에 있는 것[候]이다. 내가 지금 선옹의 가르침에 의거하여 두 가지 경우를 들어 말하겠다. 주천을 해야 할 시기에 이르러 '화후를 진퇴시키다'라고 말한 것은 실제로는 진퇴한 것 같지 않은데 가상적으로 비유하여 '진퇴'라고 말한 것이다. 그리고 또 연홍단법에서 말한 '진퇴'의 '진'은 불을 화로에 지피는 것이고 '퇴'는 불을 때지 않고 화로에서 꺼낸다는 것이니 이 경우는 실제 근거가 있기 때문에 말하기 쉽다. 더러는 불을 더 지피는 것을 '진'이라고 하고 불을 줄이는 것을 '퇴'라고도 하는데 이것 역시 근거가 있어서 쉽게 말할 수 있다. 그러나 '연정'의 경우는 이상의 경우처럼 말하지 않았기 때문에 나 역시 지금 억지로 비유하여 같지 않은 것을 같다고 하였다. 내가 생각하기에 아마도 육양의 시기는 건괘에 해당되는데 건괘는 9를 사용하여 그 수가 크기 때문에 '진'이라 하고 육음의 시기는 곤괘에 해당되는데 곤괘는 6을 사용하여 그 수가 작기 때문에 '퇴'라고 한 것 같다. 이것은 이미 주천 도수 내에서 양화를 지피고 음부를 물리는 것이므로 수의 크고 작음으로 말하지 않으면 안 되니, 이를 '화후를 사용한다느니 사용하지 않는다느니'라고 말한다면 실제의 경우와는 동떨어지기 때문이다.

顚倒者, 除藥物配合顚倒不必言, 但言火候中之顚倒. 呂仙翁云: "大關節, 在顚倒"初, 老師言: "六陽火專於進升, 而退後隨之而已; 六陰符專於退降, 而進又後隨之而已" 曰專者, 專以進升, 主於採取, 專以退降, 主於烹煉也. 曰後隨者, 順帶之義. 以其往來之不可無, 亦不可與專主並重用也. 此聖眞秘機之顚倒也.

'전도'라는 것은 약물 배합의 전도는 말할 것도 없기 때문에 단지 화후 운용 중의 전도에 대해서만 말하겠다. 여 선옹이 말하기를 "핵심 관건은 전도에 달려 있다"라고 하였다. 이전에 우리 스승이 말하기를 "육양은 오로지 불을 지펴 화기가 타오르기만 하기 때문에 퇴부가 뒤따라 이루어져야 하고, 육음은 오로지 불을 물려 화기가 사그라지기 때문에 진화가 또다시 뒤따라 이루어져야 한다"라고 하였다. 여기서 '오로지'라는 '전(專)' 자는 '오로지 불을 지펴 화기가 올라가기만 한다'는 의미로서 이는 '채취만 주로 하는 것'에 해당되고, '오로지 불을 물려 화기가 사그라든다'는 의미로서 이는 '팽련만 주로 하는 것'에 해당된다. '뒤따라 이루어져야 한다'는 것은 '자연스럽게 이어져야 한다'는 뜻이니, 왕래가 없어서는 안 되고 한쪽만 오로지 주력하거나 거듭 사용해서는 안 되기 때문이다. 이것이 바로 과거 조사들이 비밀스럽게 전한 '전도'의 뜻이다.

沐浴者, 子丑十二支次第之位. 凡世法有五行, 故內丹有五行之喩. 五行各有長生之位, 寅申巳亥是也. 火生於寅, 水生於申, 金生於巳, 木生於亥. 卯酉子午之位, 是沐浴之位. 故丹法活子時之火, 歷丑寅至卯所當行之火, 借沐浴之位而稱火功曰沐浴, 酉亦如之. 擧世愚人邪棍, 尙不知沐浴何以得名? 何由以知沐浴之義之用哉? 今此只略言捷要耳, 更詳於『仙佛合宗語錄』中. 觀此者, 可自查語錄以考其全機.

'목욕'이란 자축 등 12지지 순서의 위치에 따라 하는 것이다. 세간에는 오행의 법칙이 있기 때문에 내단에도 오행의 비유를 사용한 것이다. 오행에는 제각기 생장의 위치가 있는데 '인·신·사·해'가 바로 그것이다. 예를 들면, 화는 인방에서 생기고 수는 신방에서 생기며 금은 사방에서 생기고 목은 해방에서 생기는 것들이다. 묘유자오의 위치가 바로 목욕하는 방위이기 때문에 단법의 '활자시'(活子時)의 화가 축인(丑寅)을 거쳐서 묘(卯)에 이르기까지 마땅히 운행해야 할 화후이다. 그러므로 목욕의 위치를 차용하여 화후의 공정을 일컬어 '목욕'이라고 한 것인데 '유(酉)' 역시 이와 같다. 그런데 온 세상의 어리석고 사특한 무리들은 '목욕'을 왜 '목욕'이라고 하는지도 모르는데, 무슨 수로 목욕의 의미와 목욕의 효용을 알겠는가? 지금 여기서는 단지 긴요한 것만 말하였으니 자세한 내용은 『선불합종어록』에 있다. 이 책을 보는 사람은 스스로 『선불합종어록』을 살펴보고 그 전체적인 내용을 상고해 보아야 할 것이다.

行住起止者, 行則仙佛二宗之○(圈)喩也, 住則仙佛二宗之●(点)喩也, 起則採封二候之後, 小周天候之所起也, 止則小周候足而止火也. '행주기지(行住起止)'란 것 중의 '행(行)'은 선도와 불가 두 종파에서 사용하는 ○(圈)을 비유한 것이고 '주(住)'는 선도와 불가 두 종파에서 사용하는 ●(点)을 비유한 것이다. 그리고 '기(起)'는 채약과 밀봉 두 가지 화후를 끝낸 뒤에 소주천이 시작되는 것을 말한 것이고 '지(止)'는 소주천의 화후가 충족되어 화후를 중지하는 것을 말한다.

一氣者, 呼吸之氣貫串眞炁, 自採至止不相離. 離則間斷, 復貫則二頭緒矣, 此由昏沉散亂之心所致. 甚則二三四緒, 皆無成之火矣, 戒之戒之. 固然以息氣串眞炁, 必主宰用一神馭之而不離. 若內起一他見則離, 若外着一他見則離, 離則無候無火矣, 焉能炁足炁生? 三百六十度, 故曰周一天, 猶曰五度四分度之一. 所謂天度之分餘爲閏位者非耶? 知有閏, 則知天之實周矣. 能實周, 則炁易足, 丹易成, 而初生之藥亦易生矣.

'일기'란 호흡의 기가 진기와 서로 소통되어 채약의 과정부터 화후를 중지하는 과정에 이르기까지 서로 떨어지지 않는 것이다. 그런데 호흡의 기와 진기가 서로 떨어지면 중간에 끊기는데 다시 소통시키더라도 이것은 별개의 것이 된다. 이는 마음이 혼미하고 산란한 것에서 말미암아 초래된 것인데 심할 경우에는 서너 가지로 분리되므로 모두 성과 없는 화후가 되고 말 것이니 경계하고 또 경계해야 할 것이다. 진실로 호흡의 기를 가지고 진기와 소통되면 반드시 주제가 일신으로 통제하여 흩어지지 않게 된다. 그러나 만약 마음속에서 딴생각이 생기면 호흡의 기와 진기가 서로 떨어지고, 외부 사물로 인해 딴생각이 생기면 호흡의 기와 진기가 서로 떨어지는데, 서로 떨어지면 과정 없는 화후가 될 것이니 어떻게 기가 충족되고 기가 생겨나겠는가? 360도만 사용하기 때문에 '주일천'이라고 하는데, 이는 365도 1/4이라는 말과 같다. 그러니 경문에서 이른바 '주천 도수의 300수는 여전히 남는 수가 있어서 윤달을 둔다'라는 것이 아니겠는가. 윤달 두는 법칙을 알면 하늘의 실지 도수를 알 것이고 하늘의 실지 도수를 알면 기가 쉽게 충족되고 단 역시 쉽게 이루어질 것이며 따라서 초생의 약도 쉽게 생길 것이다.

玄機者, 不傳之秘機也. 火候一一皆要用此, 若不用此, 則火必不能如法, 呼吸則滯於眞息, 而近凡夫之口鼻, 重濁而爲病. 不用此, 則神亦不能馭二炁, 而使之行住得其自然. 一息如是, 三百息亦皆如是, 方可得天然眞火候之玄功. 此古聖眞皆隱然微露, 而不敢明言者, 亦不敢全言者. 不如是, 雖曰已周天, 近於邪說之周天, 亦無用矣. 所以玄妙機三字, 又百日關煉精火候之樞紐也, 採封煉止等候, 俱不可少者.

'현기(玄機)'란 말이나 글로 전하지 않는 비법인데 화후를 운용할 때 낱낱이 모두 이것을 사용해야 한다. 만약 이것을 사용하지 않는 다면 화후를 법칙대로 할 수 없으므로 아무리 호흡을 해도 진식의 단계에 도달하지 못하고 막혀 마치 일반사람이 코와 입으로 호흡하는 것처럼 중탁해져서 병이 된다. 그리고 또 이 현기를 사용하지 않으면 신 역시 두 기(선천기, 후천기)를 통제하여 그것들로 하여금 자연스럽게 운행하거나 머무르게 할 수 없다. 한 번 호흡할 때도 현기에 따라 하고 300번 호흡할 때도 모두 현기에 따라서 해야만 비로소 천연적인 진짜 화후의 현묘한 공력을 얻을 수 있다. 이는 과거의 진인들이 모두 분명하게 말하지도 못 하였고 전체를 들어 말하지도 못한 채 은연중 미미하게 드러낸 것이다. 이와 같이 하지 않으면 비록 이미 주천 과정을 마쳤다고 하더라도 사설(邪說)에서 말하는 주천에 가까우므로 이 또한 쓸모가 없다. 그러므로 경문에서 말한 '현묘기(玄妙機)' 세 글자는 백 일간 정을 단련하는 화후의 관건이 된다. 채취·봉고·단련·중지 등의 화후도 모두 소홀히 해서는 안 된다.

於一炁之外馳欲界, 爲婬姤之精, 爲視聽言動, 成婬姤之助, 皆能復歸於一炁. 能眞不動, 同於無情不動, 一神之動爲婬姤之神, 着視聽言動爲婬姤之助者, 不馳外, 而復歸一神, 能眞入大定, 所得候足火止而基成. 如此永爲入藥之基址, 爲存神入定之宅舍, 此正所謂先取白金爲鼎器者, 是也.

(현기에 따라 수련하면) 일기(一炁)가 외부의 욕계로 치달려 성교의 정으로 변하거나 보고, 듣고, 말하고, 행동하는 것으로 인해 성욕이 조장된 것들이, 모두 일기(一炁)로 복귀하게 되어 진실로 어떤 경우에도 동요하지 않아 마치 무정한 것이 동요하지 않는 것처럼 될 것이다. 그리고 또 일신(一神)이 동요하여 색욕의 신(神)으로 변하거나 일신(一神)이 보고, 듣고, 말하고, 행동하는 것에 집착되어 색욕이 조장된 경우의 것들이 더 이상 외부로 치달리지 않고 일신으로 복귀되어 진실로 '대정(大定)'에 들어가게 된다. 그 결과 이미 행한 화후가 충족되어 화후를 그칠 때에 이르러 기반이 조성될 것이다. 이와 같이 하면 영원히 입약의 터전이 되고 신을 간직하여 대정으로 들어가는 집이 되는데 이것이 바로 이른바 '먼저 백금을 취하여 정기를 만든다'는 말이다.

而道光薛眞人乃有定息探眞鉛之旨. 旣得眞鉛大藥服食, 正陽謂之抽鉛

설도광 진인[83]이 호흡을 안정시켜 진연을 채취하려는 뜻을 품고 있다가 나중에 진연대약을 얻어서 복식했는데 정양이 말하기를 '그것은 추연이다'라고 하였고

大藥者, 卽陽精化炁之金丹也. 果從何求而得? 亦從丹田炁穴中生出, 當未化炁之先所生, 也出丹田, 但無形之炁微, 附外體爲形, 曹

---

83) 설도광 진인: 설도광(薛道光, 1078~1191)은 송대 도사로, 이름은 식(式) 호는 도원(道源), 자는 태원(太源)이다. 원래는 중이었다. 법명은 자현(紫賢)이고, 사람들은 그를 비릉선사(毗陵禪師)라고 불렀다. 후에 석태(石泰)를 만나 장백단의 금단비결을 전수받고 도교로 전향하여 도사가 되었다. 도교 내단파 남종의 3대조사이다. 저서로는 『단수가(丹髓歌)』, 『환단복명편(還丹復命篇)』, 『오진편주(悟眞篇註)』가 있다.

老師因後有大藥之名, 便稱此爲小藥之名, 以其炁小故也. 及煉成金丹, 旣化炁之後, 所生也出丹田, 曰大藥, 實有形之眞炁, 如火珠, 亦是從無而入有也. 黃帝曰: 赤水玄珠. 一曰眞一之水, 曰眞一之精·曰眞一之炁, 曰華池蓮華·曰地涌金蓮·曰天女献花·曰龍女献珠·曰地涌寶塔·又曰刀圭, 曰黃芽, 曰眞鉛, 如是等仙佛所說異名, 不過只一丹田中所生之眞炁. 旣成自有之形, 所以不附外形, 而唯生於內, 用於內, 亦我神覺之可知可見者. 及渡二橋過三關, 皆可知可見, 此所以爲脫生死之果, 從此便得其有眞驗矣.

'대약'이란 것은 바로 양정이 기로 변화한 금단인데, 그것을 과연 어디에서 구할 수 있겠는가? 그 또한 단전의 기혈 가운데에서 나오는데 기로 변화하기 이전에 생길 때에도 단전에서 나오지만 단지 무형의 기는 미미하므로 외체에 의지해야만 형체로 드러난다. 조 노사가 후에 '대약'이라는 이름이 있음을 말미암아 이를 '소약'이라고 했는데, 이는 기가 작기 때문이다. 단련하여 이루어진 금단은 이미 기로 변화한 뒤에 생긴 것으로서 이 또한 단전에서 나오는데 이를 대약이라고 한다. 이는 실로 유형의 진기로서 '화주(火珠)'[84]와 같이 생기는데 이 또한 무에서 유가 된 것이다. 이 대약을 황제는 말하기를 '적수현주(赤水玄珠)'라고 하였다. 그런데 후대에는 '진일의 수'·'진일의 정'·'진일의 기'·'화지연화'·'지용금련'·'천녀헌화'·'용녀헌주'·'지용보탑'이라고도 하였고, 또는 '도규'·'황아'·'진연'이라고도 하였다. 이상과 같이 선가와 불가에서 말하는 대약에 대한 다른 이름은 단전 가운데에서 생기는 진기에 불과한 것이다.

---

84) 화주(火珠): 화재주(火齋珠)라고도 한다. 석영과 화학성분이 비슷하고 빛을 모아 불을 일으킬 수 있기 때문에 화주, 화재주라고 부른다.

이미 스스로 형체를 이루었기 때문에 외부의 형체에 의지하지 않고 오직 몸 안에서만 생기고 몸 안에서만 쓰이는데, 이 상태에서도 나의 신이 이것을 깨달아 알 수 있고 볼 수 있다. 이교[85]를 건너고 삼관[86]을 지나갈 때에는 모두 다 알 수 있고 볼 수 있는데, 이것이 바로 생사를 초탈한 결과로서 이때부터 참된 징험이 있게 된다.

即行火候煉神, 謂之添汞.

곧이어 화후를 운행하여 신을 단련하는 것을 '첨홍'이라고 하였다.

此火候是大周天也. 添汞者, 心中之元神, 名曰汞. 凡人之神, 半動於晝而陽明, 半靜於夜而陰昏昧. 陽如生, 陰如死. 修士必以昏昧而陰者, 漸消去之. 故消一分陰, 令陽添一分, 去二分三分四分五分陰, 則添二分三分四分五分陽, 漸漸逐分挣到消盡十分陰, 添足十分陽, 謂之純陽, 純陽則無陰睡, 謂之胎全神全. 所以古人云: "分陽未盡則不死, 分陰未盡則不仙" 此皆添汞之說也. 然所謂添者, 必由於行大周天之火. 有火則能使元炁培養元神, 元神便不能離二炁, 而皆空皆定, 直至神陽果滿.

이 화후가 바로 대주천이다. '첨홍'의 '홍(汞)'이란 것은 마음속의 원신인데 이를 '홍'이라고 한다. 일반적으로 사람의 신은 낮에는 움직여서 밝은 양이 되고 밤에는 고요하여 혼매한 음이 된다. 양은 비유하자면 살아 있는 것과 같고 음은 비유하자면 죽은 것과 같다. 수행자는 반드시 혼매한 음을 점차로 제거해야 하기 때문에 1할의 음

---

85) 이교: 상작교와 하작교를 말한다.
86) 삼관: 기가 독맥을 타고 아래에서 위로 오를 때, 거치게 되는 세 관문으로 미려관, 협척관, 옥침관을 말한다.

을 제거하여 1할의 양이 불어나게 하되, 2할 3할 4할 5할의 음을 제거하면 2할 3할 4할 5할의 양이 늘어난다. 이와 같이 점차 조금씩 제거하여 음이 전부 소진된 상태에 이르면 양이 완전히 채워지게 되는데, 이를 '순양'이라고 한다. '순양'이 되면 음으로 인한 졸음(陰睡)이 없게 되는데, 이를 일러 '태가 온전해지고 신이 온전해졌다'라고 한다. 그러므로 옛사람이 말하기를 '양이 조금이라도 남아 있으면 죽지 않고 음이 조금이라도 남아 있으면 신선이 되지 않는다'라고 했는데, 이것은 모두 '첨홍'에 대한 말이다. 그러나 이른바 '첨홍'의 '첨(添)' 자는 반드시 대주천의 화후를 운행함을 말미암아 이루어진다. 화후를 운행하면 원기로 하여금 원신을 배양하게 할 수 있는데 이렇게 되면 원신이 이기를 떠날 수가 없어서 모두 공하고 모두 안정되어 곧바로 신양(神陽)이 충만하는 데에 이른다.

若不添汞行火
그런데 만약 '첨홍'하여 화후를 운행하지 않으면

以神馭火, 神不陽明如何行得火? 添得神, 三分五分陽明, 方得三分五分火. 故曰: 添汞行火. 唯神明, 則得二炁, 而培養元神, 助成長覺.

신으로 화후를 제어하는 데 신이 순수한 양이 되어 밝지 않으면 어떻게 화후를 운행할 수 있겠는가? 3할 5할의 양이 늘어나 신이 밝아지면 바야흐로 3할 5할의 화후를 운행할 수 있기 때문에 '첨홍행화(添汞行火)'라고 말한 것이다. 신이 밝아야만 두 기를 얻어 원신을 배양하여 항상 깨어 있게 할 수 있다.

則眞炁斷而不生

진기가 단절되어 더 이상 생기지 않고

正是不定而藥不生之說. 此時乃實證長生不死之初果矣.

이것이 바로 안정되지 않으면 대약이 생기지 않는다는 말인데, 이때에 장생불사의 첫 단계를 실지로 증험할 수 있다.

若不煉神, 則陽神不就, 終於尸解而已.

만약 신을 단련하지 않으면 양신이 이루어지지 않아 결국 신과 몸이 둘로 나뉘는 시해[87]로 끝나고 만다.

煉神者, 煉去神之陰, 而至純陽, 全無陰睡, 火定炁定, 而神俱定俱空, 方是陽神成就. 煉神之法, 全由二炁靜定, 同之入滅. 但二炁少有些兒不如法, 則神不煉·陽不純, 不成就, 不能出神.

연신이라는 것은 신을 단련해서 신의 음을 제거하여 순양에 이르는 것이다. 그리하여 완전히 음수가 없어져 화와 기가 안정됨으로써 신도 더불어 안정되고 텅 비어야만 비로소 양신이 이루어진다. 신을 단련하는 방법은 두 기가 완전히 고요하게 안정되어야만 신도 더불어 적멸로 들어간다. 그러나 다만 두 기가 조금이라도 법대로 되지 않았을 경우에는 신이 단련되지 않고 양이 순수하지 않아 성취할 수도 없고 출신할 수도 없다.

但在十月之內, 不曾出定者, 俱是尸解之果, 何故? 但有凡夫之呼

---

87) 시해: 세상에 시체를 버려두고 자기는 해화하여 선계로 가는 것을 말한다. 도교에서는 시해를 진짜의 죽음이 아니라 죽음에 의탁하여 선계로 가는 것으로 이해한다.

吸, 即有凡夫之生死. 人之生, 只有口鼻之氣以爲生, 最怕水火·刀兵. 水入鼻而至內, 則無呼吸之竅, 身雖壞, 而神或不壞, 亦分解形神爲二. 火燒身則神無依住, 亦分解形神爲二. 刀兵截其頸, 呼吸斷, 神乃去形而分解爲二. 形旣無, 則神不獨立, 亦不能久立, 再去投胎轉劫. 所謂尸解者, 有死生之道也, 不行大周天之過也, 二炁及神皆不入定之故也. 丹旣成, 生旣長, 安肯不入一大定哉? 後學聖眞勉之.

그런데 10개월 안에 안정한 상태에서 출신하지 못한 자는 결국 시해로 끝난다. 그 이유는 무엇 때문인가? 단지 일반사람처럼 호흡한다면 일반사람처럼 낳고 죽을 수밖에 없다. 사람이 살아가는 것은 다만 입과 코를 통해 호흡하는 기로 살아가므로 수재·화재·전쟁을 가장 두려워한다. 물이 코로 들어가 몸속에 이르면 호흡할 구멍이 없어지므로 몸은 기능을 잃고 신은 여전하더라도 몸과 신이 분리되어 둘이 된다. 불이 몸을 태우면 신이 의지하여 머무를 곳이 없으므로 또한 몸과 신이 분해되어 둘이 된다. 병기로 인하여 목이 잘리면 호흡이 끊어져 신이 형체를 떠나가므로 나뉘어 둘이 된다. 몸체가 이미 없으면 신은 홀로 서 있을 수 없고 혼자 서 있더라도 오래 서 있을 수 없어 다시 태로 들어가 억겁을 전전한다. 이른바 시해라는 것은 일반사람들이 나고 죽는 것과 같은 것이다. 이는 대주천을 행하지 않는 잘못 때문이고 두 기가 모두 아직 입정하지 않았기 때문이다. 단이 이미 완성되어 생이 길어지면 어찌 기꺼이 대정에 들어가려 하지 않겠는가? 앞으로 성진이 될 후학들은 힘써야 할 것이다.

故『九轉瓊丹論』云: "又恐歇氣多時, 即滯神丹變化"

그러므로 『구전경단론』[88])에서 "또 기가 다할 때가 많은 것을 두려워하니, 곧 신단의 변화가 지체되기 때문이다"라고 하였다.

此三句是冲虛子引足上五句之意, ○自"而道光"至"變化"止十三句. 又冲虛子於此承上起下, 分判聖凡至要天機.

이상의 세 구절은 충허자가 위의 다섯 구절의 뜻을 끌어와 보충한 것이니, "설도광 진인이 호흡을 안정시켜(而道光)……"에서 "신단의 변화가 지체되기 때문(變化)"까지 열세 구절이다. 또 충허자는 여기에서 위의 내용을 이어 아래의 내용을 시작하면서 성인과 범인을 구별하는 중요한 핵심이 천기임을 드러냈다.

○歇氣者, 歇周天火候之氣. 或得坎實來而點離中之陰, 勤勤點化, 離陰爲純陽, 若旣得坎實來而點離陰矣, 不卽行大周天, 則坎實亦不勤生以點離.　或行大周天而不合其中之玄妙天機,　猶之不行也, 亦不能勤生坎實以點離陰, 使遲滯離陰之神爲純陽之變化. 神丹者, 卽坎實, 曰金丹. 旣點離, 則二炁漸化神. 二炁盡無, 獨有神之靈覺在, 故亦曰煉炁化神.

기가 다한다는 것은 주천화후의 기가 다하는 것이다. 간혹 감괘의 양효를 얻어 와서 리괘의 음효를 변화시켜 순양이 되는데,[89]) 만약 감괘의 양효를 얻어 와서 리괘의 음효를 변화시켰는데, 곧바로 대주천을 행하지 않으면 감괘의 양효 역시 리괘를 변화시켜 내지 못한

---

88) 『구전경단론』: 미상이다.

89) 감괘의 양효를 얻어 와서 리괘의 음효를 변화시켜 순양이 되는데: 감괘☵의 양효와 리괘☲의 음효를 자리 바꾸어 순양인 건괘☰가 되는 것을 감리교구(坎離交媾)라고 한다.

다. 간혹 대주천을 행하고서도 그 가운데 현묘한 천기에 합하지 못하는데, 이는 행하지 못한 것과 같으니, 또한 감괘의 양효가 리괘의 음효를 생성할 수 없으니, 리괘 음의 신이 순양으로 변화하는 것을 지체하게 한다. 신단(神丹)이란 감괘의 양효이니, 이를 금단이라고 한다. 이미 리괘를 변화시켰다면 두 기가 점차 신으로 변화한다. 두 기가 완전히 없어지면 신의 신령스러운 깨달음만이 존재하게 되므로, 또한 이를 '연기화신'이라고 한다.

純陽眞人云: "從今別鼓没弦琴"

순양진인이 말하기를, "지금부터 다른 북을 따르려 하는데, 모양도 소리도 없네"라고 하였다.

別鼓者, 另行大周天也, 明說與前小周天不同. 没弦琴者, 無形聲之義. 然大小固不同, 行火者, 必先曉得清白, 而後可以言行火.

'다른 북(別鼓)'이란, 따로 행하는 대주천이니, 앞의 소주천과 같지 않음을 분명히 말한 것이다. "매달 금이 없다(没弦琴)"는 것은 형체와 소리가 없다는 뜻이다. 그러나 대주천과 소주천이 본래 같지 않으니, 화후를 행하는 것도 반드시 맑고 결백함을 먼저 분명히 얻어야 이후에 화후를 행하는 것에 대해 말할 수 있다.

紫陽曰: "大凡火候只此大周天一场. 大有危險者, 切不可以平日火候例視之也"

자양이 말하길, "대개 화후는 단지 이 대주천일 뿐이다. 대주천에는 위험이 있으니, 절대로 평상시 화후의 예로 볼 수 없다"고 하였다.

上世只說周天, 未分大小, 紫陽言此大周天. 不可以平日者一例看, 則平日的, 便隱然言是小的. 平日者, 平常已行過的. 口氣不可一例看, 便是候不同, 言平日, 即是言百日事. 故仙翁, 又言始有作, 小周也; 後無爲, 大周也.

옛날에는 단지 주천만 말할 뿐, 대소를 구분하지 않는데, 자양진인이 말한 이것은 대주천이다. 평상시의 한 가지 사례로써 볼 수 없다는 것에서의 평상시란 곧 은연중에 소주천을 말하는 것이다. 평일이란 평상시에 이미 행하고 있는 화후이다. 한 가지 사례로 볼 수 없다는 말의 뉘앙스는 곧 화후가 같지 않은 것이고, 평일이라고 말한 것은 온갖 일을 말한 것이다. 그러므로 선옹은 또 처음에는 작위가 있으니, 소주천이고, 이후에는 작위함이 없으니 대주천이라고 말한 것이다.

廣成子曰: "丹灶河車休矻矻(矻, 音恰), 鶴胎龜息自綿綿"

광성자가 말하기를, "단조와 하거는 분주함을 쉬고(矻은 음이 흡(恰)이다) 학태귀식90)이 저절로 이어지네"라고 하였다.

言不必用河車者, 是百日之事已過, 故不必用. 今當十月之工, 只用鶴胎龜息綿綿然之火也. 『上淸玉眞胎息訣』云: "吾以神爲車, 以氣爲馬, 終日御之而不倦" 前百日以陽精轉運稱河車, 此胎息時, 則轉神入定, 以神爲車, 以炁爲馬, 以御神車, 是喻煉炁以化神. 後聖亦須分辨着.

---

90) 학태귀식: 학과 거북의 자세와 같이 호흡이 거의 없거나 움직임이 없는 상태를 말한다. 학이 한쪽 다리를 들고 그대로 멈추어 있는 상태와 거북이 물속에서 호흡을 하지 않고 오랫동안 머물러 있을 수 있는 상태를 빗대어 호흡이 거의 멈춘 상태를 표현한 것으로 보인다.

하거를 꼭 사용할 필요가 없다고 말한 것은 백 일의 일이 이미 지났기 때문에 꼭 쓸 필요가 없다는 것이다. 지금은 10개월의 수련에 해당하므로 단지 학태귀식을 써서 면면히 이어지는 화후를 행한다.『상청옥진태식결』[91]에 "나는 신으로 수레를 삼고 기로써 말을 삼아 종일 부려도 피로하지 않네"라고 하였는데, 앞의 백 일은 양정으로 돌려 운용하므로 하거(河車)라 칭하였지만, 이것은 태식의 때로 신으로 바뀌어 입정하였으니, 신으로 수레를 삼고 선천기로 말을 삼아 신거(神車)를 부리는 것이니, 여기서는 기를 단련하여 신으로 변화한 것을 비유하였다. 후세의 성인도 분별해야 한다.

白玉蟾曰: "心入虛無行火候"

백옥섬이 말하기를, "마음이 허무에 들어가 화후를 행한다"고 하였다.

入虛無, 是神炁入定, 而不著相. 丘眞人所說眞空是也. 雖行大周天, 不見有大周天之相, 便得虛無之妙.

허무에 들어감은 신과 기가 입정하였으나 상이 드러나지 않은 것이다. 구진인이 말한 진공이 이것이다. 비록 대주천을 행하였지만 대주천의 상이 드러나지 않았으니, 곧 허무의 오묘함을 얻은 것이다.

范德昭曰: "內氣不出, 外氣不入, 非閉氣也"

범덕소가 말하기를, "내기는 나오지 않으며, 외기는 들어가지 않지만 폐기한 것은 아니다"라고 하였다.

---

91) 『상청옥진태식결』: 미상이다.

世人言閉氣者, 强制也. 强忍之不令出入, 邪法旁術, 皆是如此. 故
仙道別有天機, 不與世同. 雖內不出·外不入, 非强忍也, 有眞息合
自然之妙運者, 所以入定.

세상 사람들이 말하는 폐기라는 것을 억지로 제압하는 것이다. 억지
로 참아서 들고 나지 않게 하는 것은 삿된 법과 방술들이 모두 이와
같이 한다. 그러므로 선도에는 따로 천기가 있어 세상과 함께하지
않는다. 비록 안으로는 나오게 하지 않고 밖으로는 들어가게 하지
않지만 억지로 참는 것은 아니니, 참된 호흡이 자연의 오묘함에 합
하게 되어 운행하는 자가 입정하게 되는 까닭이다.

白玉蟾又曰: "上品丹法無卦爻"

백옥섬이 또 말하기를, "상품의 단법에는 괘와 효가 없다"고 하였다.

世人見此說, 上品丹無卦爻, 便一槩貶有卦爻者爲非, 不想自己不遇
聖眞傳道, 不知有爻無爻, 將何所用. 盖小周天者化氣, 是有卦爻小
成之火; 大周天者化神, 是無卦爻大成之火, 以其化神, 故曰上品.

세상 사람들이 여기에서 말하는 상품의 단에는 괘와 효가 없다는 것
을 보고 곧 대체로 괘와 효가 있다는 것을 그르다고 폄훼하니, 자신
이 성진의 전도를 만나지 못한 것은 생각하지 않고 효가 있고 없고
하는 이치를 알지 못하니, 장차 무슨 소용이 있겠는가. 대체로 소주
천이란 기로 변화하는 것이니, 괘와 효가 있어서 작게 이룬 화후이
고, 대주천이란 신으로 변화하는 것이니, 괘와 효가 없어서 크게 이
룬 화후이니, 그 신으로 변화하였기 때문에 상품이라고 한 것이다.

彭鶴林曰: "若到丹成須沐浴"

팽학림이 말하기를, "단이 이루어짐에 이르면 반드시 목욕하라"고
하였다.

丹成, 是前金丹之成. 沐浴, 是大周天之喩言. 丹成, 不必用小, 旣
入十月之首, 必須用大周.

단이 이루어졌다는 것은 앞의 금단이 이루어진 것이다. 목욕은 대주
천을 비유해서 말한 것이다. 단이 이루어졌으면 소주천을 쓸 필요가
없으니, 곧 10개월의 수련에 들어갈 처음에 반드시 대주천을 써야
한다.

正陽老祖眞人曰: "一年沐浴防危險"

정양노조진인이 말하기를, "1년 목욕으로 위험을 방비한다"고 하였다.

伍眞陽曰: 沐浴在小周天固爲喩, 今言於大周天亦爲喩. 在小周曰
二時·二月之喩, 此大周言一年之喩. 在小周可以小喩, 在大周可
以大喩也. 防危險者. 防一定必有之危險也. 若仙機有出入, 則不定
其沐浴, 若佛法不久住, 亦不定其沐浴. 沐浴最貴有定心, 防危險,
正防其心不定, 防其沐浴不如法.

오진양이 말하기를, 목욕은 소주천에서 본래 비유였다. 지금 대주천
에서도 또한 비유이다. 소주천에서는 두 시진, 두 개월의 비유를 말
하였지만, 이 대주천에서는 1년의 비유를 말한 것이다. 이는 소주천
에서는 작은 비유를, 대주천에서는 큰 비유를 한 것이다. 위험을 방
비한다는 것은 정해져서 반드시 있게 되는 위험을 방비하는 것이다.
선기가 출입이 있게 될 경우 그 목욕을 확정하지 못하고, 불법이 오

래도록 머물지 않을 경우 역시 그 목욕을 정하지 못한다. 목욕은 마음을 안정하는 데 가장 귀한 것으로, 위험을 방비하거나 마음이 안정되지 못하는 것을 방비하는 것이자, 그 목욕이 법과 같지 않은 것을 방비하는 것이다.

又曰: "不須行火候, 爐裏自溫溫"

또 말하기를, "꼭 화후를 행할 필요가 없으니, 화로 속은 저절로 은은히 따뜻하다"고 하였다.

此言十月不必用有候之火, 當有溫溫然无候之火, 不寒不燥, 不有不無, 方是溫溫的眞景象.

이는 10개월의 수행 동안에 꼭 문화니 무화니 하는 화후를 구분하는 불을 쓰지 않아도 은은히 따뜻하여 화후가 없는 불이 있어, 차지도 뜨겁지도 않고, 유도 무도 아니니 바로 은은히 따뜻한 참된 빛의 형상이다.

王重陽眞人老祖曰: "聖胎旣凝, 養以文火, 安神定息, 任其自然"

왕중양진인노조가 말하기를, "성태가 이미 응결되면 문화를 써서 기르고 신과 호흡이 안정되면 저절로 그러함에 맡겨라"라고 하였다.

聖胎成於眞精陽炁. 起初煉精·採取烹煉, 非武不能. 及聖胎旣凝, 金精而成, 武則無用矣. 只用文火養之·神息定而任自然, 正是養文火之功用.

성태는 참된 정과 양기에서 이루어진다. 연정을 처음 시작하거나 채취하여 팽련할 때는 무화가 아니면 할 수 없다. 성태가 이미 응결된 상태에는 금정이 이루어져 무화는 쓸모가 없게 된다. 이때는 단지 문화를 써서 그것을 기르되 신과 호흡이 안정되면 저절로 그러함에 맡기는데, 이것이 바로 문화의 공법을 써서 기르는 것이다.

道光曰: "一年沐浴更防危, 十月調和須謹節"

도광이 말하기를, "1년 목욕은 위험을 방비하는 것이니, 10개월 동안 일정하게 화합하되 절도를 지켜야만 한다"고 하였다.

沐浴者, 無候之火, 即大周天也. 一年者, 大槩而言之辞, 即十月之說. 凡說十月·一年者, 入定到此時, 亦可得大定而出定, 故言之. 謹節者, 謹守沐浴之理也. 防危者, 防其離休浴而外馳不定也. 若一年而得定之後, 必時時在定, 年年劫劫俱在定, 又非止一年·十月之說而已.

'목욕'이란 문화니 무화니 하는 구별이 없는 화후로, 곧 대주천이다. 1년이란 대체로 하는 말로, 10개월을 말한다. 대개 10개월이나 1년을 말하는 것은 입정하여 이 정도 시간이 되면, 대정(大定)을 얻어서 출정(出定)할 수 있기 때문에 이렇게 말한 것이다. '근절'이라는 것은 목욕의 이치를 삼가 지키는 것이다. '위험을 방비한다'는 것은 목욕을 벗어나 밖으로 치달려 안정하지 못하는 것을 막는 것이다. 1년이 되어 정(定)을 얻은 이후에는 시시때때로 정에 들고, 연년겁겁이 모두 정에 드니, 1년 10개월에 한정하여 말하는 것이 아니다.

陳虛白曰: "火須候不須時, 些子機關我自知"

진허백이 말하기를, "불에는 화후가 필요하지만 꼭 때가 필요한 것은 아니니, 미묘한 기관은 내가 저절로 알게 된다"라고 하였다.

有候者, 大周天之火, 無候之候也, 乃似有似無之妙. 不須時者, 不
用十二時爲候, 故可入無爲. 些子機關, 是似沐浴而非沐浴, 常定而
神常覺, 故曰: 我自知. 若不知則昏沉, 火冷而丹力遲矣.

'화후가 있다'라는 것은 대주천의 화후가 후가 없는 화후로, 있는 듯
도 하고 없는 듯도 한 오묘한 것이다. '때가 꼭 필요하지 않다'는 것
은 12시진을 화후로 사용하지 않기 때문에 무위에 들어갈 수 있는
것이다. '미묘한 기관'이라는 것은 목욕 같지만 목욕이 아니고, 항상
정에 들어 있지만 신은 항상 깨어 있는 것이다. 그러므로 '내가 저절
로 안다고 한 것이다.' 만약 이를 알지 못하면 혼침해져 불은 차가워
지고 단의 힘은 더뎌진다.

紫虛曰: "定意如如行火候"
자허가 말하기를, "뜻을 안정하면 자유롭게 화후를 행한다"라고 하였다.

如如者, 如有不有, 如無不無. 定意於如有如无之候中, 方得大周天
之眞候, 方是眞行.

'여여하다'는 것은 유인데 유가 아닌 것 같기도 하고, 무인데 무가
아닌 것 같기도 한 것이다. 유 같기도 하고 무 같기도 한 화후 가운
데에서 뜻을 안정하면, 비로소 대주천의 참된 화후를 얻어 참된 수
행을 하게 된다.

又曰: "看時似有覓時無"
또 말하기를, "볼 때는 유인 듯하지만 찾을 때는 무이다"라고 하고

大周入定, 本入於虛無, 若徒然着无, 則落空矣, 故曰似有, 有而非有; 不空而空, 卻似無, 方是眞空眞定.

대주천 수련에서 정에 들어가는 것은 본래 허무에 들어가는 것이니, 헛되이 무에 집착하면 공에 떨어진다. 그러므로 '유인 듯하다'고 하였는데, 이는 유이지만 유가 아니고 공은 아니지만 공이니, 도리어 무에 가깝다. 이러한 경지가 바야흐로 참된 공이고 참된 입정이다.

又曰: "不在呼噓並數息, 天然"

또 말하기를, "숨을 내쉬거나 호흡을 헤아리는 데 있지 않으니 저절로 그러한 것이다"라고 하였다.

有呼噓 · 數息, 是言有爲者之事. 今旣入定. 故曰不在有爲, 專任天然, 以證無爲.

숨을 내쉬거나 호흡을 헤아리는 것은 유위로 행하는 자의 일임을 말한 것이다. 그런데 이미 정에 들어갔으므로, 유위에 있지 않고 저절로 그러한 것에 맡겨 무위를 증험한 것이다.

又曰: "守眞一, 則息不往來"

또 말하기를, "진일을 지키면 호흡이 왕래하지 않는다"라고 하였다.

眞一者, 在前煉精時, 煉而所得眞精曰眞一. 此煉炁時, 乃眞精之炁, 得眞神用眞息之炁守之. 三者合, 還神曰眞一. 俱定不動, 則是息已無息, 焉有往來?

진일이란 앞서 정을 단련할 때, 단련하여 얻은 진정을 진일이라고 한다. 여기에서는 기를 단련하는 때로, 참된 기가 참된 신을 얻어 참된 호흡의 기로써 그것을 지키는 것이다. 진정과 진기, 신 이 세 가지가 합해져서 신으로 되돌아온 것은 진일이라고 한다. 모두가 안정되어 움직이지 않으면 호흡도 이미 없게 되니 어찌 왕래하겠는가.

古云: "『火記』六百篇, 篇篇相似採眞鉛"

옛사람이 말하기를, "『화기』 육백 편은 편편마다 진연을 채취하는 것 같다"고 하였으며

昔『參同契』亦云『火記』六百篇, 篇篇相似.[92] 卻未說出採眞鉛之妙旨. 此言似採眞鉛, 則玄中又玄者, 盡於是矣. 採眞鉛者, 薛道光所謂"定息採眞鉛"是也. 篇篇相似, 總歸一大定.

옛 『참동계』 역시 "『화기』 육백 편이 편편마다 서로 비슷하다"고 하였다. 그러나 도리어 진연을 채취하는 오묘한 뜻을 말하지 않았다. 이는 진연을 채취하는 것 같다는 말이니, 그렇다면 그윽한 가운데 또 그윽한 것이 여기에서 다 드러났다는 것이다. 진연을 채취하는 것을 두고서 설도광이 이른바 '호흡을 안정하고 진연을 채취한다'고 한 것이 이것이다. 편마다 서로 비슷하다는 것은 모두 큰 안정에 귀착한다는 것이다.

馬丹陽曰: "工夫常不間, 定息號靈胎"

마단양[93]이 말하기를, "수련공부는 항상 사이(틈)가 없어야 하니 호

---

92) 『주역참동계』에서는 "『화기』 육백 편은 추구하는 바가 같아 다르지 않다(火記六百篇, 所趣等不殊)"라고 되어 있다.

93) 마단양: 마단양(馬丹陽, 1123~1183)은 금나라 때의 도사로, 원래의 이름은 종의(從義), 자는 의보(宜甫)였으나, 이후에 이름은 옥(鈺), 자는 현보(玄寶), 호는 단양자(丹陽子)로 바꾸었다. 대정 7년(1167)에 왕중양이 정해땅에 도착하여 전진교를

흡이 안정된 것을 영태라고 한다"고 하였고

定息於空, 神卽守息而爲胎, 神定无間斷, 神亦常覺無間斷, 而胎神始靈.

공에서 호흡이 안정되면 신이 호흡을 지켜서 태가 된다. 신이 안정되어 끊어진 틈이 없으면 신도 항상 깨달은 상태가 되어 끊어진 틈이 없으니 태신이 비로소 신령하게 된다.

石杏林曰 "不須行火候, 又恐損嬰兒"

석행림이 말하기를, "꼭 화후를 행하지 않아도 되지만, 또한 영아를 손상할까 두렵다"라고 하였고

初入十月之關, 必用火候煉炁成胎, 而化嬰兒之神. 嬰兒喩神之微也. 及胎成, 嬰兒亦成, 將出現於外之時, 則無用火矣. 若專用火, 是嬰兒未完成之事, 豈不有損於嬰兒手?

처음 10월의 관문에 들어갈 때는 반드시 화후를 써서 기를 단련하여 태를 이루고 영아의 신으로 변화해야 한다. 영아는 신의 미미한 상태를 비유한 것이다. 태가 이루어지면 영아도 이루어지지만, 외부로 드러나려 할 때에는 화후를 사용하지 않는다. 만약 오로지 화후를 사용하면 이는 영아가 아직 완성되지 않은 때의 일이니 어찌 영아가 손상되지 않겠는가?

전파할 때, 부인인 손불이와 함께 왕중양을 스승으로 모셨다. 왕중양이 죽을 때, 그에게 전진도 비결을 전하고 전진도 전도사업을 맡겨 왕중양의 직접적인 계승자가 되었다. 전진도 우선파의 창립자가 된다. 원나라 세조는 그를 "단양포일무위진인(丹陽抱一無爲眞人)이라는 시호를 하사한다. 세상 사람들은 그를 단양진인이라고 부른다. 북칠진(北七眞) 중의 한 사람이다. 저서로는 『신광찬(神光璨)』, 『동현금옥집(洞玄金玉集)』, 『점오집(漸悟集)』 등이 있다.

『中和集』曰 "守之即妄, 縱又成非, 非守非忘, 不收不縱, 勘這存存存的誰?"

『중화집』에서는 "지키는 것도 망령된 짓이요, 버려두는 것도 그릇됨이 된다. 지키지도 말고 잊지도 말고, 거두지도 말고 버려두지도 마라. 잘 보존하는 것을 살펴야 하니, 보존하는 것은 누구인가?"[94]라고 하였다.

大周入定化神, 似有似无. 似有即神炁之定, 似无是神炁在定, 而不見在定之相. 若曰守, 便着於有. 着有即起有之妄念. 縱之而不照, 則神炁離, 而非定之理. 但微有似存, 若二炁存, 則神亦存, 神存而二炁亦存, 俱存在定, 便俱虛無. 無上之妙境在是矣.

대주천을 통해 입정하여 신으로 변화할 때, '유'인 듯도 하고 '무'인 듯도 하다. '유'인 듯한 것은 신기가 안정된 것이고, '무'인 듯한 것은 신기가 정의 상태에서 정의 상태에 든 상(相)을 보이지 않기 때문이다. 그런데 만약 '지킨다'고 하면 곧바로 '유'에 집착하게 되고, '유'에 집착하면 '유'의 망념을 일으키니, 그러한 상태를 따라 밝지 못하면 신과 기가 떨어져 정의 이치가 아니게 된다. 그러나 미미한 유가 간직된 듯한 상태에서 두 기가 간직된 것 같으면 신도 간직되고, 신이 간직되면 이기도 간직되니, 두 가지 모두가 정의 상태에서 간직되면 곧 모두 텅 비어 무인 상태가 되니, 더 이상 없는 오묘한 경지가 여기에 있다.

鶴林曰: "及至打熬成一块, 試問時人会不会? 不增不減何抽添? 無去無來何進退?"

---

94) 『중화집』 권5, '우증손암입정(又贈損庵入靜)'에 나오는 말이다.

학림이 말하기를, "제련하여 한 덩이를 이룰 때에 이르러 시험 삼아 묻노니, 사람들이 아는가 모르는가? 더할 것도 덜어낼 것도 없는데, 어떻게 추첨할 것인가? 갈 것도 올 것도 없는데, 어떻게 나아가고 물릴 것인가?"라고 하였고

神炁合一, 俱定入一块, 則無火矣. 不似百日火之有增減. 不增不減, 安有抽添? 息無去來. 何用進退? 此歸一而漸歸無之說也.
신과 기가 합일하여 모두 정에 들어가 한 덩이가 되면 화후가 없게 된다. 그러므로 백 일 주천의 화후에 더하고 덜어내는 것과는 같지 않다. 이 상태가 되면, 더할 것도 덜어낼 것도 없는데 어찌 추첨이 있겠는가? 호흡이 오고 감이 없는데, 어찌 진퇴를 쓸 것인가? 이는 하나로 귀착하여 점차로 무로 돌아가는 상태를 말한 것이다.

我祖師張靜虛眞人曰 "眞候全非九六爻也, 非顚倒·非進退, 機同沐浴又還非, 定空久定神通慧"
나의 조사 장정허 진인은 "참된 화후는 전연 9, 6의 효가 아니고, 전도도 아니며, 진퇴도 아니며, 기틀이 같은 상태의 목욕도 또한 아니니, 정이 공하고 오래 정하면 신이 혜를 통하는 것이다"라고 하였으며

眞候者. 火候定而空矣. 不用小周之九六, 不同其顚倒·進退·沐浴等. 而唯定空. 久定久空, 神通慧照, 朗然獨耀, 同於世尊之入涅槃而滅盡定矣.
참된 화후란, 화후가 정에 들어 공한 것이다. 소주천의 9, 6을 사용하지 않으며, 소주천의 전도, 진퇴, 목욕 등과 같지 않다. 오직 정이

공하고, 오래 정하고 오래 공하여 신이 지혜로운 밝음과 통하여 밝기가 홀로 환하니, 세존이 열반에 들어 멸진정한 상태와 같다.

丘長春眞人曰 "息有一毫之不定, 命非已有"

구장춘 진인은 말하기를, "호흡에 조금이라도 안정되지 않음이 있으면 수명은 이미 있는 것이 아니다"라고 하였다.

有息則有生死, 無息則生死盡矣, 必定息至無, 則命方爲我所自有·自主張, 天地·陰陽·閻君則不能使我生死, 由我得無死之道也. 若一些息不盡定, 則命在息而不爲我有, 由我自己不能主張, 猶有可死之道也.

호흡이 있으면 생사가 있고, 호흡이 없으면 생사가 다한 것이다. 반드시 호흡을 안정시켜 없는 데 이르게 하면 수명은 비로소 내가 소유하고 내가 주장하며, 천지나 음양, 염라대왕도 나의 생사를 부릴 수 없게 되니, 나로 말미암아 죽지 않는 도를 얻는 것이다. 그런데 만약 조금이라도 호흡이 안정되지 못하면 수명이 호흡에 있게 되어 나의 소유가 아닌 것이 되고, 나로 말미암아 주장할 수 없게 되니, 도리어 죽을 수 있는 도가 있게 된다.

此皆言煉炁化神, 十月養胎·大周天之火候也.

이상의 말들은 모두 연기화신, 시월양태, 대주천의 화후를 말한 것이다.

此又冲虛子總結上文, 衆聖眞所言大周天火一段, 而言之也.

이는 또한 충허자가 윗글의 여러 성인들이 말한 대주천을 결론지어 말한 것이다.

予亦曰 大周天之火, 不計爻象, 因非有作, 溫溫相續, 又非頑無, 初似不著有無, 終則全歸大定. 切不可執火爲無, 以爲自無, 則落小解之果. 又不可住火於有, 以爲常行, 則失大定之歸. 將有還無, 一到眞定, 則超脫出神, 飛昇冲擧之道盡之矣.

나 또한 말한다. "대주천의 화후는 효상으로 생각할 수 없고, 유가 하는 작동이 아니기 때문에, 은은히 서로 이어지고, 또 완고한 무가 아니어서 애초에 유와 무에 집착하지 못하니, 끝내 대정에 온전히 귀착한다. 절대로 불을 잡는 것으로 무를 삼을 수 없으므로 자의로 무로 삼을 경우는 조금 이해되는 결과에 떨어지고, 또 유에서 불을 지속할 수 없다고 하여 이를 항상 된 수행으로 삼을 경우는 대정에 귀착하는 것을 잃게 된다. 유를 무로 되돌리고 한결같이 참되게 대정(大定)하면 태를 벗어나 신이 나와서 신선의 세계로 날아오르는 도를 다한다."

此"予亦曰"起, "盡之矣"止, 又冲虛子自言大周天之旨, 又兼叮咛勸誡者. 不算計爻象, 乃無爲之異於小周. 有溫溫, 非全有, 是大周初之似有, 似無之實理也. 大周之初, 正是一·二·三月之時. 曰似有者, 尙有有; 曰似無者, 未眞無, 所以猶有些子凡火食性在, 由有些子息故也. 及至全歸大定, 息無而食性亦無.

여기에 "나 또한 말한다"로부터 "신선의 세계로 날아오르는 도를 다한다"까지는 또 충허자가 스스로 대주천의 뜻을 말한 것이고, 또 진정으로 권면하여 경계한 것이다. 효상으로 생각할 수 없다는 것은 무위가 소주천에서 다르다는 것이다. 은은함이 있다는 것은 전연 유가 아니니 이는 대주천의 처음이 유인 듯하고 무인 듯한 실제 이치라는 것이다. 대주천의 처음은 바로 첫 번째 달, 두 번째 달, 세 번째 달의 때이다. "유인 듯하다"라는 것은 여전히 유가 있다는 것이고, "무인 듯하다"는 것은 아직 참된 무가 아니어서 여전히 다소간의 일반인이 화식하는 속성이 있는데, 이는 다소간의 일반인의 호흡이 있기 때문이다. 그러나 온전히 대정에 귀착하면 호흡도 없고 식성(食性)도 없게 된다.

所以『金碧龍虎上經』云: "自然之要, 先存後亡" 俞玉吾又註之曰: "先存神於炁穴, 而後與之相亡, 神自凝, 息自定"是也. 然又當知火本欲歸於無, 若不知先似有之妙, 而遽執曰本無, 何必用似於有, 則必墮在全無, 而不能至眞無, 落於尸解之小果矣.

그래서 『금벽용호상경』[95]에서 말하였다. "자연의 핵심은 먼저 간직하고 뒤에는 잊는 것이다." 유옥오는 또 주석에서 말하였다. "먼저 기혈에서 신을 간직하고 이후에는 함께 서로를 잊는 것이니 신은 저절로 응결되고 호흡은 저절로 안정된다"고 한 것이 이것이다. 그러나 또한 마땅히 불은 본래 무에 귀착하려 한다는 것을 알아야 하는데, 만약 처음에 유인 듯한 오묘함을 알지 못하고 본래 무라고 한 말에 집착하면 무엇 때문에 유인 듯하다고 하였겠는가. 그러면 반드시 온전히 무에만 떨어져 참된 무에 이를 수 없으니, 시해의 작은 결과만 얻게 될 것이다.

---

95) 『금벽용호상경』: 『금벽고문용호상경(金碧古文龍虎上經)』을 말한다. 이 책은 『고문용호경(古文龍虎經)』 혹은 『금단금벽잠통결(金丹金碧潛通訣)』이라고 칭하는데, 간략하게 『용호경』 혹은 『금벽경』이라고 한다. 황제가 지었다고 한다.

又當知此火起於似有, 而求必歸於無. 若不知有非了手, 而遽住於有, 常行於有而不無, 則亦墮在全有, 何以得大定之歸? 饒經萬劫而不死·終止於守屍鬼子, 亦爲屍解之類, 歸生死之途. 想當初煉精補炁, 費多少萬苦千辛, 始得修證, 千萬劫不傳之秘而得傳, 以至於小成, 於此又安可惰忽其大成, 而不求必成哉?

또 이 화후는 유인 듯한 것에서 일으켜 반드시 무에 귀착하기를 구하는 것임을 마땅히 알아야 한다. 만약 유가 착수처가 아님을 알지 못하고 유에 근거하여 머물고 유에서 항상 수행하고 무가 아니게 되면 또한 온전한 유에 떨어지게 되니 어떻게 대정(大定)을 얻어 귀착하겠는가. 만겁을 두루 거치더라도 죽지 않고 끝내 강시를 지키는 데 그치게 되니 또한 시해의 유가 되거나 생사의 길에 귀착하게 된다. 애초부터 정을 단련하고 기를 보충할 생각에 천신만고의 고통을 겪고서 비로소 닦아 증득하고, 천만겁 동안 전해지지 않은 비전을 얻어 소성에 이르렀지만, 여기에서 또 그 대성을 소홀히 여겨 기필코 이루지 않으려 할 수 있겠는가?

我又囑之曰 將有還无, 一到眞大定, 而能常定於虛无之妙境, 則超脫出神. 飛昇冲擧之道盡之矣. 此大周天之火, 所以爲成仙·成佛了道之總要也. 我又以化炁化神而總言之, 前百日煉精化炁, 必用有爲之工, 是從無而入有, 即佛法中之所言, 萬法歸一之義也. 後十月煉炁化神, 必從有息至無息, 是從有而人無, 即佛入四禪滅盡定也, 一歸於無之說也. 此仙佛二宗不易之秘法, 不可少之要機也. 冲虛子今爲後來聖眞, 重宣明之, 以接引後聖, 印證仙傳, 並免後學執有候執無候之爭, 立門戶, 而妄疑之者.

내가 또 촉구하여 "유를 무로 되돌리고 한결같이 참되게 대정(大定)하여" 항상 허무의 오묘한 경지에서 정할 수 있으면, "태를 벗어나 신이 나와서 신선의 세계로 날아오르는 도를 다한다"고 하였다. 이 말은 대주천의 화후가 신선이 되고 부처가 되는 핵심적인 도의 가장 중요한 것이다. 나는 또 화기화신으로써 총괄지어 말하면서, 앞서의 백 일 동안의 연정화기 공부에는 반드시 유를 사용하는 수행을 하여 무로부터 유에 들어가는 것이라고 하였는데, 이것은 바로 불법에서 말한 만법귀일의 뜻이다. 10개월 동안의 연기화신을 거친 이후에 반드시 유식(有息)에서 무식(無息)에 이르러야 하니, 이것이 유로부터 무에 들어가는 것으로, 이것이 불교의 사선멸진정에 들어가는 것이자, 무에 귀착한다는 설이다. 이것은 신선과 부처의 두 종교가 바뀌지 않는 비법으로 조그만 핵심이라고 할 수 없다. 충허자는 지금 후대의 성진을 위해 거듭 드러내 밝히면서 후대의 성인을 이끌어 신선의 진선을 인증하였고, 아울러 후학들이 유후니 무후니 집착하여 쟁론하거나 문호를 세워 망령되이 의문하는 것에 벗어나게 한 것이다.

若此天機
이 천기에 대해

自此句直至結尾句止, 又皆冲虛子總結火候全經之言, 再指煉神以後向上之秘機, 以爲後聖證.
이 구절로부터 곧바로 마지막 구절에 이르기까지는 모두 충허자가 화후의 전체 경을 매듭지은 말로 다시 연신 이후 더 높은 단계로 향하는 비밀 핵심을 지적하여 후세의 성인을 인증한 것이다.

群仙直語

여러 신선들이 바로 말하였지만

已前群仙皆有直言在世間, 而人不能悟.

앞선 여러 신선들이 모두 세상에서 직론하여 말하였지만 사람들이 깨달을 수 없었다.

固非全露

온전히 드러내지 않은 것 같지만

從古至今, 言火候者甚衆, 並未全言, 或一句二句而已. 旣不全, 後人如何用? 如何擬議? 所以世之凡夫妄猜. 唯有仙分者, 自有仙人來度耳.

예로부터 지금에 이르기까지 화후를 만한 사람이 매우 많지만, 온전히 말하지 못하고 한 구절 두 구절에 그쳤다. 이미 온전하지 않으니 후대 사람이 어떻게 사용할 것이며, 어떻게 의문하여 논의하지 않았겠는가. 그래서 세상의 범부들이 망령되이 의심한 것이다. 오직 신선의 인연이 있는 자는 신선이 와서 구제할 뿐이다.

然散之則各言其略, 集之則序言其詳.

흩어 놓으면 그 간략함을 각기 말하게 되고, 모으면 그 상세함을 순서 있게 말한 것이 된다.

我見散見於群書之言, 或略言採取烹煉之名, 而不言其理, 或略言採而不言封固, 或略言小周天, 而不言大, 或略言大周天, 而不言

小, 或略言火候之名・之理, 而不分言小大所當用之時, 其意若曰, 火候原屬不輕言之秘, 且說一件令參得此一件, 任他自己湊合成全去. 咦! 曾見幾人能湊合得成全耶?

내가 본 것은 여러 서적에 흩어져 나타난 말들인데, 간혹 채취와 팽련의 이름을 간략하게 말하고 그 이치를 말하지 않거나, 간혹 채취를 간략하게 말하였지만 봉고에 대해 말하지 않거나, 간혹 소주천에 대해 간략하게 말하거나 대주천에 대해 말하지 않거나, 간혹 대주천은 말하였지만 소주천을 말하지 않거나 간혹 화후의 이름과 이치는 간략하게 말하였지만 대소와 마땅히 사용할 때를 구분하여 말하지 않았는데, 그 뜻은 아마도 '화후는 원래 가벼이 말할 수 없는 비밀이라고 여겼기 때문이고, 또 하나의 일을 말하여 이 하나의 일을 참구하여 얻게 하여 그 스스로 모아 합하여 완전하게 해가게 맡긴 때문이리라. 아! 일찍이 몇 사람들이 합하여 완전함을 이루는 것을 보지 못하였는가?

而前劫・後劫或聖・或凡種子, 或眞或僞學人, 總難致一擬議. 世逮於予, 籍父清廉盛德之所庇, 田園房店之可賣, 受盡萬苦千辛, 逐日奔求師家, 晝夜護師行道, 歷十九年而得全旨. 追思前劫, 或无所庇, 或无可賣, 未遇眞師, 受萬苦, 故不免又生於今劫. 又憫後聖, 或有出於貧窮, 无父庇, 无産賣, 不能受萬苦, 焉能苦心奮志, 而求全? 有奮志於窘迫中者, 而志亦不能銳. 所以予不可少此一集, 詳而次序之, 留俟奮志後聖, 而助其銳志耳. 亦訴予苦志勤求者, 以勵後聖, 當苦志勤求. 後聖其自勉諸.

그러나 전 세대의 억겁과 후세대의 억겁 혹은 성인 혹은 범인 혹은 참되게 공부하는 사람 혹은 거짓되게 공부하는 사람들이 모두 의론을 일치하기 어려웠다. 세대는 흘러서 나에게 이르렀으니, 아버지의 청렴하고 후덕한 덕의 그늘을 입어, 논밭과 가게를 팔 수 있어서 온갖 고생을 다 감내하고서 날마다 분주히 스승의 집을 구하여 주야로 스승의 보호 아래 도를 행하여, 19년이 지난 이후에야 뜻을 온전히 얻게 되었다. 이전 세대의 사람들을 생각해 보면, 의지할 그늘이 없거나, 팔 재산이 없거나 참된 스승을 만나지 못하고서 온갖 고생만 하였으니, 지금 세대에 태어나도 이러한 상황을 벗어나지 못할 것이다. 또 가련한 후대의 성인도 빈궁한 처지에 태어나 아버지의 그늘이 없고, 팔 재산이 없어서 온갖 시련을 받아들일 수 없을 것이니 어찌 고심하면서 투지를 불태우며 장생을 구하겠는가? 궁박한 가운데 투지를 세운 자라도 뜻이 또한 날카로울 수 없게 된다. 그래서 내가 적지 않은 양의 이 책에서 상세하고 순서 있게 적어놓아 투지 있는 후세 성인을 기다리며 그 날카로운 뜻을 돕고자 한 것일 따름이다. 또한 내가 각고의 노력으로 힘써 구한 것이 후세 성인을 독려하여 마땅히 각고의 노력으로 힘써 구하게 하고자 한 것임을 변명한 것이다. 그러니 후세의 성인들은 스스로 힘쓸진저

完全火候, 不必盡出子之齒頰

화후에 대해서 완전히 서술하였으므로 반드시 나의 입에서 모두 다 나올 필요가 없다.

出於我口齒者, 固是我之言. 我旣集而序之, 卽同是我言之出我口者.
나의 입에서 나온 것은 본래 나의 말이다. 내가 이미 모아서 서술하

였으니 나의 말이 나의 입을 통해서 나온 것과 같다.

而此集出世, 則爲來劫萬眞火經根本, 後來見者, 自能從斯了悟, 不復疑墮旁門.

이 화후경이 세상에 나오면 후세 만겁의 온갖 화후경의 근본이 될 것이니, 후세의 사람이 이를 보면 스스로 이를 따라 깨달을 수 있어서 다시는 방문소술에 떨어지지 않게 될 것이다.

旁門者, 有相之火. 忍氣着相. 稱爲行火, 知此仙火自然之定, 則不復爲强制之邪火.

방문이란 상(相)을 두고서 하는 화후이다. 이들은 기를 참고 상에 집착하는 것을 화후를 행한다고 한다. 이 신선의 화후가 자연의 정(定)임을 알게 되면 다시는 억지로 강제하는 삿된 화후를 하지 않게 된다.

而胎神自就, 陽神自出, 劫運自超矣.

태신이 저절로 성취되고 양신이 저절로 나와 겁운을 저절로 초월하게 된다.

慴定・入定・定成, 皆爲胎神・出神・超劫之所必用, 而必證果者, 故於此歷言所證.

습정・입정・정성은 모두 태신・출신・초겁에 반드시 쓰이고 증과를 위해 필요하기 때문에 여기에서 낱낱이 말하여 증명하였다.

但於出神之後, 煉神還虛, 九年之妙, 雖非敢言, 而『中和集』曰: "九載三年常一定",[96] 便是神仙, 亦且言之矣.

그러나 출신한 이후의 연신환허의 9년 과정의 오묘함에 대해서는 비록 말할 수는 없지만 『중화집』에서 "구 년 삼 년 항상 일정하다"고 하니, 그것이 바로 신선이네.

出陽神, 是初成神仙時, 即母腹中初出的孩子一般. 雖具人形, 尚未至具足之人形, 故喩神曰"嬰兒幼小未成人", "須籍爺娘養育恩" 乃喩爲乳哺三年. 古人所言, 成就只一二年是也. 乳哺者, 神氣已定, 而又加定之意. 加至於常常在定而不必於出, 便似乳而又乳, 至於成大人一般. 神旣老成, 若即行煉神還虛九年之功, 則此即爲九年內之煉數. 若有救世之願未完, 且不煉九年而權住世以救世. 及欲超世而上昇虛無, 則必須從九年煉神, 而還虛矣.

양신이 나온 것이 바로 처음 신선을 이룬 때이니, 곧 어머니 배 속에서 처음 나온 아이와 같은 상태이다. 사람의 형체는 갖추었지만 여전히 온전한 형태를 이루지 못하였으므로, 신을 비유하여 "영아는 어리고 작아 아직 사람이 아니다"라고 한 것이고, "모름지기 어진 아비와 어미가 길러야 한다"고 한 것은 '젖을 3년 동안 먹인다'는 비유이다. 옛사람들이 말한 성취는 1, 2년일 뿐이다. 젖을 먹여 기른다는 것은 신과 기가 이미 안정한 상태인데 다시 안정함을 더한다는 뜻이다. 게다가 심지어 항상 안정한 상태에서 반드시 나오지 못하게 하니, 이것은 곧 젖을 먹이면서 또 먹여 사람을 키워내는 것과 같다. 신이 이미 오랫동안 이루어져 있으면 바로 연신환허의 9년 수련을 행하게 되니, 이것이 바로 9년 동안 행하는 수련의 횟수이다. 만약 세상을 구제하려는 바람이 완수되지 않았을 경우, 9년 동안 수련하

---

96) 『중화집』 권5, '又(示衆)'에 나오는 내용이다.

지 않고 세상에 머물면서 세상을 구제하는 경우도 있겠다. 또 세상을 벗어나 허무의 경지로 상승하고자 할 경우에는 반드시 9년 동안 신을 단련하여 허로 되돌려야 한다.

實非世學所能輕悟輕用者, 必俟了道之士, 以虛無實相而用之.
이러한 수련은 실지로 세상에서 학문하는 사람이 가볍게 깨닫거나 가볍게 사용할 수 있는 것이 아니니, 반드시 도를 깨친 선비를 기다려야 허무의 실상을 사용하게 된다.

了道之土, 是出定之神仙. 唯得定是得虛無之初基, 而後可至虛無之極致處, 方能悟此·用此.
도를 깨친 선비는 바로 정을 벗어난 신선이다. 오직 정을 얻어야 허무의 처음 터전을 얻게 되고, 그런 뒤에야 허무의 지극처에 이를 수 있어서 비로소 이를 깨치고 이를 사용할 수 있게 된다.

第不可以一乘旣得, 遂妄稱了當, 不行末後還虛
일승을 얻지 못하고서 망령되이 수련을 마쳤다고 마지막의 환허의 단계를 행하지 않으면

此言或有小根小器之人, 自以少得爲足, 不求還虛, 而終不能還於虛矣.
이는 간혹 작은 근기의 사람이나 그릇이 작은 사람이 스스로 조금 얻고서 만족하여 환허를 구하지 않는 경우에 끝내 허에 되돌아갈 수 없음을 말한 것이다.

則於神通境界, 畢竟住脚不得.

신이 통하는 경지에서 끝내 머물러 있지 못할 것이다.

神通, 在化神時, 神也通靈而無礙. 在還虛時, 神更通靈而無礙. 此言神通, 是言初得之神通, 尚未老成. 故曰"住脚不得" 若住脚, 則止於神仙, 猶有還虛而至天仙者.

신통이란 신으로 화할 때에 신도 영험함을 통하여 장애가 없는 것이고, 허로 되돌아갈 때, 신이 다시 영험함과 통하여 장애가 없는 것이다. 여기서 신통을 말한 것은 처음 얻은 신통이 아직은 오래 이루어진 것이 아님을 말한 것이다. 그래서 "머물러 있지 못한다"고 한 것이다. 만약 머물러 있게 되면 신선의 경지에 멈추어 있는 것이니 허로 되돌아가 천선에 이를 수 있다.

後來者共勉之.

후세 사람들은 함께 힘써야 할 것이다.

豫章三敎逸民, 丘長春眞人門下第八派

예장 땅의 삼교에 통달한 사람, 구장춘 진인 문하 8파에서

丘眞人門下宗派曰: 道德通玄靜, 其常守太淸, 一陽來復本, 合敎永圓明. 此二十字爲派者, 乃眞人在燕京東龍門山掌敎時所立之派. 後人稱爲龍門派便是.

구진인 문하의 종파는 "도와 덕은 그윽한 고요함에 통하고, 항상 태청을 지키며, 일양이 와서 근본을 회복하면 교파를 합하여 영원히 원만하게 밝다(道德通玄靜, 其常守太淸, 一陽來復本, 合敎永圓

明)"라는 이 20자를 종파의 교지로 삼는데, 이는 구진인이 연경의 동쪽 용문산에서 장교[97]로 있을 때 세운 파이다. 후세 사람들이 용문파라고 부르는 것이 바로 이것이다.

分符領節
부절을 나누어 가지고

遵上帝法旨, 所受之符節, 同佛祖之衣鉢·宗主之帕.
상제의 법지와 부여받은 부절과 같은 조사의 의발과 종파 주인의 기치를 따른다.

受道弟子 冲虛子伍守陽, 書於旌陽識記 千二百四十二年之明時歷乙卯春日云.
도를 받은 제자 충허자 오수양이 정양에서 비결을 써노라. 때는 1242년 명나라 역을묘 춘일에 운운하다.

集此答吉王太和之問, 最初發筆作此起.
이를 모아서 길왕 태화의 물음에 답하였으니, 최초로 붓을 든 것은 여기에서 시작하였다.

---

97) 장교: 교육을 담당하는 사람을 말한다.

第五. 煉己直論

제5론 연기직론

冲虛子曰: 諸聖眞皆言, 最要先煉己, 謂煉者, 即古所謂苦行其當行之事曰煉

충허자가 말하였다. 여러 성인과 진인들은 모두 말하기를 무엇보다도 먼저 연기를 해야 한다고 하였다. 연(煉)이란 것은, 즉 옛날에 이른바 마땅히 해야 할 공부를 힘써 단련하는 것을 연(煉)이라 하고

凡證道所當行之事, 或曰事易而生輕忽心, 或曰事難而生厭畏心, 如是不決烈, 則不能成金丹神丹. 必當勤苦心力, 密密行之, 方曰苦煉.

대체로 도를 증득하는 과정에서 마땅히 행해야 하는 공부에 대해서 혹은 일이 쉽다고 하여 소홀히 하는 마음이 생기기도 하고 혹은 공부가 어렵다고 하여 두려워하고 꺼리는 마음이 생기기도 한다. 이러한 경우처럼 결연히 매진하지 못한다면, 금단과 신단을 이룰 수 없다. 그러므로 마땅히 심력(心力)을 온통 다 기울여 면밀하게 행해야만이 비로소 '고련(苦煉)'이라고 할 수 있다.

熟行其當行之事, 曰煉

그 마땅히 해야 할 공부를 익숙하게 하는 것을 연(煉)이라 하며

當行之事, 如採取·烹煉·周天等, 煉精·煉炁等. 或行一時而歇一時二時, 或煉一日而間一日二日, 工夫間斷, 則生疏錯亂, 如何得熟? 工夫必純熟, 愈覺易行而无錯, 必時時日日, 皆如初起一時, 密密行之方爲熟煉.

마땅히 행해야 하는 공부란 채취·팽련·주천 등과 같은 것이다. 예를 들면 연정·연기 등의 공부를 할 때, 한 시간 동안 수행하다가 한 시간이나 두 시간을 쉬기도 하고 혹은 하루를 수련하다가 하루나 이틀을 쉬기도 한다. 이렇게 중간에 공부가 끊어지면 생소하고 뒤섞일 것이니 어떻게 공부가 익숙해지겠는가? 수련의 공부가 반드시 완전히 익숙해져야만이 더욱더 쉽게 행할 수 있는 방법을 깨달아 착오가 없게 될 것이다. 그러므로 반드시 매시나 매일 모두 처음에 시작하는 마음의 자세로 면밀히 행해야만이 비로소 숙련이 될 수 있다.

絶禁其不當爲之事, 亦曰煉
마땅히 하지 말아야 할 것을 완전히 금하는 것도 연이라 하고

不當爲者, 即非道法, 而深有害於道法者. 如煉精時失於不當爲之思慮, 道以思慮爲之障, 而不可望成. 煉炁時, 息神不定, 而馳外向熟境, 亦障道, 而忘進悟深入. 當禁絶之, 而純心以爲煉.

마땅히 하지 말아야 할 것은, 즉 정도의 수련법이 아닌 것으로써 정도의 수련법에 매우 해가 되는 것이다. 예를 들면 연정할 때 쓸데없는 사려에 빠질 경우에는 수련이 사려의 장애를 받으므로 성공을 바랄 수 없다. 연기할 때에 신을 안정시키지 못하여 밖으로 치달아 세상으로 향하게 되면 그 또한 수련에 장애가 되어 깨달아 깊게 들어

가는 것을 잊게 되므로, 사려를 완전히 단절하여 순수한 마음으로
단련해야 한다.

精進勵志, 而求其必成, 亦曰煉
정밀하게 수련하는 가운데에서 뜻을 가다듬어 반드시 이루려고 하
는 것도 연(煉)이라 하며

道成於志堅, 而進修不已. 不精進則怠惰, 不勤志則虛談. 然志者,
是人自己心所之向處, 心欲長生, 則必煉精向長生之路而行, 求必
至長生而後已. 心欲成神通, 則必煉炁化神, 向神通路上而行, 求必
得神通而後已. 此正所以爲煉也.

도는 뜻을 견고히 하는 데에서 이루어지므로 수련해 나가는 것을 그
쳐서는 안 된다. 정밀하게 수련하지 않으면 게을러지고, 뜻을 가다
듬지 않으면 허황된 말을 하게 된다. 그러나 뜻이란 것은 사람 자신
의 마음이 향하는 곳이다. 그러므로 마음이 장생하고자 한다면 반드
시 연정을 하여 장생의 길을 향해 나아가 기필코 장생하는 데 이르
러야만이 그만두게 된다. 그리고 마음이 신통을 이루고자 한다면 반
드시 연기화신 하여 신통의 길을 향해 나아가 기필코 신통을 얻은
후에야 그만두게 된다. 이것이 바로 연(煉)이 되는 까닭이다.

割絶貪愛, 而不留余愛, 亦曰煉
탐애하는 마음을 베어내고 끊어 조금도 남지 않게 하는 것도 연이라
하고

凡一切貪愛富貴·名利·妻子·珍貴·異物·田宅, 割捨盡絶, 不

留絲毫, 方名萬緣不掛. 若有一件掛心, 便入此一件, 不入於道. 故必割而又割, 絶而又絶, 事與念割絶盡, 而後可稱眞煉.

대체로 일체의 부귀·명리·처자·진귀(珍貴)·이물(異物)·전택을 탐애하는 마음을 베어서 완전히 단절하여 조금도 남기지 않아야만 비로소 온갖 인연이 마음에 하나도 걸리지 않았다고 할 수 있다. 만약 하나라도 마음에 걸릴 경우에는 곧바로 이 하나의 일로 빠져들어 도에는 들어가지 못하게 된다. 그러므로 반드시 베고 또 베고, 끊고 또 끊어서 일과 생각을 다 베고 끊은 후에야 진연(眞煉)이라 할 수 있다.

禁止舊習, 而全不染習, 亦曰煉.

옛날의 습관을 금지하여 전혀 물들지 않게 하는 것도 연이라 한다.

凡世間一切事之已學者·已知者·已能者·已行者, 皆曰舊習. 唯此習氣在心, 故能阻塞道氣. 必須頓然禁止, 不許絲毫染污道心. 所以古人云: "把舊習般般打破" 如此而後可稱眞煉.

대체로 세상의 모든 일들 가운데 이미 배운 것·이미 아는 것·이미 능한 것·이미 행한 것을 모두 옛날 습관이라 한다. 오직 이 옛날 습관의 기가 마음속에 있기 때문에 도의 기운을 막는다. 그러므로 반드시 단번에 금지하여 조금이라도 도심을 더럽히지 않도록 해야 한다. 그래서 옛사람들이 말하기를 "구습을 낱낱이 깨뜨려야 한다"라고 하였다. 이와 같이 한 이후에야 진연(眞煉)이라 칭할 수 있다.

己者, 卽我靜中之眞性, 動中之眞意, 爲元神之別名也.

'기(己)'라는 것은 바로 내가 고요한 상태의 진성(眞性)이고, 움직이는 상태의 진의(眞意)로서 원신의 별명이다.

己與性意元神, 名雖四者, 實只心中之一靈性也. 其靈無極, 而機用亦無極, 出入無時, 生滅不歇. 或有時出, 令眼耳鼻舌身意馳入於色聲香味觸法之場而不知返, 或有時出, 而自起一色聲香味觸法之境, 牽連眼耳鼻舌身意, 而苦勞其形. 丘眞入西遊雪山, 而作西遊記以明心, 曰心猿, 按其最有神通. 禪宗言攦猴跳六牕, 狀其輪轉不住. 其劣性難馴, 惟煉可制. 而後來聖眞, 當以上文六種煉法, 總要先致誠意而煉之.

기(己)·성(性)·의(意)·원신(元神)은 이름이 비록 네 개이지만 실제로는 다만 마음 가운데 하나의 영성(靈性)이다. 그 영성의 신령스러움은 끝이 없고 그 작용도 끝이 없어서 출입할 때 일정한 때가 없고 끝없이 생멸한다. 때로는 나와서 안·이·비·설·신·의로 하여금 색·성·향·미·촉법의 장에 빠져들게 하여 돌아올 줄 모르기도 하고, 또 때로는 나와서 스스로 색·성·향·미·촉법을 일으켜 안·이·비·설·신·의를 끌어다가 그 형체를 수고롭게 만들기도 한다. 구진인이 서쪽으로 가서 설산에서 노닐다가 『서유기』[98]를 지어 심(心)을 밝히기를 심원(心猿)이라고 하였는데, 그 말을 살펴보면 가장 신통하다. 선종에서는 "원숭이가 여섯 개의 창문에서

---

98) 『서유기』: 원래의 책명은 『장춘진인서유기』이다. 원대 구처기의 제자 이지상이 편찬하였다. 원나라 태조의 부름을 받은 구처기를 따라 멀리 서역으로 가면서, 길가에서 본 산천과 인정, 풍물, 진귀한 물산 등을 기록하면서 수련에 관한 스승과 제자의 문답, 구처기가 읊은 시들을 기록한 책이다.

뛰어다닌다"라고 하였는데 멈추지 않고 빙빙 돌아다니는 것을 형상
한 말이다. 그 못된 성질은 길들이기 어려우므로 오직 단련을 해야
만이 제압할 수 있다. 후세의 성인과 진인이 될 사람들은 마땅히 위
의 글에서 말한 여섯 가지 연법(煉法)을 하되, 모두 다 먼저 성의(誠
意)에 집중하여 수련해야 한다.

然必先煉己者

그러나 수련의 과정에서 반드시 먼저 煉己(자기 몸을 단련하는 것)
를 해야 하는 것은

李淸庵云: "於平常一一境界打得破, 不爲物炫, 不被緣牽, 則末後
境誘不得, 情緣牽他不得"『元始得道了身經』云: "聲色不絕, 精炁
不全; 萬緣不絕, 神不安寧"

이청암99)이 말하기를 "평상시의 안·이·비·설·신·의로 생기는
경계에 대해 낱낱이 타파하여 사물에 의해 현혹되지 않고, 인연에
의해 이끌리지 않는다면 최종적으로 그 이전의 경계가 유혹하려고
해도 유혹할 수 없고 정(情)의 인연이 끌어가려 해도 끌어갈 수 없
다. 『원시득도료신경』100)에서 말하기를 "성색을 끊지 않으면 정기
가 온전하지 않고, 온갖 인연을 끊지 않으면 신이 안정되지 않는다"
라고 하였다.

以吾心之眞性, 本以主宰乎精炁者. 宰之順以生人, 由此性; 宰之

---

99) 이청암: 이도순을 말한다.
100) 『원시득도료신경』: 『원시천존설득도료신경(元始天尊說得道了身經)』을 말한다.
『도장』, 통진부에 수록되어 있다.

逆以成聖, 亦由此性. 若不先爲勤煉, 熟境難忘

우리 마음의 진성이 본래 정기(精氣)를 주재하기 때문이다. 정기를 순행으로 주재하여 사람을 낳는 것도 이 성으로 말미암은 것이고, 정기를 역행으로 주재하여 성인이 되는 것도 이 성으로 말미암은 것이니, 만약 먼저 부지런히 연기(煉己)에 힘쓰지 않는다면 숙경(熟境)을 잊기 어려운데

昔鐘離云: "易動者片心, 難伏者一意" 熟境者, 心意所常行之事也. 如婬事婬色婬聲婬念等, 正與煉精者相反·相害. 一旦頓然要除, 未必即能淨盡, 或可暫忘而不能久, 或可少忘而不能全, 焉能煉得精煉得炁? 必要先煉己者, 爲此故也.

옛날에 종리권이 말하기를 "쉽게 움직이는 것은 마음이고, 굴복시키기 어려운 것은 뜻이다"라고 하였다. 숙경이란 심과 의로 인해 일상생활에 일어나는 일이니, 예를 들면 음사(婬事)·음색(婬色)·음성(婬聲)·음념(婬念) 등의 일로 이것이 바로 연정에 반대되고 해가 된다. 숙경을 하루아침에 갑자기 모두 다 제거하려 한다면 반드시 깨끗하게 제거되지 않아 혹 잠시 잊을 수는 있지만 오랫동안 잊지는 못하고 혹 조금 잊더라도 완전히 잊을 수는 없다. 그런데 어떻게 정과 기를 단련할 수 있겠는가? 반드시 먼저 연기를 해야 하는 것은 이 때문이다.

焉能超脫習染, 而復炁胎神哉?

어찌 구습에서 벗어나 기를 회복하여 신을 잉태할 수 있겠는가?

習染之念未除, 則習染之事必不能頓無. 必要以習染念與事俱脫淨

盡, 而後遇境不生煙火. 己方純, 炁可復歸, 神可靜定, 而成胎矣.

구습의 잡념을 제거하지 않으면 구습의 일들은 반드시 갑자기 없앨 수는 없으니 반드시 습염의 잡념과 일들은 모두 다 깨끗하게 한 연후에야 숙경을 만나도 연화(煙火)가 일어나지 않는다. 기(己)가 비로소 순수해져서 기(炁)가 복귀할 수 있고 신이 고요히 안정되어 태가 이루어진다.

當未煉之先

연기하기 이전에는

未煉己之先也.

아직 연기하기 이전이다.

每出萬般變幻, 而爲日用之神

항상 수만 가지의 변환(變幻)들이 나와서 일상생활에 이끌려 다니는 신(神)이 되어

平日婬殺盜, 忘心·貪心·善心·惡心·欺心等, 皆是變幻.

평상시의 음탕한 마음·죽이고 싶은 마음·훔치고 싶은 마음·망령된 마음·탐욕스런 마음·착한 마음·악한 마음·속이는 마음 등이 모두 변환(變幻)이다.

猶且任精任炁, 外馳不住.

여전히 정과 기를 따라 외부로 치달아 머물러 있지 않는다.

任炁動而化精, 任精動而婬姤, 而不攝之令歸根復命. 由己不煉, 而
不攝也.

기에 따라 움직여 정으로 변화하고, 정에 따라 움직여 음란한 행위
를 하면, 신(神)을 붙잡아 근본으로 돌아가 명(命)을 회복할 수 없다.
이는 기(己)를 단련하지 않아 신을 잡아 두지 못한 것이다.

古云: "未煉還丹先煉性, 未修大藥先修心" 盖爲此而言也.
옛사람이 말하기를 "아직 환단을 이루기 전에는 먼저 성(性)을 단련
하고 대약을 이루기 전에는 먼저 심을 닦아야 한다"라고 하였는데
아마도 이 때문에 말한 것이다.

昔馬自然眞人云: "煉藥先須學煉心, 對境無心是大還" 『中和集』
云: "念慮絶則陰消, 幻緣空則魔滅" 張虛靖眞人云: "欲得身中神不
出, 莫向靈臺留一物" 皆同此.

옛날에 마자연 진인101)이 말하기를 "약을 단련하려면 반드시 먼저
심을 단련하는 법을 배워야 하니 대상에 대하여 마음이 작용 없으면
이것이 바로 대환(大還)이다"라고 하였다. 『중화집』102)에서는 "잡
념을 끊으면 음심이 사라지고 환상이 사라지면 마가 없어진다"고 하
였다. 장허정 진인103)은 "몸속의 신이 몸을 벗어나지 않게 하려면

---

101) 마자연: 북송 시기의 인물이다. 어려서부터 수진연기(修眞煉氣)의 수련을 익혔고,
   종리권, 여동빈, 유해섬 등을 만나 금단의 비결을 얻었다. 『역세진선체도통감』에
   실려 있다.
102) 『중화집』: 원대 초기 이도순의 저작이다. 총 6권으로 논설과 어록 및 시문 등으로
   구성되어 있다. 유불도 삼교합일의 사상을 기초로, 유교의 태극(太極)·도교의 금
   단(金丹)·불교의 원각(圓覺)이 동일한 경지라고 논설하면서, 성명쌍수의 논리를
   편다. 『도장』 118, 119책에 수록되어 있다.
103) 장허정: 장계선(張繼先, 1092~1127)이다. 북송 말기 강서 용호산 사람으로, 천사
   파 29대 천사 장경단(張景端)의 아우 장처인(張處仁)의 둘째 아들로, 9세에 교위

영대에 어떠한 것이라도 머물게 해서는 안 된다"라고 하였는데, 모두 이 말과 같다.

能煉之者, 因耳逐聲而用聽, 則煉之於不聞. 目逐色而用觀, 則煉之於不見. 神逐感而用交, 則煉之於不思.

단련을 잘하는 자는 귀로 인해 소리를 따라 듣게 될 경우에 듣지 않으려고 단련하고, 눈으로 인해 색을 좇아 보게 될 경우에는 보지 않으려고 단련하며, 神으로 인해 감각에 따라가 교감될 경우에는 생각하지 않으려고 단련한다.

此三者皆眞實煉法, 正釋上文割絶其所愛之說.

이 세 가지는 모두 진실한 연법(煉法)이니, 이것이 바로 윗글에서 말한 '그 좋아하는 바를 베어 끊는다'는 말에 대해 해석한 것이다.

平常日用, 必須如是先煉, 則已念伏降, 而性眞純靜.

평상시 생활할 때에 반드시 이와 같이 먼저 단련한다면 이미 발생한 잡념들이 제압되어 성진(性眞)이 순수하고 고요해질 것이다.

譚長眞『水雲集』云: "絲頭莫向靈臺掛, 內結靈丹管得仙" 重陽眞人 『全眞集』云: "湛然不動, 昏昏默默, 無絲毫念想" 此定心由降而得.

담장진104)의 『수운집』105)에서 말하기를 "잡념이 영대에 걸리지 않

를 계승하였고, 숭정 4년(1105)에 '허정선생'이라는 시호를 받았다. 저서로는 『허정사(虛靖詞)』, 『명진파망장송(明眞破妄章頌)』이 있고, 원나라 때에는 '허정홍오묘도진군(虛靖弘悟妙道眞君)'이라는 시호를 받았다.

104) 담장진인: 담처단(譚處端)이다. 금대의 도사이자 서예가로, 북칠진 중의 한 사람이다. 이름은 옥(玉), 호는 장진자(長眞子)이다. 전진도 조사 왕중양으로부터 도를 배워 이후에 전진남무파(全眞南無派)를 개창하였다.

게 향하게 하면 안에서 영단이 맺어져 신선이 될 것이다"라고 하였다. 중양진인의 『전진집』106)에서 말하기를 "담담하게 움직이지 않고, 보지도 않고 듣지도 않아 털끝만큼도 잡념이 없게 해야 한다"라고 하였는데, 이러한 상태는 바로 마음의 잡념이 제압됨으로써 얻게 된다.

及至煉炁煉神, 則不被境物顚倒所誘

그러다가 연기 연신의 과정에 이르면 전도된 외부의 사물에 의해서 유혹되지 않아서

已有定力, 不從外境所誘.

이미 고정된 공력이 있으면, 외부의 사물에 의해 유혹되지 않는다.

採藥而藥卽得, 筑基而基卽成, 結胎而胎必脫, 方名復 性之初, 而煉己之功得矣. 有不得其先煉者, 當藥生之時, 不辨其爲時;

채약하면 약이 곧바로 얻어지고, 축기를 하면 기반이 곧바로 이뤄지며, 결태하면 영아가 반드시 태어난다. 이 상태가 되어야만이 원래의 성을 회복했다고 말할 수 있으며, 연기의 공도 이루어진다. 먼저 단련하지 않는 사람은 약이 생성될 때가 되어도 그 시기를 분별하지 못하고

---

105) 『수운집』: 금나라 때 인물 담처단의 시문과 어록을 모은 책으로, 전진교의 교리를 밝히거나 수진의 핵심을 밝힌 책이다.
106) 『전진집』: 『중양전진집(重陽全眞集)』을 말한다. 금나라 때 왕철이 편찬한 책으로, 13권이다. 『도장』 태평부에 수록되어 있다. 선교와 포교의 내용뿐만 아니라, 유불도가 합일될 수 있음을 보인 책이다.

百日之初, 煉精時, 貴有藥生. 藥生者, 元精之生也. 辨元精生時, 而用探法. 若婬精, 犯於婬念, 則邪法, 不可探者. 婬念未煉淨者, 何以能辨元精?

백 일 수련의 초기에 연정을 할 때는 약이 생기는 것을 귀하게 여기는데, 약이 생긴다는 것은 원정이 생긴다는 것이다. 원정이 생기는 때를 분별하여 채취하는 법을 사용해야 한다. 만약 색욕의 정이 색욕의 잡념을 동요하면 사법이 되니 채취해서는 안 된다. 색욕의 잡념을 단련하여 제거하지 못하는 자가 어떻게 원정을 분별할 수 있겠는가?

煉藥之候, 不終其爲候.
약을 단련할 화후가 되어도 그 화후를 제대로 끝마치지 못한다.

煉藥有周天之候. 或驚恐·或聞·或思·或昏沈, 以致火候不終者有之.

약을 단련할 때에 주천의 화후가 있는데, 이때에 혹 놀라거나 혹 외부의 소리에 끌리거나 혹 생각에 빠지거나 혹 혼미하여서 화후를 끝마치지 못하는 경우를 초래하는 자가 있다.

藥將得, 或以己念而復失.
약이 얻어지려 할 때에 혹 이미 발생한 잡념으로 인해 다시 잃어버리기도 하고

元精還補元精將滿, 亦或有婬念未煉淨, 乃復失爲婬精者有之. 故古人有走丹之喩者即此.

원정이 다시 원정으로 되돌아가서 가득 차려고 할 때에 혹 색욕의 잡념을 완전히 제거하지 못하여 다시 원정을 잃어버려 색욕의 정으로 변한 자가 있기도 한다. 그러므로 옛사람이 '단(丹)이 달아난다'라고 비유를 하였는데, 바로 이를 두고 한 말이다.

神將出, 或以己念而復墮.

신이 출신하려 할 때에 혹 이미 발생한 잡념으로 인해 다시 주저앉기도 한다.

心逐見聞覺知於外馳, 則是尙未得大定, 而有出入. 背却『胎息經』所謂"不出不入, 自然常住"之旨, 出馳着境. 同儒之物交物, 亦同禪人之說攊猴跳六窓, 內猴與外猴相見者. 如是, 如何能入定, 以完胎?

마음이 보고 듣고 느끼고 인지하는 것으로 인해 외부로 치달리면 이는 아직 대정(大定)이 이루어지지 못하여 마음이 드나드는 상태이니, 『태식경』107)에서 말하는 "나가지도 않고 들어가지도 않으면 자연히 항상 머물러 있게 된다"는 뜻과 위배된다. 마음이 외부로 치달아 대상에 집착하게 되는 상태는 유가에서 말하는 "물과 물이 교감한다"는 말과 같고, 또 선가의 설에 "원숭이가 여섯 개의 창문을 뛰어 다닌다"는 것과 "안의 원숭이가 밖의 원숭이와 서로 본다"는 것과 같다. 이와 같다면 어떻게 입정을 하여 태를 완성할 수 있겠는가?

---

107) 『태식경』: 『고상옥황태식경(高上玉皇胎息經)』을 말한다. 이 책을 간단하게 줄여 『태식경』이라고 한다. 편찬인은 알 수 없다. 당대 책으로 추측한다. 『도장』통진부 본문류에 수록되어 있다. 7언의 시문으로 88자에 지나지 않지만 태식의 핵심 내용을 논술하고 있다.

欲其炁之淸眞, 已不純, 必不得其淸眞.

맑고 순수한 선천의 기(炁)를 채취하려 할 때에 연기의 공부가 순수
하지 않으면 반드시 그 맑고 순수함을 얻을 수 없고

**採取先天炁之時, 唯煉己純者, 能辨淸眞, 則不失其淸眞, 若煉己不
純, 一着思慮習氣, 則失淸眞矣.**

선천의 기를 채취하려 할 때에 연기의 공부가 순수한 자만이 맑고
순수함을 분별할 수 있어서 맑고 순수한 선천기를 잃지 않는다. 그
런데 만약 연기의 공부가 순수하지 않아서 한 번이라도 사려와 구습
에 집착하게 되면 선천기의 맑고 순수함을 잃는다.

欲其神之靜定, 己未煉, 必不得其靜定.

신을 고요하고 안정되게 할 때에 기(己: 元神의 별명)가 단련되지
않았으면 반드시 신을 고요하고 안정되게 할 수 없다.

**神能入定則得靜, 入得三分五分定, 便得三分五分靜, 十分定, 則得
十分靜, 常定則常靜. 神靜定, 則炁亦皆靜定, 炁歸神爲一矣, 卽是
炁化神而成胎仙矣. 不煉己者, 必不能到此.**

신이 입정하게 되면 고요해지는데, 가령 삼 할이나 오 할 정도 안정
되면 삼 할이나 오 할 정도 고요해지고, 십 할 안정되면 십 할 고요
해지며, 항상 안정되면 항상 고요해진다. 신이 고요하고 안정되면
기도 또한 모두 고요하고 안정되어 기(炁)가 신(神)으로 돌아가 하
나가 되니, 즉 이것이 기가 신으로 변화하여 태선(胎仙)을 이루는
것이다. 기를 단련하지 않는 자는 반드시 이 단계에 이룰 수 없다.

或遇可喜而即喜, 或遇可懼而即懼, 或遇可疑而即疑, 或遇可信而即信, 皆未煉己之純也.

혹 기뻐할 만한 일을 만나면 곧바로 기뻐하고, 혹 두려울 만한 일을 만나면 곧바로 두려워하며, 혹 의심할 만한 일을 만나면 곧바로 의심하고, 혹 믿을 만한 일을 만나면 곧바로 믿기도 하는 것은 모두 연기(煉己)의 공부가 순수하지 않기 때문이다.

此四者, 皆外來之天魔也. 遇而信之, 則着其所魔矣. 雖由此前, 未預爲煉己之過, 倘於此遇時即煉己, 遇如不有所遇, 魔即不如我何. 丘眞人所謂當過一番魔, 長福力一番, 是也. 倘於初一遇, 便當不過, 及道愈高魔念愈多, 如何當得過? 吉王太和曾問: "魔有種種之多, 卻如何知得當過?" 冲虛子曰: 最易. 不怕他有萬样奇怪, 我將神炁俱入定中. 任他多種魔來, 絕不能與我相遇矣.

이 네 가지는 모두 외부로부터 오는 천마[108]이다. 이것을 만나 믿으면 마귀에 집착하게 된다. 비록 이전에 미리 연기의 공부를 하지 않은 잘못으로 말미암은 것이지만, 만약 이러한 현상들을 만났을 때에 곧바로 연기(煉己)를 하여 만나도 만나지 않은 것처럼 하면 마귀가 나한테 어찌할 수 없을 것이다. 구진인이 "마귀를 한 번 겪고 나면 복력이 한 차례 늘어난다"라고 하였는데, 이를 두고 한 말이다. 만약 마귀를 처음 만났을 때 곧바로 뿌리치지 않는다면 도가 높을수록 마귀가 더욱 많아질 것이니 어떻게 모두 다 뿌리칠 수 있겠는가? 길왕 태화 전하가 일찍이 물었다. "마귀의 종류가 수없이 많은데, 어떻게 각각 뿌리치는 방법을 알 수 있겠습니까?" 충허자가 대답하였다.

---

108) 천마: 수련 시에 나타나는 천상의 마귀 혹은 마귀에 대한 범칭.

"매우 쉽습니다. 그것들이 온갖 기괴한 짓을 하더라도 두려워하지 말고 내가 신과 기를 잡아 입정에 들어가면, 그것들이 수없이 오더라도 나와는 절대로 만날 일이 없습니다."

又有內本無, 而妄起一想念, 謂之內魔障. 或有生此而不知滅. 不能即滅者, 或有滅其所生, 而復生復滅者, 皆障道.

또 내심에는 본래 아무것도 없지만 하나의 생각이 망령되게 일어나는 경우가 있는데 이것을 내마장(內魔障)이라고 한다. 혹은 망령된 생각이 생겨나도 없앨 줄 몰라서 곧바로 없애지 못하는 경우도 있고 혹은 생겼을 때에 없었지만 다시 생기고 다시 멸하기도 하는데 이는 모두 수련에 방해가 된다.

躭遲大周天之候也.

대주천의 화후를 더디게 한다.

必煉己者, 而後能生滅。滅己.

그러므로 반드시 연기를 한 사람이어야만이 상념의 생멸(生滅)을 그칠 수 있다.

生而即滅, 滅而至於無可滅.

생기자마자 곧바로 없애고 없애서 무에 이르러야만이 완전히 없앨 수 있다.

又有外本無, 而偶有一見一聞, 謂之不宜有之外魔障.

이외에 또 외부에는 본래 아무것도 없지만 우연히 한 번 보이거나 한 번 들리는 경우가 있는데, 이것을 마땅히 있지 않아야 할 '외마장'이라고 한다.

上文喜·懼·疑·信四種, 俱屬此見聞之內.
위의 문장에 기쁘고, 두렵고, 의심하고, 믿는 이 네 가지는 모두 이 보고 듣는 것 안에 속한다.

或用見用聞, 與之應對, 而不卽遠離者, 亦障道.
혹 보이거나 들려서 응대하여 곧바로 멀리 떼어내지 못하는 것도 또한 수련에 장해가 된다.

一有應對, 則着魔, 爲魔所轉矣, 故障道.
한 번 응대하면 마귀에 집착하게 되어 마귀에 의해 끌려다니기 때문에 수련에 장애가 된다고 한 것이다.

必先煉己者, 而後能無見無聞
그러므로 반드시 먼저 연기를 한 사람이어야만이 보이는 것도 없고 들리는 것도 없게 되는데

能煉己者, 卽具不睹不聞之本體, 卽有不賭·不聞之實效.
연기할 수 있는 자는 보지도 않고 듣지도 않는 본체를 갖추게 되니, 바로 보지도 않고 듣지도 않는 실제 효험이 있는 것이다.

此己之所以不可不先煉也. 昔有一人
이것이 기를 먼저 단련하지 않아서는 안 되는 이유이다. 옛날 어떤

사람이

即山東姓張者.

즉, 산동에 장씨 성을 가진 사람이다.

坐中見承塵板上, 一人跳下, 立於前, 沒入於地

좌중에 있을 때 승진판109) 위에서 한 사람이 뛰어 내려와 눈앞에 서 있다가 땅속으로 들어가더니

坐中者, 在圍中坐時也. 見者, 心不定於神室而外馳, 偶有此一見 也. 若心在定, 則亦何以見比.

'좌중'이란 둥근 가림막 가운데 앉아 있을 때이다. '보았다'는 것은 마음이 신실에서 안정되지 않아 밖으로 치달아 우연히 이러한 현상 을 보게 된 것이다. 만약 마음이 안정되어 있으면 또한 어찌 이러한 현상을 보겠는가?

復從地涌出, 立於前. 見其神通變化, 而認爲身外身

다시 땅속에서 솟아올라와 눈앞에 서 있는 것을 보았다. 그 신통한 변화를 보고 자신의 몸에서 출신한 것으로만 알고

誤信常人之言曰: 神仙出了陽神, 便身外有身. 然本性與虛空同體, 本无形身, 若起一念, 要顯有身, 便能有身, 不可以見外爲我身.

이것은 일반 사람들의 말을 잘못 믿은 것이다. 그들은 말하기를 "신

---

109) 수련하는 장소에 천막처럼 둘러서 햇빛과 먼지를 가리는데, 그 천막의 윗부분에 얹힌 판을 말한다.

선은 몸 밖으로 드러난 양신이니 몸 밖에 몸이 있게 된다"라고 한다. 그러나 본성(本性)은 허공(虛空)과 똑같으므로 본래 형신이 없다. 만약 한 생각을 일으켜 다른 몸이 나타나기를 바란다면 곧바로 다른 몸이 나타나는데, 출신하려는 일념이 없이 밖에 나타난 것을 나의 몸으로 여겨서는 안 된다.

不識爲身外之天魔
몸 밖의 천마인 줄을 알지 못하는 바람에

吉王太和問: "彼旣不識, 今老師及昔二眞人是何法識得?" 沖虛子曰: 我本性在定, 得到定力足, 而後有可出定之景到, 由我自性升遷於天門, 念起而出, 猶是虛空无體, 乃六通爲用, 无所障礙. 若非我念所出, 而有見者. 便是外來之天魔邪魔. 若出神之景未到, 則神通未足, 不能變化, 雖欲顯身, 而不能有身. 豈可以无我念之身, 而認爲我哉? 神通足者, 世尊謂之四神足.

길왕태화가 물었다. "그도 이미 알지 못했는데 지금 선생님이나 옛날의 두 진인께서 무슨 방법으로 아셨습니까?" 충허자가 대답하였다. "나의 본성이 입정의 상태에 들어가 있고 입정의 힘이 충분한 데 이르러야만이 입정의 상태에서 출신하는 경지에 이를 수 있다. 나 자신의 본성이 천문으로 승천하였을 때 '출신해야겠다'는 생각을 일으켜 출신해야 체(體)가 없는 허공과 같아져 육통110)이 작용하여 장애가 없게 된다. 그런데 만약 내가 출신하려고 생각하지 않았는데 다른 몸이 보인다면 이것은 외래의 천마나 사마이다. 만약 출신의

---

110) 육통: 육신통을 말한다. 이후에 이에 관한 내용이 나온다.

경지에 이르지 못했다면 신통이 부족하여 변화할 수 없으므로 비록 출신하고 싶어도 출신할 수 없다. 어찌 내가 출신하겠다는 생각을 갖지 않았는데도 나타난 몸을 나의 몸으로 인식해서야 되겠는가? 신통이 충분하다는 것을 세존께서는 '사신이 충분하다'[111]라고 말하였다."

即爲魔所誘動, 出圍而遠叩丘祖. 祖曰, 見者不可認.

곧바로 그 천마에게 유혹되어 동요하였다. 그래서 수련하는 자리에서 나와 멀리 구조사를 찾아가 물었다. 조사가 말하기를 "보이는 것을 출신한 것으로 인식해서는 안 된다"라고 하였다.

不宜出而妄出. 雖有妄見, 斬退猶恐不速, 何敢而認爲我? 不宜出者, 未成定之先, 求其入定, 而不可得, 又何敢妄出, 而終於不入不成耶? 此所以不可認也.

출신하지 않아야 할 때에 망령되이 출신한 것이다. 비록 망령되이 나타났더라도 어떻게 하면 속히 베어내어 물리칠까 걱정해야 할 텐데 어찌 나의 몸으로 인식해서야 되겠는가? 출신하지 않아야 한다는 것은 입정이 완성되기 이전에는 출신한 것이 다시 입정하려 해도 되지 않을 텐데 어찌 함부로 망령되이 출신하여 끝내 들어가지도 못하고 완성하지도 못해서야 되겠는가? 이상의 말이 '나의 몸이 출신한 것으로 인식해서는 안 된다'는 것이다.

---

111) 사신이 충분하다: 네 가지 자제력을 얻는 것을 말한다. 네 가지 자제력은 욕신족(欲神足), 근신족(勤神足), 심신족(心神足), 관신족(觀神足)이다. 욕신족은 뛰어난 명상을 얻기를 바라는 것이고, 근신족은 뛰어난 명상을 얻기 위해 노력하는 것이고, 심신족은 마음을 다스려 뛰어난 명상을 얻고자 하는 것이며, 관신족은 지혜를 가지고 사유 관찰하여 명상을 얻고자 하는 것이다. 이러한 것들이 만족되었다는 의미이다.

乃不知信

그가 그 말을 믿지 않고

由於無仙師眞傳, 故不能以信法語.

그가 선사의 참된 전수를 받지 못했기 때문에 진인들의 말을 믿지
않은 것이다.

又謁郝祖.

또 학조사에게 가서 물었다.

郝與丘本同師度, 則同道同知識矣. 即不信丘, 何必見郝?

학조사(학대통)112)와 구조사(구처기)는 본래 같은 스승 아래서 가르
침을 받았으니 도와 지식이 같았을 것이다. 그런데 구조사를 믿지
않았다면 학조사를 만날 필요가 뭐가 있겠는가?

祖曰: "丘哥說者便是" 惜乎猶不知信, 不復更居圈中, 而廢前功
矣. 此亦己未煉純之證也. 昔丘祖坐於崖下, 崖石墜, 壓折肋. 知
是天魔, 祖不爲之動. 如是當過五番, 不動一念. 直證陽神出現,
見山河大地, 如在掌中.

조사가 말하였다. "구조사가 말한 것이 옳다. 그런데 애석하게도 그

---

112) 학대통: 학대통(1140~1212)은 금나라 때의 도사이다. 이름은 린(璘)이다. 자칭 태
    고도인이라고 하였고, 법명은 대통(大通)이다. 호는 광우자(廣宇子)이다. 대정 8년
    (1168)에 왕중양을 따라 도를 배웠다. 대정 15년에 옥주에서 걸식하다가 홀연 깨
    달았다. 이후 6년 동안 수련하면서 말을 하지 않아, 사람들이 불어선생(不語先生)
    이라고 불렀다. 이후 사람들을 제도하였다. 전진도 화산파(華山派) 창시자이다. 지
    원 6년에 "광우통현태고진인(廣宇通玄太古眞人)"이라고 賜封받았다. 북칠진 중
    의 한 사람이다. 저서로는 『태고집(太古集)』, 『태역도(太易圖)』가 있다.

대가 믿지를 않아서 다시 수련의 자리에 앉지 않아 앞서 쌓은 공부가 수포가 돌아갔다. 이 또한 연기를 순수하게 하지 못한 증거이다. 옛날에 구조사는 절벽 아래에서 수련하다가 돌덩이가 떨어져 갈비뼈가 부러졌는데도 이것을 천마로 알고, 움직이지 않았다. 이와 같은 천마의 시험을 다섯 번이나 당했으나 일념도 움직이지 않자, 곧바로 양신이 출현하여 산하와 대지가 마치 손바닥 위에 있는 것처럼 보이는 것을 증험하였다"라고 하였다.

昔世尊坐於菩提樹下, 魔王波旬領百萬魔衆, 以兵戈恐佛而不動, 以魔女婬事誘佛而不動. 坐至金剛牢固, 自言: 我終不起離於此座. 昔費長房師事壺公, 隨壺公入山修道. 壺公以朽索懸大石於座之上, 又令巨蛇嚙索將斷, 而費全不驚不動者. 皆是.

옛날에 세존이 보리수 아래 앉아 수행하고 있을 때에 마왕 파순113)이 백만 마귀를 이끌고 와서 병기로 세존을 위협했지만 동요하지 않았고, 마녀가 음사로 유혹하였지만 동요하지 않은 채 마치 금강석처럼 앉아서 말하기를 "나는 절대로 이 자리를 떠나지 않을 것이다"라고 하였다. 옛날에 비장방이 호공114)을 스승으로 삼아 섬겼다. 그가 호공을 따라 산에 들어가 수도할 때에 호공이 비장방이 앉은 자리 위에 썩은 새끼줄로 큰 돌을 매어 놓고는 또 큰 뱀으로 하여금 새끼줄을 물어뜯게 하였다. 그 새끼줄이 금방 끊어지려 하였는데도 비장방이 전혀 놀라지도 않고 움직이지 않았다. 이상의 일화들은 모두

---

113) 파순: 마왕의 이름으로 욕계 6천의 주인으로 악을 행하는 자이다. 항상 불법을 증오하고 중을 살해하는 것을 주된 임무로 삼는다.
114) 비장방이 호공: 동한시대의 방사인 비장방과 옹호공(翁壺公)이다. 전설에 따르면 비장방이 옹호공을 만나 입산수도한 것으로 나온다. 『후한서/방술열전』에 나온다.

천마에 동요하지 않은 사례들이다.

此得煉己性定之顯案也, 並書以勤同志.

여기에서 연기 성정의 현안을 얻었으므로 아울러 써서 동지들한테
권면하는 바이다.

第六. 築基直論

제6론 축기직론

冲虛子曰: 修仙而始曰築基. 築者, 漸漸積累增益之義. 基者, 修煉陽神之本根, 安神定息之處所也. 基必先築者, 盖謂陽神, 卽元神之所成就, 純全而顯靈者, 常依精炁而爲用.

충허자가 말하였다. 신선이 되기 위한 수련의 처음을 '축기'라고 한다. '축'이란 점차로 누적하여 증익하는 뜻이다. '기'란 양신의 근본을 수련하고 신과 호흡을 안정시키는 곳이다. 터전을 반드시 먼저 구축해야 하는 것은 대개 양신은 원신이 성취한 것으로, 순전하여 신령한 것이 드러난 것이니, 이는 항상 정과 기에 의지하여 쓰임이 되기 때문이다.

神原屬陰, 精炁原屬陽, 依眞陽精炁, 則爲陽神, 成就純陽. 不依精炁, 則不能成陽神, 止爲陰神而已.

신은 원래 음에 속하고 정기는 원래 양에 속하지만, 진양인 정기에 의지하면 양신이 되어 순양을 성취한다. 그렇지만 정기에 의지하지 않으면 양신을 성취할 수 없어서 음신일 뿐이다.

精炁旺, 則神亦旺, 而法力大. 精炁耗, 則神亦耗而弱. 此理之所
以如是也. 欲得元神長住, 而長靈覺, 亦必精炁長住而長爲有基
也. 自基未築之先, 元神逐境外馳

정과 기가 왕성하면 신도 왕성하여 법력이 커지지만, 정과 기가 소
모되면 신도 소모되어 약해진다. 이 이치가 바로 이와 같다. 원신이
오랫동안 머물러서 신령스러운 깨달음을 오래도록 유지하려고 하면
또한 반드시 정과 기가 오랫동안 머물러 터전이 되어야 한다. 터전이
아직 구축되기 이전에는 원신이 외부의 대상을 쫓아 치달리게 되면

如見色境在外, 則必起婬念.

외부의 색경이 보이면 반드시 음탕한 생각을 일으킨다.

則元炁散 · 元精敗 · 基愈壞矣, 所以不足爲基. 且精之逐於交感,
年深歲久, 恋恋愛根, 一旦欲令不漏, 而且還炁, 得乎? 此無基也.
炁之散於呼吸, 息出息入, 勤勤无已, 一旦欲令不息而且化神, 得
乎? 此無基也. 神之擾於思慮, 時遞刻遷, 茫茫接物, 一旦欲令長
定, 而且還虛, 得乎? 此無基也.

원기가 흩어지고 원정은 무너져 버려 터전이 더욱 망가지므로 터전
이 될 수 없다. 또 정이 교감하는 데 치달려 해가 갈수록 더욱더 심
해져서 사랑에 연연하게 되면, 하루아침에 누설하지 않고 기로 되돌
리려 한들 가능하겠는가? 이러한 상태가 터전이 없는 것이다. 기가
호흡에 따라 흩어져 날숨에 나가고 들숨에 들어오는 등 계속 끊임없
이 쉰다면, 하루아침에 호흡을 하지 않고 신으로 변화하고자 한들
가능하겠는가? 이러한 상태가 터전이 없는 것이다. 신이 사려에 의

해 요동하여 시시각각 왔다 갔다 하며 끊임없이 사물과 접촉한다면, 하루아침에 오랫동안 안정하여 허로 되돌리고자 한들 가능하겠는 가? 이러한 상태가 터전이 없는 것이다.

此三段, 是申明上文基已壞者, 而不足以爲基之說.

이 세 단락은 윗글의 터전이 이미 망가지면 터전이 될 수 없다는 설을 거듭 밝힌 것이다.

古人皆言, 以精煉精 · 以炁煉炁, 以神煉神者, 正欲爲此用也. 是以必用精 · 炁 · 神三寶合煉, 精補其精, 炁補其炁, 神補其神, 築而成基. 唯能合一則成基, 不能合一, 則精 · 炁 · 神不能長旺, 而基即不可成. 及基築成, 精則固矣 · 炁則還矣, 永爲堅固不壞之基, 而長生不死

옛사람들이 모두 정으로써 정을 단련하고 기로써 기를 단련하며 신으로써 신을 단련한다고 한 것은 바로 터전을 사용하고자 한 것이다. 이 때문에 반드시 정 · 기 · 신 삼보를 합하여 단련하여, 정으로 그 정을 보충하고 기로 그 기를 보충하며 신으로 그 신을 보충하여 쌓아서 터전을 이루어야 한다. 오직 하나로 합할 수 있어야 터전을 이룰 수 있지만, 하나로 합하지 못하면 정 · 기 · 신이 오랫동안 왕성할 수 없어 터전을 이룰 수 없다. 터전이 쌓여 완성되면 정도 단단해지고 기도 되돌아와 영원히 견고하여 허물어지지 않는 터전이 되어 장생불사할 수 있으니

『玄綱論』云: "道能自無而生有, 豈不能使有同於無乎? 有同於無, 則有不滅矣"

『현강론』115)에서 말하기를, "도는 무로부터 유를 생성할 수 있으니 어찌 유로 하여금 무에 합하게 하지 못할까? 유가 무에 같아지면 유도 없어지지 않는다"고 하였다.

證人仙之果矣. 爲出欲界升色界之基者以此, 爲十月神定之基者以此, 爲九‧十月不昏睡者, 有此基也. 十月不飮食‧不寒暑者, 有此基也. 十月神不外馳, 而得入大定者, 有此基也. 所以煉氣而氣卽定, 歷百千萬億劫而絶无呼吸一息. 煉神而神卽虛, 歷百千萬億劫而不昏迷一睡. 亦不散亂一馳. 與天地同其壽量者, 基此. 與聖眞齊其神通靈應者, 基此. 此所謂陽神之有基者. 基成, 由於陽精無漏, 而名漏盡通. 不然, 無基者, 卽無漏盡通矣. 雖證入神通, 不過陰靈之性‧五通之果.

인선이 되는 결과의 증거이다. 욕계와 색계를 벗어나는 터전도 이 때문이고, 10개월 동안 신이 안정되는 터전을 마련하는 것도 이 때문이다. 9개월 10개월 동안 잠들지 않는 것은 이 터전이 있기 때문이고, 또한 10개월 동안 먹고 마시지 않은 것도, 추위와 더위를 타지 않는 것도 이 터전이 있기 때문이며, 10개월 동안 신이 밖으로 치달리지 않아 대정에 들어갈 수 있는 것도 이 터전이 있기 때문이다. 그러므로 기를 단련하자마자 기가 안정되어 백 년 천 년 억겁을 지나더라도 전혀 한 호흡도 하지 않고, 신을 단련하자마자 신이 허해져

---

115) 현강론:『종현선생현강론(宗玄先生玄綱論)』을 말한다. 당대 도교학자 오균(吳筠)의 저술이다.『도장』태현부에 수록되어 있다. 당대 도교의 주요한 이론을 기록한 책이다. 도교 이론이 핵심적인 내용을 기록한 상편과 학도성선(學道成仙)의 핵심 이론을 기록한 중편, 학도성선의 과정에서 일어나는 의문점들에 대한 해명을 다룬 하편으로 구성되어 있다.

백 년 천 년 억겁을 지나더라도 잠시도 졸거나 혼미하지 않는다. 또 한순간에도 치달려 혼란스럽지 않아서 천지와 그 수명을 함께하는 것도 이를 터전으로 하였기 때문이며, 성인과 진인처럼 그 신이 통하고 영이 호응하는 것도 이를 터전으로 하였기 때문이다. 이를 이른바 양신에 터전이 있다는 것이다. 양신의 터전이 이루어지는 것은 양정이 누설됨이 없는 것으로 말미암아 이루어지므로 누진통이라고 한다. 그렇지 않아 터전이 없는 것은 곧 누진통이 없는 것이므로 비록 신통에 들어간 것을 증험하였더라도 이는 음령의 성에 의한 오통의 결과에 지나지 않는다.

五通者, 是陰神之神通也. 若陽神, 則有六通, 多漏盡通也. 六通者, 天眼通・天耳通・神境通・宿命通・他心通・漏盡通. 此一通爲陽神之所多, 餘五通, 陰神同.

오통이란 음신의 신통함이다. 만약 양신이라면 육통이 있게 되어, 누진통이 하나 더 많다. 육통이란 천안통, 천이통, 신경통, 숙명통, 타심통, 누진통이다. 이 하나의 통(누진통)만이 음신보다 양신이 많은 것이다. 그 나머지 오통은 음신이 동일하다.

宅舍難固

이는 집(몸)이 견고하기 어려우므로

陽精無漏, 則身長生不死, 爲金剛堅固宅舍, 可永劫不壞. 若有漏之軀, 有必死之道, 身不堅固也.

양정이 누설되지 않으면 몸이 장생불사하여 금강석과 같이 견고한 집이 되므로 영원히 무너지지 않는다. 만약 양정이 누설되면 그 몸이 반드시 죽기 마련이므로 몸이 견고하지 않게 된다.

不免於死此而生於彼. 若有秘授躶橫生, 而擇豎形者, 猶且易姓改
名, 虛負今生矣. 陰神何益哉? 陽神之基, 可不亟築之哉? 可不急
究之哉? 世有以婬姤敗基者反誑人曰, 採補築基. 欺騙愚夫, 共爲
婬樂. 一遇婬姤. 而精無不損者, 炁無不耗者, 神無不荡者, 基愈
滅矣, 直誤至於死, 而後知彼婬邪假術之悖正道, 可不戒之哉?

여기에서 태어나 저기에서 죽는 것을 면하지 못한다. 만약 비밀스러
운 전수를 만나서 짐승의 몸이 인간의 몸을 받았더라도 이는 성명을
바꾸는 격이므로 현재의 삶을 헛되이 저버린 것이다. 그러니 음신에
무슨 이익이 되겠는가? 양신의 터전을 빨리 구축하지 않을 수 있으
며, 급하게 궁구하지 않을 수 있겠는가?

세상에 색정으로 인해 터전을 망가뜨린 자가 도리어 사람을 속여 말
하기를, 이것은 정을 채취하여 보충해 터전을 구축하는 것이라고 하
고, 어리석은 사람을 속여 같이 색정을 즐기려고 한다. 그러다가 한
번 성교를 하게 되면, 정이 손상되지 않음이 없고 기가 소모되지 않
음이 없고 신이 흩어지지 않음이 없어 그 터전이 더욱 없어진다. 그
러다 곧바로 잘못되어 사경(死境)에 이른 다음에 그들의 말이 정도
에 어긋난 음사이자 가술임을 알게 되는데, 경계하지 않을 수 있겠
는가?

此篇正文重重自相申解已詳, 不必再生註意.

이 편의 경문이 거듭거듭 상세하게 풀이하였으므로, 재차 주석을 붙
일 필요가 없다.

第七. 煉藥直論

제7론 연약직론

冲虛子曰: 仙道以精 · 炁 · 神三元爲正藥

충허자가 말하였다. 신선의 도는 정 · 기 · 신 삼원을 바른 약으로 삼아

元精 · 元炁 · 元神曰三元, 皆先天也.

원정 · 원기 · 원신을 삼원이라고 하는데 모두 선천이다.

以煉三合一喩名煉藥.

이 세 가지를 단련하여 하나로 합치는 것인데, 이를 연약이라고 한다.

昔谷神子云: 道以至神爲本, 以至精爲藥, 以冲和爲用, 以無爲爲
治, 長生久視之道成矣. 若不如此, 卽非金液大還丹之法.

옛날에 곡신자[116]가 말하였다. 도는 지극한 신으로 근본을 삼고 지
극한 정으로 약을 삼으며, 충화함으로 쓰임을 삼고, 무위로 다스림
을 삼으니, 그러면 장생구시의 도[117]가 이루어진다. 만약 이와 같이
하지 않으면 금액대환단의 법이 아니다.

---

116) 곡신자: 당대 인물 배형(裴鉶)을 말한다. 저서로는 『传奇』 3卷이 있다.
117) 장생구시의 도: 외부적인 감각기관을 닫고 인체의 정기신을 의념으로 생각하는 수
     련법이다.

其理最精微, 其法最秘密. 昔鐘離曾十試於呂祖, 丘祖受百難於重陽, 我伍子切問二十載於曹還陽

그 이치가 가장 정미하고 그 법이 가장 비밀스럽다. 옛날에 종리권 진인은 일찍이 여조겸 진인에게 열 가지로 시험하였고, 구조사는 왕중양에게 온갖 어려운 시험을 받았으며, 나 오충허는 조환양에게 십 년 동안 간절하게 묻고 나서야

逢師於萬歷癸巳年三月, 受全道於壬子年三月間. 以癸壬計之, 二十年也. 我當初每自恨福力之薄, 不蒙師一速度. 今而後始知侍教久者, 入道精, 不然何以能高出萬世耶? 予又按白玉蟾云: "十年侍眞馭" 白又云: "說刀圭於癸酉七月之夕, 盡吐露於乙亥春雨之天" 又當知天機非邂近可談.

조사를 만력 계사년(1593) 삼월에 만나, 임자년(1612) 삼 월간에 온 전히 도를 전수받았다. 계사년에서 임자년까지 계산하면 20년이 된 다. 나는 애초에 매번 스스로 복이 박하여 스승에게 단법에 빨리 제 도받지 못한 것을 한탄했었다. 그러나 오늘에야 비로소 스승을 모시 고 가르침을 오랫동안 받은 자가 도에 정밀하게 들어갈 수 있다는 것을 알았다. 그렇지 않으면 어떻게 만세에 뛰어난 수련가가 될 수 있겠는가? 내가 또 살펴보건대, 백옥섬118)은 "십 년 동안 참된 지도 를 받았다"고 하였고, 또 말하기를 "계유년(1213) 칠월 저녁에서야

---

118) 백옥섬: 백옥섬(1194~1229)은 남송시대의 도사이다. 도교 내단파 남종의 오대 조 사이다. 원래 성은 갈씨이고 이름은 장경이며, 자는 여회 또는 백수이며, 호는 해 경자이다. 12세에 동자과에 합격하였고 9경을 암송하며 시문에 능하였으며 서화 에도 뛰어났다. 1212년에 진남을 사사하여 금단비결을 전수받았다. 세상 사람들이 그를 자청선생이라고 부른다. 그의 내단이론은 남종의 전통을 잇고 있다. 독신 청 수를 주장하고 연정연기연신을 수련의 핵심으로 삼았다. 저서로는 『해경백진인어 록』, 『해경문도집』, 『해경옥섬선생문집』이 있다.

도규[119]를 말하고, 을해년(1215) 봄 비 오는 날에 모두 말하였다"고 하였는데, 이를 통해 보면 천기는 잠깐 만나 이야기할 수 있는 것이 아님을 마땅히 알아야 할 것이다.

方纔有得. 是以世之茫然學道者, 及偶然譚談者, 皆不知何者是眞藥, 而何法爲眞煉. 徒然空說, 向自己身心中而求, 實不知有至靜之眞時 · 眞機也. 夫至靜之眞時者, 是此身心靜極, 即所喩亥之末 · 子之初也. 陰靜極必有陽動.

겨우 터득한 바가 있었다. 이러한 까닭에 세상에서 망연하게 도를 배우는 자나 우연히 만나 수련에 대해 얘기하는 자들은 모두 어느 것이 참된 약인지, 어느 법이 참된 단련인지를 알지 못한다. 그리하여 부질없이 헛된 말을 하고 자기의 몸속에서 구하지만 실지로는 지극히 고요한 참된 때와 참된 기를 알지 못한다. 지극히 고요한 참된 때란, 바로 이 몸과 마음이 극도로 고요할 때이니 바로 비유한 해시의 끝자락, 자시의 처음이란 것이다. 음이 극도로 고요하면 양이 반드시 움직이게 마련이다.

靜屬陰, 動屬陽. 陽極則陰靜, 陰極則陽動.

고요함은 음에 속하고 움직임은 양에 속한다. 양이 극도에 이르면 음이 고요하고 음이 극도에 이르면 양이 움직인다.

---

119) 도규: 의학에서는 약의 분량을 재는 숟가락을 의미하지만, 도교에서 '도규刀圭'의 '도'는 금에 속하고 '규'는 무戊와 기己의 두 토가 합쳐져서 글자를 이룬 것이기 때문에 이로써 금단의 우언(寓名)으로 삼았다. 내단에서는 리괘와 감괘의 중효가 서로 자리를 바꾸어 순양의 건괘를 이루는 상태를 도규라고 한다.

則炁固有循環眞機, 自然復動, 此正先天無形元炁, 將動而爲先天
無形之元精時也. 即此先天無形之精, 便名藥物. 旣有藥炁生機,
必有先天得藥之覺.

그러면 기에는 본래 진기(眞機)가 순환하므로 자연히 다시 움직이
니, 이것이 바로 선천의 무형한 원기가 장차 움직여 선천의 무형한 원
정이 되려는 때이다. 이 선천의 무형한 정을 약물이라고 한다. 이미
약기가 기를 생성하면 반드시 선천의 약을 얻었음을 깨닫게 된다.

即時至神知之說, 亦即我神炁同動之說也.

이는 바로 '때가 이르면 신이 안다'는 설이니 또한 나의 신과 기가
같이 움직인다는 말이기도 하다.

即以覺靈爲煉藥之主, 以冲和爲煉藥之用.

오묘하게 깨달은 마음을 약을 단련하는 주인으로 삼고, 충화한 기를
약을 단련하는 쓰임으로 삼는다.

覺靈者, 妙覺靈心也. 冲和者, 烹煉薰蒸之和氣也. 此正三家之初相
見也, 亦三華之所聚者.

오묘하게 깨닫는다는 것은 오묘하게 깨닫는 신령스러운 마음이다.
충화라는 것은 삶고 단련하고 훈증한 화기이다. 이것이 바로 삼가가
처음 서로 만난 것이며, 또한 삼화가 모인 것이다.

則用起火之候以探之

그러면 불을 일으키는 화후를 써서 그것을 채취하고

因有藥生而起火, 即活用子時起火, 曰活子時. 藥生與火生同時, 故以火之活子時, 而稱藥亦曰活子時. 達摩云: "二候採牟尼", 言採藥用二候也. "四候別神功", 言沐浴用四候也, 同此.

약이 생성되면 바로 불을 때는 것으로, 바로 자시를 활용하여 불을 지피는 것이다. 이를 활자시라고 한다. 약이 생성되는 것과 불을 지피는 것이 동시에 진행되기 때문에 불을 자시에 지피는 것으로 약도 활자시라고 칭한 것이다. 달마가 "이후에 모니를 채취한다"고 하였는데, 이는 채약을 이후에 하는 것을 말한 것이고, 달마가 "사후에 따로이 신령스러운 수행을 한다"고 하였는데, 이는 목욕은 사후에 한다는 말이니, 이와 같은 것이다.

須辨藥之老嫩. 採之嫩則炁微而不靈, 不結丹也.

모름지기 약의 노쇠함과 여림을 분별해야 한다. 여린 것을 채취하면 기가 미미하여 신령하지 않아 단을 이루지 못한다.

人人都說藥生, 要辨老嫩. 若嫩則炁微, 配合之則无半斤八兩之炁, 何以成一斤, 故不靈.

사람들이 모두 약이 생성될 때 노쇠한 것과 여린 것을 구별해야 한다고 말한다. 만약 여린 약이면 기가 미미해서 그것을 배합하더라도 반 근 팔 냥의 기가 없으니 어찌 한 근을 이루겠는가. 그러므로 영험하지 않다.

採之老, 則氣散而不靈, 亦不結丹也.

노쇠한 약을 채취하면 기가 흩어져 신령하지 않으니 또한 단을 이루지 못한다.

老者, 只是過於當探之時. 當探而未探, 則炁以久而虛散, 皆由心生
怠情而至此, 炁即散, 則力亦微, 配合不均, 不能成丹, 故亦曰不靈.
'노쇠하다'는 것은 단지 마땅히 채취할 때를 지나친 것이다. 마땅히
채취해야 하는데 채취하지 못하면 기가 오래되어 텅 비게 흐트러지
니 모두 마음에 게으른 생각으로 말미암아 여기에 이른 것이다. 기
가 곧 흩어지면 힘도 또한 미미해져 배합에 균형을 이루지 못하고
단을 이룰 수 없다. 그러므로 또한 신령하지 않다고 한 것이다.

得藥之眞
약의 참됨을 얻어서

不老不嫩, 如九二利見者曰藥眞, 非初九之勿用, 亦非上九之有悔.
노쇠하지 않고 여리지도 않으면, 건괘 구이효의 '만나봄이 이롭다'라
는 말과 같으니, 약의 참됨이라고 한다. 이는 초구효의 '쓰지 말아야
한다'라는 말도 아니며, 상구의 '후회가 있으리라'라는 말도 아니다.

旣採歸爐, 則用行火之候以煉之.
채취하여 화로에 귀착시킨 이후에는 화후를 행하여 그것을 단련한다.

行小周天之火也.
소주천의 화후를 행한다.

藥未歸爐, 而先行火
약이 화로에 귀착하지 않았는데 먼저 화후를 행하면

昔呂眞人戒之云: "無藥而先行胎息, 强留在腹, 或積冷氣而成病"
顧與張庠友問: "旣知採藥, 何故又不歸爐?" 冲虛曰: 傳正道, 知眞
採, 故可必得歸爐, 又要行火合於候之妙, 方得藥歸爐. 若火生早
了, 是名火小不及, 不名冲和. 冲和者, 和而冲也. 古人有喩者曰:
如浴之方起, 而暖氣融融然, 火旣小而不及, 丘眞人已言曰: 則金精
不飛是也. 焉能得藥歸爐? 悟道眞修者, 必先從我此答精思之, 則知
直至末後, 皆是如此.

종려진인이 경계하여 "약이 없는데도 먼저 태식을 행하여 억지로 배
속에 머물게 하면, 간혹 냉기를 쌓아 병이 나게 된다"고 하였다. 고여
장상우[120]가 물었다. "이미 약을 채취할 줄 아는데, 무엇 때문에 화
로에 귀착하지 못합니까?" 충허가 대답하였다. "바른 도를 전수받고
참된 채취를 알아야 반드시 화로에 귀착할 수 있다. 또 화후를 행하
는 것이 화후의 오묘함에 합치되어야 바야흐로 약을 화로에 귀착할
수 있게 된다. 만약 불을 일으켜 일찍 끝나면 이는 불이 약해 미치지
못한 것이라고 하지 충화라고 하지 않는다. 충화라는 것은 조화롭고
도 텅 빔이다. 옛사람이 비유하여 말하기를, '목욕의 방위에서 일어
나 따뜻한 기가 피어오르다가 불이 작아져 버려 미치지 못한 것과 같
다'고 하였고, 구진인이 이미 말한, '금정이 날지 못한다'고 한 것이
이것이니, 어찌 약을 화로에 귀착하겠는가? 도를 깨치고 참된 수련을
하는 자는 반드시 먼저 내가 답한 것을 정밀하게 생각하고 따라야 하

---

120) 고여 장상우: 미상이다.

니, 그러면 곧바로 마지막 단계에 이를 것이니 모두 이와 같다."

藥竟外耗, 而非爲我有
약은 끝내 밖에서 소모되니 나에게 있는 것이 아니게 되어

藥尚未入鼎中, 而妄行火, 卽所謂鼎內若無眞種子, 猶將水火煮空鐺之說.
약이 오히려 솥 속에 들어가지 않았는데 망령되이 화후를 행하는 것은 이른바 솥 속에 진종자가 없는 것과 같은 것이니 수와 화로 빈 솥을 끓이는 것과 같은 설이다.

不成大藥. 藥已歸爐, 而未卽行火, 則眞炁斷而不續, 亦不成大藥.
대약을 이루지 못한다. 약이 화로에 귀착되었는데도 화후를 행하지 않으면 진기가 끊어져 지속하지 못하므로 또한 대약을 이루지 못한다.

藥在外, 由火以採之而歸爐, 亦由火烹煉之, 方在爐中成變化. 已得藥歸爐, 火斷而不行, 則眞炁亦斷而不住. 及再行火, 雖周一天, 終與前不續, 藥亦不續, 如何能成大藥? 卽『參同契』註所云: "外火雖動而行, 內符不應, 則天魂地魄不相交接"是也.
약이 밖에 있더라도, 불로써 그것을 채취하여 화로에 귀착시키고, 또 불로써 그것을 달이고 단련하였기 때문에 바야흐로 화로 속에서는 변화를 이룬다. 이미 약을 화로에 귀착하였더라도 불이 꺼져 화후가 행해지지 않으면 진기도 또한 끊어져 머물지 않는다. 다시 화후를 행하여 일주천을 하더라도 끝내 이전의 상태를 지속하지 않는다. 이처럼 약도 지속하지 않는데 어떻게 대약을 이룰 수 있는가?

이는 『참동계』의 주석에서 말한, "외부의 화가 비록 움직여 행하더라도 내부의 부(符)가 응하지 않으면 천지와 혼백이 서로 사귀지 않는다"고 한 것이 이것이다.

若肭肭然加意於火, 則偏着執於火, 而藥消耗.
세밀하게 불에다 뜻을 두면 화후에 집착하게 되어 약이 소모되고

執着用心於火, 則着有相, 而急躁, 近於外道之存想有爲, 非自然之 天機妙用.
불에 마음을 써서 집착하면 어떤 상에 집착하여 조급하게 되니, 외도의 존상121)하는 유의(有爲)와 비슷해져 저절로 그러한 천기의 오묘한 쓰임이 아니게 된다.

若悠悠然不知有火, 則迷散
느긋하여 화후의 때가 있음을 알지 못하면 미혹되어 흩어지고

行火之時, 若心不誠, 則不靈. 或昏迷十二之時, 或迷失刻漏之數, 或忘沐浴之候, 或不知以何數周於天, 或周已, 而猶不止, 皆是.
화후를 행할 때에 만약 마음이 정성스럽지 않으면 신령하지 않게 된다. 12시진을 혼미하거나, 각루의 수를 잃어버리거나 목욕의 후를 잊거나, 주천을 얼마나 했는지 알지 못하거나, 일주천을 다했는데 멈추지 않거나 하는 것이 모두 이런 예이다.

---

121) 존상: 존사(存思) 혹은 존(存)이라고도 한다. '존'은 나의 신들을 간직하는 것이고, '상'은 나의 몸을 생각하는 것이다. 외부의 감각기관을 닫고 의념에 의해 몸속의 어떤 대상과 다섯 장기의 형상, 색깔, 장기에 깃든 신들을 생각하는 수련법이다.

失於火而藥亦消

화후를 잃어버려 약도 소모된 것이니

火不能留藥. 焉得不消? 即神不留炁之喻.

불이 약을 머물러 있게 할 수 없으니 어찌 소모되지 않겠는가? 이는 신이 기를 머물러 있게 하지 못하는 것의 비유이다.

皆不成大藥.

이러한 경우 모두는 대약을 이루지 못한다.

已上皆言孤陰寡陽, 偏有偏無之危險也.

이상 모두는 음이 홀로 있거나 양이 홀로 있어서 유에 치우치거나 무에 치우친 위험을 말한 것이다.

若火間斷, 而工不常, 雖藥將成而復壞.

화후가 중간에 끊기고 수련도 일정하지 않으면 약이 장차 이루어지더라도 다시 허물어진다.

火所以煉藥, 古云: 火藥一處居, 行火之法, 愈久而愈密, 愈密而愈精, 斯則必成大藥, 必得服食. 或有時神逐見聞姪念, 馳於外而着魔, 則神離火, 火離藥, 工不常矣, 藥如何得成? 雖將成, 猶有退散之危險.

화후는 약을 단련하는 것이므로, 옛말에 '화후와 약이 한곳에 거처한다'고 한 것이다. 화후의 법은 오래되면 될수록 은밀하고, 은밀할수록 더욱 정밀하니 이래야만 반드시 대약을 이루고 반드시 복식할 수 있다. 그런데 간혹 어떤 때에 신이 보고 듣는 것을 좇아 음탕한 생각을 일으켜 외부로 내달려 마귀에 붙게 되면, 신은 화를 떠나고 화는 약을 떠나 수련이 일정하지 않게 되니 약을 어떻게 이루겠는 가? 약이 장차 이루어지려고 하더라도 오히려 물러나 흩어지는 위험 이 있다.

若久執行火, 而不知止足, 雖藥已成而亦壞

오랫동안 화후를 행하기만 하여 그칠 때나 충족된 때를 알지 못하면 약이 이미 이루어졌더라도 또한 허물어지니

火足矣, 即成大藥. 因藥成而言足也. 藥旣成, 則不必用火, 安得不 止? 藥已成者, 成之而生爲服食之大藥. 於此即採, 而藥不復壞爲後 天有形之精. 不止火不採, 則大藥必隨生機, 而將妄行, 欲歸之聖 路, 無奈. 不止火不採, 而無由以受. 欲歸之凡路, 竟趨爲後天有形 之精, 不難矣. 後聖當知此爲至要 · 至秘, 所當防之危險也.

화후가 충족되면 대약이 이루어진다. 약이 이루어졌기 때문에 충족 된 때라고 한 것이다. 약이 이미 이루어지면 화후를 쓸 필요가 없으 니 어찌 그치지 않겠는가? 약이 이미 이루어졌다는 것은 만들어져 생겨난 것으로 복식하는 대약이다. 여기에서 채취하면 약은 다시 허 물어져 후천의 유형한 정이 되지 않는다. 화후를 그칠 줄도 채취할 줄도 모르면 대약은 반드시 생성하는 기틀로 떨어져 망령되이 행하 려 하는데, 이를 성인의 길로 되돌리려 해도 어찌할 수 없다. 화후를 그칠 줄도 채취할 줄도 모르면 말미암아 받을 것이 없으니 범인의 길로 되돌아가려 하니, 끝내 내달려 후천의 유형한 정이 되는 데는

어렵지 않다. 후세의 성인은 마땅히 이것이 지극히 요긴한 것이며, 지극히 비밀스러운 것임을 알아 마땅히 위험함을 방비해야 할 것이다.

皆不得服食.
모두 복식할 수 없다.

必火足而藥始成. 藥已成而必知止候, 方有大藥可採·可服食. 不然, 必不得藥成服食.
화후가 충족해야 약이 비로소 이루어진다. 약이 이루어지면 반드시 화후를 그칠 줄 알아야만 바야흐로 대약을 채취할 수 있고 복식할 수 있다. 그렇지 않으면 반드시 약을 이루어 복식할 수 없다.

後世聖眞修此, 必使神氣相均相合, 火藥適宜, 以呼吸之氣
후세의 성인과 진인은 이것을 닦되 반드시 신과 기로 하여금 서로 균등하고 합하게 하며, 화후와 약이 적절하게 하여 호흡의 기로써

即火也.
바로 화후이다.

乘眞炁爲動靜
진기를 타고 동정하게 하여야 하니

即藥也.
바로 약이다.

以眞炁之動靜, 定眞息之根基.

진기의 동정이 진식의 근본 기틀을 안정하게 한다.

眞氣歸靜於根, 則眞息亦定於根. 二氣合一於根, 以爲胎神之基也.

진기가 뿌리로 돌아가 고요하면 진식 또한 뿌리에서 안정된다. 두 기가 뿌리에서 하나로 합하니 태신이 터전이 된다.

則火藥卽不着於一偏, 又無强執縱失之患. 如此而煉, 方得小周天 之妙理, 方成長生之大藥, 始名外金丹成也.

이렇게 되면 화후와 약물이 한편에 집착하지 않고 또 억지로 집착하거나 방종하여 잃는 근심이 없게 된다. 이처럼 단련하면 소주천의 오묘한 이치를 얻게 되고 장생의 대약을 얻게 되어 비로소 외금단122)을 이루었다고 한다.

馬丹陽云: "因燒丹藥火炎下, 故使黃河水逆流"『玉芝書』云: "玄黃 若也無交姤, 怎得陽從坎下飛"是也.

마단양123)이 "단약을 불살랐기 때문에 불이 아래로 타니, 황하수를 거꾸로 흐르게 한 것이다"고 하였고,『옥지서』에서는 "하늘과 땅 같아서 사귐이 없는 것 같더니, 어찌 양이 감(음)을 따라 아래로 날았

---

122) 외금단: 내단 수련에서 소주천을 행하고서 얻은 약물을 말한다.

123) 마단양: 마단양(馬丹陽, 1123~1183)은 금나라 때의 도사로, 원래의 이름은 종의 (從義), 자는 의보(宜甫)였으나, 이후에 이름은 옥(鈺), 자는 현보(玄寶), 호는 단양 자(丹陽子)로 바꾸었다. 대정 7년(1167)에 왕중양이 정해땅에 도착하여 전진교를 전파할 때, 부인인 손불이와 함께 왕중양을 스승으로 모셨다. 왕중양이 죽을 때, 그에게 전진도 비결을 전하고 전진도 전도사업을 맡겨 왕중양의 직접적인 계승자 가 되었다. 전진도 우선파의 창립자가 된다. 원나라 세조는 그를 "단양포일무위진 인(丹陽抱一無爲眞人)이라는 시호를 하사한다. 세상 사람들은 그를 단양진인이라 고 부른다. 북칠진(北七眞) 중의 한 사람이다. 저서로는『신광찬(神光璨)』,『동현 금옥집(洞玄金玉集)』,『점오집(漸悟集)』등이 있다.

네"라고 한 것이 이것이다.

祖祖眞眞服食飛昇之至寶, 乃最上上之玄機, 最宜參悟而精修者也.
조사와 진인이 복식하여 지극히 보배로운 곳에 날아오르니 곧 이것이 더없는 최상의 현기로 우선적으로 참오하여 정진해야 할 것이다.

此論備陳煉藥時之危險, 令後聖知防慮於此, 不至當面錯過而不知也. 神仙所言金丹服食者, 是腎中所得金液之氣, 配元神合煉所成. 服食之, 則能神通變化. 若方外之士, 言服食者, 不過妄以金石・草木誑人曰煉服食. 斷不可爲, 以誤大志. 縱服食之, 或有疾, 宜於金石藥者, 而偶致愈, 或无疾而中毒, 成大患, 必不能超出三界而顯神通也.

이는 약을 단련할 때의 위험을 갖추어 진술하여, 후세의 성인으로 하여금 여기에서 방비하고 근심할 줄 알게 하여, 잘못을 맞닥뜨려 알지 못하는 데 이르지 않게 한 것이다. 신선이 말하는 금단 복식이란 신장 속 금약의 기를 원신과 배합하여 이룬 것이다. 그것을 복식하면 신령스레 통하고 변화할 수 있다. 방외의 선비가 말하는 복식이란 망령된 금석, 초목으로 사람을 속여 연복식이라고 하는 것과 같으니, 결단코 행할 수 없으며 큰 뜻을 그르치게 하는 것이다. 그런데도 방종하여 그것을 복식하게 되면, 혹 질병이 있는 경우는 금석약이 우연찮게 낫게 하지만, 혹 질병이 없이 중독된 경우는 큰 걱정거리가 되니, 이 경우는 반드시 삼계[124]를 벗어나 뚜렷하고 신령하

---

124) 삼계: 범어로는 trayo dhātavaḥ, 빨리어로는 tisso dhātuyo이다. 중생들이 살고 있는 **欲界・色界・無色界**를 말한다. 미혹한 존재들이 생명 변화 유전하는 세계를 말한다. 욕계는 음욕, 정욕, 색욕 음식욕 등 유정자들의 세계이고, 색계는 욕계 위에

게 통달할 수 없다.

得此眞藥服食, 自可進修, 行大周天之火候. 以煉炁化神, 煉炁而
息定·化神而胎圓, 陽神升遷於天門而出現, 神仙之事得矣, 中
關十月之事完矣. 其後面壁還虛, 九年一定, 以神仙而頓悟性於無
極, 形神俱妙, 總煉成一箇不壞淸虛聖身. 皆由煉藥合仙機, 而得
成 丹·成神者之所至也. 故凡大修行, 上關大成事, 必如此則畢
矣. 於此畢法中, 始於百日, 煉藥而成服食者, 無量壽之地仙也.

이 참된 약을 복식하면 스스로 수행에 나아가 대주천의 화후를 진행
할 수 있으니, 연기화신의 수련을 한다. 연기하여 호흡을 안정하고
화신하여 태를 원만히 하니, 양신이 천문으로 옮겨 올라 드러난다.
이것이 신선의 일이 이루어진 것이자, 중관(中關, 연기화신) 10개월
의 일이 완전한 것이다. 그 이후 면벽하여 환허하되 9년을 한결같이
하면 신선이 무극에서 성을 깨달아 몸과 신이 모두 오묘해지고 하나
의 허물어지지 않는 청허한 성스러운 몸이 단련되어 이루어진다. 이
는 모두 약을 단련하여 신선의 기틀에 합하여 단을 이루고 신을 이
룬 자가 도달한 경지이다. 그러므로 대체로 큰 수행과 상관(上關, 연
신환허)의 큰일은 반드시 이와 같이 하여야 끝이 난다. 여기에서 법
이 끝나는 가운데, 백일 공부가 시작하여 약을 단련하여 복식을 이
룬 자는 무량수명의 지선이 된다.

地仙者, 地上所行之仙. 身形重濁未離, 故不能離於地而升虛無之

있으면서, 음욕과 식욕을 벗어난 유정자들이 사는 세계로 절묘한 물질(色)로 이루
어진 세계이다. 무색계는 최상의 영역으로 물질을 초월한 세계이다. 고도의 정신
세계이다.

天也. 人仙雖長生, 亦同於地仙, 重形尚在, 故亦不能離人與地也.

지선이란 지상에서 행하는 신선이다. 신체가 중후하고 탁함을 아직 벗어나지 못하였기 때문에 땅을 벗어나 허무의 천에 오를 수 없다. 인선은 비록 장생하지만 또한 지선처럼 중후한 몸이 여전히 남아 있기 때문에 역시 사람과 땅을 벗어날 수 없다.

中而十月, 煉成脫胎出陽神之果者, 超出陰陽之神仙也.

그 중간에 10개월 동안 단련하여 탈태하고 출신하는 결과를 이룬 자는 음양을 벗어난 신선이 된다.

神仙者, 離重濁之形, 以無形之神變化, 或有或無, 皆由一神之妙用, 故曰神仙.

신선이란 중후하고 탁한 몸을 벗어나 무형의 신령한 변화를 하니 혹은 있기도 하고 없기도 한데, 이는 모두 일신의 오묘한 작용에 말미암는다. 그러므로 신선이라고 한다.

終而九年面壁, 煉成還虛之果者, 超出盡天地劫運之天仙也.

그 마지막에 9년 동안 면벽하여 단련하여 환허의 결과를 이룬 자는 천지와 겁운을 모두 벗어난 천선이 된다.

初得神仙, 乃得大定而出定者. 但得定由於守中, 而出定則居泥丸, 故世尊已入滅而亦入於泥丸是也. 至此後還虛, 則又入定於泥丸. 古人云 "性在泥丸命在臍", 蓋言了修命之事在臍, 了修性之事在泥丸也. 泥丸之定, 則非從前者比, 九年一定者, 特以始入之時而略之, 或百年·千年·萬年·一劫·百千萬劫, 皆可入爲一定. 此正

天仙佛之超劫運者.

처음 신선을 얻은 것은 대정을 얻어 출정한 자이다. 그러나 입정은 수중(守中)에서 기인하여 정을 벗어나면 니환에 거처한다. 그러므로 세존이 입멸하고 나서 또 니환에 들어간 것이 이것이다. 이 이후에 이르러 환허하는 것도 또한 니환에 들어가는 것이다. 옛사람이 "성은 니환에 있고, 명은 배꼽에 있다"라고 하였으니, 대개 명을 닦는 일의 완성은 배꼽에 있고, 성을 닦는 일의 완성은 니환에 있다는 것을 말한 것이다. 니환의 정(定)은 종전과 비교할 수 없게 된다. 9년을 한 번의 입정으로 한 것은 단지 처음 입정하는 때로 이후의 입정을 생략한 것이니, 혹 백 년·천 년·만 년, 일 겁·백·천·만 겁이 모두 한 번의 입정으로 들어갈 수 있다. 이것이 바로 천선불의 겁운을 벗어나는 것이다.

有仙緣者, 遇此『天仙正理直論』, 其亦齋心以識之.

신선과 인연이 있는 자가 이 『천선정리직론』을 만나면 그 또한 마음을 재계하고 알아라.

第八. 伏氣直論

제8론 복기직론

冲虛子曰: 人之生死大關, 只一氣也.

충허자가 말하였다. "사람이 살고 죽는 큰 관건은 일기일 뿐이다."

有氣則生, 無氣則死. 此首以人之所共知者言, 令人易明生死.

기가 있으면 살고 기가 없으면 죽는다. 이는 먼저 사람이 공통적으로 알고 있는 것을 말하여 사람으로 하여금 살고 죽는 것을 쉽게 알게 한 것이다.

聖凡之分, 只一伏氣也.

성인과 범인의 구분은 기를 제복하는 것일 뿐이다.

氣能伏定則聖, 不能伏定則凡. 此首以人之皆能者言, 令人易學於入聖超凡也.

기가 제복되어 안정될 수 있으면 성인이고, 제복되어 안정될 수 없으면 범인이다. 이는 먼저 사람이 모두 할 수 있다는 것을 말하여 사람으로 하여금 초범인성의 경지를 쉽게 배우게 한 것이다.

而是伏義

복(제복하다)의 의미는

而者, 轉文助語.

'而'라는 것은 문장을 전환하기 위한 조어이다.

乃爲藏伏, 而亦爲降伏.

'감추어 엎드리게 하다'는 뜻이고 또 '굴복시키다'는 의미도 된다.

藏伏者, 深藏歸伏於元炁之根. 降伏者, 管攝嚴密, 不許馳於外. 此二者, 亦有防危慮險之意.

'장복'이란 깊게 감추어 원기의 근원에 복귀시켜 제복하는 것이다. '항복'이란 통제를 엄밀하게 하여 밖으로 내달리지 않게 하는 것이다. 이 두 가지는 위태로움을 막고 험함을 근심하는 뜻이 있다.

唯能伏氣, 則精可返, 而復還爲先天之炁, 神可凝, 而復還爲先天之神. 所以煉精者, 欲以調此氣而伏也.

기를 제복할 수 있어야만 정이 되돌아와서 다시 선천의 기가 될 수 있고, 신이 응결되어 다시 선천의 신이 될 수 있다. 그래서 정을 단련하는 것이란 이 기를 조화하여 제복하고자 하는 것이다.

煉精小周天, 調其息而伏. 爲其不能頓伏, 故用漸法調而伏. 達摩祖師顯宗論亦言, 似此意.

정을 단련하는 소주천은 그 호흡을 조절하여 제복하는 것인데, 그것이 단박에 제복될 수 없기 때문에 점진적인 법을 써서 조절하여 제복한다. 달마조사가 『현종론』125)에서 또한 말하였는데, 이 뜻과 비슷하다.

所以煉神者, 欲以息此氣而伏也.

그러므로 신을 단련하는 것도 이 기를 쉬게 하여 제복하는 것이다.

煉神大周天, 胎息其息而伏. 爲其不能頓息於無, 故亦用漸法, 胎息其息, 似有而無, 乃至於無有無無, 而伏於寂靜.

신을 단련하는 대주천은 그 호흡을 태식으로 만들어 제복하는 것인데, 그것이 단박에 무에서 그칠 수 없기 때문에 또한 점진적인 법을 써서 그 호흡을 태식으로 하여 호흡이 있는 듯하면서도 없게 하여, 유도 없고 무도 없는 상태에 이르러 고요한 것에서 제복한다.

始終向上之工, 只爲伏此一口氣耳. 所以必伏, 而始終皆伏者, 是何故? 盖當未生此身之時, 就二炁初結之基在丹田, 隱然藏伏爲氣根. 久伏於靜, 則動而生呼吸. 是知由靜伏而後生呼吸之氣, 以成人道者, 曰順生也. 而是逆修, 曰成仙者, 當必由呼吸之氣, 而返還藏伏爲靜. 此氣伏・伏氣之逆順, 理也. 及呼吸出於口鼻, 而專爲口鼻之用.

처음부터 끝까지 더 높은 단계로 향하는 수련은 단지 이 호흡의 기(口氣)를 제복하는 것일 뿐이다. 그런데 제복하기만 하면 반드시 처음부터 끝까지 모두 제복되는 것은 무슨 이유인가? 대체로 이 몸이

---

125) 『현종론』: 『아비달마장현종론(阿毘達磨藏顯宗論)』을 말한다. 중현(衆賢)이 저술하고, 현장이 번역한 모든 법이 실유(實有)한다는 종지를 편 책이다.

태어나기 이전의 때에, 두 기를 처음 맺은 터전은 단전에 있었고 은밀하게 감추어 제복하여 기의 뿌리가 되었다. 오랫동안 고요한 상태에 제복하다가 움직여 호흡을 생기게 한다. 이것이 고요히 제복한 것으로부터 이후에 호흡의 기를 생기게 하여 사람을 생성하는 도이고, 이를 순생(順生)이라고 함을 알겠다. 그리고 이를 거슬러 수련하는 것을 성선(成仙)이라고 하는데, 이것도 마땅히 호흡의 기로부터 되돌려 감추어 제복하여 고요하게 해야 한다. 이것이 기가 제복하는 순생(順生)의 이치이고, 기를 제복하는 역행수련(逆修)의 이치이다. 그런데 호흡이 입과 코로 나오면 오로지 입과 코의 쓰임이 된다.

呼吸至於口鼻, 則落生死之塗矣. 離口鼻, 則離生死.

호흡이 입과 코에 이르면 나고 죽는 길에 떨어진다. 코와 입을 벗어나면 나고 죽는 것을 벗어난다.

眞炁發散於外, 遂至滯損此氣則爲病. 耗竭此氣則爲死. 盖不知伏爲所以復之故.

진기가 밖으로 발산되어 이 기를 막히고 손상하는 데 이르면 병이 되고, 이 기를 소모하여 고갈하면 죽는다. 이는 대체로 제복하여 되돌려야 하는 이유를 알지 못하기 때문이다.

伏者, 欲將呼吸還復, 歸於炁穴, 而爲不呼不吸之故也. 必此氣伏於炁穴, 而後元炁能歸, 元神能凝, 三者皆伏於炁穴也.

제복이란 호흡을 되돌려 기혈에 귀착하고자 하는 것인데, 제복하는 이유는 내쉬고 들이마시지 않게 하려는 이유 때문이다. 기혈에서 이 기를 제복한 이후에야 원기가 귀착하고 원신이 응결되니, 세 가지는 모두 기혈에서 제복된다.

而亦不知行其所以伏
또한 제복할 줄을 알지 못하니

行所以伏者, 言有至妙至秘之天機. 呼吸合於天然者爲眞, 元炁得合當生·當採之時者爲眞, 元神合虛極靜篤者爲眞. 三者皆眞, 而後得所伏之理, 行之而必成. 不然, 則亦世之外道而已.

제복을 행하는 것은 지극히 오묘하고 비밀스러운 천기가 있음을 말한 것이다. 내쉬고 들이마시는 호흡이 천연에 합하는 것은 참됨이 되고, 원기가 마땅히 생길 때 생기고 채취할 때 채취하는 것은 참됨이 되며, 원신이 지극히 텅 비고 매우 고요한 것에 합하는 것이 참됨이 된다. 이 세 가지가 모두 참된 이후에 제복의 이치를 얻게 되고 이를 행하면 반드시 이룬다. 그렇지 않으면 이 또한 세상의 외도일 뿐이다.

安保其能久生, 而超生死於浩浩劫之外耶?
어찌 그 능히 장생을 보존하고 무량한 억겁의 밖에서 삶과 죽음을 벗어나겠는가?

三者不眞. 則非所以伏之理, 故不能超過浩浩劫之運.
세 가지가 참되지 않으면 제복이 이치가 아니다. 그러므로 무량한 억겁의 운행을 벗어날 수 없다.

有等妄言伏氣者, 而不知伏氣眞機.

어떤 사람이 망령되이 기를 제복한 것에 대해 말한다면, 기를 제복하는 참된 핵심을 알지 못하는 자이다.

眞機者, 有元炁元神, 而呼吸正合天然自在, 方爲眞.

참된 핵심이란 원기와 원신이 있고 호흡이 천연적이고 자유로운데 바르게 합하여야 바야흐로 참됨이 된다.

終日把息調, 而口鼻之呼吸尤甚

종일 호흡의 조화에 매달려 입과 코로 호흡하는 것이 더욱 심해지거나

調息者, 調其內用之玄機, 如囊天籥地徐停息之說. 世之愚人, 不聞天機, 只把口鼻數調, 如隔靴搔痒, 焉能調得到無息?

숨 쉬는 것을 조화한다는 것은 그 내부에서 사용하는 현기를 조화하는 것이다. 이는 마치 천지를 풀무로 삼아 숨 쉬는 것을 서서히 안정한다는 설과 같다. 세상에 어리석은 사람들은 천기를 듣지 못해 단지 입과 코의 숨 쉬는 숫자를 조절한다. 이는 발이 가렵다고 신발을 긁는 격이니 어찌 무식(無息)에 도달할 수 있겠는가?

痴心執閉息, 而腹中之逼塞難容

어리석은 마음이 폐식에 집착되어 배 속이 참을 수 없을 만큼 빵빵하게 하니

閉息者, 『靈寶華法』書亦言之, 是言不通其息出入之門也. 雖無門, 卻有安頓自然之妙理, 非强制之爲閉也. 强制則不眞, 故無成. 眞禪

213

家與眞仙道略同, 若癡禪人之假禪, 亦與癡道人之假道同, 學者不可不察. 禪宗人有一等假禪者, 曰吞聲忍氣, 曰氣急殺人, 皆言忍住氣而不出入, 此是病, 非禪也. 强制則念是動的, 不是靜, 何以爲禪? 禪字解作靜字, 若是自然眞靜, 方爲其禪.

폐식이란 『영보필법』126)에서도 또한 말하였는데, 그 숨이 출입하는 문을 통하지 않게 하는 것을 말한다. 숨이 출입하는 문이 없다는 것은 저절로 그러한 오묘한 이치를 편안해하는 것이지 억지로 강제하여 닫는 것은 아니다. 억지로 강제하여 닫으면 참되지 않게 되어 이룰 수 없다. 참된 선가(禪家)와 참된 선도(仙道)가 대략 동일한데, 어리석은 선인의 거짓 참선은 어리석은 도인의 거짓도와 같으니 학자는 살피지 않을 수 없다. 선종에 어떤 거짓 선사가 말하기를, "소리를 삼키고 기를 참아야 한다"고 하고 또 "기가 급하면 사람을 죽인다"고 하였는데, 이는 모두 기를 참아 머물게 하여 출입하지 못하게 하는 것이니 이것은 병통이고 선(禪)이 아니다. 억지로 강제하면 생각이 움직이는 상태가 되고 고요하지 않으니 무엇으로 참선을 한다고 하겠는가? '선(禪)'이라는 글자는 풀어보면 '정(靜)' 자가 되니, 이처럼 저절로 참된 고요한 상태가 바야흐로 참선의 상태인 것이다.

哀哉! 此妄人之爲也. 安見其氣之伏而靜定也? 昔丘祖云: "息有一毫之不定, 命非已有"

슬프도다! 이 망령된 사람들의 행위여. 기가 제복되어 고요히 안정

---

126) 『영보필법』: 『도장』본의 원래 제명은 종리권 저, 여암 전으로 되어 있다. 그래서 『비전정양진인영보필법(秘傳正陽眞人靈寶畢法)』이라고 한다. 상, 중, 하 세 권으로 이루어져 있다. 주된 내용은 내단의 연정, 연기, 연신론이다.

되는 것을 알지 못하는가? 옛날에 구조사가 말하기를, "숨 쉬는 것에 조금이라도 안정되지 않음이 있으면 수명이 이미 존재하지 않는 것이다"라고 하였다.

息得呼吸絶, 則生死之路絶. 息有呼吸不定, 故不免生死.

숨에 날숨과 들숨이 없어진 상태가 되면 살고 죽는 길을 초월한다. 숨에 안정되지 못한 날숨과 들숨이 있기 때문에 살고 죽는 것을 면하지 못한다.

而伏氣之要, 正修士實用所以證道之工也. 但此天機之妙, 絶與世法不同. 古人託名調息者

기를 제복하는 핵심은 바로 수련하는 사람이 실제 일상에서 도를 증험하는 공부이다. 그러나 이 천기의 오묘함은 절대로 세상의 법과 같지 않다. 옛사람들이 조식이라는 이름에 가탁한 것은

世人之息, 一呼一吸均平, 無用調矣. 仙道託名調息者, 非世法之用. 乃調其有而至无, 无而至有. 爲其以神馭氣, 行之必住, 往之必行, 在乎行住之間而調之也.

세상 사람들의 숨이란 한 번 내쉬고 한 번 들이마시니 그 자체로 고르고 발라 조화를 할 필요가 없다. 그런데도 선도에서는 조식이라는 이름에 가탁한 것은 세상의 법을 사용하지 않기 때문이다. 그것은 곧 호흡이 있는 것을 조화하여 없는 데 이르고, 호흡이 없는 데에서 있는 데 이르는 것으로, 신으로 기를 부리되 기가 움직이면 반드시 멈추게 하고 멈추면 반드시 움직이게 하여 움직이고 멈추는 것의 간격에서 그것을 조화시키는 것이다.

隨順往來之理, 而不執滯往來之形, 欲合乎似無之呼吸也.

왕래하는 이치를 따르라는 것이지 왕래하는 형태에 집착하지 말라는 것으로, 마치 호흡이 없는 것처럼 하는 데 합하게 하고자 한 것이다.

當有往來, 不強使之無, 而唯隨順之, 似心息相依之說. 亦不強執, 害其自然, 而爲勉强.

왕래할 때에는 억지로 무가 되게 하지 말고 오직 그 흐름을 따르게 해야 하니, 마치 마음과 숨이 서로 따르는 설과 비슷하다. 또한 억지로 집착하지 않아야 하니, 그 저절로 그러한 상태를 해쳐 억지로 강제하는 것이 되기 때문이다.

託名閉息者

폐식이라는 이름에 가탁한 것은

世之言閉, 是勉强, 不合自然. 仙家言閉, 只託言閉之名, 而非用彼強閉之實. 故范德昭曰: "內不出, 外不入, 非閉氣也" 我故曰: 託名者, 略似閉氣, 而實非閉氣也.

세상에서 말하는 '폐(閉)'란 힘써 억지로 하는 것이어서 저절로 그러한 것과는 합치되지 않는다. 선가에서 말하는 '폐'란 단지 '폐'라는 이름에 가탁한 말로 저들이 억지로 닫는 실제의 방법을 사용하지 않는다. 그러므로 범덕소[127]는 "안에서는 나오지 않고 밖에서는 들어가지 않는 것은 폐기가 아니다"라고 하였다. 나는 그래서 "이름을 가탁한 것은 대략 폐기와는 비슷하지만 실지로는 폐기가 아니다"라

---

127) 범덕소: 오대 이전의 촉나라 사람이다. 저서로는 『계진간류론(契眞刊謬論)』, 『금 액환단론(金液還丹論)』, 『통종론(通宗論)』 등이 있다.

고 한 것이다.

而內則空空, 如太虛無物
안으로는 텅 비고 텅 비어 마치 우주에 아무것도 없는 것처럼 하여

空如太虛, 是眞虛無, 則眞息便可歸於眞無. 其禪理亦似之, 若上文
所言, 內不空而逼塞者, 是强閉者, 外道邪法旁門之類皆然.

'공'은 우주와 같아서 참된 허무이다. 그렇다면 참된 숨은 참된 무에
귀착할 수 있다. 선가의 이치도 또한 이것과 비슷하다. 윗글에서 말
한 것처럼 안으로 텅 비지 않아 가득 찬 것은 억지로 닫은 것이니
외도의 삿된 법과 방문술의 종류들이 모두 그러하다.

欲合於無極中之靜伏也.
무극의 가운데 고요히 엎드려 있는 상태에 합하게 하고자 한 것이다.

無極者, 無一炁之始. 及後太極, 則有一炁之始, 一判則爲天地. 今
言無極, 乃言天地及一炁未有之先, 卽爲父母尙未有之先, 正是虛
極靜篤景象. 妙悟必至如此, 爲眞靜伏.

무극이란 일기의 시작도 없는 상태이고, 이후에 태극의 상태에 이르
면 일기의 시작이 있게 되어 하나가 나뉘어 천지가 된다. 그런데 지
금 말하는 무극은 천지와 일기가 아직 있기 이전의 상태로 부모가
되는 이가 아직 있기 이전과 같아서 바로 지극히 허하고 지극히 고
요한 상태이다. 오묘한 깨달음이 이와 같은 상태에 이르렀을 때야말
로 진짜로 고요히 제복한 것이 된다.

總之, 爲化炁化神之秘機. 古人云: "長生須伏氣", 故自周天而歷
時·日·年·劫, 唯伏此氣.

이를 총괄하면 화기, 화신의 비밀한 핵심이 되는 것이다. 옛사람이
"장생은 모름지기 기를 제복하는 것이다"라고 하였다. 그러므로 주
천으로부터 시, 일, 연, 겁을 거쳐 오직 이 기를 제복하는 것일 따름
이다.

言有一小周天之所伏, 有一大周天之所伏, 一日·一年·一劫之所
伏. 或暫或久, 而能成其一伏者, 眞有道之士也.

한 번 소주천할 때 제복하기도 하고 한 번 대주천할 때 제복하기도
하며, 하루를 제복하기도 하고 일 년을 제복하기도 하며, 일 겁을 제
복하기도 한다는 말이다. 잠시 동안이든, 오랫동안이든 한결같이 제
복할 수 있는 사람이 진짜 도를 얻은 수련가이다.

此氣大定, 則不見其從何而伏始, 亦不見其從何而伏終. 無始無
終, 亘萬古而無一息, 與神俱虛·俱靜, 斯謂之形神俱妙之靜也.

이 기가 크게 안정되면 그 따르는 것이 무엇이든 처음을 제복하지
않을 수 없으며, 또한 그 따르는 것이 무엇이든 마침을 제복하지 않
을 수 없다. 처음도 없고 끝도 없이 영원히 한 숨이 없어 신과 함께
텅 비고 함께 고요하니, 이른바 몸과 신이 모두 오묘하여 고요하다
는 것이다.

世尊能以一法說八千劫而後已, 能以一定坐八萬四千劫而後出定,
是其形神俱妙, 與仙同者.

석가모니가 한 번의 설법으로 팔천 겁 이후에 마치고, 한 번 정좌한

것으로 팔만 사천 겁 이후에 입정에서 벗어나시니, 이것이 몸과 신이 모두 오묘하여 신선과 같은 것이다.

唯聞天仙正道者, 方能識得此理, 唯有三寶全功者
오직 천선의 바른 도를 들은 자만이 바야흐로 이 이치를 알 수 있고, 오직 정기신 삼보를 온전히 수련한 자라야

三寶者, 元神·元炁·元精. 若一寶非元, 則不爲寶. 屬於後天者無用, 亦不得爲全功.
삼보란 원신, 원기, 원정이다. 만약 하나라도 원(元)의 상태가 아니면 보물이 될 수 없다. 후천에 속한 것은 쓸모가 없으니 또한 온전한 수련이 될 수 없다.

方能行及此工
수행하여 이 수련에 이를 수 있으니

此工者, 卽上內如太虛, 證入無極靜定者. 言三寶会合, 煉成化炁, 而後可行大定·常定工夫. 若未化炁, 則亦無用此爲.
이 수련은 위에서 말한 안(內)이 태허와 같아져, 무극의 고요한 입정을 증험한 것이다. 삼보가 모여 합하고 단련하여 화기단계를 이루고 이후에 대정과 상정을 행할 수 있음을 말한 것이다. 만약 아직 화기의 단계를 이루지 못했다면 또한 이 수련을 행할 수 없다.

有大志聖眞請究之而實悟之.
큰 뜻을 가진 진인들은 참구하여 실지로 이것을 깨닫기를 바라노라.

第九. 胎息直論

제9론 태식직론

冲虛子曰: 古『胎息經』云: "胎從伏氣中結, 炁從有胎中息"斯言爲過去 · 未來諸神仙 · 天仙之要法也.

충허자가 "옛날『태식경』에서 말하기를, '태는 복기하는 것을 따라 그 가운데 맺어지고, 기는 태 속에 숨을 따른다"고 하였다. 이 말은 과거, 미래의 여러 신선과 천선의 핵심이 되는 법이다.

男子身中本無胎, 而欲結一胎, 必要有因. 則因伏氣於丹田炁穴中而結胎, 是胎從伏氣中而結也. 元炁靜而必動, 欲得元炁不動, 必要有藏伏. 因有胎, 即藏伏之所. 乃息而不動, 是炁從有胎中而息也. 胎因愈伏氣而愈長, 氣因愈長胎而愈伏, 共修成一箇圓滿胎神. 斯所以爲神仙 · 天仙之要法, 非此, 抑將何以成之? 然胎息與伏氣本是一事, 何分兩論, 只爲懷胎養神, 必用胎息, 而後成胎, 而神住胎. 古人皆以胎息言之, 今亦詳言於煉炁化神時也. 伏氣之說, 爲伏氣而得精還化炁, 煉藥以得大藥. 古人只言伏氣, 今亦從之言伏氣. 雖兩言之, 中則互明其理, 令人知兩言之妙, 而不妄疑 · 妄執其爲兩.

남자의 몸속에는 원래 태가 없는데, 태를 맺고자 하면 반드시 요인이 필요하다. 그런즉 단전의 기혈 속에서 기를 제복하여 태를 맺기 때문에, 이것은 "태는 복기하는 것을 따라 그 가운데 맺어진다"고 한 것이다. 원기는 고요하면 반드시 움직이니, 원기가 움직이지 않게 하려면 반드시 감추어 제복해야 한다. 핵심적인 요인은 태에 있으니, 이는 감추어 제복하는 곳이기 때문이고, 숨이 움직이지 않는 것은 기가 태 속에서 숨을 따르는 것이다. 태의 요인은 복기를 하면 할수록 더욱 오래 하고, 기의 요인은 태를 기르면 기를수록 더욱 제복하여 함께 하나의 원만한 태신을 닦아 이루게 된다. 이것이 신선과 천선의 핵심적인 법이니 이것이 아니고는 무엇으로 이룰 수 있겠는가? 그러나 태식과 복기는 본래 하나의 일인데, 무엇 때문에 둘로 나누어 논설하였는가 하면, 태를 품고 신을 기를 때 반드시 태식을 쓴 이후에 태를 이루고, 신이 태에 거주하기 때문이다. 이에 대해 옛사람들이 모두 태식으로 그것을 말하였는데, 지금 다시 연기화신의 때에서 상세하게 말한 것이다. 복기의 설은 복기를 하여 정밀하게 화기로 되돌리는 것이고 약을 단련하여 대약을 얻는 것이다. 이에 대해 옛사람들은 단지 복기라고만 하였는데, 지금 다시 그것을 따라서 복기를 말한 것이다. 비록 두 가지로 말하였지만 그 가운데는 그 이치를 서로 밝히고 있으니 사람으로 하여금 두 말의 오묘함을 알게 하여 망령되이 의심하거나 망령되이 그 두 가지를 집착하지 않게 한 것이다.

予願再詳譯而直論之. 夫人身初時, 只二炁合一, 爲虛空中之炁而已, 無胎也, 亦無息也.
나는 다시 상세하게 해석하여 직론하기를 원한다. 사람의 몸이 처음 생겨날 때는 단지 두 기가 합하여 하나인 상태로 되어 텅 빈 가운데의 기일 따름이니 태도 없고 또한 습도 없다.

此言無胎無息, 起下文返還成仙之所證.
이는 태도 없고 기도 없다는 말을 제시하여 아래 문장에서 되돌려 신선이 되는 것을 증험한 것이다.

因母呼吸而長爲胎, 因胎而長爲息.
어미의 호흡에 따라 자라서 태가 되고 태를 따라 자라서 숨이 된다.

修仙者, 亦必因呼吸而長爲胎, 因胎而長爲胎息.
선을 닦는 것은 또한 반드시 호흡을 따라서 자라 태가 되고 태를 따라서 자라 태식이 된다.

及至胎全, 妙在隨母呼吸而爲呼吸. 所以終日呼吸而不逼悶, 此緣不由口鼻呼吸, 只臍相通, 故能似無氣息一般, 此正眞胎息景也.
태가 온전한 데 이르면 오묘함이 어미의 호흡을 따라 호흡하는 데 있다. 그래서 종일토록 호흡을 해도 급박하지 않으니 이는 입과 코로 호흡하지 않고 배꼽으로 서로 통하여 있기 때문이다. 그러므로 기로 숨을 쉬지 않는 것 같으니 이것이 바로 참된 태식의 상태이다.

古人謂, 內氣不出, 外氣不久, 非閉氣也之說, 正言由臍相通者.
옛사람이 말한 "안의 기는 나오지 않고 밖의 기는 들어가지 않는 것은 폐기가 아니다"라는 설은 바로 배꼽이 서로 통한 것을 말한 것이다.

離胎而息卽斷
태를 벗어나면 숨도 끊어지고

在胎中, 則我之息由母臍中所生, 故我息亦在臍, 而口鼻不可呼吸. 離胎則口鼻開竅, 可以呼吸, 順而易矣. 當此時, 且不知胎息, 安得復能胎息?

태 속에서 나의 숨은 어미의 배꼽 속으로 생겨나기 때문에 나의 숨도 배꼽에 있지 입이나 코로 호흡할 수 없다. 그러나 태를 벗어나면 입과 코의 구멍이 열려 호흡할 수 있게 되는데 자연스럽고 쉽다. 이때에서는 또한 태식을 알지 못하니 어찌 다시 태식을 할 수 있겠는가?

無母臍與子臍相通, 不得不向自身口鼻起呼吸, 卽與胎中呼吸同, 而暫異其竅耳. 逆修返還之理, 安得不以我今呼吸之息, 而返還爲胎中息耶? 凡返還呼吸時, 以口鼻呼吸之氣, 而復歸於胎息之所

어미의 배꼽과 자식의 배꼽이 서로 통하지 않으면 자신의 입과 코로 호흡을 시작하지 않을 수 없으니 이는 태 속에서 호흡하는 것과 같지만 점차로 그 구멍을 달리하는 것일 뿐이다. 그렇다면 거슬러 닦아 되돌리는 이치를 어찌 내가 지금 호흡하는 숨을 태 속의 숨으로 되돌릴 수 있겠는가. 대체로 되돌려 호흡하는 때는 입과 코로 내쉬고 들이마시는 기를 태식의 장소에 되돌려

卽丹田之所. 許旌陽云: "臍間元炁結成丹, 谷神不死因胎息, 長生門戶要綿綿" 『元始得道了身經』云: "中宮胎息爲黃婆" 抱朴子曰: "得胎息者, 能不以鼻口呼吸, 如在胞胎之中, 則道成矣. 以鴻毛着鼻口上, 而毛不動爲候也"

바로 단전이 위치한 곳이다. 허정양이 "배꼽 사이에서 원기가 맺어져 단을 이루며 곡신이 죽지 않는 것은 태식 때문이니 장생의 문호가 지속적으로 이어진다"고 하였다. 『원시득도료신경』에서는 "중궁의 태식이 황파가 된다"고 하였고, 『포박자』에서는 "태식을 얻은 자는 코와 입으로 호흡을 하지 않아 마치 포태 속에 있는 것 같으니 도를 이룬 것이다. 새털을 코와 입 위에 두어 털이 움직이지 않으면 태식의 징후이다"[128]라고 하였다.

如處胎息之時, 漸漸煉至胎息亦眞無. 眞無者, 滅息盡之義也.
태식에 처한 때처럼 조금씩 조금씩 단련하여 태식에 이르고 또 참된 무에 이르게 한다. 참된 무란 숨이 완전히 사라져 없어졌다는 의미이다.

謂胎中之息, 亦眞無之, 此正禪宗人所謂 "萬法歸一, 一歸無"之說.
태 속의 숨이 또한 참으로 완전히 없어진다는 의미로, 이는 바로 선종의 사람들이 말하는 "만법이 하나로 귀착하고 하나는 무에 귀착한다"는 설이다.

方是未生時, 而返還於未有息未有胎已前之境界, 不落生死之途者矣.
아직 태어나기 이전에 아직 숨이 있지 않고 태가 있기 이전의 상태

---

128) 태식을 얻은 자는 ……징후이다:『포박자』,「釋滯」卷第八에 나오는 내용이다. 이 글에서는 『포박자』의 원문을 생략하고 있어 원문을 붙인다. 得胎息者, 能不以鼻口噓吸, 如在胞胎之中, 則道成矣. 初學行氣, 鼻中引氣而閉之, 陰以心數至一百二十, 乃以口微吐之. 及引之, 皆不欲令己耳聞其氣出入之聲. 常令入多出少, 以鴻毛著鼻口之上, 吐氣而鴻毛不動爲候也.

로 되돌려야 생사의 길에 떨어지지 않는다.

凡人有呼吸, 則有生死; 無了呼吸, 即無生死.
일반 사람들은 호흡이 있으면 생사가 있고, 호흡이 없게 되면 생사도 없게 된다.

所以得如此者, 亦非蓊然無所憑依配合, 便以呼吸歸中, 而可胎息者.
이와 같은 상태는 또한 별안간 의지하여 배합할 것이 없는 것이 아니니 곧 호흡을 중(中)으로 되돌려 태식을 할 수 있는 것이다.

呼吸之炁, 最難制伏, 必有元炁相依, 方可相定, 而成胎息. 然胎息何以知其成也? 以呼吸歸於胎息, 則口鼻無呼吸, 而成胎息, 是其眞成也, 終不復至口鼻爲呼吸. 眞禪定者亦似此. 若凡夫外道, 不知元炁者爲何, 單以呼吸歸於中, 而妄曰入定胎息, 其息不能定住於胎所. 雖忍氣而氣無所容, 乃曰氣急殺人. 而終不能強忍口鼻之氣, 更呼吸浩浩.　皆由悖却世尊所謂"无生法忍"者之所爲也.　世之假道人‧假禪人皆如此, 此亦後學聖眞之所當辨, 而自防危險者也.
호흡의 기는 가장 제복하기 어려우니 반드시 원기가 서로 의지하여야만 서로 안정되어 태식을 이룰 수 있다. 그러나 태식은 무엇으로 그 이루어짐을 알 수 있는가? 호흡이 태식으로 귀착되면 입과 코의 호흡이 없어져 태식을 이루는데, 이것이 참된 이룸이어서 끝내 다시 입과 코로 호흡하는 상태로 되돌아가지 않는다. 참된 선정이라는 것도 이와 비슷하다. 만약 외도를 행하는 일반인은 원기라는 것이 무엇인지 알지 못하고 단지 호흡을 중으로 되돌리고는 망령되이 태식에 입정했다고 하는데, 이는 어찌 그 숨이 태가 있는 곳에 정주할 수 있겠는가? 비록 기를 참아서 기가 남지 않게 되면 곧 '기가 사람을 급살한다'고 하고, 코와 입의 기를 끝내 억지로 참지 못하고 곧 후~ 후~ 하고 숨을 들이마시고 내쉬게 된다. 이것들은 모두 세존이 말한 '무생법인'[129]이라는 것을 어기고 행했기 때문이다. 세상에서 도인이라고 사칭하는 자와 선인이라고 사칭하는 자들은 모두 이와 같으니, 이것이 또한 후세의 진인들이 마땅히 판별해야 할 것이자 스스로 위험을 방비해야 할 것이다.

所謂孤陰不成者, 此亦其一也.
이른바 음 홀로는 이루지 못한다는 말도 이것과 동일하다.

呼吸之氣, 乃後天有形之陰物, 故亦如此言之.
호흡의 기는 후천의 몸에 있는 음물이기 때문에 또한 이렇게 말한 것이다.

必要有先天㤊機發動之時, 又有元靈獨覺及呼吸相依 · 三寶会合已, 先煉成大藥者, 而轉歸黃庭結胎之所, 於此之時
반드시 선천기의 기관이 발동할 때에는 또한 원령(元靈)이 홀로 호흡과 서로 의지함과 삼보가 모여 합하였음과 먼저 단련하여 대약을 이룸을 깨달아서 황정의 태가 맺어지는 곳으로 옮겨 귀착할 필요가 있으니, 이때

---

129) 무생법인: 범어로는 anutpattika – dharma – kṣānti이다. '무생법(無生法)'은 일체의 것이 생멸하지 않는다는 것으로 공(空)이자 실상(實相)이라는 의미이고, '인(忍)'은 인가(忍可)나 인지(認知)를 의미한다. 따라서 일체가 태어남도 없고 멸함도 없는 법리라는 것을 인증하는 것을 말한다.

此時者, 是當此結胎之時. 因文上句皆言先所化炁, 而至此始言胎息之意也. 此正申明必要煉精化炁, 以氣助胎, 以神主胎, 以呼吸結胎, 方成眞胎息.

'이때'라는 것은 이때를 당해서 태가 맺어지는 순간이다. 위 구절의 내용 모두가 먼저 화기에 대해 말했기 때문에 여기에 이르러서는 비로소 태식의 뜻을 말했다. 이것이 바로 연정화기를 해야만 기가 태를 돕고 신이 태에 머물러 호흡이 태에서 맺어지고 그 결과 바야흐로 참된 태식이 이루어진다는 것을 거듭 밝힌 것이다.

而後以胎息養胎神, 得神炁乘胎息之氣, 在中一定

이후에 태식으로 태신을 길러 신기가 태식의 기를 타게 되니

神炁與胎息相乘, 方是有配合的修其胎息之工, 所以能成眞胎息得其定. 若無眞炁, 便不是金剛不壞之身, 坐中只是昏沉瞌睡, 如何能長覺長明, 以長馭氣入大定成胎乎? 有間斷, 即非胎息.

신기와 태식이 서로 타야 바야흐로 배합된 태식의 수련을 행하여 참된 태식을 이루고 안정을 얻을 수 있다. 만약 진기가 없다면 곧 금강석같이 소멸되지 않는 몸이 아니라, 앉아 있는 것도 혼미한 상태에서 졸고 있는 것일 따름이다. 그런데 어떻게 오랫동안 밝게 깨어 기를 통제하여 대정에 들어가 성태를 이루겠는가? 단절이 있으면 태식이 아니다.

即是結胎之始. 正『入藥境』所謂 "初結胎, 看本命"而得者.

바로 결태의 시초이다. 이것이 바로 『입약경』에서 말한 "처음 태를

맺어 본명을 본다"라는 상태에 도달한 것이다.

本命者, 二氣也. 元炁爲生身命之本, 呼吸氣爲生身命之具. 而結胎
之初, 必要本命二炁, 隨神之號令, 同凝於中, 而爲眞胎者也.

'본명'이란 두 기이다. 원기는 몸을 낳는 명의 근본이 되고, 호흡의
기는 몸을 낳는 명의 도구이다. 그러나 태를 맺는 처음에는 반드시
본명의 두 기가 신의 호령을 따라 함께 중에서 응결되어야만 참된
태가 된다.

雖似有微微呼吸, 若在臍輪, 而若不在臍輪, 在虛空, 正『度人經』
所謂 "元始懸一粒寶珠, 去地五丈; 如世尊之前, 地湧之寶塔, 在
虛空中"等語, 皆是也. 皆用運 旋眞息, 以漸至成胎, 頓然絕離口
鼻, 不存呼吸, 滅卻有作, 恰然處胎相似, 而胎中之息, 始雖似有,
而終絕無, 即是眞胎息, 所以成陽神者.

미미한 호흡 같은 것이 배꼽에서 있는 듯하기도 하고 배꼽에서 없는
듯하기도 하며 텅 빈 곳에 있는 듯하니, 이것이 바로 『도인경』[130]에
서 말한 "처음으로 한 알의 보배 구슬이 땅으로부터 다섯 길이나 높
이 매달려 있다"고 한 것이나, "세존 이전에 땅에서 보탑이 솟아올
라 허공에 있다"고 한 것 등의 말이 모두 이것이다. 이는 모두 진식
을 돌려서 점차로 태를 이루는 데 이르러 갑자기 입과 코와 떨어져
호흡이 존재하지 않게 되고 어떠한 작위도 사라져 버려 흡사 태 속
에 거처한 것과 비슷하니 태 속에서의 호흡은 있는 듯하지만 끝내는
끊어져 없으니 이것이 참된 태식이고 양신을 이룰 것이다.

---

130) 「도인경」: 『원시무량도인상품묘경(元始无量度人上品妙經)』을 말한다.

若無大藥眞氣服食, 若非三家相見, 必不能胎眞息, 而神眞純陽者也.

만약 대약과 진기와 복식이 없고, 삼가가 서로 만나지 않았다면, 결국 태의 참된 숨을 이룰 수 없고 신이 정말로 순수한 양이 되지 못했을 것이다.

如是而久久無間斷, 綿綿密密, 無時無刻, 而不是在胎中無息之景, 直證陽神大定, 絶無動靜起滅. 即是胎圓, 乃返還到如母胎初結一炁, 未成我, 而未分精炁與神之時. 正『入藥鏡』所謂"終脫胎, 看四正"而得者.

이처럼 오랫동안 끊임없이 이어서 고요히 행하여 시도 때도 없이 수련하면 태 속에 숨이 없는 상태에 있는 것이 아니라 곧바로 양신의 대정을 증득하여 전연 동정과 기멸이 없게 되니, 이것이 바로 태가 원만한 것이자 모태에 처음 일기가 맺힌 것 상태와 아직 내가 이루어지기 이전의 상태에 도달하여 정과 기와 신이 나뉘지 않은 때에 도달한 것이다. 이것이 바로『입약경』에서 말한 "끝내 태를 벗어나 네 가지 바름을 본 상태"를 이룬 것이다.

看四正者, 驗四證工夫之有無也. 有則胎尚未圓. 以其有, 乃養胎之工也. 無則日減盡定, 而陽神成就矣.

네 가지 바름을 본다는 것은 수련의 유와 무와 관련한 네 가지 증득을 증험하는 것이다. 유는 태가 여전히 원만하지 않아서 그 유로써 태를 기르는 공부이다. 무는 소멸하여 온전히 정에 들어가 양신이 성취된 것이다.

胎息還神, 固曰畢矣.

태식이 신으로 환원하니 이를 본디 끝났다고 한다.

胎事畢, 滅盡定, 佛亦滅盡定, 入涅槃. 故其『經』云: "若於佛事不周, 不入涅槃. 佛事周訖, 方入涅槃"

태의 일이 끝나 소멸하여 온전히 정에 들어간 것이다. 불교에서도 또한 소멸하여 온전히 정에 들어가는 것은 열반에 들었다고 한다. 그러므로 불교의 경전에서 "불사를 모두 다 하지 못하면 열반에 들어가지 못한다. 불사가 모두 끝나야 바야흐로 열반에 들어간다"고 한다.

畢其十月中關之事, 神仙之證也. 猶有向上田煉神還虛, 而證天仙者在, 所必當知. 故遷神於上田, 而出天門, 以陽神之顯見者, 倏出而倏入, 何也? 當前十月之內, 而或有出者, 是不宜出之出也. 由六根之爲魔而妄出.

그 10개월 동안의 증관 일이 끝나 신선을 증험한다. 그런데도 오히려 상단전(上田)을 향한 연신환허가 있으니, 천선을 증험하는 것이 여기에 있음을 마땅히 알아야 한다. 그러므로 신선이 상단전으로 옮겨가 천문(정수리의 문)을 나오니, 양신이 드러나는 것이 갑자기 나오고 갑자기 들어가기도 하는데, 이는 무엇 때문인가? 10개월이 되기 이전에도 간혹 나오는 경우가 있는데, 이것은 제대로 나온 것이 아니다. 육근이 마귀에 의해서 망령되이 나온 것이다.

陽純則無魔, 陰盡則無魔. 陰將盡而未盡, 甚爲魔者, 要除陰盡, 是要除魔盡也.

순양의 상태는 마귀가 없고 음이 다하면 마귀가 없다. 음이 장차 다
하려 하지만 아직 다하지 않았다면 마귀를 완전히 제거해야 한다.

妄出則神走而着魔境, 而息亦走着於口鼻. 必急入, 則依於息而歸胎.
망령되이 나오게 되면 신은 달려가 마귀의 경(境)에 붙게 되니 호흡
도 또한 입과 코로 달려가 붙게 된다. 이런 상태에서 반드시 급하게
들여보내면 호흡에 의지하다가 태에로 되돌아간다.

此一段, 又再詳指示人, 以十月內之所當防此危險者.
이 단락은 또 재차 상세하게 사람에게 보여, 10개월 이전에 마땅히
이러한 위험을 방비해야 함을 가르쳐 준 것이다.

此時之出, 是當出而出也.
이러한 수행이 이루어지고 난 이때에 양신이 나온 것은 정당하게 나
올 때 나온 것이다.

昔監養素胎成, 當出而不知出. 故劉海蟾寄書與之, 指示所出之法.
옛날에 감양소131)가 태를 이루고 나서 양신이 정당하게 나왔으나
나온 것을 알지 못했다. 그래서 유해섬132)이 편지를 보내 양신이 나

---

131) 감양소: 미상이다.
132) 유해섬: 오대 시기의 도사이다. 본래 이름은 조이고 자는 종성이다. 도교에 입도한
  이후 이름을 철로, 자를 현영으로 바꾸었다. 자를 소원 호를 해섬자라고 하기도
  한다. 그의 출신지에 대한 설은 여러 가지다. 발해인이라고 하기도 하고 요동 사
  람이라고도 하며, 하북성 사람이라고도 한다. 평소에 황로학을 좋아하였다. 연나
  라 주군 유수광을 섬겨 승상을 지내기도 하였다. 여동빈이 전수한 청정무위양성수
  명의 법과 금액환단의 여러 도법을 만난 이후 관직을 버리고 화산에 은거하여 수
  도하고, 이후에 종남산으로 옮겨 수도하였다. 저서로는 『환금편』, 『환단파미가』,
  『황제음부경집해』 등이 있다. 도교 전진도 북오조 중의 한 사람이 되었다.

오는 법에 대해 알려 주었다.

故起一出念, 而出陽神於天門.

그러므로 일념을 내면 양신이 천문에서 나온다.

天門者, 『傳道集』所言, 指頂門也. 古人於此贊之曰: "身外有身"是也.

천문이란 『종려전도집』에서 말한 '정수리문'을 가리킨다. 옛사람들
이 이것을 찬미하여, "몸 밖에 몸이 있다"고 한 것이 이것이다.

若出之久, 恐神迷失而錯念.

양신이 출신한 지 오래면 신이 바른 궤도를 잃어 생각을 그르칠까
두렵다.

古云: 十步百步, 切宜照顧.

옛말에 열 걸음이나 백 걸음이나 간에 마땅히 되돌아보아야 한다고
한 것이 이 말이다.

**故即入上田, 而依於虛無之定所, 以神兒出胎, 喩同人生之幼小.
須三年乳哺者, 以定爲乳哺也. 又言九載 三年一定者, 言出定之
初時而入定, 以完成還虛之天仙也. 證到至虛至無, 即證天仙矣.
然是定也, 入定時多, 而出定時少, 又宜出之勤, 而入之速也. 我
故曰: 出定之初, 即爲入定之始也. 雖天仙已證, 亦無不定之時
也. 故世尊亦曰: "虛空界盡, 我此修行, 終無有盡." 正如此也. 至
於終天地之後, 超過劫運, 亦無不定之時也. 此猶仙佛以上, 無仙
無佛之妙境, 而天仙佛之至者也. 後來聖眞共知之, 共證之.**

그러므로 상단전에 들어가 허무의 정소(定所)에 의지해 신이 태를 벗어나면 사람이 태어나서 어린 상태와 같다고 말하는 것이다. 모름지기 3년간 젖을 먹는 것은 허무의 정(定)으로 젖을 먹이는 것이다. 또 9년이나 3년이나 한결같다고 말하는 것은 정소를 벗어나는 처음의 때에 다시 정소로 들어가서 환허의 천선을 완성한다는 말이다. 지극히 허하고 지극히 무한 상태에 도달하는 것을 증험하는 것이 바로 천선을 증험하는 것이다. 그러나 이 정이라는 것은 또 입정의 시간이 많고 출정의 시간이 적어야 하고, 출정하는 것은 삼가야 하고 입정은 빨라야 한다. 내가 그래서, “출정의 처음이 바로 입정의 처음이다”라고 한 것이다. 천선을 이미 증험했더라도 또한 정의 때가 없는 것이 아니다. 그러므로 세존이 또 “공한 경계를 다 비워내는 것, 내가 이것을 수행하니 끝내 남은 것이 없다”고 한 것이 바로 이것과 같다. 천지가 끝난 이후에 이르러서 과거의 겁운을 넘어서는 것도 또한 정의 때가 없는 것이 아니다. 이것은 신선과 부처 이상의 사람들은 신선도 없고 부처도 없는 오묘한 경지의 사람으로 천선불의 지극한 사람들이다. 후대의 성진은 모두 이를 알아 모두 이것을 증험하라.

此書稿成於天啓壬戌歲. 實欲藏之, 爲門下學者便心目, 不意被人盜去. 但儒者竊取仙書, 愛慕之心勝, 可恠又可惜也. 由駱友而失, 駱故想象而梓, 不無疏略. 今崇禎己卯秋, 查舊稿加註, 賢道友復梓之, 以廣度人, 流行於天地之終, 皆所願也. 故附識之. 直論畢.

이 원고는 천계 임술년(명나라 희종, 1622)에 완성하여, 실지로는 감추어 두고 문하의 학자들의 심목을 위하고자 한 것이었으나 의도하지 않게 사람들에 의해 도둑맞았다. 그런데 유학자들이 선서를 훔쳐 가서 아끼고 공경하기를 마음에서 이기지 못하니 괴이하고 안타깝 다. 락우[133]로 인해 일실되어 락우가 마음대로 출판하였는데, 소략 함을 면하지 못하였다. 지금 숭정 기묘(명나라 의종, 1639)년 가을에 옛 원고를 조사하고 주를 덧붙여 현명한 도우들이 다시 출판하니 널 리 사람을 구제하고 세상 끝까지 유행하기를 모두가 바란다. 그러므 로 덧붙여 쓴다. 『직론』이 끝나다.

---

133) 락우: 미상이다.

직론을 한 이유(直論起由)

予作『天仙正理直論』, 僅僅九章, 完全畵出一箇天仙樣子, 令有緣有志者, 見爲頓悟.

내가 『천선정리직론』을 지었는데 겨우 아홉 개 장에 불과하지만 천선에 대해 완전히 그려내어 인연이 있고 뜻이 있는 자로 하여금 이를 보고 돈오토록 한 것이다.

有志者, 不遇此書, 亦是無緣於道, 遇此而不參悟, 亦是無緣於道. 又或有遇之而无眞學之心, 唯圖詐僞欺世者, 亦當改惡從善而歸正道"

뜻이 있는 사람이라도 이 글을 보지 못하면 또한 신선의 도에 인연이 없는 것이고, 이 글을 보더라도 깨닫지 못하면 또한 신선의 도에 인연이 없는 것이다. 또 혹시라도 이 책을 보고 진실로 배우려는 마음이 없고 오직 거짓으로 꾸며 세상을 속이려고 한 자가 있으면, 마땅히 악을 고치고 선을 좇아 정도로 돌아가야 할 것이다.

非敢曰, 輕洩天機, 妄擬無罪, 只爲度盡衆生, 爲自度計者.

이는 감히 천기를 경솔하게 누설해 놓고 망령되이 죄가 없다고 한 것이 아니라, 단지 중생을 모두 제도하고 나 자신을 제도하기 위해서였다.

於是冒干天

이에 하늘의 벌을 무릅쓰고

**譴而直論. 亦緣我老祖師張靜虛眞人得道後曰: "今日四大部洲,
全無半箇人兒知道, 今當廣開敎門" 奉此仙旨故也.**

직론하였다. 그리고 또 나의 조사 장진허 진인이 득도한 뒤에 말씀
하시기를, "오늘날 온 세상에 신선의 도를 아는 사람이 하나도 없으
니 지금 마땅히 가르치는 문호를 널리 열어야 할 것이다"라고 하였
는데, 그 말씀을 받들어 이행하려고 하기 때문에 『직론』을 지었다.

**張眞人法派名靜虛, 常携虎皮爲座, 故當時皆稱虎皮張. 初與三友
尋訪仙道, 夜半見白毫光於西, 而衝天. 次日西行, 夜宿又見, 日又
趨之. 二友去而獨行, 獨見得光處, 在蜀之碧陽洞也. 入見仙師, 而
求度甚切, 師遂授之道, 命之修. 數年成而始命出, 曰: "今日四大部
洲, 絶无半箇人兒知道, 你與我廣開敎門" 張翁遂行. 按四大部洲
者, 東勝神洲・西牛賀洲・南贍部洲・北衢廬洲, 佛經所說者是也.
張仙翁遂出西域, 轉北夷, 還中國, 見二大洲已無人矣. 實起度人之
念, 止度得李虛庵一人而已.**

장진인의 법파 이름은 '정허'이다. 장진인이 항상 호랑이 가죽을 가
지고 다니면서 깔고 앉았기 때문에 그 당시의 사람들이 모두 '호피
장'이라고 불렀다. 처음에 세 명의 벗과 함께 선도를 찾아 나섰다.
한밤중에 서쪽에서 백호의 빛이 하늘을 찌르는 것을 보고 나서, 그
다음 날 서쪽으로 갔는데, 그 밤에 또 그것을 보고 날이 밝자 그쪽으
로 또 쫓아갔다. 그런데 두 명의 벗은 떠나 버리고 혼자만 갔는데,

그 빛난 곳을 보니 촉땅의 벽양동이었다. 그곳에 들어가 선사를 뵙고 매우 간절히 제도해 주기를 요청하니 선사가 선도에 대해 가르쳐 주면서 수행하라고 명하였다. 그 뒤 수년간 수행을 마치자 비로소 나오라고 명하고 말하기를, "오늘날 사대부주에 한 사람도 도를 아는 사람이 없다. 그러므로 너와 내가 가르치는 문호를 널리 열어야 겠다"고 하고, 장 옹이 이내 떠났다. 살펴보건대 사대부주란 것은 동에는 승신주, 서에는 우하주, 남에 섬부주, 북에는 구려주이니 불경에서 말하는 것이 바로 이것들이다. 장 선옹이 이내 서쪽으로 나갔다가 북쪽으로 돌아 다시 중국으로 돌아왔는데, 사대부주 중에 두개의 대주는 이미 사람이 없었으므로 사람을 제도할 마음이 이로 일어났는데, 단지 이허함 한 사람만 제도하는 데 그쳤다.

歷十五年間, 再傳而遞言於予

그 뒤 15년 동안에 두 사람을 거쳐서 나에게 말이 전해졌는데

十五年間者, 張眞人於萬歷己卯年度李虛庵, 至壬午年復至李家, 助李銀爲行道之資. 李眞人於萬歷丁亥受曹還陽請, 至其家. 曹與三友各具贄六金助道・不足. 戊子, 曹三友又助師三十金, 而修成果矣. 曹眞人於萬曆癸巳, 與伍子遇. 甲午年夏五月, 度伍子. 計之己卯至癸巳, 十五年也. 至壬子, 又十九年, 曹復度伍子仙佛合宗全旨, 以出三界之上者, 並傳以助道之方, 囑之曰: 此『元史』所載丘眞人助國之方也. 唯默記之, 倘護道要用則用之, 否則閑置之可也. 勿爲世間作孽, 取大罪也. 予之十九年中, 苦志苦行, 或亦少彷彿於長春祖之苦志者, 得全大道, 敢不如命戒之哉?

15년간에 일어난 일들은 다음과 같다. 장진인이 만력 기묘년(1579)에 이허함을 제도하고 임오년(1582)에 다시 이허함의 집에 이르러서 이진인(이허암)에게 은자를 주어 행도의 밑천을 삼게 하였다. 이진인이 만력 정해년(1587)에 조환양의 청을 받고 그 집에 갔는데, 조환양과 세 명의 벗이 각각 육금을 가지고 가 행도하는 데 도왔으나 부족하였다. 그러자 무자년(1588)에 조환양과 세 명의 벗이 또 스승 이진인에게 삼십 금을 도와주어 증과를 닦아 이루었다. 조진인이 만력 계사년(1593)에 오자와 만났고 갑오년(1594) 여름 오월에 오자를 제도하였다. 기묘년(1579)에서 계사년(1593)까지를 계산하면 15년이고, 임자년(1612)까지는 또 19년이 된다. 조환양이 오자에게 『선불합종』의 전체 뜻인 삼계의 위로 올라가는 것에 대해 가르쳐 주고 아울러 수도에 도움 되는 방도를 전해 주면서 부탁하기를, "이는 『원사』에 기록되어 있는데 구진인이 나라를 도운 방도이니, 묵묵히 기억해야 할 것이다. 만약 이 선도를 호위할 때, 사용해야 할 것 같으면 사용하고 그렇지 않으면 그냥 두어 세간에서 재앙을 만들어 큰 죄를 취하지는 말아야 할 것이다. 내가 19년 동안 각고의 노력을 해서 행한 것이니, 네가 혹시라도 구장춘조사의 고심한 뜻과 비슷하게 하면 대도를 온전히 얻을 것이다"라고 하였는데, 감히 스승의 명에 따라 경계하지 않을 수 있겠는가?

予初若爲駭聞.

내가 처음에 그 말을 듣고 괴이하게 여겼다.

駭世之學道者多, 豈眞無半箇人兒知道?

세상에 도를 배우는 사람이 많은데, 어찌 정말로 한 사람도 도를 알지 못한다고 말하는가 하고 괴이하게 여겼다.

而久之, 眞見同世斯人, 不同聞斯道.

그러다가 오래된 뒤에 이 사람과 같은 세상에 살면서도 이 도에 대해서 듣지 못한 것을 깨달았다.

得師度之後, 遍考仙聖之書, 聖聖同此一道也. 同此修成正果也. 差毫髮尙曰不成, 豈可有不同者手? 每考問於全眞侶, 不過只知御女採戰, 及卻一病小工, 爲詭求衣食之計者, 與仙道之保精・保炁・胎神之理者不同聞. 考問於禪宗人, 不過曰當下便空, 以降魔轉劫, 僅爲死後人道之說. 與佛法空而不空之眞空, 超劫之妙法不同聞. 又考在家俗士之學道者, 求假做黃白成富貴, 求房術久戰邃婬樂, 並無學道之實, 而志不同. 又考在家俗土之學佛者, 妄自尊而誑人曰曾參學, 手抱非忉利, 身觸悖天王; 口稱者當下就了, 只就了得一席婬姤, 何曾聞佛法可了? 而聞實不同. 世界劫壞如此, 安容得不直論而一救之耶? 又安容不直論留爲後世聖眞作正知見耶?

스승의 제도를 얻은 이후 신선에 관련된 책을 두루 살펴보니 성스럽고 참되기가 이 도와 같았으며, 이 수련을 통해 얻은 바른 증과와도 같았다. 조금이라도 잘못 시작하면 오히려 이루지 못한다고 하는데, 어찌 같지 않은 방법이 없었겠는가? 매번 전진교[134)]의 도반들에게

---

134) 전진교: 도교의 주요 유파로, 王喆(王重陽)이 창시하였다. 금나라 세종 대정 7년 (1167)에 왕중양이 산동 정해에 와서 '성을 온전히 하여 참됨에 되돌리는 것(全性返眞)'을 종지로 전도하였는데, 그 전도한 장소를 '전진암'이라고 하고, 입도자를 '전진도사'라고 하였다. 전진도의 특징은 첫째, 삼교합일을 제창한다. 둘째, 부록을 높이지 않으며, 신선과 장생을 즐겨 말하지 않는다. 성명쌍수를 주장하며 성의

물었는데, 그들은 단지 어녀채전과 병을 물리치는 작은 기교만을 알고, 남을 속여서 의식의 구하려는 생각을 하는 자들로 선도의 보정(保精)과 보기(保炁), 태신(胎神)의 이치에 대해서는 동일하게 듣지 못할 자들이다. 선종을 수행하는 사람들 물어보니, 단지 현재가 공이며 마귀를 항복시켜 억겁을 윤회하는 것이라고 하니, 이는 겨우 사람이 죽고 난 뒤의 도를 말할 뿐이다. 그러므로 불법의 공이면서 공이 아닌 진공과 억겁을 초월하는 오묘한 법에 대해서는 동일하게 듣지 못할 자들이다. 또 재가의 속인 선비들 중에서 도를 공부하는 자들에게 물어보니, 거짓으로 황백술을 구해 부귀를 이루고자 하고 방중술을 구해 오랫동안 음락에 빠지려고 하니, 도를 배우려는 참됨이 없어 뜻을 함께할 수 없다. 또 재가의 속인 선비 중에서 불법을 배우는 자에게 물어보니, 망령되이 자신을 높이고 남을 속여서 말하기를, "손으로 쥔 것은 날카로운 것이 아니며 몸이 감촉한 것은 천왕을 어기지 않는다"라고 하고, 입으로 칭하는 것은 현재에 깨달았다고 하면서 단지 깨달은 것이 음란하게 성교하는 것일 뿐이니, 어찌 일찍이 불법을 들었다고 할 수 있겠는가? 들은 것과 실제가 같지 않은 것은 억겁이 흐른 뒤 세계가 붕괴되더라도 이와 같을 것이니, 어찌 직론하여 구하지 않을 수 있겠으며, 또 어찌 직론하여 후세 성진을 위해 바른 앎과 견해를 남겨 주지 않을 수 있겠는가?

수련을 먼저 하고 명의 수련을 뒤로 하는 선성후명의 내단수련을 주장한다. 셋째, 수련과 세상 구제를 동시에 중시한다. 개인적 수련만 하고 세상 구제를 하지 않으면, 도를 얻을 수 없다고 한다. 넷째, 유가의 윤리를 강조하면서 충군과 효친을 윤리적 덕목으로 삼는다. 대표적인 인물로는 왕중양, 마단양, 담처단, 구처기, 학대통, 손불이 등이 있다. 이들이 왕중양 사후에 각기 종파를 세워 마단양의 우산파, 담처단의 남무파, 구처기의 용문파, 학대통의 화산파 등으로 전개된다.

故作此以指引後來. 凡我

그래서 이 『직론』을 지어 후세 사람을 지도하여 이끌려고 한 것이다.

丘祖門下, 符節正傳弟子, 得師口訣. 凡藥生內景

나는 구조문하에서 부절을 받은 정전 제자로서 스승의 구결을 얻었다. 그 내용은, 대체로 다음과 같다. 약이 생성되는 내경과

時至則神知爲內景, 藥忈馳外, 則外別有景.

때가 이르면 신령한 앎이 내경이 되고, 약기가 밖으로 치달리면 밖에 따로 경이 있게 된다.

探藥眞工

약을 채취하는 참된 공부와

即達摩祖師所謂二候得牟尼者.

바로 달마 조사가 이후에서 모니를 얻는다고 한 것이다.

行火工

화후를 행하는 공부와

小周天之候, 即達摩祖所謂四候別神功.

이는 소주천의 화후로 바로 달마조사가 사후(四候)에 따로 신령한 공부가 있다고 한 것이다.

止火景

화후를 그치는 경과

詳後『仙佛合宗語錄』中
이 책의 뒷부분에 있는 『선불합종어록』 속에 상세히 기술하였다.

採大藥工

대약을 채취하는 공부와

自古聖眞所不輕傳. 此以前, 得百日煉精化炁之眞法, 行得全功, 只成精滿炁足之凡夫. 知此而用, 得大藥, 方得長生. 此先聖所以必俟百日功成者, 而後言之.
예로부터 성인과 진인이 가벼이 전한 것이 아니다. 이 이전의 수련이란 백 일 동안의 연정화기의 참된 법을 얻어 온전히 공부하더라도 정이 가득 차고 기가 족한 범부에 지나지 않는 것이다. 이 수련법을 알아서 행해야만 대약을 얻어 바야흐로 장생할 수 있다. 이것이 앞선 성인들이 반드시 백 일 동안의 수련을 이룬 자를 기다린 이후에 그에게 말해 준다는 것이다.

得大藥景

대약을 얻은 경과

有六種震動之景也: 丹田火熾 · 兩腎湯煎 · 眼吐金光 · 耳後風生 · 腦後鷲鳴 · 身涌鼻搐. 六根因其滅識 · 皆有景驗.
여섯 종류의 진동하는 경(景)이 있다. 단전에서는 불이 치솟고, 두 신장에서는 부글부글 끓고, 눈에서는 금빛을 쏘고, 귀에서는 바람이 나고, 머리에서는 독수리 울음소리가 나고, 몸에서는 샘이 솟고, 코에서는 경련이 일어난다. 육근이 그 식을 없애 버리기 때문에 모두 경의 징험이 있게 된다.

三關工
삼관의 공부와

即名五龍捧聖者, 從此超凡以入聖, 乃聖聖不輕傳之秘法天機, 世間之所不知不聞者, 必俟百日功成者, 而後言之.

이를 바로 '오룡봉성자'라고 하는데, 이로부터 범인을 너머서 성인의 경지에 들어가는 것이니, 바로 성인들이 전하지 않은 비법으로서의 천기이다. 세상 사람들은 알지도 듣지도 못한 내용이니 그들이 반드시 백 일의 공부를 이루기를 기다린 다음 말해 주어야 한다.

服食工
복식의 공부와

度過鵲橋而下重樓, 喩曰服食. 非如飮食樣之食.

작교135)를 지나 중루136)로 내려가는 것을 비유하여 복식이라고 하니, 밥을 먹는 것과 같은 '식'이 아니다.

---

135) 작교: 『황정경』에 의하면, 작교는 상작교와 하작교로 구분된다. 상작교는 입과 코를 의미하고 하작교는 항문과 성기이다.
136) 중루: 『황정경』에 의하면, 중루는 12중루 혹은 12옥루, 12층루라고도 하는데, 목구멍 아래 열두 마디의 기관이다.

守中理

중을 지키는 이치와

即大周天之初. 古云: "守似有, 卻如無, 不有不無. 故喩之曰守中", 又聞"胎息本在臍, 而若不着於臍. 養神本養中田之神, 又若不離於下田, 總若合二田成一虛空境界, 故亦喩之曰守中" 正秘密天機, 有不得顯言者.

바로 대주천의 처음이다. 옛말에, "지키는 것이 있는 것 같은데 도리어 없는 것 같아 있는 것도 아니고 없는 것도 아니다. 그러므로 비유하여 말하기를 수중이라고 한다"고 하고, 또 "태식은 본래 배꼽에 있는데 배꼽에 붙어 있지 않은 것 같고, 양신은 본래 중단전의 신을 기르는 것인데 또 하단전과 떨어지지 않은 것 같아 이들 모두가 마치 두 단전이 합해 하나의 허공한 경계를 이루는 것 같다. 그러므로 또한 비유하여 수중이라고 한다"고 한 말을 들었다. 이것이 바로 비밀의 천기로 드러내 말로 할 수 없는 것이다.

出神景, 出神收神法, 煉神還虛理

신령스러운 경을 벗어남, 출신, 수신의 법과 연신환허의 이치 등을

此守・出・收・還等五者, 皆詳後『仙佛合宗語錄』中.

이 수중, 출신경, 출신, 수신, 환허 등의 다섯 가지는 모두 『선불합종어록』에 상세하게 기술하였다.

歷歷秘授.

하나하나 차례대로 비밀리에 전수해 주었다.

歷授者, 次第盡傳. 上文十二句之秘法, 乃正傳之所必有, 而後聖眞修之所當必受者.

'하나하나 전수하였다'는 것은 차례대로 모두 전하였다는 것이다. 윗글 12구절의 비법이 바로 바른 전수에 반드시 갖추어져 있으니, 후세의 성인과 진인이 수련할 때 반드시 받게 되는 것이다.

聞人世所不知

세상 사람이 알지 못하는 것을 듣고

聞者, 言後聖得遇聖師而有所聞者. 人世者, 彼後聖同世之人也. 彼人所知, 皆世法中旁邪小術, 唯聖所聞, 皆彼不知, 正與『直論』中十二句秘法同.

'듣는다'는 것은 후세 성인이 성스러운 스승을 만나 듣는 바가 있음을 말한 것이다. '세상 사람'이란 저 후세 성인과 동시대의 세상 사람이다. 저 세상 사람들이 아는 것은 모두 세상 법속의 방문소술이니, 오직 후세 성인만이 바른 도를 듣고 그 내용 모두를 저 세상 사람들은 알지 못하니 바로 『직론』 속의 12구절의 비법과 같은 것이다.

見凡書所不載

여러 책들에 기록되지 않은 것을 보며

見凡世前書已載者, 皆古聖大略之言也. 不載者, 精切秘密天機, 舊不載於書, 而今得聞於聖師, 正與『直論』十二句皆同, 則師言可篤信奉行, 『直論』可憑稽考. 要知非遇仙者, 無眞聞見; 非遇仙者, 不能措一言爲直論.

앞선 여러 책들에 기록된 것을 보면, 모두 옛 성인들의 대략적인 말이다. 기록되지 않은 것이란 정밀하고 간절한 비밀의 천기로, 옛날에는 책에 실리지 않은 것들이다. 그런데 지금 성스러운 스승으로부터 들은 것이 바로 『직론』12구절과 모두 같은 것이니 스승의 말을 독실하게 믿고 받들어 행하지 않을 수 있으며, 『직론』을 의지하여 규명하지 않을 수 있겠는가. 신선을 만나지 못한 자는 참된 견문이 없고, 신선을 만나지 못한 자는 한 마디라도 직론을 펼 수 없음을 알아야 한다.

當下工修煉時, 要以『直論』相印師言.

수련을 착수할 때, 『직론』으로 스승의 말씀을 맞춰 보아야 한다.

古聖之書, 每言一句, 又秘卻二句·三句, 何以得全印證? 欲求全證, 又要搜索多書, 此貧者之愈難. 唯此『直論』兼註, 又後有『仙佛合宗語錄』, 及門仁賢問答之要, 以詳『直論』註脚, 盡露全旨. 則後聖得此一書, 足以全印, 可無余恨矣.

옛 성인의 책에는 매번 한 구절을 말할 때, 또 두세 구절을 감추었으니 무슨 수로 인증할 수 있겠는가? 온전히 인증하려고 또 수많은 책을 조사하고자 하니 이것이 가난한 자가 더욱 곤란하다는 것이다. 오직 이 『직론』과 주석, 이 책 뒷부분에 있는 『선불합종어록』 및 문하 현인들의 문답 핵심, 『직론』을 상세하게 주석한 것만이 온전한 뜻을 밝혔다. 후세 성인들은 이 한 책을 얻는다면 온전히 인증하여 남은 여한이 없게 될 것이다.

得了然無疑無礙, 直證天仙, 唯我作書助道之一願也. 後來聖眞,
未及得正傳者, 尤當從斯入悟, 究其逐節工景違合

내가 이 책을 지어 도를 이루는 데 도움을 주고자 한 한 가지 소원
이, 깨달음을 얻는 데 장애가 없이 곧바로 천선을 증득하게 하는 것
이었다. 후세의 성진 중에 바른 전수를 얻지 못한 자는 더욱 이 책을
따라 깨달음에 들어가야 수련의 과정과 수련법과 몸의 변화마다 책
의 내용과 어긋나는지 합치는지를 규명해야만

凡有所聞, 卽徵諸此書, 合則正, 違則邪. 作人天眼目者, 唯此書.

대체로 들은 바의 것을 곧 이 책에서 징험해, 합하면 바른 것이고 어
긋나면 삿된 것이다. 사람이면서 하늘의 안목을 갖는 것은 오직 이
책에 있을 뿐이다.

心則不爲妖人邪說所惑矣.

마음이 간사한 사람과 삿된 학설에 의해 미혹되지 않을 것이다.

凡一切邪說旁門, 皆與此書相違悖.

대체로 일체의 방문사설은 모두 이 책과 서로 어긋난다.

如有眞志精修, 不參此論, 是自絶於仙佛正道者也. 竊譚此論而行
邪行以誑世者

만약 참된 뜻으로 정밀하게 수련하더라도 이 책을 참구하지 않는다
면 이는 스스로 신선과 부처의 바른 도를 끊는 것이 되고, 이 책의
내용을 훔쳐 말하면서 삿된 행동을 하여 세상을 속이는 자는

如昔有一光棍, 專以房術欺騙人者, 乃借言曰: "鉛汞不在身中取"
已明明說破. 愚按棍賊此言, 謂鉛汞不在自身, 是女人身上取的. 鉛
汞者, 喻陰陽. 豈有陰陽二者, 俱在女身取之. 言而可惑人取信乎?
猶且言之, 嘖!

옛날에 오로지 방중술로 사람을 속이는 노총각이 "연홍은 몸속에서
채취할 수 없다"는 말을 빌려와 분명하게 말하였다. 그런데 나는 노
총각의 이 말의 의도는 연홍이 스스로의 몸에 있지 않다고 하여 여
인의 몸에서 취하려고 한 것이라고 생각한다. 연홍이란 음양을 비유
한 것이지, 어찌 음이니 양이니 하는 것이 모두 여인의 몸에서 취할
수 있는 것이겠는가? 말을 한다고 사람을 유혹해 믿게 할 수 있는
가? 도리어 또한 말일 뿐이다. 우습지 않은가!

天律王章共誅之.

하늘의 법과 국왕의 법이 함께 그를 죽일 것이다.

此書本代天仙救世, 代佛破邪, 盡是表明天上梵德至道之言. 有天
目共視, 天耳共聽, 天律共護. 若有邪人假借正言, 行彼邪說, 天有
霹靂伐其性命, 王有典刑, 滅其身形.

이 책은 본래 천선을 대신하여 세상을 구제하는 것이며, 부처를 대
신하여 삿됨을 깨뜨리는 것이니, 천상의 부처 덕과 지극한 도의 말
을 모두 드러낸 것이므로, 하늘의 눈으로 함께 보며, 하늘의 귀로 함
께 들으며, 하늘의 법으로 보호한다. 만약 사악한 사람이 바른 말을
빌려 저 사악한 설을 행하면 하늘이 벼락으로 그 사람의 성명을 벌
주고 왕은 형벌로 그 몸을 멸할 것이다.

並揭禁誓書末, 以爲誦書者知誡.

아울러 금지하고 경계하는 말을 책의 끝에 붙여 이 책을 읽는 자로
하여금 계율을 알게 하였다.

발문(後跋)

冲虛子跋云: 道爲天仙之秘機

충허자가 발문에 말하기를 도는 천선의 비밀스러운 핵심이니

天仙之道, 唯天仙知之行之, 凡夫去天之遠, 何以得遇? 唯不可遇, 雖曰不秘, 而亦是秘. 若有得遇, 知其道者, 必要體天仙之心, 行天仙之德, 而後可成天仙之道.

천선의 도는 오직 천선만이 알아서 행하니 범부는 하늘과 거리가 멀어 무슨 수로 만나겠는가? 만날 수 없기에 비밀이 아니라고 한들 또한 비밀인 것이다. 만약 만나서 그 도를 안다고 하더라도 반드시 천선의 마음과 천선의 덕을 행해야만 이후에 천선의 도를 이룰 수 있다.

凡夫之罕見.

일반인은 알기 어렵다.

爲今之凡夫者, 前雖有善, 而或有小功, 不足以得道, 故難遇. 若能從今起念學道時, 全具善心, 力行善事, 絕其從前間有不善者, 則道之罕見者, 猶可望見也.

지금의 범부가 이전에 선을 행하고 간혹 조금의 수련을 했더라도 도를 얻기에 부족하기 때문에 만나기 어려운 것이다. 만약 지금 도를 배우려는 생각이 일어날 때, 그로부터 온전히 선한 마음을 갖추고 선한 일을 힘써 행하고 종전에 간간히 불선했던 것들을 완전히 끊어 버리면 도를 알기 어려운 자도 오히려 알기를 바랄 수 있다.

或百劫百年一傳於世
백 겁 백 년에 세상에 한 번 전해지니

如唐開元時之純陽翁, 始度王重陽於宋徽欽時, 如六祖惠能, 止衣鉢不傳, 而後竟無傳法之七祖者.

당나라 개원 때의 여순양 옹이 송나라 미흠 때에 비로소 왕중양을 제도한 것과 육조 혜능이 의발을 전하지 않아 이후에는 끝내 법을 전한 칠대 조사가 없게 된 것이 예이다.

或片言數語, 密度於人
간혹 짧막한 말과 몇 마디 말로 은밀히 사람을 제도하며

如鐘呂二仙度燕國宰相劉海蟾, 以卵全爲山, 而不崩墮, 劉曰: "危哉" 鐘呂曰: "汝宰相之位, 更危於此" 劉棄相從之而仙去. 如虎皮座張眞人, 以 嘉靖帝强請之不起, 罪邠州守, 請屢及, 三年而後至京, 延及徂落, 而不復命. 還至六安州, 召盧江縣李虛庵而度之. 令三誦三背其言, 三日而別, 李竟成眞. 縣及隣封, 皆稱肉身菩薩. 然張祖不肯見帝而度, 乃召李而度之, 此亦張祖密度之案也.
如佛欲度迦葉, 分恒河水爲兩斷, 而佛行其中之無水處. 葉以舟救佛, 佛從舟底穿入, 而舟底無孔. 葉猶曰幻也. 佛曰: 汝未成不生死阿羅漢, 何能如此貢高我慢? 葉驚服, 自不知所以不死, 而歸依之, 是也.

예를 들면, 종리권과 여동빈 두 신선이 연나라 재상 유해섬을 제도할 때, 계란을 쌓아서 산을 만들었는데, 붕괴되지 않았다. 유해섬이 "위태롭다!"라고 하자, 종리권과 여동빈 두 신선이 말하기를 "당신은 재상의 지위에 있으면서 이것을 위태롭다고 하는가"라고 하였다. 그러자 유해섬이 재상의 지위를 버리고 그들을 좇아 신선이 되었다. 호피자 장진인은 가정 황제(명나라 세종)가 힘써 청하는데도 응하지 않았는데, 그 책임이 비주 태수에게 미치고 그 청이 거듭되어 3년간 지속되자 이후에 서울에 이르렀고, 나이가 들어 죽을 때까지 다시 명에 응하지 않았다. 되돌아와 육완주(여주부에 속하는 땅)에 이르자 려강현 이허암을 불러 제도하면서 그 말을 세 번 외우게 하고 세 번 읽게 하였다. 3일 만에 이별하니 이허함이 끝내 진인이 되었는데 현과 이웃 땅에서 모두 육신보살이라고 칭하였다. 그러나 장조사는 기꺼이 황제를 만나 제도하지 않고 이허암을 불러 제도하니 이것이 또한 장조사가 은밀히 제도하고자 한 뜻이다.

부처가 가섭을 제도하고자 항하수를 나누어 둘로 만들고 그 가운데 물이 없는 곳으로 가니 가섭이 배로 부처를 구하고자 하였는데, 부처가 배의 밑바닥으로부터 뚫고 올라왔지만 배의 밑바닥에는 구멍이 없었다. 가섭137)은 도리어 '환상이다'라고 하자, 부처는 "너는 아

___
137) 가섭: 범어 이름으로는 Mahā‒kāśyapa, 빨리어 이름으로는 Mahā‒kassapa이다. 부처의 십대 제자 중의 하나이다. 가섭은 약칭한 음역으로, 온전히 이름을 말할 때는 대가섭(大迦葉)·마가가섭(摩訶迦葉), 가섭파(迦葉波)로 부른다. 왕사성(王舍城) 근교의 파라문 집안에서 태어났다. 부처가 성도한 이후 3년째 되던 해에 부

직도 나지도 죽지도 않는 아라한을 이루지 못하였는데 어찌 이리도 자만하는가?"라고 하니, 가섭이 놀라 복종하였다. 스스로 죽지 않은 까닭은 알지 못하고 귀의한 것이 이것이다.

三口不談, 六耳不聞
세 사람의 입이 이야기하지 않고 여섯 개의 귀가 듣지 않으니

三人則三口六耳也, 其中或願學小成於人仙者, 或願學中成於神仙者, 或願學大成於天仙者. 所願者則重之而喜聞, 所不願者則輕之而厭聽. 或德止足以授小, 而分不宜聞中·大二成, 故不同談, 不同聞也. 如許旌陽·吳猛二人, 許爲旌陽縣令, 吳爲分寧縣令也, 同謁丹陽之諶母元君. 母獨傳許以道法, 謂吳德行尙未充; 後當拜於許授. 如世尊單傳迦葉爲初祖, 而以堂弟阿難未能離欲, 令轉拜葉傳爲二祖. 俱是舊案也.

세 사람이라면 입은 세 개, 귀는 여섯 개다. 그중에 어떤 사람은 작게 배워 인선을 이루고자 하고, 어떤 사람은 중간 정도 배워 신선을 이루고자 하며, 어떤 사람은 크게 배워 천선을 이루고자 한다. 원하는 것은 중요하게 여겨 기쁘게 듣고, 원하지 않는 것은 가볍게 여겨 듣기를 꺼린다. 혹은 덕이 만족하는 데 그쳐서 작은 것을 받고서 중간 정도와 큰 정도를 이루는 것을 옳지 않다고 구분하기 때문에 함께 이야기하지 않고 함께 듣지 않는다. 허정양,138) 오맹139) 두 사람

처의 제자가 되어 8일 후에 아라한의 경지에 들었다. 부처 제자 중에 무집착념에 가장 뛰어났다. 인품이 청렴하여 부처의 신뢰를 받았다.
138) 허정양: 동진시기 도사 허손(許遜, ?~374)을 말한다.
139) 오맹: 오맹(?~374)은 서진 시기의 사람으로 자는 세운(世雲)이다. 일찍이 벼슬을 하여 오나라 서안령(西安令)이 되었고, 본성이 지극히 효성스러웠다. 나이 40세에

의 경우와 같은데, 허씨는 정양현령이 되었고 오씨는 분정현령이 되었는데, 함께 단양의 심모언군[140]을 알현하였다. 모원군은 유독 허씨에게 도법을 전수하였는데, 아마도 오씨의 덕행이 아직 충분하지 않았기 때문일 것이다. 이후에 오씨는 당연히 허씨에게 절하고 전수받았다. 이는 세존이 가섭에게 단독으로 전수하여 최초의 조사로 삼았는데, 같은 제자 아난[141]이 아직 속세를 떠나지 못해서이다. 아난이 가섭에게 절하고 전수받아 2대 조사가 되게 한 것과 같은 것이다. 이는 모두 옛 제도이다.

不經紙筆.

종이 위에 쓸 수 없다.

仙道乃天上人之所有, 亦天上人之所用. 正上仙口不談之秘, 鬼神覻不破之機. 所以不載筆於紙.

선도는 천상의 사람이 소유하는 것이고 또 천상의 사람이 쓰는 것이다. 바로 상선(上仙)의 사람이 입으로 말하지 않는 비밀이고 귀신이

읍 사람 **丁義**로부터 **神方**을 배웠고 계속하여 남해태수부터 비법을 배워 세상에 유행하였다. 허손에게 도를 전하였다.

140) 심모언군: 삼국시대 오나라 사람으로, 일명 영모(嬰母)라고 부른다. 성은 심이고 자는 영이다. 단양군에서 거처하면서 지극한 도를 수련하였는데, 아이 얼굴에 학의 머리털을 가져 당시 사람들이 영모라고 불렀다고 한다. 선동을 만나 수진의 비결과 대동진경 등을 받았다고 한다. 허손과 오맹이 심모가 도가 있다는 말을 듣고 찾아오자, 심모가 허손에게 효도명왕(孝道明王)의 법을 전수하였다고 한다. 『태상영보쟁명종교록(太上靈寶淨明宗教錄)』에 기록되어 있다.

141) 아난: 범어로는 Ānanda, 아난타(阿難陀)이다. 부처의 십대 제자 중의 한 사람이다. 출가 후 20여 년간 부처를 항상 따른 제자이다. 기억을 잘했고, 부처의 설법을 대부분 외웠다. 그래서 다문제일(多聞第一)이라는 명예를 받았다. 부처의 생전에 깨닫지 못하고 이후에 가섭의 가르침을 받아 부지런히 수행하여 깨달았다. 부처 사후 1차 결집 때에 경문을 외우는 자로 피선되었다. 경전과 법을 전수하는 데 공이 크다.

엿보아 깨뜨릴 수 없는 비밀이다. 그래서 종이에다 기록할 수 없다.

何敢淺其說, 直其論, 而諄諄然數萬言爲鐫哉? 此大罪也.

그러니 어찌 감히 그 설을 누설하고 그 논을 직설하여 곡진하게 수 만 마디의 말로 새길 수 있겠는가? 이것은 큰 죄이다.

大道本不敢輕一言於非人之前. 何敢淺說其精深, 直論其秘密, 令善 惡賢否·正人非人, 一槩混見之耶? 但視世間無不可救化之人, 倘 有不從正而改邪者, 是必從地獄·餓鬼·畜生三惡道出, 而初世爲 人, 而惡心猶在故也. 雖直論之, 彼只見如不見而已矣. 何嫌其混見?

대도는 본래 감히 바르지 않은 사람 앞에서 가볍게 한 마디도 할 수 없다. 어찌 감히 그 정밀하고 심오한 것을 누설하고 그 비밀을 직론 하여 선하고 악한, 현명하고 어리석은, 바르고 바르지 않은 사람들 을 하나로 뒤섞어 볼 수 있겠는가? 그러나 세간을 살펴보면 구제하 여 교화하지 못할 사람은 없지만 여전히 바름을 따라 삿됨을 고치지 않는 자가 있는 것은 반드시 지옥, 아귀, 축생의 세 악도에서 나서 처음 세상의 사람이 되었지만 악한 마음은 여전히 옛날과 같기 때문 이다. 비록 직론을 하였더라도 저들은 단지 보지 못한 것과 같을 것 이니, 어찌 뒤섞어 본 것을 혐오하겠는가?

曾見一人截然向道, 而竟無覓處.

일찍이 한 사람이 절연하게 도에 뜻을 두었더라도 끝내 선도를 찾을 곳이 없다.

截然者, 截斷世法塵勞, 決志學道. 滿目是萬法千門, 竟不見何者爲仙道, 不知向何處覓仙道, 此甚可憐.

절연이란 세상의 법과 엇된 노력을 분명히 잘라 결연하게 도를 배우는 데 뜻을 두는 것이다. 온갖 견해가 만 가지, 천 가지라고 해도 끝내 어떤 것이 선도이고 어떤 곳에서 선도를 찾아야 할 지 알지 못하니, 이것이 참으로 가련한 것이다.

擧世多人談道, 而悉墮旁門.

온 세상 대부분의 사람들이 도에 대해서 말하지만 모두 방문소술에 빠졌다.

遍世界談道, 所聞所知, 全在婬邪窠臼中, 初學不能辨邪正. 遇之焉不墮入? 此又甚可恥.

세상 모두 도를 말하지만 듣고 아는 바가 모두 음란하고 삿되거나 구태에 빠져 있어 초학자들이 삿된 것과 바른 것을 구분할 수 없게 되었다. 우연찮게 도에 관심을 둔데도 어찌 삿된 길에 빠지지 않을 수 있겠는가? 이것이 또한 매우 부끄러운 일이다.

謂道不在世, 而人必誤陷於邪者也有.

도는 세상에 있지 않다고 하니 사람들은 반드시 삿된 것에 잘못 빠지는 경우가 있다.

仙道原只蘊藏於仙胸中, 世何得有? 一切諸人, 不遇仙度, 皆只在世而學, 焉能外世見, 而求世外之見? 畢竟誤陷於邪矣.

선도는 원래 신선의 가슴속에 간직되어 있으니 세상에서 어떻게 얻을 수 있겠는가? 일체의 사람들이 신선의 구제를 만나지 못해 모두 단지 세상에서는 배우기만 할 뿐이니 어찌 세상의 견해 밖에서 세상을 구하는 견해를 갖겠는가. 끝내 삿된 길에 빠지게 된다.

謂人心自邪, 不求聞道, 而規正者也有.

사람의 마음은 저절로 삿되어 도를 듣기를 구하지 않는데, 이것이 바른 법칙이라고 하는 사람도 있다.

心邪之人, 唯邪法是喜. 口稱是學仙之黨者, 只願學房術御女, 謂婬姤有如是快樂, 是我所學之有證. 而仙道高遠, 或者卽此所致, 我何必舍此快樂, 而別求仙樂爲哉? 故不求聞也. 自稱是學佛之黨者, 造斷見之邪說而惑人, 不知已爲佛之所斥. 自謂有了此一口高談捷語, 足取衣食名譽, 何必效佛所修, 而六年禪坐以自苦? 故不求聞也.

마음이 삿된 사람은 오직 삿된 법을 좋아한다. 입으로는 신선을 배우는 무리라고 하면서도 단지 방중술과 어녀채전만 배우고, 성교에 이러한 쾌락이 있으니 이것이 내가 배운 것에 증험이 있는 것이라고 생각하기도 한다. 선도는 고원한데, 혹자는 이러한 쾌락을 얻고는 이루었다고 하고서, '내가 왜 이러한 쾌락을 버리고 따로 선약을 구한단 말인가'라고 생각하기도 한다. 그러므로 듣기를 구하지 않는다. 스스로 부처를 배우는 무리라고 하면서 얄팍한 사설(邪說)을 만들어 사람을 유혹하니, 이는 자기가 부처에 의해 배척되는 것을 알지 못하는 것이다. 스스로 이 한 입으로 허황한 장광설을 빨리 말하여 의식주와 명예를 충분히 취했는데, '무엇 때문에 부처가 행한 수행을 본받아 6년이나 좌선하며 고생한단 말인가'라고 생각한다. 그러므로 듣기를 구하지 않는다.

予在金陵, 所以絕不屑與人談仙佛, 見彼諸俗人談仙者, 皆志於房
術御女, 及卻病小功, 而即指爲仙道. 不務修德修道, 故不必與爲謀
也. 見彼衆生談佛法者, 皆妄將佛說爲行教無用之虛言, 將已談斷
見作佛法, 不求如何如佛八千劫說一会『法華經』方已, 不求如何得
如佛八萬四千劫, 坐一定方起. 必執斷常邪見, 直趨死亡. 爲了生
死, 或學躱一輪回爲自足, 而且不能得, 又不能承當正法.

竟如石馬, 雖打不走, 全似木牛, 拽鼻不回, 謂之下愚不移. 何足救
化? 何足與言? 所以祗尊仙佛正法, 爲我自語師而已矣. 我又爲有
相知者憫, 而淺說勸之. 佛昔云: "人相竪, 畜相橫" 世之俗夫, 每以
橫相妄談佛法, 語人曰: "我知佛, 我是佛" 此亦妄人也已矣. 甘爲
橫相, 又何難焉? 今而後談佛者, 請先改汝橫相爲竪相, 且遵佛說,
別作商量. 庶免空勞妄談, 虛度一世.

내가 금릉에 있을 때, 조금도 다른 사람들과 신선과 부처에 관한 말
을 하지 않았다. 저 여러 속인들이 신선에 대해 말하는 것이 모두 방
중술과 어녀술에 뜻을 두고 있고, 또 병에 조금의 공효가 있으면 선
도를 한다고 지적하고 있음을 알았기 때문이다. 덕을 닦거나 도를
닦는 데 힘쓰지 않기 때문에 함께 도모할 필요가 없었다. 저 중생들
이 불법을 말하는 것도 모두 망령되어, 부처의 말로 실천하거나 가
르치는 것은 소용이 없는 빈말이라고 하며 자기가 얄팍한 견해로 불
법이라고 만들어 어떻게 부처가 팔천의 억겁에 한 번 『법화경』을
말하는지 구하지 않고, 어떻게 팔만 사천의 억겁에 앉아서 정(定)에
들었는지 구하지 않는지를 알았다. 기필코 삿된 견해를 고집해 곧바
로 죽음으로 내달린다. 간혹 한 번 윤회하는 것을 벗어난 것을 배우고
는 스스로 만족하니 또한 얻을 수도 없고 바른 법을 이을 수도 없다.

끝내 돌로 만든 말과 같아서 때려도 달리지 못하고 나무로 만든 소와 같아서 코뚜레를 끌어도 되돌아오지 못하니, 이러한 경우를 어리석은 이를 옮기지 못한다(下愚不移)고 하는 것이다. 그러니 어찌 교화하여 구제하며, 더불어 말을 하겠는가? 그래서 단지 선불의 바른 법을 준수하여 나 자신을 스승으로 삼을 뿐이며, 내가 또 서로 알고 지내는 자들을 안타깝게 여겨 설명하여 권할 뿐이다. 부처의 옛말에, "사람은 똑바로 서고 짐승은 가로 선다"라고 하였는데, 세상의 범부는 매번 비논리적인 말로 망령되어 불법을 담론하여, 다른 사람에게 말하기를, "내가 부처를 알면 내가 부처이다"라고 하는데, 이것 또한 다른 사람을 속인 꼴이다. 달콤하긴 해도 논리가 안 맞는 말을 하는 것이 어찌 어렵겠는가? 지금 이후에 부처를 말하는 자는 청컨대 먼저 자신의 논리에 안 맞는 말을 논리에 맞는 말로 고치고 부처의 말을 좇되 따로 헤아려 보기를 바란다. 그러면 거의 빈 말과 망령된 말들로 헛되이 한 세대를 구제하는 것을 면할 것이다.

借令百劫·百年, 生一聖眞, 將何入悟?
백 겁, 백 년을 빌려 한 사람의 성진을 태어나게 하더라도 어찌 깨달음에 들어가겠는가?

言此論若不出世, 倘有眞修者, 不知如何修仙, 不知如何修佛, 故無趨向處. 亦不知學何者爲學, 行何者爲行?
이 『직론』이 세상에 출간되지 않았는데, 여전히 참된 수련을 하는 자가 있다면 어떻게 하는 것이 신선의 수련인지 알지 못하며, 어떻게 하는 것이 부처의 수련인지 알지 못해 어느 곳을 향해 달려갈지 알 수 없다. 또한 무엇을 배우는 것이 학문지를 알지 못하고 무엇을 행하는 것이 수행하는 것인지를 알지 못한다.

所以得聖眞於學者, 必由此論.
그래서 배움에서 성진을 얻고자 하는 자는 반드시 이 논의로 말미암아야 하고

及有此『直論』並『仙佛合宗語錄』出世, 若有一人精究此論及錄, 便見得此人是有志於此者. 與論合志, 即爲學此道之聖眞, 不究者, 則其志不學此, 終於凡夫輪轉而已.
이 『직론』과 『선불합종어록』이 동시에 세상에 출간되고 나서, 어떤 한 사람이 『직론』과 『합종』을 정밀하게 논구하게 되면, 이 사람은 여기에 뜻을 두어야 함을 바로 알 것이다. 이 두 이론과 뜻을 합한다는 것은 바로 이 도의 성인과 진인을 배우는 것이고, 연구하지 않으면 그 뜻은 이것을 배우지 않는 것이니 끝내 범부로써 윤회할 수밖에 없다.

得聖眞於師者, 亦必由此論.
스승에게서 성진을 얻고자 하는 자도 이 논의로 말미암아야 한다.

誦詩讀書, 而尙論古人者, 固有人. 誦此論, 而尋覓論此之人者, 亦有人. 未誦此論, 而尋覓已誦此論者, 亦必有人. 能覓此人, 豈不得遇此人, 而得遇此道? 故曰求師必由於明此論, 所以張紫陽眞人作『悟眞篇』以訪友, 果得石杏林爲之徒. 其勝於奔走四大部訪師友者, 不萬萬分便益哉?

『시경』과 『서경』을 읽고 암송하며 옛사람을 높여 논하는 사람은 본래 있어 왔다. 이 논의를 외우고 이 논의를 찾는 사람도 또한 있다. 이 논의를 외지 않고 이 논의를 외기를 그만두는 것을 찾는 이도 또한 반드시 있다. 이런 사람들은 찾을 수 있는데, 이 사람을 만날 수 없고 이 도는 만난단 말인가? 그러므로 스승을 구함에 반드시 이 논의를 밝게 해야 한다고 한 것이다. 장자양142) 진인이 『오진편』을 짓고서 친구를 방문하였는데, 과연 석행림143)이 그의 무리가 되었다. 이기려는 마음에 분주히 4대주를 다니며 스승과 친구들을 방문한들 만분에 일인들 이익이 되겠는가?

故鐘離云: "吾之求人, 甚至人之求我"

그러므로 종리권이, "내가 사람을 구하는가 아니면 남이 나를 구하는가"라고 하였다.

古云: "弟子尋師易, 師尋弟子難" 盖弟子以初學之無知, 故不知所遇之人有道無道, 而拜之故易. 師之有道者, 嚴奉天誠, 必選擇同德同志, 祖父善門. 一不全, 不足爲弟子. 故尋之難. 昔鐘離往九江府德化縣度縣宰呂純陽, 又鐘呂往甘河鎮, 度宋徽欽時, 領兵校尉王重陽, 又鐘呂往燕國, 度丞相劉海蟾, 又虎皮座張眞人行至六安州

---

142) 장자양: 장백단(張伯端, 987~1082)을 말한다. 북송시대의 천태 사람이다. 자는 평숙 호는 자양, 자양선인이다. 후대에 이름을 용성으로 고쳤다. 어려서 학문하기를 좋아하여 삼교의 서적들과 의술, 천문지리, 길흉사생지술 등의 서적을 섭렵하였다. 유해섬 진인을 만나 금액환단결, 잠심수련을 전수받았다. 『오진편』을 저술하였다.

143) 석행림: 석태(石泰, 1022~1158)를 말한다. 북송 말 남송 초의 사람으로 **常州** 사람이다. 자는 득지, 호는 행림, 취현자이다. 장백단을 스승으로 모시고 금단대도를 배웠다. 저서로는 『환원편』이 있다. 송나라 고종 소흥 28년(1158)에 죽었다. 설도광에 도를 전하였고, 전진도 남오조 중의 한 사람이다.

馬神廟, 召盧江縣之李盧庵而度之, 又昔世尊往偸羅厥又國, 度迦
葉者, 皆是師急於求人之案.

옛날에 말하기를, "제자가 스승을 찾기는 쉽지만 스승이 제자를 찾
기는 어렵다"고 하였다. 대체로 제자는 처음 배울 때 무지하기 때문
에 그가 만난 사람이 도가 있는지 없는지 알지 못하고 그에게 스승
의 예를 갖추기 때문에 쉽다. 스승 중에 도가 있는 사람은 위로 천계
(天誡)를 받들어 반드시 덕과 뜻이 같고 선행을 한 집안 사람을 가
려서 뽑는다. 이 중에 하나라도 온전하지 못하면 제자로 삼기에 부
족하다. 그러므로 제자를 찾기가 어려운 것이다. 옛날에 종리권이
구강부 덕화현에 가서 현의 관리 여순양을 구제하였고, 또 종리권과
여동빈이 감하진에 가서 송나라 희종과 흠종 때 영병교위 왕중양을
구제하였으며, 또 종리권과 여동빈이 연나라에 가서 승상인 유해섬
을 구제하였다. 또 호피좌 장진인은 육안주 마신조에 가서 려강현
이허함[144]을 불러 그를 제도하였으며, 또 옛날에 세존은 유라권차국
에 가서 가섭을 구제하였는데, 이들 모두는 스승이 급하게 사람을
구한 예이다.

人不及於求我, 我不及於求人

사람은 나를 구하는 데 이르지 못하고 나는 사람을 구하는 데 이르
지 못한다.

世界如許大, 學者相隔, 如許遠, 誰知我而求? 抑誰知我而能求, 由

---

144) 이허함: 명나라 여강 땅의 도사이다. 호는 이니환이다. 만력연간(1573~1620)에
장호피진인이 그의 그릇됨을 보고, 비결을 전수하였다. 『여주부지』에 상세한 내
용이 나온다.

我非方外之士, 遊遍四方者, 亦非如所謂唐朝呂洞賓至今猶在尋人度者, 亦非如世尊自謂行化時至, 乃行而化之, 至度一萬八千九十四國人者, 不過隱處一小小道隱齋而已. 不及求人, 所以亦不得爲聖眞學者之所遇.

세상은 매우 크고 배우는 사람은 서로 막힌 것이 지극히 먼데, 누가 나를 알아 구하겠는가? 내가 방외의 선비로 사방에 두루 노니는 자가 아니기 때문에 당나라 때의 여동빈이 지금에도 여전히 사람을 구제하는 것과 같지 않고 또 석가가 스스로 교화를 행하여 지금에 이르러서도 다니며 교화하여 일만 팔천구십사 개국의 사람들을 제도하는 것과 같지 않으며, 단지 조그만 소도재에 숨어 거처하는 데 불과할 뿐이다. 다른 사람을 구하는 데 이르지 못해서 또한 성진을 배우고자 하는 사람들이 만나기 어렵다.

乃以一筆救天下後世迷.
그래서 붓을 들어 천하 후세의 미혹함을 구제하고자 한다.

唯成書可以代面命, 雖徧天下, 盡後世. 凡有見者, 皆可救其迷惑.
오직 책을 펴내는 일로도 얼굴을 맞대고 도를 전할 수 있는 것이니, 천하의 한곳에 치우쳐 있지만 후세를 다 구할 수 있다. 대체로 견해가 있는 사람은 모두 그 미혹됨을 구제할 것이다.

然而迷自軒轅氏御女保生之術一倡
그러나 헌원씨로부터 어녀로 생명을 보전하는 술수가 일어났다고 잘못 알려져서

軒轅者, 君天下者, 忌嗣子之少, 故用後宮之多, 姪姤之多, 必不可不節慾. 後世學者, 豈可以節慾之人事, 而遂誤指爲長生不死神通之仙道手?

헌원은 천하의 임금으로 자손이 적은 것을 꺼려하였다. 그래서 후궁을 많이 두는 제도를 사용하였으니 음란한 성교가 많아져 욕정을 조절할 수밖에 없었다. 후세의 학자들은 욕정을 절제한 일을 가지고 마침내 장생불사의 신통한 선도라고 잘못 알게 되었는가?

而眞僞争途, 四千余年矣.

그 진위를 두고서 쟁론한 과정이 사천여 년이다.

仙道是出世間法, 眞也. 御女術是在世間法而非仙, 僞也. 本不同者. 凡學仙聖眞, 旣有大志·有聖德, 必不可學御女以招天誅. 凡學御女者, 輕縱姪樂, 壞女子之身, 喪女子之耻, 志極卑污, 敗仙佛根基種子. 天律嚴密, 又豈容於談道?

선도는 출세간법이니 참되다. 어녀술은 세간법이므로 신선술이 아니고 거짓이다. 대체로 신선의 성진을 배우면 큰 뜻이 있고 성인다움 덕이 있어서 끝내 어녀술을 배워 하늘의 벌줌을 초래하지 않는다. 어녀술을 배우는 자는 가벼이 음란한 성교를 즐기며 여자의 몸을 망치고 여자의 수치심을 잃게 하니 뜻은 지극히 비루하고 더러우며 신선이 되거나 부처가 될 수 있는 근본 종자를 망친다. 하늘의 율법이 엄밀하거늘 또 어찌 도에 대해서 말하는 것이 허용되겠는가?

眞者, 幸有天降眞傳, 而作仙佛

참된 자는 다행히 하늘이 강림하여 이채롭게 전수하여 신선과 부처
가 되게 하고

漢之張道陵・葛玄仙翁・寇謙之・於吉, 皆太上降下而傳. 北漢時
之鐘離正陽, 乃東華帝君之降傳. 唐之純陽呂翁, 乃鐘離之降傳. 宋
之王重陽・燕之劉海蟾, 乃鐘呂二眞人之降傳. 世尊佛, 乃阿私陀
仙之降傳. 故『法華經』佛云: "昔者仙人授佛妙法, 如來因之遂致成
佛" 是也. 所以伍子言: "非仙不能度仙, 非佛不能度佛" 此亦破迷
之一說也.

한나라의 장도릉, 갈현 선옹,145) 구겸지,146) 간길147)은 모두 태상이

---

145) 갈현 선옹: 갈현(164~244)을 말한다. 삼국시대의 방사로, 자는 효선이고, 단양구
용 사람이다. 갈홍의 종조부로, 『포박자/금단편』에 실려 있다. 일찍이 자혜로부터
도를 배워 『태청단경』, 『구정단경』, 『금액단경』을 받았다. 복이술과 주문, 기이한
행위를 하였다. 도교에서는 그를 '갈선공', '태극좌선공(太極左仙公)'으로 부른다.
송나라 숭정 3년에 '충응진인(冲應眞人)'으로 봉해졌고, 순우 3년에는 '충응부우
진군(冲應孚佑眞君)'으로 봉해졌다.
146) 구겸지: 구겸지(365~448)는 북위시대의 도사이다. 자는 보진(輔眞)이고, 상곡창평
(上谷昌平) 사람이다. 일찍이 장노의 도를 배웠다. 18세에 성공(成公)을 따라 숭
산(嵩山)에 들어가 7년 동안 수도하였다. 신서 2년에 태상노군이 친히 숭산에 임
하여 자신에게 '천사의 지위'를 주었다고 선언하고, 『운중음송신과지계』 20권을
내려주고 도인법과 복기구결의 여러 법을 전해 주며, 도교를 청정하게 정비하며,
삼장(장릉, 장형, 장노)의 잘못된 법을 제거하고, 곡식을 걷거나, 세금을 물리거나,
남녀합기의 수법들을 제거하라고 명령하였다고 선언한다. 그리고는 예로써 제도
라는 것을 우선하되 복식과 폐련을 하라고 명령하였다고 한다. 이러한 구겸지의
선언과 실행으로 당시의 도교는 상층계급 도교의 입장으로부터 하층계급의 도교
를 정리하면서 개혁되었다. 시광 연간에는 그 스스로 위나라 도읍인 평성으로 가
서 중신인 최호의 도움을 받아 위나라 태무제에게 도서를 바치기도 하였다. 평성
의 동남쪽에 새로운 천사도장을 건립하였는데, 후대 사람들이 그를 북위천사라고
불렀다. 대연 연간의 말미에 국사가 되었다.
147) 간길: 일명 干吉, 千室로 불린다. 동한 시대의 도사로, 낭야 사람이다. 『태평경』의
작자로 이해되기도 한다. 『삼국지/손책전』에서는 "당시에 도사 낭야의 우길이, 먼
저 동방에 우거하다가 오회에 와서 정사를 세우고 향을 불사르며 도서를 읽고, 부
수를 제작하여 병을 다스리니, 오회의 사람들 대부분이 그를 섬겼다"라고 기록하

강림하여 도를 전했다. 북한시대의 종리권은 동화제군148)이 강림하여 전수하였고, 당나라의 여순양149)은 종리권이 강림하여 전해 주었다. 송나라의 왕중양150)과 연나라의 유해섬151)은 종리권과 여동빈 두 진인이 강림하여 전해 주었다. 석가세존은 아사타선152)에게 강림

고 있다.

148) 동화제군: 동왕공(東王公), 목공(木公), 동왕부(東王父), 동화제군(東華帝君), 부상대제(扶桑大帝) 등으로 불린다. 원래는 고대 신화 속의 남신이었다. 『신이경』에는 "동황산 속에 큰 석실에 동왕공이 거처한다. 키는 한 장이며, 머리는 하얀데다가 사람의 모습에 새의 얼굴을 하고 호랑이 꼬리를 가졌다"라고 기록되어 있는데, 후대 도교가 관장하는 남자 신선 명부에는 신선의 우두머리로 기록되어 있다.

149) 여순양: 여동빈을 말한다. 도교 팔선 중에 한 사람이다. 당나라 때의 인물이다. 성은 여, 이름은 암, 자는 동빈이다. 항상 암석의 아래에 거처하여 이름을 암으로 하였다. 전설에 의하면 당 조정의 예부시랑 呂渭의 손자라고 한다. 후대의 도교와 민간 전설에 의하면 주선(酒仙), 시선(詩仙) 등으로 불렸다. 종리권을 만나 도를 닦았다. 송대에는 '묘통진인'으로 봉해졌고, 원대에는 '순양연정계화부우제군'으로 봉해졌다. 후세 사람들이 그를 여순양이라고 부르고, 도교에서는 여조라고 부르는데, 그가 태어났다고 전해지는 음력 4월 14일에는 재초기도를 드린다.

150) 왕중양: 왕중양(1112~1170)은 협서 함양 대위촌의 사람이다. 원래 이름은 중부(中孚)이고, 자는 윤경(允卿)이다. 후대에 이름을 세웅(世雄)으로 바꾸고, 자를 위덕(威德)으로 삼았다. 도교에 입도한 이후에 이름을 철(喆)로 자를 지명(知明)으로 호를 중양자(重陽子)로 바꾸었다. 어려서부터 책읽기를 좋아하였고 약간의 나이에 부학(府學)에 입학하였다. 중감과에 응시하여 작은 벼슬을 하였다. 이후 도교에 입도한 이후 산림에 은거하였다. 왕중양은 전진도교를 세우고, 유가와 도교 불교가 동등하다고 주장하고, 『도덕경』, 『효경』, 『반야바라밀다심경』을 필수 경전으로 삼았다. 수도(修道)란 수심(修心)이며, 수심이란 마음을 청결히 하는 것이 수행의 첩경이라고 보았다. 원나라 세조는 '중양전진개화진군(重陽全眞開化眞君)'으로 봉하고, 원나라 무종은 '중양전진개화보극제군(重陽全眞開化輔極帝君)'으로 봉하였다. 전진교에서는 시조로 높인다.

151) 유해섬: 오대 시기의 도사이다. 본래 이름은 조이고 자는 종성이다. 도교에 입도한 이후 이름을 철로, 자를 현영으로 바꾸었다. 자를 소원 호를 해섬자라고 하기도 한다. 그이 출신지에 대한 설은 여러 가지다. 발해인이라고 하기도 하고 요동 사람이라고도 하며, 하북성 사람이라고 도 한다. 평소에 황로학을 좋아하였다. 연나라 주군 유수광을 섬겨 승상을 지내기도 하였다. 여동빈이 전수한 청정무위양성수명의 법과 금액환단의 여러 도법을 만난 이후 장무몽, 중방, 진단 등의 방외지인과 벗으로 사귀었다. 관직을 버리고 화산에 은거하여 수도하고, 이후에 종남산으로 옮겨 수도하였다. 저서로는 『환금편』, 『환단파미가』, 『황제음부경집해』 등이 있다. 도교 전진도 북오조 중의 한 사람이 되었다.

152) 아사타선: 범어의 이름으로는 Asita이다. 아사다(阿私多)·아사다(阿私哆)·아사타(阿私咤)·아사타(阿斯陀) 등으로 불린다. 아사타선에 대해서는 두 가지 설이

하여 전수해 주었다. 그러므로 『법화경』에서 부처가 말하기를, "옛날에 선인이 부처에게 오묘한 법을 전수받을 때는 여래가 성불을 이루게 하는 것이다"라고 하였는데, 바로 이것이다. 그러므로 오자가 말하기를 "신선이 아니면 신선을 제도할 수 없고 부처가 아니면 부처를 제도할 수 없다"라고 한 것이다. 이 또한 미혹을 깨뜨리는 한 설이다.

僞者自愈熾說, 徧天下而迷人.

거짓된 자는 스스로 더더욱 학설을 만들어 내 천하를 가득 채워 사람을 미혹하게 한다.

熾說者, 建立各種門戶, 曰三峰採戰者 · 曰小採補者 · 大採補者 · 曰童男童女開關補氣者 · 曰對爐者 · 曰入爐者 · 不入爐者, 千種婬穢無恥. 以之爲世事用, 尚甚可恥, 又安可妄誑人曰道乎? 所以道隱齋評之曰: "常見人猿與陰者聚, 則撫弄其二物, 豈可以衣冠人物 · 有禮義廉恥者, 而如之乎?" 又評之曰: "蠢動如蚊蛾虱類, 人共見其不學而能相姁. 豈有不蠢如人, 反不如之, 而學人爲姁乎? 以速死喪命之事, 而愚弄人曰接命不死 · 其迷於自愚, 又迷於邪說之誑如此. 予請諸人破迷改過, 且自安生, 保現在之福"

있다. 첫째, 중인도 가필라위국의 선인이다. 석가모니가 탄생한 때에, 이 선인이 점과 관상을 잘 보았다. 이 선인은 오신통을 갖추어 자유롭게 삼십삼천을 출입하였는데, 태자가 탄생한다는 말을 듣고 정반왕궁(淨飯王宮)에 와서 태자의 관상을 보고 대장부의 좋은 상을 가졌다면서 출가하면 반드시 정각을 얻게 되고 보리를 얻어 최고의 법륜을 굴릴 것이라고 예언하였다고 한다.
둘째, 과거세에 석가세존을 위해 법화경을 설법한 선인이다. 석가세존이 과거세에 왕으로 있으면서 사방에서 법을 구하였으나 해탈하지 못하였는데, 이 선인이 석가를 위해 법화경을 설하였다고 한다. 『法華經玄贊』卷九本에 이와 관련된 내용이 실려 있다.

치설이란 각종의 문호를 세우는 것으로, 이는 다음과 같다. '삼봉채
전(三峰採戰)', '소채보(小採補)', '대체보(大採補)', '동남동녀개관
보기(童男童女開關補氣)', '대로(對爐)', '입로(入爐)', '불입로(不入
爐)' 등, 수천 가지의 음란하고 더러우며 수치심이 없는 것들이다.
이것으로 세상의 일에 사용하니 더욱 수치스럽다. 또 어찌 사람을
망령되이 기만하는 것을 도라고 하는가? 그래서 도은재가 이를 평하
여 말하기를, "사람 원숭이가 음과 더불어 흘레를 붙어 그 두 물건
이 희롱하는 것을 항상 보니, 어찌 의관을 갖춘 사람이랄 수 있으며,
예의염치가 있다고 할 것인가. 이를 어찌할 것인가"라고 하였다. 또
평하여 말하기를, "날벌레들과 벼룩 같은 벌레들이 배우지 않고 서
로 교미하는 것을 사람들이 모두 아는데, 어찌 벌레들과 같지 않은
사람이, 벌레들이 배우지 않고 교미하는 것과 같게 하지 않을지언정,
사람들을 가르쳐 성교 맺게 하는가? 빨리 죽음에 이르고 명을 잃는
일로 사람을 우롱하여 말하기를 '다른 사람의 수명과 접촉하면 죽지
않는다'고 하고, 스스로의 어리석음에 미혹되고, 또 사악한 설에 미
혹되어 미쳐 가는 꼴이 이와 같다. 내가 여러 사람에게 미혹함을 깨
뜨리고 잘못을 고치기를 청하였고 또 스스로 생명을 안전하게 하고
현재의 복을 보존하라고 하였다."

**以此大迷之世, 而論說之, 宜直·宜淺, 其可少乎哉? 洩論說之
功, 豈不大哉?**
이 크게 미혹한 세상 때문에 논설을 통해 직설하고 천설한 것이니
그것이 어찌 작은 일이겠는가? 누설하여 논한 공이 어찌 크지 않겠
는가?

洩萬古聖眞密旨天機, 書之徧與凡夫言, 固有罪矣. 但後來聖眞, 得明道於論說之所洩, 豈不是此莫大之功乎?

만고의 성진들이 은밀히 전한 천기를 누설하여 책으로 펴내어 범부에게 주는 것은 원래 죄가 된다. 그러나 후세의 성진들이 논설하여 누설한 것에서 밝은 도를 얻게 되면 어찌 이보다 큰 공이 크지 않겠는가?

然洩道未必無干於天罪, 敢望曰天不之罪, 而故意冒干之耶? 卽此一點破家學道・慈心救世之爲功, 抑可贖 罪哉? 得悟於天下後世劫, 獨超出大迷, 而爲聖・爲眞 者, 又可無此洩道功之報哉?

그러나 도를 누설한 것은 끝내 하늘의 형벌에 저촉되지 않을 것이나 감히 바라여, "하늘은 나를 죄 주지 마소서, 고의로 죄를 범한 것이겠습니까?"라고 하니, 이는 한때 집안을 망하게 하면서 도를 배웠고, 자비로운 마음으로 세상을 구제하는 노력이니 도리어 죄를 빌 수 있는 것이 아니겠는가? 천하의 후세 영겁에서 깨닫고 큰 미혹에서 훌쩍 벗어나 성인이 되고 진인이 되는 것이 또한 이 도를 누설하는 공에 보답하는 것이 아니겠는가?

後來聖眞得明正道於論說, 不被邪說坑陷, 而竟成聖・成眞, 亦當報今洩道之功.

후세의 성진들이 논설에서 바른 도를 얻게 되고 삿된 설에 빠지지 않게 되면, 끝내 성인도 되고 진인도 되리니 또한 지금 도를 누설한 공을 보답할 것이다.

見此者, 幸毋謂我一見是書, 已盡見其道. 見之固易, 而生易見之心, 靡不亦自輕易視其性命.

이 책을 본 자들은 다행히 내가 이 책을 한 번 보고는 그 도를 모두 알았다고 하지 마라. 견해가 굳어지거나 견해를 바꾸는 마음이 생기거나 스스로 가벼이 그 성명을 보는 짓을 하지 마라.

書成道之粗迹耳. 道之精眞者曰理, 道之實行者曰事. 理可以書求, 事未可盡以書行. 必要眞誠參師學道. 凡未得師者, 以此書考尋正門爲引進, 卽此以爲引進師也. 已得師傳者, 以此書印證是否, 而爲信受奉行. 此卽是印證師也. 若不求眞師救度, 專向書本上誦章句, 偶見一斑, 妄稱全豹. 愚謂只可言悟書, 不可言悟性·悟道. 由懷易見之心, 不識爲難遇難聞之天寶, 則其輕易視性命而喪失者, 將必不免矣.

책이란 도를 이루는 데 찌꺼기일 뿐이다. 도의 핵심적인 참을 이치(理)라고 하고, 도의 참된 수행을 일(事)이라고 한다. 이치는 책에서 구할 수 있지만 수행의 일은 책에서 모두 할 수 없으니, 반드시 스승을 참구하여 도를 배워야 한다. 스승을 얻지 못한 자가 이 책을 고찰하여 바른 문으로 찾아 나아가면 이 책을 자신을 이끌어 주는 스승으로 삼을 수 있다. 이미 스승의 전수를 얻은 자는 이 책으로 그 전수받은 내용의 옳고 그름을 인증하고 믿고 받들어 수행해야 한다. 이것이 스승을 인증하는 것이다. 만약 참된 스승이 제도하는 것을 구하지 않고서 오로지 책에 기초해서 장구를 외우기만 하면 우연히 한 점의 무늬를 보고 망령되이 표범 한 마리라고 칭하게 된다. 어리석은 사람이 책을 깨쳤다고 말할 수는 있지만 본성을 깨쳤다거나 도를 깨쳤다고 말할 수 없다. 천박한 견해를 가진 마음 때문에 만나기도 듣기도 어려운 하늘의 보배를 알지 못하면 그는 가벼이 성명을 보아 상실하게 됨을 반드시 면하지 못할 것이다.

毋謂我一見書, 便見此道, 實可易行. 正遂我畏難之心. 即此易行而易行之, 自執善悟, 不求師, 而按圖索駿, 焉能了悟到至玄至妙之眞實處, 而修證性命?

내가 이 책을 한 번 보니, 이 도를 알았으니, 실제로 쉽게 수행할 수 있다고 말하지 마라. 바로 내가 두렵고 어려운 마음을 가져야만 이를 쉽게 수행하고 쉽게 수행한다. 스스로 잘 깨달았다고 집착하여 스승을 구하지 않으면 어찌 뛰어난 사람을 찾아 구할 것이며, 어찌 지극히 현묘한 참된 경지를 깨달아 성명을 닦아 증험하겠는가?

書固載道, 正欲使人明道而淺直之. 古云: "得訣歸來好看書" 若先得眞師眞訣, 則見書眞可盡見道, 眞知易行. 若謂不必求師, 道已了然, 盡見易行, 古云: "差毫髮, 不成丹" 恐難悟透, 亦不免依然失性命也. 古云: "性由自悟, 或可因書. 命要師傳, 必經口耳" 則信之眞, 而行之勇, 此我今所望於後聖後眞也. 故又誡之曰: 毋輕忽爲易.

책이란 본래 도를 싣는 것이니, 사람들로 하여금 도를 분명히 알게 하기 위하여 쉽게 직론한 것이다. 옛말에 "비결을 얻으면 돌아가 책 보기를 좋아하라"고 하였다. 만약 먼저 참된 스승과 참된 비결을 얻었다면, 책을 보되 정말로 도를 온전히 볼 수 있고, 참되게 알아 쉽게 수행하게 된다. 만약 꼭 스승을 구할 필요가 없을 정도로 도를 이미 깨쳐, 온전히 알아 쉽게 행한다고 말한다면, 이는 옛말에 "터럭만

한 차이가 단을 이루지 못한다"고 한 것과 같으니, 깨닫지 못할까 두려운 경우이다. 이 또한 여전히 성명을 잃어버린 상태를 면하지 못한 것이다. 옛말에 "성은 스스로 깨닫는 것에 말미암지만 간혹 책으로도 깨닫는다. 그러나 명은 반드시 스승의 전수가 입과 귀를 거쳐야 한다"고 하였는데, 참됨을 믿고 용맹스레 행하는 것, 이것이 내가 지금 후세의 성인과 진인에게 바라는 것이다. 그러므로 또 경계하여 말하기를 "가볍거나 소홀하게 바꾸지 마라."

尤毋謂盜此爲說, 言可應世, 理可驚人, 足以師任之於己, 以徒視乎其人. 有此誑人之心爲障‧爲碍, 耻於低頭實學, 竟不自悟‧自修‧自證, 而亦不免於失性命.

게다가 이 책의 내용을 훔쳐서 말하지 마라. 이 책의 내용을 훔친 사람은 말로는 세상을 응대하고 이치로는 사람을 놀라게 하며, 나보다도 더 스승임을 자임하고도 남을 사람이니, 이는 이 책을 지은 사람을 도외시하는 것이다. 이처럼 사람을 미치게 하는 마음은 장애가 되고, 처음에서 끝까지 참된 학문에 부끄러운 자로 끝내 스스로 깨치거나 스스로 수행하거나 스스로 증득하지 못해 또한 성명을 잃는 것을 면하지 못한다.

有等人, 不眞實參師學道, 唯見此書一遍, 唸幾句, 誑人曰: "我盡得傳某人道矣, 我今足爲諸人之師, 諸人只可爲我之徒" 言至於此, 即『楞嚴經』所云, 未得謂得, 是爲入魔. 故必害己德, 而墮爲魔民. 昨有一人, 即如此誠之說, 見此未註舊稿, 徧語人曰, 我全得某人所傳仙道之妙. 斯言也, 非贊揚實貶詞也. 一則以忽仙道之爲易, 一則以增己學之爲博. 不謂染指吞海, 曰海盡吞矣, 而可乎? 以芥殼量海, 曰海盡量矣, 而可乎? 作是言者, 可謂無正心, 無大志. 又一人在金陵婬惡無度, 冒稱爲我虎皮張眞人門下人. 不知張門先戒絶婬事婬念爲初功, 彼何必自投淸净門, 討箇擯斥爲哉?

이러한 사람들은 진실로 스승을 참구하여 도를 배운 사람이 아니라, 단지 이 책의 한 부분만 보고 몇 구절만을 외운 사람들이다. 미친 사람들이, "나는 어떤 사람의 도를 온전히 다 얻었으며, 내가 지금 여러 사람의 스승노릇을 할 수 있고, 여러 사람들은 나의 무리가 될 수 있다"라고 한다. 말이 이렇게 나오면, 이는 바로 『능엄경』에서 "아직 터득하지 못하고서 터득하였다고 하는 것이 바로 마귀에 들어가는 것이다"라는 것이니, 그러므로 반드시 자기의 덕을 해치고 마귀의 백성에 떨어지게 된다. 저번에 어떤 사람이 있었는데, 바로 이러한 경계의 말에 해당한다. 이 책의 옛 원고에 아직 주석이 완성되지 않았는데, 이를 보고 주위의 사람들에게, '내가 어떤 사람이 전한 선도의 오묘함을 모두 얻었다'고 하였다. 이 말은 찬양하는 말이 아니라 폄해하는 말이다.

한편으로는 선도를 쉬운 것으로 소홀히 하는 것이고, 한편으로는 자기의 학문이 넓어졌다고 생각하는 것이다. '손가락을 넣어 바닷물을 맛보았다'라고 하지 않고, '바닷물을 다 삼켰다'고 하는 꼴이니 옳을 것이며, 겨자 껍질로 바닷물을 헤아리면서 '바닷물을 다 헤아렸다'고 하는 꼴이니 옳겠는가? 이렇게 말하는 자들은 바른 마음이 없고 큰 뜻이 없다고 할 수 있다. 또 어떤 사람이 금릉에서 극악무도한 음란하고 나쁜 짓을 하면서 나는 호피장진인의 문하 사람이라고 참칭하였는데, 장진인 문하가 가장 먼저 음사를 끊고 음란한 생각을 끊는 것으로 최초의 수행을 삼는지 알지 못한 것이니, 저 사람이 하필 스스로 청정문에 속한다고 하여 배척을 초래한 것인지 알 수 없다.

於是三者, 能不肯犯.

이 세 가지의 말은 함부로 범할 수 없다.

即上三條誡詞也.

바로 위에서 말한 세 가지 내용으로 경계한 말이다.

誠心參悟, 即『直論』以究仙理, 徵『直論』以印師傳, 眞修實悟. 證聖證眞, 斯不負我染筆時一字一泣

참된 마음으로 참구하고 깨닫는 것은 『직론』으로 신선의 이치를 궁구하는 것이며, 『직론』을 징험함으로써 스승의 전수를 인가받는 것이며, 참되게 수행하고 깨달아 성인과 진인을 증험하는 것이다. 이것이 내가 글을 쓸 때, 한 자 한 자에 한 방울의 눈물을 흘린 각고를 저버리지 않는 길이다.

當論時, 欲不直, 奈何今世正道已盡絶, 恐無益於救正, 不得不爲仙佛宣明正法. 欲直論, 天則有譴, 而不敢言. 終必直之而冒譴, 故一泣. 我自癸巳至壬子, 二十年參師護師, 賣田舍, 破家計, 苦心苦行而得悟. 後之參師者未必能得年之久, 未必有可賣可破之家而可得, 故一泣. 人以一見論而即知, 我以多年苦而輕洩. 我以自苦代人之苦, 我以所賣所破, 代人之以賣以破, 故一泣. 又或有人或有可費之資, 而不學眞仙道者, 徒費耳. 雖費而不求明, 如何修命得命之證, 如何修性得性之證, 泛然無着者, 徒費耳. 雖費而不苦心志・苦功行, 以求必悟必成者, 徒費耳. 故一泣. 我又爲衆言此以勸誡之.

직론을 지을 때에 직론하고 싶지 않았으나 지금의 세상에 바른 도가 이미 모두 끊어져 버렸고, 직론을 하지 않으면 바름을 구하는 데 도움이 없을 것이므로 어쩔 수 없이 신선과 부처를 위해 바른 법을 드러내 밝힌 것이다. 직론을 하고자 하면 하늘이 견책을 하더라도 말할 수 없다. 끝내 기필코 직론하여 견책을 무릅쓰기에 눈물을 흘린다. 나는 계사년에서부터 임자년에 이르기까지 20년은 스승을 찾고 스승을 보호하여, 전답과 집을 팔고, 가계를 깨뜨리며 각고의 노력을 통해 깨달음을 얻었다. 후세에서 스승을 찾는 이는 꼭 수행의 해가 오래지 않아도, 집안을 팔고 깨뜨리지 않아도 얻을 수 있으니, 그러므로 또 한 번 운다. 사람들은 한번 『직론』을 보고 나면 알게 되지만, 나는 수년의 각고 끝에 가벼이 누설하는 것이다. 나는 스스로 다른 사람의 고통을 대신하고, 나는 다른 사람이 전답을 팔거나 가계를 깨뜨리는 것을 대신하였으니, 그러므로 또 한 번 운다. 그런데도 또 어떤 사람이 자산을 소비하고도 선도를 배우지 못한 것은 한갓 비용만 들인 것일 뿐이다. 비용을 들이고도 밝음을 구하지 못하니 어찌 명을 닦아 명을 얻는 것을 증험할 것이며, 어떻게 성을 닦아 성을 얻는 것을 증험할 것이며, 범연히 착수하지 못하는 자도 한갓 비용만 들인 것일 뿐이다. 비용을 들이고도 심지를 괴롭히지 않고 고행을 하지 않으며, 반드시 깨닫고자 하고 반드시 이루고자 하는 것도 한갓 비용만 들인 것일 뿐이다. 그러므로 또 한 번 운다. 나는 또 대중을 위해 이를 말한 것이니 근면히 삼가라.

爲終天地劫運之聖眞直而論

천지가 끝나는 억겁의 운행에서도 후세의 성인과 진인을 위해 직론하니

泣而論者, 旣爲參難洩易, 而割捨天機, 又爲世界旣絶仙佛正道·愈傳愈假, 我獨得悟, 又焉敢不爲仙佛正道留一线之眞耶? 令世世聖眞, 得所考據而爲師資矣.

울면서 논한 것은 이미 참구하기는 어렵고 누설하기는 쉬워서 천기를 해치고 버렸기 때문이고, 또 세계가 이미 신선과 부처의 바른 도를 끊어 버려 전하면 전할수록 거짓이 되어 나만 홀로 깨닫고 있기 때문이며, 또 어찌 감히 신선과 부처의 바른 도를 한 가닥에 남겨서 되겠는가 해서이다. 지금의 대대로 전해 온 성인과 진인은 고찰하고 근거하여 스승을 바탕으로 삼아야 할 것이다.

將流行於天地之終, 而度盡仙佛種子, 爲聖爲眞, 成仙成佛之心也歟?

천지가 끝나도록 유행하여 신선과 부처의 종자를 모두 구제하고 성인도 되고 진인도 되며, 신선도 이루고 부처도 이루고자 하는 마음이 아니겠는가?

今世皆好房術婬慾, 而仙佛正道, 則絶盡婬欲, 心返正道. 雖見之亦不能救正, 間或有從救而不足. 必成書流行, 以終天地, 則盡未來之仙佛, 皆得普度. 是我繼諸仙翁救世度人, 立三千功行, 爲自修而已矣. 即純陽翁所謂度盡衆生, 世尊佛及地藏菩薩亦謂, 度盡衆生, 言自利利人之果. 唯如是·而後圓滿.

지금 세상은 모두 방중술의 음란함을 좋아하지만 신선과 부처의 바

른 도는 음욕을 완전히 끊어 버려 마음을 바르고 곧은 데로 되돌린
다. 보고서도 또한 바름을 구하지 못하거나 간혹 구하려 하지만 부
족했던 경우라면, 책이 완성되어 천지가 끝날 때까지 유행하면 미래
의 신선과 부처라 모두 남김없이 제도될 것이다. 이것이 내가 여러
신선들이 세상을 구제하고 사람을 구제한 것을 계승하여 삼천의 수
행을 세운 것이니 스스로 수행하라. 이는 바로 순양 옹이 말한 모든
중생을 구제하리라라고 한 것이며, 세존과 지장보살도 모든 중생을
구제하리라고 한 것이니, 스스로 이로운 것이 다른 사람을 이롭게
한 증과를 말한 것이다. 오직 이와 같을 때만이, 이후의 일들이 원만
해질 것이다.

天仙正理直論增註 後跋終.
『천선정리직론』 증주 후 발문 끝.

증주설(增註說)

書有不必註者, 謂已顯明直捷, 反覆辨論之. 若有註也, 書有可以註
者, 謂宜發明書言, 以己意逆合而註之也. 必後之聞見與前之聞見
同, 前書得後註, 理愈明而猶合轍若一, 斯可不誑惑於世矣. 若觀者
不知作者意, 如註『參同契』爲納甲, 註『悟眞篇』爲房術, 註『楞嚴』·
『楞伽』·『金剛』·『法華』以時文·訓詁·套語,　不能剖眞修實義,
各成門戶, 致有經自爲經, 註自爲註之斥. 出乖露醜則, 亦何用註爲?
所以『天仙正理直論』旣有『仙佛合宗』爲之註,　猶懼後人妄註錯誤,
害超世之聖眞. 吾堂弟眞陽子, 又加註之, 予又輔之, 同一師之學,
並四瞳之見, 而爲之者. 其『合宗』二註, 又皆出於錄者之手, 無非杜
絶衆口之妄, 保全度世之眞. 則後世不必畫足於蛇, 倒屣於首. 令未
來無極劫中, 皆不失性命根宗·不迷超劫慧命, 誠不謬註者之所賜
也. 故亦誠之, 曰: 毋煩後註!

책 중에는 꼭 주석을 할 필요가 없는 것이 있는데, 이는 아마도 이미
핵심을 밝혀 놓았고 반복해서 상세하게 논하고 있기 때문일 것이다.
만약 주석이 있는데도, 책 중에 주석할 수 있는 경우는 아마도 책의
말을 밝혀 놓은 것이 자기의 뜻과 거슬려서 주석하는 것이다. 반드

시 후세의 견문과 이전의 견문이 같으며 이전의 책을 후세에서 주석하여 이치가 더욱 분명하여 마치 같은 궤도처럼 동일하면 이 주석은 세상을 속이는 것이 아닐 것이다.

가령 『참동계』를 납갑으로 주석하거나 『오진편』을 방중술로 주석하거나 『능엄』, 『능가』, 『금강』, 『법화』 등을 시문으로, 훈고로, 상투적으로 주석하는 것들은 책을 읽는 자가 작자의 의도를 알지 못하여 참된 수련과 참된 뜻을 분석하지 못하고 각기 문호를 이룬 것은 경(經)이 있는데도 자신의 말을 경을 삼고 주석이 있는데도 자신의 말을 주석을 삼아 배척한 것에 해당한다. 이러한 것들은 어긋남을 들추고 어리석음을 드러낸 것이니 그렇다면 주석을 해서 무엇하겠는가? 『천선정리직론』은 이미 『선불합종어록』의 주석이 되고 있는 까닭에, 후세 사람이 망령되이 주석한 것이 잘못되어 세상을 벗어난 성인을 해칠까 두렵다. 우리 당제 진양자가 주석을 덧붙였는데, 내가 또 보충하였으니 동일한 스승의 학문에다 두 사람의 견해가 함께한 것이다. 『선불합종어록』 두 주석은 또 모두 기록한 자의 손에서 나왔으니, 여러 사람의 허망한 말들이 전혀 개입되지 않아 세상을 구제하는 참된 진리가 온전히 보존되었다. 그러한즉 후세 사람이 뱀의 사족을 그리거나 신을 뒤집어 머리에 쓰는 따위의 짓은 할 필요가 없다. 미래의 끝없는 억겁 속에서 모두 성명의 핵심 가르침을 잃지 않고 겁운을 뛰어넘는 밝은 명을 잃지 않는 것은 진실로 잘못되지 않은 주석의 은혜이다. 그러므로 또한 경계하여 말한다. 번거롭게 후세 사람들은 주석을 달지 마라!

거듭 편찬해 낸 천선정리서 후
(重修天仙正理書後)

伍冲虛眞人天仙正理書, 成於前明天啓壬戌. 至崇禎十二年己卯, 鵲橋成渡日增註, 姑蘇弟子吳澄川命梓. 金陵齊惠吉及南昌舊及門 涂之芬輔成之. 板藏南都燈市西廊之道隱齋. 歷年旣久, 原板世罕 覩. 國祖康熙八年己酉冬, 新建涂叔朴諸君, 再刻以廣其傳, 序之 者, 邑進士黎博庵名元寬學使也.

眞人堂姪達行, 復敍事略於篇首, 康熙五十八年己亥, 謝君嗣芳等, 再刊於姑蘇老君堂, 汲引後學, 旣遷閶門外之崇壽道觀, 而人間遂 鮮有知之者.

오충허 진인의 『천선정리』 책은 앞선 명나라 천계 임술년에 지은 것이다. 숭정 12년 기묘년(1639)에 작교 성도일이 증주를 내고, 고 소땅의 제자 오징 천 명이 상재하였다. 금릉의 재혜길과 남창의 옛 문도들이 훌륭하게 보충하여 이루었다. 판본은 남도 등시 서랑의 도 은재에 간직되어 있었다. 지나온 햇수가 이미 오래되어 원판은 세상 에서 보기가 힘들어졌다.

국조(청나라) 강희 8년 기묘년(1669) 겨울에 신건땅의 도숙 박제군 이 다시 판각하여 널리 그것을 전파하였는데, 서문은 쓴 사람은 읍

진사 여박암으로 이름은 원관학사이다.

진인의 당질 달행이 다시 책의 머리에 간략한 사실을 기록하였고, 강희 58년 기해(1719)에 사군과 사방 등이 다시 고소땅 노군당에서 간행하여 후학들을 이끌었으니, 이미 창문지역(강소성, 요현성)을 넘어서 숭수도관으로 옮겨졌는데, 드디어 사람들이 이 책에 대해 아는 자가 드물어졌다.

予生三十年矣. 每以迷昧本明, 悲深涕下, 而丹經萬卷, 讀之又無異荊棘中行, 久之. 恍然曰, 言也, 象也, 道之筌蹄也. 以筌蹄獲魚兎, 則可, 謂筌蹄爲魚兎, 則不可也. 況大事因緣, 又天實定之者耶.

今年夏, 聞北平王買癡先生韜光吳門, 往謁之, 告以度世本志, 先生慨然良久, 手一編曰, 此伍祖天仙正理也. 天不愛道此書傳世久矣. 子尚未之見耶. 急敬讀一過, 覺荊棘頓掃, 心目豁然, 嗚呼, 筌蹄誠非魚兎也. 迺竟具魚兎於筌蹄之中, 卽謂筌蹄爲魚兎也. 嗚呼不可.

나는 30년을 살면서, 매번 본명(本明)에 대해 미혹되어 매우 슬피 눈물을 흘리면서 수만 권의 단경을 읽어왔지만, 가시밭길을 가고 있는 것과 다르지 않은 지 오래였다. 그러다가 홀연히 말하기를, 말이나, 상이나 하는 것은 물고기와 토끼를 잡는 도구라고 하면 옳지만, 이 도구가 물고기나 토끼라고 하면 옳지 않다. 하물며 큰일에 인연은 또한 하늘이 실지로 정해 주는 것이 아니겠는가.

금년 여름에 북평의 왕매치 선생이 오문에서 빛을 감추었다는 말을 듣고 가서 알현하고서, 세상을 구제하려는 본래 뜻을 고하니, 선생님께서 개연히 기뻐하며, 한 편의 책을 들고 와 말씀하시기를, "이것은 오조사의 『천선정리』이다. 하늘이 도를 편애하지 않지만, 이 책이 세상에 전해진 지는 오래다. 그대는 일찍이 보지 못하였는가?"
하였다. 급하게 삼가 읽어 한 번을 마치니, 가시밭길이 단박에 씻겨
나고, 심목이 활연함을 느꼈다. 오호라. 도구는 참으로 물고기와 토
끼가 아니도다. 이에 끝내는 통발 속의 물고기와 토끼를 잡았으니,
곧 통발이 물고기와 토끼라고 할 만하다. 오호라 그렇지 않은가.

爰偕弟玉井, 友楊砥堂, 徧訪之, 旣得一本, 全缺道源淺說篇, 復請
先生西江原本正之, 而是書始爲全璧矣. 夫伍祖作書, 距今百四十
三年, 其間授受非易. 在伍祖當時, 亦且棄田園, 歷艱險, 從師十九
年而始得全旨, 而如予者, 長於世冑, 德薄學深, 祗以一念堅持, 僅
五閱寒暄而已得探心源於百年之上, 亦何幸也.

이에 아우 옥정과 벗 양지당과 함께 두루 방문하여 한 권을 얻었으
나, 「도원천설편」이 모두 결본인 상태여서 다시 선생에게 서강의 원
본을 청하여 바로잡으니, 이 책이 비로소 완전하게 되었다. 대체로
오충허 조사가 책을 지은 지는 지금으로부터 백사십삼 년이나 이전
의 일이지만, 그 사이에 주고받는 것이 쉽지 않았다. 오충허 조사 생
존 당시에도 전원을 버리고, 곤란함을 겪으면서 스승을 십구 년이나
따르고서야 비로소 그 온전한 뜻을 얻었으니, 나와 같은 사람이 대
대로 벼슬하는 집안에서 자라서, 덕은 엷고 재앙은 깊지만, 일념으
로 굳게 지켜 다섯 해를 지나고서야 백 년 전에 심원을 얻어 탐구할
수 있었으니, 또한 얼마나 다행인가.

因所得係老君堂原板, 復踪跡之, 始知遷於崇壽道院. 而淺說篇第
三第四兩頁, 已朽蠹久矣. 旋倩工鐫補, 又增註說一篇, 亦係眞人自
定目錄中未曾載入, 幷更定之. 從同志鄒君之請, 仍歸板於老君堂,

垂示久遠. 而自書其得書重修之由於後. 乾隆二十有九年歲次甲申,
金鼎滿日, 晉陽私淑弟子 鐵蟾 申兆定敬書.

노군당 원판을 묶은 것을 얻었기 때문에 다시 자취를 밟으니, 비로
소 숭수도원으로 옮겨진 것을 알았다. 그러나『천설』의 제3편과 4편
은 이미 섞고 좀 먹은 지 오래였다. 사람을 고용해 새겨 보충하고,
또 증주설 한 편도 진인이 스스로 정한 목록 중에 실리지 않았으므
로 아울러 다시 산정하였다. 동지 추군의 청을 따라 이에 판본을 노
군당에 돌려주어 오래도록 보이게 하였다. 그리고 책을 얻은 경위와
중수한 이유를 말미에 기록하였다. 건륭 29년 갑신년에 금정만일에
진양 사숙제자 철섬 신조광은 삼가 쓴다.

오진인의 생애와 도맥의 전수에 관한 짧은 글
(伍眞人事實及授受源流略)

謹按眞人生明嘉靖乙卯, 孝廉維摩州刺史, 諱希德, 號健齋先生之
李子也. 世居南昌辟邪裏, 幼孤, 家貧力學, 持身高潔, 一介不苟取.
長而薄榮利, 篤好道德性命之言, 造次顚沛不離也. 性至孝以母在
故, 歲授生徒博館穀, 母九十餘而卒, 而先生世壽亦七十矣. 遂隱跡
仙去.
所著天仙正理·仙佛合宗 二書 掃盡旁門, 獨標精義, 誠無生之寶
筏也. 眞人爲龍門嫡嗣, 原序謂龍門授之張靜虛, 卽俗所謂虎皮張
眞人者. 李虛庵師靜虛, 曹還陽師虛庵, 而眞人爲還陽弟子, 據此則
眞人爲龍門四傳弟子矣. 間攷龍門十二字派, 眞人適當第八字, 卽
眞人亦自書龍門第八派弟子, 然則博庵之序, 果無據耶. 因重修天
仙正理, 復以得之買癲先生及西江板, 原敍諸說, 緝而誌之, 以存什
一於千百云.
越日鐵蟾又書.

삼가 진인의 내력을 살펴보니, 명나라 가정 을묘년(1555)에 효렴 유
마주 자사인 휘 희덕, 호 건재 선생의 막내아들로 태어나셨다. 집안
은 대대로 남창 벽사리에 살았다. 어려서 고아가 되었고, 집안은 가

난하였지만 학문에 힘써 몸을 고결하게 간직하고 조그만 것도 함부로 취하지 않았다. 장성하여서는 영리를 가벼이 보아 독실하게 도덕과 성명의 말을 좋아하여 위급한 상황에서도 이를 버리지 않았다. 성품은 지극히 효성스러웠는데 모친이 생존해 있어서이다. 해마다 생도들에게 두루 관곡을 나누어 주었다. 모친이 90여 세로 돌아가셨는데, 선생의 세수도 70이었다. 마침내 흔적을 감추고 신선이 되어 세상을 떠나셨다.

진인은 『천선정리』, 『선불합종어록』 두 책을 지어 방문술을 모두 쓸어버리고 우뚝 정밀하고 바른 뜻을 드러내었으니 참으로 이 세상에 더없는 구제자였다. 진인은 용문파 적통을 이은 분이다. 서문에 근원하면 용문파는 세상 사람들이 호피장진인이라고 부르는 장정허로 도가 전수되었다. 이허암은 장정허를 사사하였고, 조환양은 이허암을 사사하였는데, 진인은 조환양의 제자이다. 이에 근거하면 진인은 용문파의 사전 제자이다(호피장＝장정허→이허암→조환양→오수양) 용문 열두 자파의 사이를 고찰하면, 진인은 제 팔자의 적자에 해당하니, 바로 진인 역시 스스로 용문 제 팔파제자라고 쓴 것이다. 그러니 여박암의 서문이 과연 근거가 없는 것이겠는가? 『천선정리』를 중수할 적에 거듭 매치선생으로부터도 얻고 강서 판본을 얻어 원래 있던 서문들과 여러 설들을 모아서 기록하니, 그 내용이 백분에 일이나 실리게 되었을까?

월일 철섬 신조정(申兆定)이 또 쓴다.

이봉호

거창고등학교와 경북대학교 철학과를 졸업하고, 성균관대학교 대학원에서 석사 및 박사학위를 받았다.
한문교육기관인 성균관 한림원을 졸업하였으며 성균관대학교 강사와 인천대학교 연구교수를 거쳐 현재는 덕성여자대학교 교양학부에 재직하고 있다.
한국과 중국의 도교 연구에 관심을 갖고 있으며, 동양의 자연학에도 관심을 기울이고 있다.

「서명응의 선천학 체계와 서학 해석에 관한 연구」(박사논문)
「『노자상이주』의 세간위기와 결정성신」
「『황정경』의 존상신심법과 화려한 몸속 세상」
「발해인 이광현의 연단이론」
「『장자』에서 자연과 자유의 의미」
「서명응의 선천학, 서양천문학 이해의 논리─서호수, 홍대용과 비교를 중심으로」
『참동고』
『역주호락논쟁』 1, 2

도교철학역해 시리즈
천선정리직론

초 판 인 쇄 | 2010년 11월 20일
초 판 발 행 | 2010년 11월 20일

지 은 이 | 오수양
옮 긴 이 | 이봉호
펴 낸 이 | 채종준
펴 낸 곳 | 한국학술정보㈜
주 소 | 경기도 파주시 교하읍 문발리 파주출판문화정보산업단지 513-5
전 화 | 031) 908-3181(대표)
팩 스 | 031) 908-3189
홈 페 이 지 | http://ebook.kstudy.com
E - m a i l | 출판사업부 publish@kstudy.com
등 록 | 제일산-115호(2000. 6. 19)

ISBN   978-89-268-1703-2 94150 (Paper Book)
        978-89-268-1704-9 98150 (e-Book)
        978-89-268-1699-8 94150 (Paper Book set)
        978-89-268-1700-1 98150 (e-Book set)

大加耶의 形成과
發展 研究

李 炯 基

景仁文化社

책머리에

필자가 가야사를 처음 접했던 것은 군복무 때문에 휴학한 후, 2학년에 복학하고서였다. 원래 고대사에 관심을 갖고 있었던 터라 2학년 1학기 이형우선생님의 『한국고대사』 강의를 꽤 열심히 들었던 것 같다. 당시 선생님은 학생들에게 4~5명씩 조를 나누어 일정 지역을 맡아 선사이래 고대까지의 유적과 유물분포 조사와 현지 지형조사를 통해 초기국가의 형성에 대한 전개과정에 대하여 조사하는 과제를 주셨다. 우여곡절 끝에 필자는 당시에는 처음 들어보는 고령군 지역을 맡게 되었다. 89년 봄 고령군청을 방문하여 『대가야의 얼』이라는 책을 구하여 고고학 자료의 분포양상을 파악하고, 관련 논문들을 찾아서 읽으면서 고령지역이 대가야의 중심지였음을 알게 되었다. 당시의 조사를 통해서 고령 양전동암각화, 지산동고분군, 벽화고분 등을 처음 보았다. 대여섯 번의 고령지역 답사를 통해 나름대로 고령지역의 초기 국가형태에 대한 가설을 세우고, 보고서를 작성하면서 처음 가야사를 공부하였다. 그렇지만 가야사에 대한 관심은 더 이상 진전되지 않았다.

가야사에 대해서 본격적으로 공부를 하기 시작한 것은 대학원에 입학하고서부터였다. 필자는 처음 『삼국유사』, 오가야조에 보이는 각각의 가야국들을 하나씩 다루어보고, 그것들을 모두 모은다면 가야사의 틀을 완성할 수 있을 것으로 생각하였다. 그래서 석사논문은 창녕지역의 비화가야를 중심으로 작성하였다. 박사과정에 입학하고서 고성의 소가야와 함안의 아라가야에 대해 논문을 작성하였다. 이즈음 부산의 백승옥선생님도 나와 비슷한 생각을 가지고 논문을 작성한 바 있었고, 필자보다는 항상 한발 앞서 발표하였기 때문에 계속 진행을 해야하는 지에 대한 많은 고민을 하였다.

한편 영남대학교 민족문화연구소와 박물관에서 지표조사와 시굴조사, 발굴조사를 두루 해볼 수 있는 기회를 갖게되었다. 고분을 발굴조사하면서 어렴풋하게나마 축조과정에 대하여 이해할 수 있게 되고 보고서를 읽을 수 있는 시야를 갖게되면서 가야사공부에 큰 도움이 되었다. 그러던 차에 고령군에 『대가야왕릉전시관』이 지어지면서 여기에 근무하게 되었다. 3년동안 고령군에 근무하면서 하루 종일 대가야와 관련된 자료를 보고, 대가야만 생각할 수 있게 된 것이었다. 필자는 이 기회를 최대한 활용하여 대가야에 대하여 학위논문을 준비하였다. 마침 대가야왕릉전시관 부지와 대가야역사관 부지내의 지산동고분군 발굴조사보고서가 간행되면서 지산동고분군에 대한 상당한 자료가 축적되었다. 또한 쾌빈동고분군, 도진리고분군, 봉평리고인돌 등의 발굴조사보고서와 반운리와질토기유적에 대한 조사결과들이 발표되면서 고령지역에서의 고고학적 성과들이 축적되고, 이들을 일찍 접할 수 있게 된 것도 대가야에 대한 연구성과들을 발표할 수 있게 해주었다. 그렇게 하여 4~5세기 대가야의 변화, 상·하가라도에 대한 고찰 등을 작성할 수 있었다. 국립중앙박물관에서 함께 교육을 받았던 인연을 가진 연구자들과의 모임에서 들른 관동대학교 박물관에서 접한 추암동고분군 출토자료를 보고 대가야역사관부지의 조사결과를 통해 대가야멸망 이후의 모습을 추론할 수 있었던 것은 대가야의 형성과 발전, 그리고 멸망 이후의 모습까지 온전하게 그려낼 수 있어 필자로서는 무척이나 다행스럽게 생각되었다.

어쨌든 고령지역은 필자와는 떼려야 뗄 수 없는 운명이었던 것 같다.

가야사를 처음 접한 것이 고령지역에서의 답사에 참여하면서 부터였고, 클래스메이트였던 아내를 만난 것도 그러하고, 첫 직장생활에 박사학위 논문 작성까지 말이다.

이 책은 이러한 과정을 거쳐 만들어진 필자의 박사학위논문을 일부 수정 가필한 것이다. 학위논문을 제출한 지 5년이 지난 지금에야 출판하게 된 것은 오로지 필자의 게으른 탓이다. 여기까지 오는데 필자는 참으로 많은 분들의 도움을 받았다. 필자의 게으름을 늘 꾸짖어 주시지만 애정어린 시선을 거두지 않으셨던 이형우선생님께는 무어라 드릴 수 없는 죄송하단 말씀과 함께 깊은 감사를 드린다. 선생님이 계시지 않았다면 결코 필자는 공부를 마칠 수 없었을 것이다. 그리고 사료를 보는 방법과 공부에 대한 자세를 강조하셨던 김윤곤, 김정숙, 배영순선생님께도 감사의 말씀을 드린다. 돌아가신 이수건, 정석종, 오세창선생님은 당신들 스스로 후학들에게 공부하는 모범을 보이셨다. 필자의 공부에 대해 깊은 애정을 가지고 관심을 가져주셨던 노중국, 주보돈, 김세기, 이희준선생님께도 감사의 말씀을 드리지 않을 수 없다.

그리고 대학원시절부터 함께 고민하고 토론했던 권주현, 김현숙, 신형석, 최홍조선생님들과의 교유는 참으로 즐거웠다. 또한 다른 지역의 또래 가야사 연구자들과 함께 '가연모'라는 모임을 만들어 창녕의 조그만 여관방에서 뒹굴고, 함안지역을 답사하면서 공부했던 것도 필자에게는 무척이나 큰 도움이 되었다. 그리고 많은 조언을 해주셨던 여러 대학원 선배님들과 함께 대학원 석·박사과정을 거친 박재관, 정동락, 이창국, 박상규는 같이 공부한다는 이유만으로 서로 힘이 되었다. 대가야박물관에 근무 중인 정동락선생은 이 책의 교정에도 큰 역할을 해주었다. 고마움을 전한다. 금융위기다 해서 여러 여건이 힘들텐데도 불구하고 보잘 것 없는 글을 훌륭하게 책으로 엮어준 경인문화사 직원분들께도 감사의 말씀을 전한다.

　마지막으로 이 책이 나오기까지 필자가 힘들어할 때마다 옆에서 말없이 지켜주면서 힘을 주는 아내 전미진과 두 딸 지수와 연수는 내가 살아가는 힘이다. 나의 사랑을 이 책을 통해서 조금이나마 전할 수 있기를 바란다. 어려운 형편에도 필자를 끝까지 믿어주신 부모님께 이 책을 바친다.

2009년 새봄을 기다리며

이 형 기

차 례

표 차례

x

그림 차례

제1장

緒　論

Ⅰ. 연구사 검토

일반적으로 加耶[1]에 대해서는 고대국가로 성장하지 못하고 신라에 멸망당한 나라로 알려져 왔다. 역사란 거의 대부분 승자의 기록만 남기 마련이어서 신라에 의해 멸망당한 가야에 대한 기록은 거의 남아있지 않은 실정이다. 가야에 대해서 간접적이나마 전하는 자료로는『三國史記』와『三國遺事』, 중국의 정사인『三國志』와『南齊書』, 일본의『日本書紀』등의 사서와『新增東國輿地勝覽』,『大東地志』와 같은 지리서, 廣開土大王碑文과 昌寧 眞興王 拓境碑 등과 같은 금석문이 있다. 현재 전하는 가야 자체가 남긴 문헌기록이 존재하지 않은 점과『삼국사기』에 加耶本紀가 입전되지 않은 사실은 가야사 연구에 가장 큰 장애가 되고 있음은 두말할 나위가 없다.

단편적 문헌기록을 바탕으로 개괄적인 서술만 해오던 가야사 연구에 변화가 일기 시작한 것은 1970년대 들어서면서부터 경제개발로 인하여 훼손될 위기에 처한 많은 유적들을 발굴조사하게 되고, 여기에 따른 조사성과들이 학계에 보고되면서부터였다. 유적의 파괴를 필연적으로 가져올 수밖에 없었던 개발이 가야사 연구에 기여하였다는 사실은 역사의

---

1) '加耶'에 대해서는 여러 용례들이 있지만, 이 책의 성격과는 무관하므로 그 설명은 생략하기로 한다. 이 책에서는 가야의 여러 나라 전체를 하나의 정치체로서 이야기하고자 할 때는 한국고대사의 기본 사서인『三國史記』에 표기되어 있는 대로 '加耶'를 사용하기로 하겠다. 특정 가야소국의 경우는 각 사서에 보이는 해당 소국의 표기를 그대로 따르기로 한다. 참고로 加耶의 용례에 대해서는 다음의 논고들이 참고된다.
權珠賢, 1998,「'加耶'の槪念とその範囲」上・下『國學院雜誌』99-2・3號, 國學院大學 ; 金泰植, 1993,『加耶聯盟史』, 一潮閣 ; 白承忠, 1992,「'加耶'의 용례 및 時期別 분포상황」『釜山史學』22, 釜山史學會.

아이러니라 할 수 있겠다. 어쨌든 이러한 고고학적 연구성과들은 문헌자료의 부족을 물질자료를 통하여 보완할 수 있게 해주었다. 이에 자연스럽게 고대사와 고고학계의 많은 관심이 집중되었고 그 결과 많은 연구성과들이 축적되고 있다. 그러나 연구의 상당한 진전에도 불구하고 가야사에 대해서 일치된 결론을 도출하지 못하는 부분들이 적지 않은 것이 현실이다. 이러한 사실은 앞서 이야기했듯이 가야에 대해서 직접적으로 전해주는 문헌기록이 남아있지 않은 데서 기인하고 있음은 주지의 사실이다. 즉 문헌자료의 부족으로 인해 물질자료만으로 가야사의 복원을 시도하게 되면서, 소위 발굴이 계속적으로 이루어지는 현재자료의 불완전성과 아울러 다양한 해석들이 나타나면서 야기되는 필연적인 현상인 것이다.

자료의 부족이라는 어려움을 갖고 있음에도 불구하고 가야사에 대한 연구는 특히 '任那日本府'라는 문제로 인하여 일본인 학자들에 의해 비교적 많은 주목을 받아왔다. 초기의 가야사 연구자들은 임나일본부를 입증하는데 초점을 맞추어 任那의 영역 및 지명에 대한 위치비정을 시도하였다.2) 반면에 국내의 연구자들은 加耶聯盟說에 입각하여 加耶의 성립, 대외관계, 영역 등을 설명하였다.3)

그런데 앞서 언급한 대로 1970년대 들어서면서 고고학 발굴이 활발

---

2) 津田左右吉, 1913,「任那疆域考」『朝鮮歷史地理』(壹), 南滿洲鐵道株式會社 ; 今西龍, 1919,「加羅疆域考」『史林』4-3·4 : 1937,『朝鮮古史の硏究』, 國書刊行會 ; 鮎貝房之進, 1937,「日本書紀朝鮮地名考」『雜考』7(上·下) ; 末松保和, 1949,『任那興亡史』, 吉川弘文館 ; 三品彰英, 1959,『日本書紀朝鮮關係記事考証』(上), 吉川弘文館 ; 井上秀雄, 1973,『任那日本府と倭』, 寧樂社.

3) 姜鳳遠, 1984,「加耶諸國의 形成 및 疆域에 관한 硏究」, 慶熙大學校 碩士學位論文 ; 姜鳳遠, 1986,「加耶의 政治的 發展과 經濟的 背景에 관한 小考」『慶熙史學』12·13합, 慶熙大學校 史學會 ; 文暻鉉, 1975,「伽耶史의 新考察」『大丘史學』9, 大丘史學會 ; 文暻鉉, 1977,「加耶聯盟形成의 經濟的 考察」『大丘史學』12·13合, 大丘史學會 ; 千寬宇, 1977·1978,「復元加耶史」(上·中·下)『文學과 知性』28·29·31 : 1992,「復元加耶史」『加耶史硏究』, 一潮閣 ; 李丙燾, 1976,『韓國古代史硏究』, 博英社.

하게 진행되고 그 성과들이 보고되면서, 가야사 연구의 경향은 고고학자료들을 적극적으로 활용하면서 문헌자료의 부족을 메우려고 하였다.[4] 현재도 그러하지만 가야사의 연구에는 고고학적인 연구성과가 필수적으로 언급되어야 하는 지경에까지 이르게 되었다. 이와 더불어 방법론에서도 거의 금기시 되다시피한 『日本書紀』의 적극적 이용이 이루어지기 시작하면서 가야사연구가 한 단계 진전되었다고 할 수 있겠다. 그럼에도 불구하고 아직도 가야사에 대한 체계적인 인식이 이루어졌다고 이야기하기는 어렵다. 그런데 여기에서 염두에 두어야 할 것은 상대적으로 우리의 기록보다 풍부한 『일본서기』의 내용은 결코 버릴 수 없는 사료여서 새로운 사실을 밝히는 자료가 되기는 하지만, 철저한 사료비판이 선행되어야 함은 재삼 강조해도 지나치지 않는다는 사실이다.

주어진 자료의 한계 때문에 주로 대외관계에 치중한 연구성과들이 가야사 연구의 주류를 이루던 흐름에 가야 자체 발전의 규명이라는 새로운 경향은 1980년대 이후 대두되었다. 이는 특히 앞서 고고학 조사 또는 연구성과가 학계에 소개되면서 이를 정리하고, 『일본서기』에 대한 비판적 수용 등으로 인하여 가야사의 성장과정 등을 규명해야할 필요성이 제기되면서, 가야사가 하나의 독립된 영역으로 자리잡게 되었다 할 수 있겠다.

기왕의 가야사에 대한 연구성과들은 대개 가야의 존재 형태에 대한 관심이 주를 이루었다. 이러한 관심은 연맹형태로 보는 가야사에 대한 해석으로 이어져서 단일연맹체와 지역연맹체, 또는 연맹체를 부정하는 견해 등으로 나타났다.[5]

---

4) 金廷鶴이 이를 최초로 시도했다고 볼 수 있겠는데, 최근의 가야 관련 연구성과들은 대개가 고고학 자료들을 이용하여 문헌자료의 부족을 메우고 있는 실정이다. 이러한 가야사 연구성과들을 분야별로 정리하는 작업은 가야사 연구가 활발한 현재의 시점에서 필요한 것이라 생각된다(노중국, 2001, 「가야사 연구의 어제와 오늘」『한국 고대사 속의 가야』, 혜안).

5) 가야연맹체설에 대한 제논의는 白承玉, 2001, 『加耶 各國의 成長과 發展에 관한

가야의 체제에 대해서는 많은 연구성과들이 나와 있지만 아직까지 합
의된 결론은 없는 실정이다. 다만 가야제국들이 연맹형태로 존재하였다
고 보는 것이 일반적인 학계의 경향이라 할 수 있겠다. 이를 단일연맹체
제로 보느냐(이하 單一聯盟體論), 다수의 연맹으로 구성되었다고 보는
다중연맹체론(이하 地域聯盟體論6))으로 보느냐의 차이가 있을 따름이
다. 가야를 단일연맹체로 보고 전·후기를 구분하는 것이 기존의 통설
적 견해였지만 최근에는 다수의 지역연맹체로 구성된 것으로 보고자 하
는 견해도 꾸준히 제시되고 있어 주목할 만하다. 그렇지만 일부 가야를
연맹체로 보는 것에 대해 부정적인 시각도 존재한다.7)

단일연맹체론은 가야를 하나의 연맹체제로 보고 이를 다시 전기와 후
기로 구분하면서 설명하고자 한다. 손진태는 몇 개의 부족집단이 연합하
여 '部族國家' 내지는 '部族聯盟王國'을 이루었다고 보고 있다. 가락국
건국설화에 나타나는 九干을 부족집단의 장인 추장으로 보고 이들이 首
露를 추대하는 과정에서 '부족연맹왕국'이 형성되었다는 것이다.8) 이병
도는 『삼국유사』, 오가야조를 들어 가야가 단일연맹체를 구성한 것으로
이야기하고 있다. 그는 육가야 또는 오가야라고 하는 것은 결국 연맹단
체로서 맹주국을 제외하고 말할 때는 오가야, 맹주국까지 합하여 말할
때에는 육가야라고 하면서 오가야조에서 金官·大伽耶의 이름이 빠지는

研究』, 釜山大學校 博士學位論文, 16쪽의 <표 1>에 잘 정리되어 있다.
6) 단일연맹체론에 비해 다수의 小聯盟體로 구성되었다고 보기 때문에 다연맹체 혹
   은 다중연맹체론이라고 해야겠지만, 연구자들이 이를 일반적으로 '地域聯盟體'로
   호칭하고 있어 이해의 편의를 위해 이렇게 부르기로 한다.
7) 가야연맹의 개념에 대해서도 아직 통일된 견해없이 논자마다 그 적용을 달리하고
   있다. 이러한 점은 가야사에 대한 논의에 장애가 되기도 한다. 가야사에서의 연맹
   의 개념에 대해서는 다음의 논고가 참고된다.
   南在祐, 1995, 「加耶史에서의 '聯盟'의 의미」『昌原史學』 2, 昌原大學校 史學會 ;
   朱甫暾, 1995, 「序說－加耶史의 새로운 定立을 위하여－」『加耶史研究』, 慶尙北
   道 ; 金泰植, 1997, 「加耶聯盟의 諸概念 比較」『加耶諸國의 王權』, 신서원.
8) 孫晋泰, 1981, 『孫晋泰先生全集』, 太學社, 22～23쪽.

것은 전자나 후자나 각기 盟主國을 제한 五伽耶를 지칭한 것으로, 전자
는 本伽耶 盟主時代, 후자는 大伽耶 盟主時代로 해석된다고 하였다.9)
이 때 전기는 대가야 맹주시대, 후기는 금관가야 맹주시대로 파악하고
있다.10)

　김철준은『三國遺事』駕洛國記와「本朝史略」에서의 내용상 차이는
낙동강 중류의 대가야와 하류의 금관가야가 육가야 중에서 두각을 나타
내어 저마다 영도권을 주장하였기 때문이라고 하면서, 이 두 가야가 주
체가 되어 가야연맹이 결속되었다고 보았다. 이러한 사실은『新增東國
輿地勝覽』, 고령현 건치연혁조에서 인용된 崔致遠의「釋利貞傳」으로 알
수 있다고 하였는데, 상하의 두 가야가 주체가 되어서 가야 전 지역을
포괄할 수 있는 신화의 필요성에 의해서였다고 추정하고 있다.11)

　金廷鶴은 청동기시대에 형성된 읍락국가들이 기원 1~3세기경에 읍
락국가연맹을 구성하여 가야전기를 이루고, 3세기 후반부터는 각 국가
들의 정복활동의 기운에 따라 변한 소속 읍락국가들이 차츰 정복통합이
행해져 가야후기를 이루었다고 보았다. 가야전기는 읍락국가가 '변한'이
라는 연맹체를 구성하고, 구성 읍락국가들은 어느 정도의 독립자치를 유
지하고 있으며 다만 외부와의 전쟁, 기타 중대한 일이 있을 때에만 회의
를 하고, 공동행동을 하는 것으로 보고 있다. 이 단계는 고대왕국 일보직
전의 발전단계로 연맹체를 구성하는 각 읍락국가가 각각 獨立 自治하는

---

9) 李丙燾, 1976, 앞의 책, 313쪽.
10) 이병도는 변진 제소국 중 사로 등 십여 국은 目支國의 辰王 세력에 소속되고 있음
　　에 반하여 狗邪 등 10여 국은 거기서 이탈하여 독자적인 대외활동을 하고, 또 그
　　들 중에는 별개의 연맹체를 조직하고 거기의 맹가가 되기도 하였다고 하면서 처
　　음의 맹주국은 上加羅(大加耶), 다음은 下加羅(本加耶)로 보는 것이 타당하다고 보
　　았다. 그 근거로『新增東國輿地勝覽』, 高靈縣 建置沿革條 釋利貞傳에 보이는 宗支
　　關係의 설화를 들고 있다(李丙燾, 1976, 앞의 책, 311쪽).
11) 金哲埈, 1965,「韓國古代國家發達史」『韓國文化史大系』1, 高麗大學校 民族文化
　　研究所, 484~486쪽.

점, 각 읍락국가가 어느 한 읍락국가에 의하여 정복되어 통합되지 못한 점, 聯盟體의 盟主國은 국세의 성쇠에 따라 교체되므로 유동적인 점, 각 읍락국가는 部族이라는 血緣集團이므로 혈연에 의해 움직이지만 고대국가는 정치적 단위가 官僚이고, 왕을 정점으로 한 중앙집권적 체제 등이 다른 점이라 하였다.[12]

文暻鉉은 고령의 大加耶와 함안의 阿尸良加耶가 가야연맹의 맹주국이었으며, 가야연맹을 이끌고 신라에 대항한 세력은 후자였다고 이야기하고 있다.[13] 아울러 그는 경제적인 측면에서도 연맹관계를 설명하기도 하였다. 가야 여러 나라의 형성을 낙동강유역 충적평야에서의 稻作文化로 인해서 가능케 되었다고 보면서 가야 여러 나라들이 남해안 연안에서의 풍부한 해산물을 매개로 이 일대에 위치한 여러 나라들과 내륙지역에 위치한 여러 나라들 사이의 교환관계를 통하여 연맹을 형성하였다고 해석한다. 아울러 풍부한 철산지는 강대한 가야연맹국을 형성케 하는 배경이 되었다고 파악하고 있다.[14] 가야제국 각각의 가장 중요한 문제는 군사적인 것으로 연맹체가 존재한다면 이러한 문제를 해결하기 위함으로 가야제국간의 인접성은 오히려 극단적 군사주의와 적대감이 형성될 수도 있다고 보면서 연맹체를 부정하려는 견해도 있지만[15] 가야제국 내의 경제활동에 대한 분석을 처음 시도한 점에서는 의미를 부여할 만하다. 물론 시기적인 차이는 많이 나지만 연안지역에 위치한 가야국과 내륙지역의 가야국 사이의 교환관계의 설명은 아직까지도 명확하지 못한 가야제국간의 물자교환 문제 등을 다시금 음미하게 한다.

金泰植은 광범한 자료의 활용과 사료해석으로 최근 많은 연구성과들을 내고 있다. 가야의 開國紀年은 대체로 2세기 전반으로[16] 3세기 전반

---

12) 金廷鶴, 1982, 「古代國家의 發達(伽耶)」『韓國考古學報』12, 韓國考古學會, 5~19쪽.
13) 文暻鉉, 1975, 앞의 글.
14) 文暻鉉, 1977, 앞의 글.
15) 李永植, 1985, 「伽倻諸國의 國家形成 問題」『白山學報』32, 白山學會, 68~69쪽.

당시에 『三國志』에 나오는 弁辰 12국(또는 13국)이 交易과 鐵産을 바탕으로 金海 狗邪國 중심의 弁韓小國聯盟 즉 前期加耶聯盟을 이루었다고 가야사회를 파악하였다. 이 전기가야연맹은 낙랑·대방군의 멸망으로 선진문물 보급의 핵이 사라짐으로서 많은 영향을 받게 되었고 고구려군이 낙동강 하류까지 진출함으로써 큰 타격을 입게 되었다. 그 후 일부 잔여세력은 자기 영향력이 미치던 여타지역으로 흩어지거나 경주 중심의 신라지역으로 이탈함으로써 전기가야연맹은 해체되었다는 것이다. 이후 고령에 위치한 대가야가 5세기 후반 신라의 팽창에 자극을 받아 후기가야연맹을 형성하였으며, 520년대 후반에는 대가야와 신라의 결혼동맹 이후에 분열되기 시작하면서 대가야와 아라가야의 南北二元體制, 百濟의 附庸體制 등을 겪으면서 후기가야연맹은 종식되었다고 한다.

이상으로 단일연맹체에 관한 견해들을 살펴보았다. 그런데 이러한 견해들은 몇 가지 문제점을 내포하고 있다고 생각한다. 첫째, 『三國遺事』 오가야조에 나타나는 것과 같이 가야내부에는 단일한 연맹체의 존재를 확인시켜 줄 만한 어떠한 사료도 확인되지 않는다는 사실이다.

둘째, 임나멸망 기사[17] 등을 보면 가야지역에는 꽤 많은 숫자의 독자성을 가진 국가들이 멸망 당시까지도 존재했음을 알 수 있다. 연맹을 어떻게 설명할 것인가의 문제와 결부되어 대단히 중요하게 생각되어야 할 내용인데, 이러한 사실에 대해서는 아직 합리적으로 설명해주지 못한 것이 사실이다. 어쨌든 가야는 독립성을 지닌 소국의 존재가 멸망 순간까지도 존재하였다는 점은 하나의 연맹체제로 설명하기에는 장애가 되고 있다.

---

16) 金泰植, 1991, 「가야사 연구의 시간적·공간적 범위」 『韓國古代史論叢』 2, 駕洛國史蹟開發硏究院, 16~38쪽.

17) 春正月 新羅打滅任那官家(一本云二十一年 任那滅焉 總言任那 別言加羅國 安羅國 斯二岐國 多羅國 卒麻國 古嵯國 子他國 散半下國 乞湌國 稔禮國 合十國)(『日本書紀』, 欽明紀 23年條).

셋째는 고고학적 성과에 비추어 볼 때 소지역권 등의 상정이 가능할
정도로 몇 군데의 지역성이 가야지역에서 확인된다는 것이다.[18] 첫 번
째의 내용과도 다소 중복되지만 이러한 사실로서도 가야 내에는 몇 개의
단위로 구분할 수 있는 정치체를 상정할 수 있지 않을까 한다. 대개 이
러한 이유들로서 가야에 몇 개의 소연맹체를 상정하고자하는 견해들이
최근 제시되고 있다. 소위 '地域聯盟體'論이 그것이다.

이와 관련하여 필자는 『三國遺事』오가야조를 주목하였다. 그 내용을
일반적으로 이전의 설화를 참고해서 편찬된 후대인 즉, 고려인들의 관념
이라는 사실에 대해서는 필자도 적극 찬동하는 바이다. 그렇다고 해서
이를 단순하게 과거의 사실이 투영되어 사료적 가치가 그리 많지 않아
적극적으로 이용하기에는 미흡한, 즉 소극적으로만 해석하여야 할 이유
가 되리라고는 생각지 않는다. 오히려 오가야조의 내용이 어떠한 역사적
사실을 반영해 주는 것으로 적극적인 해석을 해야 하리라고 계속 생각해
왔다. 오가야조에 기록된 가야국명들을 일단 가야제국 중 유력세력을 언
급한 것으로 해석하는 견해[19]에 필자는 적극 동의한다. 그 이유는 오가
야조에 보이는 여러 나라들은 낙동강변 및 남해 연안을 중심으로 다른
지역보다는 우월한 규모를 지닌 고총고분군의 존재 등 고고학적인 자료
가 비교적 풍부하게 나타나는 지역에 위치하는 점에 주목할 필요가 있다
고 생각하기 때문이다. 星州 星山洞古墳群,[20] 高靈의 池山洞古墳群,[21]

---

18) 權鶴洙, 1994, 「加耶諸國의 相關關係와 聯盟構造」『韓國考古學報』31, 韓國考古
　　學會.
　　이러한 모습을 반영이라도 하듯 최근 학계에서는 가야사회를 개별적으로 다루는
　　시도가 이루어졌다.
　　부산대학교 민족문화연구소편, 2000, 『가야 각국사의 재구성』, 혜안 ; 한국고고학
　　회편, 2000, 『考古學을 통해 본 加耶』, 한국고고학회.
19) 朱甫暾, 1982, 「加耶滅亡問題에 대한 一考察」『慶北史學』4, 慶北史學會, 165쪽.
20) 濱田耕作·梅原末治, 1922, 『大正七年度 朝鮮古蹟調査報告』, 朝鮮總督府 ; 金世
　　基, 1987, 「星州 星山洞古墳 發掘調査槪報」『嶺南考古學』3, 嶺南考古學會 ; 啓明

昌寧의 校洞·松峴洞古墳群,[22] 咸安의 末山里·道項里古墳群,[23] 固城 松鶴洞古墳群,[24] 金海의 大成洞古墳群[25] 등이 여기에 해당된다고 하겠다. 필자는 이러한 사실들로서 여기에 전하는 가야국명들은 주변의 소국을 아우른 지역연맹체의 맹주국이고 이들이 고려시대까지 전승됨으로 해서 오가야조에 남게 된 것으로 볼 수 있지 않을까 생각한다.[26]『三國志』魏書, 東夷傳에 전하는 변한 12국의 존재와『三國史記』地理志나 浦上八國 관련 기록에서 보이는 여러 소국들이 통합이 진전되어 가면서 지역연맹체를 형성하는 것이다.

大學校 博物館, 1988,『星州 星山洞古墳 特別展圖錄』; 2006,『星州 星山洞 古墳群』.
21) 尹容鎭·金鍾徹, 1979,『大伽倻古墳發掘調査報告書』, 高靈郡 ; 金鍾徹, 1981,『高靈池山洞古墳群』, 啓明大學校 博物館 ; 嶺南埋藏文化財研究院, 1995,「高靈 池山洞古墳群 發掘調査－池山洞30號墳 및 展示館建立地區－」, 現場說明會資料 ; 嶺南埋藏文化財研究院, 1998,『高靈池山洞30號墳』, 高靈郡·嶺南埋藏文化財研究院 ; 慶尙北道文化財研究院, 2000,『大伽耶歷史館 新築敷地內 高靈池山洞古墳群』, 高靈郡·慶尙北道文化財研究院 ; 有光敎一·藤井和夫, 2002,『朝鮮古蹟研究會遺稿 Ⅱ－公州宋山里第29號墳, 高靈主山第39號墳 發掘調査報告－』, 유네스코東아시아 문화연구센터 ; 嶺南大學校 博物館, 2004,『고령 지산지구 국도개량공사구간내 高靈 池山洞 古墳群』; 嶺南文化財研究院, 2004~2006,『高靈 池山洞古墳群』Ⅰ~Ⅵ, 嶺南文化財研究院 ; 경상북도문화재연구원, 2007,『高靈 池山洞遺蹟』, 경상북도문화재연구원 ; 대동문화재연구원, 2008,「고령 지산동 제73·74·75호분 발굴조사 약보고서」, 대동문화재연구원.
22) 沈奉謹 외, 1992,『昌寧校洞古墳群』, 東亞大學校 博物館.
23) 朴東百 외, 1992,『咸安阿羅伽耶의 古墳群(Ⅰ)－道項里·末山里 精密調査報告－』, 昌原大學校 博物館 ; 國立昌原文化財研究所, 1996,『咸安岩刻畵古墳』; 國立昌原文化財研究所, 1997~2000,『咸安道項里古墳群』Ⅰ~Ⅴ ; 慶南考古學研究所, 2000,『道項里·末山里遺蹟』, 咸安郡·慶南考古學研究所.
24) 沈奉謹, 2001,「固城 松鶴洞古墳群」『古自國(小加耶)의 타임캡슐 松鶴洞古墳群』(제3회 국제 학술대회 발표요지), 東亞大學校 博物館 ; 東亞大學校 博物館, 2005,『固城松鶴洞古墳群』.
25) 申敬澈·金宰佑, 2000~2003,『金海大成洞古墳群』Ⅰ~Ⅲ, 慶星大學校 博物館.
26) 이를 확인하기 위해서는 오가야조에 보이는 각 지역의 문헌 및 고고학 자료들을 검토해야 할 것이다. 그렇게 함으로써 가야의 내부구조에 대해서 대략적이나마 살펴볼 수 있을 것으로 생각한다.

그런데 오가야조에 보이는 개개의 국명을 해당 지역연맹체의 맹주국을 나타내어 주는 것이라 할 때 문제가 되는 곳이 경북 상주시 함창에 위치하고 있었다는 古寧伽耶의 존재이다. 이는 가야의 경역문제와도 밀접한 관련이 있는데 여기에 대해서는 아직 필자가 구체적인 생각을 갖고 있지는 않다. 다만 고령가야를 지금의 경남 진주에 비정하기도 하고,[27] 오가야조의 「본조사략」에 보이는 대로 加利縣, 즉 지금의 고령군 성산면으로 보는 견해가[28] 참고될 뿐이다.

지역연맹체는 馬韓聯盟體 내에서 각 지역별로 형성된 작은 연맹체를 상정하여 부체제의 토대가 된다고 설명하면서 처음 언급되었다.[29] 여기에서 가야의 경우에는 포상팔국이 그러한 모습을 추정할 수 있는 것으로 해석하였다. 이후 가야사 연구에는 이러한 지역연맹체를 權珠賢이 처음 도입하였다.[30] 이후 이는 한국사의 보편성에 입각하여 많은 연구자들로부터 수용되고 있는 실정이다. 그는 가야 개별사에 대한 연구 중요성을 언급하면서 그 대상을 금관가야, 대가야와 더불어 중요한 위치를 차지하고 있는 아라가야를 구체적으로 구명하는 시도를 하였다. 초기 가야연맹체는 연맹장의 권한이 강력하게 대두되지 못하고 각 소국의 주수들의 독자성이 상대적으로 강했을 무렵에 지역적 특성이나 경제·군사적 여건에 따라 각각의 세력권을 형성할 수 있었다고 보면서 포상팔국의 예를 들고 있다. 김해의 금관가야가 철을 서해 및 일본열도와 교역할 수 있는 해로상의 요지에 위치하였던 까닭에 발전할 수 있었다고 할 때 금관가야가 주도권을 행사할 수 있는 지역은 낙동강 유역으로 한정된다고 할 것이다. 이에 비추어 남해안 연안국들도 교역을 매개로 발전할 수 있었으

---

27) 李丙燾, 1976, 앞의 책, 313쪽 ; 文暻鉉, 1977, 앞의 글, 36쪽.
28) 李明植, 1995, 「大伽耶의 歷史·地理的 環境과 境域」『加耶史研究』, 慶尙北道, 72~73쪽.
29) 盧重國, 1988, 『百濟政治史研究』, 一潮閣, 62쪽, 註 130 참조.
30) 權珠賢, 1990, 「阿羅加耶에 對한 一考察」, 啓明大學校 碩士學位論文.

며 그 중 교통상의 요지 등에 있는 소국을 중심으로 소연맹체를 구성하여 나중에는 금관가야에 대항할 만큼 성장해 나갔다고 한다. 즉 변한사회 내에서도 몇 개의 소연맹체가 영향력을 가지면서 서로 경쟁해 나가고 있었다고 보았다. 가야사에 소연맹체를 상정한 그의 시도는 선구적이라는 데에서 의미 있는 것이었지만 연맹체제와 같은 내부구조와 결속상태 등에 대한 명확한 언급이 없는 점은 아쉬운 부분이라 하겠다.

가야에 지역연맹체를 처음 시도한 권주현은 앞에서 설명한 대로 그다지 구체적이지 못하다는 한계가 있었지만 이를 좀 더 구체화시켜 논의를 진전시킨 이가 白承忠이다.[31] 백승충은 '加耶'는 후대의 관념에 의해 편의적으로 사용된 지역명이기 때문에 단일 국명으로서의 '가야', '가야연맹체'는 성립할 수 없다고 이해한다. 김해와 고령의 가야국이 유력국이기는 하지만 가야 전 지역을 포괄하지 못하고 국지적·분기적 성격을 벗어날 수 없었기 때문에 지역연맹체로 언급하는 것이 타당하다고 보면서 분기적인 또 다른 '지역연맹체'를 들면서 이러한 점이 통일된 국가로서 성장하지 못한 가야의 특징적인 요인으로 설명하고 있다.[32] 그러나 가야사를 김해지역연맹체단계, 고령지역연맹체 단계로 구분하여 설명하는 것은 단일연맹체론의 전·후기 가야연맹체의 설명에 크게 벗어나지 못한 부분으로 여겨진다. 기존의 지역연맹체 개념 즉 다른 연맹체를 상정하면서 지역연맹을 설정한 것과는 달리 김해지역연맹체 단계에서 바로 고령지역연맹체 단계로 설정하고 있기 때문이다. 김해나 고령지역연맹체에 속하지 않은 가야 소국들에 대해서는 어떠한 규정을 하지 않고 있기 때문에 전체 가야사를 설명하기에는 부족하리라 생각되어진다. 비록 그렇다 하더라도 지역연맹체에 대한 구체적인 시도라는 점에서 의미를 부여할 만하다.

---

31) 白承忠, 1995, 『加耶의 地域聯盟史 研究』, 釜山大學校 博士學位論文.
32) 白承忠, 1995, 앞의 글, 29~30쪽.

고고학적인 자료를 이용하여 가야제국은 단일연맹으로 결속한 것이 아니라 '소지역권'이 존재한 것으로 보고자 한 견해도 있다.[33] 權鶴洙는 고고학적인 자료들을 분석하여 4세기 후반에는 정확한 상황판단을 할 수 없지만 5세기 전반에는 고령·옥전·저포군과 성주·대구·김해군의 소연맹이 나타나고 고령과 성주가 중요한 역할을 했을 것으로 보며, 5세기 후반에는 고령, 김해, 함안의 세 개 소연맹이 확인된다고 하였다. 6세기 전반에는 전반적인 지역적 특성이 증가되지만 고령을 중심으로 하는 소연맹의 결속이 강화된다고 설명하고 있다.[34] 다만 고고학적 자료의 불충분으로 인해 전 지역을 포괄하지 못한 것과 소지역권 내의 내부구조라든지 상호관계 등에 대해서 언급이 미흡한 점은 아쉽기는 하지만 고고학적인 자료들을 분석하여 가야 내에서 동일시기에 다수의 소연맹이 존재했었다는 견해는 다시금 음미해 볼만하다고 하겠다.

盧重國도 가야의 지역연맹체에 대한 견해를 제시하고 있다.[35] 지역연맹체란 개념을 백제사에서 처음 도입하였던 그는 변한연맹체가 3세기 중엽까지 12개의 소국으로 구성되었고 각 지역의 소국들은 일정한 지역 내의 세력들끼리 경제적 교환이나 군사적 공동방어, 상호간의 혼인을 통하여 지역연맹체를 형성하였으며 포상팔국이 그 예라고 하였다.[36]

---

33) 權鶴洙, 1994, 앞의 글.
34) 權鶴洙, 1994, 앞의 글, 152~158쪽.
35) 盧重國, 1995, 「大伽耶의 政治·社會構造」 『加耶史硏究』, 慶尙北道.
36) 盧重國, 1995, 앞의 글, 158~159쪽. 그런데 최근에는 복합국으로 이루어진 가야의 정치적 성격을 단일연맹으로 보고, 그 내부에는 여러 '地域勢力圈'이 형성되어 맹주국과 일정한 관계를 맺고 있었던 것으로 새롭게 파악하고 있다. 즉 구야국이 가야연맹체의 맹주국이었을 때 그 내부에는 안라국 중심의 지역세력권, 고자국 중심의 지역세력권 등이 있었으며, 맹주권이 가라국으로 넘어왔을 때에도 금관국 중심의 지역세력권 외에 안라국, 고자국, 다라국 중심의 지역세력권들도 힘의 강약에는 변화가 있었을 지라도 여전히 존립하고 있었던 것으로 파악하고 있다(노중국, 2001, 「가야사 연구의 어제와 오늘」 『한국 고대사 속의 가야』, 혜안, 44~45쪽). 가야사회가 여러 세력권으로 나뉘어져 있음을 보여준다는 측면에서는 의

田中俊明은 지역연맹체론이라고는 설명할 수 없겠지만 고령의 대가야를 중심으로 5세기 후반, 嘉悉王(荷知) 때에 대가야연맹을 형성하였으며 그 범주는 于勒의 십이곡으로 볼 수 있다는 견해를 제시하면서, 함안의 安羅를 이 범위에서 제외시켜 다른 정치권으로 설정하였다.[37] 즉 가야지역 내에서 복수의 연맹체를 상정한 점에서 주목할 만하다.

이러한 견해들과는 달리 임나가라에 대한 분석을 시도하면서, 여기에 보이는 '任那'와 '加羅'는 별개로써 각각 김해와 고령 가야세력을 가리킨다는 전제에서 두 지역 간의 연맹을 상정하는 견해가 제기되었다. 김해의 구야국은 4세기 중후반경에 창원지역에 소재한 卓淳國의 대두로 대외교역로가 위협을 받게 되었으며 여기에다 백제가 탁순국을 매개로 일본열도로 이어지는 교역체계를 장악하려는 움직임마저 나타나게 되었다. 이러한 백제의 움직임은 기존의 김해세력 중심의 교역체계를 붕괴시킬 수 있었고, 김해세력의 타격은 그에 의존하고 있던 내륙의 고령세력 등에 연쇄적인 타격으로 이어지게 되었다. 이에 백제가 내륙을 통하여 낙동강유역에 진출하는 것을 저지하기 위해서 육로상의 요지에 위치한 고령세력의 도움이 절실하였고 두 나라는 연맹을 결성하였다고 보는 견해가 그것이다. 즉 임나가라는 南加羅·北加羅 혹은 下加羅·上加羅의 연맹체였으며, 이를 포괄하는 호칭이었다는 것이다[38] 이 견해는 경청할 만한 것이라 생각된다. 그렇지만 4세기 후반경 고령지역이 김해지역에 버금갈 만한 세력이었는지에 대한 설명이 전제되어야 할 것이다. 그 당시 고령은 대성동고분군을 축조하면서 가야사회에서 교역을 주도하던

미가 있지만, 지역연맹체를 포괄하는 정치체를 설정하지 않고 지역연맹체의 개별성만을 강조할 경우 가야사의 복원은 어렵게 된다는 것으로, 이는 단일연맹체제로 이해하면서 분절체계가 있었을 것으로 해석하는 김태식의 견해와 일맥 통하고 있다.

37) 田中俊明, 1993, 「大加耶連盟의 興亡」『加耶史論』, 고려대학교 한국학연구소.

38) 李道學, 2003, 「加羅聯盟과 高句麗」『加耶와 廣開土大王』(第9回 加耶史國際學術會議發表要旨), 金海市, 5~10쪽.

김해지역과는 상대가 되지 않을 정도였기 때문에 김해에서 연맹을 맺을 대상국이 되었는지의 여부에 대한 판단도 필요하다. 이와 함께 백제가 창원으로 진출하려는 길목을 차단하려는 목적이라면 고령보다는 오히려 함안의 아라가야와 연결하는 것이 훨씬 유리했다는 사실도 간과해서는 안 될 것으로 생각한다.

필자는 소가야와 성산가야, 아라가야, 대가야를 통해서 오가야조가 지역연맹체를 보여주는 것이라는 생각을 이미 밝혀온 바 있다.[39] 소가야의 경우, 교역을 통해 발전해 나가는 고성지역의 古自國은 경제적 교환이나 군사적 목적 등으로 주변 지역의 소국들을 통합 또는 연합하면서 늦어도 3세기 초에는 지역연맹체를 구성한 것으로 보인다. 즉 지역연맹체란 소국 혹은 성읍국가, 읍락국가들이 몇 개 모여 구성한 것이라 할 수 있겠다.[40] 그것은 포상팔국의 난으로써 살펴볼 수 있었다. 연맹의 사전적 의미가 집단들 혹은 국가들의 특별한 공통의 목적을 위한 회합으로서 주로 상대연맹의 대치의 의미로서 사용된다고 할 때 이들 지역연맹체는 경제, 외교, 군사문제 등 상호간의 필요에 의해 결속했다고 짐작할 수 있겠다.

---

39) 李炯基, 1997, 「小伽耶聯盟體의 成立과 그 推移」『民族文化論叢』17, 嶺南大學校 民族文化研究所 ; 李炯基, 1998, 「星山伽耶聯盟體의 成立과 그 推移－加耶史에서의 地域聯盟體에 대한 一試論－」『民族文化論叢』18·19合, 嶺南大學校 民族文化研究所 ; 李炯基, 1999, 「阿羅伽耶聯盟體의 成立과 그 推移」『史學研究』57, 韓國史學會 ; 李炯基, 2000, 「大加耶의 聯盟構造에 대한 試論」『韓國古代史研究』18, 서경문화사.

40) 가야 내에서 地域聯盟體를 보여주는 자료가『三國遺事』, 오가야조일 것이라는 것은 앞에서 이미 이야기하였다. 이들 지역연맹체가 어떠한 체제와 범주를 가지고 있었는지에 대해서는 전혀 알 수 없다. 다만 백제, 신라의 군현제가 옛 삼한지역의 성읍국가를 중심으로 정비되어 가고, 이른바 삼한 78국이 나중 군현제의 수용과정에서 각기 州·府·郡·縣으로 개편되어 갔던 것이라 할 때(李樹健, 1995, 「高麗·朝鮮時代 支配勢力변천의 諸時期」『韓國史 時代區分論』翰林科學院叢書 26, 소화, 188~189쪽) 삼국 및 고려의 군현제가 지역연맹체의 범주를 설정하는데 중요한 참고자료가 될 수 있을 것이다.

이러한 연구성과들을 보면 지역연맹체라는 개념을 사용하면서도 아직 통일되지 못하고 논자마다 다른 개념으로 사용함을 알 수 있다. 그러나 또한 이들을 통해서 가야 내에는 다수의 지역연맹체가 존재하였음도 추측할 수 있게 한다. 어쨌든 변한 12국 또는 포상팔국 등을 통해서 보이는 가야지역 내의 여러 소국들이 어느 시기에 상호간의 통합을 거쳐서 다수의 지역연맹체를 구성하였던 것은 여러 연구자들이 견해를 일치시켜 나가고 있는 것으로 생각된다.

하지만 소지역권 혹은 지역연맹체론이 대두되는 것에 대해 가야라는 연맹조직의 특성상 외부의 신라, 백제와 같은 큰 적에 대해서는 하나의 단일연맹체라는 외형을 갖추고 있었다 하더라도 내부에는 상황에 따라서는 별개의 정치체로 나누어져 상호 견제할 수 있는 分節體制가 존재할 수 있다고 보면서 이를 중시하면 가야사 전반에 대한 일관성있는 이해를 방해할 수 있는 것으로 이야기하기도 한다.[41] 이와 같은 논의는 상호간 존중되면서 좀 더 구체화되어야 할 것으로 생각한다. 많은 연구성과들에도 불구하고 아직까지 가야의 연맹체제에 대해서 합의가 이루어지지 않았기 때문이다. 어쨌든 가야가 멸망하는 시기까지도 여러 소국들이 존재하고 있었던 것은 자명한 사실이다.[42] 또한 4세기대 이후로 고령의 대가야가 거창, 함양, 합천, 하동에 이르는 지역을 통할했던 것은 인정이 되는 바이지만 함안의 아라가야도 대가야에 못지않은 세력을 형성하고 있었음은 최근의 연구성과로 확인되고 있는 실정이어서 단일연맹체를 상정하기에 주저하게끔 한다. 하지만, 신라를 제외한 경상도 지역이 '가야'라고 불리어졌다는 것은 어떤 형태이든, 대외적으로는 단일한 체제로 보였다는 것을 알 수 있게 하므로 가야사회가 어떠한 정치구조를 가지는 지를 밝혀야 하는 것이 시급한 과제라고 여겨진다.

---

41) 金泰植, 1997, 앞의 글, 38쪽.
42) 『日本書紀』, 欽明紀 23年條 참조.

Ⅱ. 연구목적과 방법

가야사의 이해는 주로 전·후기 단일연맹으로 구성되었다는 견해가 학계의 통설로 자리잡고 있는 가운데, 이를 부정하는 견해가 소수를 이루고 있었다. 그렇지만 1990년대 중반 이후에는 새로운 해석으로써 여러 소국들 가운데 비교적 큰 나라가 중심이 되어 연맹적 결속을 한 여러 지역연맹체로써 가야사회가 존재하고 있었다는 지역연맹체설이 등장하였다. 이 견해는 최근 가야사연구의 소장학자들이 주로 주장하는데, 최근에는 여기에서 한걸음 나아가 소국 → 지역연맹체 → 지역국가로의 단계적 성장을 거쳤다는 새로운 견해가 제시되기도 하였다.[43]

필자는 기본적으로 지역연맹체설의 입장에 서 있다. 지역연맹체는 가야 내에 단일연맹체의 존재를 부정하면서 개개의 소국들이 일정 국가를 중심으로 소연맹체를 구성하였다고 해석하는 견해이다. 필자도 이 입장에서 가야사를 이해한다. 『삼국유사』에 보이는 오가야조가 그러한 모습을 보여주는 사료라 생각한다.

그리고 삼한시대 또는 고고학분야에서 이야기하는 원삼국시대를 가야전기로 파악하는 前期論과 삼한의 역사를 가야와는 별도로 삼한 그자체의 역사로 보는 前史論이라는 분류에서는[44] 기본적으로 '전사론'을 지지하는 입장에 있다. 물론 하나의 큰 흐름 속에서 역사를 이해할 때 전기론, 전사론 자체가 무의미할지는 모르겠으나, 당시 사회를 복원해야 하는 큰 틀 속에서는 전사론이 타당하리라 생각한다.

---

43) 白承玉, 2001, 앞의 글 참조.
44) 朱甫暾, 1995, 「序說-加耶史의 새로운 定立을 위하여-」 『加耶史研究』, 慶尙北道, 13~21쪽.

이 책에서는 기존의 다양한 연구성과들을 토대로 고령에 위치하였던 것으로 전해지는 大加耶史를 一瞥하고자 한다. 한국 고대사 특히 그 중에서도 加耶史에서 대가야가 차지하는 비중은 매우 높은 편이라 할 수 있다. 이는 최근 들어 고대사는 물론 고고학에서도 대가야가 많은 주목을 받고 있는 사실로서도 잘 알 수 있다. 1970년대 후반 들어서 池山洞, 快賓洞, 本館洞古墳群 등을 비롯한 고령군 내의 고고학적 조사와 이를 바탕으로 한 고고학계의 연구성과,45) 1980년대 중반 이후 대가야를 다

---

45) 金誠龜 외, 1996, 『主山城地表調査報告書』, 國立大邱博物館·高靈郡 ; 金世基, 2000, 『古墳資料로 본 大加耶』, 啓明大學校 博士學位論文 ; 金英夏·尹容鎭, 1966, 『仁同·不老洞·高靈古衙洞古墳發掘調査報告』, 慶北大學校 博物館 ; 金鍾徹·尹容鎭, 1979, 『大伽倻古墳發掘調査報告書』, 高靈郡 ; 金鍾徹, 1981, 『高靈池山洞古墳群』, 啓明大學校 博物館 ; 金鍾徹, 1982, 「大加耶墓制의 編年研究」 『韓國學論集』 9, 啓明大學校 韓國學研究院 ; 金鍾徹, 1984, 『高靈古衙洞壁畫古墳實測調査報告』, 啓明大學校 博物館 ; 金鍾徹, 1988, 「北部地域 加耶文化의 考古學的 考察」 『韓國古代史研究』 1, 지식산업사 ; 金鍾徹, 1995, 『高靈本館洞古墳群』, 啓明大學校 博物館 ; 金鍾徹 외, 2000, 『壬辰倭亂戰蹟記念館 建立敷地內 高靈 朴谷里遺蹟 試掘調査報告書』, 啓明大學校 博物館 ; 金螢燮, 1995, 「고령 지산동 유물전시관부지내 발굴조사내용」 『조사연구발표회자료집』 1, 영남매장문화재연구원 ; 朴天秀, 1996, 「大伽耶의 古代國家 形成」 『碩晤尹容鎭教授停年退任紀念論叢』, 碩晤尹容鎭教授停年退任紀念論叢刊行委員會 ; 禹枝南, 1987, 「大伽倻古墳의 編年」 『三佛金元龍教授停年退任紀念論叢』 Ⅰ, 一志社 ; 安順天, 1996, 「小形鐵製模型農工具 副葬의 意義」 『嶺南考古學』 18, 嶺南考古學會 ; 曹永鉉, 1999, 「大加耶 竪穴式石室墳內 副槨의 性格과 築造方式」 『啓明史學』 10, 啓明史學會 ; 河眞鎬, 1995, 「高靈 快賓洞古墳群 收拾發掘調査 報告」 『嶺南考古學』 16, 嶺南考古學會 ; 洪鎭根, 1992, 「高靈盤雲洞瓦質土器遺蹟」 『嶺南考古學』 10, 嶺南考古學會 ; 慶尙北道文化財研究院, 1999, 『고령 운수 봉평리 지석묘』, 高靈郡·慶尙北道文化財研究院 ; 慶尙北道文化財研究院, 2000, 『大加耶歷史館 新築敷地內 高靈池山洞古墳群』, 高靈郡·慶尙北道文化財研究院 ; 啓明大學校 博物館, 1997, 『文化遺蹟分布地圖-高靈郡-』, 高靈郡·啓明大學校 博物館·文化財管理局·慶尙北道 ; 嶺南大學校 博物館, 2002, 「고령 지산지구 국도26호 개량공사구간내 고령지산동고분군 발굴조사」 지도위원회자료집 ; 嶺南埋藏文化財研究院, 1996, 『高靈快賓洞古墳群』 ; 嶺南埋藏文化財研究院, 1998, 『高靈池山洞30號墳』, 高靈郡·嶺南埋藏文化財研究院 ; 嶺南埋藏文化財研究院, 2002, 『高靈桃津里古墳群』 ; 김세기, 2003, 『고분 자료로 본 대가야 연

룬 고대사학계의 여러 연구결과46)들이 집중적으로 발표되었다. 또한 한
국 고대사 및 고고학 관련 학계 및 대학 연구소 등에서도 가야사와 관련
한 각종 학술세미나를 개최하여 학계의 관심을 유도하기도 하였다. 이와
더불어 지방자치제 시행 이후, 지역사에 대한 관심이 증대되면서 고령군
을 비롯한 자치단체에서도 자체적으로 대가야사와 관련한 학술세미나를
개최하는 등 많은 관심을 불러일으키고 있다.47) 대가야에 관한 연구는
수적으로나 질적으로 다른 가야제국들에 비해서 많은 관심을 받아왔던
것이다.

구』, 학연문화사 ; 嶺南大學校 博物館, 2004, 앞의 책 ; 嶺南文化財研究院,
2004~2006, 앞의 책 ; 慶北大學校 博物館, 2006, 『傳 大加耶宮城地』; 경상북도
문화재연구원, 2007, 앞의 책 ; 경상북도문화재연구원, 2007, 『高靈 快賓里遺蹟』;
대가야박물관, 2008, 『高靈의 岩刻遺蹟』, 大加耶博物館 ; 대동문화재연구원,
2008, 앞의 글.

46) 金泰植, 1985, 「5세기 후반 大加耶의 발전에 대한 研究」『韓國史論』12, 서울大學
校 國史學科 ; 金泰植, 1986, 「後期加耶諸國의 성장기반 고찰」『釜山史學』11, 釜
山史學會 ; 金泰植, 1996, 「大加耶의 世系와 道設智」『震檀學報』81, 震檀學會 ;
文暻鉉, 1975, 앞의 글 ; 盧重國 외, 1995, 앞의 책, 慶尙北道 ; 田中俊明, 1992,
『大加耶連盟の興亡と‘任那’』, 吉川弘文館.

47) 朱甫暾 외, 1996, 『加耶史의 새로운 이해』(慶尙北道 開道 100周年기념 가야문화
학술대회 발표요지), 경상북도·고령군 ; 李炯基 외, 1999, 『대가야의 정치와 문
화적 특성』(제1회 대가야사 학술세미나 발표 요지), 한국고대사학회·고령군 ;
金世基 외, 2001, 『大加耶와 周邊諸國』(제2회 대가야사 국제학술세미나 발표요
지), 高靈郡·韓國上古史學會 : 2002, 『大加耶와 周邊諸國』(대가야학술총서 1),
高靈郡·韓國上古史學會 ; 노중국 외, 2004, 『대가야의 성장과 발전』(대가야학술
총서 2), 고령군·한국고대사학회 ; 노중국 외, 2006, 『악성 우륵의 생애와 대가야
의 문화』(대가야학술총서 3), 고령군 대가야박물관·계명대학교 한국학연구원 ;
노중국 외, 2006, 『대가야 들여다보기』(대가야학술총서 4), 고령군 대가야박물
관·계명대학교 한국학연구원 ; 양기석 외, 2007, 『5~6세기 동아시아의 국제정
세와 대가야』(대가야학술총서 5), 고령군 대가야박물관·계명대학교 한국학연구
원 ; 주보돈 외, 2008, 『동·서 가야문화벨트의 역사적 의미와 그 활용방안』, 고
령군·경북대 영남문화연구원 ; 고령군 대가야박물관·경북대학교 퇴계연구소,
2008, 『고령문화사대계』1(역사편), 도서출판 역락 ; 고령군 대가야박물관·영남
대학교 민족문화연구소·한국암각화학회, 『高嶺地域의 先史 古代社會와 岩刻畵』.

필자는 기본적으로 1~3세기의 삼한소국단계를 지나 4세기의 지역연
맹체단계, 5세기 이후의 대가야로 구분할 수 있다고 생각한다. 부족한
가운데 각각의 단계를 추정할 수 있게 해 주는 고고학 자료들이 이를
뒷받침해주고 있다. 반운리 와질토기유적, 쾌빈동고분군, 지산동고분군
등이 그러한 자료이다. 필자는 기존 연구성과들과 현재까지 알려진 자료
들을 바탕으로 대가야의 성립과정과 그 내부체제를 구명해 보고자 한다.

제2장에서는 전사론의 입장에서 가야 이전의 고령사회, 즉 삼한시기
의 고령지역 역사를 살펴보고자 한다. 아직까지 대가야 이전의 고령의
모습에 대해서는 그리 많은 연구성과들이 나와 있지 않다. 비단 고령만
이 아니라 다른 개개의 삼한소국에 대해서도 마찬가지이다. 개별소국을
다루는 것이 쉬운 작업이 아니겠지만, 고대사회를 복원하는 데에는 반드
시 거쳐야할 과정이라 생각한다. 기왕의 고령지역의 삼한소국에 대해서
는 대가야를 다루면서 단편적으로 언급한 것이 전부라 할 수 있겠다. 그
때문인지 알 수 없지만 대가야 이전 고령지역에 위치한 소국을 彌烏邪
馬國으로 보거나 半路國으로 비정하는 등 의견이 크게 갈리고 있다. 이
전에는 ‘路’를 ‘跛’의 착오로『일본서기』에 보이는 반파국으로 이해하면
서 지금의 성주지역으로 비정하였다.[48] 그러나 6세기 초『일본서기』, 계
체기에 보이는 세력으로 백제와 己汶지역을 두고 영역다툼을 벌이는 주
체로서의 반파국에 대한 지명비정을 새롭게 하면서 이를 고령으로 비정
한 이후[49] 반로국으로 보는 것이 최근의 경향이다.[50] 필자는 일단 학계
의 최근 연구경향을 따라 접근하기로 한다.

삼한시기의 고령을 언급하기 위하여 자연 지리적 환경과 선사시대 유
적의 분포를 통해서 삼한시대 고령지역에 위치하였던 소국을 비정하고,

---

48) 吉田東伍, 1893,『日韓古史斷』, 富山房, 141~144쪽 ; 今西龍, 1970,『朝鮮古史の
　　研究』, 國書刊行會, 358~360쪽 ; 李丙燾, 1976, 앞의 책, 274쪽.
49) 金泰植, 1993, 앞의 책, 95~105쪽.
50) 盧重國 외, 1995,『加耶史研究』, 慶尙北道.

그 성립에 대해 다루었다. 현재 고령지역에서 확인되는 청동기시대의 자료들을 통하여 당시 취락의 분포를 추정하고, 발전과정 속에서 소국의 읍락을 유추하였다. 이와 더불어 소국의 구조에 대해서 간단히 언급함으로써 대가야의 성립과 발전을 이해하는 기초자료로 삼고자 하였다. 삼한시기 고령지역 소국에 대한 문헌자료가 부족한 실정이기 때문에 기왕의 연구성과들과 극소수 남아 있는 문헌기록 등을 통하여 이를 살펴보았다.

제3장에서는 대가야사의 전개에 대하여 다루었다. 먼저 Ⅰ절에서는 地域聯盟體로서의 加羅國의 성립에 대해서 언급하였다. 4세기 대에 형성된 지역연맹체는 어떠한 모습이며, 또한 그 형성배경에는 어떠한 이유들이 존재하였는가에 주안점을 두었다. 고령지역에서 지역연맹체의 구체적인 모습을 확인하는 것은 거의 불가능에 가까운 실정이다. 이를 확인할 수 있는 자료들이 남아있지 않기 때문이다. 그러므로 가야남부사회에서의 지역연맹체의 모습을 보여주는 것으로 여겨지는 '浦上八國戰爭'과 그 전쟁 이후의 변화 등을 통하여 지역연맹체의 형성에 대하여 정리하였다. 이를 바탕으로 고령지역에서는 어떠한 배경하에 지역연맹체가 형성되는지를 살펴보려 하였다. 문헌기록이 남아있지 않은 상태에서 고분자료를 통해 일정한 수준의 정치집단의 존재와 이를 통해 지역연맹체의 존재를 확인함과 동시에 지역연맹체의 범주와 그 체제 등을 추론하였다. 특히 가야사의 기점문제에 있어 지역연맹체의 형성은 매우 큰 의미를 지니고 있다. 전사론의 입장에 서있는 연구자에게 있어 가야사의 기점이 대개 이 무렵이기 때문이다. 본격적인 대가야사도 여기에서부터 비롯된다고 할 수 있겠다.

Ⅱ절에서는 대가야로의 발전에 관하여 다루었다. 대가야는 5세기 이후 가야사회의 중심적 위치를 차지하고 있었다. 먼저 대가야가 어떤 과정을 거쳐 중심적 위치를 차지할 수 있었는지, 또 그 체제는 어떠하였는지에 대해서 살펴보았다. 특히 대가야의 발전배경에 관해 관심을 가지고

접근하였다. 아울러 대가야의 쇠퇴와 멸망을 당시 국제사회의 변화에 맞추어 Ⅲ절에서 정리하였다.

제4장에서는 대가야의 정치·사회구조를 다루었다. Ⅰ절에서는 대가야의 부체제문제와 결부하여 중앙지배체제를 다루어보고자 하였다. 사실 그러한 모습을 전하는 자료는 전혀 남아있지 않기 때문에 고고학적 자료들을 바탕으로 언급하였다. Ⅱ절에서는 지산동고분군의 축조와 함께 시작되는 대가야의 외부진출의 모습도 함께 그려보고자 하였다. 아울러 발전과정 속에 필연적으로 나타나는 주변 소국의 복속, 그리고 이들의 재편과정에서 대개 나타나는 지방지배가 대가야에서 가능하였는지, 만약 가능하였다면 그 모습은 어떠하였는지를 정리해 보고자 하였다. 특히 주목되는 사료가 『三國史記』에 보이는 于勒十二曲이었다. 우륵십이곡을 통해 대가야의 천하관과 아울러 지방지배의 일단을 살펴보았다. 한국고대사회의 지방지배에 대해서는 고대사학계에서 검토한 바 있으나[51] 가야에 대해서 집중적으로 다루지 않았으므로[52] 고령의 대가야를 통해 접근하고자 하였다.

Ⅲ절에서는 대가야의 신분제에 관하여 다루었다. 대가야의 신분제를 보여주는 자료는 남아있지 않은 편이기 때문에 여기서는 단편적으로 남아있는 자료와 더불어 지산동고분군에서 확인되는 순장의 양상을 통해 대가야의 신분을 가능한한 추정해 보고자 한다. 그리고 대가야의 정치적·경제적 교섭을 간단하게 찾아보았다. 단편적으로 남아있는 고구려,

---

51) 1996년 2월 韓國古代史研究會(현 韓國古代史學會)가 주최한 '韓國 古代社會의 地方支配'란 주제의 합동학술토론회가 그것이다. 여기서는 고구려, 백제, 신라, 가야, 통일신라, 발해의 지방제도에 대한 발표와 토론이 있었다(韓國古代史研究會 編, 1997, 『韓國 古代社會의 地方支配』, 신서원).

52) 당시 가야의 지방지배 방식에 대해서 다룬 것이 아니라 고성지역의 古自國의 형성과 변천을 중심으로 검토하여 지방지배 방식을 이해하는 데에는 일정 부분 한계가 있다(白承玉, 1997, 「固城 古自國의 형성과 변천」 『韓國 古代社會의 地方支配』, 신서원).

백제, 신라 등과의 교섭과 대외교역루트를 정리하고자 한다.

Ⅳ절에서는 대가야의 대외교류와 교역로 문제에 대해 다루었다. 특히 일반적으로 대가야의 교역로로 생각되어지는 반월상의 루트와 더불어 대중국루트로서의 부안 죽막동 제사유적에 관심을 가지고 살펴보았다.

제5장에서는 대가야의 멸망 이후의 모습에 대해서 언급하였다. 대가야는 고령지역을 중심으로 서서히 발전하다가 5세기 이래 급격한 성장을 이루었지만,53) 6세기 중엽 신라에 의해 멸망당하였다. 대가야의 멸망은 곧 가야사회가 역사의 뒤안길로 사라졌음을 의미한다.

가야는 여러 정치세력으로 나뉘어져 있었고, 멸망과정도 각기 달랐던 것으로 기록되어 있다. 금관가야처럼 신라에 투항하는 경우도 있었고, 기록에 남아있지 않아 그 멸망과정을 전혀 확인할 수 없는 경우도 있다. 또한 신라에 투항한 금관가야의 후손들은 신라의 정권 깊숙이 진출하여 그들 나름대로 기득권을 유지하였음을 기록을 통해 알 수 있다. 그런데 대가야의 경우는 신라에 의해 멸망당하였다는 기록만 남아있을 뿐, 그 이후의 모습에 대해서는 전혀 알 수 없는 실정이다. 중국에 사신을 보내어 작호를 받을 정도로 성장하였던 대가야의 위상에 비추어본다면 쉽게 이해되지 않는 부분이다. 이러한 의문에서 출발하여 대가야가 멸망한 이후, 과연 어떠한 모습으로 해체되었는지를 고고학 자료들을 바탕으로 하나하나 찾아보았다.

부족한 문헌자료의 한계와 고고학적 자료에 대한 필자의 정확한 이해 부족 등으로 대가야사의 전체적인 흐름과 각 시기마다의 구체적인 모습을 체계적으로 살펴보지 못하였음을 고백하지 않을 수 없다. 이에 따른 무리한 추정이 곳곳에 있을 것이며, 이는 앞으로 보완해 나가기로 한다.

---

53) 李炯基, 2002, 「4~5세기 大加耶의 발전에 대한 고찰」『韓國古代史研究』26, 서경문화사.

제2장

고령지역의 문화적기반과 半路國의 성립

I. 고령지역의 문화적기반

高靈郡이 위치한 경상도지역은 白頭山에서부터 智異山으로 이어지는 '白頭大幹'[1]이라는 한반도의 등줄기에 의해 江原·忠淸·全羅지역과 구분되어 있으며, 동해안을 따라서는 '洛東正脈'이라는 또 하나의 산줄기가 釜山까지 이어지고 있다. 동쪽으로는 낙동정맥에 의해, 북서쪽으로는 백두대간에 의해 이 지역은 지형적으로 매우 폐쇄적인 환경을 가지고 있으며, '嶺南盆地'라고 부르기도 한다. 그 내부는 두 개의 커다란 산줄기 사이를 낙동강이 흘러가며, 琴湖江, 黃江, 南江 등의 지류, 그리고 앞의 대간과 정맥 사이의 작은 줄기들에 의해 분할된 작은 규모의 분지들로 이루어져 있다. 주로 낙동강 수계를 따라 형성된 이들 분지는 선사시대부터 인간 활동의 중심지가 되어 왔으며[2] 고령지역도 예외는 아닐 것

1) '白頭大幹'은 백두산에서부터 지리산까지 한반도의 등뼈에 해당하는 산줄기를 나타내는 고유의 지형개념이다. 이 개념에서는 산줄기를 각각 '大幹', '正幹'과 '正脈'으로 표시하는데 이는 신경준의 『山經表』에 자세히 나와 있다. 『산경표』에 의하면 우리나라의 산줄기는 1대간 1정간 13정맥으로 이루어져 있다고 한다. 이를 가장 잘 살펴볼 수 있는 것이 金正浩의 『大東輿地圖』이다. 지금까지 쓰인 太白山脈을 비롯한 산맥이라는 개념은 일본 식민지시대 광산개발목적의 지질조사로 인하여 도입된 것으로 역사학에서 필요한 지리학적 이해에 도움을 주지 않는다. 이에 산맥개념이 아닌 우리 고유의 개념으로 보다 이해에 도움을 주는 대간과 정맥을 따르기로 한다. 아울러 이를 사용하여 고고학 관련 연구성과가 이미 작성된 바 있음을 언급해 둔다(郭長根, 1999, 『湖南 東部地域 石槨墓 硏究』, 書景文化社). 한편 여기에 대해서 쉽게 이해할 수 있도록 설명한 책으로 조석필의 『태백산맥은 없다』(1997, 사람과 山)가 있다.

2) 최근 낙동강과 그 지류들에서 많은 선사시대의 유적들이 조사되어 당시 사회에 대한 이해를 돕는 데 큰 역할을 하고 있다. 이들 지역에서는 특히 주거지와 경작지 등 생활유적들이 조사되고 있어, 향후 이를 토대로 한 많은 고고학적 연구성과들이 기대된다.

〈그림 2-1〉 영남지역에서의 高靈위치도

이라 생각된다(<그림 2-1> 참조).

　　현재 행정구역상으로 나타나는 고령군의 동서남북 사방 경계지점은
다음과 같다. 동쪽 끝은 다산면 호촌리 낙동강 연안의 사문진 나루터이
며, 서쪽 끝은 쌍림면 산주리 매화재로 해발 550m의 萬代山 山麓이다.
남쪽 끝은 우곡면 객기리로 낙동강 연안의 객기나루터이고, 북쪽은 다산
면 노곡리로 성주군 용암면과의 경계지점에 해당된다. 그러나 이러한 행
정구역상의 경계가 고대사회의 그것과 일치하지는 않을 것 같다. 서부와
남서부는 군의 경계를 따라서 백두대간의 지맥에 해당되는 비교적 높은
산맥이 형성되어 있고, 중앙부는 會川과 그 지류들이 합류되면서 형성된
분지상의 低地로 이루어져 있다. 그리고 동부지역은 해발 300m 이하의

구릉지를 이루고 있다. 고령지역의 동쪽 경계를 따라서 흐르는 낙동강 본류 유역에는 낙동강이 형성한 범람원이 상당히 넓은 폭으로 형성되어 있다. 이러한 지형조건에 맞추어 본다면 선사시대 고령의 자연 지리적 영역권은 현재의 성주군 수륜면 일대도 포함시켜야 할 것으로 생각된다.[3]

한편 앞에서 보았듯이 낙동강 본류와 그 지류인 會川, 大伽川, 安林川 등의 汎濫原 일대는 농사에 아주 적합한 지역이었던 것으로 알려져 있다. 이러한 환경은 고령지역에 사람들이 살기에 적당한 조건을 제공해 주었을 것이다.[4] 현재까지 확인된 가장 오래된 유적은 다음에서 이야기할 구석기시대의 유적이다.[5] 따라서 다른 지역과 비교하여 낙동강을 비롯하여 회천, 대가천, 안림천 등의 하천유역에서도 석기시대의 유적들이 遺存할 가능성은 충분히 열려있으며[6] 앞으로의 조사가 기대된다.

신석기시대 후반부터 시작되어 원시적으로 행하여지던 農耕은[7] 青銅

---

3) 金世基, 2003, 『古墳資料로 본 大加耶』, 啓明大學校 博士學位論文, 72쪽, <도 Ⅲ -3>에서 표현된 자연 지리적 경계는 참고할 만하다.

4) 비록 후대의 것이기는 하나 이 지역이 농경에 아주 적합한 곳임을 확인해 주는 아래의 자료는 참고할 만하다.
　　高靈古伽倻國也 又南則爲陜川 幷在伽倻之東 而三邑(星州·高靈·陜川, 筆者 註)
　　水田爲嶺南最上腴 少種多收 故土着幷富饒 無流移者(『擇里志』, 八道總論 慶尙道條)
　　洞外伽倻川水田極沃 種一斗出百二三十斗 小不下八十斗 水饒而不知旱災 又木綿爲
　　上田最 稱衣食之鄕(『擇里志』, 卜居總論 山水條)

5) 최근 고령지역의 지표조사를 통해 다산면 상곡리유적, 개진면 구곡리유적·반운리유적 등에서 구석기시대 여러 면석기가 채집되기도 하였다[신종환, 2008, 「선사시대의 고령」『고령문화사대계』 1(역사편), 도서출판 역락, 55~57쪽].

6) 金世基, 2000, 앞의 글, 28~29쪽.

7) 農耕(agriculture)의 발생은 '新石器革命'으로 일반적으로 불리어진다. 그 정도로 농경은 인간사회에 아주 큰 변화를 가져왔다. '혁명'이라는 개념은 다른 한편으로 농경이 단시간 내에 발생하고 퍼진 사건이라는 의미도 포함하고 있을 것이다. 한편 농경은 생계의 전부 또는 대부분을 재배 식물에 의존하는 생산 경제체계로, 식량의 획득이 채집에서 생산으로의 변화를 의미하는 것이다. 이는 생계경제 뿐만 아니라, 궁극적으로는 물질문화, 사회구조, 정치조직, 정신세계에 이르는 인간사회의 여러 부문에서 변화를 불러일으키는 혁명적 사건으로 인식되고 있다고 한

器時代에 접어들면서부터 본격적으로 영위되기 시작하였다. 1990년대 들어 영남지역에서 南江댐 水沒地區,[8] 大邱 漆谷宅地開發地區・西邊地區,[9] 八達地區,[10] 蔚山 茶雲洞遺蹟, 也音洞遺蹟,[11] 無去洞 玉峴遺蹟,[12] 密陽 살내遺蹟,[13] 琴川里遺蹟[14] 등 대단위 혹은 중소단위의 발굴을 통하여 하나의 단위를 이루는 취락유적이 확인되었다. 또 논・밭 등의 경작지가 발견되면서 청동기시대 농경사회의 취락 규모, 사회구조 등의 문화상에 대한 고고학적 연구가 활성화되고 있다.[15] 고고학계의 이러한

다(李俊貞, 2001, 「수렵・채집경제에서 농경으로의 轉移과정에 대한 이론적 고찰」『嶺南考古學報』28, 嶺南考古學會, 4쪽).

8) 林孝澤・趙顯福, 2002, 『上村里遺蹟』, 慶尙南道・東義大學校 博物館 ; 趙榮濟 외, 2001, 『晋州 大坪里 玉房3地區 先史遺蹟』, 慶尙南道・慶尙大學校 博物館 ; 남강유적발굴조사단, 1998, 『남강선사유적』, 경상남도・남강유적발굴조사단 ; 嶺南考古學會, 1998, 『南江댐 水沒地區의 發掘成果』第7回 嶺南考古學會 學術發表會 發表 要旨 ; 東亞大學校 博物館, 1999, 『南江流域文化遺蹟發掘圖錄』, 慶尙南道・東亞大學校 博物館 ; 인제대학교 가야문화연구소, 2000, 『진주남강유적과 고대일본 －고대한일문화교류의 제양상－』, 경상남도・인제대학교 가야문화연구소.

9) 유병록・김병섭, 2000, 「대구 서변동유적발굴조사의 개요와 성과」『제13회조사연구발표회』, 영남문화재연구원.

10) 尹容鎭, 1993, 『大邱 八達洞遺蹟』, 大邱直轄市・慶北大學校 博物館 ; 嶺南文化財研究院, 2000, 『大邱 八達洞遺蹟』(Ⅰ).

11) 密陽大學校 博物館・東義大學校 博物館, 2001, 『蔚山 也音洞 遺蹟』(현장설명회자료).

12) 慶南大學校 博物館・密陽大學校 博物館, 1999, 『蔚山 無去洞 玉峴遺蹟』(현장설명회 자료) ; 이현석, 1999, 「울산 무거동 옥현유적에 대하여」『청동기시대 울산의 집과 마을』(제3회 울산대학교 박물관 학술심포지움 발표요지).

13) 金炳燮, 2002, 「密陽 살내遺蹟 發掘調査 成果」『韓日 初期農耕 比較研究』, 大阪市 學藝員等 共同研究 韓半島綜合學術調査團.

14) 李相吉・林洪彩, 2002, 「密陽 琴川里遺蹟 調査概要」『韓日 初期農耕 比較研究』, 大阪市學藝員等共同研究 韓半島綜合學術調査團.

15) 이러한 성과를 반영하듯 최근 한국고고학회 등에서도 한국의 농경문화를 주제로 전국학술대회를 개최하였으며, 한국과 일본의 초기 농경에 관한 비교도 이루어진 바 있다.
韓國考古學會, 2001, 『한국 농경문화의 형성』(제25회 한국고고학전국대회 발표요지문) ; 韓日合同심포지움 推進委員會, 2002, 『韓日 初期農耕 比較研究』, 大阪

노력들은 청동기시대의 사회상을 이해하는 데 큰 도움을 주고 있다.

이러한 고고학계의 조사를 통하여 청동기시대에는 규모와 조직이 어떠한 수준이든지 정치체가 형성되어 있었으며, 이미 성숙한 농경단계에 접어들었던 한반도 남부지역에는 대·소규모의 농경취락들이 분포하고 있었다는16) 사실을 확인할 수 있었다. 이는 청동기시대의 주거지와 경작지, 지석묘와 입석 등의 생활유적 혹 巨石遺蹟으로 찾을 수 있다.17)

고령지역에서도 최근 청동기시대의 주거지가 발견되었다. 2006년 고령읍 쾌빈리 대가야고등학교 앞에 위치한 쾌빈리 106번지 일원의 통합학교 이전부지에 대한 발굴조사가 대경문화재연구원에 의해 이루어졌다.18) 조사 결과 청동기시대의 원형주거지 4동, 고상건물지 16동, 석관묘 4기, 석기 제작지 1개소를 비롯해 溝와 수혈 및 주혈 등의 취락유적이 확인된 것이다. 출토유물로는 무문토기 저부편, 방추차, 어망추편 등 토기류를 비롯해 갈판, 석부, 석검, 박편, 미완성석기, 구슬옥과 곡옥 등 200여 점이 수습되었다. 이 유적은 청동기시대 중기로 편년되며, 석기제

市學藝員等共同硏究 韓半島綜合學術調査團.

16) 李盛周, 1998,『新羅·伽倻社會의 起源과 成長』, 學硏文化社, 47쪽.

17) 지석묘가 축조되던 청동기시대에 대하여 유리한 농경조건을 갖춘 지역에 대한 경쟁적 점유가 이때에 이미 거의 완료되었으며, 이후 조선시대까지 이어지는 집약도가 높은 정착농경사회의 기반이 되었다고 설명하기도 한다[朴淳發, 2000,「百濟의 國家形成－形成過程과 要因－」『東亞細亞의 國家形成』(第10回 百濟硏究國際學術會議 發表要旨), 忠南大學校 百濟硏究所, 34쪽]. 문화재청에서 전국적으로 발굴조사되어 학계에 알려진 지석묘에 대한 종합조사를 실시하여 그 연구성과가 학계에 보고되어 참조할 만하다(최몽룡 외, 1999,『한국지석묘(고인돌)유적 종합조사·연구』, 서울대학교 박물관).

한편 성숙한 농경단계에 들어선 청동기시대의 기념물로 지석묘군과 같은 매장시설, 환호취락과 같은 실생활의 장소에 구축된 기념물, 예외적으로 암각화 등이 있다고 한다(이성주, 2000,「지석묘: 농경사회의 기념물」『韓國 支石墓 硏究 理論과 方法－階級社會의 發生－』, 주류성, 167쪽).

18) 대경문화재연구원, 2006,「고령 통합학교 신축부지 내 발굴조사」『大慶考古』創刊號, 22~28쪽.

작장과 매장공간을 별도로 조성하면서 생활한 복합유적으로 여겨진다. 이곳은 또한 大伽川으로 유입되는 乃谷川과 小伽川 사이에 위치하고 있어 농사짓기에 적합한 환경을 가진 충적지대를 이루고 있다. 지금 현재는 회천제방사업과 함께 경지정리가 되어 있는 실정이지만 쾌빈동고분군과 인접한 이 일대는 하천의 범람원 위쪽, 즉 '홍수한계선' 너머이기 때문에 청동기시대 경작유구의 발견도 기대된다고 하겠다.

한편 그 외에 개진면 양전리 일원에서 두형토기편과 石斧, 異形石器 등이 채집된 바 있어[19] 금산재에서 良田里古墳群으로 이어지는 동남쪽 능선을 따라 盤雲里 瓦質土器遺蹟에 이르기까지의 지역에서도 대규모의 취락유적이 존재할 가능성이 매우 높다.[20] 이러한 주거 및 경작유적의 확인은 앞으로의 조사 성과를 기대하는 수밖에 없겠다.

주거지 외에 청동기시대의 유적들로는 高靈邑 楮田里·內上里, 開津面 良田里·新安里·盤雲里, 雲水面 鳳坪里·雲山里, 星山面 朴谷里·於谷里, 雙林面 山州里·梅村里에 분포하는 지석묘와 雲水面 新間里의 입석 등이 있다. 그리고 고령읍 내곡리 투구봉 무문토기산포지 등에서 청동기시대의 土器와 石斧 등이 확인되고 있다. 이들을 통해서 선사인들의 삶의 터, 곧 취락을 유추할 수 있다.[21]

지석묘의 분포가 축조 당시 사회의 주민이 의도했거나 그렇지 않았던 간에 당시 단위사회영역의 標識일 가능성이 높고, 아울러 늦은 시기에 관찰되는 支石墓群들 사이의 위계는 청동기시대 정치체 내에 분포하는

---

19) 李殷昌, 1971, 「高靈良田洞岩畵調査報告－石器와 岩畵遺蹟을 中心으로－」『考古美術』112, 韓國美術史學會.
　　현재 이 遺物들은 嶺南大學校 博物館이 소장하고 있으며, 박물관 측의 호의에 의하여 實見할 수 있었다. 영남대학교 박물관 측에 감사드린다.
20) 啓明大學校 博物館, 1997, 앞의 책, 46쪽 ; 洪鎭根, 1992, 「高靈盤雲里瓦質土器遺蹟」『嶺南考古學』10, 嶺南考古學會.
21) 고령지역에서의 선사시대유적에 대한 최근의 고고학적 성과는 신종환, 2008, 앞의 글 참조.

집단 간의 통합관계나 위계와 관련시킬 수 있을 것이기[22] 때문에 고령
지역 내에서 각 단위집단 간의 통합관계나 위계까지는 아니라 하더라도,
최소한 취락유적의 위치추정에는 참고가 된다.

고령지역에서 가장 대규모의 지석묘가 분포한 곳은 개진면 반운리·
신안리 일대와 운수면 봉평리 일대였던 것 같다. 개진면 반운·신안리
일대는 대가천과 안림천이 합류하여 會川을 이루는 合江지점과 성산면
사부리에서 발원하여 신안리에서 회천으로 유입되는 新安川 사이의 비
옥한 충적지대에 해당된다. 이곳에 강을 따라 넓게 펼쳐진 들판과 야트
막한 구릉은 선사시대부터 사람이 살기 적당한 지리적 요건을 갖추고 있
다. 지금 현재는 개진면 양전리에 3기의 지석묘만 확인되지만 이 곳 주
민의 말에 의하면 인접한 반운리 일대 구릉지역에 10여 기 이상의 지석
묘가 분포하였다고 전한다.[23] 이들은 모두 경지정리, 혹은 경작의 편의
로 인하여 파괴된 실정이다.

이와 함께 운수면 봉평리 일대에도 많은 지석묘가 분포하였다고 전한
다. 현재는 이 일대에 2기의 지석묘가 남아 있다. 운수초등학교 남쪽 논
과 초등학교와 좀 떨어져 북쪽 논에 각각 1기씩 남아있으나 불과 20여
년 전만 하더라도 10여 기 이상의 지석묘가 대가천유역을 따라 열을 지
어 성주군 수륜지역까지 이어졌다고 전한다.[24] 즉 대가천과 금성천을
따라 좁고 긴 골짜기를 따라 지석묘를 축조하면서 취락을 형성하며 생활
을 영위해 나갔던 곳으로 판단된다. 그리고 지석묘가 분포하는 곳에서
멀지않은 신간리 봉산마을 입구에 청동기시대 거석기념물인 입석이 1기

---

22) 李盛周, 2000,「考古學을 통해 본 阿羅伽耶」『考古學을 통해 본 加耶』, 한국고고
　　학회, 62쪽.
23) 필자가 1989년 답사하였을 무렵에만 해도 양전리 마을 입구와 마을 안에 다수의
　　지석묘가 분포하였으나, 현재는 3기만이 남아있는 실정이다.
24) 현재의 성주군 수륜면을 비롯하여 가천면과 금수면·대가면 일부는 행정구역에
　　의해 나뉘어질 뿐, 수계상으로 보아 고령군을 지나는 대가천의 유역에 위치하고
　　있어 대가야의 영역에 포함시켜야 할 것으로 판단된다.

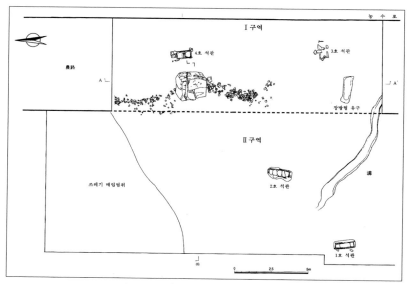

〈그림 2-2〉 봉평리지석묘 실측도

분포하고 있다. 입석은 지석묘와 함께 있으면서 무덤표지석과 같은 역할을 하거나, 경계 또는 구간의 표시, 제단 등의 목적으로 축조된 것으로 여겨지고 있다.[25]

　이들 지역은 청동기시대부터 가야시대까지 고령지역 농업생산력의 바탕이 될 만한 곳으로 생각된다. 대가천에 비교적 근접하여 지석묘가 축조되어 있다는 사실은 그 언저리에 마을이 분포하였다는 것을 알려준다. 이는 아마도 이 일대가 지석묘 축조시기 당시, 고령에서는 비교적 넓은 평야였기 때문으로 생각된다. 따라서 陜川郡 冶爐面에 위치한 鐵場이 개발되기 이전의 고령지역 경제적 기반은 아마도 이 일대의 농업생산력으로 보아도 무리가 없으리라 생각한다.

　고령지역의 지석묘들 중에서 발굴조사가 이루어 진 곳이 운수면 봉평

---

25) 李白圭・吳東昱, 2000, 「辰泉洞 先史遺蹟」『辰泉洞・月城洞 先史遺蹟』, 慶北大學校 博物館・大邱廣域市 達西區.

리지석묘이다(<그림 2-2>).26) 고령읍에서 성주방면으로 33번 국도를 따라 약 3.5㎞정도 가면 907번 지방도를 만나고, 다시 이 길을 따라 성주군 선남면으로 향하여 1.5㎞가량 가면 운수면 소재지가 나타난다. 이 유적은 운수면 사무소에서 동으로 약 30m정도 떨어져 위치하고 있다. 발굴조사 결과 여기서는 1기의 상석과 4기의 석관묘, 장방형 유구 및 溝, 石列 등이 확인되었다. 이와 더불어 剝片과 未完成石器들이 조사과정에서 발견되었는데, 이는 이 인근지역에서 석기제작장이나 주거지 등의 생활유적의 존재로 이해될 수 있다.27)

이 일대는 대가천과 의봉산 북서쪽 지맥의 分水를 모아 남류하는 錦城川과 인근의 소하천들이 합류하는 지역으로 이들 하천의 범람으로 인해 형성된 충적평야지대로, 이는 선사인들이 정착생활하는 데 좋은 여건을 제공해주었을 것으로 여겨진다. 따라서 청동기시대에는 이 곳에 큰 토착집단이 존재하였을 것이라 짐작된다.28)

지석묘가 가지는 의미에 대해서 알아보고자 할 때 주목할 만한 유적으로 경남대학교 박물관에서 발굴조사한 昌原 德川里遺蹟을 들 수 있겠다.29) 낙동강 남안에서 약 6km 정도 떨어진 창원군(현재의 창원시) 동면 덕천리에 위치하는 이 유적에서는 기원전 4세기 대를 중심연대로 하여 支石墓 3기, 石棺(槨)墓 12기, 石蓋土壙墓 5기, 성격 미상의 토광유구 7기 및 주혈 다수, 그리고 주위에 溝를 돌린 묘역시설물, 환호 등이 조사되었다. 이 유적의 지석묘 중에서는 일반적인 구조와는 달리 상석에 비

---

26) 慶尙北道文化財研究院, 1999,『고령 운수 봉평리 지석묘』, 高靈郡・慶尙北道文化財研究院.

27) 봉평리지석묘 인근 순평마을의 석기제작장유적에 대해서는 다음의 글이 참고된다 (대가야박물관, 2006,『옛 고령 사람들의 자취를 찾아서』, 대가야박물관, 26~27쪽 ; 신종환, 2008, 앞의 글, 75쪽).

28) 慶尙北道文化財研究院, 1999, 앞의 책, 9쪽.

29) 李相吉, 1993,「昌原 德川里遺蹟 發掘調査報告」『三韓社會와 考古學』(第17回 韓國 考古學全國大會 發表要旨).

해 묘광을 크게 파기 시작하여 점차 단을 지워 나가면서 마지막으로 유
구를 축조할 만한 크기로 만들고 蓋石을 1겹 이상 중첩되게 쌓거나 개석
과 개석 사이에 수백 개의 돌을 積石하고, 또한 적색－황색토를 둥글게
쌓은 다음 上石을 얹거나 적색－황색토로서 봉토처럼 둥글게 만든 후
묘광을 파내려 간 것이 확인되었다.[30] 특히 1호 지석묘에서는 가공된 석
재를 사용하여 삶과 죽음의 경계를 나타내어 주는 것이라 여겨지는 석축
을 쌓아 500여 평에 이르는 墓域을 만들었으며, 그 모서리 부분에서는
토기의 破碎 投棄가 이루어졌다. 이는 분묘를 조성한 후 시신을 매장함
에 있어서 일정한 의식이 행해진 것으로 추측되는데 결국 주거공간과 묘
역공간의 분리, 그리고 의례행위가 확인되는 것이다. 이러한 발굴성과는
지석묘가 한 정치단위집단의 수장급 묘제라는 것을 보여주는 데 전혀 손
색이 없다고 할 수 있겠다.

　이와 같은 내용들을 통해 지석묘 축조사회는 농경이 성숙단계에 접어
들면서 일정 정도의 계급화가 진행되었던 것으로 이해하면 되리라 생각
한다. 따라서 하나의 분지 내에 존재하는 다수의 支石墓群은 대등한 복
수의 정치집단이 존재하였음을 보여주는 것이라 할 수 있겠다. 이 중 대
규모의 지석묘군은 분지 내에서도 지배적인 친족의 공동조상들이 농경
을 영위하면서 累世代的으로 墳墓를 축조해 나간 것으로 전체 혈연집단
영역의 중심지 혹은 의례의 중심지로 이해할 수 있을 것이다.[31]

---

30) 1호 지석묘의 경우 8×6m의 묘광을 3단으로 파고, 4.5m 아래에 석실을 축조하였
　다. 석실에는 5매의 개석을 덮었고, 그 위에 30~50cm의 돌 800여 개로 적석하였
　다. 적석 위에 다시 12매의 개석을 2겹으로 덮고 묘광 어깨선까지 흙을 채웠으며,
　적색－황색토를 봉토처럼 50cm가량 높이로 덮은 후 그 위에 支石을 놓고 上石을
　얹은 구조를 하고 있다(李相吉, 1993, 앞의 글, 104~105쪽). 이와 비슷한 유형의
　지석묘가 全南 寶城 東村里遺蹟에서도 조사되었다[(殷和秀, 2001, 「寶城 東村里
　遺蹟 發掘調査」 『한국 농경문화의 형성』(제25회 한국 고고학전국대회 발표요지),
　韓國考古學會].
31) 李盛周, 1993, 「1~3세기 가야 정치체의 성장」 『韓國古代史論叢』 5, 駕洛國史蹟

지석묘의 성격에 대해서 비록 고대사학계와 고고학계에서 명확하게
정리되지 않고 의견이 분분할 지라도 지석묘는 최초의 정치집단의 분포
를 보여주는 유적이라 하는 데에는 큰 이견이 없다.

이러한 지석묘유적과 더불어 개진면 良田洞岩刻畵와 쌍림면 안화리
에 위치한 安和里岩刻畵, 지산동 30호분에서 출토된 岩刻畵의[32] 존재는
당시의 신앙제의 등에 대해서 살펴볼 수 있게 해 준다.[33] 이들 암각화의
내용은 다음과 같다.[34]

양전동암각화(<그림 2-3>)는 개진면 장기동 알터부락에 위치하는 선
사시대 바위그림이다. 인근 양전리와 반운리에서는 다수의 지석묘가 확
인되고 있고, 반운리 무문토기산포지에서는 石斧, 砥石 등이 발견되었으
며[35] 회천 건너편에는 투구봉 무문토기산포지가 위치하고 있다. 이들은
모두 양전동암각화와 일정한 관계가 있을 것임은 쉽게 짐작할 수 있다.
1971년 2월에 영남대학교 박물관에서 이 암각화에 대한 조사를 실시하
였다.[36] 암각화는 알터마을 입구에 위치한 남향의 나지막한 바위면에

開發研究院, 112쪽.

32) 嶺南埋葬文化財硏究院, 1998, 앞의 책, 32~37쪽.
33) 대가야의 신앙에 대해서는 최광식의 글이(崔光植, 1995, 「大伽耶의 信仰과 祭儀」
『加耶史硏究』, 慶尙北道) 참고된다.
　불교 수용 이후 대가야를 비롯한 가야 전지역의 신앙형태에 대해서는 최근 관심을
가지고 연구성과들이 발표되고 있으나 대개 자료검토에 머무르고 있는 실정이다.
金煐泰, 1991, 「駕洛佛教의 傳來와 그 展開」『佛教學報』27, 東國大學校 佛教文
化硏究院 ; 洪潤植, 1992, 「伽耶佛教에 대한 諸問題와 그 史的 意義」『伽耶考古學
論叢』1, 駕洛國史蹟開發研究院 ; 金福順, 1995, 「大伽耶의 불교」『加耶史硏究』,
慶尙北道 ; 金英花, 1997, 「加耶佛教의 受容에 대한 批判的 考察」『慶大史論』20,
慶南大學校 史學會 ; 李永植, 1998, 「가야불교의 전래와 문제점」『伽倻文化』11,
伽倻文化研究院.
34) 고령지역의 암각화와 바위구멍(性穴)유적에 대해서는 대가야박물관에서 낸『高靈
의 岩刻遺蹟』(2008, 대가야박물관)에서 비교적 상세하게 소개되어 있어 참고된다.
35) 洪鎭根, 1992, 앞의 글, 70~71쪽.
36) 李殷昌, 1971, 앞의 글.

〈그림 2-3〉 良田洞岩刻畵 實測圖 및 拓本寫眞

위치하고 있다. 암벽의 전체 높이는 지상 약 3m, 너비 6m인데 그림은
높이 약 1.5m, 길이 약 5m의 규모로 새겨져 있다. 현재는 암벽이 會川으
로부터 100여m 이상 떨어져 있으나 이는 제방사업으로 인한 결과이고,
그 전에는 물길이 암벽 가까이로 흘렀다고 전한다.

그림에는 동심원·十字모양·가면모양 등 모두 29개 정도가 새겨져
있으며 새기는 방식은 쪼기수법이다. 동심원은 직경이 약 18~20㎝의
三重圓으로 모두 4개가 확인된다. 중앙부에 동심원 하나가 뚜렷하게 조

각되어 있고, 하나는 바위 정상부 가까이 있는데 바위가 파손되면서 절
반만 남아 있다. 또 하나는 왼쪽 중간 위에 배치되었고, 나머지 하나는
오른쪽 하부에 그려져 있다. 암벽 곳곳에는 사람의 얼굴을 표현한 것 같
은 가면모양의 그림이 있다. 총 17개로 작은 것은 세로 20cm, 가로 22cm
이고, 큰 것은 세로 40cm, 가로 30cm에 달한다. 그 형태는 모두 같은 모
양으로 위로는 머리카락을, 좌우로는 수염과 같은 털을 그렸다. 그리고
귀·눈·코·입과 같이 구멍을 팠고, 좌우로 뻗어 올라간 뿔을 표현하
여 마치 사람의 얼굴 모양 혹은 짐승 얼굴모양과도 같다.

그림의 구성은 동심원을 중심으로 여러 개의 가면이 둘러싼 3개의 小
群으로 나뉘어져 있다. 여기에서 동심원은 곧 태양을 상징한 것으로 태
양신을 표현한 것으로 여겨지고, 십자형은 '十'자를 가운데 두고 주위를
둘러싼 '田'자형을 이루어, 부족사회의 생활권을 뜻하는 것으로 추정된
다. 또 가면은 모두 인간의 얼굴인 듯하며, 이는 인물상의 형식화된 護符
로 짐작할 수 있다. 이는 모두 농경사회의 고유신앙으로서 呪術的이고
상징적인 象形, 또는 記號로 표현하여 이를 제단으로 삼고 이곳을 聖地
로 여기며, 태양신 곧 天神에게 농경에 따르는 소원성취를 기원한 것이
라 할 수 있겠다. 즉 농경에서의 풍요를 기원하는 것이며 이는 곧 삼한
사회에서의 계절제와 관련이 있을 것이다.[37]

대가야의 건국신화는 天神인 夷毗訶와 가야산신인 正見母主의 결합
에 의해 시조인 惱窒朱日과 惱窒青裔가 태어나는 것에서 비롯되고 있
다.[38] 이는 곧 대가야인들이 천신과 산신을 가장 중요한 신으로 관념하
고 이에 대해 제사를 올렸던 것을 나타내어 준다고 한다. 이러한 사실은
또한 대가야 건국 이전부터 이미 이 지역에서 천신과 산신은 숭배되었을

---

37) 崔光植, 1995, 앞의 글, 262쪽.
38) 按崔致遠釋利貞傳云 伽倻山神正見母主 乃爲天神夷毗訶之所感 生大伽倻王惱窒朱
日 金官國王惱窒青裔二人 則惱窒朱日爲伊珍阿豉王之別稱 青裔爲首露王之別稱(『新
增東國輿地勝覽』, 高靈縣 建置沿革條).

〈그림 2-4〉 안화리암각화

것으로 여겨지며, 그들이 숭배하는 신을 바위에 그려 神像을 형상화하고, 그 앞에서 제사의례를 행하였을 것을 추정할 수 있게 한다. 이때 천신으로 형상화한 것이 태양으로 상징된다고 이야기하는 동심원이며, 산신은 가면모양으로 나타내었을 것으로 짐작된다. 따라서 천신과 산신에 대한 숭배가 바위에 그려져서 암각화가 되며, 이와 같은 이야기가 전해내려 온 것이 대가야의 건국신화로 해석될 수 있는 것이다.[39] 이러한 암각화는 磨製石器를 사용한 전형적인 농경문화인에 의한 작품이며 청동기시대 후기에 제작된 것으로 추정된다.

安和里岩刻畵(<그림 2-4>)는 쌍림면 안림장터 부근에 위치하고 있

---

[39] 崔光植, 1995, 앞의 글, 262~264쪽.

이를 地神族의 선주집단이 渡來集團인 天神族을 받아들여 가야를 건국해 가는 모습으로서 동심원은 천신, 방패신상은 지신을 상징하는 것으로 추정하기도 한다 (張明洙, 2000, 「韓國先史時代 岩刻畵 信仰의 展開樣相」『韓國岩刻畵硏究』 2, 한국암각화학회, 34쪽).

으며 양전동암각화로부터 安林川을 거슬러 약 3km 정도 떨어진 곳에 위
치하고 있다. 홀로 솟아 있는 높이 190m 정도의 구릉의 서남쪽면에 위
치한 길이 약 110㎝, 높이 약 90㎝의 단애를 이루는 암벽에 암각화가
새겨져 있다. 암벽 앞으로는 지금은 인공제방이 있으나, 제방이 조성되
기 전에는 강물이 바로 앞까지 흐르고 있었을 것으로 여겨져, 암각화 앞
에는 좁은 공간만이 있었던 것으로 추정된다. 이러한 입지조건은 우리나
라 암각화의 공통된 특징이라 할 수 있겠다.[40]

　　1993년 최초로 발견된 후 1994년 다시 3m 정도의 절벽 위쪽에서 다
시 1群이 발견되었는데[41] 그 내용은 대동소이하다. 먼저 발견된 암각화
는 4개의 검파형암각과 1개의 동심원이 묘사되어 있다. 검파형암각의 경
우는 윗부분이 'U'자형으로 깃털 모양의 선이 없는데 반하여 가운데의
것은 2개의 암각화가 중복되어 묘사된 흔적이 보일 뿐만 아니라 가는
깃털 모양의 선을 새겨 놓았다. 우측의 암각은 내면을 3개의 선으로 5등
분한 후 4개의 성혈을 배치하였으며 하부가 넓게 묘사되어 안정감을 주
고 있다. 그리고 좌측의 것은 가운데 성혈을 중심으로 2개의 원을 그리고
외부에 지름 24㎝ 내외의 원을 두른 후 내부에는 6개의 원을 불규칙적으
로 배열한 동경문형의 암각이 검파형 암각과 중복되게 묘사되어 있다.[42]

　　상부의 암각화군에서는 10여 개의 검파형 암각이 새겨져 있는데 그

---

40) 현재까지 우리나라에서 확인된 암각화는 암벽과 지석묘에 새겨진 것으로 나눌 수
　　있다. 암벽에 새겨진 암각화로는 울주 반구대·천전리, 고령 양전동·안화리, 영
　　주 가흥동, 경주 석장동 금장대, 포항 영일면 칠포리, 남원 대곡리 등이 있으며,
　　지석묘에 새겨진 것으로는 경북 포항 영일면 칠포리·기계면 인비리, 경주 내남
　　안심리, 경남 함안 도항리, 전남 여수 오림동지석묘암각화 등이 있다. 암벽에 새겨
　　진 암각화는 대개 하천가 혹은 인근의 양지바른 바위면에 입지하고 있다.
41) 崔光植, 1995, 앞의 글, 264쪽.
42) 이 암각은 이른바 '와당형문', 또는 '동경형문'으로 보고되기도 하였으나, 최근의
　　조사에서 가운데 성혈을 중심으로 3중의 원을 돌린 동심원으로 확인되었으며, 이
　　는 양전동 암각화와 유사한 것이라 한다. 다만 바위면의 자연균열로 인해 와당이
　　나 동경문으로 관찰된 것으로 여겨진다(대가야박물관, 2008, 앞의 책, 33쪽).

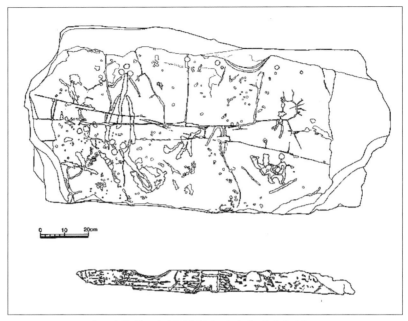

〈그림 2-5〉 지산동30호분 개석의 암각화실측도

형태는 하부의 것과 대동소이하다. 윗부분을 'V'자형으로 묘사한 그림에서는 깃털 모양의 선을 확인할 수 없으나 'U'자형으로 표현한 것에는 삼면에 깃털모양의 선을 묘사한 것이 보이고 있다. 아울러 미완성의 검파형 암각도 있다.

안화리암각화는 내용에 있어서 양전동암각화와 큰 차이를 보이지 않고 지역적으로도 인접해 있어 거의 비슷한 시기에 동일한 문화를 소유한 집단에 의해 조성된 것으로 여겨진다. 역시 청동기시대 신앙의례를 행하던 장소로 이용된 것으로 짐작된다.

이와 더불어 지산동44호분을 원형대로 복원한 전시관인 '大加耶王陵展示館'을 조성하기 위해 건립부지를 발굴조사하던 중 조사대상이었던 지산동 30호분에서도 岩刻畵의 존재가 발견되었다(<그림 2-5> 참조).

지산동 30호분은 석실 내에 下部石槨을 설치한 특이한 구조였으며, 암각화는 상부석실 개석 측면과 하부석곽 개석 상면에서 발견되었다.[43] 상부석실 개석 측면의 그것은 양전동과 안화리에서 발견된 암각화와 그 모양이 상당히 유사하여, 동일집단에 의해 제작된 것으로 추정할 수 있겠다. 이와는 달리 하부석곽 개석 상면의 암각화에는 性器가 극히 강조된 단순한 사람형상이 표현되어 있다.

그런데 여기서 한 가지 짚고 넘어가야 할 것은 지산동 30호분 출토 개석 암각화의 경우 그 내용이 다르다는 사실이다. 여기에는 양전동·안화리와는 전혀 다른 인물상을 표현하고 있기 때문에 동일집단에 의한 제작인지의 여부가 불분명하다. 일단 이들 암각화는 고령 지역 내의 또 다른 암각화의 존재 가능성과 더불어 고분개석의 채취 장소를 알 수 있는 자료지만[44] 그 곳이 어디인지는 알려져 있지 않다. 지산동고분군에서 멀지 않은 곳일 가능성이 높다는 추정만 할 수 있을 뿐이다.[45]

이상의 내용을 통해 고령읍 저전리·내상리, 운수면 봉평리·운산리, 개진면 양전리·신안리·반운리, 성산면 박곡리·어곡리, 쌍림면 산주리·매촌리 등에 지석묘가 분포하며 운수면 신간리에 입석이 분포하고 있음을 알 수 있었다. 이와 함께 비록 행정구역상으로는 고령군에 속하지 않지만 會川水系에 속하고 있으며 고령의 영역권 범위에 포함되어

---

43) 지산동 30호분의 주석실 개석에서 확인되었듯이 청동기시대 중요한 신앙행위의 대상이었던 암각화가 고분이 축조되면서 개석으로 사용하기 위해 파괴되었다는 사실은 가야시대에 들어서 암각화가 더 이상 신앙행위의 대상으로서의 기능을 상실하였음을 확인시켜주는 것이라 할 수 있겠다.

44) 金世基, 2000, 앞의 글, 35쪽.

45) 이들 지산동30호분 개석 암각화의 바위는 육안 관찰상 사암질의 석재로 재질은 거의 동일하다. 다만 바위를 채취하는 방법과 그림의 내용이 다르다는 점은 다른 종류일 것이라는 추정을 가능하게 한다. 그렇다면 이들은 위치가 다른 두개의 암각화에서 채취했을 가능성이 높지만, 울주 반구대암각화의 예에서 보듯 장시간에 걸쳐 그렸을 경우 동일 집단에 의해 서로 인접한 바위에서 그려졌을 가능성도 배제할 수 없다.

있는 陜川郡 德谷面 鶴里支石墓가 있다.[46) 이들 지역에서는 청동기시대 이래 일정 정도의 계급성을 띤 집단의 상정을 가능하게 한다.

이들 지역들은 대개 하천을 끼고 있다. 그 대강을 살펴보면 고령읍내를 지나는 대가천과 회천유역, 쌍림면을 거치는 안림천유역, 성산면을 지나는 龍沼川유역 등 고령일대 모든 수계에서 청동기시대의 유적 및 유물산포지를 확인할 수 있다. 이를 통해서 보면 고령읍 지산리·쾌빈리·내곡리·저전리·내상리 일대, 개진면 양전리·반운리·신안리 일대, 운수면 봉평리·운산리·신간리 일원, 쌍림면 산주리 일원·매촌리, 성산면 박곡리·어곡리 일대 등에 지석묘를 축조하면서 농경생활을 영위하던 자연촌락이 분포하고 있었을 것이다.

이들을 권역으로 묶어보면 대략 다섯 개 내외가 확인된다. 물론 이들 권역이 하나의 농경을 영위하던 자연촌락의 개수를 의미하는 것인지는 분명하지 않다. 다만 후대의 기록 등을 통해서 추측할 수 있을 뿐이다. 그 대강을 살펴보면 다음과 같다.

우선 첫 번째 권역은 高靈邑 일대로 생각된다(<그림 2-6>의 B지역). 이는 지산리일대의 무문토기산포지와 쾌빈리, 저전리 무문토기산포지와 저전리지석묘 등의 유적으로 확인된다. 지금 현재의 고령읍의 모습은 가야 당시와는 크게 달랐던 것 같다. 시대의 흐름에 따라 지형의 변화가 있었겠지만 가장 급격한 변화는 일제강점기 會川 주변에 제방을 쌓으면서부터였다. 현재의 고령읍 시가지 동편지역에 위치한 논들은 과거 河床이었던 것 같다. 이는 객토, 혹은 건설공사 등의 이유로 4m 이상 굴착하는 장소를 확인해 보면 모래가 드러나는 것으로 보아 그러한 추측을 가능케 한다. 그렇다면 당시에 사람들이 살았던 위치는 지산리 일대의 주산 능선과 능선 사이의 골짜기와 저전리 일대의 골짜기였을 것으로 추정할 수 있다. 이는 『삼국사기』 신라본기의 "先是 朝鮮遺民 分居山谷之間

---

46) 金世基, 2000, 앞의 글, 31~32쪽.

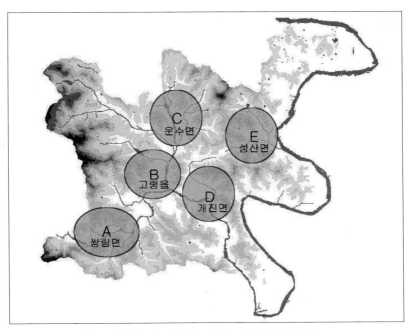

〈그림 2-6〉 청동기시대 당시 고령지역의 권역도

爲六村"[47])이라는 기록에서 보듯이 골짜기에서 마을을 이루고 살았던 것
과 비슷한 현상으로 보인다.

　두 번째는 개진면 양전리, 반운리 일대로 추정된다(<그림 2-6>의 D
지역). 이 일대에는 양전동암각화를 비롯해서 양전리 지석묘군, 양전리
무문토기산포지, 반운리 무문토기산포지 등 청동기시대 관련 유적지가
주위에 분포하고 있다. 특히 이 지역에는 현재까지 확인된 바로는 고령
에서 가장 오래된 고분군의 존재가 알려지고 있어[48] 대가야 이전에는
이 지역이 반로국의 중심지였을 것이라는 데에 대해서는 별다른 이견이
없는 것 같다.[49]

---

47) 『三國史記』 1, 新羅本紀1 赫居世居西干 卽位條.
48) 洪鎭根, 1992, 앞의 글.

다음은 운수면 일원으로 여겨진다(<그림 2-6>의 C지역). 운수면 일원에서는 신간리에서는 입석이, 봉평리에서는 지석묘 등이 확인되어, 이일대에 청동기시대의 취락이 분포하였음을 짐작할 수 있겠다. 특히 순평들에서는 많은 지석묘의 존재가 불과 20여 년 전만 하더라도 확인되었던 곳이다. 그러나 주민들의 전언에 의하면 농지정리로 10여 기 이상의 지석묘가 파괴되었다고 한다. 그 과정에서 마제석검과 마제석촉 등이 출토되었으나 당시 사람들의 무관심으로 전혀 전해지지 않고, 지금은 2기의 지석묘만이 남아 있다. 아울러 인근 법리에서 초기철기시대의 석부 등이 발견매장문화재로 보고된 적이 있어[50] 청동기시대 취락의 존재 가능성을 더욱 높여주고 있는 실정이다.

네 번째로는 쌍림면 산주리에서 시작되어 하거리, 매촌리까지 이어지는 쌍림면 일원으로 추정된다(<그림 2-6>의 A지역). 산주리일대에서 지석묘가 확인되고,[51] 신곡리에서 무문토기 저부 1점이 채집되는 등 무문토기산포지와[52] 신촌리에서 마제석검과 관옥이 발견매장문화재로 보고되는 사실로써 청동기시대 정치체의 존재를 추정할 수 있겠다. 이 일대를 가로지르는 안림천이 이루어 놓은 비옥한 충적평야로 대변되는 농경조건이 청동기시대 사람들이 모여서 정치집단을 형성할 수 있었던 것으로 짐작할 수 있다.

마지막으로 성산면 박곡리, 어곡리 일대이다(<그림 2-6>의 E지역). 이곳은 낙동강의 지류인 용소천이 의봉산에서 발원하여 용소리, 대흥리, 강정리를 지나 삼대리에서 낙동강으로 합류한다. 이 곳에서는 대흥리와

---

49) 金世基, 2000, 앞의 글.
50) 법리 발견유물들은 현재 국립대구박물관에 소장되어 있다.
51) 쌍림면 산주리지석묘의 정확한 위치는 합천군 야로면 덕암면이지만 가야천과 묘산천이 합수하여 안림천을 이루면서 충적평야를 형성하기 시작하는 곳으로 고령권역으로 보아야 할 것이다.
52) 金世基, 2000, 앞의 글, 33쪽.

박곡리 일대에 많은 지석묘의 분포가 확인되었다. 더불어 어곡리지석묘
부근에서 청동기시대 석관묘, 석곽묘 등이 발굴조사되기도 하였다.

Ⅱ. 半路國의 성립

Ⅰ절에서의 검토를 통하여 고령지역에서는 청동기시대에 대략 다섯
군데 정도에서 지석묘와 무문토기산포지 등을 통하여 읍락의 분포를 판
단할 수 있었다. 이러한 자료들을 바탕으로 고령지역에서의 삼한 소국
형성과정을 유추해보기로 한다. 삼한소국의 형성과정을 유추할 수 있게
해주는 자료로서는 『삼국사기』에 보이는 斯盧國 건국관련 기사와 『삼국
유사』駕洛國 관련 기사가 있다.[53] 그 내용을 보면 김해의 가락국과 경
주의 사로국이 형성되기 이전에 각각 가락구촌과 사로육촌이 있었음을
알 수 있다. 이러한 駕洛九村과 斯盧六村은 아마도 邑落을 표현한 것이
아닐까 생각된다. 한편 이들 각 촌의 長은 '酋長' 또는 '村長'으로 불렸
던 것 같다.[54] 이들 촌장들은 씨족 계보상 높은 서열로 인하여 그 자리
에 오른 이들로,[55] 이들의 추대에 의해 首露와 赫居世가 즉위하면서 가
락국과 사로국이 형성되었음을 짐작할 수 있겠다. 이러한 기록들은 각각

---

53) 『三國遺事』, 駕洛國記條 ; 『三國史記』1, 新羅本紀1, 赫居世居西干條 ; 『三國史記』
   41, 列傳1, 金庾信上.
54) 李鍾旭, 1982, 『新羅國家形成史研究』, 一潮閣, 12~56쪽.
   百濟의 경우 溫祚를 도왔다고 하는 十臣들을 六村長과 九干과 같이 선주토착민들
   의 지배자로 보기도 한다(盧重國, 1988, 『百濟政治史硏究』, 一潮閣, 82~84쪽).
55) 李鍾旭, 1993, 「韓國 初期國家의 政治發展段階와 政治形態」『韓國史上의 政治形
   態』, 一潮閣, 40쪽.

수로와 혁거세로 대표되는 이주집단의 영향으로 소국을 형성하게 되는 당시의 역사적 사실들을 반영한 것이라 여겨진다.

청동기시대에 들어서면서부터 농업생산력이 향상됨에 따라서 부를 축적하는 계층들이 등장하게 되고, 공동체생활을 영위하던 사회 내부에서는 경제력의 차이로 인한 자연스러운 계급분화가 일어나게 된다. 이러한 사회내부에서의 두드러지는 계급분화 속에서 금속무기의 발달과 경제력의 발달은 영토의 확장에 대한 욕구와 조공 등에의 욕구를 가져오게 되어 각 사회집단 사이에 정복전쟁이 일어나게 되었다. 전쟁은 사회내부에 강제력을 띠는 세력을 필요로 하였다. 강제력을 소유하는 세력은 앞에서 이야기한 부를 축적하는 계급들이 담당하게 되었고, 이들은 사회내의 질서를 유지하기 위한 조직체를 만들었다. 여기서 형성된 조직체가 최초의 국가들이라는 것이다. 여기에는 농업생산력의 향상이 중요한 역할을 하였으며 경제력의 발달이 주요 요인이었음을 알 수 있었다. 이것을 다른 시각으로 본다면 국가는 생산력이 발전하게 되면서 일정한 영역내에서 강제력(=정치권력)의 필요성이 대두되게 됨에 따라서 생겨난 2차적인 정치체로 이야기할 수 있는 것이다.[56] 이러한 최초의 국가형성 과정을 설명해줄 수 있는 것이 청동기시대의 유물과 유적이며, 특히 대표적 묘제라 할 수 있는 지석묘는 일정 수준 이상의 정치성을 띤 집단의 존재를, 이 시대의 유물들은 정치집단의 지배자에 대한 존재와 그 성격을 보여주는 것이라 할 수 있는 것이다. 이를 토대로 반로국의 형성과정을 정리해 보면 다음과 같다.

한반도 남부의 경상도 지역만을 국한시켜 본다면 최초의 대규모적인 유이민 파동은 기원전 5세기에서 4세기경에 한강유역에서 내려온 무문토기계통들의 주민들이 정착하면서부터였다. 이들 유이민들은 이전에 정착한 곳보다 좋은 기후조건 아래에서 농경생활을 영위하게 됨에 따라

---

56) 盧泰敦, 1981, 「國家의 成立과 發展」『韓國史研究入門』, 지식산업사, 114~120쪽.

서 부를 축적할 수 있게 되었다. 부의 축적이 가능해 지면서 빈부의 격차가 생기게 되고 부유 계층들은 지석묘를 축조할 수 있게 되었다. 이들 부유한 계층들은 기원전 3세기에서 2세기경에 이르면 충청, 전라도 지역에서 수입한 청동기를 소유하였다. 그렇지만 이들이 비록 청동기를 소유했다고는 하지만 정치집단의 형성이나 정치권력의 성장면에 있어서는 충청, 전라도 지역에 비해서 상대적으로 후진적이었다고 할 수 있을 것이다.[57] 당시 경상도 지역에서 청동기를 다량으로 소유한 집단의 존재에 대한 흔적이 발견되지 않기 때문이다. 따라서 확대된 지배권력의 성장이나 지배자의 대두를 이 지역의 광범한 사회현상으로 보기에는 어려울 것이다. 다만 지석묘를 축조할 수 있었던 계층들이 이 지역의 가장 보편적인 형태의 지배자였다고 할 수 있을 것이다.

그렇지만 기원전 1세기경에 이르게 되면 충청, 전라도 지역이 이미 마한소국으로 형성되어 있는 반면에 경상도 지역이 상대적으로 낙후되어 있는 모습이 차츰 변모해 가기 시작하였다. 기원전 108년의 한군현의 설치는 북방의 위만조선계통의 유이민들을 남하시키는 계기가 되었다. 이러한 유이민들의 움직임은 서서히 일기 시작하는 앞에서의 관계변화를 더욱 두드러지게 하였다. 즉 이들 유이민들은 경상도 지역에 정착하여 그들이 가지고 왔던 발달한 청동기와 초기 철기문화를 배경으로 이 지역의 사회통합을 진전시켜 나갔던 것이다.

이러한 현상은 이 지역에서 출토되는 유물을 근거로 추정해 볼 수 있다. 출토 유물의 현황을 보게 되면, 기원전 1세기경에서부터 기원년을 전후한 시기까지 경상도 지역에서는 철기 유물을 함께 출토하는 청동기 유물과 유적들이 현저하게 증가하는 것을 알 수가 있다.[58] 이것을 볼 때에 경상도 지역에서는 위만조선계통의 유이민들이 충청, 전라도 지역의

---

57) 李賢惠, 1984, 『三韓社會形成過程研究』, 一潮閣, 42쪽.
58) 李賢惠, 1984, 앞의 책, 60~61쪽, <표 Ⅲ-2> 참조.

강력한 마한 소국들의 세력기반을 피하여 경상도 지역에 정착함으로써
이들의 선진적인 금속기 문화를 바탕으로 강력한 세력집단이 대두하게
되는 것이다. 이러한 강력한 유이민 세력집단들과 결합하여 각지에서 삼
한소국을 형성하게 되는 것이다. 사로국과 가락국은 수로와 혁거세로 대
표되는 이주민들의 유입이 자극이 되어져 소국이 형성된 것을 짐작할 수
있다. 그 비슷한 사례의 하나가 반로국인 것이다.

읍락에는 사로육촌과 가락구촌의 경우에서처럼 村長, 또는 干이 지배
자로 존재하였을 것이다. 기원전 1세기 초에 들어서 조선유민 파동 등으
로 철기문화가 전파되면서 농경을 비롯한 몇 가지 기술혁신과 더불어
專業化의 수준이 높은 생산체계가 성립되어 진다. 그러면서 생산물에 대
한 지배를 통한 邑落 간의 位階化가 진행되고, 아울러 읍락 간의 연맹이
형성되었을 것으로 보인다.59) 이때의 盟主가 있던 곳이 나중에 '國邑'으
로 발전해 가는 것이라 믿어진다.

이렇듯 읍락사회는 초기철기문화가 파급되면서 사회통합을 진전시켜
소국이 형성되었던 것이다. 그렇다면 소국형성의 주체는 누구이며 시기
는 언제일까? 여기에 대해서는 영남지역의 초기철기문화가 앞 단계의
청동기문화와의 연속성을 가지고 있음을 보여주며, 소국형성기의 유적
임을 나타내어 주는 창원 다호리 유적의 발굴결과는 당시 지배집단의 출
자를 알려주는 데 시사하는 바가 크다.60)

---

59) 『三國遺事』, 新羅始祖 赫居世王條에 사로육촌장들이 모여 회의를 한 사실들은 촌
　　락연맹이 형성되었음을 보여주는 것이라 한다(李鍾旭, 1993, 앞의 글, 41~42쪽).
　　한편 『삼국유사』, 가락국기조에 하늘에서 내려온 황금알들을 아도간의 집으로 가
　　져온 사실은 당시 가락구촌연맹의 맹주가 아도간이었음을 나타내어 주는 것으로
　　볼 수 있을지 모르겠다.
60) 李健茂 외, 1989, 「義昌茶戶里遺蹟 發掘進展報告(Ⅰ)」 『考古學誌』 1, 韓國考古美
　　術硏究所 ; 李健茂 외, 1991, 「昌原茶戶里遺蹟 發掘進展報告(Ⅱ)」 『考古學誌』 3,
　　韓國考古美術硏究所 ; 李健茂 외, 1993, 「昌原茶戶里遺蹟 發掘進展報告(Ⅲ)」 『考
　　古學誌』 5, 韓國考古美術硏究所.

이 유적은 낙동강의 남안에서 약 2㎞정도 떨어진 야산에서 평지 쪽으로 뻗어 내린 구릉을 따라 밀집 분포된 기원전 1세기에서 늦어도 기원 1세기 후반까지 조영된 것으로 추정되는 土壙木棺墓群이다. 한국식 동검문화의 전통을 충실하게 계승하고 있는 이 유적에서는 철제무기류, 철제농공구류가 상당수 발견되고 단조제품, 주조제품이 모두 출토되어 철기제작기술이 상당히 발달하였음을 알 수 있다.

철기의 제작기술 자체는 북방으로부터 파급된 한의 철기문화의 영향 아래에서 이루어졌지만 무기류는 상당수가 기존의 한국식 동검문화와의 복합으로 제작되었고, 농공구류는 이 지역에서 독자적으로 창안되어 제작되었다. 농공구류가 독창적으로 제작된 사실을 염두에 두고 살펴보면 당시의 주된 경제생활이 농경이라고 할 때 이 지역에서는 상당한 수준의 농경기술이 발전하였을 것임은 물론 유이민집단의 동화를 쉽게 추측할 수 있겠다.

한편 이 유적에서 주목할 만한 사실은 신분의 차이를 상정할 수 있다는 것이다. 보고자들은 목관묘를 Ⅰ, Ⅱ, Ⅲ형으로 구분하여 Ⅰ형은 규모가 비교적 크고 깊으며 묘광 바닥 중앙부에 부장갱이 있는 것, Ⅱ형은 Ⅰ형보다 약간 작으며 부장갱이 없는 것, Ⅲ형은 Ⅰ, Ⅱ형보다 더욱 작고 얕은 것으로 신분에 따른 차이일 가능성이 크다고 보는 것이다. 특히 1호분의 경우는 부장품을 다른 분묘의 것과 비교해 볼 때, 양이나 질에서 현격한 차이를 보이고 있기 때문에 피장자는 君長과 같은 정치 지도자일 가능성이 높다고 한다. 이러한 조사결과는 기원 전후한 시기에 다양한 유물들을 부장할 수 있는 신분의 존재를 확인할 수 있게 하였다.

초기철기문화의 제작양식은 북방계통이지만 무기류나 농공구류가 독창적인 형태를 띠고 있다는 조사결과는 토착집단과 유이민과의 관계를 이해하는데 큰 도움을 주고 있다. 유이민들에 의해서 철기문화가 형성되었다 하더라도 토착집단의 문화를 근거로 발전되어 나가며 소국형성이 진행되는 것으로 이해할 수 있겠다.

이러한 유적은 문헌자료와도 그 시기가 거의 일치하므로 기원 전후한 시기에 소국이 형성되었다고 볼 수 있는 것이다. 고령지역에서는 이러한 유적의 조사예가 없어 정확한 연대는 언급하기 곤란하지만, 문헌기록상에 나타나는 때와 거의 비슷한 시기에 소국형성을 추정할 수 있는 자료들이 나타나고 있다. 따라서 고령지역도 그 즈음에 소국이 형성되었다고 볼 수 있을 것 같다.[61]

이때 형성된 소국은 『三國志』 동이전에 보이는 '國'이라고 표현된 것에 해당하리라 생각한다. 여기에 대한 해석은 각기 달라서 '국' 자체를 하나의 군장사회로 보는 견해가 있는가 하면[62] 酋長社會 몇 개가 통합되어 생긴 소국이라고 정의하기도 한다.[63] 그리고 城邑國家[64] 또는 邑落國家[65]라고 지칭하기도 한다. 이러한 명칭 자체가 모두 나름대로의 타당성을 지니고는 있지만 여기서는 하나의 작은 나라라는 의미에서 '小國'이라 부르기도 한다.

소국들이 형성되어 있던 당시의 경상도지역은 대개 김해의 狗邪國을 중심으로 『三國志』 동이전에 보이는 소국들과 『三國史記』, 『三國遺事』에

---

61) 이러한 추정을 가능케 하는 유적이 최근 慶尙北道文化財研究院에 의해 인근 성주지역에서 조사되었다. 성주 백전·예산토지구획정리사업지구 내 유적의 구제발굴조사 결과 초기철기시대의 목관묘 40기가 확인되었다(慶尙北道文化財研究院, 2003, 『성주 백전·예산토지구획정리사업지구내 유적 발굴조사 현장설명회자료』). 『삼국지』 등에 성주지역의 정치집단에 대한 기록은 확인할 수 없지만 이러한 유적이 조영된 것은 일정한 의미를 지닌다 하겠다. 즉 경상도 전역에 다호리유적에 버금가는 유적이 더 존재할 가능성이 확인되었다 한다면, 고령지역에도 그러한 상정은 가능하리라 생각된다.

62) 金貞培, 1978, 「蘇塗의 政治史的 意味」 『歷史學報』 79, 歷史學會 ; 金貞培, 1979, 「君長社會의 發展過程試論」 『百濟文化』 12, 公州大學校 百濟文化研究所.

63) 李鍾旭, 1982, 앞의 책 참조.

64) 千寬宇, 1976, 「三韓의 國家形成(上)」 『韓國學報』 2, 一志社.

65) 金廷鶴, 1982, 「古代國家의 發達(伽耶)」 『韓國考古學報』 12, 韓國考古學會.

보이는 포상팔국 등이 있었다.『三國志』魏書 東夷傳 弁辰條에 나오는
내용을 보면 다음과 같다.

> 2-A 弁辰은 또한 12국이 있다. 또 여러 小別邑이 있다. 각각에는 渠帥가 있
> 는데 큰 자는 이름을 臣智라 하고, 그 다음은 險側이 있고, 다음은 樊濊
> 가 있고, 다음은 殺奚가 있고, 다음은 邑借가 있다. 己柢國・不斯國・弁
> 辰彌離彌凍國・弁辰接塗國・勤耆國・難彌離彌凍國・弁辰古資彌凍國・弁
> 辰古淳是國・冉奚國・弁辰半路國・弁樂奴國・軍彌國・弁辰彌烏邪馬國・
> 如湛國・弁辰甘路國・戶路國・州鮮國・弁辰狗邪國・弁辰走漕馬國・弁辰
> 安邪國・弁辰瀆盧國・斯盧國・優由國이 있어서 弁辰韓을 합해서 24국이
> 다. 큰 나라는 4~5천 家이고 작은 나라는 6~7백 家인데 모두 4~5만
> 호이다(『三國志』魏書, 東夷傳 弁辰條).66)

위의 기록을 보면 변한지역에서는 狗邪國・彌離彌凍國・接塗國・古
資彌凍國・古淳是國・半路國・樂奴國・軍彌國・彌烏邪馬國・甘路
國・狗邪國・走漕馬國・安邪國・瀆盧國 등이 존재한 것을 알 수 있다.
이와 함께『삼국사기』・『삼국유사』, 물계자전에서는 骨浦國・柒浦國・
保羅國・古自國・史勿國 등 포상팔국이 보인다. 이를 통해 변한 12국과
포상팔국, 그리고 우리들이 알지 못하지만 좀 더 많은 정치체들이 존재
하고 있었음을 짐작할 수 있겠다. 이들 소국들에 대한 위치 비정은 대개
<표 2-1>과 같다.

이들 중에서 고령지역의 소국으로는 '미오야마국'으로 보거나 '반로국'
으로 비정하는 등 의견이 크게 갈리고 있다. 반로국은 성주지역으로 비정
하는 것이 기존의 통설이었다.67) '미오야마국'을 고령에 비정하는 견해는

---

66) 弁辰亦十二國 又有諸小別邑 各有渠帥 大者名臣智 其次有險側 次有樊濊 次有殺奚
次有邑借 有己柢國・不斯國・弁辰彌離彌凍國・弁辰接塗國・勤耆國・難彌離彌凍
國・弁辰古資彌凍國・弁辰古淳是國・冉奚國・弁辰半路國・弁[辰]樂奴國・軍彌
國(弁軍彌國)・弁辰彌烏邪馬國・如湛國・弁辰甘路國・戶路國・州鮮國(馬延國)・
弁辰狗邪國・弁辰走漕馬國・弁辰安邪國(馬延國)・弁辰瀆盧國・斯盧國・優由國
弁・辰韓合二十四國 大國四五千家 小國六七百家 總四五萬戶.

대개 『廣開土大王碑文』, 『眞鏡大師塔碑文』 및 『삼국사기』 强首傳, 『宋書』倭國傳, 『일본서기』에 보이는 '任那'와 관련지어 해석한 결과이다.[68]

〈표 2-1〉 변한소국의 위치

研究者\國名	鮎貝房之進	李丙燾	千寬宇	金泰植	筆者
弁辰彌離彌凍國	密津縣	密陽	醴泉 龍宮	密陽	密陽(?)
弁辰接塗國	×	咸安 漆原	×(尙州?)	×	×
弁辰古資彌凍國	固城(古自)	固城	固城	固城	固城(古自)
弁辰古淳是國	晋州(居陁)	×	泗川一三千浦	×(丹城)	×
弁辰半路國	草溪(八谿)	星州	×(陜川?)	×(高靈?)	高靈
弁辰樂奴國	×	河東 岳陽	×(晋州?)	×	×
弁軍彌國	昆陽(昆明)	泗川 昆明	漆谷 若木一星州	×	×
弁辰彌烏邪馬國	×	高靈	高靈	×	×
弁辰甘路國	開寧(甘文)	金泉 開寧	金泉 開寧	×(開寧?)	×
弁辰狗邪國	高靈(伽耶)	金海	金海	金海	金海
弁辰走漕馬國	×(卒痲)	金海 조마	咸安 漆原一馬山	×(晋州?)	×
弁辰安邪國	咸安(阿耶)	咸安	咸安	咸安	咸安
弁辰瀆盧國	巨濟(裳郡)	東萊	東萊	東萊	×(東萊?)

6세기 초 『일본서기』, 계체기에 보이는 세력으로 백제와 己汶지역을

---

67) 대개는 '路'를 '跋'의 착오로 『일본서기』에 보이는 반파국으로 이해하면서 지금의 성주지역으로 비정하였던 것이다.
　　吉田東伍, 1893, 『日韓古史斷』, 富山房, 141~144쪽 ; 今西龍, 1970, 『朝鮮古史の研究』, 國書刊行會, 358~360쪽 ; 李丙燾, 1976, 『韓國古代史研究』, 博英社, 274쪽.
68) '任那'는 현재 일본에서 mima-na로 읽는데 이는 nima-na에서 語頭音 n-이 후행하는 m에 동화되어 mima-na로 된 것이라 한다. 이 nima-na(任那)의 뜻은 '主邑' 즉 nima(主)+na(壤)에서 유래한 것으로 보기도 한다. 『三國史記』, 『廣開土大王碑文』 등의 우리 측 기록에서의 任那는 nima-na의 표기로 보는 것이다(李炳銑, 「任那 十國名의 對馬島 比定」 『韓國學報』 62, 一志社, 1991, 2쪽).
　　한편 반로국과 반파국을 동일 소국으로 보는 것과는 달리 각각의 소국으로 보면서 반로국은 그 위치를 알 수 없지만 陜川一晋州一咸陽방면으로 비정하고, 반파국은 성주로 비정하기도 하였다(千寬宇, 1991, 「復元加耶史」 『加耶史研究』, 一潮閣, 13쪽).

두고 영역다툼을 벌이는 주체로서의 반파국을 고령으로 비정한[69] 이후 반로국으로 보는 견해가 정설화되어 가는 것 같다. 『일본서기』 계체기에서 백제와 영역다툼을 벌이는 기사를 볼 때 가야 측에서는 스스로 '加羅'라고 하고 백제 측에서는 '伴跛國'이라고 언급하여[70] 가라는 곧 반파국, 즉 대가야를 표방한 고령지방의 前 主體勢力으로 추측하고 있다. 아울러 음상사에 근거를 두어 반파국을 本彼縣에 관련시킨 것을 무리라고 판단하고 伴跛의 '跛'를 '파'로 읽어야 된다고 하면서 이를 『梁職貢圖』, 百濟國使傳에 보이는 '叛波'와도 결부시키고 있다. 이는 백제측이 '大加耶'란 이름 아래에 가야지역을 통합하려는 고령세력을 가야의 大君長으로 인정하지 않고 다만 여러 소국 중의 하나로만 간주하려는 태도라고 설명하면서 6세기 초 당시의 높았던 적개심으로 말미암아 '叛波'라고 기록하였으리라 추측하는 것이다.[71]

최근 고령의 대가야의 정치와 사회, 사상과 신앙, 고분문화 등 거의 모든 부문을 망라한 연구성과에서도 모든 연구자들이 동의하는 것은 아니었지만[72] 고령지역의 소국을 반로국으로 비정하는 것에 의견을 접근시키고 있다.[73] 필자도 고령 반로국설을 따르는 바이다. 반면에 성주지역에는 『삼국지』에 보이는 국명이 아닌 『경상도지리지』에 보이는 碧珍國으로[74] 비정하고 있는데, 타당한 견해라 생각된다.[75]

반로국의 등장을 확인할 수 있는 것은 앞서 언급하였다시피 개진면

---

69) 金泰植, 1993, 앞의 책, 78·95~105쪽.

70) 『日本書紀』, 繼體紀 7·8·9·23年條.

71) 金泰植, 1993, 앞의 책, 100~106쪽 ; 權珠賢, 1997, 「'加耶'の槪念とその範圍(上)」 『國學院雜誌』 99-2號, 國學院大學, 31~32쪽.

72) 李明植, 1995, 「大伽耶의 歷史·地理的 環境과 境域」 『加耶史硏究』, 慶尙北道.

73) 盧重國 외, 1995, 앞의 책.

74) 古稱碧珍國 此諺傳也(『慶尙道地理志』, 尙州道 星州牧官條).

75) 金泰植, 1993, 앞의 책, 72~73쪽 ; 李炯基, 1998, 「星山伽耶聯盟體의 成立과 그 推移」 『民族文化論叢』 18·19合, 嶺南大學校 民族文化硏究所.

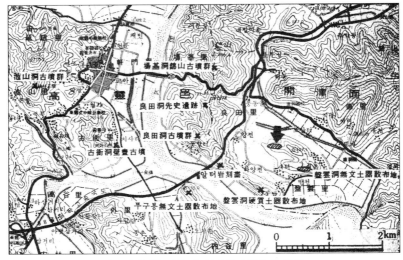

〈그림 2-7〉 반운리 와질토기유적의 위치

반운동 일대의 土壙墓群이다(〈그림 2-7〉 참조). 이 유적은 지표조사를
통해 瓦質土器, 硬質土器, 鐵器類, 石器類 등이 채집되어 1992년 학계에
보고되면서 알려졌다.[76] 고령읍에서 會川을 따라 남동쪽으로 가다가 양
전동암각화를 지나면 왼편으로 넓은 간도들이 보이고 그 너머에 獨山이
위치하고 있다. 독산의 서쪽은 완만한 'Y'자형 능선을 이루고 있는 데,
이 곳에 盤雲里 瓦質土器遺蹟이 위치하고 있다. 행정상으로는 고령군 개
진면 반운리 5-4번지 일대로 양전리와 접하고 있다. 이 곳은 무문토기편
과 석기류 등이 채집되는 반운리 무문토기산포지와 와질토기유적이 공
존하고 있으며, 인근에는 장기동 금산고분군, 개포동고분군, 반운리고분
군, 반운리경질토기산포지, 양전리지석묘군, 투구봉무문토기산포지, 양
전동암각화, 신안리유적, 직리·개포리지석묘 등 고령지역에서는 상대
적으로 이른 시기의 유적들이 주위에 밀집분포하고 있다.

---

76) 洪鎭根, 1992, 앞의 글, 69쪽.

이 곳 와질토기유적은 반운저수지 북편 표고 80.1m인 독산의 작은 봉우리 서쪽으로 뻗어 내리는 능선 상에 길게 위치하고 있다. 유적의 대부분은 도굴된 채 방치되어 있는데, 盜掘坑에서 築石施設이 나타나지 않고 다만 와질 및 경질 옹관편이 채집되는 것으로 보아 토광묘와 옹관묘가 혼재된 유적으로 보고되어 있다. 크게 4개 지구로 구분하여 유적이 주로 분포하는 능선상의 가장 높은 부분을 1지구로 하고 아래로 내려오면서 2, 3지구로, 가장 말단부를 4지구로 설정하였다. 2세기 중반~3세기 말·4세기 초로 비정되는 와질토기유적이다. 이 유적이 고령지역에서는 현재까지 확인된 기원 1~3세기까지의 유적 중 가장 우월한 유물의 출토양상을 보여주고 있다고 하겠다.[77]

현재까지의 고고학적 조사성과를 통해 볼 때 고령지역에서 청동기시대에서 초기철기시대로 이어지는 동안 고고학적으로 가장 뛰어난 유물상이나 유적지가 위치하는 곳은 개진면 반운리 일대이다. 반운리 일대에는 지석묘군과 더불어 와질토기유적이 확인되기 때문이다.[78] 또 이 유적에서는 반로국 당시의 철기문화의 존재도 확인시켜 준다. 여기에서 출토되는 鐵斧·鐵鉾·鐵鎌 등은 고령지역에서의 철기문화의 출현을 보여준다고 할 수 있다.[79]

철부는 장방형의 鍛造製로 鑿部 일부가 결실되어 있지만 전체적으로

---

77) 최근 동양대학교 박물관에서 이 유적의 남쪽 사면에 위치한 납골묘 설치부지에 대한 발굴조사를 실시한 바 있다. 20여 평의 좁은 면적에도 불구하고 목곽묘 3기와 단경호·방추차 등의 토기류, 철부·철모·철촉 등 철제유물이 출토되었다(동양대학교 박물관, 2004, 「고령 개진면 반운리 납골묘 신축부지내 와질토기산포지 시굴조사결과 약보고서」).

78) 洪鎭根, 1992, 앞의 글.

79) 實用 鐵製農工具는 昌原 다호리1호묘 단계에서부터 부장되기 시작하는데, 당시는 극히 제한된 최상층 지배계층에 한정되었던 것 같다(朴淳發, 2000, 「加耶와 漢城百濟」『加耶와 百濟』第6回 加耶史學術會議 發表要旨, 金海市, 33쪽). 비록 시기는 다르다 할지라도 이는 당시 盤雲里 瓦質土器遺蹟의 위상을 추정할 수 있게 한다.

양호한 편이다. 길이 16.4㎝, 刃部幅 5.6㎝, 身部最大幅 6.3㎝, 鎏部外徑 4.7×3.3㎝이다. 철모는 先端部와 鎏部부분이 모두 결실되어 단면은 긴 마름모 형태를 띤 身部만 남아있는 상태이다. 잔존길이 12㎝, 폭 3.1㎝, 두께 0.5㎝이다. 철겸은 기부를 둥글게 말아올린 鋒部와 신부일부가 결실되어 있다. 基部나 신부의 폭은 거의 일정하며 봉부에 이르러 크게 꺾이면서 그 폭이 줄어드는 것으로 보이지만 정확한 내용은 알 수 없다. 잔존 길이 17.2㎝, 폭 2.7㎝, 두께 0.3㎝이다. 비록 지표조사 결과라는 한계가 있긴 하지만, 고령지역에서 현재까지 확인된 가장 빠른 시기의 고분군축조집단이 철기를 부장하고 있었음은 최소한 고분군축조의 하한인 3세기 말·4세기 초에는 철기제작기술이 도입되었다는 것을 의미한다. 아울러 이는 또한 인근의 철광이 개발되었다는 사실을 뒷받침한다고 하겠다. 철제농기구는 3세기에서 4세기 전반대에는 渠帥層을 중심으로 소유하고 있었다는 사실에 비추어 보면[80] 여기서 수습된 철기류는 당시 이 지역의 최고 지배층이 소유하고 있었음이 확인된다.

물론 그 이전의 정치집단의 존재는 지석묘 축조집단으로 짐작할 수 있겠지만 국가단계에서의 반로국의 존재는 이 유적으로 확인할 수 있으리라 생각한다. 그렇지만 반로국은 당시 변한사회에서 두각을 나타낼 만큼 그다지 강력한 국가는 아니었던 것으로 여겨진다. 이는 고령지역 내에서 1~3세기 단계의 뛰어난 유물상을 보여주는 유적의 존재가 아직까지 확인되지 않는 것과 『삼국지』 동이전에서 보듯이 안야국과 구야국의 수장만이 우대칭호를 받는 것으로 짐작할 수 있겠다.[81]

---

80) 金在弘, 2001, 『新羅 中古期 村制의 成立과 地方社會構造』, 서울大學校 博士學位論文, 23~48쪽.

81) 安邪國의 수장이 우대칭호를 받는 것은 固城의 古自國이 중심이 된 浦上八國의 난이 실패로 돌아가고 이후 포상팔국 중의 일부가 아라가야연맹체로 통합된 결과로 해석해 본 바 있다(李炯基, 1999, 「阿羅伽耶聯盟體의 成立과 그 推移」 『史學研究』 57, 韓國史學會, 17~19쪽).

반로국의 내부가 어떠한 모습을 가지고 있었는가를 보여주는 자료는 현재 남아있지 않다. 다만 다음의 기록을 통해서 추정할 수 있을 뿐이다.

2-B ① 弁辰은 또한 12국이 있다. 또 여러 小別邑이 있다. 각각에는 渠帥가 있는데 큰 자는 이름을 臣智라 하고, 그 다음은 險側이 있고, 다음은 樊濊가 있고, 다음은 殺奚가 있고, 다음은 邑借가 있다(『三國志』, 魏書 東夷傳 弁辰條).
② 그 풍속과 기강은 낮아서 國邑에는 비록 主帥가 있으나, 邑落이 잡거하여 서로 능히 제어하지 못한다(『三國志』, 魏書 東夷傳 韓條).
③ 국읍에 각 한 사람을 세워 천신에 제사지내는 것을 주관하게 하였는데, 이름은 천군이다. 또 모든 나라에는 별읍이 있는데 이름은 소도이다(『三國志』, 魏書 東夷傳 韓條).
④ 그 나라 안에 무슨 일이 있거나 관가에서 성곽을 쌓게 하면, 모든 젊고 용감하고 건장한 자는 모두 등의 가죽을 뚫고 큰 밧줄로 그곳을 한발쯤 되는 나무막대를 매달고 온 종일 소리를 지르며 일을 하는데도 아프게 여기지 않는다. 그렇게 작업하기를 권하며, 또 이를 강건한 것으로 여긴다(『三國志』, 魏書 東夷傳 韓條).
⑤ 하루는 왕이 신하들에게 말하기를 "구간 등은 모두가 관료들의 우두머리로 그 자리와 더불어 이름이 모두 미천한 사람들의 이름이요, 결코 존귀한 직위의 이름이라 할 수 없으며 만일 바깥에서 듣게 된다면 반드시 비웃을 것이다" 하고 드디어 아도를 아궁으로, 여도를 여해로, 피도를 피장으로, 오도를 오상으로, 유수와 유천의 이름은 위 글자는 그대로 두고 아래 글자를 고쳐 유공과 유덕으로 하고 신천을 신도로, 오천을 오능으로 고쳤다. 신귀의 음은 바꾸지 않고 뜻만 고쳐 신귀라 하였다. 계림의 직관과 의례를 따라 각간, 아질간, 급간의 등급을 두고서 그 아래 관료들은 주와 한의 제도를 따라 나누어 정하였으니, 이는 옛 제도를 혁신하고 새 관직은 마련한다는 도리라고 할 것인가? 이때 나라를 다스리고 집안을 정돈하여 백성을 자식처럼 사랑하여 그 가르침이 어지럽지 않으나 위엄이 있고 정치가 엄하지 않아도 다스려졌으니 …(『三國遺事』, 駕洛國記條).[82]

---

82) ① 弁辰亦十二國 又有諸小別邑 各有渠帥 大者名臣智 其次有險側 -次有樊濊 -次有殺奚 -次有邑借
② 其俗少綱紀 國邑雖有主帥 邑落雜居 不能善相制御
③ 國邑各立一人 主祭天神 名之天君 又諸國各有別邑 名之爲蘇塗
④ 其國中有所爲 及官家使築城郭 諸年少勇健者 皆鑿脊皮 以大繩貫之 又以丈許木

主帥는 개진면 반운리 일대에 위치하면서 반로국을 지배해 나갔을 것임을 쉽게 추정할 수 있겠다. 앞의 사료 2-B ①을 통해 알 수 있듯이 이들 주수는 臣智, 險側, 樊濊, 殺奚, 邑借로 국의 규모에 따라 이름이 달랐다. 이 중 대국의 지배자들에게 붙여졌던 신지는 당시 대국이었던 구야국과 안야국 주수에게 붙이던 칭호였을 것이며 반로국은 험측 이하의 칭호 중 하나였을 것이다. 이 때 "능히 읍락을 잘 제어하지 못했다"는 2-B ②의 내용으로 보아 주수의 지배력은 그다지 강력하지 못하였을 것이다.

한편 앞서 본 고령군 내의 지석묘의 존재는 반로국 이전 취락들의 분포를 알려주는 것이라 하겠다. 반로국 당시 읍락집단의 분포는 이들 취락의 분포를 통해 확인한 앞의 다섯 개 정도의 권역으로 추정할 수 있었다(<그림 2-6> 참조). 즉 고령읍, 운수면, 성산면, 개진면, 쌍림면 일원이 그것이다. 반로국의 범주는 위에서 확인한 범주, 즉 현재의 고령군 일대로 우곡면 지역을 제외한 범위일 것이다.

그런데 여기서 한 가지 짚고 넘어가야 할 사실은 '別邑'의 존재이다. 별읍은 말 그대로 '특별한 읍'일 터인데 그 기록은 『삼국지』, 동이전 한조와 변진조에만 보이고 있다. 이러한 별읍에 대해서는 논자마다 각각 다르게 해석하고 있다. 일단 별읍의 경우, 말 그대로 읍락처럼 사회의 기본단위로 사용하기 어렵다는 것에는[83] 필자도 동의하는 바이다. 이때 별읍의 성격을 가늠할 수 있는 중요한 기준이 天君의 존재이다. 마한에

　　銛之 通日囉呼作力 不以爲痛 旣以勤作 且以爲健
　⑤ 一日 上語臣下曰 九干等俱爲庶僚之長 其位與名 皆是宵人野夫之號 頓非簪履職
　　位之稱儻化外傳聞 必有嗤笑之恥 遂改我刀爲我躬 汝刀爲汝諧 彼刀爲彼藏 五刀
　　爲五常 留水留天之名 不動上字 改下字 留功留德 神天改爲神道 五天改爲五能
　　神鬼之音不易 改訓爲臣貴 取鷄林職儀 置角干 阿叱干 級干之秩 其下官僚以周
　　判漢儀而定之 斯所以革古鼎新設官分職之道歟 於是平理國齊家 愛民如子‧ 其
　　敎不肅而威 其政不嚴而理
83) 盧重國, 1989, 앞의 글, 5～7쪽.

서는 천군은 종교행사를 주관하는 역할을 가지고 있어 일정 부분 독자성을 확보하고 있었을 터이다. 그런데 이는 마한의 경우이고, 변한과 진한의 경우에는 이와 다르게 해석되어야 할 것이다. 앞의 사료 2-B ①에서 보이듯 국읍과 읍락이 있었던 '國'과는 별도로 별읍이 존재하는 것으로 기록되어 있기 때문이다.[84] 이렇게 기록된 것은 나름대로의 독자성을 확보하고 있었음을 짐작케 해준다. 이 별읍이 때에 따라서 '國'으로 불렸던 사실도 여기서 기인하는 것이라 생각되며,[85] 변한 내에서의 이러한 추정은 충분히 가능하리라 보인다.[86] 결국 반로국은 자연촌락과 읍락, 그리고 국읍이 중층적인 구조를 가지고 있었던 것이다.

이러한 내용으로 미루어 본다면 반로국도 경상도 일대 여타 국가와 마찬가지로 국읍과 다수의 촌락으로 구성된 몇 개의 읍락으로 구성되었을 것이다. 국읍은 용어 그대로 '나라의 中心邑落', '大邑落'일 것이다.[87] 아마도 변진소국들은 이러한 국읍을 중심으로 여러 읍락이 서로

---

84) 권주현은 안야국에 대해서 언급하면서 국읍은 소도로서의 별읍 기능까지 포함하고 있었을 것이며, 오히려 천군이 종교적인 권능으로 안야국을 대표하는 왕으로서의 권한을 가지고 있었다고 해석하였다(權珠賢, 1995, 「安邪國에 대하여―3세기를 중심으로―」『大丘史學』50, 大丘史學會, 14~16쪽).

85) 권주현은 포상팔국에 보이는 骨浦・柒浦・古史浦(古自國)・史勿國・保羅國 중에서 『三國志』에 보이는 것은 弁辰古資彌凍國의 고자국이며, 나머지는 별개의 소국으로 보아 이는 별읍 규모의 소국으로 여겨진다고 하였다(權珠賢, 1995, 앞의 글, 14~16쪽).

86) 『三國史記』의 고령관계 기사를 보면, 현재의 경남 합천군 야로지역이 고령의 속현이었음을 알 수 있다. 삼국 및 통일신라의 발전과정에서 중국의 군현제를 모방하여 州府郡縣의 名號와 邑格 및 領屬關係는 변천을 거듭했지만 원구역 그 자체의 분할이나 해체작용은 극히 드물었다고 할 때(李樹健, 1984, 『韓國中世社會史硏究』, 一潮閣, 15쪽), 이는 고대사회에서 야철지가 있었던 야로지역이 고령에 속해 있었음을 알 수 있다. 그렇지만 이곳을 반로국의 읍락으로 보기에는 약간 주저된다. 물론 안림천을 통한 수계가 이어져 있기는 하지만 거리상으로 그렇게 짐작되는 것이다. 이에 필자는 합천군 야로지역이 별읍이었을 것으로 추정해 본 바 있다(李炯基, 2000, 「大加耶의 聯盟구조에 대한 試論」『韓國古代史硏究』18, 서경문화사, 16쪽).

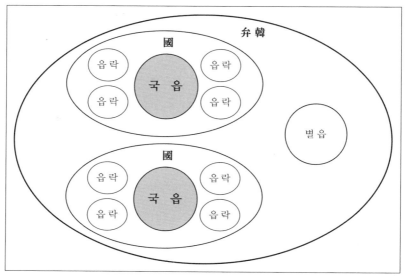

〈그림 2-8〉 변한 소국내부의 구조 및 별읍

중층적으로 연결되어 있는 구조를 가지고 있었던 것 같다(<그림 2-8> 참조).

당시의 국읍은 지석묘의 분포상만으로는 찾을 수 없다. 따라서 그 이후의 자료들을 원용할 수밖에 없는 실정이 된다. 고령지역 내에서 규모나 입지 면에서 가장 월등한 고분군이 분포하는 지역은 고령읍의 지산동고분군이다. 하지만 지산동고분군이 분포하는 고령읍 인근에서는 청동기시대에서 초기철기시대로 이어지는 기간에 조성된 것으로 믿어지는 대규모의 유적이 확인되지 않고 있다. 그렇다고 한다면 지산동고분군의 분포만으로 고령읍 일대를 국읍지로 추정하기는 곤란한 실정이다. 말 그대로 여러 읍락 중에서 가장 규모가 크고, 나라의 중심이었을 국읍을 찾기란 사실 불가능에 가깝다. 따라서 이는 현재까지의 고고학적 성과들을

87) 盧重國, 1989, 「韓國古代의 邑落의 構造와 性格」『大丘史學』38, 大丘史學會, 4~5쪽.

이용해서 찾을 수밖에 없다. 그러나 고령지역 모두가 고고학 조사가 이루어지지 않았고, 일부 자료들은 실제 발굴조사가 아닌 지표조사 등을 통해서 확인된 것이기 때문에 확정할 수 없는 실정이다. 따라서 현재까지의 조사성과를 바탕으로 추정을 한다고 하더라도 일정 부분 한계가 있다는 점은 미리 지적하여야겠다.

현재까지의 성과들로 추정된 반로국 당시의 읍락집단 중 가장 중심되는 國邑은 앞서 언급한 토광묘유적이 있는 개진면 반운리 일대라고 보인다(<그림 2-7> 참조). 즉 현재까지의 성과로는 반운리 일대를 반로국의 국읍으로 볼 수 있는 것이다.

이상으로 고령지역에 위치한 삼한시대의 소국인 반로국에 대하여 살펴보았다. 반로국은 대가야 이전 고령지역에 있었던 변한소국으로 기원을 전후한 시기에 개진면 반운리를 중심으로 성립하였음을 확인할 수 있었다. 이는 반운리 와질토기유적을 통해서 알 수 있었다. 이러한 반로국의 읍락의 위치는 고고학적 자료들을 통해 현재의 고령읍, 개진면, 쌍림면, 성산면, 운수면이었을 것으로 추정되었다. 그 내부구조는 국읍이 위치하였던 개진면 반운리를 중심으로 국읍－읍락－촌락의 중층적 구조였다. 국의 최고지배자였던 주수 아래에 호민, 하호, 노비 등의 신분들이 있었다.[88]

---

88) 삼한시대 반로국의 신분구조에 대해서는 본서 4장 Ⅲ절에서 언급하고 있으며 『三國志』, 위서 동이전 부여조의 "邑落有豪民 民下戶皆爲如僕"이라는 구절이 참고된다.

제 3 장

대가야사의 전개

I. 지역연맹체의 성립

1. 半路國에서 加羅國으로

弁韓社會는 어느 시기엔가 加耶社會로 접어들었으며, 초기의 이러한 모습은 '地域聯盟體'로 나타났으리라 생각한다. 가야사회에서 지역연맹체의 모습을 가장 잘 보여주고, 또한 설명해 줄 수 있는 자료가 이른바 '浦上八國戰爭'[1]으로 생각된다. 이 전쟁은 가야사회에서 큰 획을 그을 수 있는 사건이기 때문에[2] 학계로부터도 많은 관심을 받아왔다. 필자도 이를 가야사회에서 지역연맹체의 모습을 설명해 주는 것으로 생각하여 왔다. 다음 내용을 보기로 한다.

> 3-A ① 가을 7월에 浦上八國이 가라 침략을 도모하니 가라왕자가 와서 구원을 요청하였다. 왕이 태자 于老와 伊伐飡 利音에게 명하여 六部兵을 거느리고 가서 구하게 하였다. (포상팔국을) 공격하여 팔국의 장군을 죽이고 포로 육천을 잡아 돌아왔다(『三國史記』, 新羅本紀2 奈解尼師今 14年條).

---

1) 『三國史記』에는 '浦上八國의 亂'으로 기록되어 있다. '亂'이라는 표현은 사전적 의미로 '전쟁이나 재변 따위로 세상이 어지러운 상태'이지만, 역사적으로는 지배자에 저항하는 모습으로 대개 나타난다. 이러한 사정은 결국 신라 중심의 역사관에서 비롯되었기 때문으로 생각된다. 따라서 포상팔국 당사자의 입장에서 볼 때 '난'보다는 '戰爭'이 타당하리라 생각하기 때문에 '浦上八國戰爭'으로 기술하도록 한다.
2) 고령지역에서도 三韓段階의 半路國에서 지역연맹체 단계로 접어들었던 시기를 구체적으로 찾기란 어렵다. 문헌기록이 남아있지 않음은 물론이고 그것을 설명해 줄 만한 고고학적 자료도 축적되지 않았기 때문이다. 다만 남해안 연안지역에서 교역을 둘러싼 狗邪國과 浦上八國의 다툼은 분명 이전 단계와는 다르므로 이때가 한 획기는 될 수 있으리라 생각한다.

> ② 勿稽子는 奈解尼師今때 사람이다. … 浦上八國이 아라국을 치기를 함께 모의하니 아라의 사신이 와서 구원을 요청하였다. 왕이 왕손 㮈音에게 명하여 近軍 및 六部軍을 거느리고 가서 구원케하니 드디어 팔국병이 패하였다. … 삼년이 지난 후에 骨浦·柒浦·古史浦 등 세 나라 사람들이 竭火城을 공격하니 왕이 병사를 거느리고 출병하여 구원하니 세 나라 군대가 대패하였다(『三國史記』, 列傳8 勿稽子傳).
>
> ③ 保羅國, 古自國(지금의 固城), 史勿國(지금의 泗州) 등 八國이 힘을 합하여 변경을 침략하니 왕이 태자 㮈音, 將軍一伐 등에게 병사를 거느리고 가서 막게 하니 여덟 나라가 모두 항복하였다. … 십년 을미년에 骨浦國(지금의 合浦) 등 세나라 왕이 각각 병사를 거느리고 竭火(屈弗인지 의심된다. 지금의 蔚州)성을 공격하니 왕이 친히 병사를 거느리고 방어하니 세 나라가 모두 패하였다. … 무릇 保羅(發羅로 의심된다. 지금의 羅州)는 갈화와의 전투에서 …(『三國遺事』, 避隱8 勿稽子條).[3)]

위의 기사에서 알 수 있듯이 포상팔국의 이름으로는 骨浦國·柒浦國·古史浦國·保羅國·古自國·史勿國 등이 보이고 있다. 이 가운데 고사포와 고자국은 같은 곳을 나타내는 지명으로 볼 때[4)] 결국 여덟 나라 중에서 다섯 개의 이름밖에 전해지지 않고 있다. <표 3-1>에서 보듯 각 국의 위치비정과 칠포·골포·고사포 등의 해안을 나타내는 명칭으로 미루어 보아 경남 해안지역에 위치한 8개의 소국으로 볼 수 있겠다.[5)]

---

3) ① 秋七月 浦上八國 謀侵加羅(加羅 勿稽子傳皆作阿羅) 加羅王子來請救 王命太子于老 與伊伐湌利音 將六部兵 往救之 擊殺八國將軍 奪所虜六千人還之

② 勿稽子 奈解尼師今時人也 … 時八浦上國同謀伐阿羅國 阿羅使來請救 尼師今使王孫㮈音率近郡及六部軍往救 遂敗八國兵 … 後三年骨浦·柒浦·古史浦三國人來攻竭火城 王率兵出救 大敗三國之師 …

③ 保羅國 古自國(今固城) 史勿國(今泗州)等八國 併力來侵邊境 王命太子㮈音 將軍一伐等 率兵拒之 八國皆降 … 十年乙未 骨浦國(今合浦也)等三國王 各率兵來攻竭火(疑屈弗也 今蔚州) 王親率禦之 三國皆敗 … 夫保羅(疑發羅 今羅州) 竭火之役 …

4) 丁仲煥, 1962, 『加羅史草』, 釜山大學校 韓日文化硏究所, 183~185쪽 ; 南在祐, 1998, 『安羅國의 成長과 對外關係 硏究』, 成均館大學校 博士學位論文, 76쪽, 註 86).

5) 盧重國, 1990, 「雞林國攷」『歷史敎育論集』13·14合, 歷史敎育學會, 192쪽, 註 70) ; 金廷鶴, 1983, 「加耶史의 硏究」『史學硏究』37, 韓國史學會, 12쪽 ; 李賢惠, 1988,

〈표 3-1〉浦上八國의 위치비정

연구자 國名	丁仲煥	金廷鶴	金泰植	田中俊明	白承玉	南在祐	筆者
骨浦國	馬山	昌原	馬山	馬山	馬山·昌原	昌原 (加音丁洞)	昌原 (馬山)
柒浦國	巨濟島 漆川梁	柒原		漆原	漆原	漆原	漆原
古史浦國	固城	固城	固城	固城	固城	固城	固城
保羅國	鎭東			固城 부근?			
史勿國	泗川	泗川	泗川	泗川	泗川	泗川	泗川

포상팔국의 중심국은 이들 나라가 위치하였을 것으로 여겨지는 남해
안 연안 여러 지역들 중에서 고성읍에 위치하고 있었던 古自國이었을
것으로 생각된다.[6] 포상팔국은 남해안 연안에 위치하여 당시 해로를 이
용하여 활발한 대외교류활동을 통해 성장하던 고자국이 인근의 여러 소
국들을 통합하여 하나의 지역연맹체를 이룬 것으로 보고자 한다.[7] 이때
필자는 이 연맹체의 이름을 오가야조에 보이는 이름을 따라 '小加耶聯

「4세기 加耶社會의 交易體系의 변천」『韓國古代史研究』1, 지식산업사, 159~167
　　쪽 ; 權珠賢, 1990, 「阿羅加耶에 對한 一考察」, 啓明大學校 碩士學位論文, 37쪽.
6) 李炯基, 1997, 「小伽耶聯盟體의 成立과 그 推移」『民族文化論叢』17, 嶺南大學校
　民族文化研究所, 14쪽.
　浦上八國으로 비정되는 남해연안 지역 중에서 고성지역에서만 고총고분군이 존재
　하는 것은 이를 뒷받침해 주고 있다. 한편 고성지역의 고분군 분포에 대해서는
　慶南大學校 博物館·國立昌原文化財研究所, 1994, 『小加耶文化圈 遺蹟精密地表
　調査報告－先史·古代－』참조.
7) 초기철기시대의 유적인 固城東外洞貝塚에서 중국과 일본계통의 유물들이 발견되
　는 것은 해양을 통한 교류가 활발하여 교역을 통한 발전을 짐작케 해주고 있다
　(金東鎬, 1986, 「고고학상에서 본 소가야문화의 제문제」『嶺南考古學』1, 嶺南考
　古學會, 63~71쪽).
　한편 浦上八國을 낙동강 하류 및 경남해안에 위치한 '가야의 여덟소국으로서 인
　근의 대국인 安羅國의 통할을 받는 존재'라고 해석하기도 한다(白承忠, 1995, 『加
　耶의 地域聯盟史 研究』, 釜山大學校 博士學位論文, 93쪽).

盟體'8)라고 부르기로 한다.9)

포상팔국전쟁의 성격은 3세기 초 소가야연맹체로까지 발전한 고자국이 세력 확장을 더욱 꾀하기 위해 역시 지역연맹체로 성장하였던 금관가야연맹체와 교역권을 둘러싼 전쟁이었던 것으로 여겨진다.10) 전쟁은 신라의 개입으로 인하여 포상팔국의 패배로 끝난다.11) 전쟁에 패배함으로써 소가야연맹체가 큰 타격을 입었을 것이다.

이후 재기를 노리던 고자국은 3년 뒤 다시 울주의 갈화성을 공격하였지만 역부족이었고 결국 소가야연맹체는 급격한 쇠퇴의 길을 걷게 되는 것 같다.12) 마산 일원까지도 영향을 미쳤던 소가야연맹체는 대체로『삼국사기』지리지에 보이는 대로 사수현과 상선현만이 속하는 작은 연맹체로 축소되었던 것으로 보인다. 그렇다면 여타의 소국들은 어떠한 변화를 겪게 되었을까의 문제가 남는다.

포상팔국전쟁 이후 소가야연맹체의 맹주국으로서 위치한 고자국은 전쟁의 실패로 말미암아 더이상 정치적 영향력을 행사하지 못하였을 것이고, 나머지 구성 소국들은 구심점을 잃게 됨으로써 새로운 세력개편을

---

8)『삼국사기』와『삼국유사』에 보이는 국명의 차이, 오가야조 내용의 해석문제 등이 충분히 검토된 후에야 이 용어의 타당성이 검증될 터이지만, 잠정적으로 가야사의 내용을 잘 보여준다고 여겨지는 오가야조의 국명을 일단 사용하였다.

9) 백승옥은 이 전쟁이 가야와 신라간이 교역체계의 변화 면에서 이루어진 점도 있지만 포상팔국 사이의 내부단결력의 강화와 함께 공동이익을 위해 주변국을 침입한 것으로 볼 여지도 있다고 보면서 '浦上八國同盟'으로 지칭하고 있다(白承玉, 1997,「固城 古自國의 形成과 變遷」『韓國 古代社會의 地方支配』韓國古代史研究 11, 신서원, 앞의 글, 176쪽).

10) 李炯基, 1997, 앞의 글, 15~16쪽.

11) 신라는 포상팔국의 전쟁의 결과로 가야전체를 장악하지는 못했다 하더라도, 상당한 정도의 간섭을 할 수 있는 위치를 확보한 것으로 보는 견해가 제시되기도 하였다(이희진, 1998,『加耶政治史研究』, 學研文化社, 69~71쪽)

12) 비록 그렇지만 소가야연맹체가 포상팔국의 난 이후에 거의 해체되다시피 했지만 그 명맥은 꾸준히 유지되고 있음은『일본서기』, 繼體・欽命紀의 기록을 통해서도 짐작할 수 있겠다.

필요로 하였을 것임은 쉽게 짐작할 수 있겠다. 더이상 영향력을 행사하지 못하는 고자국은 이를 방관만 한 채 뒤로 물러서야 하지 않았을까 생각된다. 이때 세력개편의 모습은 전혀 알 수가 없다. 다만 이 문제와 결부하여 서부경남지역의 새로운 구심체로 아라가야가 등장하는 사실에 주목해 볼 필요가 있다. 농경과 중계교역 등의 유리한 조건을 가지고 안정적인 성장을 해 나가던 안야국이 포상팔국전쟁 이후에 급속도로 성장해 나가고 있는 것이다.[13]

함안에서 남해안으로의 통로는 600여 m의 고봉들이 병풍처럼 둘러싸인 폐쇄적 환경을 가지고 있다. 이러한 환경은 함안의 안야국이 교역항을 확보하기 위해 남해안으로의 진출을 다각도로 모색하였을 것임을 쉽게 짐작할 수 있다. 그러나 이미 남해안 연안에는 소가야연맹체가 형성되어 있어 그러한 시도는 여의치 않았을 것이다.[14] 그럼으로 말미암아 결국 안야국은 포상팔국전쟁에 배후 지원세력으로 참가하여[15] 적극적인 남해안으로의 진출을 시도한 것이 아닌가 생각된다. 포상팔국전쟁이 실패하여 구심점을 잃게 된 소가야연맹체 소속 소국들은 세력을 재편해야 할 필요성을 느꼈을 것임은 이미 이야기하였다. 이때 비교적 안정된 경제기반을 가지고 전쟁을 배후지원하면서 교역항을 확보하기 위해 노력하던 아라가야가 새로운 구심점으로서 작용할 수 있지 않았을까 생각된

---

13) 白承忠, 1995, 앞의 글, 92~96쪽.
『삼국사기』의 본기와 열전의 내용에서 포상팔국이 침범한 곳이 가라와 아라로 달리 나타나는 것은 포상8국과 아라가야와의 관련성을 드러내는 것으로 보면서 당시의 안양국도 포상팔국의 일원이었다고 한다(權珠賢, 1990, 앞의 글, 37쪽). 만약 그러하다면 전쟁의 실패로 인하여 많은 피해를 입었을 것인데 오히려 급속도로 성장하는 것은 이를 받아들이기 어렵게 한다.

14) 교역로를 둘러싼 포상팔국과 아라가야의 갈등에서 포상팔국의 난이 일어난 것으로 보기도 한다(金亭坤, 1995, 「阿羅伽倻의 形成過程—考古學的 資料를 중심으로—」『伽羅文化』, 慶南大學校 伽羅文化硏究所, 51~52쪽).

15) 金泰植, 1994, 「咸安 安羅國의 成長과 變遷」『韓國史硏究』, 韓國史硏究會, 58쪽.

다. 이는 두 집단 간의 이해관계에서도 서로 충족되어 아라가야는 이들
포상팔국을 통합함으로써 직접 교역항을 확보하는 결과를 가져오게 되
었을 것이다.[16] 이러한 모습은 포상팔국전쟁 이후 금관가야가 교역의
구심체로서 기능을 잃게 되고 아라가야가 새로운 서부경남의 중심지로
등장하고 있는 것을 통해서도 알 수 있다. 아라가야를 침으로써 일본과
의 교통로를 끊을 수 있다고 판단한 것은[17] 포상팔국전쟁 이후 새로운
교역의 중심지로 떠오른 아라가야를 잘 보여준다. 여러 원인이 있겠지만
전쟁 이후 고자국을 중심으로 하는 소가야연맹체가 쇠퇴하면서 소속 소
국들이 아라가야연맹체로 흡수되었다는 사실을 보여주며[18] 이러한 결과
들로서 안야국의 수장이 '安邪踧支'라는 우호를 받을 수 있었던 것이
다.[19] 이는 구야국과 더불어 안야국이 2대 중심체의 위상을 가지게 되는
것을 설명해주는데, 경남 남부지역의 4세기 도질토기가 금관가야와 아
라가야를 중심으로 하는 세력권으로 나뉘어진다는 것으로도[20] 포상팔국
전쟁 이후 새롭게 등장하는 아라가야연맹체의 위상을 살펴볼 수 있겠다.
    이후 사료 3-B에서 보듯 가야지역 내의 유력국가에서도 고자국의 이
름은 보이지 않는다. 따라서 이때 이미 고자국을 중심으로 하는 소가야
연맹체는 가야 내에서 유력국으로서의 지위를 상실했음을 짐작할 수 있

---

16) 포상팔국의 난 이후 소가야연맹체는 고자국과 사물국, 그리고 상선현 지역만 남
    게되었고(李炯基, 1997, 앞의 글, 16쪽), 칠포국 서쪽부터 고자국 동쪽경계지역까
    지는 아라가야연맹체로 재편되지 않았을까 생각된다.
17) 伐取安羅 切印本路(『日本書紀』, 欽明紀 14年 8月條).
18) 포상팔국의 소재지였던 칠원 일대의 고분군에서 화염문투창고배 등 함안지역색을
    띠는 유물들이 발견된다는 사실은(朴東百·金亭坤·崔憲燮, 1995, 앞의 책, 127~
    160쪽) 포상팔국의 난 이후 소가야연맹체의 구성 소국들이 아라가야연맹체로 이
    속되었음을 보여주는 것이라 하겠다.
19) "辰王治月支國 臣智或加優呼 臣雲遣支報 安邪踧支 濆臣離兒不例 抱邪秦支廉之號
    其官有魏率善·邑君·歸義侯·中郎將·都尉·伯長"(『三國志』, 魏書 東夷傳 韓條).
20) 安在晧·宋桂鉉, 1986, 「古式陶質土器에 대한 약간의 고찰－義昌 大坪里 출토품
    을 통하여－」『嶺南考古學』 1, 嶺南考古學會, 54쪽.

겠다. 『삼국유사』에 소가야란 이름이 붙은 것도 이러한 사실이 일면 작용하지 않았을까 짐작해 볼 따름이다.[21)]

포상팔국전쟁은 결국 교역권을 둘러싼 전쟁으로 그 결과, 함안의 안라국이 가락국과 더불어 가야지역의 새로운 구심체로 등장하게 되는 계기로 작용했다고 할 수 있겠다. 이 사건으로 인해 경남 해안일대의 가야 제국들은 커다란 세력변화를 겪게 되었으며, 남해안 연안에 3세기 단계에 지역연맹체가 형성되어 있었음을 잘 설명해주고 있다. 이 사건으로 가락국을 중심으로 하는 金官加耶聯盟體, 안라국을 중심으로 하는 阿羅加耶聯盟體, 고자국을 중심으로 하는 小加耶聯盟體가 성립되어 있었음이 확인되었다. 그렇다면 내륙지역에서도 그보다 늦은 시기로 믿어지지만 지역연맹체가 형성되지 않았을까 생각해 볼 수 있겠다.

4세기 무렵의 가야지역에서는 낙랑·대방군과의 교역을 통해서 성장해 나가던 김해의 狗邪國이 두 군의 축출로 교역의 구심점이 사라지자, 관문사회의 역할로써 일정하게 작용할 수 있었던 영향력을 잃어버리게 되었다. 두 군은 당시 변한에게는 중요한 교역국이면서 선진문물을 받아들이는 창구역할을 하였기 때문에 이의 소멸은 큰 혼란을 초래하였던 것이다. 半路國을 비롯한 경상도 내륙 지역의 소국들은 낙동강을 이용한 교류로 말미암아 일정하게 구야국의 영향을 받고 있었을 터인데, 이의 상실은 내륙지역 정치체들이 내재적인 발전을 가속화할 수 있는 계기를

---

21) 李炯基, 1997, 앞의 글, 18쪽.
  某某加耶라고 하는 명칭이 붙었다는 사실은 일단 가야의 중심지와 모종의 관련성을 상정하게 한다. 그 관련성이란 고자국 존속 당대 가야와의 관련성에서 비롯되었다고 볼 수 있다는 전제에서 고성지역에서 발견되는 대가야계 토기는 고자국이 대가야지역과 교류관계를 가지고 있었음을 보여준다. 임나부흥회의에서 여타 가야소국들과 함께 행동하는 사실도 고려시대 이전 6가야개념 형성 당시 이 지역과 대가야지역과의 상관성을 인정하고 있음을 방증하는 것으로 소가야로 불릴 수 있는 요인을 제공한다고 보기도 한다(권주현, 2000, 「'古自國'의 歷史的 展開와 그 文化」 『가야 각국사의 재구성』, 혜안, 310~311쪽).

마련해 주었을 것으로 짐작된다. 이러한 가운데 주목되는 다음의 기사가
있다. 그 내용을 보면 다음과 같다.

> 3-B 比自烌, 南加羅, 㖨國, 安羅, 多羅, 卓淳, 加羅의 일곱 나라를 평정하였다
> (『日本書紀』, 神功紀 49年 3月條).22)

　이는 백제가 낙동강유역으로 진출한 기사 중의 일부이다. 여기에 기
록된 나라들은 당시 가야의 여러 세력 중 유력집단이었을 것이다. 그런
데 여기서 김해로 비정되는 남가라를 제외하고는 대개가 경상도 내륙지
역에 위치하고 있다. 이는 4세기 중후반경 경상도 내륙지역에서도 기왕
의 삼한소국단계보다는 한 단계 진전된 형태의 정치집단이 존재하였음
을 짐작하게 해준다. 여기에 加羅國이 등장하고 있다는 사실은 당시 고
령지역이 반로국과는 다른 한 단계 진전된 상태였음을 짐작케 해주는 것
이라 하겠다. 한단계 진전은 지역연맹체로의 발전을 의미하는 것이 아닐
까 생각한다. 즉 고령지역에서도 4세기 무렵부터 반로국에서 한단계 진
전하여 지역연맹체를 구성한 것으로 짐작되나, 당시의 범주를 찾아내기
란 무척 어려운 일이다. 다만 『삼국사기』 지리지의 州郡 및 領縣관계 등
을 통해서 이를 추정할 수 있을 뿐이다.
　과거 성읍국가시대의 國·城·村이 삼국 내지 통일신라의 발전과정
에서 중국의 군현제를 모방하여 州·郡·縣으로 개편된 이후 주·부·
군·현의 名號와 邑格 및 領屬關係는 변천을 거듭했지만 원구역 그 자
체의 분할이나 분해작용은 극히 드물었다고 할 때, 당시의 사실을 보다
잘 전해주고 있는 것이 군현관계 기록이라고 생각하기 때문이다. 이를
뒷받침해주는 것이 『삼국사기』 지리지에 소가야연맹체의 맹주국이었던
고자국이 위치하였던 고성군의 영현으로 史勿縣이 표현되어 있는 사실

---

22) 因以 平定比自烌 南加羅 㖨國 安羅 多羅 卓淳 加羅七國.

이다.23) 사물현은 지금의 사천으로 포상팔국 중 史勿國이 위치한 곳이다. 이는 포상팔국전쟁의 실패 이후의 영역으로도 볼 수도 있겠지만 초기 소가야연맹체의 범주로도 이해할 수 있겠다. 따라서 『삼국사기』 지리지에 보이는 군현관계 기록을 통해 지역연맹체 형성 당시의 범주를 찾아내는 것이 가능하지 않을까 한다. 우선 그 내용을 보면 다음과 같다.

> 3-C 高靈郡은 원래 대가야국이다. 시조인 伊珍阿豉王(혹은 內珍朱智)으로부터 道設智王까지 무릇 16세 520년이다. 진흥대왕이 침략하여 멸망시켜 그 땅을 대가야군으로 삼았다. 경덕왕이 개명하여 지금에 이른다. 領縣은 둘이다. 야로현은 본래 赤火縣으로 경덕왕이 개명하여 지금에 이른다. 신복현은 원래 加尸兮縣인데 경덕왕이 개명하였는데 지금은 미상이다(『三國史記』 34, 地理志1 高靈郡條).24)

사료 3-C를 보면 고령의 대가야는 신라에 편제된 이후 대가야군이 되었으며 영현으로는 赤火縣과 加尸兮縣이 있었다. 적화현은 위의 기록을 통해서도 알 수 있듯이 지금 현재의 합천군 야로면·가야면 지역과 묘산면 일대로 여겨진다.

가시혜현은 『삼국사기』에는 미상으로 표기되어 있다. 이 위치에 대해서는 "살펴보면 현의 서쪽 십리에 加西谷이라는 지명이 있는데 尸兮가 西로 음전된 것으로 의심된다"는25) 기록을 들어 '高谷'은 고실(ko-sir)로 불리어져 加西谷(가석골, ka-syŏ-kor) 또는 가서실(kasyŏsir)로 '西'자음이 생략된 것으로 해석하여 이를 현재의 쌍림면 고곡리 일대로 비정하기도

---

23) 固城郡 本古自郡 景德王改名 今因之 領縣三 蚊火良縣 今未詳 泗水縣 本史勿縣 景德王改名 今泗州 尙善縣 本一善縣 景德王改名 今永善縣(『三國史記』 34, 地理志1 固城郡條).

24) 高靈郡 本大加耶國 自始祖伊珍阿豉王(一云內珍朱智) 至道設智王 凡十六世 五百二十年 眞興大王侵滅 之 以其地爲大加耶郡 景德王改名 今因之 領縣二 冶爐縣 本赤火縣 景德王改名 今因之 新復縣 本加尸兮縣 景德王改名 今未詳.

25) 按縣西十里地名有加西谷者 疑尸兮轉爲西(『新增東國輿地勝覽』, 高靈縣 古跡條).

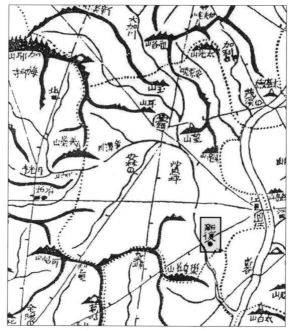

〈그림 3-1〉 신복현 위치도

하였다.[26] 그런데 위의 기록에서는 가시혜현이 미상이라고 되어 있지만
『大東輿地圖』 고령 부근을 살펴보면 신복현이 표시되어 있다(<그림
3-1> 참조). 신복현이 표시된 곳은 고령읍에서 회천을 따라 낙동강쪽으
로 내려오는 지금의 고령군 우곡면지역과 일치하고 있다.[27] 따라서 현
재의 합천군 야로면 일대를 적화현, 고령군 우곡면 일대를 신복현으로
비정할 수 있겠다.

---

26) 朝鮮總督府, 1917, 『大正六年度古蹟調査報告』, 463쪽.
27) 신복현이 어디인지는 『大東輿地圖』에 우곡면 일대로 막연하게 기록되어 있다. 이
   를 구체적으로 桃津里古墳群과 桃津里山城址가 있는 高靈郡 牛谷面 桃津里에 비
   정하기도 한다(啓明大學校 博物館, 1997, 『文化遺蹟分布地圖－高靈郡－』, 50쪽,
   高靈 桃津里山城址條, 文化財管理局・慶尙北道・高靈郡・啓明大學校 博物館).

우곡면 일대는 반로국이 낙동강을 이용하여 외부와 교통할 때 반드시 거쳐야 할 길목에 위치하고 있다. 따라서 반로국으로서는 일찍부터 이 지역을 통합하려 하였을 것임은 쉽게 추정할 수 있겠다. 그런데 이 지역은 <그림 3-1>의 新復縣으로 표시된 곳에서 보듯이 고령군의 남동쪽에 위치하여 서편에는 회천, 동으로는 낙동강이 이 일대를 감싸 흘러가고 있다. 회천과 낙동강이 합류하는 지점에 위치한 객기리는 '객기나루'가 위치한 곳으로 대가야 당시부터 김해・구포 등지의 낙동강 하류지역과 통하던 수상교통의 요지로, 많은 행인들이 묵고 가거나 지나간 곳이므로 '손터[客基]'라 부르게 되었다고 한다.28) 이러한 이야기가 전해지고 있다는 것은 일찍부터 이곳이 교통의 요지였음을 추정케 한다. 그렇다면 이 곳에서는 일찍이 대외교역을 통해 발전해 나가던 정치집단이 존재하였던 것으로 추정할 수 있겠다. 그러나 신복현 일대의 정치체는 그 규모가 그리 크지 않았던 것으로 보이는데, 이는 이 곳에서 대규모의 유적을 확인할 수 없기 때문이다.

이곳의 유적으로는 도진리고분군, 대곡리 유물산포지, 연리 유물산포지, 야정리 유물산포지와 도진리산성 등이 있다. 이들 소규모의 유적 등을 통하여 소규모 정치체의 존재를 상정할 수 있다. 우곡면사무소가 있는 도진리의 북쪽 해발 302.5m 봉우리에서 정상부에는 동서로 길게 도진산성이 축조되어 있으며, 거기에서 남쪽과 북쪽으로 흘러내리는 각각의 능선상에 도진리고분군이 위치하고 있다. 이곳은 대부분이 중・소형분으로 한 중형분의 경우에는 'T'자를 이룬 주부곽식 묘제가 확인되기도 하였다.29)

대곡리 유물산포지는 우곡면 대곡리 하라동마을 뒷산과 섯밭마마을 남쪽 능선상에 위치하며 삼국시대부터 조선시대까지 이어지는 토기, 자

---

28) 高靈郡誌編纂委員會編, 1996, 『高靈郡誌』, 高靈郡, 1234쪽.
29) 啓明大學校 博物館, 1997, 앞의 책, 50~55쪽.

기편들이 흩어져 있어 소형고분군의 존재를 추정케 한다. 연리 유물산포지는 도진리에서 객기리로 가는 강변로를 따라 가다가 나타나는 수곡리로 갈라지는 갈림길의 동편능선과 밭에 위치하며 역시 삼국시대부터 조선시대까지 이어지는 토기와 자기편이 산재하여 소형고분군이 위치하였을 것으로 추정된다. 야정리 유물산포지는 우곡면사무소가 위치한 도진리 건너편 야정리 야옹정마을 뒷산에서 속리로 향하는 도로의 우측 능선과 사면에 넓게 분포하며 가야시대 長頸壺, 短頸壺, 高杯片 등과 통일신라시대의 단각고배편, 고려시대 이후의 자기편, 기와편 등이 발견되고 있다.

이 중에서 고고학적 조사가 이루어진 곳은 구제발굴차원에서 이루어진 桃津里古墳群의 발굴조사가 유일한 예이다.[30] 이 유적에 대한 조사는 한국전력공사의 송전선로개설을 위해서 임시로 개통한 임도구간에 위치한 2기의 석곽묘를 중심으로 진행되었다. 1호 석곽묘는 242×45×잔존높이55㎝의 규모로 북단벽, 동장벽과 접하여 개배 2점과 환형기대 1점이 확인되었다. 2호석곽묘는 잔존길이70×추정너비46×잔존높이17㎝로 유구의 남쪽이 대부분 결실되고, 북단벽쪽 일부만이 잔존하는 수혈식 석곽묘로 개배 2점, 개 1점, 장경호 2점이 출토되었다.

여기에서 확인되는 유구와 출토유물을 통해 5세기 말에서 6세기 전반 어느 시점에 조영된 것으로 조사된 석곽과 주변에서 확인되는 석곽의 규모가 소형인 점으로 보아 대가야의 중·하위집단으로 추정하고 있다. 필자가 살펴본 바로도 6세기 전반경 이 지역에 위치하던 소규모 정치체를 보여주는 유적이라 생각된다.

최근 우곡면 사촌리 진골마을 입구를 중심으로 5기의 지석묘와 도진리의 뒷산 산록에서 바위구멍유적이 조사·보고되었다.[31] 이들 청동기

---

30) 嶺南文化財硏究院, 2002, 『高靈 桃津里古墳群』.
31) 신종환, 2008, 「선사시대의 고령」『고령문화사 대계』1(역사편), 도서출판 역락, 69~70쪽 ; 대가야박물관, 2008, 『高靈의 岩刻遺蹟』, 86~87쪽.

시대의 유적과 도진리고분군 등의 조사결과 이 일대에 위치한 정치집단이 어느 시기엔가 반로국에 복속되고, 그 문화의 영향을 받아 나중에 신복현으로 편제되었음을 추정할 수 있겠다.

赤火縣은 앞에서 이야기한 대로 오늘날의 합천군 冶爐面, 伽倻面, 妙山面 일대로 추정된다.32) 이 지역은 묘산면에서 발원한 묘산천이 가야면·야로면 일대에서 발원해서 내려오는 가야천과 합류하여 안림천을 이루는 곳으로 수계를 통하여 하나의 지역권을 형성하고 있다. 그리고 고령지역과는 안림천으로는 수계상으로 연결되어 있지만 육지로는 주산에서 美崇山으로 이어지는 산맥에 의하여 단절되어 있는 곳이다. 교통상으로는 고령지역에 있던 세력이 안림천을 통해서 묘산천을 지나 수월하게 합천군 묘산면을 거칠 수 있다. 이를 거치면 합천댐 상류지역인 합천 봉산면을 지나 서부경남지역인 거창과 함양지역으로 진출할 수 있는 중요한 교통적 요충지로서 기능하는 곳으로 추정할 수 있겠다.

합천지역에 대해서는 합천댐 수몰지구의 반계제, 봉계리, 창리, 저포리 등지의 고분군과 삼가, 옥전고분군 일대를 제외하고는 학술조사가 그리 이루어지지 않아 이 일대의 세력분포권 등 정확한 내용을 알기는 어려운 실정이다.

이 지역은 앞에서 언급하였듯이 2개의 하천이 합류하는 곳이기는 하지만, 주로 골짜기를 이루고 있어 농사가 가능한 공간이 그리 넓은 편은 아니다. 따라서 대단위의 정치체가 위치하기에는 적합하지 않은 곳으로 생각된다. 아마도 『삼국지』에서 보듯이 別邑 정도의 정치체의 존재를 추정할 수 있겠다.33) 이 일대에서 청동기시대의 지석묘와 석관묘는 묘

---

32) 이 일대를 적화현으로 비정하고 대가야권역으로 보는 것에 대해서 학계에서는 이견이 없다. 아울러 『大東輿地圖』에 안림천을 소가천으로 표기한 것도 그때까지는 적어도 안림천이 고령권의 주하천인 대가천과 비견할 만한 양대 하천이었기 때문으로 해석하기도 한다(조영현 외, 2000, 「합천군 문화유적의 조사연구」『陜川地域의 歷史와 文化』, 陜川文化院·啓明大學校 韓國學研究院, 260쪽).

산면과 가야면에서 확인되었다. 묘산면 광산리 광산마을과 관기리 관기
마을에서 지석묘와 입석이 분포하고 있다. 가야면 매안리에도 지석묘와
입석이 확인되었다. 특히 매안리에서 확인된 매안리 立石의 경우에는 대
가야와 관련된 명문이 확인되어 이의 전후사정을 고증한다면 대가야사
를 밝히는 데 중요한 자료가 될 것이라 생각된다.[34]

　그 외에 고분군이 묘산면과 야로면 일대 전역에서 분포하고 있음이
알려지고 있으나, 그리 크지는 않은 집단이 존재하였을 것으로 여겨진
다. 수적으로 그리 많은 유적이나 유물들이 확인되지는 않지만, 소규모
의 정치집단이 충분히 존재할 만한 농경지가 있어 별읍 규모의 정치체가
분포하였을 가능성이 높다.

　이상의 내용을 보면 加羅國 즉 지역연맹체 단계에 이르렀을 무렵의
권역은 현재의 개진면 반운리 일원, 고령읍 일원의 반로국 지역과 우곡
면 일대의 신복현 지역, 야로와 가야, 묘산일대의 적화현 일대를 포함할
것이다. 그리고 반로국의 범위에 포함되는 것으로 여겨지는 운수면일원
과 지금은 행정구역상으로 성주에 속하지만 가야산 자락의 성주군 수륜
면 일원도 포함할 것이라 생각된다. 당시 고령읍을 중심으로 고령분지
내에 위치하였던 반로국이 그 영향범위를 크게 넓히고 있음을 확인할 수
있는 대목이다. 이때에 적화현의 범주에 속했을 묘산면 일대를 장악할
수 있었던 것은 뒤에 이야기하겠지만 야로지역의 철산과 더불어 대가야
로 성장한 후 대외진출의 중요거점지역의 확보라는 차원에서도 중요한
의미를 지닌다고 할 수 있겠다.

---

33) 弁辰亦十二國 又有諸小別邑 各有渠帥 大者名臣智 其次有險側 次有樊濊 次有殺奚
　　次有邑借(『三國志』, 魏書 東夷傳 弁辰條).
34) 金相鉉, 1989, 「陜川 梅岸里古碑에 對하여」『新羅文化』6, 東國大學校 新羅文化研
　　究所 ; 李文基, 1992, 「陜川 梅岸里碑」『譯註 韓國古代金石文』Ⅱ, 駕洛國史蹟開
　　發研究院.
　　이 비는 "辛亥年□月五日□□村四十干支"로 읽히며 절대연대는 미상이다.

그런데 반로국이 이들 지역을 통합하여 지역연맹체로 성장해 나간 원인을 어디서 찾아야 할지 살펴보기로 한다. 가장 먼저 들 수 있는 것이 농업생산력이다. 후대의 자료라는 한계를 가지고 있기는 하지만『擇里志』를 보면 "고령은 옛 가야국이다. 또 남쪽은 합천인데 함께 가야산의 동쪽에 있다. 세 읍(성주, 고령, 합천＝필자 註)의 논은 영남에서는 가장 기름져서 적은 종자로도 많이 수확한다. 그래서 토착한 이들은 모두 넉넉하게 살며 떠돌아다니는 자가 없다"는 기록과 함께 "가야천 주변의 논은 아주 비옥하여 종자 한 말을 뿌리면 120~130말이 나오며 적어도 80말 이하로 내려가지 않으며 물이 풍부해 가뭄을 몰랐다"는[35] 내용을 보면 반로국은 비옥한 농토를 배경으로 하는 농업생산력이라는 에너지를 통해 완만한 성장을 해나갔으리라 추정할 수 있겠다. 이러한 농업생산력에는 아마도 鐵器의 製作이 뒷받침되었던 것으로 여겨진다.

이와 관련하여 또 하나 주목되는 것이 적화현이 위치한 지금의 야로지역에서 철산지가 확인된다는 사실이다. 야로는 '대장장이'와 '화로'를 뜻하는 그 이름에서도 알 수 있듯이 철과 관련된 지역이다.『세종실록』지리지를 통해 이 곳에서 많은 철이 생산되어 1년에 세공으로 정철 9,500근을 바쳤다는 사실을 알 수 있다.[36] 세공이 그 정도면 실제 생산되는 양은 훨씬 많았을 터이다. 아울러 야철지가 확인되기도 하였는데 합천군 야로면 야로 2리 및 가야면 성기리 야동마을 뒷편이 그것이다.[37] 그리고 고령군 쌍림면 용리·산주리 일대에서도 야철지가 확인되었다.[38]

---

35) 高靈古伽倻國也 又南則爲陜川 幷在伽倻之東 而三邑水田爲嶺南最上腴 少種 多收 故土着幷富饒無流移者(『擇里志』, 八道總論 慶尙道條).
　　洞外伽倻川水田極沃 種一斗出百二三十斗 小不下八十斗 水饒而不知旱災 又木綿爲 上田 最稱衣食之鄕(『擇里志』, 卜居總論 山水條).

36) 沙鐵(産冶爐縣 南心妙里有鐵場 歲貢正鐵九千五百斤)(『世宗實錄』地理志 陜川郡條).

37) 李明植, 1995,「大伽耶의 歷史·地理的 環境과 境域」『加耶史硏究』, 慶尙北道, 77쪽 ; 경남발전연구원 역사문화센터, 2003,『야로 야철지 지표조사 결과보고서』; 경남고고학연구소, 2006,『陜川 冶爐 冶鐵地－試掘調査報告書』.

이러한 철은 반로국의 성장에서는 대단히 중요하게 여겨졌을 것이며, 어느 시기엔가 이 지역을 통합하여 지역연맹을 형성하였을 것이라 생각된다. 그러나 당시의 사실을 알려주는 자료가 전혀 확인되지 않기 때문에 야로지역을 통합한 시기 또는 철 개발시기를 정확하게 찾기란 대단히 어려울 것 같다. 다만 3세기 중엽경에 변진의 철이 왜와 중국 군현에게까지 수출되고 있는 사실로 미루어 야로지역에서의 철이 3세기 이후 4세기대에 이르러서는 활발하게 개발이 이루어졌을 가능성이 있다고 추정하는 견해가 있다.[39] 이러한 추정은 반운리 와질토기유적의 하한연대가 3세기 말·4세기 초 이전으로 여겨지는 것에 비추어 시기적으로 부합된다고 하겠다. 철기제작기술과 함께 철을 이용한 교역도 지역연맹체로의 발전 원동력으로 염두에 두어야 할 것으로 여겨진다. 원료로서의 철을 회천과 낙동강을 이용하여 수출하였을 것으로 짐작된다.

철이 생산되는 야로지역은 이 곳을 지나는 안림천을 통해 고령읍내에

---

38) 최근 고령군 쌍림면 용리·산주리를 비롯해 합천군 야로면 야로리, 묘산면 삼묘리, 가야면 죽전리 등에서 제철유적이 확인되었다. 지표조사라는 한계는 있지만 고고학적으로 고려시대까지는 소급될 수 있다고 한다(신종환, 2006, 「합천 야로와 제철유적」『陜川 冶爐 冶鐵地－試掘調査報告書』, 慶南考古學研究所, 33~46쪽). 비록 대가야시대의 제철유적이 직접 확인되지는 않았지만, 이 지역에서 관련유적이 확인될 가능성은 높다고 여겨진다.

39) 盧重國, 1995, 「大伽耶의 政治·社會構造」『加耶史研究』, 慶尚北道, 164~165쪽. 한편 前期加耶聯盟이 해체되면서 그 잔여세력 중 일부가 전단계에서 자신이 영향력을 미치던 경상내륙지역으로 파급되었고, 결국 경상내륙 산간지역의 개발을 촉진시키게 되었는데, 그 결과로서 철산업개발이 이루어졌을 것으로 여기기도 한다(金泰植, 1993, 『加耶聯盟史』, 一潮閣, 93~94쪽). 이성주도 김태식의 이러한 견해를 받아들여 야로철장이 정치체들이 성장하면서 개발된 것으로 이해하고 있다(李盛周, 1998, 『新羅·伽耶社會의 起源과 成長』, 學研文化社, 149쪽). 한편 4세기 4/4분기에 개발되면서 대가야발전의 배경이 되었다고 설명하는 견해가 있기도 한다[朴天秀, 2002, 「高塚을 통해 본 加耶의 政治的 變動－池山洞 古墳群과 대가야권 古墳의 成立과 展開를 중심으로－」『동아시아 大形古墳의 出現과 社會變動』(文化財研究 國際學術大會 發表論文 第11輯), 國立文化財研究所, 204쪽].

서 대가천과 합류하여 만들어진 회천을 거쳐 낙동강수계로 접근할 수 있는 교통상 훌륭한 지리적 이점을 가지고 있다. 낙랑·대방군과 구야국의 교역에 반로국의 철도 포함되었을 가능성은 이와 같은 지리적 조건 속에서 충분히 열려있다고 하겠다. 그러나 원료로서 철광석이 아닌 제철과정을 거친 철소재의 수출여부는 앞으로의 조사 성과 등을 기대할 수밖에 없는 실정이다. 철의 개발을 통해 농업생산력 증대를 꾀하였을 것으로 판단해 보면 이 지역과의 연맹결속을 통해 지역연맹체로의 발전이 가능했으리라 짐작할 수 있겠다.

반로국이 지역연맹체로 성장하는 데 중요한 동력으로 작용한 것이 적화현의 '철'이었을 것임을 추정하였다. 그렇다면 이러한 반로국이 지역연맹체로 성장해 나간 시기에 대하여 추정해 보기로 한다.

앞에서 본 포상팔국전쟁을 통해 남해안 연안에 3세기 전반에 지역연맹체를 설정할 수 있다고 한다면 아마도 상한은 그 무렵이 될 것이다. 하한은 백제 근초고왕이 가야지역으로 진출하였던 때에[40] 고령으로 비정되는 '加羅'라는 이름이 보이고, 성왕이 근초고왕 당시의 일을 회상하면서 언급한 나라에 가라가 포함되어 있어 가야지역 내에서는 주요정치세력으로 부상한 것으로 미루어 4세기 중엽 무렵으로 여겨진다.

지역연맹체로 발전하게 되면서 종래 '險側' 혹 '邑借'로 불리어졌던 반로국의 수장은 『일본서기』, 欽明紀 2年條를 통해 보면 '旱岐'를 칭하였을 것이다.[41] 이상의 내용들을 통해 반로국은 3세기 말·4세기 초를 전후한 무렵 비옥한 대지와 철기류들을 이용한 농업생산력의 증대를 바탕으로 인근의 가시혜현과 적화현을 복속하면서 지역연맹체 즉 加羅國 단계에 이르게 된 것을 알 수 있다.

---

40) 『日本書紀』, 神功紀 49年條.

41) 盧重國은 대가야의 발전단계를 小國－地域聯盟－部體制(大伽耶國)로 설정하면서 각각의 수장칭호를 險側이하－旱岐－王으로 설명한다(盧重國, 1995, 앞의 글, 153~162쪽).

2. 지역연맹체의 구조

4세기 지역연맹체 단계에 이르렀을 무렵 가라국의 모습을 보여줄 수 있는 자료는 그렇게 많은 편이 아니다. 고령지역의 많은 고분군들이 분포하고 있지만 조사가 이루어진 곳이 많지를 않아 정확하게 그 모습을 찾아내기란 쉽지 않다. 다만 지역연맹체 단계에서의 유적지로서 주목하여야 할 곳이 고령의 쾌빈동고분군이다(<그림 3-2> 참조).42)

이 고분군은 고령읍 쾌빈리 산31-35번지 일대에 위치한다. 아파트 공사 도중 고분의 파괴사실이 알려지면서 1995년 영남매장문화재연구원(현 嶺南文化財研究院)에 의해 긴급수습발굴이 이루어지면서 학계에 소개되었다. 고령읍내로부터 북쪽으로 2km정도 떨어진 쾌빈리 정방마을 뒷산의 해발 80~90m의 야트막한 능선 정상부와 그 경사면에 조성되어 있다. 고분군의 주변환경을 살펴보면 능선의 동남쪽 아래에는 大伽川이 북에서 남으로 흐르고 있어 주위는 넓고 긴 충적지대를 이룬다. 주변지역에는 본관동고분군과 중화동고분군, 운라산성 등이 있으며 최근 발굴조사를 통해 청동기시대의 취락유적도 확인되었다.43)

발굴조사된 유구는 목곽묘 3기, 수혈식석곽묘 10기였다. 이 가운데 고령지역에서 처음 확인된 목곽묘가 많은 관심을 받게 되었다. 조사된 고분 중 1·12·13호분은 목곽묘로 고분군이 위치한 능선의 제일 아랫부분에 조성되었다. 규모는 모두 너비가 3m 정도 되는 대형분이다. 10기의 석곽묘는 대부분 도굴과 자연적인 원인으로 대부분 파괴되었지만 지산동고분군과 전형적인 대가야식 세장방형수혈식석곽묘로 확인되었다.

---

42) 嶺南埋藏文化財研究院, 1996, 『高靈快賓洞古墳群』.

43) 대경문화재연구원, 2006, 「고령 통합학교 신축부지내 발굴조사」 『大慶考古』 創刊號, 22~28쪽.

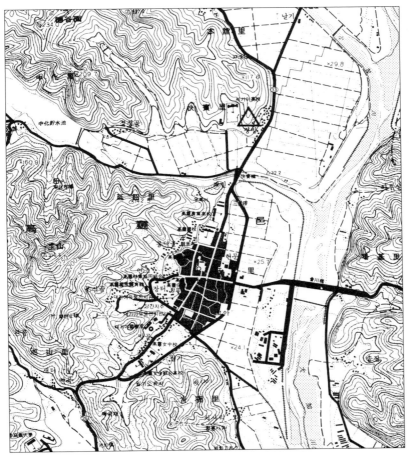

〈그림 3-2〉 쾌빈동고분군 위치도

그러나 벽석 축조 등에 사용된 할석들이 지산동고분군의 같은 동급 묘제와 비교할 때 정연하지 않고 조금 엉성한 느낌이어서 그보다는 신분이 떨어지는 고분군임을 짐작할 수 있다고 한다.

확인된 고분 중 가장 대형인 1호 목곽묘는 구릉의 정선부 가운데 N-50°-W의 주축을 가지고 있다. 묘광은 말각장방형으로 거의 수직으로 팠으며 규모는 잔존길이 482×305×95㎝였다. 묘광과 목곽 사이에는 점성이 강한 흙과 10㎝ 미만의 川石으로 보강하였으며, 목곽상부를 덮고 있는 천석의 일부는 유구내부로 함몰되어 있었다. 封土는 외형은 남아있지 않았으나 어느 정도 형태를 갖추고 있었을 것으로 추정하고 있다. 봉토의 높이는 표토에서 2m 정도로 추정된다. 조사자는 이의 축조시기를 지산동35호분보다는 이른 시기이며 5세기 전엽으로 비정하고 있지만 필자는 35호분의 시기를 5세기 1/4분기로 추정하고 쾌빈동1호분은 4세기 3/4분기로 추정하는 견해를[44] 따른다.

출토유물은 유구의 대부분이 도굴되었음에도 불구하고 비교적 많이 남아 170여 점에 이른다. 이 가운데 1호 목곽묘의 경우 봉토 안에서 많은 유물이 출토되었는데 이 근처에서는 보기 드문 현상이다. 1호분 출토유물 가운데 호 3점, 발형기대 6점, 장경호 1점, 유자이기 1점 등은 제사 때 사용된 것으로 보여 대가야의 제사의식에 대해 살펴보는 데 좋은 자료가 된다.

그리고 1호 목곽묘에서 나온 대형의 발형기대는 지산동35호분 출토품과 비슷한 요소를 가지고 있어, 이 고분이 5세기경에 만들어졌다는 것을 알 수 있다. 이와 더불어 12호분 출토의 兩耳附壺와 爐形器臺도 고령지역에서 잘 발견되지 않는 토기 종류들이다.

그런데 여기서 한 가지 짚고 넘어가야 할 것은 현재까지 대가야 중심고분군인 지산동고분군 일원에서는 이러한 대형 목곽묘의 존재가 확인되지 않고 있다는 사실이다. 이는 반운리의 와질토기유적에서 쾌빈동목곽묘를 거쳐 지산동고분군으로 중심지가 이동되었을 가능성과,[45] 새로

---

44) 朴天秀, 1998, 「大伽耶圈 墳墓의 編年」『韓國考古學報』 39, 韓國考古學會, 118쪽.
45) 半路國이 4세기 초 사회가 발전하고 정치력이 성장하면서 다른 지역 정치세력과의 전쟁 등에 대비하고 지배력을 확고히 하기 위해 양전리보다 더 넓고 그러면서도 방어하기에는 더욱 유리한 주산 아래의 구릉지인 연조리로 중심을 옮겼다는 中心地 이동설이 제기되었다. 중심지를 이렇게 이동한 것은 반로국 안에 모종의

운 집단이 등장하여 지산동고분군을 축조하였을 것이라는 두 가지 추정
을 가능케 한다. 그런데 또 하나 여기서 주목되는 것은 쾌빈동고분군에
서 목곽묘 이후에 계속되어 석곽묘가 축조되고 있다는 사실이다. 즉 목
곽묘 축조집단이 그대로 석곽묘를 축조하였을 것이라는 가능성을 상정
할 수 있도록 한다. 이러한 사실은 지산동고분군에서도 목곽묘의 축조가
능성을 상정하여야 할 것이다.[46] 곧 쾌빈동1호분에서 조사된 발형기대
가 지산동고분군 중에서 이른 시기에 만들어진 것으로 여겨지는 35호분
의 그것과 연결되기 때문에[47] 이러한 추정을 더욱 가능케 하는 것이다.

　이러한 쾌빈동고분군의 조사결과는 시기적으로 4세기 들어 이를 축조
할 수 있을 정도의 정치체의 발전이 전제되어야 한다. 1호분 봉토에서
많은 유물이 출토되었는데 이 지역에서는 보기 드문 현상이다. 출토유물
가운데 호 3점, 발형기대 6점, 장경호 1점, 유자이기 1점 등은 제사 때
사용된 것으로 보인다. 그런데 여기서 주목해야 할 점은 봉토와 유구 내
부에서 모두 합쳐 발형기대가 11점이나 출토되었다는 사실이다. 유물부
장량이 그리 많지 않은데 비하여 11점의 발형기대의 출토는 이 고분이
상당한 수준급 지배자의 무덤임을 확인시켜준다. 반운리 와질토기유적
에서 쾌빈동 목곽묘단계로의 이행은 급격한 사회발전의 결과라고 해석
해야 할 것이다.[48] 이러한 조사결과를 바탕으로 쾌빈동1호분은 현재까

　　정치적 변동이 있었던 사실을 추측케 해주며, 새로운 지배세력으로 등장한 집단
　　은 수혈식 석곽묘를 쓰는 집단이었을 것이라 한다(金世基, 2000,『古墳資料로 본
　　大加耶』, 啓明大學校 博士學位論文, 188~190쪽).

46) 최근 지산동73~75호분에 대한 발굴조사 결과 73호분은 지산동고분군에서 가장
　　이른 시기에 조영된 것으로 여겨지는 목곽묘구조의 대형봉토분이었다. 또 75호분
　　은 73호분과 비슷한 방식으로 축조된 수혈식 석실분으로 확인되었다. 이를 통해
　　봉토목곽분(73호)에서 수혈식석실분(75호분)으로의 계기적 발전과정을 추정할 수
　　있게 되었다(대동문화재연구원, 2008, 「고령 지산동 제73·74·75호분 발굴조사
　　약보고서」). 이를 통해 지산동고분군 내에서도 목곽묘가 확인된 셈이라 할 수 있
　　겠는데, 향후 이들 축조집단에 대한 심도 깊은 논의가 필요한 대목이다.

47) 嶺南埋藏文化財研究院, 1996,『高靈快賓洞古墳群』, 91쪽.

지 고령지역에서 발견된 가장 이른 시기의 지배집단의 무덤으로 이 시기
부터 갑작스러운 변화가 이루어지면서 이 지역에서는 하나의 강력한 정

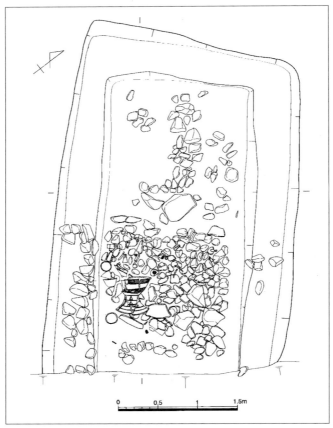

〈그림 3-3〉 쾌빈동1호 목곽묘 실측도

---

48) 중심지가 이동하였을 것이라고 보는 견해가 있기는 하지만 이를 증명해줄 수 있는
  자료는 현재로서는 없다고 해야 하겠다. 따라서 지배세력 자체의 이동과 함께 지
  배세력의 교체도 염두에 둘만 하다. 이는 쾌빈동목곽묘 단계에서 지산동고분군으
  로의 고분축조 양상에서도 적용할 수 있을 것이다.

치체(＝加羅國)가 성립되기 시작한 것으로 보기도 한다.[49] 4세기 중반
무렵 고령지역의 변화에 큰 계기로서 작용하는 것이 앞의 사료 3-B에
보이는 백제와의 새로운 관계정립이다. 백제와의 관계는 선진적인 문물
을 직접 수입할 수 있는 계기가 마련되었다는 점에서 고령세력에게는 큰
도움이 되었을 것이다. 쾌빈동1호분의 축조가 이루어졌을 당시를 앞서
언급한 백제와의 관련으로 인한 급격한 사회변동과 더불어 이 지역 사회
의 획기로 설정하는 데에는 큰 무리가 없을 것으로 여겨진다.

다음으로 이렇게 형성된 지역연맹체의 맹주국과 구성 소국 간의 관계
는 어떻게 보아야 할 것이며, 어떻게 편제하였는지에 대해서 살펴보기로
한다. 여기에 대하여 직접적으로 전해주는 자료는 없지만 다음의 자료가
참고된다.

3-D ① 夫餘 … 나라에는 군왕이 있고 六畜으로써 官名을 삼는데, 馬加・牛
加・豬加・狗加와 大使・大使者・使者가 있다. 읍락에는 豪民, 民, 下戶
가 있는데 下戶는 모두 奴僕이다. 諸加는 별도로 四出道를 주관하는데,
큰 곳은 수천가, 작은 곳은 수백가이다. … 적이 있으면 제가들이 몸
소 싸우는데, 하호들이 양식을 져서 음식을 만들어준다(『三國志』, 魏書
東夷傳 夫餘條).
② 東沃沮 … 나라가 작아 대국들 사이에서 압박을 받다가 드디어 (고)
구려에 신속되었다. (고)구려는 다시 그 중에서 大人을 使者로 삼아 서
로 주장케 하였다. 또 大加로 하여금 조세를 총괄토록 하였으며, 貊
布・魚・鹽・海草類 등을 천리를 져 나르게 하였다. 또 미녀들을 보내
어 婢나 妾으로 삼았는데 그들을 奴僕처럼 대하였다(『後漢書』, 東夷傳
東沃沮條).[50]

---

49) 趙榮濟, 2002, 「考古學에서 본 大加耶聯盟體論」『盟主로서의 금관가야와 대가야』
(第8回 加耶史學術會議發表要旨), 金海市, 44쪽.
50) ① 夫餘 … 國有君王 皆以六畜名官 有馬加・牛加・豬加・狗加・大使・大使者・
使者 邑落有豪民 民下戶皆爲奴僕 諸加別主四出道 大者主數千家 小者數百家 … 有
敵 諸加自戰 下戶俱擔糧飮食之
② 東沃沮 … 國小迫于大國之間 遂臣屬句麗 句麗復置其中大人爲使者 使相主領
又使大加統責其租稅 貊布・魚・鹽・海中食物 千里擔負致之 又送其美女以爲婢妾

위의 사료를 통해 부여에서는 비록 국왕이 있었지만 제가들이 四出道를 주관하였고 그 규모가 큰 것은 수천가, 작은 것은 수백가였음을 알 수 있다. 이는 고구려의 경우에서 보듯 소국의 왕들과 독자적 정치체의 수장들을 그 규모에 따라 대가와 소가로 구분하였다. 이는 소국연맹단계인 지역연맹체의 맹주국과 구성소국들과의 관계를 보여주는 단편적인 자료가 될 것이라 여겨진다.[51] 소국 정도의 규모를 가진 정치체의 수장들은 大加, 소별읍 정도의 정치체 수장을 小加로 구별하지 않았을까 짐작해 본다. 이들은 나름대로의 지배체제를 가지고 있었던 것으로 보인다.[52] 한편 무력을 동원할 일이 있을 때면 몸소 참여함으로써 맹주국에 대한 의무를 수행하였을 것이다.[53] 이는 제가들이 독립적인 군사력을 소유했음을 보여주는 것이라 생각된다. 아마도 제가들은 그들이 지배하고 있던 지역민들을 동원하지 않았을까 여겨진다.

또한 3-D ②는 어떤 한 소국이 대국에 예속되었을 때의 상황을 보여주는 자료이다. 고구려가 동옥저를 복속시킨 뒤 토착민 중에서 대인을 두어 다스리면서 대가에게 조세를 총괄케 하고 있다. 이를 통해 고구려에 신속된 동옥저는 정치적 독자성은 보장받고 있지만 고구려에 조세 혹은 공납을 바쳐야 하는 입장에 처해있었음을 알 수 있다.[54] 이러한 사실

遇之如奴僕

51) 大加·小加들을 통한 간접적인 지배방식을 '四出道式 支配方式'으로 부르기도 한다(盧重國, 1995, 앞의 글, 184쪽).

52) 직접적인 자료는 아니지만 『三國志』, 東夷傳 東沃沮條의 내용 중 "唯不內濊候至今猶置功曹·主簿諸曹"로써 짐작할 수 있겠다.

53) 대가들이 몸소 전쟁에 참여해 싸운다는 것은 일정한 의무관계에 의한 것으로 유추할 수 있지 않을까 한다. 4세기 말 백제의 가야지역 진출 이후 정치적 독립성은 유지해 주고 백제에 대해 경제적·군사적으로 일정한 의무를 지는 관계를 맺은 사실도(盧重國, 1988, 『百濟政治史研究』, 一潮閣, 121쪽) 이러한 맥락에서 이해할 수 있겠다.

54) 복속전쟁에 참여한 각 부의 대가들에게 전리품 분배의 차원에서 수취권을 나누어 주는 것으로 볼 수 있겠다(金賢淑, 1995, 「高句麗 那部統治體制의 運營과 變化」

들을 종합해 본다면 지역연맹체의 구성소국은 대체로 정치적 독자성은 유지하되 경제적 교환, 군사동원[55] 등에 있어서 맹주국에 대해서 일정한 의무를 지니고 있음을 유추할 수 있다.

이 당시의 국가 운영은 會議를 통해서 이루어진 것 같다. 소국 당시부터 화백회의와 같은 족장들의 회의가 존재하였는데, 이러한 전통은 부체제에 접어든 이후에도 계속되고 있다.[56] 가야의 경우도 중요한 일을 회의를 통해서 해결하는 모습은 비록 동시기의 자료는 아니지만 541년, 544년의 임나부흥회의를 통해 확인할 수 있다.[57] 가야지역의 소국 수장들은 이미 일정 수준의 관등제를 가지고 있었는데 이는 곧 수장층들이 족적기반을 상실하지 않았음을 보여주는 것이라 여겨진다. 독립소국들은 지역연맹체의 소속국이 되어서도 그 지배체제를 해체당하지 않았으며, 기존에 가지고 있었던 관등체계를 유지하는 등 맹주국에 대해 의례적인 신속관계를 맺고 있었던 것 같다.

결국 지역연맹체단계에서의 가야는 맹주국과 구성 소국들은 상호간의 정치적 독자성은 유지한 채로 맹주국에 대해서 일정한 의무를 져야 했다. 소국의 수장들은 그 규모에 따라 부여나 고구려의 대가와 소가처럼 편제되었으며, 독자적인 지배체제를 온존하고 靈星과 社稷에 제사도 지낼 수 있었다.[58]

『歷史教育論集』 20, 歷史教育學會, 79~80쪽).
55) 浦上八國戰爭 등에서 소속 소국들이 맹주국과 더불어 운명을 같이 하며 전쟁에 참여하는 것도 이를 짐작할 수 있게 해준다.
56) 고구려가 나부체제에 접어든 이후에도 국가 운영상의 중요한 일들은 왕이 독자적으로 결정한 것이 아니라 '제가회의'를 통하였던 것에 비추어 알 수 있다. 이러한 모습은 나부로 편제되었더라도 기존의 수장들은 독자적인 지배체제를 유지하고 있음을 보여준다.
57) 『日本書紀』, 欽明紀 2年 4月條, 5年 11月條.
58) 涓奴部本國主 今雖不爲王 適統大人 得稱古雛加 亦得立宗廟 祠靈星社稷(『三國志』, 東夷傳 高句麗條).

II. 5세기 大加耶로의 발전

1. 廣開土王의 南征과 가야남부지역의 변동

농업 생산력의 발전을 통해 완만한 성장을 해 나가던 加羅國은 4세기 후반 백제의 가야지역 진출과 내재적 발전으로 말미암아 점점 가야사의 전면에 부각되기 시작하였다. 이러한 가운데 가야사회에 큰 변화를 주는 사건이 일어난다. 광개토왕대의 고구려 南征이 그것이다.

> 3-E 永樂 9년(399) 기해에 百濟가 맹서를 어기고 倭와 화통하였다. 왕이 평양을 순행하였다. 신라가 사신을 보내어 왕에게 "倭人들이 國境에 가득하여 城池가 무너지거나 파괴되고 奴客으로 倭의 民으로 삼으려고 하니 왕에게 귀의하여 구원을 청합니다"라고 아뢰었다. 태왕이 은자하여 신라의 충성을 긍휼히 여겨 신라 사신을 보내면서 계책을 주어 알려주게 하였다. 永樂 10년(400) 경자년에 교서를 내려 보병과 기병 오만을 주어 신라를 구원케 하였다. 남거성을 따라 신라성에 이르니, 그 곳에 왜가 가득하였다. 관군이 도달할 무렵 왜적이 도망하니 그 뒤를 급히 추격하여 任那加羅從拔城에 이르니 성이 곧 항복하였다. 순라병으로 하여금 지키게 하였다. 新[羅]城□城 왜구가 크게 무너졌다. 城□□□盡□□□ 순라병으로 지키게 하였다. [新]□□□□□[其]□□□□□□□言□□□□□□□□□□□□□□□□□□□□□□□□□□□辭□□□□□□□□□□潰□□□□ 순라병으로 지키게 하였다. 옛날 신라 매금이 직접 와서 섬긴 적이 없었는데 □[國罡上廣]開土境好太王 때 □□□□寐[錦]□□[僕]勾□□□□朝貢하였다(『廣開土王陵碑文』).59)

---

59) 광개토왕릉비문에 대해서는 논자에 따라 석문이 다르게 나타난다. 여기서는 盧泰敦, 1992, 「廣開土王陵碑」『譯註 韓國古代金石文』, 駕洛國史蹟開發硏究院의 釋文을 인용한다.

九年己亥 百殘違誓與倭和通 王巡下平穰 而新羅遣使白王云 倭人滿其國境 潰破城池 以奴客爲民 歸王請命 太王恩慈 矜其忠誠 特遣使還告以密計 十年庚子 敎遣步騎五萬 往救新羅 從男居城 至新羅城 倭滿其中 官軍方至 倭賊退 □□背急追至任那

위의 고구려 경자년 출병은 왜의 신라침공을 명분으로 가야지역에 대한 지배권을 장악하여 백제를 배후에서 압박·고립시켜 왜군의 진출을 봉쇄하고 동북아시아에서의 새로운 정치적 관계를 정립하기 위함이었다고 한다.60) 즉 백제를 정점으로 하여 가야와 왜로 이어지는 삼각동맹체제와 고구려가 전투를 벌인 사건이라는 것이다.61) 그런데 이 비문의 내용에서 논란이 되는 것은 크게 두 가지이다. 하나는 '任那加羅'의 위치문제이고, 또 하나는 '安羅人戌兵'에서의 '安羅'의 해석문제이다.

'任那加羅'에 대해서는 아직 그 위치라든지 용어에 대한 해석 자체가 해결된 것은 아니다. 임나가라는 '임나가라', '임나와 가라' 또는 '임나의 가라' 등으로 풀이할 수 있기 때문이다. 아울러 '임나'라고 하는 것이 특정지역을 가리키는지, 혹은 가라를 설명하기 위한 수식으로 사용되었는지의 여부에 대해서조차도 불명확한 실정이다.62) 그런 가운데 임나가라의 위치에 대해서는 김해와 고령으로 연구자에 따라 그 입장이 대별되고 있다.63) 필자는 가야의 대외교역을 주도하고 있었고, 일찍부터 신라와 교역권을 둘러싼 전쟁을 벌인바 있는64) 김해지역의 금관가야를 가리키는 입장에 서고자 한다.65)

加羅從拔城 城卽歸服 安羅人戌兵□新[羅]城□城 倭[寇大]潰 城□□□盡□□□
安羅人戌兵 [新]□□□□[其]□□□□□□言□□□□□□□□□□□□
□□□□□□□□□□□辭□□□□□□□□□□□□□□□□□潰□□□
安羅人戌兵 昔新羅寐錦未有身來[論事]□□國罡上廣[開]土境好太王□□□寐[錦]
□□[僕]勾□□□□朝貢.

60) 李道學, 1988,「高句麗의 洛東江流域進出과 新羅·伽倻 經營」『國學研究』2, 國學研究所, 91~93쪽.
61) 李道學, 1996,「'광개토왕릉비문'에 보이는 전쟁 기사의 분석」『廣開土好太王碑文研究 100年』, 학연문화사, 759~760쪽.
62) 權珠賢, 1998,「'加耶'의 槪念とその範囲(下)」『國學院雜誌』99-3, 國學院大學, 36쪽.
63) 여기에 대한 연구사 검토 등은 金泰植, 1994,「廣開土王碑文의 任那加羅와 '安羅人戌兵'」『韓國古代史論叢』6, 駕洛國史蹟開發研究院 참조.
64) 李炯佑·李炯基, 1996,「斯盧國의 洛東江流域 進出－黃山津 戰鬪를 중심으로－」『嶠南史學』7, 嶺南大學校 國史學會.

이와 더불어 또 하나 주목되는 것은 '安羅人戍兵'에서의 '安羅'이다. '안라인수병'에 대해서는 '安羅國 兵士'로 보는 것이 기존의 통설적 견해였다. 그렇지만 백제와 왜, 가야의 연합군의 일원이었던 안라국 병사가 왜를 치는 결과를 가져오는 등의 모순을 이유로 이를 '신라인을 두어 지키게 하였다'라는 새로운 견해가 등장하여[66] 많은 지지를 얻었다. 그러나 기존의 설들을 비판하고 '羅人'을 신라인이 아닌 '고구려의 순라병 또는 유병'의 뜻으로 보아야 한다는 수정설이 제기되었다.[67] 그리고 최근에는 '羅人'을 '임나가라인'으로 보고자 하는 신설이 주장되었다.[68] 필자도 일단 수정설이 타당하다고 생각한다. 어쨌든 고구려의 남정은 가야에 심각한 타격을 입혔고 이로 인하여 금관가야가 해체되다시피 하여 이름만 남게 되는 결과를 가져오게 되었다.

고구려의 남정 결과, 몰락하게 된 전기가야연맹의 잔여세력이 자신의 영향권 아래에 있던 경상도 내륙지방으로 파급되어 후기가야연맹이 대두되었다고도 하지만[69] 함안의 아라가야로서는 새롭게 성장할 수 있는

---

65) 최근 임나가라에 대하여 임나와 가라는 별개로써 각각 김해와 고령 가야세력을 가리킨다고 보면서 南加羅・北加羅 혹은 下加羅・上加羅의 연맹체를 포괄하는 호칭이었다는 견해가 제기되었다[李道學, 2003, 「加羅聯盟과 高句麗」『加耶와 廣開土大王』(第9回 加耶史國際學術會議 發表要旨), 金海市, 5~10쪽].
   이러한 견해가 성립하려면 적어도 같은 시기에 김해와 고령세력이 각각 가야 남부와 북부사회를 대표할만한 세력으로 성장해 있어야하리라 생각한다. 그런데 김해와 고령의 전성기가 각기 4세기와 5세기대로 차이가 있음은 이미 알려져 있어 좀 더 검토가 필요하리라 생각한다.
66) 王健群, 1984, 『好太王碑の研究』, 雄渾社.
67) 高寬敏, 1990, 「永樂十年 高句麗廣開土王の新羅救援戰について」『朝鮮史研究會論文集』27.
68) '羅人'은 앞에서 한 번 사용한 명사를 略記하는 광개토왕비문의 표기방법을 보면 '임나가라인'으로 볼 수 있다고 주장하면서 이의 논증으로 임나가라가 고구려의 타멸대상이 아니었기 때문에 왜인의 손에서 뺏은 임나가라성을 임나가라에 돌려주어 수비시켰다고 해석하는 온당하다고 보고 있다(李道學, 2003, 앞의 글, 12~13쪽).
69) 金泰植, 1993, 앞의 책, 92~95쪽.

계기를 마련할 수 있었던 것 같다.[70] 즉 대외교역의 2대 중심지였던 금관가야가 몰락하다시피 함으로써 남부가야지역의 단일구심체로 등장할 수 있는 기회였던 것이다.[71] 이후 남부가야지역에서는 아라가야에 대적할만한 세력이 없었으며 교역뿐만 아니라 정치적으로도 중심지 역할을 하였으리라 짐작된다. 이러한 양상으로 말미암아 함안의 아라가야를 중심으로 하는 과도기로서의 中期加耶聯盟을 설정하는 견해가 나타나기도 하였다.[72]

이와 같은 상황을 가장 잘 보여주는 것이 함안 일대의 말산리, 도항리 등 고총고분군의 존재이다. 일제강점기에 조사된 이래 거의 방치되다시피 하다가 최근 비교적 활발한 발굴조사가 이루어지고 있지만 정식보고서가 그리 많지 않은 관계로 명확한 모습을 보여주지는 못하는 실정이다. 일단 외형상으로는 함안군 전 지역에 고분군이 분포하고 있다.[73] 이

---

70) 백승충, 2002, 「安羅國의 對外關係史 試考」『古代 咸安의 社會와 文化』(國立昌原文化財研 究所 2002年度 學術大會 發表要旨), 國立昌原文化財研究所·咸安郡, 48쪽 ; 李炯基, 1999, 앞의 글, 19~21쪽.
   실제로 함안지역에서 이때부터 馬具가 등장하며 이는 아라가야의 수장층들이 선진지역과의 접촉을 통하여 마구와 같은 최신의 문물을 도입하여 武裝的·軍事的 性格을 강화하는 등 이전 시기와는 전혀 다른 새로운 발전을 도모하기 시작하였다고 한다[류창환, 2002, 「馬具를 통해본 阿羅伽耶」『古代 咸安의 社會와 文化』(國立昌原文化財研究所 2002年度 學術大會 發表要旨), 國立昌原文化財研究所·咸安郡, 24~25쪽].

71) 금관가야가 교역구심체의 역할을 잃게 되는 등 큰 타격은 있었지만 위기에 이를 정도는 아니었던 것 같으며(金貞淑, 1995, 「大伽耶의 성립과 발전」『加耶史研究』, 慶尙北道, 109쪽), 비록 명맥만 겨우 유지했다 하더라도 6세기 전반까지는 그 존재가 확인된다.

72) 朴升圭, 1993, 「慶南 西南部地域 出土 陶質土器에 대한 研究」『慶尙史學』9, 慶尙大學校 史學會, 27~28쪽.

73) 秋淵植, 1987, 「咸安 道項里 伽耶古墳群 發掘調査豫報」『嶺南考古學』3, 嶺南考古學會 ; 洪性彬·李柱憲, 1993, 「咸安 말갑옷(馬甲)出土古墳 發掘調査槪報」『文化財』26, 文化財管理局 ; 朴東百 외, 1992,『咸安 阿羅伽耶의 古墳群(1)-道項里·末山里精密調査報告-』, 昌原大學校 博物館 ; 慶南考古學研究所, 2000,『道項

들 중에서 함안지역의 중심고분군은 도항리·말산리 일대의 말이산고분
군이다. 이 고분군은 원삼국시대 토광목관묘부터 토광목곽묘, 수혈식석
곽묘, 횡구·횡혈식석실분으로 이어지는 묘제의 변천을 보여주는데, 거
의 완전한 형태로 말갑옷[馬甲]이 출토된 '馬甲塚'이 이곳에서 발견되
기도 하였다.[74] 마갑총과 더불어 도항리·말산리 고분군 등 5세기대에
축조된 이러한 고분들은 안라국이 고구려의 남정 이후 가야남부지역에
서 주요한 세력으로 부상하였음을 보여주는 주는 것이라 생각된다. 결국
고구려의 남정은 금관가야에 심각한 타격을 입혔고 이로 인하여 거의 해
체되다시피 하여 이름만 남게 되는 결과를 가져오게 된다. 이는 가야남
부제국에 안라국의 부각이라는 큰 변화를 가져오게 되었다.[75]

里·末山里遺蹟』, 咸安郡·慶南考古學硏究所 ; 慶尙大學校 博物館, 1994, 『咸安
篁沙里墳墓群』; 國立昌原文化財硏究所, 1996, 『咸安 岩刻畵古墳』; 國立昌原文化
財硏究所, 1997~2001, 『咸安道項里古墳群』 Ⅰ~Ⅴ ; 國立昌原文化財硏究所,
2002, 『咸安 馬甲塚』, 國立昌原文化財硏究所·咸安郡.

74) 洪性彬·李柱憲, 1993, 앞의 글 ; 國立昌原文化財硏究所, 2002, 앞의 책.
　　馬甲塚은 해발 25m 정도의 낮은 구릉지의 정선부에서 북서편으로 약간 치우쳐서
　　축조되었으며 주축은 N-40°-E이다. 유구의 북쪽 절반 정도는 이미 아파트단지 내
　　배수관 매설공사시 굴삭기에 의해서 완전히 파괴된 상태였다. 유구의 床面은 생
　　토층인 풍화암반토 위에 적갈색 점토를 3~5㎝ 정도 깔고 그 위에 주먹 크기의
　　역석을 1~2겹 겹쳐서 골고루 깔아 시상을 마련하였다. 특히 주피장자의 시신이
　　놓인 곳으로 파악되는 상면의 중앙부위에는 3~5겹의 자갈을 높이 깔아서 너비
　　80㎝, 잔존길이 130㎝ 정도의 관대를 설치해 두었다. 유구 내부에는 중앙관대상
　　에서 素環頭大刀, 관대 좌측과 우측 尸床石 위에서 馬甲이 정연하게 놓여 있었다.
　　마갑은 대형의 찰갑편이 북쪽에 놓이고 세장방형의 찰갑편이 남쪽을 향하도록 놓
　　여 있으며, 토기류는 유구내상면의 남과 서쪽에서 출토되었는데, 원저단경호, 광
　　구소호 등의 토기가 서로 섞여서 배치되어 있었다. 5세기 전반대의 이러한 분묘는
　　아마도 高句麗 南征 이후 安羅國이 가야남부지역에서 단일 구심체로서 부각되
　　었다는 사실을 보여주는 것으로 생각된다.
75) 李炯基, 1999, 앞의 글 참조.

2. 大加耶의 形成

고구려의 남정은 경남해안지대 뿐만 아니라 가라국에도 큰 영향을 끼쳤으리라 생각된다. 이는 5세기대 들어 고령지역의 정치집단이 가야사의 전면에 부각되는 것으로 짐작할 수 있겠다. 4세기 이전부터 점진적인 성장에 의한 것으로 보기에는 5세기를 기준으로 그 전과 후의 발전양상에 너무 큰 차이가 나므로 어떤 충격이 있었던 것으로 보아야 할 것 같다.76) 이를 잘 보여주는 것이 고령 지산동고분군이다. 지산동고분군이 축조되는 시기에 이른바 '고령양식의 토기'들이 제작되기 시작한 것으로 보인다. 이 고분군은 행정구역상 경상북도 고령군 고령읍 지산리일대에 분포하고 있다. 고령읍을 감싸는 고령의 진산 주산에 위치한 主山城에서 남쪽으로 뻗어내린 능선과 동쪽으로 뻗은 가지능선 사면에 걸쳐 넓게 퍼져 있다. 주산 남쪽으로 뻗은 주능선 위, 대가야의 왕도였던 고령읍을 한 눈에 내려다볼 수 있는 위치에 웅장하게 조성되어 있는 대형고분 5기를 비롯해서 크고 작은 고분 200여 기가 남아있다. 이들 중에서 '折上天井塚'과 고아리 능선 자락 끝의 고아동벽화고분,77) 그 옆의 고아고분 3기만 횡혈식석실분으로 여겨지고 나머지는 모두 수혈식석실묘 또는 수혈식석곽묘이다. 확인된 봉토분만 200여 기 이상으로 고령지역 뿐만 아니라 가야지역 전체에서도 최대 규모의 고분군이라 할 수 있다.

이 고분군에 대한 발굴과 조사는 1906년 關野貞부터 시작하여 黑板

---

76) 고령세력은 고구려에게 당시 인식되지 못하고 있었는데, 이는 고구려의 공격대상이 아닐 정도였다고도 해석할 수 있어, 가야제국 내에서 김해와 함안세력을 능가하는 세력으로 성장하지 못하고 있었다고 볼 수 있겠다(李鎔賢, 2000, 「加羅(大加耶)를 둘러싼 국제적 환경과 그 대외교섭」『韓國古代史硏究』18, 서경문화사, 43쪽).

77) 金元龍・金正基, 1984, 「高靈壁畵古墳 調査報告」『韓國考古』2, 서울大學校 考古人類學科 ; 啓明大學校 博物館, 1984, 『高靈古衙洞壁畵古墳實測調査報告』.

勝美, 今西龍, 齊藤忠 등의 일인학자에 의해 처음 이루어졌다. 그러다가 44·45호분이 1977년 경북대학교와 계명대학교 박물관에 의해 각각 발굴조사 되었다.[78] 그리고 1978년 32~35호분이 계명대학교 박물관에 의해 조사되었다.[79] 이들 고분군의 조사결과 묘제상 중요한 자료인 순장묘가 확인되면서 한국고대사에서 문헌상에 단편적으로 보이는 순장 기록에 대한 실체가 분명해졌다. 특히 44호분에서는 30여 명 이상의 순장자가 묻혀 있음이 확인되었다.

이 고분군에서는 소위 '고령식' 또는 '대가야식'으로 불리는 여러 종류의 토기류와 철제이기, 마구류, 고령의 독자적인 양식을 보여주는 금동제관장식, 금은장신구, 옥류, 청동제 거울, 청동합 등 최고급의 유물들이 쏟아져 나왔다. 또한 백제나 중국계의 것으로 보이는 등잔도 출토되어 대가야가 이 국가들과 대외교류를 활발히 했음을 확인할 수 있다. 출토된 유물과 문헌의 기록으로 이들 고분군은 대체로 5세기에서 6세기에 걸쳐 조성된 것으로 보인다.[80] 그 자세한 내용은 다음과 같다.

현재까지 확인된 바로 지산동고분군 중에서 가장 먼저 조영된 것이 35호분이다. 35호분은 34호분과 함께 쌍분을 이루고 있으며 완전하게

---

78) 尹容鎭·金鍾徹, 1979,『大伽倻古墳發掘調査報告書』, 高靈郡.

79) 金鍾徹, 1981,『高靈 池山洞古墳群』, 啓明大學校 博物館.

80) 지산동고분군을 비롯한 고령지역 고분군의 편년은 아래와 같이 박천수의 견해를 따른다(朴天秀, 1998, 앞의 글, 118쪽)
    快賓洞1號墳(4세기3/4)→池山洞35號墳(5세기1/4)→池山洞30號墳(5세기2/4)→池山洞32, 33, 34號墳(5세기3/4)→池山洞44號墳(5세기4/4)→池山洞45號墳(6세기1/4)→古衙洞壁畵古墳(6세기2/4)
    쾌빈동1호분을 5세기2/4분기로 보면서 고령지역 고분군의 조영시기를 늦추어 잡거나(金斗喆, 2001,「大加耶古墳의 編年 檢討」『韓國考古學報』45, 185쪽, <표9> 참조), 5세기 전엽[李盛周, 2000,「伽耶社會의 變動과 國家形成」『東亞細亞의 國家形成』(第10回 百濟研究 國際學術會議 發表要旨), 105쪽 ; 趙榮濟, 2002, 앞의 글, 44쪽]으로 보는 견해가 있지만, 상대편년관은 안정되어 있다. 대가야지역 고분군의 편년안은 위의 김두철에 의해 잘 정리되어 있다.

남은 타원형의 호석을 갖추고 있는 수혈식석실묘로 확인되었다.[81] 유개
장경호, 발형기대, 유개단경호 등의 토기류, 대도편, 철겸, 장도, 지환상
철기, 철착, 관정, 꺾쇠 등의 철기류와 안교, 등자, 행엽 등의 마구류가
출토되었다. 이 고분에서는 눈에 띄는 유물이 출토되지는 않았다. 그러
나 바로 전 단계에 축조되었던 쾌빈동1호분에서 출토되는 발형기대가
이 곳 출토 발형기대 이전 단계로 보아야 할 것으로 판단되는 점에서[82]
쾌빈동고분군의 전통을 계승하고 있다는 점에 주목할 필요가 있다. 이러
한 지산동고분군축조 이후 지산동30호분 단계에 접어들게 되면서 서서
히 변화가 엿보인다.

　지산동30호분은 주산 남동부분 능선 자락의 끝에 단독으로 위치하는
고총고분으로 편년은 5세기 2/4분기로 여겨진다. 발굴조사 결과 주석실
및 부곽이 'T'자모양, 순장곽
3기가 'ㄷ'자모양으로 동·
남·북쪽에 배치되었음이 확
인되었다. 특히 가야지역 고분
에서는 알려진 바가 없는 주
석실의 바닥 아래에 하부석곽
이 확인되어 주목된다. 출토
유물들은 발형기대와 장경호,
파수부호, 고배 등의 토기류
와 철정, 마구류, 무구류, 금
동관(<그림 3-4>) 등 다양
하다. 금동관은 주석실이 아

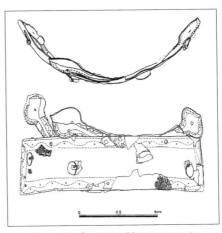

〈그림 3-4〉 지산동30호분 금동관

---

81) 34~35호분과 32~33호분을 부부관계로 해석하고, 이들을 5세기 초에서 중반에
　　이르는 시기에 강력한 무력으로 加羅의 발전을 주도하였던 형제관계로 이해하기도
　　한다(金世基, 1995, 「大伽耶 墓制의 變遷」『加耶史研究』, 慶尙北道, 357~359쪽).
82) 嶺南埋葬文化財研究院, 1996, 앞의 책, 90~91쪽.

니라 2호 석곽에서 두개골편과 함께 출토되어 피장자가 금동관을 쓴 채로 매장되었음을 추정할 수 있게 한다.

지산동32호분은 32~35호분이 군집을 이루는 대지 능선상의 최동남부에 위치하고 있다. 수혈식석실분으로 대형석실과 소형 석곽의 장축을 나란히 하여 동북－서남방향으로 구축하고 주위의 자연경사면을 따라 1~2단의 계단식 호석을 타원형으로 돌렸다. 석실에서는 주인공 외에 순장자로 추정되는 인골이 확인되었으며, 석곽 또한 석실과 동시에 구축되어 피장자는 순장자로 추정되고 있다.[83] 주인공이 목관에 안치되었음이 확인되었는데 대도편과 소도, 母子盒이 확인되었으나 다른 장신구류는 확인되지 않았다. 발형기대와 세트를 이루는 유개장경호, 유개단경호, 유개고배, 유개양이대부호 등이 확인되었으며, 금동관(<그림 3-7> 참조)과 갑주가 발굴되었다. 특히 甲胄 중 충각부주는 왜계 유물이어서 당시 일본과의 교류관계를 알려주는 자료로서 유효하다.[84] 이와 더불어 대가야 왕릉전시관 부지 내의 Ⅰ-3호분에서 遮陽胄가 확인되어 주목된다. 차양주는 우리나라에서는 이곳과 더불어 金海 杜谷43號墳, 東萊 蓮山洞古墳群 등 출토예가 3곳뿐이라는 점에서 귀중한 자료로 평가할 수 있겠다. 차양주는 반구형의 胄體 앞에 반원형의 챙을 붙인 현대의 모자와 닮은 형태로[85] 32호분에서 출토된 衝角附胄처럼 일본에서 출토예가 많기 때문에 당시 왜와의 교류관계를 밝혀주는 자료로 기대된다.

지산동44호분은 주산성에서 남쪽으로 흐르는 능선의 정상부에 위치한 5기의 고총 고분 중 가장 아랫부분에 위치해 있으며 정화사업의 일환

---

83) 金鍾徹, 1981, 앞의 책, 9쪽.

84) 胄의 평면형태가 살구씨 모양으로 주상부에서 앞쪽으로 튀어나온 밥주걱모양의 복판을 가진 것을 특징으로 하는 충각부주는 遮陽胄와 함께 일본에서 다량으로 발견되며, 우리나라에서는 이 곳과 함께 釜山 五倫臺古墳群과 咸陽 上栢里古墳群에서 확인되었다(宋桂鉉, 2002, 「韓國 古代의 甲胄」『한국 고대의 갑옷과 투구』, 국립김해박물관, 65쪽).

85) 宋桂鉉, 2002, 앞의 글, 65쪽.

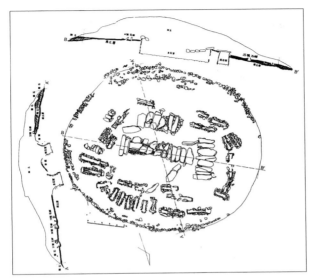

〈그림 3-5〉 지산동44호분 실측도

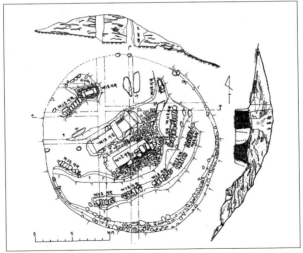

〈그림 3-6〉 지산동45호분 실측도

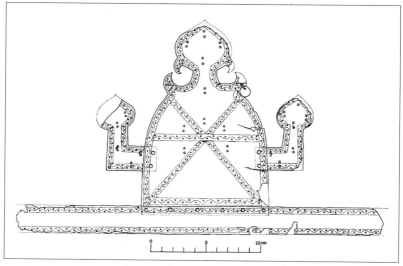

〈그림 3-7〉 지산동32호분 금동관

으로 1977년 경북대학교 박물관에 의해 조사되었다.[86] 고분의 내부는
한 봉분 안에 여러 기의 석곽이 배치된 순장묘로 확인되었다. 중앙에는
주석실, 남·서석실 등 3기의 석실과 그 주위로 32기의 순장석곽이 배
치된 구조를 하고 있었다. 32기나 되는 순장석곽들은 무질서하게 배치된
것이 아니라 몇 개의 무리를 이루면서 일정한 규칙성을 갖고 배치되었
다. 크게 보면 석실을 중심으로 북쪽에서 서쪽 및 남쪽, 그리고 동남쪽까
지 가는 부분에서는 대체로 봉분의 원주선을 따라서 돌아가면서 1~2열
로 배치되었으며, 북쪽에서 동쪽 및 동남까지 가는 부분에서는 주석실을
향해 부채살 모양으로 펼쳐진 형태로 배치되고 있었다.

지산동45호분은 지산동고분군 중 최대규모인 '錦林王陵'으로 추정되
는 제47호분 동남쪽 30m 아래의 급경사면에 위치하고 있다. 1977년 계

---

86) 尹容鎭, 1979, 「高靈池山洞 44號古墳 發掘調査報告」 『大伽倻古墳發掘調査報告
    書』, 高靈郡.

명대학교 박물관에 의해 발굴조사되었다.[87] 남향의 급경사면에 위치한 때문인지 봉토의 남북 장축이 동서축보다 약간 길었으며 봉토도 정상부는 평탄하고, 남쪽으로 급경사를 이루고 있어 봉토의 유실이 컸던 것으로 보인다. 중앙에 두 개의 석실을 동북─서남방향으로 나란히 설치하고 그 외곽에 11개의 석곽을 원주상으로 배치하고 있다.

이와 함께 최근 지산동73~75호분이 대동문화재연구원에 의해 2007년 5월에서 2008년 6월에 걸쳐 발굴·조사되었다. 이 고분들은 주산의 주능선에서 읍내방향으로 뻗어 내린 나지막한 세 구릉 중에서 중간과 동편 구릉의 설상대지 말단부에 분포하고 있다. 중간 구릉에는 지산동73·74호분이, 동편 구릉에는 지산동75호분이 위치하고 있다.[88]

지산동73호분은 내부주체공간의 구조가 목곽인데도 불구하고 호석을 갖춘 대형봉토분이라는 점에서 대가야는 물론 남부지역에서 처음 확인된 것이다. 넓고 깊은 하나의 대규모 묘광 안 깊숙이 주곽과 부장곽을 평면 'T'자형으로 배치한 다음 그 주위와 양 곽 사이를 할석만으로 채워 쌓아 보강하였다. 묘광 내 충전보강석에서 3기의 순장곽이 확인되었고, 봉토 중에서도 1기의 순장곽이 확인되었다.

지산동74호분은 지산동73호분과 연접해 있으면서 74-1호분과 함께 3기의 고분이 나란히 축조되어 있다. 74호분은 수혈식석실로 주석실과 부장곽을 평면 'T'자형으로 배치한 다음 북쪽과 남쪽에 순장곽을 배치해 놓았다. 이러한 배치는 지산동30호분과 유사한 것으로 보인다.

지산동75호분은 73호분처럼 넓고 깊은 묘곽을 조성하면서 주석실과 부장곽을 평면 'T'자형으로 분리·배치하였다. 73호분과 다른 점은 주석실용과 부장곽용을 약간 이격시킨 상태에서 각기 굴광을 조성한 점이다. 봉

---

87) 金鍾徹, 1979, 「高靈池山洞第45號古墳發掘調査報告」『大伽倻古墳發掘調査報告書』, 高靈郡.

88) 대동문화재연구원, 2008, 「고령 지산동 제73·74·75호분 발굴조사 약보고서」.

분 내에서 3기의 순장곽이 확인되었으며, 순장곽과 비슷한 높이에서 비교
적 넓은 위석공간이 확인되어 소나 말을 묻은 이른바 동물순장의 공간으
로 여겨진다. 그와 함께 주석실의 묘광 내에서 다수의 순장곽이 확인된
점이다. 순장곽은 묘광 안쪽의 3면은 석축하고, 나머지 한 면은 묘곽의 벽
면을 그대로 이용한 구조이다. 상면은 묘광 벽에 해당하는 높이를 'L'자형
으로 파낸 다음 거기에 목개를 걸치도록 만들었는데, 판상석으로 덮은 1
기를 제외하면 모두 동일한 목개구조이다. 이렇게 만들어진 순장곽이 7기
정도였다. 또, 석실의 개석은 봉토압을 견디기 어려운 매우 얇은 것이어서
이를 보완하기 위해 다수의 사각기둥 형태의 석재를 마치 지붕의 보처럼
사용하였다.

　출토유물로는 금동관식 및 철제관식을 비롯해 은제귀면대구, 금동제
팔찌장식을 포함한 장신구, 마구류, 다량의 소찰과 함께 방편철판으로 구
성된 마갑이 출토되었다. 그와 함께 73호분에서는 금동제 봉황문 환두대
도를 비롯해, 환두대도 8점이 반반씩 반대로 하여 뭉친 후 묶은 상태로,
75호분에서는 주석실 내에 북·남장벽에서 각 4점씩 대도가 출토되기도
했다.

　이처럼 지산동73호분과 75호분은 지산동 봉토분 가운데 가장 이른 기
시인 5세기 전반대에 조영된 것으로 추정되는 대가야의 최상위급 봉토분
이었다. 향후 이들 고분의 구조와 성격, 상호 관련성, 출토 유물의 양상
등 여러 문제에 대해 검토할 필요가 있다.[89]

　이러한 지산동고분군의 발굴을 통해서 주목해야 할 몇 가지 사실들이
있다. 먼저 지산동30호분에서 출토된 금동관(<그림 3-4>)의 경우, 대개
주인공이 착장하여 출토되는 것이 일반적인 사실이겠지만 여기서는 주
인공이 아닌 2호 순장석곽에서 확인되었다는 사실이다. 이는 당시 주인

---

89) 아직 정식 발굴조사 보고서가 발간되지 않은 관계로, 자세한 내용은 추후 다른
　　기회를 통해 살펴보기로 한다.

공의 위상을 짐작하게 해주는 하나의 예가 될 것이라 생각한다. 금동관을 着裝한 상태로 매장된 피장자는 만 3~11세 사이의 소아로 추정되며 성별은 알 수 없는데,[90] 조사자들은 피장자의 실제 신분은 주석실 피장자의 노비나 하층계급에 해당되는 자로서 금동관을 착장할 수 있는 다른 자를 대신해서 순장된 것으로 추정하였다. 만약 그러한 추정을 허용한다면 당시에 순장을 대신 시킬 수 있었다는 결론에 도달하게 된다. 여기에 대해서는 좀 더 검토의 여지가 있다.[91]

다만 여기서 짚고 넘어가야 할 것은 금동관을 착장한 자를 순장시킬 수 있을 정도의 위상을 가진 이가 30호분의 주인공이라는 사실이다. 주석실에서 금동관이나 금관 등 신분을 확인할 수 있는 위세품이 출토되지 않아 그 위상이 어느 정도였는지는 짐작할 수 없지만 금동관을 착장할 수 있는 자를 순장시킬 수 있었다고 한다면 당시 이 지역의 최고 지배층이었음을 충분히 짐작할 수 있다.

그리고 이와 더불어 앞 시기와는 달리 새로운 신앙체계의 모습도 짐작할 수 있게 된다. 앞에서도 언급하였지만 하부석곽 개석에 새겨진 암각화는 선사시대 신앙의 대상이었던 바위그림이 더 이상 신앙대상으로서의 기능을 상실하였음을 추정케 한다. 이는 기왕의 신앙체계가 필요없게 되었거나, 기왕의 신앙체계를 대신하는 새로운 신앙체계가 등장하였다는 사실을 나타내어 주는 것이라 생각된다. 만약 후자의 경우라고 한다면 기왕의 신앙체계를 무너뜨릴 수 있는 신분의 존재를 상정할 수 있게 한다. 이는 곧 일반인들과는 다른 신성한 이의 존재를 추정할 수 있게 한다. 곧 초월적인 신분이 등장하였음을 확인시켜 주는 것이라 하겠다. 또한 새로운 단계로의 질적인 변화가능성을 엿볼 수 있게 하는 대목

---

90) 嶺南埋葬文化財研究院, 1998, 앞의 책, 139~146쪽.
91) 지산동73호분과 75호분의 순장곽에서도 금동과 철제관식이 출토되어 비슷한 양상을 보인다. 73호분에서는 묘광 내 서순장곽에서 금동관식이, 75호분도 봉토 내 순장곽에서 철제관식이 출토되었다(대동문화재연구원, 2008, 앞의 글).

이라 생각된다. 이러한 사실은 당시 고령지역 최고지배자들의 권위가 상
당한 수준에 도달하였음을 추정할 수 있겠다. 그런데 여기서 짚고 넘어
가야 할 사실은 이 무렵에 이르러 기존의 신앙체계 파괴는 이를 대체할
수 있는 새로운 신앙체계의 성립을 전제로 해야 할 것이다. 그렇다면 그
러한 역할을 한 신앙체계는 무엇일까? 그 무렵의 자료가 없어 확인할 수
없지만 6세기에 조영된 벽화고분과 건국신화의 내용이 이를 어느 정도
추정할 수 있게 해준다. 즉 벽화고분에 새겨진 연화문의 내용과[92] 사료
3-F의 건국신화에 보이는 '正見母主'라는 불교적 색깔의 용어를 통해 불
교의 등장을 추정케 해준다.[93] 즉 불교가 이를 대신하였을 것이라 짐작
할 수 있겠다.[94]

　이후 직접적으로 이 지역의 최고지배층의 모습을 보여준 조사가 지산
동32호분이었다. 32호분이 만들어진 시기가 앞에서 본 대로 5세기 3/4분
기로 추정할 수 있다면 이때부터 王者의식이 싹트고 있음을 확인할 수
있겠다.[95] 즉 일반인들과는 구별되는 초월적인 신분인 '왕'의 존재를 인

92) 古衙洞壁畵古墳에 그려진 연화문은 꽃잎의 표현방식 등에서 고구려 평양계열과
　　비교되는 면도 일부 있으나, 백제 연화문의 일반적 특징의 하나인 넓고 둥근 꽃
　　잎, 武寧王陵 출토 王妃頭枕 장식문양 중의 연화문이 지닌 요소와 친근성이 높은
　　물방울형 꽃술과 굵은 윤곽선의 꽃잎은 6세기 전반경 백제에 수용, 소화되고 있던
　　다양한 연꽃표현방식의 한 갈래가 고령의 대가야에 소개되어 대가야 나름의 방식
　　으로 소화되고 재창조된 것으로 이해하기도 한다(全虎兌, 1991, 「伽倻古墳壁畵에
　　관한 일고찰」『韓國古代史論叢』4, 駕洛國史蹟開發研究院, 192쪽).
93) '正見'은 불교의 팔정도 즉 正見·正思·正言·正業·正命·正精進·正思惟·
　　正念을 말하며, 母主는 '聖母'에서 유래된 것이라 한다(丁仲煥, 1962,『加羅史草』,
　　釜山大學校 韓日文化研究所 : 2000,『加羅史研究』, 혜안, 96쪽).
94) 지산동44호분의 주석실에서 출토된 청동합의 내부에서 향나무로 추측되는 몇 점
　　의 木片이 확인되었다(尹容鎭, 1979, 앞의 책, 25쪽). 이 청동합은 백제와의 교류
　　를 보여주는 유물 중의 하나이다. 또 향은 불교와 밀접한 관계가 있다. 이는 곧
　　백제를 통한 대가야 불교수용의 한 단면을 보여준다고 하겠다.
95) 32호분과 33호분의 피장자는 광개토왕의 남정으로 인한 고구려와의 충돌을 경험
　　했던 부부관계의 주인공으로, 32호분 출토 금동관은 대가야의 독자적인 王者意識
　　의 형성을 추정할 수 있으며, 短甲은 전쟁과 함께 선진문물의 자극에 의한 것으로

식시켜 줄 수 있는 권위의 상징으로서 금동관을 상정할 수 있을 것이다. 이러한 초월적인 존재의 등장은 건국신화를 만듦으로써 극대화하였을 것으로 여겨진다. 즉 대가야의 건국신화가 천신과 가야산신의 결합구도 속에서 왕이 등장하고 있음을 보여주는데, 그 내용을 보면 다음과 같다.

> 3-F 崔致遠의 釋利貞傳에 이르기를 "가야산신인 正見母主가 천신인 夷毗訶와의 감응으로 대가야왕 惱窒朱日과 금관국왕 惱窒靑裔 둘을 낳았다. 뇌질주일은 즉 伊珍阿豉王의 별칭이고 청예는 首露王의 별칭이다"(『新增東國輿地勝覽』, 高靈郡 建置沿革條).[96]

대가야의 건국신화는 천신과 지신의 결합이라는 신화패턴을 가지고 있다. 그 내용에서 천신보다 산신이 더욱 큰 역할을 하는 것으로 보아 천신족인 유이민집단보다 산신족인 토착세력이 주도한 것으로 여겨진다. 그리고 천신과 산신의 후손임을 강조해 지배계급의 위치를 확고히 하고자 하는 목적이 담겨 있었을 것으로 짐작된다.[97] 이러한 내용은 새로운 지배층의 등장을 널리 알리고, 그 권위를 내세우기 위함이었을 터이다. 아울러 왕자의식의 등장과도 무관하지 않을 것으로 여겨진다. 결국 지산동30호분에서 확인되듯이 기왕의 신앙체계를 파괴시켜 새로운 신앙체계를 세우고, 금동관을 착장한 자를 순장시킬 수 있었던 계급의 등장과 32호분에서의 금동관과 무구류는 이 무렵 새로운 지배자로서의 '王'의 등장을 짐작케 하는 것이다.[98]

　　보기도 한다(李永植, 1997, 「대가야의 영역과 국제관계」『伽耶文化』 10, 伽耶文化研究院, 108쪽).

96) 按崔致遠 釋利貞傳云 伽倻山神正見母主 乃爲天神夷毗訶之所感 生大伽倻王惱窒朱日 金官國王惱窒靑裔二人 則惱窒朱日伊珍阿豉王之別稱 靑裔爲首露王之別稱.

97) 崔光植, 1995, 「大伽耶의 信仰과 祭儀」『加耶史硏究』, 慶尙北道, 269~272쪽.

98) 支配體制의 변화에 따라 支配者의 칭호가 달라지는 것은 흔히 볼 수 있으며, 따라서 이는 곧 사회의 발전을 그대로 반영하는 것으로 이해할 수 있겠다(朱甫暾, 1996, 「麻立干時代 新羅의 地方統治」『嶺南考古學』 19, 嶺南考古學會, 24~25쪽).

대가야에서의 '王'호는『南齊書』에 보이는 荷知王 관련기사와 충남대
학교 박물관에서 소장하고 있는 '大王'銘 유개장경호 등을 통해서 짐작
할 수 있겠다. 대가야왕 하지가 남제에 사신을 파견한 시기가 479년이므
로 대가야의 수장에 한기호 대신에 왕호를 처음 사용한 시기는 그 이전
이 될 것이며 아마도 지산동30호분 축조단계에서 32호분축조단계 어느
시점엔가 이러한 변화가 생겼으리라 생각한다.[99] 이때 주목되는 또 하
나의 내용은『일본서기』, 神功紀 62年條에 인용된 註에 보이는 百濟記
의 '加羅國王己本旱岐'의 존재이다. 대개 신공기의 기사를 2周甲 인하하
여 382년으로 보는 것이 일반적이지만 3주갑 인하하여 442년으로 보는
견해가 제시되어 있다.[100] 필자도 일단 442년으로 보는 것이 주변 상황
과 연계하여 타당할 것이라 생각한다.

5세기 초 고구려군의 남정으로 인하여 필연적으로 수반된 가야사회의
큰 변화의 흐름은 신앙체계의 변화가 감지되는 지산동30호분 축조단계
에서 32호분축조단계 무렵에 이르러 고령지역은 이전 지역연맹체와는
다른 새로운 단계로 접어들었으리라 짐작된다. 그것이 곧 部體制 단계에
해당하는 대가야로의 발전을 의미하며, 최고 지배자는 '王'을 칭하였을
것으로 생각한다. 이를 달리 영역국가[101] 혹은 고대국가단계까지[102] 성
장하였다는 견해가 제시되기도 하였다. 초월적인 신분으로서의 왕의 존
재는 이후 거대한 고총고분인 지산동44호분과 45호분 등과 같은 대규모
의 순장묘를 조성할 수 있었던 것으로 여겨진다. 이들 고분은 5세기 4/4
분기~6세기 1/4분기에 축조되었다고 추정되는데, 이 때는 대가야가 최

 99) 이를 바탕으로 5세기 중엽경 '왕'호를 칭하였을 것으로 보기도 한다(盧重國,
     1995, 앞의 글, 157쪽).
100) 山尾幸久, 1989,『古代の日朝關係』, 塙書房, 113~127쪽 ; 白承玉, 2001,『加耶
     各國의 成長과 發展에 관한 研究』, 釜山大學校 博士學位論文, 192~196쪽.
101) 李熙濬, 1995,「토기로 본 大伽耶의 圈域과 그 변천」『加耶史研究』, 慶尙北道,
     423쪽.
102) 朴天秀, 1996, 앞의 글.

전성기였을 무렵이었다. 이는 중국 南齊에의 사신파견으로 확인할 수 있다. 다음의 내용을 보기로 한다.

> 3-G 加羅國은 三韓의 한 종족이다. 건원 원년(479) 국왕인 하지가 사신을 보내어 공물을 바쳤다. 조서를 내려 "도량넓은 자가 비로소 등극하니 먼 오랑캐가 교화한다. 加羅王 荷知가 바다 밖에서 방문하여 동쪽 멀리서 폐백을 바치니 '輔國將軍本國王'을 제수할 것을 허락한다"라 하였다(『南齊書』, 東南夷傳 加羅國條).[103]

이 내용은 加羅國王 荷知가 중국 남제에 사신을 보내어 '輔國將軍' 本國王을 제수받았다는 사실을 전하는 자료이다.[104] 이 기록은 가야사회 전체를 통틀어 중국과 직접 교역한 사실을 전하는 유일한 자료로서 매우 중요한 의미를 지닌다. 가라국왕 하지에 대해서는 금관가야 또는 아라가야, 대가야의 왕 등으로 거론되어 왔으나 당시의 고고학 자료 등을 참고할 때 고령의 대가야왕으로 보는 견해가 지배적이다.[105] 필자도 여기에

---

103) 加羅國 三韓種也 建元元年 國王荷知使來獻 詔曰 量廣登始 遠夷洽化 加羅王荷知 款關海外 奉贄東遐 可授輔國將軍本國王.
104) '輔國將軍'은 남제의 官階로는 제3품에 해당된다. 驃騎大將軍・鎭東大將軍 등 제2품을 받은 고구려・백제・왜의 국왕보다는 1등급이 낮은 것이지만, 최초의 사신파견으로 이러한 작호를 받게된 것은 남제가 대가야의 국제적 지위를 상당한 수준으로 인정했던 것으로 풀이할 수 있을 것이다. 이렇게 볼 때 남제에의 사신파견과 조공, 그리고 책봉은 한반도 내의 유력한 정치세력 가운데 하나로 공인받은 셈이며, 또 본국왕 즉 가야왕이라는 칭호를 받음으로써 가야지역에 대한 지배권을 인정받고, 가야지역 내의 대표세력임을 과시하는 성과를 가져온 것으로 풀이할 수 있겠다(李文基, 1995, 「大伽耶의 對外關係」『加耶史研究』, 慶尙北道, 223쪽).
105) 千寬宇, 1976, 「三韓의 國家形成(下)」『韓國學報』 3, 一志社 ; 山尾幸久, 1978, 「任那に關する一試論」『古代東アジア史論集』 下卷 ; 大山誠一, 1980, 「所謂 "任那日本府"の成立について(中)」『古代文化』 32-11 ; 金鍾徹, 1982, 「大加耶 墓制의 編年研究－高靈 池山洞古墳群을 中心으로－」『韓國學論集』 9, 啓明大學校 韓國學研究所 ; 朱甫暾, 1982, 「加耶滅亡問題에 대한 一考察－新羅의 膨脹과 關聯하여－」『慶北史學』 4, 慶北史學會 ; 權珠賢, 1990, 「阿羅加耶에 對한 一考

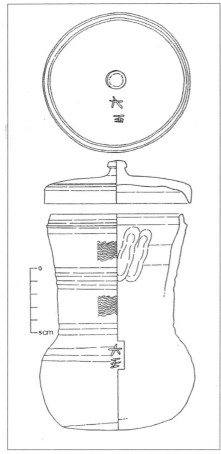

〈그림 3-8〉 '대왕'명 유개장경호

동의한다. 그렇다면 이는 당시 대가야가 중국과 직접 교역할 정도까지 발전하였다는 것을 단적으로 보여주는 아주 중요한 자료라 하겠다. 이러한 사실은 한반도 내의 유력한 정치세력 가운데 하나로 공인받은 셈이다. 또 본국왕 즉 가야왕이라는 칭호를 받음으로써 가야지역에 대한 지배권을 인정받고, 가야지역 내의 대표세력임을 과시하는 성과를 가져온 것으로 풀이할 수 있겠다.

이와 더불어 대가야에 '대왕'이라는 왕호를 사용하였음을 확인할 수 있는 자료가 있어 주목된다. 이는 충남대학교 박물관 소장의 고령양식의 장경호에 새겨진 '大王'의 명문에 의해서 추론해 볼 수 있다(<그림 3-8>).106)

그렇다면 이와 같은 대가야의 발전의 원동력은 어디에서 찾아야 할 것인가? 기왕에는 야로의 질 좋은 철로 제작한 무기를 통해 강력한

察」, 啓明大學校 碩士學位論文 ; 金泰植, 1993, 앞의 책 ; 盧重國, 1995, 앞의 글 ; 李文基, 1995, 「大伽耶의 對外關係」『加耶史研究』, 慶尙北道.
106) 한편 대가야왕이 대왕이라 칭한 시기는 加羅國王이 보이는 『日本書紀』, 欽明紀 5年(544) 이후부터 이 토기의 연대로 비정되는 6세기 전반경 이전의 어느 시점이었을 것으로 추정하기도 한다(盧重國, 1995, 앞의 글, 157쪽).

정치체를 형성한 것으로 파악하거나,[107) 야로의 활발한 철생산을 바탕으로 하는 고령에서 거창, 함양, 남원, 구례, 하동 등으로 이어지는 선상교역루트를 통한 백제와 왜의 중계교역활동과 남강수계를 통한 백제지역과의 아라가야, 소가야의 교섭과 배후교역망을 차단하여 가야의 맹주로서 군림할 수 있게 된 것으로 해석하고 있다.[108) 즉 강력한 군사력과 교역을 발전의 원동력으로 파악하는 것이다.

그런데 여기서 짚고 넘어가야 할 것은 고구려와의 전쟁에 직접 참여하지 않아 세력을 온전하게 보전할 수 있었다는 점이다. 당시 인근에서 가장 강력한 군대였던 고구려군이 김해까지 내려온 이후 금관가야는 겨우 명맥만 유지할 정도로 세력이 약해지는 것으로도 이를 짐작할 수 있다. 이러한 戰禍를 전혀 입지 않았던 대가야로서는 기왕에 4세기부터 나타나기 시작하는 내재적인 발전이 지속될 수 있었던 것으로 여겨진다.

두 번째로 일정 부분 백제의 영향을 받았다는 것이다. 4세기 후반 들어 백제와의 관계는 대가야가 선진문물을 접할 기회를 그만큼 많이 제공해 주었으리라 생각된다. 이는 성장에 가속도를 줄 수 있으리라 생각된다. 아울러 5세기 말 대가야의 남제에의 사신파견도 백제와의 협력으로 가능했으리라 여겨진다. 이는 扶安 竹幕洞祭祀遺蹟에서 대가야계통의 유물들이 확인되는 사실로도[109) 추정할 수 있겠다.

세 번째로는 冶爐지역의 鐵鑛이다. 철기의 제작은 단단한 철제농기구의 사용으로 좀 더 나은 농업생산력을 이끌어낼 수 있는 것과 동시에 무구류의 제작으로 강력한 군사력의 확보를 가능하게 해준다. 앞에서도 이야기했듯이 야로의 철은 늦어도 3세기 중엽에는 개발되었을 터이다.

---

107) 金世基, 2000, 앞의 글, 201쪽.
108) 朴天秀, 2000, 「考古學資料를 통해 본 大加耶」『考古學을 통해 본 加耶』, 한국고고학회, 112~116쪽.
109) 國立全州博物館, 1994, 『扶安 竹幕洞 祭祀遺蹟』, 176~177쪽, 도면 58번 및 247~250쪽.

그런데 금관가야의 몰락 이후 선진문물을 가진 유이민들의 파급으로 한 단계 높은 鐵器·陶器 등의 제작기술, 사회통제방식, 국제관계에 대한 인식능력 등이 전해짐으로써 대가야의 성장에 한층 힘을 실어주었을 것이라 생각된다. 대가야는 이러한 철기를 바탕으로 서서히 외부로 눈을 돌리기 시작하였고 결국 서부경남일대를 영향권 내에 둘 수 있었던 것이다. 무력이나 외부와의 교역을 중요 원동력으로 해석하면서도 그 근간을 야로의 철생산에 둔 것은 그만큼 중요하다는 이야기가 될 것이다. 결국 대가야의 발전에 선진유민의 파급이 큰 영향을 끼쳤으리라고 볼 수 있겠지만[110] 4세기 초부터 보이는 고령지역에서의 내재적인 발전이 선행되었던 것 같다. 건국신화의 내용을 통해서도 기존 고령지역 내에서의 토착세력이 중심이 되어 일부 선진문물을 가진 이주집단의 수용과정에서 大加耶의 발전이 이루어졌으리라 생각된다.[111]

3. 대가야의 대외진출

부체제단계에 접어들면서 가라국은 스스로를 '大加耶'라[112] 칭했던 것으로 생각한다. 아울러 거창, 함양, 남원 등지에 분포하고 있는 고분군들의 존재는 5세기 이후 대가야가 외부로 시선을 돌리면서 급격하게 성장한 사실을 전해주는 것이라 하겠다. 그 모습을 고고학 자료를 통해 찾

---

110) 金泰植, 1993, 앞의 책, 92~95쪽.

111) 崔光植, 1995, 「大伽耶의 信仰과 祭儀」『加耶史研究』, 慶尙北道, 270쪽.

112) 고령지역의 4세기대 이후 공식국호는 앞서 살펴본 대로 '加羅'였다. '大'의 冠稱은 장엄을 표시한 것으로 가라국이 5세기대 이후 주도세력이었다는 점과 아울러『三國史記』地理志에 전하는 '大加耶郡'은 가라국 당시에 사용되었음을 의미한다(白承玉, 2001, 앞의 글, 81~82쪽). 필자는 이를 가라국과 혼동을 피하기 위해 부체제단계에 접어들었을 무렵부터를 '대가야'로 칭한다.

아보기로 한다.

여러 가지 사실들로 살펴보았을 때 고령세력이 가장 먼저 진출을 시
도한 곳은 지금의 합천댐 상류지역인 합천군 봉산면 일대라 생각된다.
이 일대에는 陝川 苧浦里古墳群,[113] 鳳溪里古墳群,[114] 倉里古墳群,[115]
磻溪堤古墳群 등이 분포하고 있다. 이들 고분군들은 합천댐이 건설되면
서 대대적으로 발굴조사되었다.

봉계리고분군은 황강 상류의 충적대지 위에 형성되어 있다. 그 위치
가 황강 중류의 길목에 해당하는 교통요지로서 고령세력이 경남 북서부
지역을 거쳐 전북 남원지역으로 진출하기 위해서는 반드시 거쳐야 하는
곳이다. 또한 이곳은 상류에 있는 거창지역에서 낙동강으로 통하려 해도
이용해야만 하는 길목에 해당한다. 여기에서는 가야시대 유물뿐 아니라
신석기시대의 빗살무늬토기도 발견되었고, 또 청동기시대의 지석묘유적
도 남아 있어 아주 오랜 옛날부터 사람들이 살아오면서 문화유적을 형성
해온 곳이라는 점을 말해준다.

반계제고분군은 합천군 봉산면 송림리일대 나지막한 야산일원에 위
치한다. 봉산면소재지 앞으로는 黃江의 지류인 香江이 흐르는데, 이 강
을 중심으로 좌안에는 반계제・중반계・저포리고분군 등이, 우안에는
봉계리고분군이 자리잡고 있다. 반계제고분군은 봉산면의 동쪽에 솟아
있는 講德山(해발 550m)에서 갈라져 내려온 해발 150m 내외의 구릉에
분포하고 있다. 각 지구 능선의 정상부와 자연분구상을 이루고 있는 곳

113) 嶺南大學校 博物館, 1987, 『陝川苧浦里古墳群(A地區)』, 慶尙南道・嶺南大學校
博物館 ; 昌原大學 博物館, 1988, 『陝川 苧浦里B古墳群』, 昌原大學 博物館 ; 曉
星女子大學校 博物館, 1987, 『陝川苧浦里C・D地區遺蹟』, 慶尙南道・曉星女子
大學校 博物館 ; 慶北大學校 考古人類學科, 1987, 『陝川苧浦里D地區遺蹟』, 慶尙
南道・慶北大學校 考古人類學科 ; 釜山大學校 博物館, 1987, 『陝川苧浦里E地區
遺蹟』, 慶尙南道・釜山大學校 博物館.
114) 沈奉謹, 1986, 『陝川鳳溪里古墳群』, 慶尙南道・東亞大學校 博物館.
115) 沈奉謹, 1987, 『陝川倉里古墳群』, 東亞大學校 博物館.

에는 대형분이, 그 주위의 경사면에는 소형분이 축조되어 있다. 구릉의 정상부에 고분을 조영하고, 자연경사면을 이용한 점은 고령지역의 축조 방법과 유사하다. 또한, 지리상으로도 고령지역과 쉽게 교통할 수 있는 점에서 대가야세력과의 관련성을 잘 보여주고 있다.

창리고분군은 합천군 대병면 창리일대에 위치한다. 거창에서 동쪽으로 흘러 낙동강에 이르는 황강이 인접해 있고, 동남쪽으로는 삼가 지역과 통할 수 있는 교통의 요지이다. 특히 A지구 80호분에서 출토된 有蓋三足土器는 백제의 전형적 양식으로 접시에는 높이 11㎝의 다리가 같은 간격으로 세 개 달려있다. 그런데 뚜껑은 유두형꼭지가 달려있다. 이는 백제와 대가야양식 토기의 특징이 결합된 것으로 이 지역이 대가야와 밀접한 관계를 가지고 있으면서, 백제와도 문화교류를 활발히 했던 곳임을 반영하는 것이다.

이 일대의 고분군 조영순서는 황강을 따라 내려오면서 늦어지는 경향을 보인다.[116] 이러한 사정은 이 일대에 대가야문화의 유입과 더불어, 고령세력이 회천의 지류인 묘산천을 따라 영역을 확대하면서 황강 중류역인 반계제지역으로 진출하여 강을 따라 내려가는 과정을 보여주는 것이라 생각된다. 이 일대는 대가야가 가장 먼저 진출한 지역일 것이며 아울러 가장 강력한 지배를 받았을 것으로 생각된다. 또한 이 지역은 황강을 따라 거창, 함양, 남원쪽으로 진출할 때 반드시 거쳐야만 하는 전초지역일 가능성이 상당히 높은 곳이기도 하다. 따라서 대가야로서도 중요한 지역이었을 터이고 많은 관심을 가졌을 것임은 쉽게 추정 가능하다. 이상 살펴본 합천 반계제 일대의 고분군은 대가야가 다른 지역으로 진출하기 위한 전초기지였을 것이다.

먼저 서부지역으로의 진출을 보여주는 자료를 살펴보기로 한다. 고령지역에서 합천군 묘산면을 거쳐 봉산면의 반계제를 거치면 곧 거창지역

---

116) 李熙濬, 1995, 앞의 글, 393쪽.

에 이른다. 거창지역에는 開封洞古墳群이 위치하지만 여기에 대한 조사
가 이루어진 바 없어 이 지역의 세력변화들을 살펴보기가 무척이나 어렵
다. 거창 중심지를 조금만 지나 함양으로 향하는 길목에 말흘리고분군이
위치하고 있다. 이 고분군은[117] 경남 거창군 마리면 말흘리 진산부락의
야산에 위치하며 조성시기는 5세기 후반에서 6세기 전반으로 확인된다.
대가야계 고분에서 많이 보이는 장경호, 통형기대, 고배, 개 등의 토기
류, 철부, 도자, 철겸, 화살촉 등의 철기류가 주로 확인되었다. 하지만 1
호분에서 나온 고배와 2호분에서 나온 장경호는 다른 지역의 토기들과
는 분명히 형태가 달라 거창지역만의 고유한 특징을 가진 토기로 여겨진
다. 한편 이 지역에서는 백제지역에서만 발견되는 三足土器와 옹과 비슷
한 모양의 단지도 출토되어 백제와 활발한 교류가 있었음을 보여준다.
이곳을 지나면 곧 함양이다.

　함양지역에서는 上栢里와 白川里古墳群이 조사되었다. 상백리고분군
은[118] 백천리고분군에서 남계천을 따라 10㎞ 정도 상류에 위치하고 있
으며 중형 봉토분이 10여 기 분포한다. 장경호, 기대, 유개파수부호, 고
배, 파수부배 등의 토기류와 단갑과 찰갑, 등자, 기꽂이 등이 출토되었다.

　백천리고분군은[119] 함양읍 백천리 척지부락 뒤쪽의 구릉지대에 위치
한다. 고분군의 근처에서 두 개의 큰 하천이 합류하고 있는데 해발
140m 정도의 평평하고 넓은 구릉지대가 이 하천 쪽으로 약간 돌출되어
있어 고분의 입지로는 아주 적합한 곳이다. 대형의 수혈식석실묘 20여
기가 있고, 그 주변에 소형 석곽묘가 다수 분포되어 있었다. 이 무덤의
축조에는 고분군 주위 강변에서 쉽게 채취할 수 있는 川石을 이용한 점
이 특색이라고 할 수 있다. 조사자의 견해를 따르면 이 고분군의 이런

---

117) 국립진주박물관, 1985, 『거창말흘리고분』.
118) 金東鎬, 1972, 『咸陽上栢里古墳發掘調査報告』, 東亞大學校 博物館.
119) 박순호 외, 1998, 『咸陽 白川里 遺蹟』, 釜山大學校 博物館・大晋高速道路遺蹟合
　　同發掘調査團 ; 釜山大學校 博物館, 1986, 『咸陽白川里1號墳』.

묘제는 고령의 지산동고분군과 같은 형태라 할 수 있다. 따라서 이 대형분은 대가야권의 왕이나 수장층의 묘라고 볼 수 있다고 한다. 철기류와 함께 유개장경호, 단경호, 발형기대, 고배, 유개합 등 고령 지산동고분 출토품과 같은 양식의 토기류가 확인되었으며, 조성시기는 5세기 후반에서 6세기 전반으로 추정된다.

함양을 지나면 남원시 아영면에 이른다. 현재의 남원지역은 백두대간을 경계로 하여 남원시와 아영・운봉면 일대로 구분되는데 아영면 일대에 대가야와 관련있는 고분군이 확인되었다. 斗洛里古墳群은[120) 남원시 아영면 두락리와 동면 유곡리에 걸쳐 있다. 동면과 아영면의 경계는 낮은 구릉 정상부분으로, 이 정상부와 경사면에 고분이 자리잡고 있는데, 대부분 행정구역상 아영면에 속한다. 5기의 고분이 조사되었는데, 세장방형 수혈식석곽묘와 횡혈식석실묘가 확인되었다. 출토유물은 주로 대가야계 토기이며, 철기류도 같다. 유물을 넣기 위한 별도의 시설은 만들지 않았다. 다른 대가야권 고분군의 경우 부장품의 위치가 무덤주인의 머리와 발치의 양쪽에 집중적으로 부장되어있는 경우가 많은데 비해, 이 고분군에서는 피장자의 양 쪽에 토기를 넣고, 어느 한쪽에만 마구류를 놓아둔 경우가 많았다.

이 고분군은 전체적으로 대가야 계통의 유적이지만, 횡혈식석실묘인 2호분의 경우에는 석실 안에 전체적으로 회칠을 했다는 점, 천정의 구성은 수직에 가까운 벽이 윗부분에서 약간씩 좁아들면서 천정에 이르러 한 개의 개석으로 덮을 수 있게 만들어진 점, 관대가 설치되었다는 점, 바닥에 배수시설을 갖추었다는 점, 무덤길 위치가 서쪽벽에 치우쳐있다는 점 등이 다른 고분과 구분되는 특징이다.

月山里古墳郡은[121) 두락리고분군과 멀지 않은 남원시 아영면의 청계

---

120) 尹德香・郭長根, 1989, 『斗洛里 發掘調査報告書』, 全羅北道 南原郡・全北大學校 博物館.

리와 월산리에 걸쳐 있는 구릉에 있다. 이 고분군은 구릉 정상부에 위치한 봉토분 10여 기와 주위 경사면에 소형분 100여 기가 모여 있는 대가야계 고분군으로 5~6세기경에 조성되었다. 출토유물 가운데 가장 눈길을 끌었던 것은 큰 칼의 손잡이 장식인 象嵌環頭이다. 발굴 당시 칼 부분은 남아있지 않고 손잡이 끝의 고리장식부분인 환두만 남아 있었다. 이 환두에는 금, 은의 실로 상감을 하고 거북등무늬 안에 작은 꽃으로 장식해 놓았는데, 이런 문양은 국내에서 처음으로 확인된 것이다. 월산리에서 나온 이 정교하게 상감된 우수한 문양을 가진 환두는 대가야의 금속공예기술이 아주 높은 수준에 이르렀음을 잘 보여준다.

또 주목되는 유물로는 고령양식의 축소모형 철기류이다.[122] 낫, 괭이 등의 농기구와 공구를 모형으로 만들어 묻은 것이다. 이런 축소모형 철기류는 현재 대가야권에서만 확인되고 있어 대가야의 영역범위를 파악하는데 주요한 근거 중의 하나가 되는 유물이다. 요컨대 고령양식의 축소모형 철기와 이곳에서 나온 대가야계 토기들을 통해 이 곳 월산리 지역이 5세기부터 대가야권에 속했다는 것을 알 수 있다.

거창지역에서 함양을 거쳐 남원에 이르는 길목에 위치한 고분군이 위와 같다고 한다면 덕유산 자락에 위치한 육십령을 넘어 금강상류지역으로도 대가야가 진출한 것이 고고학 자료들을 통하여 확인되었다. 거창을 지나 육십령을 지나면 장수에 이른다. 장수 천천면에 위치한 三顧里古墳群은[123] 수백기의 소형고분과 수혈식석곽묘가 같은 지역에 함께 있다. 고분군 출토 토기류의 대부분이 고령양식이었다. 하지만 7호의 삼족토기와 8호의 병형토기 같은 백제계 토기도 일부 발견되었다. 이 지역이 백제의 영향을 일부 받아들이기도 했으나 전체적으로 대가야 문화권 안

---

121) 全榮來, 1983, 『南原 月山里古墳群發掘調査報告』, 圓光大學校 馬韓·百濟文化研究所.

122) 安順天, 1996, 「小形鐵製模型農工具 副葬의 意義」 『嶺南考古學』 18, 嶺南考古學會.

123) 郭長根·韓修英, 1998, 『長水 三顧里古墳群』, 群山大學校 博物館.

에 포함된 곳이었음을 알 수 있다.

금강상류지역에 위치한 또 다른 고분군으로는 鎭安 黃山里古墳群이[124] 있다. 용담면 월계리 황산마을 동쪽 구릉 정상에 위치한다. 고분의 유물들은 백제토기가 가야계와 절반씩 공반되는 경우와 고령양식 토기가 주종을 이루는 양상을 보이고 있다. 시기상으로도 5세기 중엽 이전으로 올라가는 고분이 확인되지 않은 것도 특이한 모습이라 하겠다.

이들 고분군의 양상으로 보아 대가야는 5세기 이후부터 이들 지역으로 진출하기 시작하여 5세기 중엽경에는 상당한 범위까지 진출하였음을 확인할 수 있다. 그리고 백두대간을 넘어 금강상류지역까지도 일부 진출하였음을 살펴볼 수 있었다.

이상으로 고분군들의 분포양상을 통해 5세기 중엽경에는 고령의 서쪽으로 거창, 함양을 지나 남원 동부지역까지, 그리고 백두대간을 넘어 금강상류지역인 장수, 진안까지 진출하였음을 알 수 있었다.[125] 5세기 후반대의 대가야의 권역은 이보다 더욱 나아가 섬진강유역까지 일부 진출하였음을 확인할 수 있다. 특히 현재의 남원시지역을 비롯한 섬진강수계로는 5세기 말~6세기 초엽까지 제한된 시기에 고령양식 토기가 출토되는 사실로[126] 보아 475년 백제 개로왕의 전사 이래 동성왕대까지의 백제 내부혼란기에 고령세력이 일시 진출할 수 있었던 것으로 추정할 수 있겠다.

---

124) 군산대학교 박물관, 1996, 「진안 용담댐 수몰지구내 문화유적」『大學과 發掘』
   1, 韓國大學 博物館協會, 303~320쪽 ; 韓修英, 1997, 「鎭安 黃山里古墳群 發掘
   調査槪報」『湖南地域 古墳의 內部構造』, 호남고고학회 ; 郭長根, 1999, 『湖南 東
   部地域 石槨墓 研究』, 書景文化社, 85~89쪽 ; 郭長根 외, 2001, 「鎭安 黃山里古
   墳群」『鎭安 龍潭댐 水沒地區內 文化遺蹟 發掘調査 報告書』Ⅳ, 群山大學校 博
   物館・韓國水資源公社.
125) 郭長根의 호남동부지역 토기분포도를 보면 이를 명확하게 알 수 있다(郭長根,
   1999, 앞의 책, 226쪽, <地圖 6> 참조).
126) 郭長根, 1999, 앞의 책, 226쪽, <地圖 7>, 228~230쪽.

한편 대가야는 봉산일대에서 남쪽으로의 진출도 모색한 것으로 생각
된다. 일단 방향은 다르지만 陜川 三嘉古墳群을[127] 통해 그 대강을 확인
할 수 있을 것이다. 이 고분군은 5세기 초부터 6세기 중반 사이에 만들
어진 대가야의 고분군으로 확인되었다. 조사된 고분 가운데 제4·6·7호
고분처럼 봉토 안에 하나의 유구를 가진 것도 있으나, 둘 이상의 유구를
가진 다곽분이 많았다. 이들 다곽분은 그 내부의 여러 유구들이 같은 시
기에 일괄 축조된 것이 아니고, 처음 무덤을 완성한 다음 시간이 흐른
후 다시 다른 피장자를 묻어야 할 때, 봉토를 일부 깎아 내고 안에 다른
유구를 더 만들어 넣는 방식으로 만들어졌다. 그리고 이때 봉분 안에는
수혈식·횡혈식·횡구식 유구와 석관, 화장유구 등 구조와 성격, 또 축
조시기가 다른 다양한 종류의 유구가 함께 들어 있다. 이는 다른 지역,
다른 고분들에서 흔히 볼 수 없는 형태로, 이 지역 무덤 축조방식의 중
요한 특색이라고 할 수 있다. 이런 형태의 다곽분의 경우 만들어져 있던
무덤 속에 다시 새로운 유구를 첨가하게 되면서 봉토가 점차 대형화되어
갔던 것 같다.

이 고분군에서 확인되는 여러 형태의 유구 가운데 이른 시기에 만들어
진 세장방형수혈식은 전형적인 대가야양식이다. 또 늦은 시기의 수혈계와
정사각형의 횡혈식석실 유구는 백제 熊津時代 고분문화의 영향을 받은 것
으로 보인다. 이 고분군이 장기간에 걸쳐 형성되면서, 시기에 따라 다른
지역으로부터 문화적 영향을 받아 다른 구조의 묘제를 채택한 것을 통해,
이 지역 정치세력의 성장, 발전 과정과 정치적 행방을 파악할 수 있다.

이상 살펴본 고분군들은 大加耶가 팽창해나가면서 직접이든 간접이
든 일정한 영향을 행사하였던 지역에 축조된 것이라 할 수 있겠다. 축조
양상이라든지, 출토되는 유물들의 모습이 이를 웅변해 주고 있다고 생각
된다.

---

127) 沈奉謹, 1982, 『陜川三嘉古墳群』, 東亞大學校 博物館.

이와는 달리 합천의 옥전고분군의 경우에는 워낙 토착세력의 힘이 강
력하여 앞의 고분군 축조세력들과는 대가야와의 관계가 달랐을 것으로
추정된다. 이 고분군은[128] 합천군 쌍책면 성산리 옥전(구슬밭)마을 산9,
23, 32번지 일대에 형성되어 있다. 이 지역은 고대부터 황강과 낙동강의
수로를 이용하여 주변의 창녕, 고령, 의령지역과 멀리 함안, 김해지역과
도 쉽게 교류했던 곳이다. 또 초계분지와 함께 황강유역의 교통요충지로
서 대외교역을 통해 상당한 발전을 이루었던 지역이다. 고분군은 몇 개의
능선에 걸쳐 조성되어 있다. 소형의 석곽묘들은 고분군 전역에 넓게 분포
하고 있지만, 수장급으로 추정되는 묘역은 일정한 규칙성을 보인다. 4세
기에서 5세기 중엽까지는 능선 정상부를 중심으로 목곽묘가 분포하고 있
으며, 5세기 중엽이후부터 묘역은 서쪽의 고개마루 건너편 능선으로 이
동하여 26기가 축조되었다. 즉 동쪽의 능선 정상부에 수장급의 무덤으로
추정되는 23, 28, 35호분들이 축조되다가 어느 시점에 크기가 큰 고분이
등장하면서 고개마루 건너편의 서쪽능선으로 묘역이 옮겨졌다. 그 이후
부터는 축조순서에 따라 M2, M1호분→M3호분→M4, M6, M7호분→
M10호분이 조성되었다. 그리고 이러한 군집묘는 정치적 또는 사회적 변
화에 의해 6세기 전반대에 끝이 나고 이후부터의 횡혈식석실분들이 M11
호분 이후 능선의 경사진 곳에 1~2기씩 축조되는 변화상이 보인다.

여기에서는 철제갑옷과 투구, 철촉·대도 등의 무구와 마주·재갈·
등자 등의 마구가 출토되었다. 이밖에도 무덤의 주인이 높은 신분임을
보여주는 금제이식·금제귀면장식품과 금동제 관모와 비취곡옥과 유리
구슬로 만들어진 목걸이, 유리그릇 등이 출토되었다. 특히 M3호분에서
는 龍鳳文環頭大刀를 비롯하여 많은 최고급 껴묻거리가 원형을 유지한
채 출토되었다. 아울러 다량의 철정을 바닥에 간 유구가 다수 발견되어
고도의 철제련기술을 가졌음을 알 수 있었다. 또 유달리 많은 구슬류가

---

128) 趙榮濟 외, 1988~2002, 『陜川玉田古墳群』 I ~ X.

출토되어 이 곳의 지명인 구슬밭과 관련이 있는 것으로 보인다.

　이 유적에서 출토된 이와 같은 유물들은 이곳에 강력한 세력집단이 존재했음을 입증하는데,『日本書紀』에 나오는 多羅國이 바로 그 정치적 실체일 것으로 보고 있다. 옥전고분군의 위상으로 보아, 대가야가 여기까지 권역을 확대했다고는 보이지 않는다. 다만 일정한 시기가 되면 대가야는 옥전세력과 정치적 동맹관계를 구축하지 않았을까 추정될 뿐이다.[129]

Ⅲ. 大加耶의 멸망과정

　고구려 장수왕의 남하로 인한 백제 개로왕의 전사는[130] 백제 사회에 큰 혼란을 야기하였지만, 동성왕대 이후 서서히 안정을 되찾게 되었다. 그렇지만 근초고왕 이래 가야에 대한 영향력이 약해졌을 것이다. 이러한 틈을 타 가야는[131] 신라의 원병요청에 즉각 응할 정도로[132] 자주적인 외교활동을 펼칠 수 있었던 것이다. 그리고 백두대간을 넘어서 진출할 수 있었던 것은 이러한 백제 내부의 정세도 일면 작용하였으리라 생각된

129)『日本書紀』, 欽明紀에 보이는 소위 '任那復興會議' 기록에는 다라국 내에 '旱岐'의 분화가 확인되는데, 이러한 점들도 다라국의 위상이 다른 집단과는 구별되는 것이라 하겠다.
130) 麗王巨璉帥兵三萬來圍王都漢城 王閉城門 不能出戰 麗人分兵爲四道來攻又乘風縱火焚燒城門 人心危懼 或有欲出降者 王窘不知所圖 領數十騎出文西走 麗人追而害之(『三國史記』25, 百濟本紀3 蓋鹵王 21年 秋九月條).
131) 신라의 구원요청에 즉각적으로 지원병을 보낼 정도의 국력을 가지고 있었던 당시의 가야는 '대가야'일 것이다. 당시 금관가야의 경우는 명실상부하지 못한 존재로서 남아 있었으며, 가야남부사회에서 일정한 역할을 하였을 아라가야의 경우에도 거리상의 문제가 있어, 대가야로 볼 수 있을듯 하다.
132)『三國史記』3, 新羅本紀3 炤知麻立干 3年 3月條.

다. 이에 따라 대가야는 대외적으로도 독자적인 활동이 활발해 졌는데,
이는 앞에서 살펴본 대로 대가야왕 荷知가 479년에 남제와 통교하여
'輔國將軍本國王'이라는 직함을 수여받는 사실로 짐작할 수 있다.

한편 5세기 말에 이르러 고구려는 신라를 집중적으로 공격하면서 남
하정책을 추진하였다.[133] 이에 신라는 백제와 나제동맹을 맺으면서 고
구려에 대항한다. 이후 양국의 관계는 백제가 신라에 사신을 보내고[134]
백제 동성왕과 신라 伊伐湌 比智의 딸과의 혼인 등으로[135] 알 수 있듯이
매우 우호적이었다. 그리하여 두 나라 사이에는 일시 안정이 찾아들었
다. 백제는 이러한 내부적인 안정을 바탕으로 다시 己汶, 帶沙지역을 회
복하여[136] 대가야는 신라와 백제 사이에 생존권 문제로 고민할 수밖에
없었을 터이다.

성왕은 웅진에서 사비로 천도하면서[137] 국가발전의 새로운 전기를 마
련하고자 하였다. 성왕은 고구려에 빼앗긴 한강을 되찾기 위하여 백제군
을 중심으로 신라, 가야의 연합군을 이루어 고구려를 공격하였다. 아래
의 기록을 보자.

> 3-H ① 백제 성왕이 친히 무리와 두 나라(두 나라는 新羅와 任那이다.)를
> 거느리고 가서 고구려를 쳤다. 漢城을 차지하고 또 진군하여 평양을
> 쳐서 무릇 옛 영토를 회복하였다(『日本書紀』, 欽明紀 12年 3月條).
> ② 왕이 거칠부 등에게 명하여 고구려를 치게 하여 十郡을 차지하였
> 다(『三國史記』4, 新羅本紀4 眞興王 12年 3月條).
> ③ 12년 신미년에 왕이 居柒夫와 大角湌 仇珍, 角湌 比台, 迊湌 耽知, 非

---

133) 『三國史記』3, 新羅本紀3 炤知麻立干 3·6·11·16·18年條.

134) 『三國史記』26, 百濟本紀4 東城王 7年條.

135) 『三國史記』3, 新羅本紀3 炤知麻立干 15年 3月條.

136) 앞에서 살펴본 대로 백두대간 넘어 남원일대의 섬진강 유역에 고령양식 토기가
    극히 제한된 기간에 출토되는 현상은 이러한 사정을 반영하는 것이라 생각된다.
    한편 이 일대의 고령양식 토기에 대해서는 尹部映의 「南原地域出土 高靈系土器」
    (『考古學誌』10, 韓國考古美術硏究所, 1999) 참조.

137) 『三國史記』26, 百濟本紀4 聖王 16年條.

西, 波珍湌 奴夫, 西力夫, 大阿湌 比次夫, 阿湌 未珍夫 등 여덟 장군에게
명하여 백제와 더불어 고구려를 치게 하였다. 백제가 먼저 평양을 쳐
서 파괴하니 거칠부 등이 그 틈을 타서 竹嶺 바깥과 高峴 내의 열 개
군을 취하였다(『三國史記』 44, 列傳4 居柒夫條).[138]

위의 내용은 신라, 백제, 가야가 연합하여 고구려를 공격하였다는 사
실을 기록하고 있다. 즉 당시 가야가[139] 백제, 신라와 더불어 경제·군
사적으로 매우 중요한 한강유역에서 對高句麗戰線에 참가하였음을 알
수 있는 것이다. 이 전투의 결과, 백제는 한강하류의 6군을 회복하였고,
신라는 한강상류의 10군을 차지하였다. 그런데 신라가 한강하류의 백제
군을 축출하고 한강유역의 전 지역을 독차지하고 新州를 설치하자[140]
백제는 신라에 대한 보복공격을 단행하였다. 그것이 관산성(지금의 忠北
沃川)전투이다. 『삼국사기』에 보이는 관련기사의 내용은 다음과 같다.

3-I ① 백제왕 명례가 가라와 더불어 管山城에 와서 공격하였다. 軍主 角干
于德, 伊湌 耽知 등이 맞서 싸웠으나 당할 수 없었다. 新州 軍主 金武力
이 州兵들과 함께 전투를 벌였다. 비장 三年山郡 高干 都刀가 백제왕을
급습하여 죽였다. 이때 모든 군사가 승승장구하여 크게 이기고 좌평
네 사람과 사졸 29,600인을 죽였다. 한필의 말도 돌아가지 못하였다(『三
國史記』 4, 新羅本紀4 眞興王 15年 7月條).
② 왕이 신라를 습격하고자 친히 보병과 기병 5천 명을 거느리고 밤에

---

138) ① 百濟王聖明 親率衆及二國兵(二國謂新羅·任那也) 往伐高麗, 獲漢城之地 又進
軍討平壤 凡六郡之地 遂復故地.
② 王命居柒夫等侵高句麗 乘勝取十郡.
③ 十二年辛未 王命居柒夫及仇珍大角湌 比台角湌 耽知迊湌 非西迊湌 奴夫波珍
湌 西力夫波珍湌 比次夫大阿湌 未珍夫阿湌等八將軍與百濟侵高句麗 百濟人先
攻破平壤 居柒夫等乘勝取竹嶺以外 高峴以內十郡.
139) 당시 가야가 어디를 가리키는 지에 대해서는 정확하게 알 수 없는 실정이다. 다
만, 6세기 전반 당시에 가야사회를 大加耶가 주도했었음은 부인할 수 없는 사실
이기 때문에 아마, 당시의 가야군도 대가야군이거나, 대가야를 중심으로 하는 가
야연합군이었을 가능성은 있었으리라 짐작된다.
140) 『三國史記』, 新羅本紀4 眞興王 14年 7月條.

狗川에 다다랐다. 신라가 숨어 있다가 싸움을 일으키니 병사들이 우왕
좌왕하는 중에 (왕이) 죽임을 당하였다. 시호를 '聖'이라 하였다(『三國
史記』 4, 百濟本紀4 聖王 32年 7月條).
③ 할아버지 武力은 新州道行軍摠管이었는데 일찍이 군사를 거느리고
백제왕과 장군 네 사람을 사로잡고 일만 명을 목베었다(『三國史記』 41,
列傳1 金庚信上條).[141]

백제가 가야와 연합하여 관산성을 공격하였으나 연합군은 관산성전
투에서 백제 성왕과 좌평 4인이 전사하고 병사 29,600명이 목숨을 잃는
등 대패하였다. 『삼국사기』에는 관산성전투의 과정이 간단하게 설명되
어 있지만 『일본서기』에는 그 과정이 보다 자세하게 기술되어 있다.[142]
백제의 왕이 직접 전투에 참가하고 3만여 명에 육박하는 병사들을 동원
한 사실로 미루어 보아 국가적 운명을 걸고 전쟁을 벌인 것으로 보인다.
여기에 참가한 가야병은 친백제정책의 한 방편과 앞에서 언급하였듯이
결혼동맹의 파기로 인한 내부혼란을 불식시키기 위함이었을 것으로 추
정된다. 동원된 병력의 숫자는 정확하게 언급할 수는 없다. 그렇지만 예
상외로 많은 수의 군사가 동원되었을 가능성이 크다.

이 전투는 비록 옥천지역을 중심으로 이루어졌지만 한강하류역과 가
야지역을 둘러싼 백제와 신라와의 국운을 건 전쟁이었다고 할 수 있겠

---

141) ① 百濟王明禮與加良來攻管山城 軍主角干于德 伊湌耽知等 逆戰失利 新州軍主金
武力以州兵赴之 及交戰 裨將三年山郡高干都刀 急擊殺百濟王 於是 諸軍乘勝
大克之 斬佐平四人 士卒二萬九千六百人 匹馬無反者.
② 王欲襲新羅 親帥步騎五千 夜至狗川 新羅伏兵發興戰 爲亂兵所害薨 諡曰聖.
③ 祖武力爲新州道行軍摠管 嘗領兵獲百濟王及其將四人 斬首一萬餘級.

142) 遣攻斯羅 臣先遣東方領物部莫奇武連 領其方軍士 攻函山城 有至臣所將來民竹斯
物部莫奇委沙奇 能射火箭 蒙天皇威靈 以月九日酉時 焚城拔之 … 餘昌謀伐新羅
耆老諫曰 天未與 懼禍及 餘昌曰老矣 何怯也 我事大國 有何懼也 遂入新羅國 築久
陀牟羅塞 其父明王憂慮 餘昌長苦行陣 久廢眠食 父慈多闕 子孝希成 乃自往迎慰
勞 新羅聞明王親來 悉發國中兵 斷道擊破 … 明王仰天 大息涕泣 許諾曰 寡人每念
常痛入骨髓 顧計不可苟活 乃延首受斬 苦都斬首而殺 掘坎而埋(『日本書紀』, 欽明
紀 15年 12月條).

다.143) 이 전쟁에서 미리 대비하고 있던144) 신라가 승리함으로써 한강유역과 낙동강유역에서의 인적, 물적자원을 확보할 수 있었던 것이다.145) 관산성전투는 백제의 무력화는 물론이고 가야에게도 큰 피해를 주었을 것임은 쉽게 추정할 수 있다.

이처럼 관산성전투는 羅濟간의 한강유역과 가야지역에 대한 패권다툼으로 전쟁에 패한 가야와 백제는 엄청난 피해를 입었다. 반면에 신라는 한강유역과 낙동강유역에서 우위를 확보함으로 인적, 물적 자원을 확보하게 되었다.

관산성전투에서 승리를 거둔 신라는 그 이듬해인 555년 1월 比斯伐(창녕)에 完山州(下州)를 설치하고146) 557년에는 沙伐州(上州)를 폐지하고 대신 개령에 甘文州(상주)를 설치하였다.147) 이 시기 신라의 상·하주치의 이동은 한강하류지역으로 나아가는 추풍령로를 보다 효과적으로 보호하고, 가야연맹 제국과 백제의 연합군의 보복공격에 대처하기 위한 것으로 본 견해도 있으나148) 이보다는 대가야를 공격하여 병합하기 위한 방편으로 여겨진다.149) 이러한 일련의 과정을 거치면서 신라는 561년 왕이 직접 창녕지역을 순수하고 그 이듬해 백제의 변경침략을 격파한 후 진흥왕은 이듬해 '加耶叛'을 이유로 대가야를 쳐서 멸망시켰다.

> 3-J ① 9월에 加耶가 叛亂을 일으키니 王이 異斯夫에게 討伐할 것을 명하였다. 斯多含이 보좌하였다. 사다함이 오천의 기병을 거느리고 먼저 말달려 전단문으로 들어가 백기를 세우니 성안이 두려워하였다. 이사부가 병사를 이끌고 다다르니 일시에 모두 항복하였다(『三國史記』 4, 新羅本

---

143) 盧重國, 1988, 앞의 책, 176~179쪽.
144) 『日本書紀』, 欽明紀 14년 8月條.
145) 李炯佑, 1995, 「大伽耶의 멸망과정」 『伽耶史研究』, 慶尙北道, 144쪽.
146) 『三國史記』 4, 新羅本記4 眞興王 16年 正月條.
147) 『三國史記』 4, 新羅本記4 眞興王 18年條.
148) 金泰植, 1993, 앞의 책, 304쪽.
149) 朱甫暾, 1982, 앞의 글, 182쪽.

紀4 眞興王23年條).

② 高靈郡은 원래 대가야국이다. 시조 伊珍阿豉王(內珍朱智라고도 한다)
으로부터 道設智王까지 무릇 16대 520년이다. 진흥대왕이 쳐서 멸하고
그 땅을 大加耶郡으로 삼았다. 景德王이 개명하여 지금에 이른다. 領縣
은 둘이다. 冶爐縣은 원래 赤火縣으로 경덕왕이 개명하여 지금에 이른
다. 新復縣은 원래 加尸兮縣으로 경덕왕이 개명하였다. 지금은 미상이
다(『三國史記』 34, 地理志1 高靈郡條).

③ 정월에 신라가 임나관가를 쳐서 멸하였다(다른 책에는 21년에 임나
가 멸망한 것으로 되어있다. 모두를 임나라 하고 달리는 가라국, 안라
국, 사이기국, 다라국, 졸마국, 고차국, 자타국, 산반하국, 걸찬국, 임례
국으로 모두 열나라이다)(『日本書紀』, 欽明紀 23年條).150)

그런데 위의 기사에서 짚고 넘어가야 할 것은 3-J ①에서 보이는 '加
耶叛'이다. 만약 이 기사의 내용이 사실이라면 대가야는 562년 이전에
멸망되었으며, 이때에는 신라에 반란을 일으킨 꼴이 된다. 이것은 대가
야의 멸망연대와 관련하여 무척이나 중요한 의미를 지니는 것으로 여겨
진다. 여기에 대해서는 일단 『삼국사기』 찬자의 불찰로 가필에 의한 것
이라고 보거나151) '加耶叛'을 그대로 인정하여 562년 이전에 대가야가
멸망하였을 것이라는 견해152)가 있다. 그렇지만 3-J ②, ③의 내용을 보

---

150) ① 九月 加耶叛 王命異斯夫討之 斯多含副之 斯多含領五千騎 先馳入栴檀門 立白
旗 城中恐懼 不知所爲 異斯夫引兵臨之 一時盡降.

② 高靈郡 本大加耶國 自始祖伊珍阿豉王(一云內珍朱智) 至道設智王 凡十六世 五
百二十年 眞興大王侵滅之 以其地爲大加耶郡 景德王改名 今因之 領縣二 冶爐
縣 本赤火縣 景德王改名 今因之 新復縣 本加尸兮縣 景德王改名 今未詳.

③ 春正月 新羅打滅任那官家(一本云二十一年 任那滅焉 總言任那 別言加羅國 安羅
國 斯二岐國 多羅國 卒麻國 古嵯國 子他國 散半下國 乞湌國 稔禮國 合十國).

151) 李丙燾, 1977, 『國譯 三國史記』, 乙酉文化社, 59·655쪽 ; 千寬宇, 1991, 「復元加
耶史」『加耶史研究』, 一潮閣, 50쪽 ; 金泰植, 1993, 앞의 책, 307쪽.

152) 林炳泰, 1967, 「新羅小京考」『歷史學報』 35·36합, 歷史學會, 89쪽 ; 文暻鉉,
1975, 「伽耶史의 新考察」『大丘史學』 9, 大丘史學會, 21~22쪽 ; 朱甫暾, 1982,
앞의 글, 186쪽 ; 趙法鍾, 1996, 「蔚珍鳳坪碑에 나타난 '奴人'의 성격검토」『新
羅文化』 13, 東國大學校 新羅文化研究所, 377~378쪽 ; 金善淑, 2001, 「대가야
의 盛衰와 신라」『三國時代研究』 1, 學硏文化社, 156쪽, 註 117).

면 562년 신라 진흥왕 23년에 이사부의 공격으로 대가야가 멸망한 것으로 보는 견해가 타당하리라 생각한다. 그렇다면 이러한 기록이 남게 된 이유는 무엇일까? 『삼국사기』를 편찬한 이들이 전혀 검토도 없이 단순한 불찰로 이러한 실수를 했다고 보기에는 쉽게 납득이 되지 않는다. 국가 간의 전쟁기록, 특히 한 나라의 멸망과 관련된 기록을 그렇게 소홀하게 다루었을 리는 만무하다고 보아야 하겠다.

그렇다면 첫 번째로 『삼국사기』를 편찬하던 당시까지 전해져 오던 신라의 기록에는 '대가야가 신라에 반란을 일으켜 멸망시켰다'는 내용이 전해왔을 것이라는 추정이 가능하다. 만약 이 추정이 허용된다면 신라인에게는 '대가야'는 반란을 일으켰던 국가였다는 인식이 있었을 것이다. 그러나 실제 대가야는 신라에 복속된 적이 없기 때문에 이러한 표현은 전혀 부합되지 않는다.

두 번째로는 신라인들이 대가야를 대하는 시선을 나타내어 주는 것으로 이해할 수 있다는 것이다.[153] 대가야보다 30년 먼저 신라에 병합된 금관가야의 경우를 비교해 보면 다음과 같다.

> 3-K 금관국왕 김구해가 妃와 세 아들 즉 장남 노종, 둘째 무덕, 막내 무력과 함께 국고의 보물을 가지고 와서 항복하였다. 왕이 예로써 대하고 上等의 地位를 주고 본국을 食邑으로 삼게 하였다. 아들 무력은 벼슬이 角干에 이르렀다(『三國史記』 4, 新羅本紀4 法興王 19年條).[154]

---

153) 한편 이를 찬자의 가필에 의한 것으로 이해하면서 결국 멸망시점이 정확히 표기된 것으로 여겨지지는 않지만 여타의 가야제국이 신라에 투항한 모습을 보여주는 것(金泰植, 1993, 앞의 책, 307~309쪽), 고령가야와 김해가야를 착각한 것이 아니라 '加耶叛'이라는 기사가 '대가야를 정벌하기 위한 명분'의 필요에 의해 왜곡하였을 가능성을(이희진, 1998, 『加耶政治史硏究』, 學硏文化社, 203쪽) 이야기하기도 한다.

154) 金官國主金仇亥 與妃及三子 長曰奴宗 仲曰武德 季曰武力 以國帑寶物來降 王禮待之 授位上等 以本國爲食邑 子武力仕至角干.

위의 기사내용대로 仇亥王이 나라를 들어 항복한 금관가야의 경우,
신라에서는 높은 품계를 주고 김해지역을 그대로 食邑으로 주는 등 극
진히 대접하였다. 아들 武力은 나중에 角干에 이를 정도로 新羅의 중앙
에 깊숙이 자리잡게 되었다. 그리하여 삼국통일에 그 후손이던 金庾信이
큰 역할을 할 수 있었던 것이다. 즉 신라로서는 자발적으로 복속당한 세
력의 최상층세력에게는 신라 6부의 상층세력으로 편제하였던 것을 알 수
있다.155) 금관가야가 광개토왕의 남정 이후 거의 몰락하다시피 하여 이
미 신라에 경도되었던 사실을 생각한다면 오히려 그렇게 극진하게 대접
할 필요가 없지 않을까 생각된다. 아마도 당시까지 신라에 일정하게 저항
하였던 가야세력의 유화를 위해서 그러한 조치를 취한 것으로 보인다.

이러한 금관가야를 대가야와 비교한다는 것 자체가 무리일지도 모르겠
다. 일단 대가야의 경우는 멸망 이후의 모습에 대한 기록이 전혀 남아있지
않은 실정이다. 다만 한 가지 염두에 두어야 할 것은 대가야가 금관가야와
는 달리 신라에 적극적으로 대항한 흔적들이 많이 보이기 때문에 신라의
대가야에 대한 태도도 분명 달리하였을 것으로 추정할 수 있겠다.156)

우선 고령지역에는 대가야 멸망과 관련한 설화들이 다수 전해져 온
다. 끝까지 항복치 않는 대가야를 정복하기 위해 미인계를 동원하여 신
라군을 방비하기 위해 성을 쌓는 대가야의 도인을 죽여 버리는 예동산성
설화, 중과부족으로 끝까지 신라군에 대항하다가 전사한 마량장군이 죽
은 지 삼일 만에 거북군사를 거느리고 신라군을 친다는 거북바위 설화
등이 있다.157) 이들 설화의 공통점은 신라에 대가야가 끝까지 저항한다

---

155) 骨伐國王阿音夫 率衆來降 賜第宅田莊安之 以其地爲郡(『三國史記』 2, 新羅本紀2
　　助賁尼師今 7年 2月條).
156) 대가야는 신라에 적극적으로 저항을 하여 서서히 신라의 문물을 수용하면서 신
　　라에 병합된 다른 가야국들과는 전혀 다른 양상을 보여주고 있다. 이러한 점은
　　신라에의 편제가 대가야와 다른 가야국 특히 기록상에서 나타나는 금관가야와는
　　전혀 다른 양상으로 전개되었을 가능성을 추정케 한다.
157) 김재웅, 1997, 「고령 지역의 설화의 전반적 고찰」 『高靈地域의 歷史와 文化』,

는 사실을 보여준다는 것이다. 즉 금관가야와는 분명한 차별성이 있음을 확인할 수 있다. 이러한 차이점이 대가야를 반란을 일으킨 나라라는 신라인들의 인식으로 나타난 것으로 보고자 한다.[158]

6세기경 국제정세의 변화에 적절히 대응하지 못했던 대가야는 결국 562년 신라에 의해 멸망당하고 말았다. 5세기 중엽 고대국가 직전단계에 해당하는 부체제단계에 접어들고, 479년에는 중국에 직접 사신을 보내어 통교할 정도로 성장하였던 대가야가 멸망하게 된 원인에 대해서 살펴보기로 한다.

우선 6세기 당시의 대가야 내부사정은 아래의 사료에서 볼 수 있다.

> 3-L 加耶琴 또한 중국악부의 箏을 본받아서 만들었다. 風俗通에 이르기를 쟁은 秦의 소리라 한다. 釋名에는 쟁은 줄을 높이 매어 소리가 箏箏하며 幷州·梁州의 두 주의 쟁의 모습은 瑟과 같다고 한다. … 가야금은 비록 쟁과 그 제도가 조금 다르지만 대개 비슷하다. 신라의 古記에 가야국 嘉實王이 당의 악기를 보고 가야금을 만들었다고 한다. 왕이 "여러 나라의 방언이 각각 다른 소리를 내니 어떻게 일정하게 할 것인가?"라고 말하고 이에 악사 省熱縣 사람 于勒에게 명하여 12曲을 짓게 하였다. … 우륵이 지은 12곡은 一 下加羅都, 二 上加羅都, 三 寶伎, 四 達已, 五 思勿, 六 勿慧, 七 下奇物, 八 師子伎, 九 居烈 十 沙八兮, 十一 爾赦, 十二 上奇物이다(『三國史記』 32, 樂志1 加耶琴條).[159]

高靈文化院·啓明大學校 韓國學研究院, 155~157쪽.

158) 최근 『花郎世紀』의 자료 신빙성 여부에 대해 많은 논란이 있는 바, 이를 가야사 연구에 접목하는 시도가 있었다. 특히 필자의 관심을 끈 것은 사료 3-J ①의 '叛'은 557년 북가야 즉, 대가야를 쳐서 항복을 받고 부용으로 삼았었는데 어떠한 계기로 인해 대가야가 반란을 일으켰다는 사실을 나타내어 준다고 한다(林範植, 2002, 「伽耶史 연구와 "花郎世紀"」『伽倻文化』15, 伽倻文化研究院, 193~196쪽). 신라가 대가야를 쳐서 멸망시키고 영토합병을 이루었다는 것이 『화랑세기』에 나타나는 것이다(『花郎世紀』 8世 文弩條, "七年出國原又伐北加羅"). 일단 『화랑세기』에 대해서는 많은 논란이 멈추지 않아, 여기서는 직접 이용하지는 않지만 주목해보아야 할 내용임에는 분명하다. 비록 『화랑세기』의 내용대로 하더라도 결론 부분을 수정할 필요는 없으리라 판단된다.

159) 加耶琴 亦法中國樂部箏而爲之 風俗通曰 箏秦聲也 釋名曰 箏施絃高 箏箏然 幷梁

　여기서 한 가지 주의해야 할 점은 가야금곡이 만들어졌을 당시 대가야사회는 이미 부체제단계로 접어든지 상당한 기간이 지났을 무렵이라는 것이다. 따라서 당시까지도 가실왕이 나라마다 방언이 다름을 탄식하고 있다면, 우려할 만한 내용이다. 물론 앞에서도 언급한 바와 같이 대가야가 가야사회 전체를 통합하려는 모습을 보여주는 자료이다. 하지만, 대가야권의 나라들도 상당수 포함되어 있어 대가야가 그 영향권 내의 국가들을 효과적으로 통제하지 못하였음을 짐작하게 해주는 것으로도 볼 수 있겠다.

　이러한 사실을 고고학적으로 살펴볼 수 있는 자료는 다음과 같다. 대가야에 속하였던 斯二岐國이[160] 위치하였던 합천 三嘉古墳群의 경우 고령양식 토기가 출토되는 유구 다음에 추가로 설치된 수혈식 석곽인 1-D, 2-C호 유구에서는 신라계통의 토기가 출토되고 있다.[161] 그런데 여기에서 보이는 양상은 유물의 경우 신라계통의 단각고배들이 주를 이루지만 묘제는 기존의 수혈식석곽묘를 그대로 채용하고 있어 고령지역과는 다른 양상을 나타내어 준다.[162] 이러한 사실은 신라문화가 삼가지역에 유입된 이후에도 기층문화 자체는 유지되고 있는 것으로 해석할 수 있어, 신라에 속한 이후에도 기존의 지배세력이 온존되고 있음을 보여주고 있다.

　합천 지역에서의 또 다른 정치세력인 다라국 지배층들의 분묘인 옥전

二州箏形如瑟 … 加耶琴雖與箏制度小異 而大槪似之 羅古記云 加耶國嘉實王見唐之樂器而造之 王以謂諸國方言各異聲音 豈可一哉 乃命樂師省熱縣人于勒造十二曲 … 于勒所製十二曲 一曰下加羅都 二曰上加羅都 三曰寶伎 四曰達已 五曰思勿 六曰勿慧 七曰下奇物 八曰師子伎 九曰居烈 十曰沙八兮 十一曰爾赦 十二曰上奇物 泥文所製三曲 一曰烏 二曰鼠 三曰鶉(赦字未詳).

160) 金世基, 2000, 앞의 글, 257쪽 ; 李炯基, 2000, 「大加耶의 聯盟構造에 대한 試論」 『韓國古代史研究』 18, 서경문화사, 32쪽, 註 61) : 2002, 「于勒十二曲의 上加羅都와 下加羅都－大加耶의 地方支配에 관한 試論的 考察－」 『盟主로서의 금관가야와 대가야』(第8回 加耶史學術會議 發表要旨), 金海文化院, 89쪽.
161) 李熙濬, 1995, 앞의 글, 404~406쪽.
162) 沈奉謹, 1982, 『陜川三嘉古墳群』, 88·132쪽의 유구평·단면도 참조.

고분군의[163) 경우에는 삼가고분군과는 다르게 자의적으로 신라문화를 수용하는 과정이 확인되고 있다. 玉田M6호분에서는 신라계통의 '出'자 형입식을 가진 금동관이 출토되고 있다.[164) 이 고분의 축조연대는 6세기 2/4분기로, 6세기 1/4분기까지 옥전고분군에서는 유물뿐만 아니라 유구에서도 대가야계의 특징을 보인다. 하지만 그 이후에 신라계통의 금동관이[165) 나타나는 것은 대가야와 신라와의 밀접한 관련 속에서 나타나는 것으로 보고자들은 파악하고 있다.[166) 그렇게 볼 여지가 전혀 없는 것은 아니지만 이를 다르게 해석해 볼 수도 있지 않을까 한다.

『三國史記』에서 보이듯[167) 대가야와 신라가 결혼을 통하여 밀접한 관계를 맺는 사실도 있지만, 그 영향으로 대가야의 영향 아래 있는 다라국에서 금동관이 출토된다는 사실은 그리 합리적이지 못한 것 같다. 오히려 옥전고분군에서보다는 지산동고분군에서 발견되어야 하는 것이 합리적이라 생각된다. 즉 고령 지산동의 경우에는 신라계의 금동관이 발견된 바 없어 오히려 6세기 2/4분기 들어 대가야의 영향력이 약해지는 가운데 다라국이 신라화되어가는 모습을 보여주는 것은 아닐까 생각한다.[168)

---

163) 趙榮濟외, 1988~2003, 『陜川玉田古墳群』Ⅰ~Ⅹ, 慶尙大學校 博物館.

164) 趙榮濟외, 1993, 『陜川玉田古墳群Ⅴ-M4・M6・M7號墳-』, 慶尙大學校 博物館, 84~89쪽.

165) 신라계의 樹枝形帶冠의 퇴화형식에 보이는 일부 속성을 따르고 있으나, 타원형 압날문의 시문, 소형 초화형입식의 조합, 맞가지 및 寶珠의 均齊性 파괴 등 신라의 수지형대관에서 관찰되지 않는 기법 및 속성을 보이고 있어 가야에서 모방하였다고도 한다(咸舜燮, 2002, 「신라와 가야의 冠에 대한 序說」『大加耶와 周邊諸國』, 高靈郡・韓國上古史學會, 144~145쪽).

166) 趙榮濟 외, 1993, 앞의 책, 173쪽.

167) 春三月 加耶國王遣使請婚 王以伊飱比助夫之妹送之(『三國史記』4, 新羅本紀4 法興王 9年條).

168) 李熙濬은 5세기 말 이후 대가야가 領域國家 단계에 접어들었을 당시에도 玉田古墳群을 중심으로 하는 多羅國은 상당한 독자성을 유지하고 있었으며, 창녕을 통한 신라의 회유공세의 결과로서 부장된 것으로 파악하고 있다(李熙濬, 1995, 앞의 글, 403・423쪽). 이는 곧 다라국 지배층의 내부에서 서서히 신라화되어 가는

거의 같은 시기에 축조되는 M10호분은 횡구식석실묘, M11호분은 횡혈
식석실묘로 확인되고,[169] 그 곳에서 출토되는 유물은 일부 대가야계의
것이 확인되는 등 서서히 신라화되어 가는 모습이 보이고 있다. 즉 다라
국 재지지배 세력에 의한 신라문화의 수용과정이 묘제와 유물의 혼재로
써 확인되는 것이다. 삼가고분군과 옥전고분군에서 보이는 양상 등을 보
면 6세기 중엽 경에 고령지역과 대가야권 지역 간의 분열을 확인할 수
있다.[170]

　이때에 우륵이 "及其國亂"으로 신라에 투항하였다고 전하는 사실
은[171] 당시 대가야 내부가 정치·사회적으로 안정되지 못하였음을 알
수 있다. 더구나 진흥왕이 "加耶王淫亂自滅"이라고 묘사한 부분에서
는[172] 6세기 중엽 대가야왕이 정사를 돌보지 않았다는 사실을 짐작하게
하여, 내부의 혼란을 짐작할 수 있게 한다. 『삼국사기』에 전하는 이러한
사정은, 기록이 없어 확인할 수 없지만 간접지배를 받던 내부의 동요도
상정할 필요가 있으리라 생각한다. 앞에서 본대로 옥전 M6호분에서 신
라양식의 '出'자형 금동관이 출토되는 사실도 대가야의 영향으로부터 벗
어나려는 노력의 결과로 볼 수 있으리라 생각된다. 낙동강유역의 풍부한
농업생산력과 특히, 철기문화를 바탕으로 문화수준과 국력을 가졌으면
서도 복속한 소국들에 대한 완전한 지배체제를 구축하지 못하였던 것은
결국 치명적인 결과를 낳고 말았던 것이다.

　또 하나 눈여겨보아야 할 것은 대가야가 가지고 있는 지리적인 폐쇄

　　양상을 나타내어 주는 것으로 여겨지는데 필자도 여기에 동의한다.
169) 趙榮濟 외, 1995, 『陜川玉田古墳群Ⅵ-M10·M11·M18號墳-』, 慶尙大學校
　　博物館.
170) 金世基, 2000, 앞의 글, 251~259쪽. 아마도 이러한 모습들이 『三國史記』, 樂志
　　에 전하는 "王聞之大悅 諫臣獻議 加耶亡國之音 不足取也 王曰 加耶王淫亂自滅
　　樂何罪乎"의 내용으로 나타났으리라 생각한다.
171) 『三國史記』 4, 新羅本紀4 眞興王 12年條.
172) 『三國史記』 32, 樂志1 加耶琴條

성이다. 백두대간과 그 지맥, 그리고 낙동강은 대가야가 대외적인 관계를 맺는데 상당히 불리하게 작용하였을 것임을 쉽게 짐작하게 한다. 뒤에서 이야기하겠지만 대가야가 대외교역을 하기 위해서는 내륙 여러 지역을 돌아서 해안으로 나아가고, 또한 해상을 통한 교역이 이루어진다는 것을 알 수 있었다. 대가야가 부체제에 접어들고 6세기 전반경 강력한 체제를 구축해 나갈 때만 하더라도 폐쇄적인 지리적 조건을 뛰어넘은 것으로 보이지만, 이를 극복하기 위해 소요되는 많은 경제적 부담은 결국 대가야에 큰 짐이 되었을 터이다.

그리고 교역물품의 변화에 대가야가 적절히 대처하지 못한 것도 하나의 이유가 되었으리라 생각한다. 대가야의 주된 교역품은 '鐵'이었다. 대가야가 발전하는 바탕이 되었던 것이 '철'이었다고 할 때, 나중에 이것이 한계로 작용하였다는 사실은 아이러니라 할 수 있겠다. 신라는 4세기 이후가 되면 교역품이 '金銀'과 같은 재보로 이동하였는데, 대가야는 그러한 모습이 보이지 않고 있다. 이미 4세기 초 樂浪·帶方郡을 둘러싼 교역체계의 변화에 대응하지 못하고 새로운 체제로 이동하지 못해 백제, 신라에 뒤떨어진 경험이 있었던 가야사회가[173] 교역품의 변화에도 대응하지 못하고 있었던 것이다. 금은이 교역품이 되었다는 사실은 종래 철을 둘러싼 교역체계상에 중대한 변화가 초래되었음을 추측케 한다. 기왕에는 대가야처럼 '冶爐'라는 유력한 철산지를 보유하거나 혹은 생산된 철을 집산할 수 있는 곳이 교역상의 유리한 위치를 점하였고 나아가 정치적으로 강력한 힘을 가질 수가 있었다. 하지만 이후에는 이를 생산하거나 가공할 수 있는 능력이 교역의 주도권 장악 여부를 결정짓는 기본적인 조건으로 가능하였던 것이 아닐까 싶다.[174] 이는 기존의 교역체계

---

173) 朱甫暾, 1995, 「序說－加耶史의 새로운 定立을 위하여－」『加耶史研究』, 慶尙北道, 20쪽, 註 36).

174) 朱甫暾, 1996, 「麻立干時代 新羅의 地方統治」『嶺南考古學』19, 嶺南考古學會, 22~23쪽.

에 일정한 변화를 야기하는 큰 요인으로 작용하게 된 것이다. 물론 일정한 시기까지는 철이 교역품으로서의 역할을 수행할 수 있었겠지만 소량으로도 막대한 양의 철을 대신할 수 있는 가치를 지닌 금은으로 무게중심이 이동하리라는 사실은 두말할 나위가 없다. 결국 이러한 점은 대가야가 국제사회에서의 위상을 지속적으로 유지하는 데 어려움으로 작용하였을 것이다.

제4장

대가야의 정치사회구조

I. 중앙통치체제의 구축

4세기대에 지금의 고령읍을 중심으로 개진·운수·덕곡·쌍림일대
의 반로국이 지금의 우곡면일대로 추정되는 '新復縣', 합천군 야로·가
야·묘산면 일대의 '冶爐縣'을 복속한 지역연맹체로 성장하였다. 반로
국 단계의 '險側', 혹은 '邑借'로 불리어졌던 수장의 칭호가 '旱岐'를 칭
했을 것이다.[1] 이러한 대가야지역연맹체가 발전을 거듭하면서 새로운
단계에 접어들었을 때 '王'호를 사용하였을 것이라 생각된다. '왕'호의
사용은 '한기'를 칭하던 지역연맹체 단계와는 다른 새로운 체제로 접어
들었음을 짐작케 해준다.

새로운 체제라 할 때에 주목되는 것이 芋浦里 E地區 4-1號墳 출토 단
경호의 "下部思利利"란 銘文이다(<그림 4-1> 참조).[2] 이 토기는 6세기
중엽경으로 비정되고 있으며 器形上으로 대가야계통의 것이라는 데에는
크게 이견이 없는 실정이다. 여기서 눈여겨보아야 할 것은 '下部'이다.[3]
이 자료를 토대로 가야의 부체제에 대해서는 최근 논의가 이루어지고 있
는데,[4] 대가야의 새로운 체제란 부체제라고 이야기할 수 있겠다.[5] 삼국

---

1) 李炯基, 2000, 「大加耶의 聯盟構造에 대한 試論」『韓國古代史研究』18, 서경문화
   사, 16~17쪽.
   盧重國은 대가야의 발전단계를 小國－地域聯盟－部體制로 설정하면서 각각의 수
   장칭호를 險側 이하－旱岐－王으로 설명한다(盧重國, 1995, 「大加耶의 政治·社
   會構造」『加耶史研究』, 경상북도, 153~162쪽).
2) 釜山大學校 博物館, 1987, 『陜川芋浦里E地區遺蹟』, 69~71쪽.
3) 하부에 대응하여 상부의 존재를 상정하는 것이 일반적 견해이다. 이때 주목할 만
   한 것이 창녕 교동 11호분에서 출토된 명문대도이다.
4) 가야에서의 부체제 문제에 대한 검토는 김태식과 백승충의 논의가 있었다.
   김태식, 2000, 「加耶聯盟體의 部體制 成立與否에 대한 試論」『韓國古代史研究』

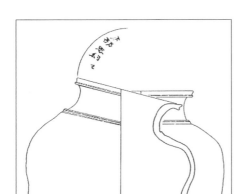

〈그림 4-1〉'下部'銘 短頸壺

에 공통적으로 등장하는 부
체제를 중앙집권적 국가체제
직전의 정치발전단계로 이해
할 수 있다면, 대가야도 대외
적으로 활발한 진출이 이루어
졌을 5세기 후반에는 이러한
발전이 불가능하지는 않았을
것이다. 뒤에서 이야기하겠지
만, 上·下加羅都와 관련지
어 대가야는 2부체제였을 것
으로 필자는 생각한다.[6]

이러한 部는 고구려·백
제·신라 모두에게서 공통적으로 나타나고 있다.[7] 그런데 삼국의 부가

17, 서경문화사 ; 백승충, 2000, 「가야의 정치구조 - '부체제'논의와 관련하여 - 」
『韓國古代史研究』17, 서경문화사.
5) 여기에서의 하부를 백제와 관련된 것으로 보는 견해도 있지만(金泰植, 1990, 「가
야의 사회발전단계」『한국 고대국가의 형성』, 民音社, 101쪽 ; 田中俊明, 1992,
『大加耶連盟の興亡と任那』, 吉川弘文館, 259~260쪽), 대가야와 관련있는 것으로
봄이(蔡尙植, 1989, 「陝川 苧浦4號墳출토 土器의 銘文」『伽耶』2 ; 白承忠, 1992,
「于勒十二曲의 해석문제」『韓國古代史論叢』3, 駕洛國史蹟開發研究院 ; 盧重國,
1995, 「大伽耶의 政治·社會構造」『加耶史研究』, 慶尙北道 ; 李炯基, 2002, 「4~5
세기 大加耶의 발전에 대한 고찰」『韓國古代史研究』26, 서경문화사) 일반적이라
하겠다. 이는 저포리고분군이 위치한 반계제 일대의 고분군의 묘제나 토기상들이
고령양식을 따르고 있는 것에서도 짐작할 수 있다.
6) '下部'명 토기의 연대가 6세기 중엽경이라는 사실과 高靈 古衙洞壁畵古墳이 백제
의 공주 송산리의 횡혈식 석실분의 영향을 받은 것이라는 점에서 미루어 백제의
영향이 컸을 것으로 보면서, 백제처럼 5부제였을 가능성이 있다고 보기도 한다.
(盧重國, 1995, 앞의 글, 169쪽).
7) 한국고대사학회에서는 1999년 7월 29~30일 제1회 하계세미나를 통해 부와 부체
제 문제에 대해서 집중 토론하였다(한국고대사학회편, 1999, 『한국 고대사회의 부
와 부체제』: 2000, 『韓國古代史研究』17, 서경문화사).

모두 동일하지는 않다. 고구려의 부와 마립간시기 신라의 6부체제는 분명한 차이가 있다. 고구려에서는 독자적인 운동성을 가진 독립 소국이 하나의 부가 되었다. 반면 신라에서의 6부는 많은 논란이 있긴 하지만 중앙집권화가 완성된 시기에 王京의 구획으로 부가 설치되었다는 점에서 큰 차이가 있다. 신라에서는 몇 개의 부가 하나의 소국을 구성하고 있는 것이다.[8] 가야에서의 부는 삼국의 그것과는 또 다른 차이가 있으리라 생각된다.

부체제로의 발전과정을 보면 고구려와 신라가 큰 차이를 보인다. 즉 앞에서 언급하였듯이 고구려의 부나 신라의 그것은 비록 명칭은 똑같을지라도 하나의 독립소국과, 독립소국을 구성한 하나의 읍락이라는 점에서 그러하다. 이후 중앙집권화가 이루어지는 과정에서 고구려에서의 나부는 方位部로 전환하고 신라의 경우는 사로국 자체가 왕도로서 기능하게 되고 편입된 소국은 지방으로서 자리잡게 된다. 고구려나 신라의 경우 부체제는 王都와 王畿, 혹은 王京과 地方의 체제로 바뀌어 간다. 이렇듯 나라마다 다른 부체제가 가야에서는 어떤 모습을 하고 있는 것일까?[9]

加羅國은 성립 이후 내재적인 발전을 거듭하다가, 400년 고구려 남정으로 거의 몰락하다시피한 김해세력 일부가 고령지역으로 흡수되면서 기왕에 개발되어 있던 야로철광이 더욱 개발되었을 것이다. 또한 그들이 가지고 있던 선진 제철기술 및 교역기술 등이 결합되어 시너지효과를 일으켜 급성장을 이루게 되었으리라 생각한다. 여기에 5세기 후반경 장수

8) 이러한 부의 차이에 대해서는 朱甫暾의 「三國時代의 貴族과 身分制」(『韓國社會發展史論』, 一潮閣, 1992) 참조. 백제의 경우는 그것이 왕도 5부제인지, 백제 전역을 대상으로 하는 5부제인지의 논란이 있는 실정이다.
9) 大加耶에서의 부란 백제의 部制에서 많은 영향을 받은 것으로 중앙의 지배자집단을 편제하는 과정에서 발생하였으며, 지방관을 파견할 정도는 아니었으므로 지방통치조직은 아니다. 한편 각 부의 유력자들은 왕도에 거주하면서 부여의 '四出道'처럼 독자적인 관할영역과 지배기구를 가지고 있다고 보기도 하였다(盧重國, 1995, 앞의 글, 168~171쪽).

왕의 남하정책으로 인하여 백제의 개로왕이 전사하는 등, 국제환경의 변화로 중국과의 독자적 외교관계도 성립할 수 있었을 것으로 짐작된다.

그러나 이러한 일련의 사건들이 일순간에 일어나 국제적 지위상승이 가능하리라 생각하지는 않는다. 남정 이래, 철광개발과 농업생산력의 발전을 토대로 하는 내적인 성장과 함께 주변 지역의 복속과정을 통해 가능했으리라 여겨진다. 이는 소위 대가야식 묘제와 토기가 고령을 중심으로 합천, 거창, 함양, 남원일원에까지 분포한다는 사실로 확인할 수 있겠다.10) 이러한 사실들은 가라국에 질적인 변환을 요구했을 터이고, 그 결과로서 '部體制'로의 진입이 이루어졌을 것이라 생각한다.

여기에서 주목되는 것이 '下部'이다. 이와 관련하여 생각해 볼 수 있는 것이 于勒十二曲의 '上加羅都'와 '下加羅都'이다. 이는 '상・하의 加羅都邑'으로 단순하게 '터'로 해석할 수도 있겠지만,11) 그보다는 '중심지'의 개념으로 이해하는 것이 좋을 듯하다.12) 상가라도는 대가야의 도읍이었던 고령으로 비정하는 데 별 이견이 없다. '加羅'라는 국명이 김해와 고령의 금관가야와 대가야에만 칭해졌었다는 사실과 가라국왕 하

---

10) 대가야박물관, 2004,『大加耶의 遺蹟과 遺物』; 2006,『土器로 본 대가야』(개관 1주년 기념 기획특별전 도록), 대가야박물관.
   한편, 순천대학교 박물관에서 조사한 순천 운평리고분에서도 대가야 계통의 묘제와 토기들이 확인되었다(순천대학교 박물관, 2006,「순천 운평리 고분 발굴조사 자문위원회 자료」; 2008,「순천 운평리 고분 2차 발굴조사 현장발표회 자료」).
11) 梁柱東, 1965,『增訂 古歌研究』, 一潮閣, 565쪽.
12) '都'라는 용어에 대하여 연맹중심지(田中俊明, 1992, 앞의 책, 110~113쪽), 대가야의 도읍으로 上都와 下都가 있었으며, 하가라도는 대가야 영역의 또 다른 중심지(李永植, 1997,「대가야의 영역과 국제관계」『伽倻文化』10, 伽倻文化研究院, 96쪽), 上・下加羅都에서의 '都'는 '都邑' 나아가 '王都'라는 개념이 내포되어 있음이 확실하고, 고령읍 자체가 도읍으로 인식되고 있어 부가 곧 왕도와도 같은 의미를 갖고 있었기 때문에 부의 존재가능성을 높여준다고(朱甫暾, 2000,「加耶史 認識과 史料問題」『韓國 古代史와 考古學』, 學研文化社, 923~924쪽) 설명하는 등 위치비정에는 차이가 있을 지라도 중심지와 관련된 것으로 해석하는 견해들이 제기되어 있으며, 필자도 이들 의견에 찬동한다.

지의 남제조공기사를 통해서 알 수 있듯이 필자도 상가라도가 고령이라고 생각한다. 당시 대가야가 가야사회의 실질적인 리더역할을 했을 것이라는 점도 이러한 추정을 가능케 한다.

하가라도는 나일강의 상·하 이집트에 비유하여 낙동강 중류인 고령을 상가라도, 하류인 김해를 하가라도로 비정하거나,[13] 함안의 아라가야라고 생각하는 의견이[14] 없는 것은 아니지만 크게 '김해'설과[15] '합천'설로[16] 대별되고 있다. 김태식은 가야연맹제국 중에 '가라'라는 이름을 실제로 사용한 예는 김해와 고령의 두 가야국 밖에 없으며 『일본서기』에 김해를 '남가야', 또는 '남가라'로 표기한 것이 보이고, 대가야시조신화에서도 김해세력의 조상인 수로왕에게 형제관계의 명분을 남겨준 것으로 보아 '하가라도'는 김해 남가라국의 음악이었다고 추정한다.[17]

그런데 많은 연구자들이 합천을 주목하고 있다. '都'는 연맹중심지를 지칭하는 것이기 때문에 하가라도를 玉田古墳群과 연결하여 합천을 대가야의 2대 중심지로 간주하기도 한다.[18] 또 하가라도 지명비정의 전제조건으로 가라의 용례가 김해, 고령뿐이라는 점, 범대가야세력권 내에 위치해야 한다는 점, 악곡의 제작시기가 6세기 전반이라고 할 때 상가라도와 정치적으로 밀접한 관계에 있어야 한다고 주장하면서 당시 김해는 신라와 밀착해 있었으므로 합천이라 설명하고 있다.[19] 이를 보다 구체적으로는 『일본서기』에 '首位'라는 칭호가 가라국과 공통으로 보이고

13) 李丙燾, 1976, 『韓國古代史研究』, 博英社, 303~304쪽.
14) 下加羅를 阿尸良·阿羅加耶 즉 아랫가야로 보아 咸安으로 비정하였다(梁柱東, 1965, 앞의 책, 30~31쪽).
15) 金泰植, 1993, 『加耶聯盟史』, 一潮閣 ; 白承玉, 2002, 「加羅國과 주변 加耶諸國」 『大加耶와 周邊諸國』, 高靈郡·韓國上古史學會.
16) 田中俊明, 1990, 「于勒十二曲と大加耶連盟」 『東洋史研究』 48-4, 13쪽 ; 白承忠, 1992, 「于勒十二曲의 해석문제」 『韓國古代史論叢』 3, 駕洛國史蹟開發研究院, 469쪽.
17) 金泰植, 1993, 앞의 책, 294쪽.
18) 田中俊明, 1992, 앞의 책, 110~113쪽.
19) 白承忠, 1992, 앞의 글, 468~469쪽.

있고 저포리E-4호분에서 출토된 '下部'명은 '하가라도'와 직접 관련이 되며 530년대 이전의 고령과 합천지역의 정치적 결속관계를 나타내는 것으로 추론할 수 있어 '하가라도'는 고령 가라국과 정치적으로 밀접한 관계에 있었던 지역으로 고령 지산동, 합천 옥전, 저포유적의 상관관계 를 참고해 볼 때 그 위치는 다라국의 중심지로 추정되는 옥전고분군 부 근이라고도 한다.[20] 옥전고분군을 발굴한 결과 대가야와 깊은 관련성을 갖는 유물이 출토되고 있고, 하가라도라는 곡명이 대가야권역 내의 지역 과 관련을 갖는다는 측면에서 합천으로 비정하는 것이 타당하다고 보기 도 한다.[21]

이러한 연구성과를 바탕으로 하가라도의 위치비정을 시도해 보기로 한다. 필자는 6세기 전반경 완전히 신라에 병합되었다고는 할 수 없겠지 만, 실질적으로는 그러한 지경에까지 이르렀다고 생각할 때 김해지역으 로 비정하는 것은 무리가 있다고 본다. 아울러 우륵십이곡을 짓게 된 배 경은 가실왕이 각각의 나라들이 서로 말이 다름을 탄식하면서, 이를 극 복하기 위함이었다. 이렇게 볼 때 가실왕은 현실적인 목적을 가지고서 곡을 짓게 하였으며, 거의 몰락하다시피한 김해지역을 포함하는 것은 그 목적에 부합되지는 않는 것 같다.

하가라도의 경우 백승충이 이미 전제한 조건들을 충족시켜야 할 것으 로 생각된다. 거기에 비추어 보면 합천지역이 가장 유력한 곳이 된다. 합천지역에서는 옥전고분군, 창리고분군, 저포리고분군, 봉계리고분군, 삼가고분군 등이 위치하고 있다.[22]

---

20) 白承忠, 1995, 「加羅國과 于勒十二曲」『釜大史學』, 釜山大學校 史學會, 70쪽.

21) 盧重國, 1995, 「大伽耶의 政治·社會構造」『加耶史硏究』, 慶尙北道, 170쪽, 註 57) 참조. 노중국은 합천 저포일대와 옥전일대를 하나의 권역으로 해석하고 있다. 그러나 뒤에서 언급하겠지만 저포일대와 옥전지역은 서로 다른 권역으로 이해함 이 타당하다고 생각한다.

22) 합천지역의 고고학적 분포조사는 다음의 연구성과가 참고된다(조영현 외, 2000, 「합천군 문화유적의 조사연구」『陜川地域의 歷史와 文化』, 陜川文化院·啓明大

오늘날 합천지역은 지형학적으로 크게 고령권으로 포함되는 安林川
水系(묘산·야로·가야), 黃江水系 서부지역권(봉산·대병), 黃江水系
중부지역권(합천·용주·대양·율곡), 황강수계 동부지역권(초계·적
중·청덕·쌍책·덕곡), 南江水系(삼가·가회·쌍백) 등 각각의 소지역
권으로 나누고 있다.23) 필자는 이러한 분류를 큰 틀에서 공감하지만 황
강수계의 중부지역권은 옥전고분군이 중심이 되는 동부지역권과 같은
권역으로 해석해야 하지 않을까 한다.24) 그러나 현재 합천댐에 의해 수
몰되어 있는 대병면과 봉산면은 분명 그 세력권이 다르다고 생각된다.25)

한편 '都'를 '중심지'로 보아야 한다면 그렇게 볼 수 있을 정도의 대
가야와 관련이 있는 고총분이 존재하여야 함은 물론이다. 이로 미루어
본다면 일단 저포리유적, 반계제고분군 등이 위치한 합천군 봉산지역이
하가라도였을 가능성이 무척 높을 것이라 생각한다. 옥전고분군이 분포
하는 쌍책지역이 이미 다라국이 위치한 지역이라고 할 때 구분되어야 한
다는 점과, 비교적 풍부한 고고자료 등이 출토되는 등 일정 수준 이상의
정치체의 존재가 있음직 하지만 별다른 기록이 남아있지 않은 점도 오히
려 이 일대에 비정하는 것을 가능케 하는 것이라 생각한다.

이상에서 상·하가라도의 위치가 각각 고령, 합천 봉산면일대였음을
추정해 보았다. 그런데 하가라도를 하부와 동일시하는 견해들이 제기되
어 있다.26) 필자도 이러한 견해에 찬동한다. 그렇다면 상가라도는 上部

學校 韓國學研究院).

23) 조영현 외, 2000, 앞의 글, 258~260쪽.

24) 이 지역에 대한 발굴조사가 이루어진 예가 없어 확정된 안은 아니다. 그렇지만
중부지역의 중심고분군이라 할 수 있는 합천읍 영창리고분군의 경우에도 그 양상
이 옥전고분군에 비교되지 않기 때문에(조영현 외, 2000, 앞의 글, 269쪽) 그렇게
해석할 수 있을 것이다.

25) 한국고대사학회편, 2000,「종합토론」『韓國古代史研究』17, 서경문화사, 436~
437쪽의 김세기 토론 참조.

26) 백승충은 '下部思利利'銘 토기가 출토된 고분군에서 고령양식 토기가 출토되지만
옥전고분군의 상징처럼 여겨지는 有刺利器 등이 출토되는 것으로 미루어 池山洞

가 될 것이고 그 일대는 고령일 것이다. 현재까지 전하는 가야사회에서의 상부에 대한 기록은 昌寧 校洞11號墳 출토 銘文大刀에서 발견된 상감명문이(<그림 4-2>) 있다. 이 명문은 칼등에 넣고자 하는 자체를 단면 Ⅴ자형 또는 凹형으로 얕게 파고 그 안에 두께가 거의 없는 폭 5mm 미만의 금사를 박아 넣은 후 숫돌로 마무리 작업을 하여 만든 것으로 현재 7자가 남아 있다.

7자 중 첫 글자는 가로획의 한 부분만 보이지만 나머지 여섯 자는 글자의 형태를 이루고 있으며, 전체 필체는 행서체로 보이고 있다. 명문의 내용은 글자 수가 적고 판독이 불가능한 것이 많아 의미 추적이 어렵다. "上部先人貴△乃(刀)"로 대개 판독하는 명문의 내용은 고구려계통인지 백제계통인지 확실하지는 않지만 '상부'가 쓰인 것은 하부에 대응되는 것이라 검토해 볼 만하다. 한편 '상부'로 읽은 부분 중 '上'자는 그 자체로서는 작은 점 하나에 불과함에도 불구하고 이렇게 읽은 것은 다음 글자가 '부'일 경우를 전제로 한 추독일 뿐으로, 한일 고대금석문에서 '部'의 약자가 'ㅏ'로 표기된 경우는 흔하지만 반대인 경우는 없다는 점에서 이 명문을 통해 가야에서의 '상부'의 존재를 입증할 수는 없다고 보기도 한다.27) 이 명문의 판독에 대해서는 고구려계통의 칼로 보면서 "上部先人貴△乃(또는 刀)"로 판독하기도 하고28) "… △ 先人(△)貴(?)△刀"라고 풀이하기도 한다.29) 하지만 앞의 판독을 주로 따르며 필자도 실견한

古墳群→玉田古墳群, 玉田古墳群→苧浦里古墳群으로 이어지는 중층적 구조를 상정하기도 하였다(백승충, 1999, 「가야의 정치구조-'부체제' 논의와 관련하여-」 『한국 고대사회의 부와 부체제』 한국고대사학회 하계세미나 발표요지, 75~76쪽).

27) 권오영, 2001, 「加耶諸國의 사회발전단계」 『한국 고대사 속의 가야』, 혜안, 515쪽.
28) 韓永熙・李相洙, 1990, 「昌寧 校洞 11號墳 出土 有銘圓頭大刀」 『考古學志』 2, 韓國考古美術 研究所, 85~92쪽.
29) 金昌鎬, 1990, 「韓半島 出土의 有銘龍文環頭大刀」 『伽倻通信』 19·20, 17~18쪽. 한편 田中俊明은 "乙亥年△扞率△"로 풀이하였지만 최근의 판독과는 전혀 일치하지 않는다(韓永熙・李相洙, 1990, 앞의 글, 92쪽).

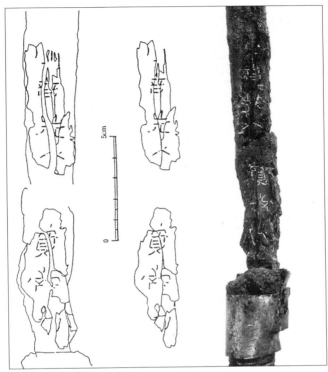

〈그림 4-2〉 창녕 교동11호분출토 상감명문대도

바에 따라 일반적인 해석을 따른다.[30] 어쨌든 명문에 보이는 '상부'라는
용례는 주목되어야 하고, 가야사회에서의 중앙집권화 과정에 상당한 시
사를 주는 것으로 짐작하는 바이다.[31]

---

30) 자세한 설명은 李文基의 「昌寧 校洞11號墳 出土 象嵌鐵刀 銘文」(『譯註 韓國古代
  金石文』Ⅲ, 駕洛國史蹟開發研究院, 1992, 255~256쪽) 참조.
31) 상부는 백제에서만 보이는 지방구역명이기는 하나, 고구려계 인명 또는 고구려계
  도래인의 인명으로서의 용례도 확인된다고 한다. 한편 합천 저포리 출토 '下部'명
  토기와 관련지어 상부를 대가야에 예속된 부로 파악할 수 있을 것이라고 보았다
  (李永植, 1993, 「昌寧 校洞 11號墳 出土 環頭大刀銘」『宋甲鎬敎授停年退任紀念論
  文集』, 609쪽).

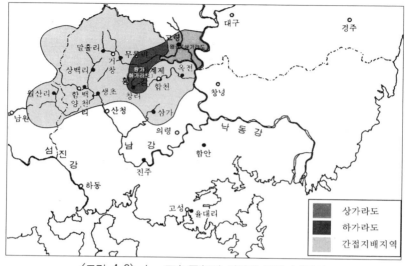

〈그림 4-3〉上・下加羅都의 위치와 간접지배권역

상부 즉 상가라도는 고령지역임에 두말할 나위가 없다. 그렇다면 하부는 하가라도와 연결하여 곧 합천 봉산일대가 될 것이다.[32] 이 지역은 대가야가 가장 먼저 진출한 지역일 것이며 아울러 가장 강력한 지배를 받았을 것으로 생각된다. 또한 이 지역은 황강을 따라 거창, 함양, 남원 쪽으로 진출할 때 반드시 거쳐야만 하는 전초지역일 가능성도 있다. 따라서 대가야로서도 중요한 지역이었을 터이고 많은 관심을 가졌을 것임은 쉽게 추정 가능하다. 이에 대가야가 영역을 확장하는 과정에서 봉산면일대를 王畿로 삼고[33] 하부로[34] 편제하였으리라 추측된다(<그림

---

[32] 李炳基, 2002, 「于勒十二曲의 上加羅都와 下加羅都－大加耶의 地方支配에 관한 試論的 考察－」『盟主로서의 금관가야와 대가야』(第8回 加耶史學術會議 發表要旨), 김해문화원, 76쪽.

[33] 하가라도의 의미로 보아 여기까지 왕도일 가능성도 있다. 하지만 고구려의 경우처럼 왕기의 의미로 보는 것이 더욱 타당하지 않을까 한다.

[34] 고구려에서의 下部가 西部를 지칭한다고 할 때 합천에서 고령을 의식한 표현이라고 보기도 한다(李永植, 1993, 앞의 글, 607~609쪽). 이때에도 지역연맹체단계보

4-3> 참조). 6세기 1/4분기에 이 지역의 고분군에서 중대형묘가 축조되지 않아 대가야의 직접지배에 들어갔으리라 여겨지는 것도 이러한 이유에서일 것이다.

이렇게 본다면 대가야는 上·下 二部體制였음이 확인된다.[35] 비록 부체제를 백제로부터 받아들였는지는[36] 정확하게 알 수 없지만 대가야는 왕이 거처하고 있는 고령지역과 대외진출의 중요한 전초기지에 해당하는 곳을 부로 삼아 직접 지배하였음을 확인할 수 있는 것이다.

대가야에는 '왕'이 존재하였음을 앞 절에서 살펴보았다. 왕 아래의 지배체계는 어떻게 조직되어 있었을까? 대가야연맹체의 수장은 '王'을 칭하게 되면서 이전 지역연맹체 단계보다는 훨씬 광범위한 지역에까지 그 영향을 미쳤다. 이를 원활하게 통치하기 위해서 편입지역을 일정한 기준에 의하여 편제하였을 것임을 추측할 수 있다. 부체제 단계에서의 대표자는 '왕'으로 칭하였으며 이때 기왕의 지배세력에 대한 재편도 이루어졌을 것임은 물론이다.[37] 그러면서 그 영향권 아래의 각 소국의 수장들의 위상을 높여준 것으로 보인다. 한기의 칭호가 지역연맹체의 대표자 칭호였는데, 그것이 각 소국의 장들에게도 칭해졌다는 점에서 그러한 추

다는 독자성이 그리 강고하지는 않았겠지만 일정부분 독자성을 온존시켰던 것 같다(盧重國, 1995, 앞의 글, 161~162쪽). 한편, 대가야 왕경인의 인명이 지방인 합천의 한 무덤 단경호에 기록된 것에 대한 해답이 어렵고, 또 대가야의 지방제도가 하부, 상부 등으로 나뉘어졌다는 증명이 되어야한다는 점을 들어 백제계 인명으로 보는 견해도 있다(金昌鎬, 2001, 「大伽耶의 金石文 자료」『伽倻文化』 14, 伽倻文化研究院, 29쪽).

35) 이영호도 상·하가라도를 상부와 하부의 2부체제로 파악한다(이영호, 2006, 「于勒 12曲을 통해 본 大加耶의 政治體制」『악성 우륵의 생애와 대가야의 문화』, 고령군 대가야박물관·계명대학교 한국학 연구원, 123~125쪽). 김세기는 하부의 영역을 합천 반계제지역 및 거창, 함양 백천리고분군지역, 옥전 남쪽의 의령지역까지로 파악한다(金世基, 2000, 앞의 글, 242쪽).

36) 盧重國, 1995, 앞의 글, 169쪽.

37) 뒤에 이야기할 각국 수장들의 칭호가 한기로 동일함도 그러한 가능성을 보여주는 것이라 하겠다.

측이 가능하다.

> 4-A ① 安羅次旱岐夷呑奚・大不孫・久取柔利 加羅上首位古殿奚・卒麻旱岐・
>   散半奚旱岐兒・多羅下旱岐夷他・斯二岐旱岐兒・子他旱岐等 與任那日本府
>   吉備臣(闕名字) 往赴百濟 俱聽詔書 百濟聖明王謂任那旱岐等言(『日本書紀』,
>   欽明紀 2年條).
>   ② 安羅下旱岐大不孫・久取柔利 加羅上首位古殿奚・卒麻君・斯二岐君・
>   散半奚君兒・多羅二首位訖乾智・子他旱岐・久嗟旱岐 … 安羅王・加羅王
>   俱遣使同奏天皇(『日本書紀』, 欽明紀 5年條).

위의 내용은 소위 '任那復興會議'에 참가하는 이들의 명단이다. 여기서의 한기는 각 소국의 수장을 의미하므로 지역연맹체 단계에서의 대표자를 한기로 칭한 것과는 분명 다르다 하겠다. 이는 대가야가 부체제로 편제하면서 그들의 위상을 높여준 것으로 봄이 어떨까 한다. '부체제'라는 새로운 단계로 접어들면서 '왕'호를 칭하게 된 대가야의 왕이 그 아래의 독립 정치체들의 수장들에게 위상을 높여줌으로 해서 그들로 하여금 쉽게 대가야에 흡수되도록 하기 위한 노력의 일환으로 여겨지기 때문이다.

4-A ②에서는 대가야와 더불어 안라국에서 왕의 존재가 확인된다. 이 두 나라는 왕이 있음에도 불구하고 임나부흥회의에는 각각 下旱岐와 上首位가 참여하고 있다는 사실과 각 정치체의 수장들이 한기를 칭하였다는 것이 주목된다. 다른 소국의 한기는 소국의 왕 자신을 가리키고 安羅의 한기와 加羅・多羅의 首位는 왕 아래에 있는 관직일 것이다.[38] 아울러 이 세 나라의 참석자만이 분화된 모습을 보여주는 하(차)한기, 상・이수위를 보여주고 있는 것도 주목된다.

그런데 대가야에서는 '首位'의 존재가 확인된다. 수위는 가라와 다라에서만 보인다. 그리고 다라의 경우에는 원래 '下旱岐'로 칭했다가 '이

---

38) 白承忠, 1995, 앞의 글, 177쪽. 한편, 각 부의 유력자들이 중앙귀족으로 전화하면서 한기층으로 재편되고 왕도에 거주한 것으로 보는 견해도 있다(盧重國, 1995, 앞의 글, 170쪽).

수위'를 바꾸고 있다. 그러면서 다른 소국들에는 '한기'가 그대로 칭해
지거나 '君'을 칭하고 있음을 알 수 있다. 더군다나 왕이 존재하던 가라
와 안라에서는 수위와 한기가 분화되어 있다. 이러한 사실은 대가야에서
는 왕 아래 上首位-二首位- … 등으로 이어지는 관제가 존재하였음을
짐작할 수 있게 한다.[39] 이때 수위는 원래 반로국 수장 아래에 두어진
관제였으나 부체제에 접어들면서 왕 직속의 관제로 재편된 것으로 추정
하는데[40] 필자도 여기에 동의한다.

이상으로 부체제에 접어든 이후 대가야가 구축하였던 중앙통치체제에
대하여 간단하게 살펴보았다. 삼한 소국 단계에서의 거수층이 지역연맹체
단계로 접어들면서 맹주국과 소속국으로 나뉘면서 분화가 이루어 졌다. 이
단계에서는 맹주국과 구성 소국들은 상호간의 정치적 독자성은 유지한 채
맹주국에 대해서 일정한 의무를 지면서 회의체를 구성하였던 것으로 보인
다. 그렇지만 부체제에 접어든 이후에는 반로국 수장 아래의 관제는 왕 직
속으로 편제되면서 首位로 대표되는 관등체제를 가졌음을 알 수 있었다.

Ⅱ. 지방지배체제의 구축

대가야가 부체제에 접어든 이후에도 여러 소국들의 국명은 멸망 당시
까지도 전해진다. 이는 대가야가 전국을 묶는 체제를 가지지 못하였음을

---

39) 아라가야의 경우에도 干岐의 분화가 확인되고 왕이 존재하는 것으로 보아, 대가야
  에 비교하여 부체제단계에 접어들었을 가능성은 상당히 높다고 하겠다. 다만 이
  를 뒷받침할 수 있는 자료는 확인되지 않고 있는 실정이다.
40) 盧重國, 1995, 앞의 글, 182~183쪽. 한편 이들 분화된 수위의 모습은 고령지역
  내에 위치한 고분군의 대소와 연결 지을 수 있다고 설명하고 있다.

짐작하게 해 준다. 그렇지만 앞 절에서 살펴본 대로 거창·함양·남원 등에서 확인된 고분양상은 이들 지역이 대가야의 영향 아래에 있었음을 나타내어 주고 있으므로 대가야는 나름대로 이들을 편제하였음을 추정케 한다. 그 모습을 살펴보기로 한다.

대가야의 지방제도는 그 자료의 영성함으로 인하여 거의 논의 자체가 진행되지 않았다. 단편적으로 '擬制縣'의 존재를 염두에 두고서 논의를 진행한 경우 외에는[41] 본격적으로 지방제도의 문제를 다룬 경우는 없다고 해야 할 것이다. 필자는 우륵 12곡을 지방제도와 관련지어 생각해 본 바 있어[42] 이 절에서는 이를 중심으로 살펴보기로 한다.

于勒이 만든 12곡에 대한 기록은 『삼국사기』, 樂志에 전한다. 그것을 살펴보면 다음과 같다.

> 4-B 加耶琴 또한 중국악부의 箏을 본받아서 만들었다. 風俗通에 이르기를 쟁은 秦의 소리라 한다. 釋名에는 쟁은 줄을 높이 매어 소리가 箏箏하며 幷州·梁州의 두 주의 쟁의 모습은 瑟과 같다고 한다. … 가야금은 비록 쟁과 그 제도가 조금 다르지만 대개 비슷하다. 신라의 古記에 가야국 嘉實王이 당의 악기를 보고 가야금을 만들었다고 한다. 왕이 "여러 나라의 방언이 각각 다른 소리를 내니 어떻게 일정하게 할 것인가?"라고 말하고 이에 악사 省熱縣 사람 于勒에게 명하여 12曲을 짓게 하였다. … 우륵이 지은 12곡은 一 下加羅都, 二 上加羅都, 三 寶伎, 四 達已, 五 思勿, 六 勿慧, 七 下奇物, 八 師子伎, 九 居烈 十 沙八兮, 十一 爾赦, 十二 上奇物이다(『三國史記』 32, 樂志1 加耶琴條).[43]

41) 白承玉, 1999,「加羅 擬制縣의 存在와 그 政治的 性格」『伽倻文化』12, 伽倻文化研究院.

42) 李炯基, 2002, 앞의 글.

43) 加耶琴 亦法中國樂部箏而爲之 風俗通曰 箏秦聲也 釋名曰 箏施絃高 箏箏然 幷梁二州箏形如瑟 … 加耶琴雖與箏制度小異 而大槪似之 羅古記云 加耶國嘉實王見唐之樂器而造之 王以謂諸國方言各異聲音 豈可一哉 乃命樂師省熱縣人于勒造十二曲 … 于勒所製十二曲 一曰下加羅都 二曰上加羅都 三曰寶伎 四曰達已 五曰思勿 六曰勿慧 七曰下奇物 八曰師子伎 九曰居烈 十曰沙八兮 十一曰爾赦 十二曰上奇物.

이 기록을 통해서 가야금은 중국 箏을 본받아 만든 것으로 신라의 고기에는 구체적으로 가실왕이 당의 악기를 참고하여 제작하였다는 사실을 전하고 있다. 가야금을 만든 가실왕은 금관가야의 鉗知王이나 吹希王으로 보는 견해와[44) 『남제서』의 하지왕으로 보는 견해가 있다.[45) 금관가야의 왕으로 보는 견해는 가실왕과 우륵의 이야기가 『新增東國輿地勝覽』에[46) 나오는 것으로 보아 전혀 수긍이 되지 않으며 대가야에서의 사실을 전하는 것으로 본다.

가야금의 제작시기에 대해서도 여러 견해들이 제시되어 있지만 가실왕의 명에 의해서 가야금곡이 만들어지고, 그 시기가 6세기 전반경이라 한다면 가야금이 만들어진 시기도 그리 멀지 않은 때로 보아야 할 것이다.[47)

가야금의 제작은 섬세한 공예기술이 있어야만 가능한데다 상당한 수

---

44) 津田左右吉, 1964, 「任那彊域考」 『津田左右吉全集』 11, 123~124쪽.

45) 田中俊明, 1990, 앞의 글 ; 1992, 앞의 책, 66~69쪽.

46) 琴谷 伽倻國嘉悉王樂師于勒象中國秦箏而製琴 号伽倻琴 縣北三里有地名琴谷(『新增東國輿地勝覽』, 高靈縣 古跡條).

47) 이와 더불어 주목되는 것이 기원전 1세기를 중심연대로 하는 광주 신창동저습지 유적에서 줄을 걸고, 이를 뜯어 소리를 내는 絃樂器가 발견된 것이다. 이 악기는 原木을 분할하여 만들었으며 頭部인 絃固定部와 현이 올려져 作音기능을 발휘하는 彈音部, 그리고 絃孔이 위치하는 絃尾部로 구분된다. 전체 길이는 77.2㎝이며 이 가운데 두부는 길이 11.8㎝이며 현고정부가 결합되어 있다. 형태는 돌출된 평면 역삼각형이며 양 끝은 鴟尾狀으로 다듬어져 있다. 두부에는 현고정부를 부착하기 위한 쐐기목을 단단히 박아 단단하게 결합하는 기능으로 생각되는 方形의 結合用 촉구멍 2개가 위치한다. 현이 걸려 음을 내는 탄음부는 木槽狀이며, 'U'자형으로 둘레를 남기고 내부를 파내었으며 단지 低板 중심부만을 사방에서 돌출되게 깎아 약간 볼록하게 만들었다. 현미부는 현의 매듭이 시작되는 곳으로 현을 거는 絃孔이 위치한다. 현공은 현미부의 일부를 'V'자형으로 파낸 뒤에 그 내부에 직경 0.3㎝ 정도의 작은 원공을 뚫었으며, 각 구멍사이의 간격은 2.3㎝ 정도이다. 현재 잔존구멍은 6개이지만 10개로 복원할 수 있을 것으로 추정된다. 악기의 밑바닥은 편평하게 다듬었으며 전면은 자귀로 마무리한 흔적이 잘 남아있다. 현악기는 벗나무로 제작되었으며 실제로 사용되었던 악기였음이 확인되었다(趙現鐘 외, 2002, 『光州 新昌洞 低濕地 遺蹟Ⅳ -木製遺物을 中心으로-』, 國立光州博物館).

준의 도량형도 이미 갖추고 있었던 것으로 추정된다. 즉 나무를 다듬고 마름질하여 속을 파내어 울림통을 만들고, 접착제를 사용하지 않으면서 서로 잇대어 장식을 붙이는 나무세공기술, 옻칠, 현과 목제 울림통을 연결하는 기술 등은 대가야의 우수한 목기제조술이 있어야만 가능할 것이다. 각각의 굵기가 다른 현은 상당한 수준의 製絲技術과[48] 함께 뛰어난 織造技術이 있어야만 제작할 수 있다. 또한 도량형의 발달이 없이는 불가능할 것이라[49] 생각된다.

본론으로 들어가 우륵이 지었다는 加耶琴曲의 내용을 분석해 볼 필요가 있다. 가야금곡에 대해서는 다음 <표 4-1>에서 보듯 대다수의 연구자들이 가야금곡을 당시의 소국과 연결하고 있다.[50] 나아가 대가야연맹에 소속된 소국으로 해석하고 이를 통해서 대가야연맹을 분석하기도 하였다.[51] 모든 곡을 대가야연맹 소속 소국으로 해석하는 부분에서는 수긍하기 힘든 점이 있지만 당시 우륵 12곡의 해석에서는 탁월한 견해였다고 할 수 있겠다. 최근 가야사를 다루는 연구자들의 경우 각론에서는 그 견해를 달리 할지라도 총론에서는 이러한 방향에 대해 동의하고 있는 실정이다.[52] 필자도 이러한 움직임에 대해서는 찬동하는 입장에 있으며 그 위치 비정에 대한 여러 견해와 필자 나름의 생각은 다음과 같다.

達已는 '帶沙'로 보아 河東邑으로 비정하고 있는데, 일단 대사(=다사)가 하동지역이었는가에 대한 검토가 충분히 이루어져야 할 것으로 생

---

48) 光州 新昌洞 低濕地遺蹟에서는 천과 함께 목제로 된 방직구 등도 출토되어 당시 베틀의 구조를 밝혀낼 수 있을 것으로 기대된다(趙現鐘 외, 2002, 앞의 책, 19~23 · 133~134쪽).

49) 權珠賢, 2000,「于勒을 통해 본 大加耶의 文化」『韓國古代史研究』18, 서경문화사, 77~83쪽.

50) 우륵이 작곡한 12곡을 가야 '諸國'의 음악으로 이해하기도 한다(이정숙, 2003,「진흥왕대 우륵 망명의 사회정치적 의미」『梨花史學研究』30, 38쪽).

51) 田中俊明, 1990, 앞의 글 : 1992, 앞의 책.

52) 김세기는 이를 대가야 영역 내의 중요한 지역과 국방상, 교역상 주요 거점지역을 의미하는 것이라 보았다(金世基, 2000, 앞의 글, 242쪽).

각한다. 물론 최근 한다사진을 하동으로 대부분 비정하고 있으나, 이 곳에서 대가야 관련 유물이 거의 출토되지 않고 있는 사실은 이를 따르기에 주저하게 한다.[53]

思勿은 포상팔국전쟁과 관련한 기록에 보이는 사물국과 그 이름이 같다.[54] 사물국은 지금의 경남 사천으로 보는 것에 이견이 없다. 필자도 적극 찬동하고 있다. 勿慧는 어디로 비정해야 할지 미상이다. 下奇物과 上奇物은 각각 하기문과 상기문으로 비정되며 남원일대로 추정된다. 獅子伎와 寶伎는 의례에 사용되는 곡인지, 지명인지 불명인데 필자는 전자로 추정한다.

居烈은 居昌 또는 晋州로 대개 비정되고 있으나 필자는 읍내에 고총고분군이[55] 위치한 거창 쪽으로 비정하는 것이 보다 타당하지 않을까

---

53) 곽장근은 일반적으로 多沙와 帶沙를 동일시하는 기존의 견해들을 각기 다른 지역을 가리킬 수 있다는 개연성을 상정하면서 이를 비정하였다. 다사는 모래가 많은 지역을 나타낸다고 풀이하면서 기왕에 하동근처로 비정하는 견해를 따르고 있다. '帶沙'는 모래가 띠를 이루고 있는 지역으로 해석하여, 섬진강 중류 일대에 '帶'자가 지명으로 사용되는 南原市 帶江面과 谷城郡 古達面 帶杜里로 이 지역은 동서와 남북방향의 교통로가 교차하는 교통상의 要衝地라 한다. 이 일대의 帶江面 沙石里에는 중형급의 고총군이, 대사리 맞은편에는 원삼국기 대규모 생활유적인 南原 細田里가 자리 잡아 거점지역을 이루고 있어(尹德香, 1986, 「南原 細田里遺蹟 地表收拾遺物 報告」 『全羅文化論叢』 1, 全北大學校 全羅文化研究所), 이 지역을 帶沙로 비정하고 있다(郭長根, 1999, 『湖南 東部地域 石槨墓 研究』, 書景文化社, 286~288쪽). 한편 필자의 다사진 비정문제에 대한 대안은 아직 마련되지 않았다.

54) 勿稽子 第十奈解王卽位十七年壬辰 保羅國 古自國(今固城) 史勿國(今泗州)等八國 併力來侵邊境 王命太子㮈音 將軍一伐等 率兵拒之 八國皆降 … (『三國遺事』 5, 避隱 8 勿稽子條).

55) 居昌邑 大東里에는 흔히 '開封洞古墳群'이라 불리는 대형고분군이 위치하고 있다. 고분군에 대한 조사가 이루어지지 않아 정확한 성격은 알 수 없지만 고분군의 범위가 남북으로 1㎞가 넘는다는 사실로도 기원 5세기 당시 거창분지를 주무대로 활동하였던 중심세력권의 묘역으로 추정된다(昌原大學校 博物館, 1996, 『大伽耶文化圈 遺蹟 精密地表調查報告書-居昌郡의 文化遺蹟-』, 昌原大學校 博物館·昌原文化財研究所, 58~60쪽).

생각한다. 沙八兮는 대개의 연구자들이 草八兮로 보아 지금의 합천 초계 지역으로 비정하고 있다. 그런데 여기서 짚고 넘어가야 할 것은 합천 쌍 책지역과 초계지역을 분리해서 보아야 하는 문제이다. 초계와 쌍책지역 은 5km 정도 떨어진, 아주 가까운 거리에 위치해 있다. 이를 서로 다른 권역으로 해석하여 이 곳에 2개의 소국으로 위치 비정하는 것은 선뜻 이해하기 힘들다.[56] 따라서 사팔혜를 초계지역으로 비정한 견해는 따르 기 힘들다. 필자는 沙八兮는 散半奚와 연결시킬 수 있을 것 같으며, 그 위치는 의령 富林과 新反일대로 추정한다.

爾赦지역은 미상으로 남겨두어야 할 것 같다. 한편 寶伎와 獅子伎는 伎樂으로 해석되고 있다. 이를 정리해보면 <표 4-1>과 같다.[57]

표의 우륵십이곡에 보이는 여러 이름들은 대가야에 속하였던 여러 나 라들을 나타내고 있다. 그런데 여기서 짚고 넘어가야 할 것은 '思勿'은 '史勿縣' 즉 사물국[58]이었다고 한다면 대가야가 이 지역까지 진출한 사 실이 없었다는 것이다. 즉 대가야의 영향권이 미치지 않은 곳으로 알려 진 지역이 가야금곡에 포함되어 있는 것이다. 이는 작곡배경을 살펴보면 알 수 있으리라 생각한다.

---

56) 金世基도 쌍책면에서 합천까지의 18km, 의령 부림면까지의 15km는 황강하류수계 와 초계분지 등 평야지를 공유하는 다라국의 범위로 이해하고 있는데(金世基, 2000, 앞의 글, 258쪽) 필자도 이를 따른다.

57) <표 4-1>과 관련된 논고는 다음과 같다.
李丙燾, 1976, 『韓國古代史研究』, 博英社 ; 末松保和, 1949, 『任那興亡史』; 梁柱 東, 1965, 앞의 책 ; 金東旭, 1965, 「'于勒十二曲'에 대하여」 『新羅伽倻文化』 1, 嶺南大學校 新羅伽倻文化研究所 ; 田中俊明, 1993, 「大加耶連盟의 興亡」 『加耶史 論』, 고려대학교 한국학연구소 ; 金泰植, 1993, 앞의 책 ; 白承忠, 1995, 『加耶 地 域聯盟史 研究』, 釜山大學校 博士學位論文.

58) 李炯基, 1997, 「小伽耶聯盟體의 成立과 그 推移」 『民族文化論叢』 17, 嶺南大學校 民族文化研究所.

〈표 4-1〉 于勒十二曲의 地名比定

研究者＼曲名	李丙燾	末松保和	梁柱東	金東旭	田中俊明	金泰植	白承忠	筆者
下加羅都	大加耶(高靈)		阿羅(咸安)	金官(金海)	多羅(多伐)陜川 雙冊	南加耶 金海市	陜川 玉田	陜川 鳳山일대
上加羅都	本加耶(金海)		大伽耶(高靈)	大伽耶(高靈)	大加耶 高靈邑	大加耶 高靈邑	大加耶 高靈	大加耶 高靈
寶伎			金丸과 관계有	祭典과 관계有	浦村 泗川 昆陽	金丸과 비슷한 伎樂		
達已	達已(醴泉)	達已縣, 達句火	達已縣(醴泉)	達已(醴泉)	達已(帶沙)河東邑	미상	河東	帶沙
思勿	史勿(泗川)	史勿(泗川)	史勿縣(泗川)	史勿縣(泗川)	史勿 泗川邑	史勿縣 泗川邑	泗川	史勿國 泗川
勿慧	미상	勿阿兮(務安)	馬利縣(咸陽)	芼兮縣(軍威)	蚊火良 固城 上里	미상	芼兮縣 軍威?	미상
下奇物	미상	今勿, 居斯勿	今勿縣(金泉)	今勿(金泉)	下己汶 南原市	下己汶 南原市	南原	下己汶 南原
師子伎			狻猊와 관계있음	開場의 厄풀이樂	三支 陜川 大幷	狻猊와 비슷한 伎樂		
居烈	古寧加耶(晋州)	居昌, 晋州	居烈郡(居昌)	居烈郡(居昌)	居烈 居昌邑	居烈郡 居昌邑	晋州 또는 居昌	居烈郡 居昌
沙八兮	미상	草八兮(草谿)	草八兮(草谿)	草八兮(草谿)	草八兮(散半奚)草溪	草八兮 草溪面	草谿	(散半奚)新反·富林
爾赦	미상		미상	伊西, 彌列比	斯二岐 宜寧 富林	미상	미상	미상
上奇物	미상	下奇物과 同	下奇物과 同		上己汶 長水 蟠岩	上己汶 任實邑	南原	上己汶 南原

　　가실왕은 우륵에게 곡을 짓게 할 때 각각 나라들이 서로 말이 다름을 탄식하면서, 이를 극복하기 위하였다고 한다. 가실왕의 이러한 태도는 당시 대가야의 모습, 즉 여러 소국들을 통합하려는 모습을 보여주는 것이라 생각된다. 그렇다고 해서 이들 국가들이 대가야의 중앙집권체제 속에 편입되어 완전한 지방지배를 받은 것으로는 생각되지 않는다.[59] 이

───────────────

59) 金世基는 6세기 중엽 대가야 최성기의 영역은 직접지배지역으로 상부인 고령지역

러한 사실들은 大加耶의 가야에 대한 천하관을 알 수 있게 하는 것이라
생각한다.[60]

대가야가 부체제 단계에 접어들었을 무렵에는 中央과 地方이라는 구분
이 존재하였던 것으로 여겨진다. 이를 살펴볼 수 있는 것이 『일본서기』,
繼體紀 23년 3월조에 보이는 "加羅王娶新羅王女 遂有兒息 新羅初送女
時 幷遣百人爲女從 受而散置諸縣" 중 '散置諸縣'이다. 대가야의 왕이 신
라와 결혼동맹을 맺으면서 같이 온 여종들을 각지에 흩어 배치하였다는
내용으로, 왕이 지방을 일정부분 통제할 수 있음을 보여주고 있다. 이로
써 당시에 대가야가 주군현제를 실시하였다고 주장하는 것에 대해서는
부정적인 시각이 많다.[61] 여기에 대해 주군현제란 이름의 지방제도에
대해서는 동의하지 않지만 최소한 중앙과 지방이라는 개념이 생겨났던
것은 충분히 상정할 수 있으리라 생각한다.[62] 이와 더불어 수인기 2년조

과 하부인 합천·거창·함양·산청·의령 등이, 간접지배지역으로 남원 월산리, 두
락리고분군이 위치하는 운봉고원, 구례, 진주 등으로 파악하였다. 즉 상당한 지역을
대가야가 직접 지배한 것으로 파악하고 있다(金世基, 2000, 앞의 글, 224~227쪽).

60) 우륵 12곡이 지역과 관련되었는데, 특히 여기에서 보이는 上加羅都, 上加羅都 처
럼 전혀 다른 형태가 나타나는 것은 기존의 國名의 독자성을 부정하는 의도가 바
탕에 깔려있다고 해석한다. 따라서 12曲名의 작곡 목적은 단순히 연맹체 일체화
의 지향보다는 통합된 단일 政治勢力의 구축을 목표로 한 측면이 있다고 한다(朱
甫暾, 2006, 「于勒의 삶과 가야금」 『악성 우륵의 생애와 대가야의 문화』, 고령군
대가야박물관·계명대학교 한국학연구원, 67~67쪽).

61) 가야연맹 소속의 소국을 '諸縣'으로 표현한 것이라는 견해와(金泰植, 1988, 「6세
기 전반 가야남부제국의 소멸과정 고찰」『韓國古代史硏究』 1, 211쪽 : 1993, 앞
의 책, 196쪽), '諸縣'의 실체는 城(村)으로 縣은 후대의 관념이 투영된 것이라는
견해가 있다(盧重國, 1995, 앞의 글, 184쪽).

62) 한편, 縣과 관련해서 주목할 만한 사실이 『三國史記』, 가야금관련 기사에 보이는
우륵의 출생지가 '省熱縣'으로 기록된 것이다. 성열현은 대개 의령 부림면 일대로
비정되는데, 앞에서 이야기한 바와 같이 대가야에 '주군현제'가 실시된 것은 확인
되지 않아 실제, 縣으로 편제되었는지는 알 수 없다. 따라서 이를 후대 신라의 지
방조직에 대한 관념이 뒤덮여 기록되었을 가능성이 언급되고 있는데(李永植, 1997,
앞의 글, 96쪽) 타당하리라 생각한다. 다만 여기서도 우륵의 출신지에 대한 가야

에 보이는 郡公, 郡衙, 郡家 등의 표현은 대가야가 복속지역을 일정한 기준으로 편제한 것을 짐작케 해준다. 郡은 그 자체가 아니라 城 혹은 村으로 보는 것이 일반적이다.

한편 여기서의 제현이 실질적으로는 '諸國'이었을 것이라는 점에 대해서는 시사하는 바가 크다. 신라가 소국을 주군현제로 편제하였으며, 당시에 편제된 가야의 소국들을 縣으로 표현하였을 가능성은 있을 것이다. 이를 달리 본다면 비록 독자성이 온존하였지만 당시 편제 소국들의 독자성이 줄어들어 신라인의 입장에서는 하나의 지방단위로 비추어졌을 것이기 때문이다.

대가야에서 '왕'을 칭하게 되면서 이전 지역연맹체 단계보다는 훨씬 광범한 지역에까지 그 영향을 미쳤고, 이를 원활하게 통치하기 위해서 편입지역을 일정한 기준에 의하여 편제하였을 것임을 추측할 수 있다. 앞의 사료 4-A는 소위 '임나부흥회의'에 참가하는 이들의 명단이다. 여기서의 한기는 각 소국의 수장을 의미하므로 지역연맹체 단계에서의 대표자를 한기로 칭한 것과는 분명 다르다. 이는 대가야가 부체제로 편제하면서 그들의 위상을 높여준 것으로 보인다. '부체제'라는 새로운 단계로 접어들면서 '왕'호를 칭하게 된 대가야의 왕이 그 아래의 독립 정치체들의 수장들에게 위상을 높여줌으로 그들로 하여금 쉽게 대가야에 흡수되도록 하기 위한 노력으로 여겨진다.

4-A ②에서는 대가야와 더불어 안라국에서 왕의 존재가 확인된다. 안라국은 포상팔국전쟁 이후에 남부가야제국을 대표하는 세력으로 성장해 나갔으며[63] 그 위상은 대가야에 버금갈 정도였다. 그리하여 대가야와 더불어 '왕'호를 칭하는 것은 쉽게 수긍할 수 있다. 그런데, 여기서 안라

측의 전승이 신라의 지방조직과 같이 기록될 수 있었던 것은 당시에 최소한 중앙과 지방의 개념이 존재하였음을 추정할 수 있게 한다.

63) 李炯基, 1999, 「阿羅伽耶聯盟體의 成立과 그 推移」『史學研究』57, 韓國史學會.

와 가라에는 왕이 있음에도 불구하고 임나부흥회의에는 각각 下旱岐와 上首位가 참여하고 있다는 사실과 각 정치체의 수장들이 旱岐를 칭하였다는 것이 주목된다. 이들 소국의 한기는 소국의 왕 자신을 가리키고, 安羅·加羅·多羅의 한기는 왕 아래에 있는 관직일 것이다.[64] 아울러 이 세 나라의 참석자만이 분화된 모습을 보여주는 하(차)한기, 상·이수위를 보여주는 것도 주목된다.

그런데 여기서 한 가지 짚고 넘어가야 할 것은 유독 卒麻·斯二岐·散半奚의 장을 4-A ②에서는 '君'으로 칭하고 있다는 사실이다. 4-A ①에서는 다른 집단의 장들처럼 旱岐를 칭했다가 3년이 지난 시점에서 君으로 명칭이 바뀌게 된 것은 내부에 어떤 변화를 반영해주는 것으로 생각된다. 3년의 시차밖에 없고, '首位'의 首가 '선두', '상위'를 가리키면서 '君'과 통한다고 할 때[65] 의미를 부여함은 무리가 따르는 추측임에는 부인할 수 없다.[66] 적어도 이러한 견해가 성립되려면 적어도 卒麻, 斯二岐, 散半奚 세 곳에 대한 위치비정이 이루어지고, 그 지역들에 대한 고고학 자료 등이 충분히 검토되어야 함은 물론이다.

우선 세 나라에 대한 위치비정을 시도해 보면 다음과 같다. 졸마국의 위치에 대해서 필자는 아직 확정짓지 못하고 있다. 斯二岐國은 삼가고분군이 분포하는 三岐縣(현 경남 합천군 삼가면)으로 비정하고자 한다.[67] 삼가지역은 고령에서 남강유역과 하동방면으로 진출할 때 반드시 거쳐

---

64) 白承忠, 1995, 앞의 글, 177쪽.
　　　한편, 각 부의 유력자들이 중앙귀족으로 전화하면서 한기층으로 재편되고 왕도에 거주한 것으로 보는 견해가 있다(盧重國, 1995, 앞의 글, 170쪽).
65) 백승충, 1999, 앞의 글 참조.
66) 제2회 '任那復興會議'(『日本書紀』, 欽明紀 5年 11月)에서는 1회(흠명기 2년 4월) '임나부흥회의'에서는 보이지 않았던 '君'이 등장하는데 '卒麻'와 '散半奚'의 예에서 君은 '旱岐'와 별도의 다른 것은 아니라고 보는 견해도 있다(李鎔賢, 1998, 「加耶諸國の權力構造」 『國史學』 164, 6쪽).
67) 李炯基, 2000, 앞의 글, 32쪽 ; 金世基, 2000, 앞의 글, 257쪽.

야 하는 교통의 요지인데다 삼가고분군에서는 창리고분군보다 약간 이
른 6세기 2/4분기 말에서 3/4분기에 신라화되고, 그 이전단계는 대가야
계통의 유물들이 집중적으로 출토된다는 사실에[68] 비추어 이렇게 추정
할 수 있겠다. 散半下國에 대해서는 합천군 초계면으로 의견이 모아지고
있다. 그런데 필자는 초계면지역을 옥전고분군이 위치한 쌍책면과 같은
세력권으로 생각하기 때문에 초계에 비정하는 견해를 따르기에 주저된
다. 산반해는 의령 부림과 신반으로 보는 것이 어떨까 생각한다. 이 세
나라에 대한 위치비정은 표 <4-2>와[69] 같다.

<표 4-2> 『일본서기』 소재 국명 위치비정

區分\國名	鮎貝房之進	末松保和	李丙燾	金泰植	田中俊明	筆 者
斯二岐國	新繁縣	宜寧 富林 新反里	三嘉	宜寧郡 富林面	富林	陜川郡 三嘉面
卒麻國	金海 率麻	金海 馬沙里 率麻	金泉	晋州(?)	生林	加祚(?)
散半下國	草溪	草溪	宜寧	陜川郡 草溪面	散半奚 草溪	散半奚 宜寧 富林

하부가 위치하였던 합천 봉산지역을 지나서, 남쪽으로 진출할 때에
반드시 거쳐야 할 곳이 합천 삼가지역이며, 합천 삼가에서 낙동강 유역
으로 나가는 길목에 위치한 곳이 의령 부림지역이다. 이러한 입지여건은
대가야가 상당히 많은 공을 들일 수밖에 없다는 점을 짐작케 한다. 그렇
다면 卒麻國의 위치도 그 연장선상에서 찾아야 하지 않을까 생각한다.

---

68) 李熙濬, 1995, 「土器로 본 大伽耶의 圈域과 그 변천」 『加耶史研究』, 慶尙北道, 398~406쪽.
69) 이 표와 관련된 참고문헌은 다음과 같다.
　　鮎貝房之進, 1937, 「日本書紀朝鮮地名攷」 『雜攷』 7, 157~173쪽 ; 末松保和, 1949, 『任那興亡史』, 153·165·185쪽 ; 李丙燾, 1976, 『韓國古代史研究』, 博英社, 304쪽 ; 金泰植, 1993, 앞의 책, 161~163쪽 ; 田中俊明, 1993, 앞의 글.

대가야가 남쪽으로 진출할 때 봉산지역을 지나 거치는 곳이 삼가라 한다
면, 서쪽은 거창이 해당한다. 그렇지만 거창은 앞의 <표 4-1>에서 보았
듯이 居烈이 위치하고 있다. 그런데, 고령지역에서 거창으로 나아갈 때
加祚지역을 거친다. 그렇다고 한다면 卒麻는 거창 가조지역으로 볼 수
있지 않을까 생각한다. 가조는 봉산지역을 거치지 않고 거창에서 고령으
로 향하는 길목에 위치할 뿐더러 상당히 넓은 평지에 선사시대에서 삼국
시대에 이르는 유적들이 산재해 있다.[70] 따라서 일찍이 백제와의 관련
성 속에서 『三國史記』에 보이는 加召城의 위치를 이곳으로 비정한 견해
가 있는데[71] 이는 이 지역의 중요성을 의미하는 것이라 하겠다.

앞의 사료 4-A에서 회의 참석여부가 달리 나타나는 것까지 기록하고
있다는 점에서 수장칭호의 차이는 중요한 의미를 담고 있으리라 생각된
다. 이러한 차이는 대가야의 지방지배방식의 변화에서 찾아야 하지 않을
까 한다. '君'의 자전적 의미에 '諸侯'라는 내용도 포함되어 있다. 그렇
다고 한다면, 부체제단계에서 이야기하는 侯國으로 볼 여지도 있다고 생
각된다.[72] 旱岐號와 君號를 칭한 국가의 차이는 대가야에 대한 예속성
에서 기인할 것이라 추측된다. 이러한 사실들은 대가야가 영역국가로 지
향하고 있음을 보여주는 것이라 여겨진다. 이를 뒷받침 해주는 것이 우
륵십이곡이라 생각된다.

---

70) 昌原大學校 博物館, 1996, 앞의 책.
71) 李丙燾, 1983, 앞의 책, 34쪽.
72) 신라의 초기 지방통치방식은 첫째 의례적인 공납으로 신속을 표하되 완전한 자치
    를 허용하는 경우, 둘째 피복속지역의 자치는 인정하되 유력세력은 중앙에 의해
    일정하게 재편하는 경우, 셋째 피복속지역의 유력세력을 중앙으로 이주시켜 귀족
    화하고 그 지역을 식읍과 유사한 형태로 지급하는 경우, 넷째 군사요충지에는 중
    앙에서 직접 군관을 파견하는 등의 모습을 보인다고 한다(朱甫暾, 1998, 『新羅 地
    方統治體制의 整備過程과 村落』, 신서원, 43~49쪽). 이러한 지방통치방식을 가야
    에 그대로 적용할 수 있을지는 자신할 수 없지만 '君'으로 표현된 단계는 두 번째
    와 세 번째의 절충형으로 보아야 하지 않을까 한다.

이러한 점에 비추어 주목할 만한 것이 대가야에서의 직접지배에 대한 검토들이다. 이희준은 6세기 1/4분기를 접어들면서 합천 반계제지역부터 직접지배하기 시작하였다고 주장한다. 즉 중대형 고총 수장묘가 이 분기의 어느 시점부터 축조되지 않는데, 이는 대가야의 직접지배하에 들어간 사실로 해석하고 있다. 아울러 6세기 2/4분기가 되면 직접지배영역이 더 확대되는데 합천 반계제, 거창 무릉리·말흘리로 파악하고 있다.[73)]

조영제는 대가야의 왕릉에만 나타나면서 일정한 기간 동안 지속되고 있는 유구와 유물의 양상을 다음과 같이 설명하고 있다. 유구는 수혈식 석곽묘가 극단적으로 세장하고 주곽과 부곽이 Ⅲ자형으로 나란히 배치되면서 고배, 통형기대, 발형기대, 장경호, 대부파수부소호, 대부양이부완, 마구, 모형 농공구, 성시구, 이식, 보관 등이 출토되는 것으로 설명하고 있다. 이를 바탕으로 각각의 고분군을 유구와 유물 모두가 대가야식인 경우를 대가야의 지방세력이거나 아니면 대상이 되는 정치체는 완전한 연합으로서 독자성을 상실한 것으로 보면서 A유형, 대부분의 유물만 대가야양식인 경우는 불완전한 연합으로 대상이 되는 정치체는 독자성을 유지하는 B유형, 소량의 유물만 대가야양식이어서 단순한 교류의 차원인 C유형으로 나누고 있다. 이때 거창 무릉리고분군, 함양 백천리고분군, 산청 중촌리·생초고분군 등을 A유형으로 파악하면서 이를 대가야의 직접지배지역으로 추정하고 있다.[74)] 고고학적 조사자료의 해석으로 약간의 차이는 있지만 대개 대가야에서의 직접지배가 인정되고 있음을 알 수 있다.

이러한 움직임이 '君'稱과 어떤 관련이 있을 것이라 생각한다. 물론 소국의 수장을 한기로 칭할 때 중앙에 의해 일정한 재편과정을 거쳤다고

---

73) 李熙濬, 1995, 앞의 글, 423~426쪽.
74) 趙榮濟, 2001, 「5·6世紀의 大加耶와 倭」『古墳時代の伽耶と倭－繼體大王時代の日韓交流－』, まつおか越の國伝説實行委員會, 39~43쪽.

보이지만 君 단계로 접어들었을 때도 이들이 고령으로 이주되었다는 적
극적인 증거는 찾아지지 않는다.[75] 오히려 임나부흥회의에 참가하는 이
들의 면면으로 보아 나름대로의 독자성을 당시까지도 유지하고 있음을
확인할 수 있는 것이다. 이는 비록 대가야가 부체제기까지 접어들었고
지방을 일정하게 편제하였다 하더라도 그 구속력 자체는 그리 강고하지
는 않았다는 것을 의미한다.[76] 그러나 고구려에서 나부체제 전체에 미
치는 '王法'[77]이 존재하는 사실로 미루어 비록 이를 확인할 수는 없지만
이러한 법체계가 가야에서도 상정될 가능성은 있다.[78] 왕명으로 전 지
역에서 시행되는 법과 각 부 안에 자체의 관습법이 존재했음을 보여주는
것이다.[79]

이러한 점들로 미루어 보았을 때 대가야가 부체제로 접어들었을 무렵
에는 고령 중심지가 王都[80] 즉 上部로, 합천댐 상류지역인 봉산면 일대

---

75) 직접지배라 함은 지방관을 파견하는 단계에 접어들었다는 것을 의미할 때, 이러한
   수장층의 변화와 연관이 있는지는 확언할 수 없다. 이들 지역의 위치비정이 정확
   해야 한다는 전제가 있지만 이들 君들을 지방관으로 볼 여지는 거의 없다고 해야
   할 것이다.
76) 이러한 대가야의 지방지배는 『삼국사기』, 지리지의 내용을 통해서도 확인할 수
   있으리라 생각된다. 고구려, 백제와는 달리 대가야의 영역권 내에 포함된 지역이
   라 하더라도 지리지의 내용에 본래의 소속에 대해서 밝혀주지 않는 것이다.
77) 告曰 吾儕小人 故犯王法 不勝愧悔 願公赦過 以令自新 則死無恨矣(『三國史記』14,
   高句麗本紀2 大武神王 15年條).
78) 대가야와 신라의 결혼동맹과 그 파기과정에서 보이는 의관제 시행은 이를 방증해
   주는 것이라 생각된다(『日本書紀』, 繼體紀 23年 3月條).
79) 金賢淑, 1995,「高句麗 那部統治體制의 運營과 變化」『歷史敎育論集』20, 歷史敎
   育學會, 81쪽.
80) '王都'가 一國의 중심지이기는 하지만 그 '國'의 발전단계에 따라 王都가 지칭하
   는 대상이나 성격은 달라질 수 있다고 한다(김영심, 1998,「百濟의 支配體制 整備
   와 王都 5部制」『百濟의 地方統治』, 學研文化社, 109쪽). 大加耶의 '王都'는 古代
   國家段階까지 이르지 못했다는 점에서 삼국정립기의 고구려, 백제, 신라와는 다를
   것이라 생각된다. 대가야의 경우에는 지방관 파견이 확인되지 않고 있어 중앙과
   지방이라는 개념이 성립된 이후의 중앙을 상징하는 '왕도'가 아니라 단순한 일국
   의 중심으로 여겨진다.

는 王畿=下部로 편제되고 이들은 대가야의 직할령이었을 것으로 추정된다. 나머지의 합천·거창·함양·동부 남원일대의 지역은 지방으로 편입되었을 것으로 여겨진다. 그렇지만 이들에 대한 직접지배는 이루어지지 않아서 기존 소국의 수장들은 자신의 지역에 대한 독자적인 지배가 가능하였다. 이는 임나부흥회의에 이들이 동원되는 것으로도 확인할 수 있다. 또한 남원의 월산리, 두락리 등에서 출토되는 장경호 등이 재지적인 요소가 포함되어 있다는 사실도 이를 뒷받침해주고 있다.

대가야는 3세기 중엽경 야로철광 개발과 비옥한 농토를 바탕으로 서서히 성장해 나갔다. 여기에 4세기 중엽 백제와의 관계가 형성되면서 선진문물을 수입하게 되어 그 발전 속도는 향상되었다. 이러한 와중에 5세기 초 고구려군의 南征으로 선진문물을 가진 일부 주민들이 유입되면서 기왕의 대가야 성장조건에 새로운 에너지를 제공함으로써 대가야는 급격한 성장의 계기를 마련하게 되었다. 이들이 가지고 온 선진문물을 바탕으로 서서히 서부경남지역으로 진출하면서 대가야는 합천 봉산일대를 왕기인 하부로 편제하고 이를 둘러싼 지역은 侯國으로 삼았던 것 같다. 이러한 대가야의 발전양상은 중국과의 직접교역으로 나타나게 되었다.

한편 대가야가 비록 가야사회 전체를 통합하는 지배자로 성장하지 못하였지만 우륵십이곡에 이들도 포함됨으로써, 당시 대가야의 가야사회에 대한 인식을 추측할 수 있게 하였다. 우륵십이곡 중에 주목되는 것이 가야사회의 부체제 문제와 관련되어 '上加羅都'와 '下加羅都'였다. 이들은 상부와 하부의 존재를 추정케 하였다. 대가야는 왕경인 고령지역을 상부로 두고서, 영역확대의 전초기지로서 중요한 역할을 수행하였던 봉산지역을 王畿로 편제하여 직접지배하였다. 아울러 여타의 지역에 대해서는 侯國으로 삼으면서 직접지배체제로 나아가기 위한 시도는 하였음을 알 수 있었다.

이들에 대한 통제는 앞의 사료 4-A의 모습을 통해서 짐작할 수 있겠

다. 541년과 544년 가야가 시시각각 다가오는 국제적인 압박에서 벗어
나기 위해 열린 대책회의에 여러 소국들은 최고지배계층이 참여하는데
반하여 대가야에서는 왕 아래의 관직에 있던 '古殿奚'가 참석하고 있다.
이는 대가야와 여타 소국들 간의 위상을 짐작하게 한다. 王을 칭하던 아
라가야의 경우에도 그와 같은 모습을 보여주고 있어 이러한 사실을 짐작
할 수 있겠다. 그런데 합천 쌍책지역의 '多羅國'의 경우에도 '二首位'가
참여하여 혼란을 준다. 여기에 대해 필자는 앞서 언급한대로 대가야와
'多羅'는 그야말로 동맹관계에 있었으나, 다라국에서는 '왕'호까지는 사
용하지 못했던 것 같다. 따라서 당시 최고지배계층을 투岐, 또는 '上首
位'로 칭하지 않았을까 짐작해 본다.

Ⅲ. 신분제

대가야만이 아니라 가야사회의 신분제를 보여주는 자료는 현재 남아
있지 않다. 이에 대가야의 신분제를 규명한다는 것은 사실상 불가능에
가깝다고 하겠다. 그렇지만 단편적으로 남아있는 기록과 기왕의 문헌학
적 또는 고고학적 연구성과들을 통하여 이를 추정해 보고자 한다. 대가
야의 신분제를 이해하기 위해서는 그 이전 시기인 반로국 당시부터 검토
해야 할 필요가 있다. 이에 관련된 기사는 다음과 같다.

> 4-C ① 弁辰은 또한 12국이 있다. 또 여러 小別邑이 있다. 각각에는 渠帥가
>   있는데 큰 자는 이름을 臣智라 하고, 그 다음은 險側이 있고, 다음은 樊
>   濊가 있고, 다음은 殺奚가 있고, 다음은 邑借가 있다(『三國志』, 魏書 東

夷傳 弁辰條).

② 그 풍속에는 기강이 낮아서 國邑에는 비록 主帥가 있으나, 邑落이 잡거하여 서로 능히 제어하지 못한다(『三國志』, 魏書 東夷傳 韓條).

③ 국읍에 각 한 사람을 세워 천신에 제사지내는 것을 주관하게 하였는데, 이름은 천군이다. 또 모든 나라에는 별읍이 있는데 이름은 소도이다(『三國志』, 魏書 東夷傳 韓條).

④ 하루는 왕이 신하들에게 말하기를 "구간 등은 모두가 관료들의 우두머리로 그 자리와 더불어 이름이 모두 미천한 사람들의 이름이요, 결코 존귀한 직위의 이름이라 할 수 없어 만일 밖에서 듣게 된다면 반드시 비웃을 것이다" 하고 드디어 아도를 아궁으로, 여도를 여해로, 피도를 피장으로, 오도를 오상으로, 유수와 유천의 이름은 윗글자는 그대로 두고 아랫글자를 고쳐 유공과 유덕으로 하고 신천을 신도로, 오천을 오능으로 고쳤다. 神鬼의 음은 바꾸지 않고 뜻만 고쳐 臣貴라 하였다. 계림의 직관과 의례를 따라 각간, 아질간, 급간의 등급을 두고서 그 아래 관료들은 주와 한의 제도를 따라 나누어 정하였으니, 이는 옛 제도를 혁신하고 새 관직은 마련한다는 도리라고 할 것이다. 이때 나라를 다스리고 집안을 정돈하여 백성을 자식처럼 사랑하여 그 가르침이 어지럽지 않으나 위엄이 있고 정치가 엄하지 않아도 다스려 졌다. … (『三國遺事』, 駕洛國記條).[81]

위의 기사를 보면 각 소국의 수장 칭호가 각각 순서대로 臣智, 險側, 樊濊, 殺奚, 邑借 등이며 이들 주수들은 국읍에 있으면서 읍락을 통제하였음을 알 수 있다.[82] 이때 주수는 斯盧國과 狗邪國의 예에서 볼 수 있

---

81) ① 弁辰亦十二國 又有諸小別邑 各有渠帥 大者名臣智 其次有險側 次有樊濊 次有殺奚 次有邑借.

② 其俗少綱紀 國邑雖有主帥 邑落雜居 不能善相制御

③ 國邑各立一人 主祭天神 名之天君 又諸國各有別邑 名之爲蘇塗

④ 一日 上語臣下曰 九干等俱爲庶僚之長 其位與名 皆是宵人野夫之號 頓非簪履職位之稱儻化外傳聞 必有嗤笑之恥 遂改我刀爲我躬 汝刀爲汝諧 彼刀爲彼藏 五刀爲五常 留水留天之名 不動上字 改下字 留功留德 神天改爲神道 五天改爲五能 神鬼之音不易 改訓爲臣貴 取鷄林職儀 置角干 阿叱干 級干之秩 其下官僚以周判漢儀而分定之 斯所以革古鼎新設官分職之道歟 於是平理國齊家 愛民如子 其教不肅而威 其政不嚴而理.

82) 이 구절의 해석에는 정치지역의 읍락의 미분상태로 보는 견해와(李丙燾, 1976, 앞의 책, 279쪽) 주수가 읍락에 잡거했다고 보는 견해(金哲埈·崔柄憲編著, 1986, 『史

는 朴赫居世와 首露에 해당하는 지위로 볼 수 있을 것이다. 이때 반로국 은 그다지 변한사회에서 두각을 나타내지 못한 것으로 보이기 때문에 당 시 대국에게 붙이던 칭호였던 '臣智'가 아닌 '險側' 이하의 칭호 중 하나 를 사용하였을 것으로 짐작된다. 반로국의 주수는 읍락을 잘 제어하지 못 하였을 정도로 그 지배력은 그다지 강고하지는 않았을 터이다. 각 읍락은 아마도 斯盧六村과 駕洛九村 등으로 표현된 것과 통하리라 생각한다.

한편 마한 소국에는 제천의식을 주관하던 '天君'이 있었음이 확인된 다. 제천의식은 청동기시대 이래 토착사회에서 거행되어 오던 중요한 행 사 가운데 하나였을 것이다.[83] 그래서 그 주재자인 천군은 국읍의 주수 와 더불어 토착사회의 중요한 지배자 중의 하나로 볼 수 있겠다. 그런데 제천의식은 소국 내, 각 읍락 사이의 유대를 강화시키면서 주수가 가지 는 정치·경제·군사적인 지배권력의 한계를 극복시켜 주는 역할을 담 당한 것으로 여겨지기도 한다.[84]

관가의 존재는 일정 정도의 지배체제가 형성되어 관리들이 존재하였 으며, 축성 등의 일들이 있을 때 인력을 동원할 수 있었음을 알 수 있게 한다. 즉 국가사업을 수행할 때에 노동력을 징발할 수 있는 강제력을 소 유한 권력층의 존재가 나타나는 것이다. 당시 소국의 신분구조는 主帥, 天君, 民, 下戶, 奴婢 등의 계층으로 분화되었을 것으로 보인다.[85]

料로 본 韓國古代史』古代篇, 一志社), 그리고 『삼국지』 동이전의 기록 가운데에 서 취락집단을 가리키는 용어로는 국읍과 읍락, 소별읍 등이 있었다고 전제하면 서 이 기록을 "국읍에는 주수가 있으나 읍락들이 잡거하여 서로 잘 제어하지 못 한다"라고 해석하면서 한 소국은 국읍과 다수의 읍락집단으로 구성된 정치집단으 로 추정하는 견해가 있다(李賢惠, 1984, 『三韓社會形成過程研究』, 一潮閣, 104쪽). 필자는 후자를 따른다.

83) 양전동암각화의 존재는 청동기시대 이래의 풍요와 다산을 기원하던 제천의식이 있었음을 짐작케 한다.

84) 李賢惠, 1984, 앞의 책, 128~129쪽 ; 金貞培, 1986, 『韓國古代의 國家起源과 形成』, 高麗大學校 出版部, 153~159쪽.

85) 邑落有豪民 民下戶皆爲奴僕(『三國志』, 魏書 東夷傳 夫餘條).

이러한 사료의 내용이 모든 소국 내에서도 해당되는 것이라고는 자신할 수 없다. 그렇지만 빈부의 격차가 발생하고, 강제력을 소유하는 계층들이 존재하였다는 것을 볼 때 정도의 차이가 있고 반드시 호민, 민, 하호 등과 같은 명칭은 아니라 하더라도 상·중·하로 나누어지는 사회계층의 분화는 보편적이었으리라 추측해 볼 수 있다. 한편 이들 읍락에서의 계층분화는 주변지역과의 정복전쟁으로 인한 읍락의 파괴, 천재지변에 의한 읍락민의 유망, 철기사용으로 인한 읍락구성원간의 경제적 불평등 현상으로 나타나는 읍락 공동체적인 신분질서의 붕괴, 교역의 발달과 재분배, 소국의 발전과정에서 성장하는 중앙 권력에 의한 지방읍락의 분해 등이 그 원인이라고 한다.[86]

창원 다호리유적에서 필사용 붓이 확인되었는데[87] 이는 곧 문자를 알고 있는 지식인계층의 상정이 가능하며 또한 관리계층의 존재를 확인할 수 있다. 정확하게 언제쯤에 이러한 지배체제가 성립되었는지는 알 수 없지만 적어도 수로왕대[88]에는 일정 수준의 통치제도가 정착되었을 것이다. 다만 수로가 계림의 직제를 따랐다는 사료의 내용을 어느 정도 취신해야 할지는 판단하기 쉽지 않은데, 어쨌든 일정부분 유사성이 있음을 짐작할 수 있다.

그런데 소국의 주수는 일정한 시기에 이르면 읍락의 장들을 지배체제

---

86) 文昌魯, 2000, 『三韓時代의 邑落과 社會』, 신서원, 199~120쪽.
87) 李健茂, 1992, 「昌原 茶戶里遺蹟 出土 붓(筆)에 대하어」 『考古學誌』 4, 韓國考古 美術研究所.
88) 수로는 재위기간이 기원 1세기에서 기원 2세기 후반까지 150여 년 이상인 것으로 기록되어 있다. 이 기록의 내용에 대해서 金哲埈은 수로왕의 활동기간을 2세기 후반대로 이해하였다(金哲埈, 1962, 「新羅上古世系와 그 紀年」 『歷史學報』 17·18 合, 歷史學會, 190쪽). 이현혜는 이를 수로 1인의 재위기간이 아니라 수로집단이 김해지역에서 활동한 것으로 보고 있는데(李賢惠, 1988, 「4세기 加耶社會의 交易 體系의 변천」 『韓國古代史研究』 1, 지식산업사, 162~163쪽) 필자는 수로집단의 활동시기로 본 후자의 견해가 타당하리라 생각한다.

내에 편제시켰던 것 같다. 4-C ④에 보이는 초기 읍락단계의 장들의 칭
호를 개칭하는데서 이를 짐작할 수 있다. 즉 소국 주수의 위상이 강화되
면서 이들을 중앙의 지배체제 속에 편제하고 신라나 중국의 관제를 모방
하여 관등제와 관직제를 정비하는 것이다. 그렇기는 하지만 여기에서 보
이는 읍락 수장의 개칭이 원래의 이름에서 크게 벗어나지 못한다는 사실
은 읍락의 토착기반이 강력하여 이를 잘 제어하지 못하였음을 보여주는
것이라 여겨진다.

　반로국이 성장하여 지역연맹체를 거쳐 대가야 단계에 이르게 되었을
무렵에는 '왕'이 존재하였음을 3장에서 살펴보았다. 그렇다면 왕 아래의
신분제는 어떻게 되어 있었을까? 대가야연맹체의 수장은 '왕'을 칭하게
되면서 이전 지역연맹체 단계보다는 훨씬 광범한 지역에까지 그 영향을
미쳤다. 이를 원활하게 통치하기 위해서 편입지역을 일정한 기준에 의하
여 편제하였을 것임은 이미 살펴보았다.

　대가야 최고지배자가 '왕'으로 칭하였으며 이때 기왕의 지배세력에
대한 재편도 이루어졌을 것임은 물론이다.[89] 앞에서 살펴보았듯이 왕이
존재하던 가라와 안라에서는 수위와 한기가 분화되어 있었다. 이러한 사
실을 통해 대가야에서는 왕 아래 上首位－二首位－ … 등으로 이어지는
관제가 존재하였음을 짐작할 수 있었다. 이때 수위는 원래 반로국 수장
아래에 두어진 관제였으나 부체제에 접어들면서 왕 직속의 관제로 재편
된 것으로 추정하였다.

　부체제단계로 진전되었을 때의 대가야 신분제에 관하여 알 수 있는
자료는 그리 많지 않다.[90] 다만 앞에서 본 4-A의 기록과 『삼국지』, 위서
동이전 부여조를 통해 대강을 짐작할 수 있을 따름이다. 거기에 보이는

---

89) 뒤에 이야기할 각국 수장들의 칭호가 한기로 동일함도 그러한 가능성을 보여주는
　　것이라 하겠다.
90) 현재까지의 연구성과로서도 盧重國의 단편적인 언급 외에 본격적으로 논의된 적
　　은 없는 실정이다(盧重國, 1995, 앞의 글).

중앙지배계층에서의 君王과 諸加 아래, 읍락에는 주수－호민－민(하호)
－노복이 있음이 확인된다. 이것이 일치하지는 않는다 하더라도 대가야
에 어느 정도 적용할 수 있을 것으로 여겨진다. 우선 중앙지배계층으로
왕은 대가야가 부체제에 접어들었을 무렵인 5세기 중엽경이면 존재하였
을 것이다. 이와 더불어 중앙관료인 首位계층도 그 무렵 형성되었을 것
이다. 이는 지산동고분군을 비롯한 고령지역내의 고분군을 통해서 판단
할 수 있겠다.

우선 고령지역 내에는 최고 위계의 고분군임에 부정할 여지가 없는
지산동고분군을 비롯하여, 고령읍 본관동·중화리, 개진면 개포리, 우곡
면 도진리, 성산면 박곡리, 운수면 월산리, 쌍림면 용리·안화리 등에 고
분군들이 위치하고 있다. 지산동고분군은 대가야뿐만 아니라 가야지역
에서도 이를 능가하는 고분군이 찾아지지 않는다. 이 고분군이 위치한
주능선과 지능선의 끝자락에는 최고위계의 고분들이 위치하고 있다.
32~35호분, 30·44·45호분, 73~75호분 등이 그것이다. 그리고 나머지
고분군들은 조사되지 않았기 때문에 이들 고분군간의 위계를 찾아낸다
는 것은 현재로서는 불가능한 실정이다. 다만 이들 고분군들이 지산동고
분군의 하위 고분군임은 분명하다 하겠다. 이들 고분군의 주인공들은 소
국 이래, 읍락 지배자들의 후예로 추정된다.[91] 아마도 이들이 대가야의
首位層을 이루었을 것으로 여겨진다. 즉 대가야의 상부 내에는 대가야
최고지배층들과 함께 수위층들의 고분이 고령 지역 곳곳에 위치하고 있
음을 알 수 있었다.

지산동고분군 중 가장 먼저 축조된 것으로 여겨지는 35호분단계까지
만 하더라도 이전 단계인 토기 전통이 계승되고 있어, 앞 시기 문화와

---

91) 변한소국들은 『三國志』에 보이듯이 국읍과 읍락의 중층구조를 가진 것으로 알려
져 있다. 2장에서 살펴보았듯이 청동기시대 5개 정도의 세력분포권을 확인할 수
있었는데, 그 세력권과 고분군의 분포가 거의 일치하고 있어 이러한 추정을 가능
하게 한다.

크게 다를 바 없음이 확인되고 있다. 그렇지만 30호분에서는 그와는 달리 금동관을 착장한 자까지 순장을 시킬 수 있음이 확인되었다. 주석실 개석과 하부석곽의 개석에서 암각화가 발견된다는 사실은 기왕의 신앙체계가 필요하지 않았음을 짐작하게 한다. 기왕의 신앙체계를 무너뜨릴 수 있는 신분의 존재는 일반인들과는 다른 신성한 이의 존재를 추정할 수 있게 한다. 이는 곧 초월적인 신분이 등장하였음을 확인시켜 주는 것이라 하겠다. 곧 새로운 단계로의 질적인 변화 가능성을 엿볼 수 있게 하는 대목이라 생각된다. 그렇다고 한다면 대가야지역연맹체는 지산동 30호분이 축조되는 시기인 5세기 2/4분기에서 479년 사이의 어느 시기엔가 부체제단계에 접어들었으리라 생각할 수 있겠다. 필자는 이때부터를 '大加耶'로 칭하기로 한다. '왕'호의 칭호도 이때부터라고 봐도 크게 무리는 없을 것이라 생각된다.

한편 대가야 내부의 신분구조를 짐작할 수 있게 하는 또 다른 자료로서 지산동44호분의 발굴조사 결과를 들 수 있다. 순장묘제로 알려진 이 고분의 순장양상은 기왕의 순장에 대한 인식과 다른 모습을 보여주고 있어 주목된다. 대개 최고 하위계층이 순장을 당할 것이라는 생각에서 벗어나게 하는 내용이 확인되었기 때문이다. 지산동44호분에서는 주석실을 포함하여 부장품을 넣었던 남·서석실에서도 주피장자 이외의 인골이 발견되었다. 그 외에 32기의 순장석곽 중 22기의 석곽에서 순장자가 발견되었다. 순장자들은 대개 자기의 묘곽을 가지고 있다. 이는 대가야만의 독특한 순장방식이다. 이들은 각기 다른 성격의 부장품을 소유하고 있다. 44호분의 주인공 머리맡이나 발치에 순장된 사람은 금제이식이나 유리구슬 목걸이 등 장신구를 가지고 있고, 그 밖에 순장곽을 따라 대도나 화살촉을 가진 사람, 철겸이나 도끼 등의 농기구를 가진 사람, 방추차를 가진 사람, 등자나 재갈 등 마구를 가지고 있는 사람 등 다양하게 나타난다.

순장인의 연령과 성별도 달라서 7~8세가량의 여자아이에서부터 20대의 젊은 남녀, 30대의 여성, 40대 이상의 장년 남자 등이 확인되었다. 이러한 사실로서 순장자들은 시녀나 시종이 많은 경우를 차지하고 있으나 다른 신분도 있었을 것이라 생각된다. 즉 농기구를 가진 이는 당시 생산을 담당하던 계층이었지만 노동노예는 아니었을 것이며, 무구류나 마구류를 가지고 있는 이들은 주인공을 侍從, 호위하던 상당한 신분을 소유한 武士로 추정된다고 한다.[92] 순장이라고 하는 매장행위가 '繼世思想'을 반영하는 것이라 할 때, 당시 대가야 최고지배계급의 분묘였던 44호분에는 피장자 생시의 모습을 그대로 축소하려는 노력을 하였을 것이다. 이에 따라 당시 다양한 사회 및 신분이 그대로 무덤 속에 녹아 있었으리라 생각한다. 그래서 당시 일정 수준 이상의 계급이었던 자부터 생산을 담당하던 계층과 시종, 시녀들이 순장당하였을 것으로 여겨진다. 순장을 통해서도 당시 대가야의 중심이었던 고령 지역 내에서는 왕-상수위-이수위 … 등으로 이어지는 지배계층과 생산을 담당하던 民 등이 신분을 구성하고 있었던 것을 추정할 수 있는 것이다.

'부체제'라는 새로운 단계로 접어들면서 '王'호를 칭하게 된 대가야의 왕이 그 아래 지방으로 편제된 정치체들의 수장들의 위상을 높여준 것은 확인되었다. 이들은 旱岐로 편제되어 대가야의 중요한 회의 등에 참여하였을 것으로 짐작된다. 이는 앞서의 임나부흥회의와 같은 국운을 건 회의에 참여하는 것으로도 추정할 수 있겠다.

그렇다면 고령지역 이외, 대가야에 편제되었던 지역의 신분제는 어떠했을까? 이와 관련하여 주목되는 것이 『일본서기』, 垂仁紀 2年條에 보이는 '郡公'이다. 이들 군공을 국읍이나 읍락의 거수로서 중앙의 한기층으로 전환되지 못하고 재지세력화한 자로 보기도 하지만,[93] 부체제단계에

---

92) 權五榮, 1992, 「고대 영남지방의 殉葬」 『韓國古代史論叢』 4, 駕洛國史蹟開發研究院, 41쪽.

접어들었을 무렵에도 대가야가 복속 소국들의 수장층들을 중앙귀족화하였다는 사실을 확인할 수 없어 따르기에 주저된다. 아울러 임나부흥회의 기사에서 보이는 한기의 존재도 이를 따르기 어렵게 한다. 그렇다면 소국의 읍락거수층들이 군공으로 전화한 것이 아닐까 생각되어진다. 결국 대가야는 중앙의 관등제와 지방의 관등제가 서로 별개로써 작용하고 있었다고 할 수 있을 것이다.

Ⅳ. 대외교섭과 교역

대가야는 1~3세기의 반로국 단계, 4세기대 지역연맹체 단계를 거쳐 5세기대 들어 부체제 단계에 접어들었음을 확인할 수 있었다. 이러한 삼한소국에서부터 부체제 단계로의 발전과정 속에서 많은 정치적 · 경제적 교섭을 거쳐 왔을 것임은 두말할 나위가 없다.

소국들이 형성되어 있던 1~3세기 당시의 경상도지역은 대개 김해의 狗邪國을 중심으로 『삼국지』, 동이전에 보이는 소국들과 『삼국지』에는 보이지 않지만 『삼국사기』에 보이는 포상팔국 등이 변한사회를 이루고 있었다. 당시에 김해가 변한사회의 중심지였던 사실에 대해서는 이견이 없다. 이러한 역할을 할 수 있었던 이유로는 교역과 영남지역에서의 철의 생산을 들고 있다.[94] 즉, 김해지역이 낙랑, 왜와 교역하는 데 있어서 남해안에 접하고 있다는 점과 낙동강 하구에 위치하고 있다는 사실이 다른 지

---

93) 盧重國, 1995, 앞의 글, 185쪽.

94) 國出鐵 韓濊倭皆從取之 諸市買皆用鐵 如中國用錢 又以供給二郡 … (『三國志』, 魏書 東夷傳 韓條).

역들보다 지리적으로 발전할 수 있는 가능성이 많다는 것이다. 이를 교역과 분배를 통해 위계적인 권위를 확립하는 '關門社會(Gateway Community)'의 성격으로 파악하고 있기도 하다.[95] 『삼국사기』나 『삼국유사』 등에서 보이는 바와 같이 首露가 가야의 시조로 인식되고 있는 사실은 김해의 구야국이 변한사회 내에서 주도적인 역할을 하고 있었다는 것을 반영해주고 있다. 특히 내륙에 위치한 양산, 밀양, 창녕, 합천, 고령, 성주 일대의 소국들이 대외교역을 위해서라면 반드시 하구의 김해를 거칠 수밖에 없어 이들에 대한 일정한 영향력의 행사를 추정할 수 있겠다.[96] 따라서 고령의 반로국도 당시에는 김해지역과 일정한 관계를 형성하고 있었으리라 짐작할 수 있다. 당시 반로국의 중심지가 낙동강의 지류인 회천유역에 위치하고 있는 사실도 이를 뒷받침해주고 있다.

지역연맹체 단계에 이른 대가야에서 변화가 감지되는 것은 4세기 중엽을 넘어서면서부터이다. 이 무렵 대가야의 변화에 큰 계기로서 작용하는 것이 백제와의 새로운 관계정립이었다.

> 4-D 3月에 荒田別·鹿我別을 장군으로 삼아 久氐 등과 함께 병사를 이끌고 卓淳國에 모여 장차 신라를 공격하려 하였다. 이때에 혹자가 말하기를 병사가 부족하여 신라를 깨뜨릴 수 없으니 沙白蓋盧를 보내어 군사의 증원을 요청하였다. 이에 木羅斤資와 沙沙奴跪(이 두 사람의 성은 알 수 없다. 단 목라근자는 백제의 장수이다)에게 정병을 거느리게 하여 沙白蓋盧와 함께 보내었다. 卓淳에 모여 신라를 쳐서 무너뜨리고 比自㶱, 南加羅, 喙國, 安羅, 多羅, 卓淳, 加羅 등 일곱 나라를 평정하였다(『日本書紀』, 神功紀 49年條).[97]

---

95) 李賢惠, 1988, 앞의 글, 159~167쪽.
96) 故慶尙則洛江入海處 爲金海七星浦 北溯至尙州 西溯至晋州 惟金海管轄其口 居慶尙一道之水口 盡管南北海陸之利 … (『擇里志』 11, 卜居總論 生利條).
　위 내용을 보면 김해가 海陸之利를 관장함을 알 수 있어, 구야국 당시에도 낙동강 수로를 통한 내륙지역에의 영향력 행사는 추정 가능하다.
97) 春三月以荒田別·鹿我別爲將軍 則與久氐等 共勒兵而度之 至卓淳國 將襲新羅 時或曰 兵衆少之 不可破新羅 更復 奉上沙白·蓋盧 請增軍士 卽命木羅斤資 沙沙奴跪

이 기록에 대하여 천관우는 近肖古王이 전라도 지역을 평정함과 동시에 가야지역에도 진출하여 가야제국을 백제의 영향권 내로 넣은 것을 보여주는 것으로 파악하였다.[98] 4세기 초 이후 고구려의 백제에 대한 압력과 고구려와 신라의 친밀관계 등으로 백제가 고립될 위기에 빠지게 되자 이를 타개하기 위하여 가야세력을 끌어들여 하나의 세력권을 형성하고 동시에 대왜교역 루트를 확보하려는 것이 그 이유였다. 하지만 백제의 가야경략은 가야를 완전히 백제의 영역화하는 것이 아니라 독자성을 인정하면서 貢納을 바치게 하는 등 臣屬하는 방향이었던 것 같다. 그것은 6세기대 백제 성왕이 백제와 가야가 서로 부자 혹은 형제관계를 맺었다고 회고하는 사실로도 짐작할 수 있다.[99] 백제와의 이러한 관계는 선진적인 문물을 직접 수입할 수 있는 계기가 마련되었다는 점에서 대가야에게는 큰 도움이 되었을 것이다.

5세기대는 지속적인 고구려의 남하정책으로 인하여 신라와 백제 사이에 이른바 '羅濟同盟'이 형성되어 있었다. 이 무렵의 대가야 사회의 동향은 정확하게 알 수 없다. 다만 주목되는 것은 백제-가야-倭 연합세력의 일원이었던 왜가 이 시기에 집요하게 신라를 침공하고 있는 점이다.[100] 이는 이들 연합세력의 대외관계가 반드시 동일한 궤도에서 움직이지 않았다는 것을 의미하지만, 대가야는 왜와 같이 신라에 대해서 적대관계를 지속했을 가능성이 없지 않다. 이와 더불어 백제가 고구려의 남진에 대응하기 위해 움직이는 틈을 타서 백제의 영향력을 극복하려고

(是二人 不知其性人也 但木羅斤資者 百濟將也) 領精兵 與沙白蓋盧共遣之 俱集于 卓淳 擊新羅而破之 因以 平定比自㶱 南加羅 喙國 安羅 多羅 卓淳 加羅七國.

98) 千寬宇, 1991,「復元加耶史」『加耶史研究』, 一潮閣, 23~26쪽.

99) 聖明王曰 昔我先祖速古王 貴首王之世 安羅・加羅・卓淳旱岐等 初遣使相通 厚結親好 以爲子弟 冀可恆隆(『日本書紀』, 欽明紀 2年 4月條).
昔我先祖速古王・貴首王 與故旱岐等 始約和親 式爲兄弟 於是 我以汝爲子弟 汝以我爲父兄(『日本書紀』, 欽明紀 2年 7月條).

100)『三國史記』, 新羅本紀 訥祇麻立干 24・28年, 慈悲麻立干 2・5・6年條.

시도했을 것으로 추측할 수 있겠다.[101] 그 와중에 475년에 백제는 장수왕의 공격으로 한성이 함락되고 개로왕이 전사하는 큰 고비를 맞이하게 된다.[102] 이에 문주왕은 신라에 구원을 요청하여, 신라병 일만과 함께 한성으로 돌아갔으나 이미 성은 함락되고 왕은 전사한 뒤였다. 그래서 문주왕이 즉위를 하고 웅진으로 천도하였다.[103]

　5세기 말에 접어들면서 고구려는 신라를 집중적으로 공격하였다.[104] 신라는 백제에 구원을 청할 수밖에 없었고, 이에 백제로서도 신라와의 동맹 필요성에 의해 소위 '羅濟同盟'을 맺는다. 이후 양국의 관계는 백제가 신라에 사신을 보내고,[105] 백제 동성왕과 신라의 伊伐湌 比智의 딸과의 혼인 등에서[106] 알 수 있듯이 매우 우호적이었다. 이러한 정세 속에서 백제는 가야에 대한 영향력을 다시금 키워나갔던 것 같다. 그런데 고구려는 공격의 고삐를 갑자기 백제 쪽으로 돌린다.[107] 이 이후에 고구려는 백제에 대한 공세를 늦추지 않고 있다.[108] 그런데 신라는 여기에 원병을 파견하는 등의 공동의 군사행동이 보이지 않고 있다. 이는 나제동맹이 끝났음을 이야기하는 것이라 하겠다. 이러한 정세는 백제의 가야에 대한 영향력 축소를 쉽게 추측할 수 있게 한다. 이에 대가야는 신라와 결혼동맹을 맺음으로써 백제의 견제로부터 벗어나려는 노력을 한다.

---

101) 李文基, 1995, 「大伽耶의 對外關係」 『加耶史研究』, 慶尙北道, 221~222쪽.
102) 麗王巨璉帥兵三萬 來圍王都漢城 王閉城門 不能出戰 麗人分兵爲四道 夾攻 又乘風縱火 焚燒城門 人心危懼 或有欲出降者 王窘不知所圖 領數十騎 出門西走 麗人追而害之(『三國史記』 25, 百濟本紀3 蓋鹵王21年 9月條).
103) 蓋鹵王在位二十一年 高句麗來侵 圍漢城 蓋鹵嬰城自固 使文周求救於新羅 得兵一萬廻 麗兵雖退 城破王死 遂卽位 … 冬十月 移都於熊津(『三國史記』 26, 百濟本紀4 文周王卽位條).
104) 『三國史記』, 新羅本紀3 炤知麻立干 3·6·11·16·18年條.
105) 『三國史記』, 百濟本紀4 東城王 7年條.
106) 『三國史記』, 新羅本紀3 炤知麻立干 15年條.
107) 『三國史記』, 新羅本紀3 炤知麻立干 18年(495)條.
108) 『三國史記』, 百濟本紀4 武寧王 7年(507), 12年(512), 聖王 元年(523), 7年(529), 26年(548), 28年(550)條 참조.

4-E ① 3月에 加耶國王이 사신을 보내어 請婚하였다. 왕이 이찬 비조부의
누이를 보내었다(『三國史記』, 新羅本紀4 法興王 9年條).

② 이로 인하여 加羅는 新羅와 交友關係를 맺었고 日本에 원한이 생기
게 되었다. 加羅王이 新羅의 王女를 아내로 맞이하여 드디어 아이를 가
지게 되었다. 신라가 처음에 여자를 보낼 때에 아울러 100사람을 보내
어 여종이 되게 하였다. (이들을) 받아들여 여러 현에 흩어 두었는데
신라의 의관을 입게 하였다. 阿利斯等은 그들이 변복하였다며 성내며
불러서 돌려보내었다. 이에 신라는 크게 부끄러워 그녀를 도로 돌아
오게 하려고 "전에 그대가 장가드는 것을 받아들여 내가 즉시 허락하
였으나, 지금 이미 이와 같이 되었으니 왕녀를 돌려주기를 청한다"라
고 말하였다. 가라의 己富利知伽(상세하지 않다)가 대답하여 "부부로
짝지어졌는데 어찌 다시 헤어질 수 있겠소? 또한 아이가 있는데 아이
를 버리면 어디로 가겠소"라고 말하였다. 드디어 지나가는 길에 刀
伽 · 古跛 · 布那牟羅 등 세 개의 성을 함락시키고 또한 북경의 다섯 성
을 함락시켰다(『日本書紀』, 繼體紀 23年 3月條).

③ 또 釋順應傳에 大伽倻國 月光太子는 正見[109]의 십세손이다. 아버지는
異腦王이다. 新羅에 혼인을 구하여 伊湌 比枝輩의 딸을 맞이하여 太子
를 낳았으니 이뇌왕이다. 惱窒朱日의 팔세손이다. 그러나 이 또한 생각
할 바가 되지 않는다(『新增東國輿地勝覽』, 高靈縣條 釋順應傳).[110]

앞의 사료들은 가야가 신라에 청혼을 하여 결혼동맹을 맺고, 그 뒤로
낙동강으로의 진출을 꾀하고 있던 신라가 의관제를 빌미로 하여 동맹을
파기하고 급기야 大加耶 3성과 北境 5성을 복속시키는 내용들을 보여주
고 있다. 『삼국사기』와 『일본서기』의 연대가 각각 522년과 529년으로

---

109) 『新增東國輿地勝覽』, 高靈縣條에 인용된 崔致遠이 지은 釋利貞傳에 보이는 大加
耶 건국설화에 보이는 正見母主를 가리키는 것으로 보인다.

110) ① 春三月 加耶國王遣使請婚 王以伊湌比助夫之妹送之.

② 由是 加羅結儻新羅生怨日本 加羅王娶新羅王女 遂有兒息 新羅初送女時 幷遣
百人爲女從 受而散置諸縣 令着新羅衣冠 阿利斯等 嗔其變服 遣使徵還 新羅大
羞 飜欲還女曰 前承汝來 吾便許婚 今旣若斯 請還王女 加羅己富利知伽(未詳)
報云 配合夫婦 安得更離 亦有兒息 棄之何往 遂於所經 拔刀家·古跛·布那牟羅
三城 亦拔北境五城.

③ 又釋順應傳 大伽倻國月光太子 乃正見之十世孫 父曰異腦王 求婚于新羅 迎夷
粲比枝輩之女 而生太子 則異腦王 乃惱窒朱日之八世孫也 然亦不可考.

보이는 것은 결혼동맹의 이야기가 수년간에 걸쳐서 진행되어진 사건이기 때문이리라 생각된다.[111] 그렇지만 신라는 남쪽 방면으로의 진출의사는 굽히지 않고 있었다. 이는 결혼동맹 기간 중인 524년의 남경척지와 가야국왕의 내회기사로서 짐작할 수 있다.[112] 이때 신라는 대가야와 결혼동맹 중이고, 남경척지의 결과로 가야국왕이 내회한 것이라면 금관가야왕으로 보아야 타당할 것이라 생각한다. 이때 내회는 한 국가가 다른 국가에 부용적인 위치에 있을 때 사용된 외교용어라는 견해[113]에 비추어 당시 명목상으로만 유지되어 오던 금관가야의 국왕이 신라의 남쪽유역으로의 진출에 위협을 느껴 내회한 것이었음을 추정할 수 있겠다.

결혼 동맹 이후에 친백제정책과 친신라정책을 적절히 구사하면서 자구책을 모색하였지만 신라는 529년에 결혼동맹을 파기하고 또한 금관가야의 복속 등을 통해 낙동강 중상류지역의 가야제국을 고립시키고자 하였다. 이를 타개하기 위해 아라가야는 백제·신라·왜 등의 사신을 모아놓고 대규모의 국제회의를[114] 개최하였던 것이다. 이 회의의 목적으로는 아라가야의 대두를 과시하고, 喙己呑을 멸망시킨 신라에게 외교적 압력을 가하여 회복시키려는 것, 그리고 국제회의의 개최를 통한 맹주로서의 위치고착과 대가야로부터의 압력에서 벗어나려는 것 등과[115] 표면적으로 드러나는 금관국 등의 부흥보다는 그 뒤에 오는 아라가야에 대한 신라의 압박을 제거하기 위함으로 보기도 한다.[116] 백제는 유력국인 아

---

111) 朱甫暾, 1982,「加耶滅亡問題에 대한 一考察」『慶北史學』4, 慶北史學會, 168~169쪽.

112) 王出巡南境拓地 加耶國王來會(『三國史記』4, 新羅本紀4 法興王 11年 9月條).

113) 李永植, 1994,「加耶諸國의 外交形式」『新羅末高麗初의 政治·社會變動』韓國古代史硏究 7, 신서원, 300쪽.

114) 『日本書紀』, 繼體紀 23年 3月條.

115) 金泰植, 1993, 앞의 책, 202쪽.

116) 李永植, 1995,「六世紀 安羅國史 硏究」『國史館論叢』62, 國史編纂委員會, 103쪽 ; 趙仁成, 1996,「6世紀 阿羅加耶(安羅國)의 支配勢力의 動向과 政治形態」『加羅文化』13, 慶南大學校 加羅文化硏究所, 127쪽, 註 53).

라가야를 인정함으로써 신라의 영향력을 차단하려는 목적으로, 신라는 아라가야에 유화책을 표명하기 위함이라 하는데,[117] 어쨌든 이 '안라회의'를 통해 백제와 신라의 틈 속에서 자기 세력을 유지하기 위한 목적이었음은 분명하다 하겠다.

결혼동맹 파기 이후 무력해진 금관가야는 법흥왕대에 김구해가 항복하면서[118] 완전히 멸망하였으며, 이에 신라는 아라가야와 대가야를 동시에 제압할 수 있는 위치에 있었던 창녕 비화가야로 진출하여 금관가야의 항복시기를 전후하여 복속시켰다.[119]

이러한 고구려와 백제, 신라의 움직임은 대가야에도 큰 변화를 겪게 하였을 것이다. 5세기 초부터 가야사회의 전면에 부각되기 시작하였고 결국 5세기 2/4분기 부체제에 접어들면서 스스로 '大加耶'를 자칭하게 되었던 대가야는 독자적인 대외관계를 구축하려고 노력하였고, 결국 479년 남제에 사신을 파견하는 성과로 나타나게 되었던 것 같다.[120] 驃騎大將軍・鎭東大將軍 등 제2품을 받은 고구려・백제・왜의 국왕보다는 1등급이 낮은 것이지만, 최초의 사신파견으로 '輔國將軍本國王'이라는 작호를 받게 된 것은 남제가 대가야의 국제적 지위를 상당한 수준으로 인정했던 것으로 풀이할 수 있을 것이다. 이때의 사신파견이 백제로부터의 묵시적 동의 혹은 암묵적 지원을 받았다 하더라도 대가야 지배층들은 확고한 지배력의 확보와 아울러 대외적인 자신감을 가지게 되었을 것이다.

이와 함께 대가야는 중국과는 물론 일본과의 교역도 상당히 활발했던 것 같다. 일본열도 각지에서 5세기대 이후의 대가야계통 유물들이 다량

---

117) 白承忠, 1995, 앞의 글, 243~244쪽.
118) 『三國史記』4, 新羅本紀4 法興王 19年條.
119) 李炯基, 1994, 「非火伽耶에 對한 一考察」, 嶺南大學校 碩士學位論文, 53~54쪽.
120) 加羅國 三韓種也 建元元年 國王荷知使來獻 詔曰 量廣登始 遠夷洽化 加羅王荷知 款關海外 奉贄東遠 可授輔國將軍本國王(『南齊書』, 東南夷傳 加羅國條).

으로 확인된다. 장경호를 비롯한 토기류는 물론, 검릉형행엽, 금제이식, 지산동32호출토 금동관을 모방한 은도금관 등이 교류 혹은 교역사실을 나타내어준다. 특히 6세기 전반대에는 西日本일대 거의 전역에 관련유물들이 출토되고 있어 야마토정권을 매개하지 않는 지역호족들과 대가야 간의 독자적인 교역루트의 존재 가능성이 상정되기도 할 정도이다.[121] 지산동고분군에서도 일본계통의 유물들이 확인되고 있어 상호 교류가 확인된다. 지산동32호분 출토 충각부주, 지산동44호분출토 야광조개국자 등이 대표적이라 할 수 있겠다. 결국 대가야는 중국과는 물론 일본과의 교역도 상당히 활발했다는 사실을 확인할 수 있겠다.

이때 대가야의 교역품은 어떤 것이었을까? 정확하게 알 수는 없다. 다만 일본 등지에 대가야의 토기들이 확인되는 사실은 이것도 하나의 교역품이었을 가능성이 있겠지만, 경제적인 재화가 가장 중요했을 것이다. 그렇다면 가장 주된 교역품은 삼한소국 당시부터 활발하게 이용되었던 '鐵'이었을 것으로 생각된다. 한편 교역로는 어떠한 길이었을까?

대가야가 사용할 수 있었던 대외교역루트는 대개 다음과 같다. 첫째 반월상의 교역로이다. 고령→거창→함양→남원 운봉→구례→蟾津江→하동을 거치는 루트로서[122] 주로 대일본과의 교역로였다(<그림 4-4>[123] 참조). 그런데 이 길이 물론 산성 등의 고고학적 자료들을 통해서 확인된 루트이기는 하지만, 운봉에서 구례로 가는 길은 험준한 지리산자락을 넘어가야 하기 때문에 어려움이 있을 것으로 생각된다. 특히 대가야가 대외교역을 할 때 주된 교역품이었을 가능성이 가장 높은 대상이 '철'이었

---

121) 定森秀夫, 2002, 「陶質土器로 본 倭와 大加耶」『大加耶와 周邊諸國』, 高靈郡·韓國上古史學會, 220~225쪽.

122) 朴天秀, 1996, 「大伽耶의 古代國家形成」『碩晤尹容鎭敎授停年退任紀念論叢』, 碩晤尹容鎭敎授停年退任紀念論叢刊行委員會 ; 李永植, 1997, 「대가야의 영역과 국제관계」『伽倻文化』10, 伽倻文化硏究院, 116쪽.

123) 朴天秀, 1996, 『伽耶の古代國家形成過程』, 大阪大學 博士學位論文, 圖 19를 전재함.

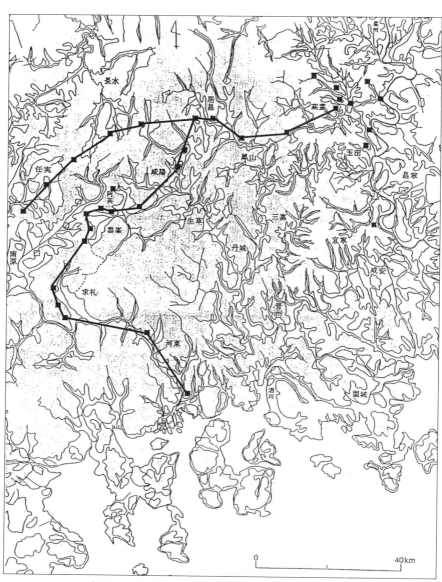

〈그림 4-4〉大加耶의 山城네트워크를 이용한 交易路

다고 한다면 계속해서 이야기할 가능 코스 중 가장 험난한 루트가 된다. 이에 필자는 이 노선 중 운봉에서 구례로 이어지는 부분에 대해서는 비교적 회의적인 생각을 가지고 있다. 이와 관련하여 최근 대사지역을 남원시 대강면에서 곡성읍 일대로 비정하는 견해가 제시되었는데[124] 차라리 아영면에서 남원을 지나 곡성을 거쳐 구례로 해서 섬진강수계를 이용하는 것이 타당하지 않을까 한다. 그렇지만 필자는 이 길이 과연 대가야 당시에 기능하였는지에 대해서는 의문을 가진다. 따라서 기능이 발휘되었다 하더라도 백제가 내부혼란으로 말미암아, 이 지역에 대한 영향력이 줄어든 극히 짧은 기간에 대가야가 진출 가능하였을 무렵[125] 한시적으로 사용될 수는 있었을 것으로 생각된다.[126]

두 번째는 고령→합천 묘산→합천 삼가→의령 대의→산청 단성→하동 옥종→하동의 루트가 있을 것이다. 이 루트는 일찍이 대가야의 영향 아래 편입된 묘산을 지나 합천 대병면을 거쳐 斯二岐國이 위치하였던 삼가지역으로[127] 향하는 코스이다. 삼가고분군이 위치한 삼가면 소재지를 지나면 의령군 대의면 소재지를 거쳐 경호강 지류를 따라 산청군 단성면에 다다르게 된다. 이 곳에서 하동 옥종지역을 거쳐 하동 섬진강포구로 나아가는 이 코스는 중간에 큰 고개 등이 없고 고대사회에서 교통로로서 중요한 역할을 했던 수계를 이용할 수 있다는 점에서 오히려 대

---

124) 郭長根, 1999, 『湖南 東部地域 石槨墓 硏究』, 書景文化社, 286~288쪽.
125) 이는 섬진강수계권에 5세기 말엽 이전으로 소급되는 전형적인 고령양식 토기가 출토되지 않는다는 사실에서도 확인된다(郭長根, 1999, 앞의 책, 228쪽).
126) 실제 이 루트에서 중요한 역할을 하는 산성이 河東의 姑蘇城일 터인데, 이 성에 대한 시굴조사 결과를 통해서도 築城 주체가 누구인지가 정확하게 확인되지 않았다. 물론 시굴조사라는 한계 때문이기도 한데, 문제는 여기에서 대가야와 관련지어 생각할만한 흔적이 확인되지 않았다는 사실이다[沈奉謹, 2000, 「河東 姑蘇城에 대해서」『섬진강 주변의 백제산성』(第23回 韓國上古史學會 學術發表大會 發表要旨) 참조]. 따라서 이 루트 전체의 정당성 여부가 검토되어야 하리라 생각한다.
127) 李炯基, 2000, 「大加耶의 聯盟構造에 대한 試論」『韓國古代史硏究』18, 서경문화사, 32쪽 ; 金世基, 2000, 앞의 글, 257쪽.

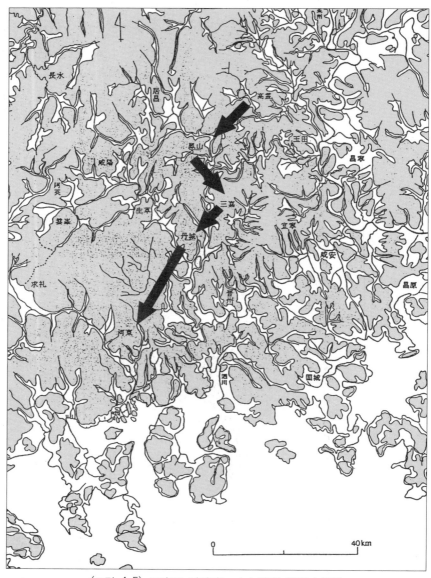

〈그림 4-5〉 三嘉로 이어지는 大加耶의 對外交易路

가야의 주교역로로 사용되었을 가능성이 가장 높았으리라 생각한다.[128]
이 교역로도 결국 多沙津으로 이어지는 것으로 보아 대일본과의 교역로
로 사용되었을 가능성이 높다고 하겠다(<그림 4-5> 참조).

세 번째는 고령→거창→함양→六十嶺→장수→진안→임실→葛潭川→
임실 운정리→정읍→부안→竹幕洞으로 이어지는 루트이다. 장수지역이
위치한 錦江 상류지역은 가야문화 특히 대가야를 기반으로 소국체제를
유지하며 발전했던 것으로 여겨져[129] 여기까지는 문제가 없다. 실제로
앞의 <그림 4-4>에서도 확인하였듯이 산성네트워크가 이미 구축되어
있음이 확인되었다. 이후 임실, 정읍을 거쳐 부안을 통할 때는 아마도
백제의 내부혼란으로 인한 통제력 부족 또는 후원에 힘입어 죽막동을 이
용하였으리라 생각된다.[130]

扶安 竹幕洞 祭祀遺蹟은 1991년 국립전주박물관이 전라북도 내 서해
안지역의 유적 분포상황 파악을 위한 지표조사 중에 발견되었다. 그리하
여 1992년 5~6월 중에 발굴조사를 실시하여 이 유적이 삼국시대부터
최근까지 해양교섭능력을 가진 토착세력에 의해 제사가 이루어진 제사
유적임이 확인되었다.[131] 조사결과 마한의 제사단계로 보이는 3세기 후

---

128) 이 교역로는 삼가까지의 고고학성과들이 집적되어 있지만 그 아래 지역은 아직
그렇지 못하다. 의령 대의를 지나 옥종까지의 고고학성과들이 모여진다면 이 교
역로의 사용여부는 보다 분명해지리라 생각한다. 그렇지만 이들 지역에서 비록
대가야계통의 유물·유적이 확인되지 않는다 하더라도 5세기 후반과 6세기대
함안과 고성, 창원 등 다른 가야지역에서 대가야계통 유물들이 발견되는 것으로
보아, 암묵적 동의 혹은 서로간의 합의하에 왕래가 이루어졌을 가능성도 있을
수 있다.
129) 郭長根, 1999, 앞의 책, 249~253쪽.
130) 이와는 달리 고령→거창→함양→남원(운봉)→섬진강→하동의 교역로를 이용하
여, 출항한 후 남해안을 따라 西進하다가 서해안을 따라 북상하여 부안 죽막동
을 거쳐 황해를 지나 중국 산동지역에 도착하고, 다시 중국 동부 연안을 따라
남하하여 양자강 하구에 도달하였을 것이라 추정하기도 한다(李永植, 1997, 앞
의 글, 114~117쪽).
131) 國立全州博物館, 1994, 『扶安 竹幕洞 祭祀遺蹟』.

〈그림 4-6〉 竹幕洞을 이용한 對外交易路

반의 Ⅰ단계, 마한·백제가 제사를 지냈던 Ⅱ단계(4세기), 백제·가야·
왜의 제사가 이루어진 Ⅲ단계(5세기 전반~6세기 전반), 6세기 중·후
반~7세기 전반 백제의 제사단계인 Ⅳ단계 등으로 크게 나눌 수 있다고
한다. 여기에서는 합천 옥전 M3호분과 지산동44호분에서 출토된 것과
유사한 劍菱形杏葉이 출토되어 대가야와의 일정한 교류를 알 수 있다.
대가야 최고지배층의 고분에서 출토되는 유물들이 죽막동에서 원거리항

해상의 안전이나 해상교통로의 안전을 기원하기 위해 제사하던 유물과 같다는 사실은 대가야의 지배층이 죽막동유적에서 제사권을 직접 행사하였다는 사실을 나타내어 준다고 하겠다.[132]

앞에서 살펴본 대로 백제가 475년 장수왕의 공격으로 한성이 함락되고 개로왕 자신도 피살되는 등 내부의 혼란으로 인해 대가야를 견제할 여력을 갖지 못하던 형편에 대가야가 독자적인 대외관계를 모색하는 중 남제로의 조공이 나타났다고 한다.[133] 백제로서도 정정의 불안을 해소하기 위해 적극적으로 중국 남조와의 교류를 모색하였던 바,[134] 중국 남제와 대가야의 교섭을 적극 후원하였을 가능성도 열려있었다. 이에 479년 중국 남제와의 교류에는 위의 세 가지 교역로 중에서 장수, 진안을 거쳐 扶安 竹幕洞에서 출발하는 교역로가 이용되었으리라 추측한다. 결국 대가야는 백제의 묵시적 동의 혹은 후원으로 중국과 직접 통교할 수 있었던 것이다. 이러한 정황을 뒷받침해줄 수 있는 또 다른 자료가 최근 고령지역에서 확인되었다.

가야지역 유일의 벽화고분으로 고령 고아동벽화고분이 있다. 여기에 그려진 연화문의 안료를 분석한 결과가 최근 보고되었다.[135] 분석결과 현실 연화문의 사용 안료는 적색의 진사(HgS), 백색의 연백($PbCO_3 \cdot Pb(OH)_2$), 녹색의 동화합물(탄산동 또는 염화동) 등의 천연 무기안료를 사용하였음이 확인되었다. 그리고 연도에서의 철(Fe)을 이용한 적색 안료와 비교하여 현실 안료가 고급 재료였음이 확인되었다. 이제까지 한반도 고분벽화

---

132) 兪炳夏, 1998, 「扶安 竹幕洞遺蹟에서 進行된 三國時代의 海神祭祀」『扶安 竹幕洞 祭祀遺蹟 硏究』(開館五周年紀念 學術심포지움 論文集), 國立全州博物館, 211~216쪽.

133) 李文基, 1995, 앞의 글, 222쪽.

134) 梁起錫, 1991, 「百濟 熊津時代와 武寧王」『百濟武寧王陵』, 忠淸南道·公州大學校 百濟文化硏究所, 27~28쪽.

135) 文煥晳 외, 2002, 「고대 벽화안료 재질분석 연구－봉정사 대웅전 후불벽화 및 고아동 고분벽화를 중심으로－」『文化財』35, 국립문화재연구소, 174~182쪽.

의 안료 성분분석이 체계적으로 보고된 예가 없지만, 6세기 초까지 진사
와 연백의 사용예는 최초의 분석예라고 한다. 백제의 무령왕릉이나 공주
송산리고분에서 조사되지 않았던 녹색의 동화합물 계통의 안료나 백색
의 납화합물이 이용되었다는 사실은 일정한 의미를 지니는 것으로 여겨
질 수 있겠다. 특히 진사광산은 한반도에서는 알려지지 않았고, 중국 남
부의 귀주성과 호남성 등지에 진사의 산지가 널리 알려져 있다. 여기에
서 생산된 진사가 479년 중국 남제와의 교류 때 함께 수입되었을 가능
성이 있다. 또한 이러한 사실은 당시 대가야가 국제적으로 상당한 위상
을 가지고 있었음을 나타내는 것이라 하겠다. 그런데 고아동벽화고분의
경우 당시 백제에 유행하던 공주지역의 횡혈식전축분의 양식을 채용하
고 있다는 점에 주목해야 할 것이다. 즉 백제에서 유행하던 횡혈식전축
분을 본떠 돌을 벽돌처럼 잘라 축조하였던 것으로 짐작된다. 이러한 고
분구조와 중국 남조로부터의 안료수입은 백제로부터의 일정한 영향이
아니고서는 설명할 방법이 없는 것이다. 즉 대가야는 백제로부터의 후원
과 교류 속에서 발전해왔음을 짐작케 한다.

제5장

신라의 大加耶地域 지배

Ⅰ. 고령지역 지배세력의 교체

加耶는 잘 알다시피 여러 정치세력으로 나뉘어져 있었고, 멸망과정도 각기 달랐던 것으로 기록되어 있다. 김해의 금관가야처럼 신라에 투항하는 경우도 있었고, 기록에 남아있지 않아 그 멸망과정을 전혀 확인할 수 없는 경우도 있다. 또한 신라에 투항한 금관가야의 후손들은 신라의 정권 깊숙이 진출하여 그들 나름대로 기득권을 유지하였음을 기록을 통해 알 수 있다. 하지만 다른 가야세력의 경우 멸망 이후의 모습들에 대해서는 전혀 확인할 수 없는 것이 현실이다. 대가야의 경우에는 다른 가야세력과는 달리 신라에 의해 멸망당하였음이 구체적으로 묘사되어 있다. 그렇지만 멸망당하였다는 기록만 남아있을 뿐, 그 이후의 모습에 대해서는 전혀 기록을 통해서는 알 수 없다. 중국에 사신을 보내어 작호를 받을 정도로 성장하였던 대가야의 위상에 비추어본다면 쉽게 이해되지 않는 부분이다. 여기에서는 대가야가 멸망한 이후, 고령지역에서의 변화는 과연 어떠한 모습이었는가에 대해서 검토해보고자 한다.[1]

대가야가 562년 신라에 의해 멸망당한 이후 고령지역의 편제에 대해서는 『삼국사기』 地理志에 전하고 있다. 그 내용을 보면 다음과 같다.

5-A 高靈郡은 원래 대가야국이다. 시조인 伊珍阿豉王(혹은 內珍朱智)으로부

---

1) 대가야 멸망 이후 신라의 고령지역에 대한 지배양상에 관해서는 필자의 논고(李炯基, 2002, 「滅亡 이후 大加耶 遺民의 向方」『韓國上古史學報』 28, 한국상고사학회) 이후 최근 들어 관심을 가진 연구성과들이 나타나고 있다(이형기, 2008, 「대가야시대의 고령」『고령문화사 대계』 1 - 역사편, 도서출판 역락 ; 이문기, 2008, 「통일신라와 고려시대의 고령」, 같은 책 ; 이영호, 2008, 「대가야의 멸망과 고령지역의 변화」, 같은 책).

터 道設智王까지 무릇 16세 520년이다. 진흥대왕이 침략하여 멸망시켜
그 땅을 대가야군으로 삼았다. 경덕왕이 개명하여 지금에 이른다. 領
縣은 둘이다. 야로현은 본래 赤火縣으로 경덕왕이 개명하여 지금에 이
른다. 신복현은 원래 加尸兮縣인데 경덕왕이 개명하였는데 지금은 미
상이다(『三國史記』 34, 地理志1 高靈郡條).[2]

　　위의 내용을 보면 신라는 대가야를 멸망시킨 뒤, 그 땅을 ‘大加耶郡’
으로 편제하였음을 알 수 있다. 그런데 흥미로운 사실은 신라가 ‘國名’
을 그대로 ‘郡’의 명칭으로 삼았다는 것이다. 이는 신라가 대가야를 정
벌했다는 우월감의 표시와 동시에 대가야에 대한 적대감을 그대로 드러
낸 것으로 볼 수 있다. 제3장에서 살펴보았듯이 대가야는 신라에 철저히
저항하였으며, 결국 ‘加耶叛’이라는 명분으로 대가야를 멸하였던 것이
다. 신라의 이러한 의식은 대가야 고지지배를 다른 지역과는 달리했을
것이라는 추정을 가능케 한다.

　　이러한 내용은 기록으로서는 전혀 확인할 수 없으며 다만 고고학적
자료로서 살펴볼 수 있을 뿐이다. 대가야 멸망 직후 고령지역에서의 고
고학적 상황을 살펴보기로 하자. 대가야왕릉전시관과 대가야역사관 부
지는 지산동고분군이 위치한 主山의 끝자락에 위치하고 있다. 여기에 위
치한 수백기의 고분이 조사되면서 5~6세기 당시는 물론 6세기 중엽 이
후 대가야멸망기의 상황도 함께 보여주고 있어 중요한 의미를 지닌다 하
겠다.

　　대가야왕릉전시관 부지 내의 지산동고분군에 대해서는 1994년 9월부
터 1995년 5월 말까지 영남문화재연구원(당시 영남매장문화재연구원)에
의하여 발굴조사가 이루어졌다.[3] 그 이전까지의 지산동고분군이 대개

---

2) 高靈郡 本大加耶國 自始祖伊珍阿豉王(一云內珍朱智) 至道設智王 凡十六世 五百二
　　十年 眞興大王侵滅之 以其地爲大加耶郡 景德王改名 今因之 領縣二 冶爐縣 本赤火
　　縣 景德王改名 今因之 新復縣 本加尸兮縣 景德王改名 今未詳.
3) 嶺南埋藏文化財研究院, 1995, 『高靈 池山洞古墳群 發掘調査－池山洞30號墳 및 展

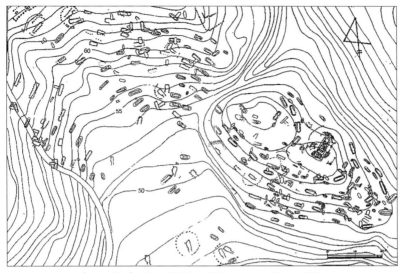

〈그림 5-1〉 대가야왕릉전시관 부지 내 유구배치도

능선 정상부에 위치한 것에 대한 조사가 이루어진 것인데 반해 능선 말
단부의 고분군에 대한 첫 조사로써 다양한 형태의 수혈식석곽묘와 삼국
시대 후기의 횡구 및 횡혈식석실묘를 비롯하여 고려, 조선시대의 무덤도
다수 확인되었다. 이곳에서는 모두 350여 기의 고분이 확인되었으며 횡
혈식석실묘는 평면형태가 장방형 또는 방형으로 바닥에는 판석 또는 천
석에 의한 시상대가 만들어져 있었으며, 주축은 등고선과 직교하고 있었
다. 대가야의 전통적인 수혈식석곽묘와 통일신라의 횡혈식석실묘가 순
차적인 변화를 보이면서 중복 설치되어 있는 것을 통해 대가야의 멸망과
신라의 영토확장과정 등에 대해 실증적인 자료를 보여주고 있다. 이의
조사결과를 통하여 대가야 왕족의 후예들이 멸망 이후에 완전히 몰락한

示館 建立 地區—』現場說明會資料 1 ; 1998, 『高靈 池山洞 30號墳』, 嶺南埋葬文
化財硏究院 ; 嶺南文化財硏究院, 2004~2006, 『高靈 池山洞古墳群』 Ⅰ~Ⅵ, 嶺南
文化財硏究院.

것이 아니고, 신라의 통치를 받으면서 규모가 대폭 축소되기는 하였으나 그 후에도 한동안 자신들의 고분을 축조하고 있었던 것을 반영하는 것으로 보기도 하나,[4] 출토유물과 묘제가 한꺼번에 신라양식으로 바뀌는 사실은 기존 세력에 의한 축조라기보다는 대가야 멸망 직후 유입된 신라세력에 의한 조영으로 봄이 타당하리라 생각한다.

대가야역사관부지내 지산동고분군 조사결과[5] 삼국시대와 통일신라시대의 수혈식석곽 81기와 횡혈(구)식석실 34기, 토광묘 1기, 옹관묘 1기와 함께 고려~조선시대의 건물지 및 부속유구 3동, 근세의 숯가마 9기가 조사되었다. 여기서 출토된 수혈식석곽묘는 대개 길이 3m 내외이고, 주축방향은 대체로 등고선과 나란하며 세장방형을 띠고 있었다. 생토층에 묘광을 굴착하여 점판암제 또는 화강암제 판석을 세우거나 할석을 평적하여 축조하였다. 세장방형의 수혈식석곽묘에서 출토되는 유물은 대개가 고령계통의 유물로서 소가야계 유물과 함께 낙동강 이동양식 토기가 일부 포함되어 있었다.

한편 횡혈(구)식석실묘에서는 고령계통의 유물은 전혀 출토되지 않고 오로지 6세기 중엽을 상한으로 하는 신라후기양식 토기류만이 나오고 있어 대가야멸망 이후 고령지역에서의 급격한 세력변화를 추정할 수 있게 한다. 그 중 일부를 소개하면 다음과 같다.

25호 석실묘는 계곡 서쪽에 위치하는 횡혈식석실묘로 주축은 N-24°-W로 무덤의 크기는 220×105×잔존높이80㎝이다. 토압으로 인해 서장벽이 안으로 밀려 있었고, 천정석 1매가 현실 입구부에 함몰되어 있었다. 벽석은 5~7단이 남아 있었다. 석실의 축조는 西高東低의 경사를 이루는 사질점토층을 'ㄴ'자상으로 굴착하여 정지한 다음 할석을 횡평적

---

4) 김태식, 2002, 『미완의 문명 7백년 가야사 1 - 수로왕에서 월광태자까지 - 』, 푸른역사, 258~259쪽.

5) 慶尙北道文化財研究院, 2000, 『大伽耶歷史館 新築敷地內 高靈池山洞古墳群』, 慶尙北道文化 財研究院·高靈郡.

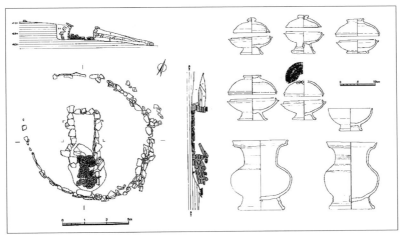

〈그림 5-2〉 지산동25호 석실묘 평단면도 및 출토유물

하여 벽석을 구축하였다. 시상은 3차에 걸쳐 조성되었다. 1차 시상은 석실 바닥 전면에 너비 10㎝ 내외의 천석을 한 겹 얇게 깔아 조성하였고 유물은 현실 입구부 바닥에서 유개고배 4점, 배 1점이 출토되었다. 2차 시상은 주축방향과 나란하게 현실의 북동장벽에 붙여 설치되었는데 1차 시상 위에 20~30㎝가량의 할석을 2~3단 놓아 조성하였다. 유물은 남서 모서리 아래에서 고배 1점, 유개고배 1점, 대부장경호 1점이 출토되었다. 3차시상은 2차 시상과 남서장벽 사이에 마련되었는데 2차 시상보다 1단 낮게 설치되었으며, 길이 20~45㎝인 할석을 1겹 깔았다. 유물은 북서단벽 아래에서 유개대부장경호 1점이 출토되었다. 현실의 네 모서리와 천정석 아래면에서 다량의 그을음이 검출되어, 현실 내부에서 일련의 제의행위가 있었던 것으로 추정된다. 다만 천정석 내면과 1차시상에 부장된 고배류, 2차 시상대의 동쪽면에 그을음이 검출되는 것으로 보아 3차 시상조성 전에 그을음을 유발하는 행위가 있었을 것으로 추정될 뿐이다.

연도는 현실의 남동단벽 우편에 설치되었으며 길이 85㎝, 너비 80㎝ 이다. 바닥에는 부정형의 할석을 1겹 깔았고 내부는 길이 30~40㎝의 부정형 할석으로 폐쇄하였다. 봉분의 외연에 해당하는 호석열로부터 연도 바닥까지는 비스듬히 경사져 내려가는데 묘도가 시작되는 부분의 호석열 위에는 점판암재 판석이 1매 깔려 있다. 호석은 점판암재 판석을 세우거나 부정형의 할석을 평적하여 조성하였다. 봉분의 북서쪽 일부는 유실되었다. 봉분의 평면은 원형으로 추정되고 직경은 약 6m이다. 주구는 확인할 수 없었고 호석열의 서쪽 외연에서 附加口緣長頸壺 1점이 거의 완형으로 출토되었으며, 봉토 내에서 개 1점, 기대편, 장경호편 등이 출토되었다.

34호 석실묘는 계곡 서북쪽에 입지하는 장방형 횡혈식석실묘로 주축은 N-46°-W로 등고선과 직교하며 하부가 유실되고 5~10단의 석실 기저부와 바닥 연도부가 남아 있었다. 황갈색 사질점토층을 50㎝ 이상 굴착한 후 5~7단까지 할석을 평적하여 기저부를 구축하고 7단 이상부터는 봉토의 성토와 벽 축조를 동시에 진행하였으며, 석실규모는 215× 100×잔존높이 70㎝이다.

시상은 석실 주축방향과 나란하게 현실의 남서장벽에 붙혀 설치되었다. 3단계에 걸쳐 조성되었는데, 먼저 현실 바닥 전면에 너비 30㎝ 내외의 천석을 1겹 깔아 215×65×10㎝ 규모로 천석을 2~3겹 놓아 시상대를 만들었다. 마지막으로 시상대와 현실 북동장벽 사이에 시상대보다 1단 낮게 천석을 1겹 깔아 완성하였다. 남서장벽에 붙여 만든 시상대의 남동단벽 아래에는 頭枕으로 보이는 직육면체 할석이 놓여 있는데 그 아래에는 여러 매의 할석을 둥글게 놓아 시신의 어깨를 바쳤던 것으로 추정된다. 각 단계가 추가장에 대응하는 시상일 가능성도 있지만 단언할 수 없다.

연도는 현실 담동단벽 우편에 설치되었다. 연도 우벽은 북서장벽에 연장되고 연도 좌벽은 현실 남동단벽에 직교하며, 현실 입구부가 좁고 연도 입구부가 넓다. 연도는 부정형의 할석으로 폐쇄하였다. 규모는 120×80×잔존높이45㎝이다. 유물은 주로 현실의 남동쪽 입구 근처에 치우쳐서 출토되었는데 현실 입구부 우편에서 유개고배 2점, 단경호 1점, 대부장경호 1점, 현실 남동단벽과 연도 좌벽 모서리 아래에서 유개고배 2점, 남서장벽 아래에서 불명철기 1점이 출토되었으며, 주변에서 개 2점, 발형기대편이 출토되었다.

이상은 비교적 석실의 형태가 정연하게 남아있는 양상을 살펴본 것이다. 대가야왕릉전시관 및 대가야역사관 부지 내의 지산동고분군의 조사결과를 통해 보았을 때 6세기 중엽을 전후해서 지산동고분군 일대에서는 신라의 횡혈(구)식석실분이 도입되며,[6] 여기에서는 대가야 계통의 유물은 전혀 보이지 않고 오로지 신라양식의 유물만이 출토된다는 것을 확인할 수 있다.[7] 이러한 조사결과는 고령지역에서 급격한 세력변화가 있었음을 알려주는 것이라 생각된다. 그러한 세력변화는 이 지역을 다스리는 중심지배세력의 교체로 보아도 무리가 없을 것이라 판단된다.

즉 신라인들이 이 지역에 진출하게 되면서 그들에 의한 지산동고분군 축조가 이루어졌거나, 대가야인들이 신라양식의 고분을 축조하였다고 풀이할 수 있을 것이다. 이를 해석하기 위해 5세기 이후 대가야와 관련을 맺었던 지역의 현상을 확인해보기로 한다.

대가야에 속하였던 斯二岐國이[8] 위치하였던 합천 삼가지역의 중심고

---

6) 최근 지산동73~75호분의 발굴조사를 통해 73호분 북쪽에서 2기의 횡구식석실분이 확인되어 비슷한 양상을 보인다(대동문화재연구원, 2008, 「고령 지산동 73·74·75호분 발굴조사 약보고서」, 5쪽).

7) 慶尙北道文化財硏究院, 2000, 『大伽耶歷史館 新築敷地內 高靈池山洞古墳群－本文 Ⅱ: 橫穴(口) 式石室墓－』, 慶尙北道文化財硏究院·高靈郡, 229쪽.

8) 金世基, 2000, 『古墳資料로 본 大加耶』, 啓明大學校 博士學位論文, 257쪽 ; 李炯基, 2000, 「大加耶의 聯盟構造에 대한 試論」『韓國古代史硏究』18, 서경문화사, 32쪽, 註 61) : 2002, 「于勒十二曲의 上加羅都와 下加羅都－大加耶의 地方支配에

분군인 삼가고분군의 경우 고령양식 토기를 출토하는 유구에 추가로 설
치된 수혈식 석곽인 1-D, 2-C호 유구에서는 신라계통의 토기가 출토되고
있다.9) 그런데 여기에서 보이는 양상은 유물의 경우 신라의 단각고배들
이 주를 이루지만 묘제는 기존의 수혈식석곽묘를 그대로 채용하고 있어
묘제가 지속되고 있음을 알 수 있게 한다. 즉 고령지역과는 다른 양상을
보여주는 것이다.10) 이러한 사실은 신라문화가 삼가지역에 유입된 이후
에도 기층문화 자체는 유지되고 있는 것으로 해석할 수 있어, 신라에 속
한 이후 기존의 지배세력이 온존되고 있음을 보여주는 것이라 생각된다.

   합천 지역에서의 또 다른 정치세력인 다라국 지배층들의 분묘인 옥전
고분군의11) 경우에는 삼가고분군과는 다르게 자의적으로 신라문화를 수
용하는 과정이 확인되고 있다. 옥전M6호분에서는 신라계통의 '出'자형
입식을 가진 금동관이 출토되고 있다.12) 이 고분의 축조연대는 6세기
2/4분기로, 6세기 1/4분기까지 옥전고분군에서는 유물뿐만 아니라 유구
에서도 대가야계의 특징이 나타난다. 하지만 그 이후에 신라계통의 금동
관이13) 출토되는 것은 대가야와 신라와의 밀접한 관련 속에서 나타나는
현상으로 파악하고 있다.14) 그렇게 볼 여지가 전혀 없는 것은 아니지만

관한 試論的 考察-」『盟主로서의 금관가야와 대가야』(第8回 加耶史學術會議 發
表要旨), 金海市, 89쪽.

9) 李熙濬, 1995, 「토기로 본 大伽耶의 圈域과 그 변천」『加耶史研究』, 慶尙北道,
404~406쪽.
10) 沈奉謹, 1982, 『陜川三嘉古墳群』, 88·132쪽의 유구평·단면도 참조.
11) 慶尙大學校 博物館, 1988~2003, 『陜川玉田古墳群』Ⅰ~Ⅹ.
12) 趙榮濟 외, 1993, 『陜川玉田古墳群 Ⅳ-M4·M6·M7號墳-』, 慶尙大學校 博物
館, 84~89쪽.
13) 咸舜燮은 신라계의 樹枝形帶冠의 퇴화형식에 보이는 일부 속성을 따르고 있으나,
타원형 압날문의 시문, 소형 초화형입식의 조합, 맞가지 및 寶珠의 均齊性 파괴
등 신라의 수지형대관에서 관찰되지 않는 기법 및 속성을 보이고 있어 가야에서
모방한 것으로 보고 있다(咸舜燮, 2002, 「신라와 가야의 冠에 대한 序說」『大加耶
와 周邊諸國』, 高靈郡·韓國上古史學會, 144~145쪽).
14) 趙榮濟 외, 1993, 앞의 책, 173쪽.

이를 다르게 해석해 볼 수도 있지 않을까 한다.

『三國史記』에 보이듯[15] 대가야와 신라가 결혼을 통하여 밀접한 관계를 맺고 있다. 하지만, 그 때문에 대가야의 영향 아래 있는 다라국에서 '出'자형 입식 금동관이 출토된다는 사실은 그리 합리적이지 못한 것 같다. 오히려 옥전고분군에서보다는 지산동고분군에서 발견되어져야 하는 것이 합리적이라 생각된다. 즉 고령 지산동의 경우에는 신라계의 금동관이 발견된 바 없어 오히려 6세기 2/4분기 들어 대가야의 영향력이 약해지는 가운데 다라국이 신라화되어가는 모습을 보여주는 것은 아닐까 생각한다.[16] 거의 같은 시기에 축조되는 M10호분은 횡구식석실묘, M11호분은 횡혈식석실묘로 확인되고,[17] 그 곳에서 출토되는 유물은 일부 대가야계의 것이 확인되는 등 서서히 신라화되어 가는 모습이 확인되고 있다. 즉 다라국 재지지배층 세력에 의한 신라문화의 수용과정이 묘제와 유물의 혼재로써 확인되는 것이다. 삼가고분군과 옥전고분군에서 보이는 양상 등을 보면 6세기 중엽경에 고령지역과 대가야권 지역 간의 분열을 확인할 수 있다.[18]

이상의 경우는 묘제와 유물의 변화가 급격하게 이루어지는 것이 아니라 서서히 진행되는 것을 알 수 있다. 그렇지만 고령지역에서는 앞에서

---

15) 春三月 加耶國王遣使請婚 王以伊飡比助夫之妹送之(『三國史記』4, 新羅本紀4 法興王 9年條).

16) 李熙濬은 5세기 말 이후 대가야가 領域國家 단계에 접어들었을 당시에도 玉田古墳群을 중심으로 하는 多羅國은 상당한 독자성을 유지하고 있었으며, 창녕을 통한 신라의 회유공세의 결과로서 부장된 것으로 파악하고 있다(李熙濬, 1995, 앞의 글, 403·423쪽). 이는 곧 다라국 지배층의 내부에서 서서히 신라화되어가는 양상을 나타내어 주는 것으로 여겨지는데 필자도 여기에 동의한다.

17) 趙榮濟 외, 1995, 『陜川玉田古墳群 Ⅴ-M10·M11·M18號墳-』, 慶尙大學校博物館.

18) 金世基, 2000, 앞의 글, 251~259쪽. 아마도 이러한 모습들이 『三國史記』, 樂志에 전하는 "王聞之大悅 諫臣獻議 加耶亡國之音 不足取也 王曰 加耶王淫亂自滅 樂何罪乎"의 내용으로 나타났으리라 생각한다.

살펴본 대로 묘제와 유물의 양상이 급격한 변화를 나타내어 주고 있다.
유물과 달리 묘제의 경우에는 사상의 변화를 동반해야 하기 때문에 물리
적으로 많은 시간이 소요되어 유물의 변화가 선행하고 묘제의 변화가 뒤
따르는 것이 일반적인 양상이지만 대가야의 경우에는 급격한 변화를 보
인다는 점에서 시사하는 바가 크다. 결국 앞에서 이미 언급하였듯이 경
남 서부지역까지 통할하였던 대가야국명을 신라의 군명으로 卑稱하는
것도 대가야에 대한 신라인들의 인식을 보여주는 자료라 할 수 있겠다.

Ⅱ. 徙民政策 - 동해시 湫岩洞古墳群을 중심으로

　대가야에 대한 비칭이 있었다고 한다면 대가야의 지배층들도 그대로
온존시켰을 것인가에 대해서는 부정적일 터이다. 여기에 대해서 추정할
수 있는 기록은 다음과 같다.

> 5-B 斯多含은 진골출신으로 내밀왕의 칠세손이다. … 진흥왕이 이찬 異斯
> 夫에게 명하여 加羅國(加耶라고도 한다)을 치게 하였다. 이때 사다함이
> 15~16세였는데 군대에 종사하기를 청하니 왕이 나이가 어리다고 허락
> 하지 않았다. 그 청을 삼가히 하고 뜻이 확고하니 드디어 貴幢의 裨將
> 으로 명하였다. 그를 따르는 낭도 또한 많았다. 가라국의 경계에 다다
> 라 元帥에게 청하여 휘하의 병사를 데리고 旃檀梁(전단량은 성문의 이
> 름이다. 가라국의 말에는 門을 일컬어 梁이라 하였다)을 들어가니 그
> 나라 사람들이 불의에 병사들이 침입하여 놀라고 어찌할 바를 몰랐다.
> 대병이 다다르니 드디어 그 나라(大加耶-필자 註)를 멸하였다. 돌아와
> 서 왕이 가라인 삼백 명을 상으로 하사하니 거두지 않고 모두 놓아주
> 어 머무는 자가 아무도 없었다(『三國史記』 44, 列傳4 斯多含條).19)

위에서 주목할 만한 사실은 대가야 공격에 참가한 斯多含에게 전공에 대한 포상으로 대가야 사람을 주었다는 내용이다. 즉 대가야 사람들을 노비로 주었을 터이지만 사다함은 이를 거두지 않고 모두 풀어주었다는 사실을 알 수 있다. 이를 통해서 전쟁을 통해 정복한 나라의 국민들을 전쟁의 상급으로 지급하였으며, 이들의 처지는 받았던 사람에 의해서 결정될 수도 있었다는 사실을 알 수 있다. 여기서 멸망 이후 대가야민들에 대한 일부의 동향을 짐작할 수 있지만 이들이 모든 대가야민일 가능성은 희박하다고 하겠다. 따라서 대가야 멸망 이후 대가야민의 모습은 현재 남아있는 고고학적인 자료를 통해서 추정만 할 수 있을 따름이다.

잘 알고 있다시피 대가야계 토기들이 고령 이외의 지역에서 많이 출토되고 있으며, 이들은 유물출토양상과 집중도에 따라 대개 대가야의 지방지배의 일단면[20] 혹은 교류관계로 파악된다.[21] 그런데 강원도 동해시

---

19) 斯多含 系出眞骨 奈密王七世孫也 … 眞興王命伊湌異斯夫襲加羅(一作加耶)國 時斯
    多含年十五六 請從軍 王以幼少不許 其請勤而志確 遂命爲貴幢裨將 其徒從之者亦
    衆 及抵其國界 請於元帥 領麾下兵 先入旃檀梁(旃檀梁城門名 加羅語謂門爲梁云)
    其國人不意兵猝至 驚動不能禦 大兵乘之 遂滅其國 泊師還 王策功賜加羅人口三百
    受已皆放 無一留者.

20) 대개 거창 · 합천 · 함양 · 남원 일원에 대가야계통의 묘제와 함께 출토되는 대가
    야계 일색의 토기로 최근에는 대가야의 직접지배까지 언급하는 견해들이 제기되
    고 있다[趙榮濟, 2002,「考古學에서 본 大加耶聯盟體論」『盟主로서의 금관가야와
    대가야』(第8回 加耶史學術會議 發表要旨), 金海文化院, 56~60쪽]. 이는 대가야
    의 지방지배의 한 단면으로 해석되어야 할 것임에는 분명하다.

21) 함안에 위치한 도항리고분군에서도 대가야계통의 토기가 발견되고 있다(國立昌原
    文化財研究所, 1997,『咸安道項里古墳群』Ⅰ). 도항리 13호분에서 보이는 2점의
    개배는 회청색 혹은 암회청색으로, 杯身은 얇고 平底에 가까우며, 蓋는 유두상 꼭
    지에서 수평상으로 이어져 내려오다 구연부에서 직립으로 꺾이는 전형적인 대가
    야계통의 모습을 보여주고 있다. 이는 대가야와 아라가야의 교류관계의 한 흔적
    으로 보아야 할 것이다. 창원 반계동고분군에서도 대가야계통의 토기가 다량으로
    매납되어 있다(昌原大學校 博物館, 2000,『昌原 盤溪洞遺蹟』Ⅰ · Ⅱ, 昌原大學校
    博物館 · 韓國水資源公社 참조). 여기에서 출토된 토기들을 창원대학교 박물관 김
    형곤 선생님의 후의에 의해 실견한 바에 따르면 재지적인 모습과 혼재되어 있는

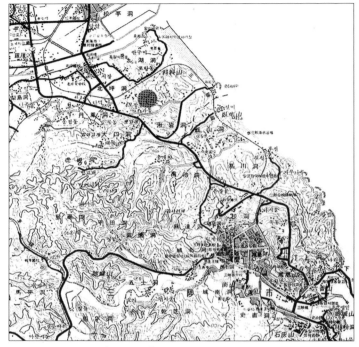

〈그림 5-3〉 추암동고분군 위치도

추암동 B지구 고분군의 경우에는 이와는 전혀 다른 양상을 보여주고 있어 주목할 만하다. 필자는 이 고분군에서 나타나는 대가야 계통의 유물 양상이 대가야가 멸망한 이후의 모습을 보여주는 단초를 제공해주는 것이라 생각한다.

추암동 B지구 고분군은 강원도 동해시 북평동 추암마을 산 181, 147-1번지 일대로 동해시의 남동쪽에 위치한다. 1990년도에 지표조사를 거쳐 유적이 확인되어 1992년 관동대학교 박물관에 의해 발굴조사 되었다.[22] 동해시에서 삼척으로 가는 국도를 따라 약 6km쯤 남쪽으로 箭川

_____

것으로 보였다. 중심연대가 5세기 후반이라고 할 때 막연히 교류라고 해석할 수도 없을 것 같아 후고를 요한다.

을 지나 내려가면 위치하는 북평동에서 다시 남쪽으로 1.2㎞ 정도 내려
가 7번 국도변의 동쪽에 추암마을이 있다. 추암동고분군이 분포하고 있
는 곳은 7번 국도변의 삼거리 정류장에서 북동쪽의 과동 과수원지대로
들어가는 입구를 따라 약 0.5㎞ 거리에 위치한 야산이다. 이 지역의 대
부분은 백두대간의 지맥들이 서에서 동으로 복잡한 지세를 이루며 해안
까지 뻗어내려 해발 50m 내외의 야산과 구릉으로 형성되어 있다. 고분
군은 지맥 중 남서에서 북동으로 약 150m 쯤 뻗다가 동으로 50m, 다시
남동으로 300m 연속되는 지맥으로 총길이가 약 0.5㎞ 쯤 되는 비교적
길게 뻗은 해발 40m 내외의 낮은 구릉지대의 정상부와 남향, 남서향,
남동향으로 완만하게 형성된 능선의 경사면에 밀집상태로 분포하고 있
다. 발굴 당시 이 지역에서는 삼국시대 고분유적의 존재를 최초로 확인
한 곳이기도 하다. 조사결과 확인된 유구는 횡혈식석실묘 2기, 횡구식석
실묘 15기, 수혈식석곽묘 16기, 소형석곽묘 13기 등 모두 55기였다. 이
중 가-34호분, 가-38호분, 가-41호분, 가-42호분, 가-43호분에서 대가야
계통의 토기들이 확인되고 있다. 이들 유물을 소개하면 다음과 같다.

1) 가-34호분 蓋(그림 5-4 ①) 밝은 회백색을 띠며 내부의 일부가 흑회색
을 보이고 정선된 태토로 만들었으며 소성이 양호하나
경질보다 조금 약한 편이다. 단추형꼭지이며 천정부는
매우 납작한 형태로 꼭지를 중심으로 간격을 두어 각각
2조의 침선을 2단으로 배치하였다. 턱은 없고 천장부
끝단에서 그대로 거의 수직으로 내리면서 약간 안으로
오므라지게 하여 구연부를 이룬다. 전면 회전물손질로
조정하였다. 구경 16.6㎝, 기고 5.4㎝, 꼭지고 1.9㎝, 꼭
지경 3.5㎝이다.

---

22) 關東大學校 博物館, 1994, 『東海北坪工團造成地域文化遺蹟 發掘調査報告書』.

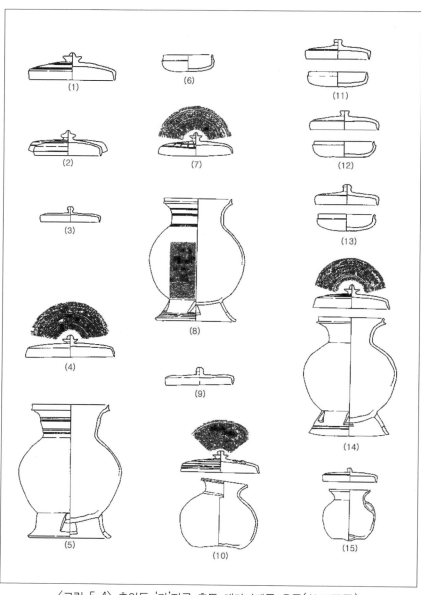

〈그림 5-4〉 추암동 '가'지구 출토 대가야계통 유물(縮尺不同)

2) 가-38호분 ① 蓋(그림 5-4 ②) 회청색을 띠며 구연부에 일부와 내부의
전면에 자연유가 흡착되어 있다. 소성시 기형이 뒤틀려
타원형을 이루고 천정부는 납작하여 꼭지를 중심으로 2
조의 沈線을 돌린 흔적이 보인다. 꼭지는 가운데에 둥근
돌기가 있는 단추형에 가깝고 구연부는 직립하며 외측의
중간에 1조의 침선을 돌렸다. 규모는 구경 14.1㎝, 기고
5.6㎝, 구연고 0.9㎝, 꼭지고 2.1㎝, 꼭지경 3.1㎝이다.

② 蓋(그림 5-4 ③) 짙은 회청색을 띠며 양호한 소성상태
였으며, 천정부는 납작하고 꼭지는 유두형이다. 소엽문
이 있으며 천정부 끝단에 1조의 침선을 돌려 구연부와
경계를 표현하였고 구연부는 직립한다. 전면을 회전물
손질로 조정하였다. 구경 12.6㎝, 기고 3.5㎝, 구연고
1.5㎝, 꼭지고 1.4㎝, 꼭지경 1.3㎝의 크기이다.

3) 가 40호분 ① 蓋(그림 5-4 ④) 회청색을 띠고 있으며 정선된 태토로 만
든 소성이 양호한 경질토기이나 구연부가 약간 결실되
었다. 꼭지는 가운데가 둥근 돌기가 있는 단추형이며,
천정부는 납작하고 꼭지를 중심으로 1조의 침선과 3조
의 침선을 각각 돌려 3구획하고 침선과 침선 사이에 정
교한 점열문을 두르고 있다. 구연부는 약간 벌어졌으며
회전물손질하였다. 구경 10.2㎝, 기고 4.3㎝, 구연고
0.5㎝, 꼭지고 1.1㎝, 꼭지경 5.2㎝이다.

② 臺附長頸壺(그림 5-4 ⑤) 밝은 회청색을 띠고 약간의 가
는 석립이 섞인 정선된 점토를 태토로 사용하였다. 소
성상태는 양호하다. 경부는 직립하다가 상단에서 급격
히 외반하여 수평으로 돌출된 구연부에 이르고 다시 직
립하여 口脣에 이른다. 경부의 상부와 하부에 각각 2조

의 침선을 돌려 3구획하였고 동체는 구형을 이룬다. 경부와 동체의 경계부분에 격자타날문, 동체의 하부에 평행타날문이 희미하게 보인다. 타날한 후에 회전물손질로 전면을 조정하였다. 각부에는 3개의 삼각형 투창을 배치하였고 말단부는 外折한다. 구경 1.2cm, 기고 29.3cm, 구연고 1.3cm, 경고 7.3cm, 몸통높이 33.5cm, 脚高 5.5cm, 각저경 17.8cm이다.

4) 가 41호분 ① 杯(그림 5-4 ⑥, 그림 5-5) 蓋杯지만 杯만이 확인되었다. 짙은 회청색을 띠는 경질소성으로 구연부는 수직에 가깝게 직립하여 바깥쪽에 매우 약한 뚜껑받이 턱을 둘렀다. 바닥은 납작하여 내외면은 회전물손질로 조정하였다. 구경 9.4cm, 기고 3.3cm, 구연고 1.1cm이다.

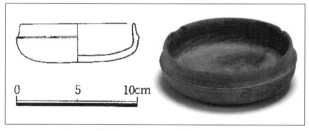

〈그림 5-5〉 추암동 가-41호 출토 杯

5) 가 42호분 ① 蓋(그림 5-4 ⑦) 정선된 점토를 사용하였고 뚜껑 내면에는 녹색의 자연유가 흡착되어 있으며 표면은 회갈색을 띤다. 꼭지는 가운데에 뿔모양의 돌기가 있는 단추형이며 천정부는 평탄하다. 꼭지를 중심으로 천정부 중간에 2조의 침선을 둘렀고, 최하단에 1조의 침선을 둘렀으며 내외에는 점열문을 배치하여 상하로 구별하였다. 구연부는 거의 직립하며 소성시에 약간 뒤틀린 상태이다.

② 臺附長頸壺(그림 5-4 ⑧) 굽이 약간 결실되었으나 거의
완형에 가깝다. 전체적으로 회청색을 띠지만 부분적으
로 회갈색을 보이고, 태토는 가는 석립을 약간 함유한
정선된 점토이고 소성상태는 양호하다. 경부는 중간부
가 내경하다가 외반하면서 수평으로 꺾어서 외측에 돌
출된 구연부에 이르며 口脣은 거의 직립한다. 중간에 2
조의 침선을 둘러 상하 2단으로 구분하였고 상부와 하
부에도 각각 2조의 침선을 돌렸다. 동체는 구형을 이루
며 중상부에 격자 타날되었고 하부에는 평행 타날한 흔
적이 남아있다. 각부는 나팔상이며 삼각투창을 등간격
으로 4개 배치되었고 투창 아래에 2조의 침선을 돌렸
다. 脚端은 둥글다.

6) 가 43호분 ① 개배(그림 5-4 ⑪) 뚜껑은 회백색과 회갈색을 띠는 경질
소성으로 내면에는 자연유가 산화되어 있다. 유두형꼭
지가 달려 있고 표면은 간혹 회전한 흔적이 보이며, 구
연부는 거의 직립한다. 회전물손질로 조정하였다. 배는
뚜껑과 같이 소성상태가 양호하며 내면은 회청색, 외부
는 회갈색을 띠며 정선된 점토를 태토로 사용하였다.
직립하는 구연부에 약하게 돌출된 드림턱이 있고 내외
면 모두 회전한 흔적이 남아있다.

② 개배(그림 5-4 ⑫) 개와 배가 모두 짙은 회청색을 띠고
있으며, <그림 5-5 ⑪>과 소성·태토·기형 등에서
거의 같다.

③ 개배(그림 5-4 ⑬) 그림 5-4 ⑪, ⑫의 개배와 소성·태
토·기형 면에서 거의 같으나 배의 바닥이 약간 둥근
상태이다.

④ 개(그림 5-4 ⑨) 개배의 蓋로 판단되지만 杯는 없이 뒤
집힌 상태로 출토되었다. 회갈색을 띠고 있으며 약간의
자연유가 흡착되어 있고, 일부는 산화되었다.

⑤ 유개대부장경호(그림 5-4 ⑭) 뚜껑은 표면에 회청색을
띠고 안쪽은 녹색의 자연유와 점토가 부착되어 있다.
꼭지는 단추형이고 천정부는 꼭지를 중심으로 외부에
2조의 침선을 둘러 3구획하였으며 구연부는 밖으로 벌
어졌다. 대부장경호는 녹갈색의 자연유가 부분적으로
남아있고 회청색계통으로 태토는 가는 石粒을 약간 함
유한 정선된 점토를 사용하였고 소성상태는 양호하다.
경부는 회전작용이 있고, 거의 직립하다 상단에서 급격
히 외반하며, 구연부에 이르러 날카롭게 수평으로 돌출
되었고 구순은 거의 직립한다. 동체는 구형을 이루며
하부에 격자타날한 흔적이 있고, 그 후에 물손질하였
다. 각부는 나팔상으로 넓게 벌어지며 삼각형 투창 4개
를 등간격으로 배치하였고, 그 아래에 2조의 침선을 둘
리고, 각단은 납작하게 처리하였다.

그 외에 가-44호분에서도 유개단경호(그림 5-4 ⑩, ⑮) 등이 출토되
었다.

이상으로 간단하게 추암동고분군에서 출토된 대가야계통 유물에 대
해서 알아보았다. 6세기 중엽을 전후한 고령계의 토기가 동해안 추암동
고분군에서 발견되는 것은 기록상으로 나타나지 않는 새로운 사실을 전
하는 것으로 보아야 하지 않을까 한다.[23]

---

23) 그러나 이 자료에 기초한 연구성과는 江陵 下詩洞古墳群 出土遺物을 언급하면서
소개수준으로 언급한 定森秀夫의 논고 외에는 전무한 실정이다. 앞으로 여기에
대한 연구성과가 기대된다(定森秀夫·白井克也, 1999, 「韓國江原道溟州下詩洞古
墳群出土遺物－東京大學工學部建築史研究室所藏資料의 紹介－」『京都文化博物館

그렇다면 위의 내용들을 통해서 추정할 수 있는 역사적 사실은 어떠한 것일까? 562년 대가야의 멸망 이후 대가야 지배층들의 해체과정에 대해서는 밝혀진 바가 없는 실정이다. 앞에서도 이미 보았듯이 문화의 급격한 단절이 이루어지는 양상으로, 해체과정 또한 급격하였을 것임은 쉽게 짐작할 수 있다. 그러한 과정의 단초를 추암동고분군에서 출토된 대가야계통 土器로써 찾을 수 있지 않을까 필자는 생각해 보았다.

추암동고분군에서 확인되는 대가야계통의 토기들은 대개 6세기 중엽경에 제작된 것으로 짐작된다.[24] 이 시기는 562년 대가야 멸망을 전후한 시기이다. 이러한 사실은 대가야 멸망기를 전후하여 고령계토기가 일시적으로 이곳으로 유입된 것을 나타낸다고 보아야 하겠다. 그렇다면 이는 어떻게 해석하여야 할 것인가? 우선 생각할 수 있는 것이 단순하게 대가야와의 교류로 인하여 유입되었다고 볼 수 있겠다. 즉 대가야와 이 지역에서 기록으로 전하지 않는 교류관계로 말미암아 대가야의 유물이 확인된다고도 해석해 볼 수 있다.

둘째는 당시 신라로서도 변방에 위치한 이곳까지 이들 토기를 사용하던 사람들 곧 대가야민이 이주되었다는 사실을 보여주는 것으로도 의미를 부여할 수 있겠다. 이들 두 가지 모두가 가능한 사실이겠지만, 현재까지의 기록이나 고고학적 증거 등을 통해서 볼 때 첫 번째의 사실은 확인되지 않고 있다. 교류의 증거라고 한다면 고령지역에서 이곳까지 이르는 길목, 즉 경주를 지나 동해안 연안에 위치한 고분자료에서 대가야계통의 유물출토 등 그 증거자료들이 보여야 하는데, 현재까지는 확인된 바가 없기 때문에 거의 불가능에 가깝다고 할 수 있다. 그렇다고 한다면 후자의 가능성이 높다고 하겠다.

研究紀要 朱雀』 11, 京都文化博物館).

24) 李相洙, 1995,「嶺東地方 新羅古墳에 대한 一考察－北坪地域古墳群을 中心으로－」 『韓國上古 史學報』 18, 韓國上古史學會, 226~228쪽 ; 定森秀夫・白井克也, 1999, 앞의 글, 98쪽.

이 문제를 해결하는 데 눈여겨보아야 할 것은 대가야 계통을 그대로 계승한 양식이지만 제작은 동해안 추암동 현지에서 만들어 진 것으로 추정되는 개배류가 출토된다는 사실이다. <그림 5-4> ⑪, ⑫, ⑬의 가-43호분출토 개배들은 몸체의 형태가 납작하고, 뚜껑받이는 직립하며 뚜껑받이턱의 돌출은 미미하거나 단상을 나타내고 있으며, 이는 대가야에서 이입된 것으로 믿어지는 가-41호분 출토 杯와의 관련성이 확인된다(<그림 5-5> 참조).

이와 더불어서 <그림 5-4>의 대부장경호, 유개대부장경호들의 脚部에 보이는 삼각형 투창은 강원도 동해안 일대에서는 그리 흔한 양식이 아니다. 이 일대에서는 거의 찾아볼 수 없는 양식으로, 아마도 대가야계통 토기와의 관련에 의해 제작된 것이 아닐까 생각된다.[25] 이는 이러한 기종의 토기를 만들 수 있는 사람들의 존재를 상정할 수 있게 한다. 이러한 상정이 가능하다면 이들은 대가야에서 이주한 것으로 볼 수 있을 것이다. 즉 토기제작기술을 가진 이가 이곳으로 이주하였고, 그가 이곳에서 채집한 흙을 이용하여 토기를 제작하였다고 짐작된다. 만약 그렇다면 이것이 의미하는 바는 무엇인가?

앞서 고령지역에서는 562년 대가야의 멸망과 함께 신라계통의 유물이 다량으로 이입되고, 그와 함께 대가야의 멸망 직후로 여겨지는 6세기 중엽 경에 신라의 횡혈(구)식석실분이 축조된다는 사실을 확인하였다. 일정 지역에서의 묘제의 변화는 유물과는 달리 사상적인 변화를 수반하기 때문에 물리적인 시간이 많이 소요된다. 따라서 유물과 함께 묘제상에서도 일시에 변화가 나타나는 고령지역은 당시까지 신라에서 보여주는 소국병합과정의 일반적인 양상과는 전혀 달랐을 것으로 생각한다. 우선 당시까지 『삼국사기』에 보이는 신라 소국병합 이후 지방지배의 유형은 첫째 의례적인 공납 등의 형식으로 신속을 표하는 대가로 거의 완전

---

25) 關東大學校 博物館, 李相洙 선생님의 가르침에 의함.

한 자치 허용, 둘째 당해 지역의 유력세력에 대해서 중앙에 의해 일정한
재편과정을 거쳐 피복속지역의 자치는 그대로 허용, 셋째 피복속지역의
유력세력을 중앙으로 이주시켜 귀족화시키고 원래의 지역은 재편하여
그에게 식읍과 유사한 형태로 지급, 넷째 피복속지 가운데 중요한 군사
요충지에는 중앙에서 직접 파견한 軍官을 상주시키는 경우 등 대략 네
가지 유형으로 나눌 수 있다고 한다.[26] 이러한 결과들을 보면 지방관을
파견할 수 있었던 통일기 이전까지 신라에서는 대개 지배세력을 온존시
키면서 자치를 인정해주는 것으로 볼 수 있겠다. 이러한 사실은 대가야
이전에 신라에 의해 멸망하거나 또는 신라에 투항한 다른 가야지역에서
도 확인되고 있다. 앞서 언급한 금관가야의 경우에는 기록이 남아있어
충분히 추정할 수 있었다. 하지만 기록이 남아있지 않은 함안 안라국의
경우에도 신라에 의해 멸망한 이후 신라의 대외교섭의 거점으로써 기능하
였던 것으로 추정되고 있어[27] 지배세력의 온존가능성을 유추할 수 있다.

그러나 대가야의 경우는 이러한 양상과는 달랐을 것으로 여겨진다.
우선 대가야의 복속 이유로 든 '加耶叛'이 하나의 단서가 될 수 있을 것
이라 생각된다. 이는 기왕에 '반란'을 일으킨 세력에 대한 신라의 조치
를 통해서 유추할 수 있겠다.

> 5-C ① 가을 7월 실직(국)이 반란을 일으키니 군사를 일으켜 토벌하고 평
> 정하였다. 그 나머지 무리들은 남쪽 변방으로 사민시켰다(『三國史記』
> 1, 新羅本紀1 婆娑尼師今 25年條).
> ② 겨울 10월 압독(국)이 반란을 일으키니 군사를 일으켜 토벌하였다.

---

26) 이러한 다양한 형태의 존재는 각 지역의 정치적·사회경제적인 상태가 한결같지
   않고 또한 피복속과정에서의 차이로 말미암아 斯盧와의 관계가 각기 다른 데서
   기인한 결과라고 한다(朱甫暾, 1998, 『新羅 地方統治體制의 整備過程과 村落』, 신
   서원, 43~49쪽).
27) 백승충, 2002, 「安羅國의 對外關係史 試考」『古代 咸安의 社會와 文化』(國立昌原
   文化財研究所 2002年度 學術大會), 國立昌原文化財研究所·咸安郡, 54쪽.

그 나머지 무리들은 남쪽으로 사민시켰다(『三國史記』1, 新羅本紀1 逸
聖尼師今 13年條).[28]

위의 내용을 통해서 반란을 일으킨 세력을 평정하고 난 이후, 신라의
수습책은 그 주도세력을 徙民시키는 것임을 알 수 있다. 신라는 복속한
소국들의 지배층들을 그대로 온존시키면서 해당지역을 간접지배하는 방
식을 택하였지만, 반란을 일으킨 경우에는 철저하게 강압적인 지배를 택
하였던 것 같다. 위의 悉直國과 押督國의 경우에서처럼 반란을 일으킨
경우에는 군사를 일으켜 이를 평정하고 백성들을 변방으로 사민시킨 것
을 알 수 있다.[29] 결국 사민을 통해 지배집단들을 연고지 즉 세력기반으
로부터 격리시킴으로 해서 더 이상 신라에 저항할 수 없도록 재기불능상
태로 만들어 위험요소를 제거하였던 것이다. 그리고 그 지역은 중앙지배
체제에 편입시켰던 것이다.[30]

그러나 앞서 이야기한 바대로 대가야의 경우는 분명 562년에 멸망되
었기 때문에 반란을 일으켰다는 것은 납득하기 어렵다. 이는 여타 가야
의 멸망과정과는 달리 대가야가 끝까지 신라에 저항한 것에 기인하였으
리라 생각한다. 즉 대가야는 다른 가야와는 달리 순순히 항복하지 아니

---

28) ① 秋七月 悉直叛 發兵討平之 徙其餘衆於南鄙.

　　② 冬十月 押督叛 發兵討伐之 徙其餘衆於南地.

29) 가야금을 들고서 신라에 투항한 于勒과 신라가 삼국을 통일하는 데 큰 공을 세운
強首를 대가야 멸망 이후 충주지역으로 이주된 신라의 徙民政策 결과로 이해하기
도 한다(林炳泰, 1967, 「新羅小京考」『歷史學報』35・36합, 歷史學會). 그런데 강
수의 경우에는 『삼국사기』에는 '任那加良人'으로 묘사되어 있어 그가 신라 중앙
지배체제 깊숙이 진출하였던 김해 금관가야인의 후예였음을 확인할 수 있다. 우
륵의 경우에는 신라에 투항한 인물이고, 또한 대가야의 지방민이었기 때문에 지
배세력으로 볼 수 없으므로 이를 지배세력의 근거지 격리를 목적으로 하는 사민
으로 이해하기에는 무리가 따른다 하겠다.

30) 앞서 설명한 대로 지산동고분군에서는 6세기 중엽에 들어서면서부터 대가야게 수
혈식석곽묘는 자취를 감추고 신라의 횡혈(구)식석실묘가 이입되는 것도 이러한 점
을 설명해준다고 하겠다.

하고 끝까지 저항하였다. 이미 김해, 창녕, 성주, 함안 등 5세기 이후 가야 여러 세력을 비교적 큰 어려움이 없이 복속하였던 신라로서는 대가야의 경우 반란세력으로 인식하였을 터이고,[31] 복속한 이후 기존의 반란세력들처럼 사민이라는 방식을 택하였을 것이다.[32] 이때 택하여진 곳이 당시 신라로서는 변방지역인 溟州지역이었던 것이다. 토기제작기술을 가진 이들은 이러한 과정 속에서 함께 이주되었을 것으로 여겨지는데, 이를 나타내어 주는 것이 추암동고분군에서 출토된 여러 대가야계통의 토기들이라 생각된다. 이들이 가지고 있던 제작기술도 이주민들의 생전에만 가능했으리라 생각된다. 이는 그곳에서의 대가야계통 토기가 극히 짧은 시기에 제작된 것이 확인되기 때문이다. 즉 그들의 사후에 그 후손들은 신라의 의도대로 신라화된 것인지도 모르겠다.

이상으로 6세기 중엽 대가야를 둘러싼 정세와 대가야의 멸망, 추암동고분군을 통해서 멸망 이후의 대가야의 모습에 대해서 간단하게 살펴보았다. 6세기 중엽 대가야는 다른 가야세력과는 달리 끝까지 신라에 저항하였다. 이러한 저항은 결국 신라인들에게 반란을 일으켰다는 인식을 주게 되고, 기왕의 신라인들이 반란세력들에게 가하는 徙民을 당하게 되었다. 이는 동해 추암동고분군에서 출토되는 다양한 대가야계통의 토기들로서 살펴볼 수 있었다. 특히 형태는 대가야계통의 것이지만 현지

---

31) 『삼국지』에 기록된 이래로 여러 가야세력을 하나의 국가로 보는 경향이 사료 곳곳에서 확인되고 있다. 이에 따라 신라로서는 이미 복속된 다른 가야와는 달리 끝까지 저항하는 대가야를 반란세력으로 간주하였을 가능성은 충분히 추정 가능하리라 생각한다.

32) 山本孝文도 대가야계 토기가 멀리 떨어진 강원도 동해안 일대에서 비교적 많이 출토되는 것은 徙民된 가야계 집단의 흔적으로 유추하고 있다(山本孝文, 2002, 「南漢江 上流地域의 三國 領域變遷－考古學資料로 본 ‘領域’－」 『삼국의 접점을 찾아서』, 한국상고사학회, 7쪽, 註 7). 그런데 그는 단순하게 지배지역의 주민을 다른 지역으로 옮겨 살게 한 경우로 보고 있어, 결과적으로는 필자와 비슷한 것 같지만 지배층의 해체를 목적으로 하는 사민으로 판단하는 것과는 다소 입장이 다르다고 여겨진다.

에서 제작된 것으로 보이는 개배의 존재는 이러한 추정을 더욱 가능하
게 하였다.

제6장

結 論

이 책은 고령의 대가야를 중심으로 성립과 발전, 쇠퇴의 모습을 일별하는 데 주안점을 두고서 기초하였다. 기록에 의하면 대가야는 기원 42년부터 562년까지 520년간 경상북도 고령군을 중심으로 존재하였던 나라였다. 500여 년이라는 짧지 않은 기간 동안 존속하였음에도 불구하고 그 역사에 대한 이해는 그리 깊지 않아 학계 내부에서 정치체제에 대한 합의조차 이루어져 있지 않은 실정이었다. 하지만 최근 들어 다양한 고고학적 성과들이 축적되면서 대가야에 대한 학계의 관심이 높아지게 되었고, 이에 따라 그에 대한 정리가 필요하게 되었다.

가야사의 이해는 주로 전·후기 단일연맹으로 구성되었다는 견해가 학계의 통설로 자리잡고 있는 가운데, 이를 부정하는 반론이 제기되기도 하였다. 1990년대 중반 이후에는 새로운 해석으로써 여러 소국들 가운데 비교적 큰 나라가 중심이 되어 연맹적 결속을 한 다수의 지역연맹체로 가야사회가 존재하고 있었다는 지역연맹체설이 등장하였고, 나아가 지역국가론이 제시되기도 하였다. 이러한 시도들은 대개 고구려, 백제, 신라에 비추어 고대국가단계까지는 발전하지 못했다고 판단하고 이의 정체성 부여를 위한 고민에서 나온 것이라 생각된다. 필자는 기본적으로 지역연맹체설의 입장에 서 있다. 지역연맹체설은 가야 내에 단일연맹체의 존재를 부정하면서 개개의 소국들이 일정 국가를 중심으로 소연맹체를 구성하였다고 해석하는 견해이다. 필자는 『삼국유사』에 보이는 오가야조가 그러한 모습을 보여준다고 생각하였다.

아울러 삼한시대 또는 고고학분야에서 이야기하는 원삼국시대를 가야전기로 파악하는 前期論과, 삼한의 역사를 가야와는 별도로 삼한 그 자체의 역사로 보는 前史論이라는 분류에서는 기본적으로 '전사론'을 지지하는 입장에서 전체적인 역사를 서술하려 하였다. 물론 하나의 큰 흐름 속에서 역사를 이해할 때 전기론, 전사론 자체가 무의미할지는 모르겠으나, 당시 사회를 복원해야 하는 큰 틀 속에서는 전사론이 타당하리라 생각하였기 때문이다.

이러한 인식을 바탕으로 기존의 다양한 연구결과들과 고고학적 발굴 성과를 토대로 나름대로 대가야사를 살펴보았다. 한국 고대사 특히 그 중에서도 가야사에서 차지하는 대가야의 비중은 그리 낮은 편이 아니며 이에 따라 최근 들어 많은 주목을 받고 있다. 특히 1960년대 후반 들어서 池山洞, 快賓洞, 本館洞, 桃津里古墳群 등을 비롯한 고령군 내의 고고학적 조사와 이를 바탕으로 한 고고학계의 연구성과, 그리고 1980년대 중반 이후 대가야를 다룬 고대사학계의 여러 연구결과들로서 이러한 사실을 확인할 수 있다. 아울러 대가야의 역사를 1~3세기의 삼한소국단계를 지나 4세기의 지역연맹체단계, 5세기 이후의 대가야로 구분할 수 있음을 확인하였다. 부족한 가운데 각각의 단계를 추정할 수 있게 해 주는 고고학 자료들이 이를 뒷받침해주고 있었다. 盤雲里 瓦質土器遺蹟, 쾌빈동고분군, 지산동고분군 등이 그러한 자료들이었다.

대가야는 기원전후한 시기에 청동기문화를 바탕으로 서서히 성장해 나가면서 반로국을 형성하였다. 이후 3세기 중엽경 개발되기 시작한 야로의 철광산과 비옥한 농토를 바탕으로 하는 농업생산력을 경제기반으로 서서히 성장해 나가던 중 선진문물을 가진 유이민들과의 결합을 통해 급격한 발전을 이루게 되었다. 그러면서 지역연맹체를 형성한 것으로 여겨진다. 이를 바탕으로 대가야는 5세기 중엽 이후 서서히 외부로 영향력을 확대해 나갔다. 이러한 사실은 고령지역을 비롯하여 거창·함양·합천·남원·장수 등지의 고분군에서 대가야계통의 유물들이 출토되는 것으로 확인할 수 있었다. 중국에 사신을 보낼 정도로 성장하였던 대가야는 내부적으로는 부체제단계에까지 이르렀다. 대가야는 가야사회 전체를 통합하여 고대국가로 나아가기 위한 천하관을 가지고 있었지만 실현되지는 못하였음을 확인할 수 있었다. 지금까지 살펴본 내용들을 요약함으로써 마무리하고자 한다.

제1장에서는 연구사 검토와 함께 가야사회를 이해하는 방법론으로 지역연맹체론에 대하여 검토하였다. 가야사회의 체제에 관한 기왕의 연구들을 정리하고 『삼국유사』, 오가야조의 해석과 이를 통한 단일연맹체론, 지역연맹체론 또는 연맹체를 부정하는 각각의 논의를 간단하게 설명하였다. 이는 대가야 정치사 이해의 첫걸음이 되리라 생각하기 때문이었다. 지역연맹체론은 가야사회를 단일한 연맹체제로 설명하지 않고, 다수의 지역연맹으로 구성되었다고 주장하는 견해이다. 필자는 김해와 고령·함안·창녕·고성 등 이른바 『삼국유사』, 오가야조의 기록에 보이는 금관가야·대가야·아라가야·비화가야·소가야 등이 군사적·경제적 이유로써 거점지역을 중심으로 형성된 지역연맹체를 나타내는 것이라 해석하였다.

제2장에서는 전사론의 입장에서 삼한시기 고령지역의 모습에 대해서 살펴보았다. 고령지역의 자연 지리적 환경과 선사시대 유적의 분포를 통해서 이 지역에 위치하였던 소국을 비정하고, 그 성립에 대해 다루었다. 현재 고령지역에서 확인되는 청동기시대의 자료들을 통하여 다섯 개 내외의 취락 분포를 추정하고, 발전과정 속에서 소국의 읍락을 유추하였다. 이와 더불어 소국의 구조에 대해서 간단히 언급함으로써 대가야의 성립과 발전을 이해하는 기초자료로 삼았다. 대가야의 성립과 발전, 신분제 등이 여기에서 기초하였기 때문이다. 삼한시기의 고령지역 소국에 대한 자료는 매우 부족한 실정이기 때문에 기왕의 연구성과들과 극소수 남아 있는 문헌기록 등을 통하여 이를 살펴보았다. 아직까지 대가야 이전의 고령지역의 모습에 대해서는 그리 많은 연구성과들이 나와 있지 않

다. 비단 고령만이 아니라 다른 개개의 삼한소국에 대해서도 마찬가지이다. 물론 개별소국을 다루는 것이 쉬운 작업이 아니겠지만, 고대사회를 복원하는 데에는 반드시 거쳐야할 과정이라 생각하였다.

대가야 이전 고령지역에 위치한 소국을 彌烏邪馬國으로 보거나 半路國으로 비정하는 등 의견이 크게 갈리고 있었다. 최근에는 반로국으로 통일시켜 나가는 추세이며 필자도 여기에 따랐다. 반로국은 기원을 전후한 시기에 개진면 반운리를 중심으로 성립하였다. 고령 각지에 산재해 있던 청동기시대 이래의 유적 등을 통하여 보았을 때 현재의 고령읍, 개진면, 쌍림면, 성산면, 운수면 등이 반로국 당시의 읍락이었을 것으로 추정할 수 있었다. 그 내부구조는 국읍이 위치하였던 개진면 반운리를 중심으로 중층적이었으며, 소국의 최고지배자였던 주수 아래에 호민, 하호, 노비 등의 신분층들이 있었다. 이러한 반로국이 계기적인 발전과정을 거쳐 대가야로 성장하였다.

제3장에서는 대가야사의 전개에 대해서 다루었다. 먼저 Ⅰ절에서는 지역연맹체의 성립에 대해서 살펴보았다. 남부가야지역에서는 3세기 초 포상팔국전쟁의 모습을 통해서 지역연맹체를 확인할 수 있었다. 가야사 연구의 상당한 진전에도 불구하고 그 핵심이라 할 수 있는 존재형태에 대해서는 거의 밝혀진 바가 없고 단일연맹체론과 지역연맹체론으로 나뉘어져 설명이 되고 있다. 물론 가야를 연맹체로 보는 자체를 부정하는 입장도 있다. 하지만 여러 사료에서도 보이듯 멸망 때까지 다수의 국가로 구성된 가야가 외부적으로는 단일한 형태로 비쳐진 것은 가야의 정치형태를 연맹체제로 볼 수 있게끔 하고 있다. 이를 보여주는 것이 『삼국유사』, 오가야조였다. 오가야조의 내용이 비록 설화를 참고해서 편찬된 고려인들의 관념이 투영되었다는 사실은 부정하기 어렵지만 이를 적극적으로 해석해 볼 때 가야에는 다수의 지역연맹체가 존재했음을 알 수 있다.

고령지역에서는 3세기 후반경 반로국이 내재적인 발전과정 속에서 지금의 고령 우곡면일대인 신복현과 합천 야로지역인 적화현을 통합하면서 지역연맹체를 구성하였다. 이때 지역연맹체로 성장해나갈 수 있었던 요인은 『擇里志』의 기록을 통해 확인할 수 있는 농업생산력과 적화현이 위치한 야로지역의 철산지 확보였다. 철은 반로국의 성장에서는 대단히 중요하게 여겨졌을 것이며, 어느 시기엔가 이 지역을 통합하여 지역연맹을 형성하였을 것이라 생각된다. 이때 철개발은 3세기 중엽 경에 변진의 철이 왜와 중국 군현에까지 수출되고 있는 사실과 더불어 반운리 와질토기유적의 하한연대가 3세기 말·4세기 초 이전으로 여겨지는 것에 비추어 시기적으로 부합된다고 하겠다.

철기제작기술과 함께 철을 이용한 교역도 지역연맹체로의 발전 원동력으로 염두에 두어야 할 것으로 여겨진다. 철의 개발을 통해 농업생산력 증대를 꾀하였을 것으로 판단해 보면, 이 지역과의 연맹결속을 통해 대가야지역연맹체로의 발전이 가능했으리라 짐작할 수 있겠다. 4세기 지역연맹체 단계에 이른 대가야에서 변화가 감지되는 것은 4세기 중반을 넘어서면서부터이다. 이 무렵 대가야의 변화에 큰 계기로 작용하는 것이 백제와의 새로운 관계정립이었다. 백제를 통해 선진적인 문물을 직접 수입할 수 있는 계기가 마련되었다는 점에서 대가야에게는 큰 도움이 되었을 것이다.

지역연맹체 단계에 이르렀을 무렵 대가야의 모습을 보여줄 수 있는 자료로 주목한 곳이 고령의 쾌빈동고분군이었다. 쾌빈동1호 목곽묘에서 확인되는 유물들이 지산동35호분 단계의 그것과 연결된다는 점에서 대가야의 발전양상을 추적할 수 있는 자료를 제공해 주었다.

Ⅱ절에서는 대가야의 발전에 관하여 주로 이야기하였다. 대가야는 5세기 이후 가야사회의 중심적 위치를 차지하고 있었다. 어떤 과정을 거쳐 가능하였으며, 또 그 체제는 어떠하였는지에 대해서 살펴보기 위해서

였다. 고구려군의 남정 이후 급격한 사회발전을 이루게 되었고, 내부적으로는 5세기 중·후엽 즈음에 부체제에 이르게 되었다. 그러한 모습을 잘 나타내어주는 것이 지산동고분군이었다. 지산동고분군 중 가장 이른 시기에 축조된 것으로 여겨지는 35호분단계까지만 하더라도 이전 단계의 토기 전통이 계승되고 있어, 앞 시기 문화와 크게 다를 바 없음이 확인되고 있다. 그렇지만 30호분에서는 그와는 달리 금동관을 착장한 자까지 순장을 시킬 수 있음이 확인되었다. 그리고 주석실 개석과 하부석곽의 개석에서 암각화가 발견된다는 사실은 기왕의 신앙체계가 필요하지 않았음을 짐작하게 해주었다. 기왕의 신앙체계를 무너뜨릴 수 있는 신분의 존재는 일반인들과는 다른 신성한 이의 존재를 추정할 수 있게 한다. 이는 곧 초월적인 신분이 등장하였음을 확인시켜 주는 것이라 생각하여 '왕'의 등장을 상정하였다. 아울러 이는 곧 새로운 단계로의 질적인 변화 가능성을 엿볼 수 있게 하는 대목이라 생각된다. 그렇다고 한다면 대가야지역연맹체는 지산동30호분이 축조되는 시기인 5세기 2/4분기에서 479년 사이의 어느 시기엔가 부체제단계에 접어들었으리라 생각할 수 있겠다. 필자는 이때부터를 '大加耶'라 칭하였다. '왕'호의 칭호도 이때부터라고 보아도 크게 무리는 없을 듯하다.

한편 대가야의 발전 원동력은 군사력을 통한 강력한 정치체의 형성과 철을 바탕으로 하는 교역으로 파악하였다. 이와 더불어 고구려군의 남정으로 인한 전화를 전혀 입지 않아 4세기부터 나타나는 내재적인 발전이 지속될 수 있었던 것으로 여겨진다. 또한 일정 부분 백제의 영향을 받았을 것이다. 4세기 후반 들어 백제와의 관계는 대가야가 선진문물을 접할 기회를 제공해 주었으리라 생각된다. 이는 성장에 가속도를 줄 수 있다. 아울러 5세기 말 대가야의 남제에의 사신파견도 백제와의 협력으로 가능했으리라 여겨진다. 이는 扶安 竹幕洞 祭祀遺蹟에서 대가야계통의 유물들이 확인되는 사실로도 추정할 수 있었다.

그리고 빠뜨릴 수 없는 것이 冶爐지역의 鐵鑛이다. 철기의 제작은 단단한 철제농기구의 사용으로 농업생산력을 높일 수 있고 동시에 무구류의 제작을 통해 강력한 군사력의 확보를 가능하게 해준다. 앞에서도 이야기했듯이 야로의 철은 늦어도 3세기 중엽에는 개발되었을 것이다. 그런데 금관가야의 몰락 이후 선진문물을 가진 유이민들의 파급으로 한 단계 높은 철기·토기 등의 제작기술, 사회통제방식, 국제관계에 대한 인식능력 등이 전해짐으로써 대가야의 성장에 한층 힘을 실어주었을 것이라 생각된다.

이를 바탕으로 대가야는 서서히 외부로 눈을 돌리기 시작하였고 결국 서부경남일대를 영향권 내에 둘 수 있었던 것이다. 무력이나 외부와의 교역을 대가야 성장의 중요 원동력으로 해석하면서도 그 근간을 야로의 철생산에 둔 것은 그만큼 중요하다는 이야기가 될 것이다. 결국 대가야의 발전에 선진유민의 파급이 큰 영향을 끼쳤으리라고 볼 수 있겠지만, 4세기 초부터 보이는 고령지역에서의 내재적인 발전이 선행되었던 것 같다. 건국신화의 내용을 통해서도 기존 고령지역 내에서의 토착세력이 중심이 되어 일부 선진문물을 가진 이주집단의 수용과정에서 大加耶의 발전이 이루어졌으리라 생각된다.

Ⅲ절에서는 대가야의 멸망과정과 그 원인에 대하여 언급하였다. 대가야는 고령지역을 중심으로 서서히 발전하다가 5세기 이래 급격한 성장을 이루었지만, 6세기 중엽 신라에 의해 멸망당하였다. 대가야의 멸망은 곧 가야사회가 역사의 저편으로 사라졌음을 의미한다. 5세기 중엽 고대국가 직전단계에 해당하는 부체제단계에 접어들고, 479년에는 중국에 직접 사신을 보내어 통교할 정도로 성장하였던 대가야가 멸망하게 된 원인으로는 우선 대가야의 내부사정을 들 수 있었다. 우륵십이곡이 만들어질 무렵 대가야사회는 이미 부체제단계로 접어든지 상당한 기간이 지났을 무렵이었다. 그런데 당시까지도 가실왕이 나라마다 방언이 다름을 탄

식하고 있다면, 이는 대가야가 그 영향권 내의 국가들을 효과적으로 통제하지 못하였음을 짐작하게 해준다. 고고학적으로도 대가야의 영향 아래에 있었던 옥전, 삼가지역 고분군들이 신라화되어 가는 양상을 확인할 수 있었다. 우륵이 "及其國亂"으로 신라에 투항하였다고 전하는 사실은 당시 대가야가 정치·사회적으로 안정되지 못하였음을 알려준다. 더구나 진흥왕이 "加耶王淫亂自滅"이라고 묘사한 부분에서는 6세기 중엽 대가야왕이 정사를 돌보지 못할 정도로 내부의 혼란이 심하였음을 짐작할 수 있게 한다.

다음으로 대가야의 지리적인 폐쇄성을 들 수 있을 것이다. 백두대간과 그 지맥, 그리고 낙동강은 대가야가 대외적인 관계를 맺는데 상당히 불리하게 작용하였다. 대가야가 대외교역을 위해서는 내륙 여러 지역을 돌아서, 해안으로 나아가야만 해상을 통한 교역이 가능하였다. 대가야가 부체제에 접어들고 6세기 전반경 강력한 체제를 구축해갈 때만 하더라도 폐쇄적인 지리적 제약을 극복한 것으로 보이지만, 이를 위해 소요되는 경제적 부담은 결국 대가야에 큰 부담이 되었을 터이다.

마지막으로 교역물품의 변화에 대가야가 적절히 대처하지 못한 것도 하나의 이유가 되었으리라 생각한다. 대가야의 주된 교역품은 '철'이었다. 대가야 발전의 바탕이 되었던 것이 '철'이었으나 나중에는 한계로 작용하였다고 생각하였다. 신라는 4세기 이후가 되면 교역품이 '金銀'과 같은 재보로 이동하였는데, 대가야는 그러한 모습이 보이지 않고 있다. 금은이 교역품이 되었다는 사실은 종래 철을 둘러싼 교역체계상에 중대한 변화가 초래되었음을 추측케 한다. 이미 4세기 초 樂浪·帶方郡을 둘러싼 교역체계의 변화에 대응하지 못해 새로운 체제로 이동하지 못하여 백제, 신라에 뒤떨어진 경험이 있었던 가야사회가 교역품의 변화에도 대응하지 못하고 있었던 것이다. 기왕에는 대가야처럼 '冶爐'라는 유력한 철산지를 보유하거나 혹은 생산된 철을 집산할 수 있는 곳이 교역상의 유리한 위치를 점하였고 나아가 정치적으로 강력한 힘을 가질 수가 있었다. 하지만 이후에는 이를 생산하거나 가공할 수 있는 능력이 교역의 주도권 장악 여부를 결정짓는 기본적인 조건으로 가능하였던 것이 아닐까 싶다. 이는 기존의 교역체계에 일정한 변화를 야기하는 큰 요인으로 작용하게 된 것이다. 물론 일정한 시기까지는 철이 교역품으로서의 역할을 수행할 수 있었겠지만 소량으로도 막대한 양의 철을 대신할 수 있는 가치를 지닌 금은으로 무게중심이 이동하였을 것이다. 결국 이러한 점은 대가야가 국제사회에서의 위상을 지속적으로 유지하는 데 한계로 작용하였을 것이다.

대가야는 잘 알고 있듯이 5세기 이후 가야사회의 중심적 위치를 차지하고 있었다. 이는 어떤 과정을 거쳐 가능하였으며, 또 그 체제는 어떠하였는지에 대해서 제4장에서 살펴보았다. 먼저 Ⅰ절에서는 우륵십이곡의 '上加羅都'와 '下加羅都'를 대가야의 부체제 문제와 결부시켜 상부와 하부의 존재를 추정하였다. 대가야는 왕경인 고령지역을 상부로 두고서, 영역확대의 전초기지로서 중요한 역할을 수행하였던 것으로 여겨지는 봉산지역을 王畿로 편제하여 직접지배하였다. 아울러 여타의 지역에 대해서는 비록 직접지배의 단계까지는 나아가지 못하였지만 소위 '임나부흥회의'기사에서 보이는 '군'호의 호칭 등은 그러한 체제로 나아가기 위한 시도는 하였음을 알 수 있었다.

Ⅱ절에서는 대가야에서의 지방지배는 가능하였는지, 그 모습은 어떠하였는지를 다루었다. 대가야는 고구려군의 남정 이후 급격한 사회발전을 이루게 되었고, 내부적으로는 5세기 후반 부체제에 이르게 되었다. 대가야가 비록 가야사회 전체를 통할하는 지배자로 성장하지는 못하였지만 우륵십이곡을 통해 보았을 때 가야사회 전체를 대가야의 범주에 포함시키고 있어, 당시 대가야의 가야사회에 대한 인식을 추측할 수 있게 하였다.

　아울러 대가야의 신분제에 대해서도 Ⅲ절에서 간단하게 다루었다. 지산동44호분에서의 순장양상을 통해 대가야 내부에서의 신분제에 대해서 살펴볼 수 있었다. 이 고분의 순장양상은 기왕의 순장에 대한 이해와는 다른 모습을 보여주고 있었다. 대개 최하위계층이 순장을 당할 것이라는 생각에서 벗어나게 하는 내용이 확인되었기 때문이다. 지산동 44호분에서는 주석실을 포함하여 부장품을 넣었던 남·서석실에서도 주피장자 이외의 인골이 발견되었다. 그 외에 32기의 순장석곽 중 22기의 석곽에서 순장자가 확인되었다. 이들은 대개 자기의 묘곽을 가지고 있다. 이는 대가야만의 독특한 순장방식이다. 또한 이들은 각기 다른 성격의 부장품을 소유하고 있었다. 44호분의 주인공 머리맡이나 발치에 순장된 사람은 금제이식이나 유리구슬 목걸이 등 장신구를 가지고 있고, 그 밖의 순장곽에서도 대도나 화살촉, 철겸이나 도끼 등의 농기구, 방추차, 등자나 재갈 등 마구를 가진 사람 등 다양하게 나타난다. 순장인의 연령과 성별도 달라서 7~8세가량의 여자아이에서부터 20대의 젊은 남녀, 30대의 여성, 40대 이상의 장년 남성 등이 확인되었다.

　이러한 사실로서 순장자들은 시녀나 시종이 많은 경우를 차지하고 있으나 다른 신분도 있었을 것이라 생각된다. 즉 농기구를 가진 이는 당시 생산을 담당하던 계층이었지만 노동노예는 아니었을 것이다. 무구류나 마구류를 가지고 있는 이들은 주인공을 시종, 호위하던 상당한 신분을 소유한 무사로 추정되었다. 순장이라고 하는 매장행위가 '繼世思想'을 반영하는 것이라 할 때, 당시 대가야최고지배층의 분묘였던 44호분에는 주인공의 생시의 모습을 그대로 축소하려는 노력을 하였을 터이고, 이에 따라 당시 다양한 사회 및 신분이 그대로 무덤 속에 녹아있었으리라 생각한다.

　그리고 Ⅳ절에서는 마지막으로 대가야의 교역루트를 찾기 위한 시도를 해보았다. 대가야는 대왜교역루트는 주로 하동지역을 이용하였던 것으로 추정되었고, 남제에의 사신파견은 아마도 부안 죽막동지역을 통하였던 것을 알 수 있었다.

제5장에서는 학계에서 본격적으로 다루어진 적이 없는 대가야 멸망 이후의 모습에 대해서 언급하였다. 가야는 여러 정치세력으로 나뉘어져 있었고, 멸망과정도 각기 달랐던 것으로 기록되어 있다. 금관가야처럼 신라에 투항하는 경우도 있었고, 기록에 남아있지 않아 그 멸망과정을 전혀 확인할 수 없는 경우도 있다. 또한 신라에 투항한 금관가야의 후손들은 신라의 정권 깊숙이 진출하여 그들 나름대로 기득권을 유지하였다. 그런데 대가야의 경우는 신라에 의해 멸망당하였다는 기록만 남아있을 뿐, 그 이후의 모습에 대해서는 전혀 알 수 없는 실정이다. 중국에 사신을 보내어 작호를 받을 정도였던 대가야의 위상에 비추어본다면 쉽게 이해되지 않는 부분이다. 본 장은 이러한 의문에서 출발하여 대가야가 멸망한 이후, 과연 어떠한 모습으로 해체되었는지를 검토해보았다. 강원도 동해시 추암동고분군을 통해서 그 실상을 유추할 수 있었다.

6세기 중엽 대가야는 다른 가야세력과는 달리 끝까지 신라에 저항하였다. 이러한 저항은 결국 신라인들에게 반란을 일으켰다는 인식을 심어주게 되었고, 기왕의 신라인들이 반란세력들에게 가하는 사민을 당하게 되었다. 이는 동해 추암동 '가'지구고분군에서 출토되는 다양한 대가야계통의 토기들에서 살펴볼 수 있었다. 특히 형태는 대가야계통의 것이지만 현지에서 제작된 것으로 보이는 개배의 존재는 이러한 추정을 더욱 가능하게 하였다. 대가야는 오랫동안 고령을 중심으로 존속하였지만 결국 신라에 의해 멸망당하고, 신라에 저항한 지배층들은 고령지역으로부터 멀리 떨어진 추암동지역까지 사민당하였음을 출토유물을 통해 확인할 수 있었다.

이상에서 가야제국의 하나로 고령지역에 위치한 대가야의 성립과 발전, 쇠퇴 및 멸망 등 역사적 전개과정과 정치사회구조 등을 살펴보았다.

가야에 대한 이해방법은 크게 두 가지로 나누어 볼 수 있다. 먼저 주변 여러 나라들과 대응하는 큰 틀 속에서 가야를 분석하여 이해하는 방법과 독자성을 가지고 존재한 가야제국들을 하나하나 나누어 분석하고 이를 토대로 다시 전체상을 복원해 내는 방법이 있다. 이 책은 후자의 방법을 채택하여 가야사 중에서 역사적 비중이 높았던 대가야의 역사적 변천과 정을 종합적으로 검토하여 考究하려 하였다. 하지만 관련 문헌자료의 영성함과 고령지역을 위시한 가야지역 전체를 망라하는 고고학적 자료가 축적되어져 가는 과정에 있는 점 등 자료의 한계성, 한국 고대사 및 가야사의 전반적인 흐름에 대한 이해의 부족 등으로 말미암아 논증과정에 많은 억측과 오류가 있었을 것임은 부인하지 않을 수 없다. 부족한 점들은 추후 지속적으로 보완해 나갈 것을 약속한다.

參考文獻

1. 史 料

『三國史記』,『三國遺事』,『三國志』,『日本書紀』,『世宗實錄』地理志,『新增東國輿地勝覽』,『大東地志』,『邑誌』類,『擇里志』,『與猶堂全書』,『大東輿地圖』,『靑邱圖』,『譯註 韓國古代金石文』.
金泰植・李益柱編, 1992,『加耶史史料集成』, 駕洛國史蹟開發研究院.

2. 單行本

郭長根, 1999,『湖南 東部地域 石槨墓研究』, 書景文化社.
郭長根, 2001,『고고학으로 이해하는 장수의 역사와 문화』, 서경.
金世基 외, 2002,『大加耶와 周邊諸國』, 高靈郡・韓國上古史學會.
金元龍, 1986,『韓國考古學槪說』(제3판), 一志社.
金貞培, 1986,『韓國古代의 國家起源과 形成』, 高麗大學校 出版部.
金廷鶴, 1977,『任那と日本』, 小學館.
金廷鶴, 1991,『韓國上古史研究』, 범우사.
金廷鶴 외, 1993,『加耶史論』, 고려대학교 한국학연구소.
金哲埈, 1975,『韓國古代國家發達史』, 한국일보社.
金泰植, 1993,『加耶聯盟史』, 一潮閣.
金泰植 외, 1997,『百濟의 中央과 地方』, 忠南大學校 百濟研究所.
盧重國, 1988,『百濟政治史研究』, 一潮閣.
盧重國 외, 1995,『加耶史研究-대가야의 政治와 文化-』, 慶尙北道.
盧重國 외, 2002,『진・변한사연구』, 경상북도・계명대학교 한국학연구원.
노중국 외, 2004,『대가야의 성장과 발전』, 고령군・한국고대사학회.
노중국 외, 2006,『대가야 들여다보기』, 고령군 대가야박물관・계명대학교 한국학연구원.
노중국 외, 2006,『악성 우륵의 생애와 대가야의 문화』, 고령군 대가야박물관・계명대학교 한국학연구원.

노태돈, 1999, 『고구려사연구』, 사계절.

盧泰天, 2000, 『韓國古代 冶金技術史 研究』, 學研文化社.

文定昌, 1978, 『加耶史』, 柏文堂.

申敬澈 외, 2000, 『韓國의 前方後圓墳』, 충남대학교 출판부.

申瀅植, 1984, 『韓國古代史의 新研究』, 一潮閣.

沈奉謹 외, 2001, 『古自國(小加耶)의 타임캡슐 松鶴洞古墳群』(제3회 국제학술대
    회 발표요지), 東亞大學校 博物館.

양기석 외, 2007, 『5~6세기 동아시아의 국제정세와 대가야』, 고령군 대가야박물
    관·계명대학교 한국학연구원.

연민수, 1998, 『고대한일관계사』, 혜안.

俞炳夏 외, 1998, 『扶安 竹幕洞 祭祀遺蹟 研究』(開館五周年紀念 學術심포지움
    論文集), 國立全州博物館.

尹錫曉, 1990, 『伽耶史』, 민족문화사.

李道學 외, 2003, 「加耶와 廣開土大王」(第9回 加耶史國際學術會議發表要旨), 金
    海市.

李丙燾, 1976, 『韓國古代史研究』, 博英社.

李盛周, 1998, 『新羅·伽倻社會의 起源과 成長』, 學研文化社.

李樹健, 1984, 『韓國中世社會史研究』, 一潮閣.

李榮文, 2002, 『韓國 靑銅器時代 研究』, 주류성.

李永植, 1993, 『加耶諸國と任那日本府』, 吉川弘文館.

李鍾旭, 1980, 『新羅上代王位繼承研究』, 嶺南大學校 出版部.

李鍾旭, 1982, 『新羅國家形成史研究』, 一潮閣.

李鍾旭 외, 1993, 『韓國史上의 政治形態』 翰林科學院 叢書18, 一潮閣.

李鍾學 외, 1999, 『廣開土王碑文의 新研究』, 서라벌군사연구소.

李賢惠, 1984, 『三韓社會形成過程研究』, 一潮閣.

이희진, 1998, 『加耶政治史研究』, 學研文化社.

丁仲煥, 1962, 『加羅史草』, 釜山大學校 韓日文化研究所.

鄭漢德, 2002, 『日本의 考古學』, 學研文化社.

鄭孝雲, 1995, 『古代韓日政治交涉史研究』, 學研文化社.

조석필, 1997, 『태백산맥은 없다』, 사람과 山.

주보돈 외, 2008, 『동·서가야문화벨트의 역사적 의미와 그 활용방안』, 고령
    군·경북대 영남문화연구원.

朱甫暾, 1998, 『新羅 地方統治體制의 整備過程과 村落』, 신서원.

千寬宇, 1989, 『古朝鮮史·三韓史研究』, 一潮閣.

千寬宇, 1991,『加耶史研究』, 一潮閣.

崔夢龍・崔盛洛 편, 1997,『韓國古代國家形成論－考古學上으로 본 國家－』, 서울대학교 출판부.

崔夢龍・金仙宇 편, 2000,『韓國 支石墓研究理論과 方法－階級社會의 發生－』, 주류성.

崔鍾圭, 1995,『三韓考古學研究』, 書景文化社.

啓明大學校 韓國學研究院 編, 1997,『高靈地域의 歷史와 文化』, 高靈文化院・啓明大學校 韓國學研究院.

고령군 대가야박물관・경북대학교 퇴계연구소, 2008,『고령문화사 대계』1(역사편), 도서출판 역락.

고령군 대가야박물관・영남대학교 민족문화연구소・한국암각화학회, 2008,『高靈地域의 先史 古代社會와 岩刻畵』.

國立文化財研究所 編, 2002,『동아시아 大形古墳의 出現과 社會變動』(文化財研究 國際學術會議 發表論文 第11輯), 國立文化財研究所.

국립창원문화재연구소 편, 2001,『가야시기 창녕지방의 역사・고고학적 성격』(국립창원문화재연구소 2001년도 학술대회 발표요지), 국립창원문화재연구소.

國立昌原文化財研究所 編, 2002,『古代 咸安의 社會와 文化』(國立昌原文化財研究所 2002年度 學術大會 發表要旨), 國立昌原文化財研究所・咸安郡.

부산대학교 한국민족문화연구소 편, 2000,『가야 각국사의 재구성』, 혜안.

부산대학교 한국민족문화연구소 편, 2001,『한국 고대사 속의 가야』, 혜안.

仁濟大學校 加耶文化研究所 編, 1995,『加耶諸國의 鐵』, 신서원.

仁濟大學校 加耶文化研究所 編, 1997,『加耶諸國의 王權』, 신서원.

한국고고학회 편, 2000,『考古學을 통해 본 加耶』, 한국고고학회.

한국고대사연구회 편, 1990,『한국 고대국가의 형성』, 民音社.

한국고대사연구회 편, 1995,『三韓의 社會와 文化』, 신서원.

한국고대사연구회 편, 1997,『韓國 古代社會의 地方支配』, 신서원.

韓國上古史學會 編, 1998,『百濟의 地方統治』, 學研文化社.

韓國上古史學會 編, 2002,『大加耶와 周邊諸國』, 高靈郡・韓國上古史學會.

韓國上古史學會 編, 2002,『삼국의 접점을 찾아서』(제28회 한국상고사학회 학술발표대회 요지).

한국역사민속학회 편, 1996,『한국의 암각화』, 한길사.

今西龍, 1937,『朝鮮古史の研究』, 國書刊行會.

末松保和, 1949,『任那興亡史』, 吉川弘文館.

三品彰英, 1959, 『日本書紀朝鮮關係記事考證』 上, 吉川弘文館.

田中俊明, 1992, 『大加耶連盟の興亡と‘任那’』, 吉川弘文館.

井上秀雄, 1973, 『任那日本府と倭』, 寧樂社.

津田左右吉, 1913, 『朝鮮歷史地理』(壹), 南滿洲鐵道株式會社.

3. 調査報告書(特別展 圖錄포함)

郭長根 외, 1998, 『長水 三顧里 古墳群』, 群山大學校 博物館.

郭長根 외, 1998, 『鎭安 平地里 古墳群』, 群山大學校 博物館·百濟文化開發硏究院.

權相烈, 1995, 『昌寧余草里토기가마터』 Ⅱ, 國立晋州博物館.

金東鎬, 1972, 『咸陽上栢里古墳群發掘調査報告』, 東亞大學校 博物館.

金誠龜 외, 1992, 『昌寧余草里토기가마터』 Ⅰ, 國立晋州博物館.

金誠龜 외, 1996, 『主山城地表調査報告書』, 國立大邱博物館·高靈郡.

金英夏·尹容鎭, 1966, 『仁同·不老洞·高靈古衙洞古墳發掘調査報告』, 慶北大學校 博物館.

김정완 외, 1987, 『陜川磻溪堤古墳群』, 慶尙南道·國立晋州博物館.

김정완 외, 1990, 『固城 栗垈里 2號墳』, 國立晋州博物館.

金鍾徹·尹容鎭, 1979, 『大伽倻古墳發掘調査報告書－池山洞 44·45號墳 發掘報告－』, 高靈郡.

金鍾徹, 1981, 『高靈池山洞古墳群』, 啓明大學校 博物館.

金鍾徹, 1995, 『高靈本館洞古墳群』, 啓明大學校 博物館.

金鍾徹 외, 2000, 『壬辰倭亂戰蹟記念館 建立敷地內 高靈 朴谷里遺蹟 試掘調査報告書』, 啓明大學校 博物館.

노중국 외, 1996, 『가야문화도록』, 경상북도.

朴東百 외, 1992, 『咸安阿羅伽耶의 古墳群 Ⅰ－道項里·末山里 精密調査報告－』, 昌原大學校 博物館.

朴淳發·李相吉, 1994, 『固城蓮塘里古墳群』, 慶南大學校 博物館.

박순호 외, 1998, 『咸陽 白川里 遺蹟』, 釜山大學校 博物館·大晋高速道路遺蹟合同發掘調査團

朴升圭, 1994, 『宜寧의 先史 伽耶遺蹟』, 宜寧文化院·慶尙大學校 博物館.

申敬澈 외, 1989, 『金海七山洞古墳群』 Ⅰ, 慶星大學校 博物館.

沈奉謹, 1982, 『陜川 三嘉古墳群』, 東亞大學校 博物館.

沈奉謹, 1986, 『陜川鳳溪里古墳群』, 慶尙南道·東亞大學校 博物館.

沈奉謹, 1987, 『陜川倉里古墳群』, 慶尙南道·東亞大學校 博物館.

尹德香·郭長根, 1989, 『斗洛里 發掘調査報告』, 南原郡·全北大學校 博物館.

李相吉 외, 1994, 『小加耶文化圈遺蹟精密地表調査報告書』, 昌原文化財硏究所·慶南大學校 博物館.

李相律 외, 1998, 『金海大成洞燒成遺蹟』, 釜慶大學校 博物館.

李源鈞·李相律, 2000, 『金海龜山洞古墳』, 釜慶大學校 博物館.

任鶴鐘 외, 2001, 『德山-本浦間 地方道路 工事區間內 發掘調査 昌原茶戶里遺蹟-』, 國立中央博物館·慶尙南道.

林孝澤·곽동철, 1996, 『昌原道溪洞古墳群』, 東義大學校 博物館.

林孝澤·곽동철, 2000, 『金海良洞里古墳文化』, 東義大學校 博物館

林孝澤·趙顯福, 2002, 『上村里遺蹟』, 東義大學校 博物館·慶尙南道.

全榮來, 1983, 『南原 月山里古墳群發掘調査報告』, 圓光大學校 馬韓·百濟文化硏究所.

趙榮濟·朴升圭, 1987, 『陜川中磻溪墳墓群』, 慶尙南道·慶尙大學校 博物館

趙榮濟·朴升圭, 1989, 『晋州加佐洞古墳群』, 慶尙大學校 博物館.

趙榮濟 외, 1990, 『河東 古梨里遺蹟』, 慶尙大學校 博物館.

趙榮濟 외, 2000, 『宜寧 雲谷里古墳群』, 慶尙大學校 博物館.

趙榮濟 외, 2001, 『晋州 大坪里 玉房3地區 先史遺蹟』, 慶尙大學校 博物館·慶尙南道.

趙榮濟 외, 2002, 『山淸 玉山里遺蹟-木槨墓-』, 韓國道路公社·慶尙大學校 博物館.

趙現鐘 외, 2002, 『光州 新昌洞 低濕地 遺蹟 Ⅳ-木製遺物을 中心으로-』, 國立光州博物館.

有光敎一·藤井和夫, 2002, 『朝鮮古蹟硏究會遺稿 Ⅱ-公州宋山里第29號墳, 高靈主山第39號墳 發掘調査報告-』, 유네스코東아시아文化硏究센터.

慶南考古學硏究所, 1999, 『雨水里小加耶墓群』, 慶南考古學硏究所·晋州市.

慶南考古學硏究所, 2000, 『道項里·末山里遺蹟』, 慶南考古學硏究所·咸安郡.

慶南考古學硏究所, 2001, 『昌寧 桂城新羅高塚群』, 慶南考古學硏究所·昌寧郡.

慶南考古學硏究所, 2006, 『陜川 冶爐 冶鐵地-試掘調査報告書』.

慶南大學校 博物館·密陽大學校 博物館, 1999, 『蔚山 無去洞 玉峴遺蹟』.

慶尙南道, 1977, 『昌寧桂城古墳群發掘調査報告』.

경상남도·남강유적발굴조사단, 1998, 『남강선사유적』.

慶尙大學校 博物館, 1988~2000, 『陜川玉田古墳群』 Ⅰ~Ⅸ.

啓明大學校 博物館, 1984, 『高靈衙洞壁畵古墳實測調査報告』, 啓明大學校出版部.

啓明大學校 博物館, 1988, 『星州星山洞古墳』 開館10周年記念特別展圖錄.

啓明大學校 博物館, 1994, 『金陵松竹里遺蹟』 開校40周年記念特別展圖錄.

慶尙北道文化財硏究院, 1999, 『고령 운수 봉평리 지석묘』, 高靈郡·慶尙北道文化財硏究院.

慶尙北道文化財硏究院, 2000, 『大伽耶歷史館 新築敷地內 高靈池山洞古墳群』, 高靈郡·慶尙北道文化財硏究院.

慶尙北道文化財硏究院, 2007, 『高靈 池山洞遺蹟』.

慶尙北道文化財硏究院, 2007, 『高靈 快賓里遺蹟』.

關東大學校 博物館, 1994, 『東海北坪工團造成地域文化遺蹟 發掘調査報告書』.

국립경주박물관, 2001, 『新羅黃金』 特別展圖錄.

국립김해박물관, 1999, 『가야의 그릇받침』 特別展圖錄.

국립김해박물관, 2002, 『한국고대의 갑옷과 투구』 特別展圖錄.

國立全州博物館, 1994, 『扶安 竹幕洞 祭祀遺蹟』.

國立全州博物館, 1995, 『바다와 祭祀－扶安 竹幕洞 祭祀遺蹟－』.

國立全州博物館, 2000, 『南原의 역사문물』 개관10주년 기념 특별전 Ⅱ 도록.

國立全州博物館, 2001, 『부안』 전북의 역사문물전 Ⅲ.

國立中央博物館·釜山市立博物館, 1991, 『神秘의 古代王國 伽耶』 特別展圖錄.

국립진주박물관, 1985, 『거창 말흘리고분』.

國立昌原文化財硏究所, 1996, 『咸安岩刻畵古墳』.

國立昌原文化財硏究所, 1997~2001, 『咸安道項里古墳群』 Ⅰ~Ⅴ.

國立昌原文化財硏究所·咸安郡, 2002, 『咸安 馬甲塚』.

國立昌原文化財硏究所, 2002, 『固城內山里古墳群』 Ⅰ.

群山大學校 博物館, 2001, 『鎭安 龍潭댐 水沒地區內 文化遺蹟 發掘調査 報告書』 Ⅳ, 群山大學校 博物館·韓國水資源公社.

대가야박물관, 2004, 『大加耶의 遺蹟과 遺物』.

대가야박물관, 2006, 『土器로 본 大加耶』.

대가야박물관, 2008, 『高靈의 岩刻遺蹟』.

大邱大學校 博物館, 1991, 『邱馬高速道路 4車線擴張工事豫定地域內 文化遺蹟地表調査報告書(玉浦~求智)』

東亞大學校 博物館, 1985, 『伽耶文化圈遺蹟精密調査報告』 慶南 昌寧郡.

東亞大學校 博物館, 1992, 『昌寧校洞古墳群』.

東亞大學校 博物館 編, 1999, 『南江流域文化遺蹟發掘圖錄』, 慶尙南道·東亞大學校 博物館.

문화재연구소, 1989, 『김해양동리고분』.

부산광역시립박물관 복천분관, 1997, 『유물에 새겨진 古代文字』特別展圖錄.

부산광역시립박물관 복천분관, 1998, 『晉州貴谷洞대촌遺蹟』, 釜山光域市立博物
    館 福泉分館・慶尙南道.

부산광역시립박물관 복천분관・국립김해박물관, 2000, 『고고학이 찾은 선사와
    가야』特別展圖錄.

釜山大學校 博物館, 1985, 『金海 禮安里古墳群』Ⅰ.

釜山大學校 博物館, 1986, 『咸陽白川里1號墳』.

釜山大學校 博物館, 1987, 『陜川苧浦里E地區遺蹟』, 慶尙南道・釜山大學校 博
    物館.

釜山大學校 博物館, 1993, 『金海 禮安里古墳群』Ⅱ.

釜山大學校 博物館, 1995, 『昌寧桂城古墳群』.

釜山大學校 博物館, 1996, 『선사와 고대의 문화』부산대학교 50주년 기념도록.

부산복천박물관, 2001, 『古代戰士 - 고대전사와 무기』特別展圖錄.

嶺南大學校 民族文化研究所編, 1992, 『求智工業團地造成地域地表調査報告書』,
    達城郡.

嶺南大學校 博物館, 1991, 『昌寧桂城里古墳群 - 桂南1・4號墳 - 』.

嶺南大學校 博物館, 2004, 『고령 지산지구 국도개량공사구간내 유적 高靈 池山
    洞古墳群』.

嶺南埋藏文化財研究院, 1995, 「高靈池山洞古墳群發掘調査 - 池山洞30號墳 및 展
    示館 建立地區 - 」現場說明會資料.

嶺南埋藏文化財研究院, 1996, 『高靈快賓洞古墳群』.

嶺南埋藏文化財研究院, 『宜寧泉谷里古墳群』Ⅰ・Ⅱ, 嶺南埋藏文化財研究院・宜
    寧郡.

嶺南埋藏文化財研究院, 1998, 『高靈池山洞30號墳』, 嶺南埋藏文化財研究院・高
    靈郡.

嶺南文化財研究院, 2002, 『高靈 桃津里古墳群』.

嶺南文化財研究院, 2004~2006, 『高靈 池山洞古墳群』Ⅰ~Ⅵ.

昌原大學校 博物館, 2000, 『昌原 盤溪洞遺蹟』Ⅰ・Ⅱ, 昌原大學校 博物館・韓國
    水資源公社.

湖巖美術館, 2000, 『昌寧 桂城 古墳群』.

湖巖美術館, 2001, 『황금의 美』特別展圖錄.

4. 論文(文獻; 單行本 收錄論文 除外)

姜正薰, 2001, 「多羅國의 形成과 變遷」『三國時代研究』1, 學研文化社.

姜鍾薰, 1991, 「新羅 上古紀年의 再檢討」『韓國史論』26, 서울대학교 國史學科.

權珠賢, 1993, 「阿羅加耶의 成立과 發展」『啓明史學』4, 大丘史學會.

權珠賢, 1995, 「安邪國에 대하여-3세기를 중심으로-」『大丘史學』50, 大丘史
　　學會.

權珠賢, 1998, 「'加耶'の概念とその範囲」上·下『國學院雜誌』99-2·3號, 國學院
　　大學.

權珠賢, 1999, 『加耶文化史研究』, 啓明大 博士學位論文.

權珠賢, 1999, 「加耶人의 生活文化-食文化를 中心으로-」『韓國古代史研究』
　　16, 서경문화사.

權珠賢, 2000, 「于勒을 통해본 大加耶의 文化」『韓國古代史研究』18, 서경문화사.

權珠賢, 2000, 「加耶의 生活文化 (2)-주거문화를 중심으로-」『新羅文化』17·
　　18合, 東國大學校 新羅文化研究所.

金善淑, 2001, 「대가야의 盛衰와 신라」『三國時代研究』1, 學研文化社.

金善珠, 2001, 「6세기초 新羅의 對 加耶 혼인정책」『三國時代研究』1, 學研文
　　化社.

金在弘, 2001, 『新羅 中古期 村制의 成立과 地方社會構造』, 서울大學校 博士學
　　位論文.

金廷鶴, 1976, 「加耶境域新攷」『釜山大學校 論文集』21, 釜山大學校.

金廷鶴, 1982, 「古代國家의 發達(伽耶)」『韓國考古學報』12, 韓國考古學會.

金廷鶴, 1983, 「加耶史의 研究」『史學研究』37, 韓國史學會.

金廷鶴, 1987, 「加耶의 國家形成段階」『정신문화연구』32, 韓國精神文化研究院.

金廷鶴, 1988, 「伽倻의 國家形成」『伽倻文化』1, 伽倻文化研究院.

金廷鶴, 1990, 「加耶와 日本」『古代韓日文化交流研究』, 韓國精神文化研究院.

金廷鶴, 1991, 「加耶의 起源과 發展」『加耶史의 再照明』, 金海市.

金泰植, 1985, 「5세기 후반 大加耶의 발전에 대한 研究」『韓國史論』12, 서울대
　　학교 國史學科.

金泰植, 1986, 「後期加耶諸國의 성장기반 고찰」『釜山史學』11, 釜山史學會.

金泰植, 1994, 「咸安 安羅國의 成長과 變遷」『韓國史研究』86, 韓國史研究會.

金泰植, 1996, 「大加耶의 世系와 道設智」『震檀學報』81, 震檀學會.

金泰植, 2000, 「加耶聯盟體의 性格 再論」『韓國古代史論叢』10, 駕洛國史蹟開發

研究院.

金昌鎬, 1989,「伽耶 지역에서 발견된 金石文 자료」『鄕土史硏究』 1.

金昌鎬, 1995,「大伽耶의 金石文 資料」『伽倻文化』 8, 伽倻文化硏究院.

金昌鎬, 2001,「大伽耶의 金石文 자료」『伽倻文化』 14, 伽倻文化硏究院.

김현숙, 2000,「6세기 대가야의 발전단계에 대한 一考」『慶北史學』 23, 慶北史學會.

南在祐, 1995,「加耶史에서의 '聯盟'의 의미」『昌原史學』 2, 昌原大學校 史學會.

南在祐, 1997,「<廣開土王碑文>에서의 '安羅人戌兵'과 安羅國」『成大史林』 12·13合, 成均館大學校 史學會.

南在祐, 1997,「浦上八國 戰爭과 그 性格」『伽倻文化』 10, 伽倻文化硏究院.

南在祐, 1998,「加耶時代 昌原·馬山地域 政治集團의 對外關係」『昌原史學』 4, 昌原大學校 史學會.

南在祐, 1998,『安羅國의 成長과 對外關係史硏究』, 成均館大學校 博士學位論文.

南在祐, 2003,「대외관계로 본 安羅와 新羅」『大丘史學』 70, 大丘史學會.

盧重國, 1981,「고구려·백제·신라사이의 力關係變化에 따른 一考察」『東方學志』 28, 延世大學校 國學硏究院.

盧重國, 1989,「韓國古代의 邑落의 構造와 性格－國家形成過程과 관련하여－」『大丘史學』 38, 大丘史學會.

盧重國, 1998,「총설－가야사회의 성립과 전개－」『加耶文化遺蹟調査 및 整備計劃』, 加耶大學校 出版部.

盧泰敦, 1975,「三國時代의 '部'에 關한 硏究－成立과 構造를 中心으로－」『韓國史論』 2, 서울大學校 國史學科.

盧泰敦, 1988,「5세기 金石文에 보이는 高句麗人의 天下觀」『韓國史論』 19, 서울大學校 國史學科.

盧泰敦, 1988,「삼국시대의 部와 부체제－부체제론 비판에 대한 재검토－」『韓國古代史論叢』 10, 駕洛國史蹟開發硏究院.

文暻鉉, 1975,「伽耶史의 新考察－大加耶問題를 中心으로－」『大丘史學』 9, 大丘史學會.

文暻鉉, 1977,「加耶聯盟形成의 經濟的 考察」『大丘史學』 12·13, 大丘史學會.

文東錫, 1997,「4세기 百濟의 加耶 원정에 대하여－철산지 확보문제를 중심으로－」『國史館論叢』 74, 國史編纂委員會.

白承玉, 1992,「新羅·百濟 각축기의 比斯伐加耶」『釜大史學』 15·16合輯, 釜山大學校 史學會.

白承玉, 1995,「比斯伐加耶의 形成과 國家的 性格」『韓國文化硏究』 7, 釜山大學

校 韓國文化研究所.

白承玉, 1995, 「'卓淳'의 位置와 性格-『日本書紀』관계기사 검토를 중심으로-」
『釜大史學』 19, 釜山大學校 史學會.

白承玉, 1997, 「固城 古自國의 형성과 변천」 『韓國 古代社會의 地方支配』, 신서원.

白承玉, 1999, 「加羅 擬縣制의 存在와 그 政治的 性格-국가적 성격 논의와 관
련하여-」 『伽倻文化』 12, 伽倻文化研究院.

白承玉, 2001, 『加耶 各國의 成長과 發展에 관한 研究』, 釜山大學校 博士學位
論文.

白承忠, 1989, 「1~3세기 가야세력의 성격과 추이-수로집단의 등장과 浦上八國
의 亂을 중심으로-」 『釜大史學』 13, 釜山大學校 史學會.

白承忠, 1990, 「3~4세기 한반도 남부지방의 제세력 동향-초기 가야세력권의변
화를 중심으로-」 『釜山史學』 19, 釜山史學會.

白承忠, 1992, 「'加耶'의 용례 및 時期別 분포상황」 『釜山史學』 22, 釜山史學會.

白承忠, 1995, 「加羅國과 于勒十二曲」 『釜大史學』 19, 釜山大學校 史學會.

白承忠, 1995, 『加耶의 地域聯盟史研究』, 釜山大學校 博士學位論文.

白承忠, 1996, 「安羅의 移那斯・麻都에 대한 검토」 『지역과 역사』 2, 부산경남
역사연구소.

白承忠, 1997, 「安羅・加羅의 멸망과정에 대한 검토」 『지역과 역사』 4, 부산경
남역사연구소.

宣石悅, 1993, 「≪三國史記≫ <新羅本紀> 加耶關係記事의 檢討-初期記錄의
紀年推定을 중심으로-」 『釜山史學』 24, 釜山史學會.

宣石悅, 1995, 「斯盧國의 小國征服과 그 紀年」 『新羅文化』 12, 慶南大學校 加羅
文化研究所.

宣石悅, 1996, 「3세기 후반 弁・辰韓 勢力圈의 變化」 『加羅文化』 13, 慶南大學
校 加羅文化研究所.

宣石悅, 1997, 「昌寧地域 出土 土器 銘文 '大干'의 檢討」 『지역과 역사』 3, 부산
경남역사연구소.

宣石悅, 1997, 「浦上八國의 阿羅國 침입에 대한 考察-6세기 중엽 남부가야제국
의 동향과 관련하여-」 『加羅文化』 14, 慶南大學校 加羅文化研究所.

宣石悅, 1998, 「交易關係에서 본 加耶와 古代日本」 『加耶史論集』 1, 金海市.

安春培 외, 1990, 「伽倻社會의 形成過程研究-金海地域을 中心으로-」 『伽倻文
化研究』 1, 新羅大學校.

李康來, 1987, 「百濟'比斯伐'考」 『崔永喜先生 華甲紀念 韓國史學論叢』, 探求堂.

李道學, 1988, 「高句麗의 洛東江流域進出과 新羅・伽倻經營」 『國學研究』 2, 國

學研究所.

李道學, 1997,「古代國家의 成長과 交通路」『國史館論叢』74, 國史編纂委員會.

李道學, 2003,「加羅聯盟과 高句麗」『加耶와 廣開土大王』(第9回 加耶史國際學術會議 發表要旨), 金海市.

李明植, 1995,「大伽耶의 境域과 勢力範圍」『伽倻文化』8, 伽倻文化研究院.

李明植, 1997,「6세기 新羅의 洛東江流域進出考」『啓明史學』8, 啓明史學會.

李盛周, 1993,「1~3세기 가야 정치체의 성장」『韓國古代史論叢』5, 駕洛國史蹟開發研究院.

李樹健, 1995,「高麗·朝鮮時代 支配勢力변천의 諸時期」『韓國史時代區分論』, 소화.

李永植, 1982,「加耶의 國家形成問題」, 高麗大學校 碩士學位論文.

李永植, 1993,「昌寧 校洞 11號墳 出土 環頭大刀銘」『宋甲鎬教授停年退任紀念論文集』.

李永植, 1994,「新羅와 加耶諸國의 戰爭과 外交」『新羅의 對外關係史研究』(新羅文化祭 學術發表會論文集 15).

李永植, 1994,「加耶諸國의 外交形式」『新羅末 高麗初의 政治·社會變動』, 신서원.

李永植, 1995,「六世紀 安羅國史 研究」『國史館論叢』62, 國史編纂委員會.

李永植, 1997,「대가야의 영역과 국제관계」『伽倻文化』10, 伽倻文化研究院.

李鎔賢, 1988,「6世紀 前半頃 伽倻의 滅亡過程」, 高麗大學校 碩士學位論文.

李鎔賢, 1998,「加耶諸國의 權力構造-'任那'復興會議를 中心에-」『國史學』164.

李鎔賢, 1999,「"梁職貢圖"百濟國使條의 '旁小國'」『朝鮮史研究會論文集』37.

李鎔賢, 2000,「加羅(大加耶)를 둘러싼 국제적 환경과 그 대외교섭」『韓國古代史研究』20, 서경문화사.

이정숙, 2003,「진흥왕대 우륵 망명의 사회정치적 의미」『梨花史學研究』30.

李鍾旭, 1992,「廣開土王陵碑의 辛卯年條에 대한 解釋」『韓國上古史學報』10, 韓國上古史學會.

李賢惠, 1988,「4세기 加耶社會의 交易體系의 변천」『韓國古代史研究』1, 지식산업사.

李炯基, 1994,「非火伽耶에 對한 一考察」, 嶺南大學校 碩士學位論文.

李炯基, 1997,「小伽耶聯盟體의 成立과 그 推移」『民族文化論叢』17, 嶺南大學校 民族文化研究所.

李炯基, 1998,「星山伽耶聯盟體의 成立과 그 推移-加耶史에서의 地域聯盟體에 대한 一試論-」『民族文化論叢』18·19合, 嶺南大學校 民族文化研究所.

李炯基, 1999,「阿羅伽耶聯盟體의 成立과 그 推移」『史學研究』57, 韓國史學會.

李炯基, 2000, 「加耶 地域聯盟體의 構造와 性格-'大伽耶聯盟體'의 成立과 推移를 中心으로-」『國史館論叢』88, 國史編纂委員會.

李炯基, 2000, 「大加耶 聯盟構造에 대한 試論」『韓國古代史研究』18, 서경문화사.

李炯基, 2001, 「半路國의 成立과 構造」『伽倻文化』14, 伽倻文化研究院.

李炯基, 2002, 「于勒十二曲의 上加羅都와 下加羅都-大加耶의 地方支配에 관한 試論的 考察-」『盟主로서의 금관가야와 대가야』(제8회 가야사학술회의 발표요지), 김해문화원.

李炯基, 2002, 「4~5세기 大加耶의 발전에 대한 고찰」『韓國古代史研究』26, 서경문화사.

李炯基, 2002, 「滅亡 이후 大加耶 遺民의 向方-東海市 湫岩洞古墳群 出土品을 중심으로-」『韓國上古史學報』38, 韓國上古史學報.

李炯佑, 1988, 「伊西國考」『韓國古代史研究』1, 지식산업사.

李炯佑, 1991, 「斯盧國의 성장과 주변小國」『國史館論叢』21, 國史編纂委員會.

李炯佑, 1992, 『新羅 初期國家 成長史 研究-주변 辰韓 諸'國'의 統合過程을 中心으로-』, 建國大學校 博士學位論文.

李炯佑, 1993, 「斯盧國의 동해안 진출」『建大史學』8, 建國大學校 史學會.

李炯佑, 1995, 「大伽耶의 멸망과정」『加耶史研究』, 慶尙北道.

李炯佑・이형기, 1996, 「斯盧國의 洛東江流域 進出」『嶠南史學』7, 嶺南大學校 國史學會.

李弘稙, 1971, 「梁職貢圖 論考-특히 百濟國 使臣圖經을 中心으로-」『韓國古代史의 研究』, 新丘文化社.

이희진, 1994, 「4세기 중엽 百濟의 加耶征伐」『韓國史研究』86, 韓國史研究會.

이희진, 1996, 「百濟勢力의 加耶進出과 加耶의 대응」『軍史』33, 국방군사연구소.

이희진, 1998, 「任那의 개념」『日本歷史研究』7.

林範植, 2002, 「伽倻史 연구와 "화랑세기"」『伽倻文化』15, 伽倻文化研究院.

張成哲, 2001, 「北韓에서의 加耶史 연구」『三國時代研究』1, 學研文化社.

全榮來, 1975, 「完山과 比斯伐論」『馬韓百濟文化』1, 圓光大學校 馬韓百濟文化研究所.

田炯權, 1998, 「4~6세기 昌原지역의 歷史的 實體」『昌原史學』4, 昌原大學校 史學會.

全虎兒, 1991, 「伽倻古墳壁畫에 관한 일고찰」『韓國古代史論叢』4, 駕洛國史蹟開發研究院.

曹瑛焄, 1999, 「5~6세기 大加耶의 政治的 位相」『梨大史苑』32, 梨大史學會.

趙仁成, 1996, 「6世紀 阿羅加耶(安羅國)의 支配勢力의 動向과 政治形態」『加羅

文化』13, 慶南大學校 加羅文化硏究所.

朱甫暾, 1982, 「加耶滅亡問題에 대한 一考察」『慶北史學』4, 慶北史學會.

朱甫暾, 1996, 「麻立干時代 新羅의 地方統治」『嶺南考古學』19, 嶺南考古學會.

朱甫暾, 2000, 「加耶史 認識과 史料問題」『韓國 古代史와 考古學』, 學硏文化社.

千寬宇, 1976, 「三韓의 國家形成(上)」『韓國學報』2, 一志社.

千寬宇, 1978·1979, 「復元加耶史」『文學과 知性』28·29·30 : 1991, 「復元加耶史」『加耶史硏究』, 一潮閣.

허재혁, 1998, 「5세기대 남부가야의 세력재편－浦上八國 戰爭과 高句麗軍 南征을 중심으로－」, 釜山大學校 碩士學位論文.

鬼頭淸明, 1974, 「加羅諸國の史的發展について」『古代朝鮮と日本』, 龍溪書舍.

今西龍, 1919, 「加羅疆域考」『史林』4-3·4 : 1937, 『朝鮮古史の硏究』.

武田幸男, 1994, 「伽耶～新羅の桂城'大干'－昌寧·桂城古墳群出土土器の銘文について－」『朝鮮文化硏究』1, 東京大學校 朝鮮文化硏究室.

鮎貝房之進, 1937, 「日本書紀朝鮮地名考」『雜考』7－上·下.

5. 論文(考古學·其他; 단행본 수록논문 제외)

郭長根, 2000, 「全北地域 竪穴式石槨墓의 展開過程과 그 性格」『湖西考古學』3, 湖西考古學會.

郭長根, 2003, 「錦江 上流地域 三國時代의 歷史와 文化」『용담댐 수몰지구의 고고학』(제11회 호남고고학회 학술대회 발표요지), 湖南考古學會.

權五榮, 1992, 「고대 영남지방의 殉葬」『韓國古代史論叢』4, 駕洛國史蹟開發硏究院.

權赫在, 1976, 「洛東江 下流地方의 背後濕地性 湖沼」『地理學』14.

金基雄, 1977, 「伽倻의 冠帽에 對하여－星州 伽岩洞破壞古墳出土 金銅冠을 中心으로－」『文化財』12, 文化財管理局.

金東鎬, 1986, 고고학상에서 본 소가야문화의 제문제」『嶺南考古學』1, 嶺南考古學會.

金斗喆, 2001, 「大加耶古墳의 編年 檢討」『韓國考古學報』45, 韓國考古學會.

金世基, 1986, 「星州 星山洞古墳 發掘調査槪報－星山洞 第38·39·57·58·59號墳－」『嶺南考古學』3, 嶺南考古學會.

金世基, 1997, 「星州地域文化의 考古學的 考察」『韓國學論集』24, 啓明大學校 韓國學硏究院.

金世基, 2000, 『古墳資料로 본 大加耶』, 啓明大學校 博士學位論文.

金亨坤, 1995, 「阿羅加耶의 形成過程－考古學的 資料를 중심으로－」『加羅文化』 12, 慶南大學校 加羅文化研究所.

金亨坤, 1997, 「昌原地域 伽倻時代 古墳의 흐름에 대하여」『昌原史學』 4, 昌原大學校 史學會.

文煥晳 외, 2002, 「고대 벽화안료 재질분석 연구－봉정사 대웅전 후불벽화 및 고아동 고분벽화를 중심으로－」『文化財』 35, 국립문화재연구소.

朴升圭, 1993, 「慶南 西南部地域 陶質土器에 대한 研究－晋州式 土器와 관련하여－」『慶尙史學』 9, 慶尙史學會.

朴升圭, 2003, 「大加耶土器의 擴散과 관계망」『韓國考古學報』 49, 韓國考古學會.

朴天秀, 1993, 「三國時代 昌寧地域 集團의 性格研究」『嶺南考古學』 13, 嶺南考古學會.

朴天秀, 1995, 「伽耶の社會構造に對する予備的考察」『近藤義郎古稀記念考古文集』.

朴天秀, 1996, 「大伽耶의 古代國家形成」『碩晤尹容鎭教授停年退任紀念論叢』, 碩晤尹容鎭教授停年退任紀念論叢刊行委員會.

朴天秀, 1996, 『伽耶の古代國家形成過程』, 日本 大阪大學 博士學位論文.

朴天秀, 1998, 「大伽耶圈 墳墓의 編年」『韓國考古學報』 39, 韓國考古學會.

朴天秀, 2000, 「三國時代 玄風地域 土器의 地域相」『慶北大學校 考古人類學科 20周年紀念論叢』, 慶北大學校 考古人類學科.

朴天秀, 2001, 「伽倻와 倭의 交涉」『伽倻文化』 14, 伽倻文化研究院.

申敬澈, 1989, 「伽耶의 武具와 馬具」『國史館論叢』 7, 國史編纂委員會.

申敬澈, 1995, 「金海 大成洞・東萊 福泉洞古墳群 點描－金官加耶이해의 一端－」『釜大史學』 19, 釜山大學校 史學會.

安在晧・宋桂鉉, 1986, 「古式陶質土器에 관한 약간의 考察－義昌 大坪里出土品을 通하여－」『嶺南考古學』 1, 嶺南考古學會.

安春培, 1993, 『加耶土器와 그 領域의 研究』, 東亞大學校 博士學位論文.

禹枝南, 1987, 「大伽倻古墳의 編年－土器를 중심으로－」『三佛金元龍教授停年退任紀念論叢』 Ⅰ, 一志社.

尹貞姬, 1997, 「小加耶土器의 成立과 全開」, 慶南大學校 碩士學位論文.

尹鈲映, 1999, 「南原地域出土 高靈系土器」『考古學誌』 10, 韓國考古美術研究所.

李健茂, 1992, 「昌原 茶戶里遺蹟 出土 붓(筆)에 대하여」『考古學誌』 4, 韓國考古美術研究所.

李健茂 외, 1989, 「義昌茶戶里遺蹟 發掘進展報告(Ⅰ)」『考古學誌』 1, 韓國考古美術研究所.

李健茂 외, 1991,「昌原茶戶里遺蹟 發掘進展報告(Ⅱ)」『考古學誌』3, 韓國考古美術研究所.

李健茂 외, 1993,「昌原茶戶里遺蹟 發掘進展報告(Ⅲ)」『考古學誌』5, 韓國考古美術研究所.

李南珪, 1997,「前期加耶의 鐵製農工具－洛東江 下流地域을 中心으로－」『國史館論叢』74, 國史編纂委員會.

李相吉, 1993,「昌原 德川里遺蹟 發掘調査報告」『三韓社會와 考古學』(第17回 韓國考古學全國大會 發表要旨).

李相律, 2001,「天安 斗井洞, 龍院里古墳群의 馬具」『韓國考古學報』45, 韓國考古學會.

李相洙, 1995,「嶺東地方 新羅古墳에 대한 一考察－北坪地域古墳群을 中心으로－」『韓國上古史學報』 18, 韓國上古史學會.

李盛周 외, 1992,「阿羅伽耶 中心古墳群의 編年과 性格」『韓國上古史學報』 10, 韓國上古史學會.

李盛周 외, 1997,「新羅·伽耶土器의 科學的分析研究－生產體系의 分析을 中心으로－」『國史館論叢』74, 國史編纂委員會.

李盛周 외, 2000,「伽耶社會의 變動과 國家形成」『東亞細亞의 國家形成』(第10回 百濟研究 國際學術會議 發表要旨), 忠南大學校 百濟研究所.

李盛周 외, 2002,「南海岸地域에서 出土된 倭系遺物」『古代 東亞細亞와 三韓·三國의 交涉』(2002년도 복천박물관 국제학술대회), 福泉博物館.

이영훈·손명조, 2000,「고대의 철·철기생산과 그 전개에 대한 고찰」『韓國古代史論叢』9, 駕洛國史蹟開發研究院.

李殷昌, 1971,「高靈良田洞岩畵調査略報－石器와 岩畵遺蹟을 中心으로－」『考古美術』112, 韓國美術史學會.

李殷昌, 1982,「伽耶古墳의 編年研究」『韓國考古學報』12, 韓國考古學會.

李殷昌, 1987,「伽耶土器」『韓國史論』17, 國史編纂委員會.

李殷昌, 1989,「伽耶古墳研究」上·下『國史館論叢』5·6, 國史編纂委員會.

李在賢, 2000,「加耶地域出土 銅鏡과 交易體系」『韓國古代史論叢』9, 駕洛國史蹟開發研究院.

李柱憲, 1997,「末伊山 34號墳의 再檢討」『碩晤尹容鎭教授停年退任紀念論叢』, 碩晤尹容鎭教授停年退任紀念論叢刊行委員會.

李俊貞, 2001,「수렵·채집경제에서 농경으로의 轉移과정에 대한 이론적 고찰」『嶺南考古學』28, 嶺南考古學會.

李熙濬, 1994,「고령양식 토기 출토 고분의 편년」『嶺南考古學』15, 嶺南考古學會.

李熙濬, 1998, 「김해 禮安里 유적과 新羅의 낙동강 西岸 진출」 『韓國考古學報』 39, 韓國考古學會.

李熙濬, 1998, 『4~5세기 新羅의 考古學的 研究』, 서울大學校 博士學位論文.

李熙濬, 1999, 「신라의 가야 服屬過程에 대한 고고학적 검토」 『嶺南考古學』 25, 嶺南考古學會.

林孝澤, 1997, 「洛東江下流域 良洞里 第427號 加耶古墳 考察」 『東義史學』 11·12合, 東義大學校 史學會.

長明洙, 2000, 「韓國先史時代 岩刻畵 信仰의 展開樣相」 『韓國岩刻畵研究』 2, 한국암각화학회.

全吉姬, 1961, 「伽耶墓制의 研究」 『梨大史苑』 3, 梨大史學會.

鄭澄元·洪潽植, 1995, 「昌寧郡의 새로 찾은 生活遺蹟－光山遺蹟과 都泉遺蹟－」 『釜大史學』 19, 釜山大學校 史學會.

曺永鉉, 1999, 「大加耶 竪穴式石室墳內 副槨의 性格과 築造方式」 『啓明史學』 10, 啓明史學會.

崔鍾圭, 1999, 「消葉文－大加耶系 陶質土器의 인식수단－」 『古代研究』 7, 古代研究會.

秋淵植, 1987, 「咸安 道項里 伽耶古墳群 發掘調査豫報」 『嶺南考古學』 3, 嶺南考古學會.

河承哲, 2001, 「加耶西南部地域 出土 陶質土器에 대한 一考察」, 慶尙大 碩士學位論文.

韓永熙·李相洙, 1990, 「昌寧 校洞 11號墳 出土 有銘圓頭大刀」 『考古學誌』 2, 韓國考古美術研究所.

洪潽植, 2001, 「考古資料로 본 가야멸망 前後의 社會動向」 『韓國上古史學報』 35, 韓國上古史學會.

洪性彬 외, 1992, 「咸安 城山山城 發掘調査概報(第1次)」 『韓國上古史學報』 10, 韓國上古史學會.

洪性彬·李柱憲, 1993, 「咸安 말갑옷(馬甲) 出土古墳 發掘調査概報」 『文化財』 26, 文化財管理局.

洪鎭根, 1992, 「高靈 盤雲里 瓦質土器 遺蹟」 『嶺南考古學』 10, 嶺南考古學會.

吉井秀夫, 2000, 「대가야계 수혈식석곽분의 "목관"구조와 그 성격－못·꺾쇠의 분석을 중심으로－」 『慶北大學校 考古人類學科 20周年紀念論叢』, 慶北大學校 人文大學 考古人類學科.

山本孝文, 2001, 「伽耶地域 橫穴式石室의 出現背景－墓制 變化의 諸側面에 대한 豫備考察－」 『百濟研究』 34, 忠南大學校 百濟研究所.

定森秀夫, 1998,「韓國陝川玉田古墳群出土の特異なコップ形土器について」『楢崎彰一先生古稀記念論文集』.

定森秀夫, 1999,「陶質土器からみた東日本と朝鮮」『靑丘學術論集』15, 韓國文化研究振興財團.

定森秀夫・白井克也, 1999,「韓國江原道溟州下詩洞古墳群出土遺物－東京大學工學部建築史研究室所藏資料の紹介－」『京都文化博物館研究紀要 朱雀』11, 京都文化博物館.

穴澤和光・馬目順一, 1975,「昌寧 校洞古墳群－'梅原考古資料'を中心とした谷井濟一の研究－」『考古學雜誌』60-4.

The Study on the formation and development of the Daegaya(大加耶)

Lee, Hyoung-gi

This writing made out Daegaya of Goyeong(高靈) examines organization and development, image of decline with opposition as the central figure. According to recording, it was the country existed with Gyeongsang-bukdo(慶尙北道) Goryeong as the central figure 520 years from origin 42 years to 562 years though get there on time. Despite continued during period that is not short of 500 years, comprehension about the strong man is so skin-deep. However, as various archaeological results are accumulated recently, interest of learned circles about opposition of Daegaya that recording does not remain hardly decayed.

Daegaya that occupy in Korea ancient opposition's weight it is not is so low and is receiving much rems accordingly recently. Though get there on time, agriculture productive capacity that do with the iron mine mountain of Yaro(冶爐) and fertile farmland that is begun to develop about 3rd century middle part middle grown slowly to infrastructure, sudden growth through union with migrants that have van civilization accomplish. Though get there on time with this, magnified influence to outside since 5th century middle part. This truth can confirm that relics of Daegaya are been excavated in Geochang(居昌), Hamyang(咸陽), Hapcheon(陜川), Namwon(南原), and Jangsoo(長水)' Ancient Tombs including Goryeong. Though is a price grew enough to send envoy in Namje(南齊), arrived in Bu-system(部體制) interiorly.

Though get there on time, Banroguk(半路國) that is situated in Goryeong ago formed laying stress on statement side Banunri(盤雲里) at time that originate about. When saw through relics and so on of Bronze Age ever since been extravagant on Goryeong each place, back presumed was Banroguk then Euprak(邑落) if is current Goryoeng-eup(高靈邑), Gaejin-myeon(開津面), Ssangrim-myeon(雙林面), Seongsan-myeon(星山面), Woonsu-myeon(雲水面) was social position classes of Homin(豪民), Haho (下戶), Nobok(奴僕) etc. under department's best ruler was douche laying stress on statement side Banunri that Gukeup(國邑) was situated. Daegaya grew to opposition via development process that this Banroguk

Area circuit sieve formed in Goryeong in 4th century price. And go and was occupying unofficial history meeting central position since 5th century. Though get there on time, accomplished sudden society development since Goguryeo's conguest, and reached to Bu-system latter half of 5th century interiorly. Daegaya made Daegaya opposition of awareness for A unofficial history lime conjecture can as at that time because Daegaya is including A unofficial history inning whole on opposition's category opposition go although and did not grow as ruler who control unofficial history inning whole, but saw through Ureuksipigok(于勒十二曲) when. Specially, that is observed among Ureuksipigok was 'Sanggarado(上加羅 都)' and 'Hagarado(下加羅都)' connected with A unofficial history meeting wealth system problem. Though get there on time, Goryeong and Bongsan, advanced base of area extension to superior office because do formation by Royal Standard direction control do. Together, did not go forward although to step of control directly about other area, but attempt to go forward to such system did.

Though get there on time, accomplished sudden growth since 5th century laying stress on Goryeong, but did downfall party by Shilla(新羅) 6th century middle part. Is real condition that Daegaya can not know entirely since opposition's downfall. If Daegaya that might receive a government position sending envoy in Namje lightens in opposition's phase, there is easily unapprehended part. Though get there on time, stood in Shilla to end unlike other Gaya. These resistance gave awareness that revolted to Shilla people finally, and Shilla people of past encountered four classes which impose to rebellion influences. Various stalk that is been excavated in Donghae(東海) Chuamdong(湫岩洞) 'Ga' earth old tomb county of this could examine as earthen vessels of wild stream bulk.

After is original, as Daegaya that is situated in Goryeong by one of Gaya examines opposition's organization and development, decline and downfall process synthetically, Daegaya widens comprehension about opposition, and wished to go and maintain unofficial history meeting interests through this.

찾아보기

李 炯 基

1966년 경남 합천에서 태어나 진해에서 자랐다. 영남대학교 국사학과를 졸업
하고 같은 학교 대학원에서 석·박사학위를 받았다. 영남대학교와 경운대학교,
가야대학교에서 강의를 하였으며, 경북 고령군청, 해양수산부 국립등대박물관 학
예연구사를 거쳐 지금은 국토해양부에서 국립해양박물관 관련 업무를 담당하고
있다.

論 著

대표 논저로는「阿羅伽耶聯盟體의 成立과 그 推移」,「大加耶 聯盟構造에
대한 試論」,「4~5세기 大加耶의 발전에 대한 고찰」,「滅亡 이후 大加耶 遺民
의 向方-東海市 湫岩洞古墳群 出土品을 중심으로-」와『대가야 들여다보기』
(공저),『고령문화사대계 1』(역사편, 공저) 등이 있다.

大加耶의 形成과 發展 研究

값 16,000원

2009년 1월 12일 초판 인쇄
2009년 1월 19일 초판 발행

저　　자 : 이 형 기
발 행 인 : 한 정 희
발 행 처 : 경인문화사
편　　집 : 장 호 희
　　　　　서울특별시 마포구 마포동 324-3
　　　　　전화 : 718-4831~2, 팩스 : 703-9711
　　　　　이메일 : kyunginp@chol.com
　　　　　홈페이지 : 한국학서적.kr / http://www.kyunginp.co.kr
등록번호 : 제10-18호(1973. 11. 8)

ISBN : 978-89-499-0625-6　94910